Kohlhammer

Content **PLUS**

Auf der Website des Verlags finden Sie nach Ihrer Anmeldung unter ContentPLUS das folgende Angebot (siehe vordere innere Buchumschlagsseite):

- Mindestanforderungen für Schuldfähigkeits-, Glaubhaftigkeits- und Prognosegutachten, sog. Mindeststandards

Sowie unter fortwährender Aktualisierung:

- Kommentiertes Literaturverzeichnis
- Wichtige Gerichtsentscheidungen
- Wichtige Neuerungen (z. B. Gesetzesänderungen)

Helmut Kury
Joachim Obergfell-Fuchs

Rechtspsychologie

Forensische Grundlagen und Begutachtung
Ein Lehrbuch für Studium und Praxis

Mit Beiträgen von
Monika Aymans, Martin Brandenstein,
Klaus Burtscher, Ralph Dohrenbusch,
Rotraud Erhard, Jörg Fichtner,
Salvatore Giacomuzzi, Johannes Klopf,
Birgitta Kofler-Westergren, Martin Kitzberger
und Joseph Salzgeber

Verlag W. Kohlhammer

1. Auflage 2012

Alle Rechte vorbehalten
© 2012 W. Kohlhammer GmbH Stuttgart
Umschlag: Gestaltungskonzept Peter Horlacher
Umschlagabbildung: © liveostockimages – Fotolia.com
Gesamtherstellung:
W. Kohlhammer Druckerei GmbH + Co. KG, Stuttgart
Printed in Germany

ISBN 978-3-17-016932-6

Inhalt

Einleitung 11

A – Allgemeiner Teil 17

1   Geschichtliche Entwicklung der Rechtspsychologie 19

2   Definitionen und Abgrenzungen 28
     2.1   Rechtspsychologie 28
     2.2   Forensische Psychologie 29
     2.3   Kriminalpsychologie 30
     2.4   Psychologie abweichenden Verhaltens 31
     2.5   Kriminologie 32
     2.6   Kriminalistik 33
     2.7   Psychologie und Recht – Psychologie des Rechts – Psychologie im
        Recht 33

3   Aus- und Weiterbildung in Rechtspsychologie 36
     3.1   Die Ausbildungssituation an deutschen Universitäten 36
     3.2   Weiterbildungsmöglichkeiten in Rechtspsychologie in Deutschland . 38

4   Kriminologisch-strafrechtliche Grundlagen 40
     4.1   Straffälliges Verhalten – Vorkommen, Entwicklung, Ursachen und
        Theorien 40
        4.1.1   Klassische Theorien 41
        4.1.2   Biologische Theorien 43
        4.1.3   Ökonomische Theorien 45
        4.1.4   Soziologische Theorien 46
        4.1.5   Psychologische Theorien 51
     4.2   Reaktionen: Sanktion – Resozialisierung – Mediation 59
     4.3   Das Opfer von Straftaten 64
        4.3.1   Viktimologie und Opferforschung 64
        4.3.2   Spezielle Opfergruppen 66
        4.3.3   Rechtliche Stellung des Opfers 69

B – Grundlagen der Begutachtung 73

5 Gesetzliche Grundlagen der Tätigkeit des (psychologischen) Sachverständigen 75
 5.1 Gesetzliche Grundlagen gemäß Straf- und Zivilprozessordnung . . . 75
 5.2 Die Entschädigung des Sachverständigen 86

6 Der Auftraggeber: Gericht – Staatsanwaltschaft – Verteidiger 89

7 Psychologischer versus psychiatrischer Sachverständiger 95

8 Problembereiche und Fehlerquellen forensisch-psychologischer Begutachtung 101

9 Durchführung der forensisch-psychologischen Begutachtung 114
 9.1 Definition und Anforderungen 114
 9.2 Der Gutachtenprozess 115
  9.2.1 Das Gutachtenablaufschema 115
  9.2.2 Das schriftliche Gutachten 117
  9.2.3 Das mündliche Gutachten 126

C – Die wichtigsten Bereiche forensisch-psychologischer Begutachtung 129

10 Begutachtung im Strafrecht 131
 10.1 Begutachtung der Schuldfähigkeit nach §§ 20, 21 StGB 131
  10.1.1 Einleitung 131
  10.1.2 Eingangsmerkmale des § 20 StGB – Die erste Stufe 134
  10.1.3 Die zweite Stufe des § 20 StGB 142
 10.2 Reifebeurteilung Jugendlicher und Heranwachsender 145
  10.2.1 Strafrechtliche Verantwortlichkeit gemäß § 3 JGG 145
  10.2.2 Strafreife gemäß § 105 JGG 147
 10.3 Begutachtung der Glaubhaftigkeit 151
  Monika Aymans
  10.3.1 Einleitung und rechtlicher Rahmen 151
  10.3.2 Historische Entwicklung der aussagepsychologischen Forschung und forensischen Anwendung 152
  10.3.3 Prüfkonstellationen der Begutachtung und methodisches Grundprinzip 155
  10.3.4 Aussagepsychologische untersuchungsleitende Konstrukte . 156
  10.3.5 Diagnostisches Vorgehen 169
  10.3.6 Grundlegende Standards der Glaubhaftigkeitsbegutachtung und Fehlerquellen 171
  10.3.7 Angemessenes Verhalten des aussagepsychologischen Sachverständigen 172
  10.3.8 Zur Qualifikation aussagepsychologischer Sachverständiger . 173

11 Begutachtung im Rahmen des Strafvollzugs: Prognosebegutachtung zur Entscheidung hinsichtlich Haftlockerungen oder Haftentlassungen bei inhaftierten Straftätern 174
11.1 Einleitung 174
11.2 Gesetzlich relevante Bestimmungen zur Einholung von Prognose-gutachten bei Straftätern 176
11.3 Prognose späterer Straffälligkeit 179
11.4 Rechtliche Entwicklung im deutschen Strafrecht und Prognose-fragestellungen 183
11.5 Einteilung des prognostischen Vorgehens (intuitiv, klinisch, statistisch) 188
    11.5.1 Intuitive Prognose 188
    11.5.2 Klinische Prognose 188
    11.5.3 Statistische Prognose 190
11.6 Aktuelle Praxis des prognostischen Vorgehens 191
    11.6.1 Prognoseinstrumente (Checklisten) 191
11.7 Leistungsfähigkeit der Kriminalprognose und Gutachtenpraxis . . . 203

12 Der psychologische Sachverständige im Familienrecht 207
Joseph Salzgeber und Jörg Fichtner
12.1 Historische Entwicklung der Sachverständigentätigkeit 207
12.2 Formale Aspekte einer familienrechtspsychologischen Begutachtung . 208
    12.2.1 Auswahl und Qualifikation des Sachverständigen 208
    12.2.2 Beweisbeschluss 208
    12.2.3 Anbindung des Sachverständigen an das familiengerichtliche Verfahren 209
    12.2.4 Verpflichtungen des Sachverständigen bei der Begutachtung . 210
12.3 Die Beteiligten am Verfahren und an der Begutachtung 210
    12.3.1 Die Eltern 210
    12.3.2 Das Kind 211
    12.3.3 Die Anwälte 211
    12.3.4 Das Jugendamt 212
    12.3.5 Der Verfahrensbeistand 212
    12.3.6 Der Umgangspfleger 212
    12.3.7 Nicht verfahrensbeteiligte Personen 213
12.4 Fragestellungen an den Sachverständigen 213
    12.4.1 Elterliches Sorgerecht nach Trennung und Scheidung . . . 213
    12.4.2 Umgang des Kindes nach Trennung und Scheidung 216
    12.4.3 Gefährdung des Kindeswohls 220
12.5 Exkurs: Familien mit Migrationshintergrund 223
12.6 Psychologische Kriterien 225
    12.6.1 Förderkompetenz 225
    12.6.2 Beziehungen 227
    12.6.3 Wille des Kindes 228
    12.6.4 Bindungstoleranz 229
    12.6.5 Kontinuität und Stabilität 230

12.7 Diagnostisches Vorgehen 230
   12.7.1 Aktenanalyse 231
   12.7.2 Explorationsgespräche 232
   12.7.3 Verhaltensbeobachtungen und Interaktionsdiagnostik 233
   12.7.4 Testdiagnostische und projektive Verfahren 234
   12.7.5 Lösungsorientiertes Vorgehen 235
12.8 Die Erstellung und Erstattung des Gutachtens 236
   12.8.1 Bestandteile eines schriftlichen Gutachtens 237
   12.8.2 Die Anhörung des Sachverständigen 238

13 Forensische Begutachtung in weiteren Rechtsbereichen 240
13.1 Deliktfähigkeit 240
13.2 Weitere zivilrechtliche Fragestellungen 241
13.3 Begutachtung in der Sozialgerichtsbarkeit – Rechtliche Rahmenbedingungen, Leitlinien, Begutachtungsschwerpunkte 242
   Ralf Dohrenbusch
   13.3.1 Sozialrechtliche Grundbegriffe 242
   13.3.2 Entscheidungsbedarf in der Sozialgerichtsbarkeit 244
   13.3.3 Bedingungen der Zunahme psychischer Krankheitsfolgen . . 244
   13.3.4 Begutachtung im Sozialrecht 245
   13.3.5 Schwerpunkte psychologischer Begutachtung im
       Sozialrecht 252
13.4 Verwaltungsgerichtsbarkeit – Rechtliche Rahmenbedingungen und
   Begutachtungsschwerpunkte 254
   Ralf Dohrenbusch
   13.4.1 Geschäfts-, Prozess- und Testierfähigkeit 255
   13.4.2 Fahreignung 257
   13.4.3 Dienstunfähigkeit von Beamten 259
   13.4.4 Sonderpädagogischer Förderbedarf 260
13.5 Waffenrecht 261

D – Die Rechtspsychologie in Österreich und der Schweiz 265

14 Rechtspsychologie in Österreich 267
Johannes Klopf, Birgitta Kofler-Westergren, Martin Kitzberger,
Klaus Burtscher, Rotraud Erhard und Salvatore Giacomuzzi
14.1 Überblick 267
14.2 Zertifizierung für die Liste der Gerichtssachverständigen in Österreich 269
14.3 Begutachtung von Familien, von kindlichen und jugendlichen Zeugen
   und minderjährigen Tätern im Auftrag von Gerichten in Österreich . 271
   14.3.1 Begutachtung von Familien 271
   14.3.2 Begutachtung von kindlichen und jugendlichen Zeugen . . . 272
   14.3.3 Begutachtung von minderjährigen Tätern 273
14.4 Psychologen im österreichischen Straf- und Maßnahmenvollzug . . . 274
   14.4.1 Gesetzliche Grundlagen, Berufsbild und Ausbildung 275

14.4.2 Rechtspsychologische Aufgaben und Tätigkeiten im Strafvollzug: Vollzugsplan, Risikotätermanagement und standardisierte Lockerungsprognose, Stellungnahmen 276

14.4.3 Die psychologische Tätigkeit an der Begutachtungs- und Evaluationsstelle für Gewalt- und Sexualstraftäter im Strafvollzug (BEST) 278

14.4.4 Psychologen im Maßnahmenvollzug 279

14.4.5 Unterbringung für geistig abnorme Rechtsbrecher nach § 21 Abs. 1 StGB 279

14.4.6 Unterbringung für geistig abnorme Rechtsbrecher nach § 21 Abs. 2 StGB 280

14.4.7 Psychologische Sachverständigengutachten im Entlassungsverfahren von geistig abnormen, zurechnungsfähigen Rechtsbrechern in Österreich 281

14.5 Anregungen zur Qualitätssicherung im Bereich der Forensischen Neuropsychologie in Österreich 282

14.5.1 Begutachtung im österreichischen Asylverfahren 284

14.5.2 Begutachtung der Testier- und Geschäftsfähigkeit 284

14.6 Ausblick 285

15 Rechtspsychologie und Forensische Psychologie in der Schweiz 288
Martin Brandenstein

15.1 Einleitung 288

15.2 Gegenwärtiger Stand des Selbstverständnisses der Forensischen Psychologie und Rechtspsychologie in der Schweiz 289

15.3 Die Schweizerische Gesellschaft für Rechtspsychologie (SGRP) . . . 290

15.4 Die Schweizerische Gesellschaft für Forensische Psychiatrie (SGFP) . 291

15.5 Weitere institutionelle, insbesondere universitäre Vertretungen der Forensischen Psychologie und Rechtspsychologie in der Schweiz . . 292

15.5.1 Universität Bern 292

15.5.2 Zürich 295

15.5.3 Das Kompetenzzentrum für Rechtspsychologie an der Universität St. Gallen 297

15.5.4 Weitere Angebote in französischsprachigen Gebieten der Schweiz (Romandie) 298

15.6 Exkurs: Schuldunfähigkeit und verminderte Schuldfähigkeit in der Schweiz 298

15.7 Ausblick 300

Literatur 301

Autorinnen und Autoren 331

Stichwortverzeichnis 333

Einleitung

Die Bedeutung der Rechtspsychologie hat in den letzten Jahren deutlich zugenommen. Dies gilt, angesichts veränderter Gesetzgebung und einem erheblich gestiegenen Sicherheitsbedürfnis gegenüber Straftätern, v. a. was Sexual- und Gewaltstraftäter betrifft, insbesondere in Deutschland. Neue gesetzliche Regelungen, etwa im Straf- oder Familienrecht, führen dazu, dass mehr Gutachtenaufträge erteilt werden. Eine Ausdifferenzierung im Recht sowie der Gerichtspraxis trug dazu bei, dass zunehmend Sachverständige zur Klärung von Einzelfragen wie der Schuldfähigkeit, Glaubhaftigkeit, der Kriminalprognose oder des Kindeswohls hinzugezogen werden (vgl. Fegert, 2000, S. 102). Entsprechend soll hier schwerpunktmäßig auf Fragen der forensischen Begutachtung eingegangen werden (vgl. zur Differenzierung Kap. 2).

Während in der Öffentlichkeit die erhebliche Zunahme forensischer Begutachtungen teilweise heftig kritisiert und auf Gutachtenmängel verwiesen wird, vielfach im Zusammenhang mit spektakulären Strafverfahren (vgl. Darnstädt et al., 2011; Heier, 2011), wird von wissenschaftlicher Seite nach wie vor gleichzeitig ein Mangel an Begutachtungen bei schweren Straftaten, gerade zur Schuldfähigkeit oder Prognose betont (vgl. Urbaniok et al., 2010). So betonen Darnstädt, Friedrichsen, Hipp, Ulrich und Windmann (2011, S. 64) kritisch, am Ende einer Begutachtung stehe „nicht die Wahrheit, sondern eine Wahrscheinlichkeitsaussage. Und die geht oft genug schief." Heier (2011, S. VII) weist auf ein „exorbitantes Gutachtenwesen" in Deutschland hin und kritisiert

„immer mehr Gutachten, mit immer weniger Qualität".

Auf der anderen Seite heben Urbaniok, Rossegger, Böhm, Noll und Endrass (2010, S. 111) die Bedeutung einer Begutachtung gerade bei schweren Straftätern hervor, in denen v. a. „Empfehlungen über sinnvoll erscheinende Maßnahmen zur Deliktsprävention (z. B. anzuordnende Therapien oder sichernde Maßnahmen) gemacht werden. Gerade bei gefährlichen rückfallgefährdeten Gewalt- und Sexualstraftätern kommt der Begutachtung eine besondere Bedeutung zu." Bei dieser Tätergruppe würden in Deutschland allerdings deutlich weniger als die Hälfte der Fälle begutachtet, was als erheblicher Mangel gesehen wird. Im Vergleich dazu würden in der Schweiz (v. a. im Kanton Zürich) bei einem deutlich größeren Anteil Gutachten erstattet. Die Beauftragung eines Sachverständigen ist in Deutschland nach § 244 StPO immer dann erforderlich, wenn das Gericht nicht über die Sachkenntnis zur Beantwortung einer Fragestellung verfügt. Dies zu entscheiden liegt naheliegenderweise im Ermessen des Richters bzw. Staatsanwalts. Die Beauftragung eines Sachverständigen nach §§ 246 a und 80 a StPO ist allerdings dann zwingend, wenn die Unterbringung in einem psychiatrischen Krankenhaus bzw. einer Entziehungsanstalt nach §§ 63 und 64 StGB oder die Sicherungsverwahrung angeordnet oder vorbehalten werden soll (Urbaniok et al., 2010, S. 111 f.). Leygraf (1987) konnte in einer älteren Untersuchung zeigen, dass etwa 20 % der nach § 64 StGB untergebrachten Straftäter ohne vorherige Begutachtung eingewiesen wurden. Inzwischen dürfte sich dieser Anteil allerdings deutlich reduziert haben. Fegert et al. (2003) stellten in ihrer Befragung von Richtern und Staatsanwälten fest, dass eher Gutachten in Auftrag gegeben werden, wenn das Ermittlungsverfahren besondere Auffälligkeiten zeigt, es um ein Tötungsdelikt geht, der Beschuldigte verdächtige Äußerungen gemacht hat, es Hinweise auf einen schweren Unfall mit Hirnverletzungen oder auf eine psychiatrische Vorerkrankung gibt (Urbaniok et al., 2010, S. 112). Fegert, Schnoor, König und Schläfke (2006) konnten für Mecklenburg-Vorpommern auf der Basis einer Aktenanalyse der erwachsenen Sexualstraftäter, Brandstifter und Täter mit einem Tötungsdelikt, die zwischen 1994 und 1998 in diesem Bundesland bearbeitet wurden, zeigen, dass damals der Anteil begutachteter Täter im Bereich Brandstiftung bei 71 %, im Bereich Tötungsdelikte bei 34 % und im Bereich Sexualdelikte lediglich bei 18 % lag. Baltzer (2005) fand für Hessen auf der Grundlage der Analyse von 399 männlichen Gewalt- und Sexualstraftätern, dass zum Urteilszeitpunkt 52,6 % begutachtet wurden. Auch neuere Untersuchungen zeigen keine wesentlich günstigeren Ergebnisse. Elz (2001) fand in ihrer Analyse von Sexualstraftätern unterschiedlicher Altersgruppen einen Anteil begutachteter Täter von ca. einem Viertel, wobei mehrheitlich lediglich die Schuldfähigkeit zu beurteilen war.

Die Forensische Psychologie ist eine der ältesten Disziplinen der Angewandten Psychologie (Liebel & v. Uslar, 1975, S. 9). So wurde in Deutschland vor ca. 110 Jahren vor einem Gericht das erste forensisch-psychologische Gutachten vorgetragen. Anfänge können bis zum Ende des 19. Jahrhunderts zurückverfolgt werden und bereits zuvor hatten sich Psychologen[1] mit Fragen

der Kriminalität beschäftigt, selbst zu einer Zeit, als es noch kein akademisches Fach der Psychologie in unserem heutigen Sinne gab (vgl. z. B. Muench, 1799; Gross, 1898; Kury, 2007). So hat bereits von Eckartshausen 1791 auf „die Notwendigkeit psychologischer Kenntnisse bei der Beurteilung der Verbrechen" hingewiesen. Etwa zur gleichen Zeit (1786) beklagte Schiller in seiner auf einer wahren Begebenheit beruhenden Erzählung „Der Verbrecher aus verlorener Ehre", in welcher er die tragische Entwicklung eines Mannes zum Straftäter schilderte: „Die Richter sahen in das Buch der Gesetze, aber nicht *einer* in die Gemütsverfassung des Beklagten." Damit weist er auf die Bedeutung eines besseren psychologischen Verständnisses der Dynamik von Straftaten hin. Einer der ersten Angewandten Psychologen, der sich auch im Bereich der Forensischen Psychologie einen Namen machte, war Hugo Münsterberg, der vor über einhundert Jahren in die USA auswanderte und dort zu einem der Begründer des Fachs wurde (vgl. Münsterberg, 1908). Friedrich wies 1915 auf die „Bedeutung der Psychologie für die Bekämpfung der Verbrechen" hin, trotzdem blieb deren Einfluss „auf das Strafrecht – ganz im Gegensatz zur Medizin – für lange Zeit spärlich [...] Denn die sogenannte Kriminalpsychologie ist genau besehen überwiegend forensische Psychiatrie oder psychologische Betrachtung über das Verbrechen vom Standpunkt des Juristen, jedoch nur selten Ertrag fachpsychologischer Analyse" (Kaiser, 1976, S. 195 f.).

Die Forensische Psychologie hat im letzten Jahrhundert zahlreiche Auf- und Abwärtsbewegungen erlebt. Spielte sie vor dem Zweiten Weltkrieg, also in der ersten Hälfte des letzten Jahrhunderts, in Deutschland und den meisten anderen europäischen Ländern keine allzu große Rolle, erlebte sie nach den 1950er Jahren bis heute einen deutlichen Aufschwung, sowohl in der Forschung als auch und insbesondere in ihrer praktischen Anwendung (Undeutsch, 1954; Sieverts,

---

1 Wenn im Folgenden von „Psychologen" die Rede ist, so sind, wenn nicht ausdrücklich anders erwähnt, sowohl Psychologinnen als auch Psychologen gemeint.

1962). Vor allem die psychologische Sachverständigentätigkeit vor Gericht nahm zu, wie Kaiser (1976, S. 196) betont, nicht zuletzt vor dem Hintergrund einiger als „revolutionär" beurteilter Entscheidungen höchster Gerichte (vgl. BGHSt 7, 82 ff.; Bockelmann, 1955; hinsichtlich der USA Katz & Burchard, 1971). Aufgrund von Veränderungen, Verfeinerungen und Ausdifferenzierung rechtlicher Regelungen ergaben sich immer mehr spezielle Fragestellungen, zu deren Beantwortung neben Forensischen Psychiatern vermehrt auch Forensische Psychologen herangezogen wurden. Das gilt nicht nur für das Strafrecht, sondern ebenso für das Zivilrecht. Während die (Forensische) Psychiatrie bereits seit langem eine, teilweise auch kritisierte (vgl. Moser, 1971), Zusammenarbeit mit der Rechtsprechung pflegt, musste die Forensische Psychologie vielfach in der Konkurrenz erst beweisen, welchen Beitrag sie leisten kann. Noch 1976 stellte Kaiser fest:

Aber noch immer stehen *Beitrag und Bedeutung der Psychologie für das Strafrecht* weithin im Schatten der seit langem in ihren forensischen Aufgaben nicht bezweifelten Rechtsmedizin und der gerichtlichen Psychiatrie [...] Kennen wir auf Grund der Fortschritte in Biologie und Medizin bedeutende ‚Einbruchstellen' in das Strafrecht [...], die den Juristen ständig in Atem halten, so sind ähnlich bedrängende Auswirkungen von Erkenntnisfortschritten der Psychologie auf das kriminalrechtliche Gebiet unbekannt. (S. 196)

Der Aufschwung der Forensischen Psychologie nach dem Zweiten Weltkrieg ist nicht nur in Deutschland und anderen europäischen Ländern zu beobachten, sondern gerade auch in den USA. Diamond (1992, S. 5) betonte vor ca. 20 Jahren, „it is only 15 years since the first review of psychology and law appeared in the Annual Review of Psychology". Das heißt auch hier begann der Aufschwung des Fachs etwa in den 1970er Jahren. 1977 erschien die erste Ausgabe von „Law and Human Behaviour", dem

offiziellen Veröffentlichungsorgan der American Psychology and Law Society. Tapp (1976) publizierte in jener Zeit einen der ersten Sammelbände zur Forensischen Psychologie. Bereits mehr als ein Jahrzehnt davor hatte Toch (1961) einen der ersten Bände über eine moderne Rechts- und Kriminalpsychologie veröffentlicht. Vor 1973 haben in den USA nur wenige Psychologische Institute eine mehr oder weniger umfangreiche Ausbildung in Forensischer oder Rechtspsychologie angeboten. 1982 boten bereits ein Viertel der „Graduate Programs" in Psychologie mindestens einen Kurs an. Diamond (1992, S. V) spricht von dieser Zeit vor ca. 20 Jahren von einem „dramatic level of activity". Inzwischen liegen gerade im englischsprachigen Bereich zahlreiche Hand- und Lehrbücher zu dem Fach vor (vgl. Adler, 2010; Roesch et al., 2010; Scott, 2010; Towl & Crighton, 2010; Bartol & Bartol, 2012 a; 2012 b).

Obwohl in Deutschland, aber auch den meisten anderen europäischen Ländern, die Forensische Psychologie bis heute ein relativ kleines Fach ist und die meisten universitären Psychologischen Institute, wenn überhaupt, nur eine rudimentäre Ausbildung anbieten, an manchen Instituten sogar ein Rückgang festzustellen ist, hat die Zahl der in diesem Bereich v. a. als Gerichtsgutachter tätigen Psychologen in den letzten Jahrzehnten deutlich zugenommen. Die Föderation Deutscher Psychologenvereinigungen bietet seit Jahren eine Zusatzausbildung in Forensischer Psychologie an, seit einigen Jahren ist es auch möglich, nach Bestehen entsprechender Prüfungen das Zertifikat „Fachpsychologe für Rechtspsychologie" zu erwerben, das vom Akkreditierungsausschuss für die Weiterbildung in Rechtspsychologie im Januar 2000 verabschiedet wurde. Hierdurch soll erreicht werden, dass sich die Qualität der Gutachter und damit der von ihnen erstatteten Sachverständigengutachten verbessert.

Der deutliche Aufschwung der Forensischen Psychologie in Deutschland oder den

USA, aber auch in anderen westeuropäischen Ländern ist stark an die Entwicklung und Ausdifferenzierung des Rechts und insbesondere der Rechtsprechung gebunden. Es gibt bis heute in den westeuropäischen Ländern erhebliche Unterschiede in der Einbeziehung Forensischer Psychologen in rechtliche Fragestellungen (Kury, 1987, 1997 a). Das wird beispielsweise bei einem Vergleich zwischen Deutschland und der Schweiz oder Österreich deutlich. Während es in Deutschland neben Forensischen Psychiatern inzwischen zahlreiche Forensische Psychologen gibt, die v. a. für die Straf- und Zivilgerichte als Gutachter arbeiten, und eine entsprechende Aus- und Fortbildung angeboten wird, ist das etwa in der Schweiz bisher in deutlich geringerem Umfange der Fall (Etzensberger, 1987). Hier wird der Bereich der forensischen Begutachtung noch weitgehend von (Forensischen) Psychiatern dominiert – allerdings hat sich auch hier die Situation in den vergangenen Jahren geändert (vgl. Urbaniok, 2007). Zudem ziehen Gerichte deutlich weniger psychowissenschaftliche Gutachter heran, als dies in Deutschland der Fall ist. Vergleichbar ist die Situation in Österreich (Harrer, 1987). Die Gerichtspraxis hat sich hier noch erheblich weniger auf die Heranziehung von Experten zur Beantwortung spezieller Fragestellungen, wie etwa der Schuldfähigkeit eines Angeklagten, der Glaubwürdigkeit von Zeugen oder der Entscheidung über das Sorgerecht für Kinder nach einer Trennung oder Scheidung der Eltern, eingelassen. Die Richter vertreten vor dem Hintergrund der landesüblichen Praxis noch deutlich eher die Ansicht, dass sie in Zusammenhang mit ihrer Lebenserfahrung selbst die Kompetenz zur Beantwortung solcher Fragestellungen besitzen. Hierbei wird von den psychologischen Laien jedoch übersehen, dass die Psychologie in all diesen Bereichen inzwischen über eine Fülle von wissenschaftlichen Erkenntnissen verfügt, die weit über das Alltagswissen hinausgehen und einen gut ausgebildeten Forensischen Psychologen befähigen, dem Gericht wesentliche, über das Allgemeinverständnis hinausgehende Erkenntnisse zur Lösung der in aller Regel schwierigen Rechtsfragen zu liefern (vgl. Kap. 14 f.).

Während es in den westeuropäischen Ländern, wie erwähnt, in den letzten Jahren einen deutlichen Aufschwung in der Rechtspsychologie gab, ist die Situation in den mittel- und osteuropäischen Ländern noch wesentlich ungünstiger. Zwar gab es dort schon vor der politischen und wirtschaftlichen Wende Ende der 1980er Jahre in einigen Ländern eine differenzierte Rechtspsychologie, so z. B. in der früheren Deutschen Demokratischen Republik (vgl. z. B. das Lehrbuch von Dettenborn et al., 1989), allerdings waren dies eher Ausnahmen. Die schlechten wirtschaftlichen Bedingungen bewirkten nach der Wende ein nur langsames In-Gang-Kommen einer entsprechenden Weiterentwicklung in diesem Fach. Hinzu kommt die hier in der Regel vorfindbare größere Punitivität (Kury & Shea, 2011) und die oftmals geringere Ausdifferenzierung des Rechts und dessen Anwendung. Eine 1994 in den meisten Ländern Europas durchgeführte Umfrage zur Situation der Rechts- und Kriminalpsychologie, sowohl hinsichtlich Forschung als auch Praxis, zeigte, dass in all diesen Ländern das Fach, wenn überhaupt vertreten, nur eine marginale Rolle spielt (vgl. Kury, 1997 a, S. 3 ff.). Werden Sachverständige von den Gerichten hinzugezogen, werden vielfach (Forensische) Psychiater bevorzugt. Neuere umfassende Untersuchungen dieser Art stehen aus, so dass nur schwerlich beantwortet werden kann, ob sich in der Zwischenzeit die Lage in den meisten dieser Länder verändert hat, wofür allerdings wenig spricht.

Im Folgenden soll am Beispiel Deutschlands, das über eine relativ differenzierte Rechtspsychologie verfügt, auf wesentliche Aufgabenfelder des Fachs hingewiesen und gezeigt werden, welche Fragestellungen sich vor dem Hintergrund entsprechender gesetzlicher Regelungen ergeben. Die gebotene Kürze des vorliegenden Bandes erlaubt es nicht, auf alle rechtspsychologischen Fragestellungen einzugehen oder diese in der im Grunde gebotenen Tiefe zu behandeln. Es sollen v. a. jene Bereiche angesprochen werden, in denen die meisten Rechtspsychologen tätig sind, wobei ein Schwerpunkt auf die forensische Begutachtung gelegt wird. Differenzierte Darstellungen finden sich in den inzwischen vorliegenden Lehr- bzw. Handbüchern zu dem Fach (vgl. Arntzen, 2011; Greuel et al., 1998; Lempp et al., 2003 a; Nedopil, 2007; Salzgeber, 2011; Venzlaff et al., 2009; Volbert & Steller, 2008). In den abschließenden Kapiteln wird ein stichwortartiger Überblick über die Situation der Forensischen Psychologie bzw. Rechtspsychologie in der Schweiz und Österreich gegeben.

A – Allgemeiner Teil

1 Geschichtliche Entwicklung der Rechtspsychologie

Es war schon immer ein grundlegendes Bedürfnis des Menschen, sozial abweichendes Verhalten, v. a. in seinen schweren Formen, verstehen zu können. Können solche Vorkommnisse erklärt werden, können auch eher Strategien zur Prävention entwickelt werden. Dieses Bedürfnis wird v. a. dann offensichtlich, wenn z. B. besonders grausame oder „unverständliche" Taten geschehen, sei es der Amoklauf eines Schülers oder der Sexualmord an einem kleinen Mädchen. Das Erklärungsbedürfnis wird heute durch die in solchen Fällen in der Regel exzessive Medienberichterstattung angestachelt, wobei schwere Kriminalfälle schon seit Beginn einer entsprechenden Berichterstattung in Form von „Flugschriften" bereits Anfang des 16. Jahrhunderts auf Interesse stießen (Staatsbibliothek zu Berlin, 2000, S. 130 ff.). François Gayot de Pitaval (1673–1743), ein französischer Jurist und Autor, wurde bekannt durch seine Veröffentlichung „Berühmter und interessanter Rechtsfälle mit den dazugehörigen Urteilen", einer Sammlung von spektakulären Kriminalfällen, wodurch er zu einem Vorläufer und Begründer der Gerichtsberichterstattung wurde. Inzwischen wurde der Name Pitaval zum Synonym für Sammlungen von Rechtsfällen. Andere folgten bis heute (vgl. von Eckartshausen, 1794). Je nach Fall und Meinung werden die „Ursachen" für die Tat in angeborenen Merkmalen, den sozialen Lebensumständen des Täters, seiner Persönlichkeitsentwicklung, im Einfluss des Freizeitverhaltens, in den letzten Jahren auch in der (exzessiven) Nutzung von Gewalt darstellenden Computerspielen oder in einer Peer-Group gesehen oder aber der Täter wird einfach als „böse" oder „pervers" gekennzeichnet.

Dies ist keine moderne, durch Massenmedien geförderte Entwicklung, sondern war bereits in früheren Jahrhunderten in ähnlicher Weise zu sehen. Damit ist die Geschichte der Rechtspsychologie immer eng verbunden mit den jeweiligen zeitlichen und gesellschaftlichen Strömungen. Im Folgenden soll die historische Entwicklung am Beispiel Deutschlands in wenigen Stichworten dargestellt werden, grundlegend sind dabei insbesondere die Überblicksarbeiten von Bartol und Bartol (1987), Undeutsch (1992) und Nedopil (2007). Einen Überblick über die internationale Situation geben Bartol und Bartol (1987).

Unter der Dominanz der Kirchen im ausgehenden Mittelalter und in der frühen Neuzeit waren es insbesondere Dämonen oder der Teufel, die als Ursachen für abweichendes Verhalten gesehen wurden – mit der Konsequenz, dass diese „auszutreiben" waren. Durch die Aufklärung ab dem 18. Jahrhundert und dem wachsenden Einfluss moderner (Natur-)Wissenschaften spätestens ab dem 19. Jahrhundert kam es zu einem Wandel in den Erklärungsmustern. Kürzinger (1986, S. 177) betont, dass vielfach die Meinung bestünde, die Geschichte der wissenschaftlichen Kriminologie beginne mit Lombrosos „L'uomo delinquente" (1876), in Wirklichkeit stünden jedoch „kriminalpsychologische Darlegungen [...] am Anfang der wissenschaftlichen Befassung mit dem Verbrechen", und zwar fast ein Jahrhundert früher. Von den ältesten deutschen Monografien zur Kriminalpsychologie sind nach ihm vor 1800 erschienen: als erste Veröffentlichungen Johann Gottlieb Schaumanns „Ideen einer Kriminalpsychologie" (1792) und Johann Gottlieb Muenchs Werk „Über den Einfluß der Criminalpsychologie auf ein System des Criminal-Rechts auf menschliche Gesetze und Cultur der Verbrecher" (1799), weiterhin hat 1794 von Eckartshausen „Skizzierte Biographien von Verbrechen aus der gemeinen Menschenklasse" mit vier Kriminalgeschichten veröffentlicht. Da von Eckartshausen zwischen 1783 und 1791 bereits drei weitere Schriften zur Kriminalpsychologie veröffentlicht hatte, muss er nach Kürzinger (1986) als der erste angesehen werden, der zwar noch ziemlich ungeordnet, aber immerhin faktenreich schon im ausgehenden 18. Jahrhundert empirische Aussagen zur Kriminalitätsentstehung, Kriminalpsychologie und -prävention gemacht hat (vgl. Kury, 2007). Mehr und mehr gerieten Annahmen zu mythologischen Erklärungen in den Hintergrund, ein Prozess, zu dem auch die wachsende Säkularisierung beitrug. Soziale Gegebenheiten oder angeborene, teils sich im Phänotyp einer Person manifestierende, Eigenschaften traten zunehmend in den Vordergrund.

Auch die Ende des 19. Jahrhunderts entstehende Psychologie wurde recht bald zur Erklärung sozial abweichenden Verhaltens herangezogen. In den frühen Jahren der Entwicklung einer Rechtspsychologie lag dabei der Schwerpunkt eindeutig auf Europa, erst im fortgeschritteneren 20. Jahrhundert entwickelte sich die Dominanz der englischsprachigen, ab Ende der 1970er Jahre insbesondere der US-amerikanischen und kanadischen rechtspsychologischen Forschung. Der Schwerpunkt der frühen Rechtspsychologie lag bei aussagepsychologischen Fragestellungen. So galten Zeugenaussagen von Kindern und Jugendlichen, insbesondere weiblichen, als wenig zuverlässig und glaubhaft. Noch im ausgehenden 19. Jahrhundert nahmen Lombroso und Fer-

rero (1894) an, dass Frauen in Bezug auf die Moral „inferior" seien, ein Bild, das bis in die frühen Jahre des 20. Jahrhunderts hineinreicht: So spricht der Mediziner Möbius noch 1900 vom „physiologischen Schwachsinn des Weibes" und Weininger stellt 1903 in seinem Buch „Geschlecht und Charakter" die „ontologische Verlogenheit des Weibes" fest. Besonders wenig glaubhaft galten junge Mädchen im Zeitraum der Pubertät. Noch 1913 kommt Marbe zu dem Ergebnis, dass die Pubertätsentwicklung die Sucht hervorrufen könne, sich durch falsche Anschuldigungen interessant zu machen.

Besondere Bedeutung im Hinblick auf die ersten experimentellen aussagepsychologischen Untersuchungen erlangte bereits Ende des 19. Jahrhunderts der u. a. an der Universität in Freiburg im Breisgau Lehrende Hugo Münsterberg. Er gilt, nach seiner Emigration in die USA, wo er 1892 Professor an der Harvard University wurde, als „Vater der Angewandten Psychologie". Münsterberg war ein Verfechter des Gedankens, dass Ergebnisse der Psychologie vermehrt Eingang in das Rechtssystem und die Rechtsprechung finden sollten, eine Sichtweise, die in der damaligen Zeit – wie auch noch heute – nicht auf ungeteilte Zustimmung stieß. Ein Schwerpunkt seiner rechtspsychologischen Tätigkeit war die Frage der Verfälschbarkeit von Erinnerungen, somit gemeinhin das Problem des Umgangs mit und der Glaubhaftigkeit von Zeugenaussagen. Niederschlag fanden die Ergebnisse in seinem 1908 veröffentlichten und mehr an die Allgemeinheit als ein Fachpublikum gerichteten Werk „On the Witness Stand".

Die sich entwickelnde Psychologie zeigte ein erhebliches Interesse an kognitiven, aussagepsychologischen Fragestellungen. Pioniere waren zur Jahrhundertwende die, später auch im Rahmen der Intelligenzdiagnostik bekannt gewordenen, Alfred Binet in Frankreich und William Stern in Deutschland. Stern war auch der Herausgeber der ersten Zeitschrift zur Aussagepsychologie „Beiträge zur

Psychologie der Aussage", die ab 1908 in der „Zeitschrift für Angewandte Psychologie" aufging. Die Ergebnisse der experimentellen Untersuchungen, dass Erinnerungsleistungen oft in erheblicher Weise verzerrt sind, fanden Eingang in die Kriminalistik und Rechtspflege. Als Konsequenz wurde mehr und mehr psychologisches Expertenwissen in Gerichtsprozessen berücksichtigt. So wurde z. B. bereits 1896 der Psychiater Albert von Schrenck-Notzing von der Verteidigung in einen Münchner Mordprozess einbezogen, um zu klären, inwieweit die auftretenden Zeugen durch die rege Presseberichterstattung möglicherweise suggestiv beeinflusst wurden (vgl. Bartol & Bartol, 1987, S. 5 f.), ein Thema, das durchaus auch heute noch aktuell ist. So können in spektakulären Strafverfahren nicht nur Zeugen, sondern das Gericht selbst durch die Art der Medienberichterstattung beeinflusst werden.

Das Jahr 1903 gilt als das Datum, zu dem erstmals ein psychologischer Sachverständiger zur Frage der Glaubwürdigkeit von jugendlichen Zeugen vor Gericht auftrat, es handelte sich dabei um den bereits genannten William Stern in Hamburg. Auch in der Folgezeit wurden vereinzelt Gutachten psychologischer Sachverständiger, in aller Regel zu Fragen der Aussagepsychologie, vor Gericht erstattet. Generell überwog dabei in der, durch die experimentelle Psychologie bestimmten, Praxis die Skepsis gegenüber der Zuverlässigkeit von Zeugenaussagen. Die Ergebnisse zeigten nahezu durchweg ein ungünstiges Bild der Erinnerungsleistung und der Zuverlässigkeit der, v. a. kindlichen, Zeugen. So galten, neben einer weiter bestehenden Geringschätzung von Frauen als Zeuginnen, auch Jugendliche, bis in die 1930er Jahre des 20. Jahrhunderts als problematische Zeugen. Probleme der Entwicklungsstufe wurden überbewertet und teilweise pathologisiert. Jedoch wurde oftmals außer Acht gelassen, dass die im Labor gewonnenen Ergebnisse nicht automatisch auf tatsächlich Erlebtes übertragen werden

können, d. h. Fragen der ökologischen Validität der experimentellen Befunde wurden nur ungenügend berücksichtigt. Während die Ergebnisse v. a. in Verfahren zu Sexualstraftaten – insbesondere durch Verteidiger, die sich Chancen für ihre Mandanten versprachen – rasch Einzug in die Gerichtssäle fanden und der Zweifel an der Qualität der Aussagen nicht erwachsener Zeugen zum Allgemeingut wurde, blieben die Gutachter selbst außen vor, ein Umstand der einer fortschreitenden Validierung der Experimentalbefunde abträglich war. Die wenigen Aufträge kamen oftmals von der Verteidigung, häufig in Verfahren, in denen bereits Zweifel am Wahrheitsgehalt der Aussage bestanden, so dass die Materialauswahl in der Regel selbst sehr einseitig war. Zudem war die Begutachtungspraxis wenig elaboriert, vielfach handelte es sich um Stellungnahmen aufgrund der Aktenlage bzw. um Eindrücke aus dem Gerichtssaal. Diese Praxis hatte zur Folge, dass in den 1930er Jahren des 20. Jahrhunderts zunehmend Zweifel an der bedingungslosen Übertragung der Forschungsergebnisse auf konkrete Fälle geäußert wurden und eher die suggestive Befragung im Gerichtssaal als Ursache der Fehler angesehen wurde als eine „natürliche" Tendenz zur Realitätsverzerrung. Zudem wurden kritische Stimmen (z. B. Müller-Heß & Nau, 1930) laut, die aufgrund von Kasuistiken zum Ergebnis kamen, dass etwa die angenommene durch die Entwicklung bedingte erhebliche emotionale Labilität nur bei einem kleinen Teil der Jugendlichen auftrat.

Neben dem sporadischen Auftreten psychologischer Gutachter zu aussagepsychologischen Fragestellungen sind – in Deutschland wie im Ausland – nur wenige Fälle bekannt, in denen andere Gutachtenfragen im Vordergrund standen. So wird berichtet, dass 1911 der Würzburger Psychologieprofessor Karl Marbe in einem zivilrechtlichen Verfahren herangezogen wurde; dabei sollte, im Zusammenhang mit der Verantwortlichkeit für ein Zugunglück in der Nähe Müllheims, der Einfluss von Alkohol auf die Reaktionsfähigkeit des Zugführers sowie der Helfer untersucht werden (vgl. Bartol & Bartol, 1987, S. 11).

In der Zeit nach 1930 bis zum Ende des Zweiten Weltkriegs ließ das Interesse an der Aussagepsychologie nach, wenngleich von Gerichten selbst – zumindest sporadisch – Aufträge vergeben wurden. Nach der Machtergreifung durch die Nationalsozialisten wurden seitens der Justiz sogar Verordnungen erlassen, die den Forderungen der frühen Psychologie entsprachen, so z. B. die Empfehlung der Hinzuziehung eines „in der Seelenkunde Jugendlicher" erfahrenen Sachverständigen in Zweifelsfällen (Richtlinien für das Strafverfahren von 1935; vgl. Undeutsch, 1967, S. 43). In diese Zeit fiel auch die Etablierung des Diplomstudiengangs Psychologie im Jahr 1941. Inwieweit die Rechtspsychologie sich in die verbrecherischen Aktivitäten und Ziele des nationalsozialistischen Regimes einspannen ließ, kann an dieser Stelle nicht befriedigend beantwortet werden, es fehlen hierzu die entsprechenden Informationen. Anhand der Arbeiten von Herber (2002, S. 229 ff.) ist jedoch davon auszugehen, dass auch die Rechtspsychologie ihre Dienste teilweise in den Rahmen der Erfassung und Typologisierung von „Volksschädlingen" stellte. So wurde z. B. 1939 der Psychologe und Psychiater Robert Ritter zum Leiter der „Rassenhygienischen und Kriminalbiologischen Forschungsstelle" in Berlin ernannt, dessen Ziel es war, kriminalitätsgefährdete Personen unter Umständen einer Sondererziehung, Beobachtung oder sogar geschlossenen Bewahrung zu unterziehen. Weiterhin wurden politische Gegner durch die gerichtliche Psychiatrie teilweise als „fanatische Psychopathen" klassifiziert. Dass dann der Weg zum Konzentrationslager und letztlich zur Tötung nicht mehr weit war, darauf weist Herber eindrücklich hin. Insgesamt sind jedoch zu diesem Thema weitere psychologiehistorische Forschungen erforderlich.

Die erste Zeit nach dem Zweiten Weltkrieg war in Deutschland durch eine umfassende Re- und Neuorganisation des Polizei- und Gerichtswesens gekennzeichnet. Die wieder einsetzende Gutachtenpraxis zeigte im Bereich der Aussagepsychologie bald, dass die in der frühen Phase überzogenen Zweifel an der Aussagequalität, insbesondere kindlicher Zeugen, nicht gerechtfertigt waren. Dies hatte zur Folge, dass mehr und mehr die Aussage selbst in den Mittelpunkt gutachterlichen Interesses rückte und die allgemeine Glaubwürdigkeit der Person in den Hintergrund geriet. In gleicher Weise wurde an Kriterienkatalogen gearbeitet, um die Glaubwürdigkeit einer Aussage reliabler und valider erfassen zu können, als dies in den Jahrzehnten zuvor der Fall war. In diesem Zusammenhang ist die 1951 erfolgte Gründung des Bochumer Instituts für Gerichtspsychologie durch Friedrich Arntzen zu nennen, die in gewisser Weise den Startschuss für eine weitere Institutionalisierung der Rechtspsychologie gab. In den nachfolgenden Jahrzehnten, insbesondere in den letzten beiden Dekaden des 20. Jahrhunderts wurden weitere, oft regional tätige Institute gegründet, die sich auf unterschiedliche forensisch-psychologische Fragestellungen konzentrierten, neben Fragestellungen im Strafrecht v. a. auf solche im Familienrecht.

Als wichtiger Punkt in der Geschichte der Rechtspsychologie gilt eine Entscheidung des Bundesgerichtshofs aus dem Jahre 1954. Dieses oberste deutsche Gericht befand, dass in Fällen, in denen die Verurteilung des Angeklagten von der Aussage des (Opfer-)Zeugen abhängt, insbesondere in Fällen sexuellen Kindesmissbrauchs, ein psychologisches oder psychiatrisches Gutachten zur Frage der Glaubwürdigkeit der Aussage einzuholen sei (BGHSt, 1955, 7, 82 ff.).

Aber auch in andere Bereiche forensischer Begutachtung drangen Rechtspsychologen im Laufe der Zeit vermehrt vor. So wurde 1956 vor dem Landgericht Dortmund ein Tötungsdelikt verhandelt, in welchem der als Gutachter beauftragte Psychiater zum Ergebnis kam, dass bei dem Beklagten – er hatte seine Frau, mit der er über lange Zeit Streit hatte, mit einem Küchenmesser erstochen – keine psychische Erkrankung im Sinne des (heutigen) § 21 StGB (s. Kap. 10.1.) vorliege. Daraufhin beauftragte die Verteidigung den Münsteraner Psychologieprofessor Wolfgang Metzger, der das Vorliegen eines hochgradigen Affekts diagnostizierte. In der Folge wurden drei weitere Gutachter herangezogen: die Forensischen Psychiater Kurt Schneider und Hans Gruhle im Auftrag der Staatsanwaltschaft sowie der Psychologe Udo Undeutsch im Auftrag des Gerichts. Letztendlich befand das Gericht den Angeklagten aufgrund mangelnder psychischer Verantwortlichkeit für nicht schuldig (vgl. Undeutsch, 1992, S. 514). Dieser Fall wurde aufgrund von Revisionsanträgen schließlich auch vor dem Bundesgerichtshof verhandelt, der entschied, dass Bewusstseinsstörungen nicht an psychopathologische Bedingungen geknüpft sein müssen, jedoch erheblich die Verhaltenskontrolle beeinträchtigen können (BGHSt, 1958, 11, 20.26). Diese Entscheidung ebnete den Weg für die heute in § 20 StGB verankerte, psychologische Kategorie der „tiefgreifenden Bewusstseinsstörung" aufgrund von Affekt. Allerdings wird bis heute die Schuldfähigkeitsbegutachtung – auch in der genannten Kategorie – nach wie vor durch Forensische Psychiater dominiert, obwohl die Fragestellungen vielfach eher psychologische als psychiatrische sind. Hier spielt eine gewisse Tradition eine Rolle sowie die oft vorhandene Vorstellung, dass Psychiater, da sie auch über „klinisches" Wissen verfügen, die sich stellenden Fragen umfassender beantworten können, bzw. dass Psychiater neben ihrem medizinischen auch über ausreichendes psychologisches Fachwissen verfügen und damit umfassen-

der als Gutachter qualifiziert seien als Psychologen (vgl. kritisch zum Verhältnis Recht und Psychiatrie bereits Moser, 1971).

Ein weiterer wichtiger Schritt erfolgte Ende der 1960er, Anfang der 1970er Jahre mit der Großen Strafrechtsreform, die zu der seit 1975 bis heute geltenden Formulierung der Schuldunfähigkeit bzw. verminderten Schuldfähigkeit wegen seelischer Störungen (§§ 20, 21 StGB) führte. Kernpunkt war hierbei die Aufnahme des sogenannten vierten Kriteriums, der Schuldunfähigkeit aufgrund schwerer anderer seelischer Abartigkeit, welche neben den bisher geltenden Kategorien der klassischen somatisch-bedingten Psychopathologien (krankhaft seelische Störung), des Schwachsinns und der tiefgreifenden Bewusstseinsstörung auch schwerwiegende Persönlichkeitsstörungen als Schuldausschließungs- bzw. -minderungsgrund zuließ. Dies bereitete den Weg für weitere psychologische Begutachtungen, änderte jedoch bis heute nur wenig an dem bereits genannten bestehenden Vorrang der Forensischen Psychiatrie bei der Schuldfähigkeitsbegutachtung.

Vor dem Hintergrund der kritischen Analyse der forensisch-psychiatrischen Gutachtenpraxis durch Moser (1971), der damit auch den Anstoß für eine, wie sich bald herausstellte, dringend notwendige empirische Untersuchung der Qualität strafrechtlicher Gutachten gab (vgl. Pfäfflin, 2000, S. 51), der vom „Elend einer Wissenschaft" sprach, eine Entwicklung „vom Pakt zum Komplott" zwischen Strafrecht und Psychiatrie beklagte (S. 117 ff.) und zur Behebung der Problematik v. a. eine Intensivierung der Forschung anmahnte (S. 233), kam es in den folgenden Jahren vermehrt zu Untersuchungen zur Gutachtenqualität. So führten Pfäfflin (1978), Heim (1986), Kury und Mitarbeiter (Böttger et al., 1988; Kury, 1991) oder Nowara (1995) Untersuchungen zur Qualität von forensischen Gutachten durch, die deutlich auf Mängel hinwiesen (vgl. zusammenfassend Verrel, 1995; Pfäfflin,

2000). Venzlaff (1987) stellte noch vor Jahren fest, Sachverständigengutachten seien

immer wieder einmal in den Medien Gegenstand heftiger Kritik, vor allem wenn […] zwei Gutachter völlig kontroverse Meinungen vertreten. Für die psychiatrische Gutachtertätigkeit muss man nach wie vor ein erhebliches Qualitätsgefälle konstatieren und bedauerlicherweise feststellen, dass ein nicht geringer Prozentsatz von ihnen fachlich unzureichend ist. (S. 75)

Bis heute weisen sich widersprechende Gutachtenergebnisse in großen Strafverfahren auf die Problematik von forensischen Gutachten hin, wobei gerade Glaubhaftigkeitsgutachten immer wieder in die Kritik geraten. Vor allem hier ist es extrem schwierig, die Gültigkeit bzw. Fehlerhaftigkeit von Gutachtenergebnissen zu überprüfen. Wolff (1995) wies bereits vor Jahren darauf hin, dass sich der Erfolg eines Sachverständigen nicht nur an der Übernahme der zentralen Ergebnisse eines Gutachtens oder dessen Zurückweisung bemisst, „sondern an der guten Kooperation und der Fähigkeit zur Erzeugung eines möglichst für alle am Verfahren Beteiligten akzeptablen Interpretationszusammenhangs für die in Frage stehenden Taten und Personen" (Pfäfflin, 2000, S. 57). Vor diesem Hintergrund werden die „Gutachterschlachten" umso fragwürdiger, v. a. wenn man berücksichtigt, wie wenig sicher die gefundenen Ergebnisse oft sind, was neuere Untersuchungen zur Treffsicherheit mehr und mehr belegen können. Nach Wolff sollen Gutachten zu einem konstruktiven Gespräch beitragen. „Der in den Gutachten bislang vorherrschende Darstellungstyp eignet sich […] nicht als Anstoß für ein derartiges Gespräch, sondern eher als Vorgabe für dessen Beendigung" (Wolff, 1995, S. 195).

Bedeutende weitere Fortschritte für die Forensische Psychologie ergaben sich auf der Grundlage gefundener Forschungsergebnisse durch das Urteil des Bundesgerichtshofs vom 30. Juli 1999 (1 StR 618/98, LG Ansbach), welches auf der Basis psychologischer Gutachten erstmals Qualitätskriterien zur Durchführung forensisch-psychologischer Begutachtungen in Fragen der Glaubwürdigkeit von Aussagen im Bereich sexuellen Kindesmissbrauchs festlegte (vgl. hierzu die Darstellungen in Praxis der Rechtspsychologie 2, 1999). Vorangegangen waren die sogenannten großen Missbrauchsprozesse, in welchen gerade Gutachter beschuldigt wurden, parteilich oder suggestiv aufgetreten zu sein, so dass externer Einfluss und tatsächliches Geschehen sich nicht mehr trennen ließen, ein Dilemma, vor dem bereits die frühen Pioniere der Aussagepsychologie standen (s. o.). Die Deutsche Gesellschaft für Kinder- und Jugendpsychiatrie, Psychosomatik und Psychotherapie e. V., die Bundesarbeitsgemeinschaft der Leitenden Ärzte in der Kinder- und Jugendpsychiatrie und -psychotherapie (BAG) sowie der Berufsverband der Ärzte für Kinder- und Jugendpsychiatrie und -psychotherapie in Deutschland haben eine Fachkommission zur Qualitätssicherung in der Begutachtung eingerichtet, die u. a. Leitlinien für einzelne Gutachtenfragestellungen erarbeitet, wie Umgangsrecht, Sorgerecht, Glaubhaftigkeit oder sozialrechtliche Gutachten (Fegert & Häßler, 2000, S. 289 f.). 2005 wurden von einer interdisziplinär zusammengesetzten Arbeitsgruppe Mindestanforderungen für Schuldfähigkeitsgutachten (vgl. Boetticher et al., 2005) und 2006 für Prognosegutachten (vgl. Boetticher et al., 2006) veröffentlicht (vgl. unten).

Solche Mindeststandards können zu einer Verbesserung der Gutachtenqualität beitragen (Fegert, 2000), v. a. aber auch zu besseren Möglichkeiten einer Prüfung der Gutachtenqualität für den Auftraggeber. Dieser sollte für die Zusammenarbeit mit Sachverständigen darüber hinaus, wie Kaiser (1996, S. 99) bereits vor Jahrzehnten betonte, über ein minimales kriminologisches Wissen verfügen. Teilweise werden die Mindeststandards allerdings auch kritisch gesehen. So betont Pfäfflin (2000):

Auch bei noch so hohen Standards wird es immer gute und schlechte Gutachten, begabte und minder begabte Gutachter geben. Angreifbare Gutachten bieten mehr Chancen zu kontroversen Diskussionen. Sie beleben die Auseinandersetzung im Gerichtssaal und tragen unter Umständen mehr zur Wahrheitsfindung bei als glatte, scheinbar perfekte [...] Würden wir die Möglichkeit mehr nutzen und pflegen, schlechte und gute Gutachten öffentlich zu diskutieren, nicht einfach eine plumpe Gutachterschelte betreiben, sondern anhand exemplarischer Fälle grundsätzliche Streitfragen klären, wäre viel gewonnen. (S. 62 f.; vgl. auch Becker, 1993)

Fegert (2000) unterstreicht dagegen eindeutig: „Wir brauchen Standards!" Er weist darauf hin, dass nicht allein wissenschaftliche Kompetenz über die Vergabe eines Gutachtens entscheidet, sondern auch die lokale Verfügbarkeit von Gutachtern, wobei insbesondere auf die Situation in Ostdeutschland verwiesen wird. Bei der stark gestiegenen Zahl der Gutachtenaufträge ist das insgesamt ein Problem, da qualifizierte Sachverständige vielfach nicht zur Verfügung stehen. Gutachtergruppen bzw. Einzelpersonen erhalten oft eine marktbeherrschende Position (vgl. „Hausgutachterproblematik") und setzen damit teilweise lokale „Standards", die zu überprüfen sind. Fegert hofft (2000, S. 103), „dass die Fachgesellschaften und in ihnen die Einzelpersonen, welche Gutachten erstellen, dadurch noch einmal stärker auf ihre persönliche Verantwortung gegenüber den zu begutachtenden Probanden hingewiesen werden können." Vor dem Hintergrund der kritischen Einschätzung Pfäfflins betont er, dass Mindeststandards sich nicht in einer „seelenlosen Pseudoexaktheit", etwa der Aufzählung geforderter Untersuchungen und Methoden, erschöpfen dürften, „sondern [sie] sollten vor allem ethische Standards, Grundhaltungen, welche den basalen Rahmen und das Vorgehen bei der Begutachtung betreffen, im Blick haben" (S. 103). Die zentrale Bedeutung von Standards sieht er in der Lehre.

Eine weitere wichtige Entscheidung erfolgte durch die Verabschiedung und das Inkrafttreten des „Gesetzes zur Bekämpfung von Sexualdelikten und anderen gefährlichen Straftaten" am 31. Januar 1998, welches, in der Folge öffentlich diskutierter Sexualdelikte an Kindern, die Einholung eines Sachverständigengutachtens bei vorzeitiger Entlassung von Sexual- und Gewaltstraftätern aus der Haft vorschreibt, wenn diese zu einer Freiheitsstrafe von über zwei Jahren verurteilt worden sind. Allerdings waren bereits zuvor von den Strafvollstreckungskammern immer wieder solche Prognosegutachten eingeholt worden, welche zunächst hauptsächlich von Psychiatern, später zunehmend auch von Psychologen, erstellt wurden. Dieses Gesetz bedeutete jedoch die Festschreibung einer entsprechenden Gutachtenpraxis, einerseits verbunden mit einer erheblichen Nachfrage nach Sachverständigen, andererseits auch einem Infragestellen der besonders durch Forensische Psychiatrie angewandten „klinischen Methode" und einem Aufleben der bereits in den 1920er Jahren in den USA etablierten „statistischen Prognose" z. B. durch Burgess oder das Ehepaar Glueck (vgl. ausführlich Schneider, 1967).

Über den strafrechtlichen Bereich hinaus ergaben sich im Laufe der Zeit ebenfalls relevante Entwicklungen für die Rechtspsychologie, so führte die Reform des Ehe- und Familienrechts von 1976 mit ihrem geänderten Scheidungsrecht (Zerrüttungs- statt Schuldprinzip) zu einer wesentlich stärkeren Berücksichtigung des Bindungsgedankens bei der Zuweisung der elterlichen Sorge für noch minderjährige Kinder nach der Scheidung bzw. Trennung. Dies hatte zur Folge, dass vermehrt familienrechtspsychologische Gutachten in Auftrag gegeben wurden, ein Aufgabenbereich, der von Beginn an durch Psychologen dominiert wurde. Durch das 1998 in Kraft getretene Kindschaftsreformgesetz wurde zwar die Rolle des Sachverständigen im Fall der Übertragung der alleinigen Sorge auf einen Elternteil nach der Scheidung nach § 1671 BGB nicht berührt, generell gilt heute sehr viel stärker die gemeinsame elterliche Verantwortung (mit der Regel des gemeinsamen Sorgerechts) auch bezüglich Fragen des Umgangs des nicht-sorgeberechtigten Elternteils mit dem Kind.

Insgesamt haben die vergangenen etwas mehr als 100 Jahre der Rechtspsychologie eine rasche Entwicklung von einer primär experimentell orientierten Disziplin zu einem mittlerweile in viele Bereiche ausdifferenzierten, allerdings immer noch recht kleinen, Teilgebiet der Psychologie und einem nicht zu vernachlässigenden wirtschaftlichen Faktor gezeigt. War die Rechtspsychologie in ihren Anfängen nicht viel mehr als sporadisch und exemplarisch nachgefragtes Expertenwissen, besteht heute in Deutschland eine erhebliche Nachfrage nach gut ausgebildeten Rechtspsychologen die – unabhängig von anderen psychologischen Berufsfeldern – eine eigenständige Rolle spielen. Wie in anderen psychologischen Bereichen wird auch in der Rechtspsychologie in Teilbereichen die bestehende Konkurrenzsituation zur Psychiatrie deutlich, die, aufgrund ihrer wesentlich längeren Geschichte und einer traditionellen Verbindung zur Jurisprudenz, auch heute noch viele Bereiche dominiert. Möglicherweise kann eines der jüngeren historischen Ereignisse – die Schaffung des „Fachpsychologen Rechtspsychologie" durch die Föderation Deutscher Psychologenvereinigungen im Jahr 1995 und die Schaffung einer Weiterbildungsordnung – zur weiteren Qualifizierung und Anerkennung in der Fachwelt wie auch der Öffentlichkeit beitragen. Allerdings spielte bisher der Fachtitel in der forensischen Praxis noch kaum eine Rolle. Weitere Gesellschaften vergeben ebenfalls Fachtitel, so z. B. die Deutsche Gesellschaft für Psychiatrie, Psychotherapie und Nervenheilkunde, die seit 2000 nach umfangreicher Zusatzausbildung das Zertifikat „Forensische Psychiatrie" verleiht (vgl. Nervenarzt 9, 2000, 763–765).

Die folgende Zeittafel gibt einen knappen Überblick über die wesentlichen historischen Daten.

Geschichte der Rechtspsychologie – ausgewählte relevante Daten	
1896	Der Psychiater Albert von Schrenck-Notzing nimmt zur Rolle des suggestiven Einflusses der Medien in einem Münchner Mordprozess Stellung
1903	William Stern tritt als erster psychologischer Sachverständiger zur Frage der Glaubwürdigkeit jugendlicher Zeugen vor einem Hamburger Gericht auf
1911	Der Würzburger Psychologieprofessor Karl Marbe wird in einem Zivilverfahren zur Prüfung der Verantwortlichkeit des Zugpersonals bei einem Unfall herangezogen
1941	Etablierung des Diplomstudiengangs Psychologie
1951	Institutionalisierung der Rechtspsychologie durch Gründung des Bochumer Instituts für Gerichtspsychologie durch Friedrich Arntzen
1954	Entscheidung des Bundesgerichtshofs, dass bei sexuellem Kindesmissbrauch, wenn das Urteil von der Aussage des (Opfer-)Zeugen abhängt, ein psychologisches oder psychiatrisches Glaubwürdigkeitsgutachten einzuholen ist
1956/ 1958	Der Münsteraner Psychologieprofessor Wolfgang Metzger erstattet vor dem Landgericht Dortmund in einem Tötungsdelikt ein Gutachten zum Vorliegen eines Affekts; Entscheidung des Bundesgerichtshofs, dass die die Verhaltenskontrolle beeinträchtigenden Bewusstseinsstörungen nicht zwangsläufig an Psychopathologie geknüpft sind
1975	Inkrafttreten der Ergebnisse der Großen Strafrechtsreform und Verankerung der „schweren anderen seelischen Abartigkeit" im § 20 StGB

Geschichte der Rechtspsychologie – ausgewählte relevante Daten	
1976	Reform des Ehe- und Familienrechts mit geändertem Scheidungsrecht und stärkerer Berücksichtigung des Bindungsgedankens
1984	Gründung einer Fachgruppe „Rechtspsychologie" in der Deutschen Gesellschaft für Psychologie
1995	Ordnung für Weiterbildung in Rechtspsychologie, verabschiedet vom Vorstand der Föderation Deutscher Psychologenvereinigungen
1998	Kindschaftsreformgesetz mit Betonung gemeinsamer elterlicher Verantwortung
1998	Inkrafttreten des „Gesetzes zur Bekämpfung von Sexualdelikten und anderen gefährlichen Straftaten" mit verpflichtender Einholung von Prognosegutachten bei vorzeitiger Entlassung aus dem Strafvollzug
1999	Urteil des Bundesgerichtshofs zu Qualitätskriterien bei der Durchführung von Glaubwürdigkeitsgutachten bei sexuellem Kindesmissbrauch
2005	Veröffentlichung von „Mindestanforderungen für Schuldfähigkeitsgutachten" durch eine Expertengruppe
2006	Veröffentlichung von „Mindestanforderungen für Prognosegutachten" durch eine Expertengruppe

Weiterführende Literatur

Bartol, C. R. & Bartol, A. M. (1987). History of forensic psychology. In I. B. Weiner & A. K. Hess (Hrsg.), *Handbook of forensic psychology* (S. 3–19). New York, NY: John Wiley & Sons.

Kury, H. (Hrsg.). (1987). *Ausgewählte Fragen und Probleme forensischer Begutachtung.* Köln u. a.: Heymanns.

Moser, T. (1971). *Repressive Kriminalpsychiatrie. Vom Elend einer Wissenschaft. Eine Streitschrift.* Frankfurt/M.: Suhrkamp.

Staatsbibliothek zu Berlin (Hrsg.). (2000). *Ex Bibliotheca Regia Berolinensi. Schöne und seltene Bücher aus der Abteilung Historische Drucke.* Wiesbaden: Dr. Ludwig Reichert.

Undeutsch, U. (1992). Highlights of the history of forensic psychology in Germany. In F. Lösel, D. Bender & T. Bliesener (Hrsg.), *Psychology and law. International perspectives* (S. 509–518). Berlin: de Gruyter.

Kontrollfragen

1. Welche Themenbereiche dominierten den frühen Beginn der Forensischen Psychologie?
2. In welche zeitliche Phase fiel die Institutionalisierung der Rechtspsychologie und wie gestaltete sich die weitere Entwicklung?
3. 1954 fällte der Bundesgerichtshof ein wichtiges Urteil für die weitere Entwicklung der Rechtspsychologie. Um was ging es bei diesem Urteil?
4. Was bedeutete die Große Strafrechtsreform für die Forensische Psychologie?
5. Auch das Gesetz zur Bekämpfung von Sexualdelikten und anderen gefährlichen Straftaten aus dem Jahr 1998 markiert einen wichtigen Punkt in der Geschichte der Forensischen Psychologie. Welchen?

2 Definitionen und Abgrenzungen

In der Literatur finden sich für den Zusammenhang der beiden Felder „Psychologie" und „Recht" bzw. Strafverfolgung je nach Schwerpunkt eine Vielzahl unterschiedlicher Begriffe, die selbst für mit diesem Metier Vertraute manchmal nur schwer einsichtig und voneinander abgrenzbar sind. „Rechtspsychologie", „Forensische Psychologie", „Kriminalpsychologie", „Psychologie abweichenden Verhaltens", „Kriminologie" oder „Kriminalistik" sind die gebräuchlichsten Begriffe, aber auch „Psychologie und Recht", „Psychologie im Recht" und „Psychologie des Rechts" finden sich vielfach in wissenschaftlichen Texten. Diese Begriffe sollen kurz erläutert und voneinander abgegrenzt werden. Einen guten Überblick geben etwa die Stichworte im „Kleinen Kriminologischen Wörterbuch" (Kaiser et al., 1993) sowie die kriminologischen Lehrbücher von Kaiser (1996), Göppinger und Bock (2008), Kunz (2008), Albrecht (2010) oder Schwind (2011).

2.1 Rechtspsychologie

Der Begriff „Rechtspsychologie" (vgl. Stephan, 1993a; Lösel, 1999) hat sich in den vergangenen Jahren mehr und mehr als Oberbegriff eingebürgert, unter welchen alle Bereiche subsumiert werden, in denen Psychologie und Recht im weiteren Sinne aufeinandertreffen. Damit entspricht der Begriff in etwa der angelsächsischen Bezeichnung „legal psychology". Auch die Sektion „Forensische und Kriminalpsychologie" im Berufsverband Deutscher Psychologen (BDP) benannte sich in den 1990er Jahren in die Sektion „Rechtspsychologie" um, auch um so ein breiteres Spektrum zu erfassen. Nach Kette (1987) ist das

> Hauptinteresse der Rechtspsychologie [...] die Verwendung der wissenschaftlichen Psychologie für ein besseres Verständnis des Rechtswesens. Damit können wir die grundlegenden Annahmen, die das Recht über menschliches Verhalten macht, überprüfen. Die Psychologie kann auch den gesamten sozialen Kontext, in dem das Rechtssystem funktioniert, beleuchten und die Zusammenhänge klären. (S. 5)

Die Rechtspsychologie ist ein Teilgebiet der Angewandten Psychologie und nutzt Wissen aus verschiedenen Bereichen der Psychologie.

Vielfach wird die Rechtspsychologie verglichen mit einem Dach, das durch die Säulen „Forensische Psychologie" und „Kriminalpsychologie" getragen wird, „angebaut" sind die Disziplinen „Kriminologie", „Psychologie abweichenden Verhaltens" und „Kriminalistik", die selbst nur zum Teil durch die Rechtspsychologie „überdacht" sind (vgl. Kette, 1987, S. 7). Damit umfasst die Rechtspsychologie sowohl Grundlagen- als auch angewandte Wissenschaft, Forschung und Lehre finden ebenso Raum wie die Praxis durch niedergelassene Gutachter. Rechtspsychologen arbeiten z. B. im Strafvollzug, bei der Polizei, in kriminologischen Forschungseinrichtungen, in der ambulanten Straffälligenhilfe oder in der Entwicklung und Umsetzung von Alternativen zu klassischen Reaktionsformen auf straffälliges Verhalten (wie Mediation). Gemeinsam ist ihnen die Verbindung von rechtlichen und psychologischen Fragestellungen. Diese Spannweite wird auch anhand der am 18. November 1995 vom Vorstand der Föderation Deutscher Psychologenvereinigungen verabschiedeten „Ordnung für die Weiterbildung in der Rechtspsychologie"[1] deutlich.

Diese Spannweite bedeutet, dass das Berufsbild des Rechtspsychologen breit differenziert ist und diese Differenzierung aufgrund der sich rasch entwickelnden fachspezifischen Forschungslage weiter zunimmt. Es ist kaum noch möglich, dass Rechtspsychologen in mehreren oder gar allen Bereichen über dasselbe Maß an Expertise verfügen. Viel spezialisiertes Fachwissen der Psychologie und dessen Entwicklung muss in der Rechtspsychologie Berücksichtigung finden, so aus den Bereichen „Entwicklungspsychologie", „Psychologische Diagnostik"/„Differentielle Psychologie", „Psychopathologie", „Klinische Psychologie" oder „Sozialpsychologie". Daher wäre es eine zu große Einschränkung, die Rechtspsychologie nur auf die forensische Gutachtentätigkeit beschränken zu wollen. Der in diesem Feld wissenschaftlich tätige Psychologe, der Psychologe im Dienst der Polizei oder des Justizvollzugs, um nur wenige Beispiele zu nennen, kann denselben Anspruch geltend machen, rechtspsychologisch zu arbeiten (vgl. Pecher, 2004). Entsprechend ist die genannte Weiterbildungsordnung „Rechtspsychologie" des BDP eher eine Weiterbildung zur Forensischen Sachverständigentätigkeit, ein allerdings ausgesprochen wichtiger Teil des Gesamtbereichs.

---

1 http://psychologie.de/ueber/gremien/akkreditie rungsausschuss-rechtspsychologie/ wb-ordnung /; Aufruf 11. 01. 2012; vgl. Kap. 3

2.2 Forensische Psychologie

Deutlich enger definiert ist dagegen eine der tragenden Säulen der Rechtspsychologie, die „Forensische Psychologie" (vgl. Stephan, 1993 b; Wegener, 1981). Allerdings finden sich auch hier teilweise deutlich breitere Beschreibungen des Teilgebiets (vgl. Hess, 1987). Der Begriff leitet sich vom lateinischen „forum", dem Marktplatz, ab, auf welchem Gericht gehalten und Recht gesprochen wurde. Auch heute noch wird „in foro" als Bezeichnung für die Verhandlung einer Sache vor Gericht benutzt. Entsprechend definiert sich die Forensische Psychologie in Fachveröffentlichungen nahezu ausschließlich als die psychologische Sachverständigentätigkeit vor Gericht, teilweise wird noch die Tätigkeit von Psychologen im Strafvollzug darunter gefasst. Die Tätigkeitsschwerpunkte umfassen die Begutachtung im Rahmen des Strafverfahrens, hierzu zählen Fragestellungen der Schuldfähigkeit, Glaubwürdigkeit, etwa von kindlichen Zeugen, und der Prognose sowie bei Jugendlichen und Heranwachsenden die Beurteilung der Reife im Hinblick auf strafrechtliche Verantwortlichkeit bzw. Anwendung von allgemeinem Strafrecht (StGB) oder Jugendgerichtsgesetz (JGG). In den vergangenen Jahren hat durch verschiedene Gesetzesänderungen die forensisch-psychologische Tätigkeit im Bereich des Straf- und Maßregelvollzugs eine besondere Bedeutung erlangt, entsprechend ist auch der Bedarf nach Gutachten zur Prognose bestehender Gefährlichkeit eines Inhaftierten bei der Diskussion von Lockerungen oder vorzeitigen Entlassungen aus dem Vollzug deutlich gestiegen (vgl. Kury et al., 2009; Kury & Adams, 2010).

Daneben kommt auch zivilrechtlichen Gutachtenfragestellungen eine wichtige Rolle zu, dies gilt – trotz verändertem Kindschaftsrecht und dem Regelfall der gemeinsamen elterlichen Sorge – v. a. für Sorge- und Umgangsrechtsentscheidungen nach Trennung bzw. Scheidung der Eltern (vgl. Salzgeber & Fichtner, Kap. 12). Immer wieder treten auch „kombinierte Fragestellungen" auf, d. h. ein Elternteil beschuldigt in der Trennungsphase den anderen, das Kind sexuell missbraucht zu haben, welches diesen Missbrauch mehr oder minder explizit auch angibt. In diesen Fällen geht eine Überprüfung des Wahrheitsgehalts der Aussage des Kindes zum Missbrauch (strafrechtlich bedeutsame Frage) der eigentlichen Sorgerechtsfrage (zivilrechtlich) voran. Aber auch die Erstellung von Gutachten in sozial- und verwaltungsrechtlichen Fragen (Arbeits- und Erwerbsunfähigkeit, Rehabilitation und Weiterbildung) und insbesondere in verkehrsrechtlichen Fragen zur Fahreignung stellen einen wichtigen Bereich forensisch-psychologischer Tätigkeit dar.

Anders als die Rechtspsychologie stellt die Forensische Psychologie eher eine Hilfswissenschaft im Dienste der Rechtsprechung dar, dies geht auch einher mit der definierten Rolle des Gutachters als „Gehilfe des Gerichts" (vgl. BGHSt 3, 28; 7, 239). Nach Schreiber (1987, S. 50) sollte man „nun nicht über das Wort ‚Gehilfe' streiten. Vielleicht kann man besser sagen ‚selbständiger Helfer bei der Wahrheitsfindung', jedenfalls ist der Sachverständige nach der Konzeption der Strafprozessordnung dem Gericht untergeordnet." Seine Expertise soll dem Gericht helfen, zu einer qualifizierteren Entscheidung zu gelangen.

2.3 Kriminalpsychologie

Die zweite tragende Säule der Rechtspsychologie ist die Kriminalpsychologie (vgl. Füllgrabe, 1997; Kury, 1983 a). Diese befasst sich sowohl mit der Entstehung, Ausfüh-

rung, Aufdeckung, Vorbeugung und Bestrafung von Kriminalität, mit den Opfern von Straftaten, wie auch mit praxisorientierten kriminalistischen Bereichen wie z. B. dem auch in Deutschland immer wieder diskutierten Profiling, d. h. der Erstellung von Täterprofilen im Dienste der polizeilichen Ermittlung. Schneider (1971, S. 417) umschreibt als zentrale Fragen der Kriminalpsychologie „die Psychologie des Täters und der Tätergruppe, des Opfers und der Kriminalitätsursachen in der Gesellschaft", darunter fallen weiter die „Psychologie der strafenden Gesellschaft und deren Repräsentanten in der Strafgesetzgebung und Strafrechtspraxis". Auffallend ist die große Nähe zur Kriminologie (s. Kap. 2.5), so dass im Bereich der theoretischen Ansätze von einer erheblichen Überschneidung ausgegangen werden kann. Mit der – dem internationalen Trend folgenden – zunehmenden Bedeutung der Psychologie innerhalb der Kriminologie ist es üblich geworden, innerhalb dieser interdisziplinären Disziplin u. a. von psychologischen Kriminalitätstheorien zu sprechen. In der Kriminologie spielt die Kriminalpsychologie als Teildisziplin eine wesentliche Rolle, insbesondere was empirische, sozialwissenschaftlich orientierte Forschung betrifft.

Es bleibt für eine eigenständige Kriminalpsychologie insbesondere der praxisbezogene Anteil bestehen. Hier befasst sie sich beispielsweise mit der Sanktionierung von Straftätern, aber auch deren Behandlung und Resozialisierung (vgl. Pecher, 2004). Darüber hinaus nimmt im Rahmen der Strafverfolgung das bereits erwähnte „Profiling" seit einigen Jahren eine gewisse Rolle ein. Dieses insbesondere aus den USA kommende und mit einem Rückschluss auf ein mögliches Täterprofil verbundene Konzept der psychologischen Analyse einer Straftat lebt in der Öffentlichkeit jedoch hauptsächlich von einem durch Kriminalfilme und -serien erzeugten Image, das der – zumindest in Deutschland praktizierten – Realität bestenfalls am Rande entspricht. Die, insbesondere durch das Bundeskriminalamt und die Landeskriminalämter praktizierte, „Operative Fallanalyse" ist weit weniger Aufsehen erregend als in den filmischen Vorlagen. Der sich am Tatort in den Täter „hineindenkende" Psychologe spielt keine Rolle, vielmehr ist der auf Datenbanken zugreifende Vergleich der Tatmerkmale im Büro fernab des Tatorts der Arbeitsalltag des „Profilers" (vgl. Baurmann, 2009).

2.4 Psychologie abweichenden Verhaltens

Psychologie abweichenden Verhaltens ist deutlich weiter gefasst und nicht auf den engen Bereich kriminell abweichenden und damit strafbaren Verhaltens begrenzt (vgl. ausführlich Amelang, 1986; Peters, 2009; Böhnisch, 2010). So ist die Schnittmenge zwischen der Psychologie abweichenden Verhaltens und der Rechtspsychologie eher klein im Vergleich zu anderen Bereichen, z. B. zur Klinischen Psychologie. Selbst wenn man eine Einschränkung auf sozial abweichendes Verhalten vornimmt, bleibt dennoch eine Vielzahl von Phänomenen, die nicht dem Bereich strafrechtlich verbotenen Verhaltens, somit der Kriminalität zuzuordnen sind.

Die Schnittmenge von Rechtspsychologie und Psychologie abweichenden Verhaltens ist auch abhängig von den jeweiligen lokalen und zeitlichen gesellschaftlichen Gegebenheiten. Ein typisches Beispiel hierfür ist der Umgang mit Homosexualität. So waren homosexuelle Handlungen zwischen Männern bis zur Großen Strafrechtsreform 1975 strafrechtlich verfolgt, wohingegen insbesondere in Großstädten diese Lebensform mehr und mehr, wenn auch eingeschränkte, Akzeptanz fand. Die Bewertung als sozial abweichendes Verhalten nahm entsprechend ab. Inzwischen sind homosexuelle Beziehungen unter Erwachsenen in Deutschland auch gesellschaftlich weitgehend akzeptiert. Heute spielt hier das Strafrecht keine Rolle mehr, wenngleich in traditionell geprägten Gegenden die Bewertung als „abweichendes Verhalten" weiterhin Bestand haben dürfte. Eine weitere, ebenfalls mit der Großen Strafrechtsreform veränderte rechtliche Regelung ist der sogenannte „Kuppeleiparagraph", nach welchem sich ein Eigentümer bei der Vermietung einer Wohnung an ein unverheiratetes Paar strafbar machte. Diese Praxis wurde bereits Jahre vor der Abschaffung der Regelung im Zusammenhang mit veränderten Einstellungen in der Gesellschaft kaum mehr strafrechtlich verfolgt. Das Verhalten wurde nicht nur als nicht abweichend sondern als „normal" betrachtet, daher war die Aufhebung der Strafbarkeit eine nur konsequente Umsetzung der allgemeinen gesellschaftlichen Auffassung. Im Bereich illegaler Drogen, v. a. „weicher" wie Haschisch und Marihuana, zeichnet sich seit einigen Jahren auch ein Einstellungswandel ab, hin zu einer zunehmenden „Entkriminalisierung". Der Aspekt der Hilfe für Drogenabhängige rückte zu Lasten einer Strafe mehr in den Vordergrund. Zwischen einzelnen Ländern zeigen sich hier enorme Unterschiede. Während in den USA teilweise nach wie vor ein „War on Drugs" mit strengen Strafen geführt wird, hat Portugal den Eigengebrauch sämtlicher Drogen seit Juli 2001 entkriminalisiert (Agra, 2009; Kury & Quintas, 2010 a; 2010 b). Zum abweichenden Verhalten wird in aller Regel auch der Alkoholabusus oder die Prostitution gerechnet (vgl. die Beiträge in Schneider, 1981).

31

2.5 Kriminologie

Anders als bei den bisher genannten Bereichen, die allesamt Teildisziplinen der Psychologie sind, handelt es sich bei der Kriminologie um eine eigenständige empirische Wissenschaft, die sich mit der Entstehung, den Folgen und der Kontrolle von Kriminalität, in den letzten Jahrzehnten auch zunehmend mit den Opfern von Straftaten befasst (vgl. Albrecht, 2010; Kaiser, 1996; Göppinger & Bock, 2008; Kunz, 2008; Schwind, 2011). So definiert Kaiser (1996) die Kriminologie als

> die geordnete Gesamtheit des Erfahrungswissens über das Verbrechen, den Rechtsbrecher, die negativ soziale Auffälligkeit und über die Kontrolle dieses Verhaltens. Ihr Wissenschaftsgebiet lässt sich mit den drei Grundbegriffen Verbrechen, Verbrecher und Verbrechenskontrolle treffend kennzeichnen. Ihnen sind auch Opferbelange und Verbrechensverhütung zugeordnet. (S. 1)

Auch wenn sie in Deutschland an den Universitäten noch weitgehend als (kleiner) Teilbereich der Rechtswissenschaften behandelt und gelehrt wird, was nach wie vor ein erhebliches Problem der deutschen Kriminologie darstellt, hat sich international die Kriminologie als eigenständige Disziplin etabliert. Zum Beispiel in den USA und anderen englischsprachigen Ländern ist „Criminology" oder „Criminal Justice" ein Studiengang, der zwar Bezüge zu den Rechts-, Sozial- und Verhaltenswissenschaften hat, jedoch mit einem eigenen Bachelor- bzw. Mastertitel abschließt, auf dem dann die Promotion (PhD) aufgebaut werden kann (vgl. Bartol & Bartol, 2012a). Im Vergleich hierzu wird in Deutschland die Kriminologie an den Universitäten immer noch durch Juristen dominiert, ergänzt durch sozialwissenschaftliche Anteile seitens Soziologen, Psychologen oder Pädagogen. Das Berufsbild des Kriminologen ist nicht durch ein entsprechendes Studium bestimmt, die Berufsbezeichnung Kriminologe ist daher weitgehend beliebig. Seit einigen Jahren wird in Hamburg vom Institut für Kriminologische Sozialforschung (IKS) ein Aufbaustudiengang „Kriminologie" („Masterstudiengang Internationale Kriminologie" und „Weiterbildender Masterstudiengang Kriminologie"[2]) angeboten. In neuerer Zeit bietet die Ruhr-Universität Bochum einen Masterstudiengang „Kriminologie und Polizeiwissenschaft"[3] an, der ebenso für andere Berufsgruppen, z. B. Polizeibeamte, geöffnet ist, und auch an der Universität Greifswald kann im Rahmen eines weiterbildenden Studiengangs der „Master of Laws in Criminology and Criminal Justice"[4] erworben werden. Ihre berufliche Heimat finden Kriminologen meist in der Forschung, im Bundes- bzw. in den Landeskriminalämtern, in der Politikberatung oder auch zunehmend in kleinen privaten Instituten.

Die Inhalte der Kriminologie sind in Deutschland, aufgrund der Ansiedlung der Disziplin, recht stark am Strafrecht orientiert, neben täterbezogenen Fragestellungen finden etwa seit den 1970er Jahren vermehrt Themen zum Opfer, der „Viktimologie", Eingang in die kriminologische Forschung (vgl. Schneider, 2007a). Ein wichtiger Bereich in der Kriminologie sind die Entwicklung und Überprüfung von Kriminalitätstheorien, in Bezug auf psychologische Theorien ergeben sich somit Überschneidungen zur oben beschriebenen Kriminalpsychologie. Darüber hinaus ist die Kriminologie auch eine angewandte Wissenschaft, so ergeben sich z. B. Fragestellungen hinsichtlich der Wirkungen bestimmter Interventionen auf die Auftrittswahrscheinlichkeit von delinquentem Verhalten, sei dies im Bereich

---

2 https://www.wiso.uni-hamburg.de/institute/kriminologie/startseite; Aufruf 11.01.2012
3 http://www.makrim.de; Aufruf 11.01.2012
4 http://www.rsf.uni-greifswald.de/duenkel/lehre/master-programm.html; Aufruf 11.01.2012

der Resozialisierungsforschung oder der Kriminalprävention. Darüber hinaus gilt auch sogenannten weichen Variablen der Einstellungsforschung ein besonderes Augenmerk, insbesondere den Ursachen, dem Ausmaß und der Aufrechterhaltung von Kriminalitätsfurcht bzw. Einstellungen zu Kriminalität und Strafen.

2.6 Kriminalistik

Die Kriminalistik als Kriminalphänomenologie und praktische Untersuchungskunde im Zusammenhang mit Straftaten hat ihre Definition im Laufe der Zeit verändert (vgl. Feest, 1993, S. 236 ff.). Franz v. Liszt verstand darunter noch die geforderte „gesamte Strafrechtswissenschaft", Gross (1893), der teilweise als Begründer des Fachs gesehen wird, schränkte sie bereits als strafrechtliche Hilfswissenschaft ein. In der ehemaligen DDR und auch den früheren Sowjetstaaten war Kriminalistik eine eigenständige Wissenschaft, die an den Universitäten gelehrt wurde. Nach der Wende wurde dieses Studienfach in den neuen Bundesländern abgeschafft und es wurde das zu diesem Zeitpunkt bestehende System der früheren BRD übernommen, d. h. die Kriminalistik wurde Bestandteil der Polizeiausbildung und des Studiums an den Polizeihochschulen der Länder und des Bundes (vgl. Weihmann, 2008). Auch die Kriminalistik ist, ähnlich wie die Forensische Psychologie, eine Hilfsdisziplin im Dienste der Rechtswissenschaft bzw. vor allem der Strafverfolgung. Dabei spielt, mit zunehmend verfeinerter naturwissenschaftlicher Erkenntnis, die Kriminaltechnik inzwischen eine besonders wichtige Rolle. So ist es etwa Aufgabe der Kriminalistik, anhand von Spuren Tatergänge zu rekonstruieren, Beweise zu sichern oder auch mögliche Tatverdächtige zu ermitteln. Insbesondere der „genetische Fingerab-

druck", d. h. der Vergleich von am Tatort gefundenem genetisch relevantem Material (Hautspuren, Haare, Sperma o. ä.) mit bereits vorliegendem Material registrierter Täter sowie die Überführung eines Täters aufgrund von DNA-Analyse spielen in der Kriminalistik eine wichtige und auch der Öffentlichkeit, z. B. in Kriminalfilmen, immer wieder vermittelte Rolle.

Ein weiterer Bestandteil der Kriminalistik, und damit im Überschneidungsbereich zur Kriminalpsychologie, ist die oben beschriebene Fallanalyse zum Tathergang.

2.7 Psychologie und Recht – Psychologie des Rechts – Psychologie im Recht

Immer wieder finden sich in der Literatur unterschiedliche Darstellungen zum Verhältnis zwischen Psychologie und Rechtswissenschaft beschrieben. Haney (1980) unterscheidet drei Arten, auf welche die Psychologie mit dem Recht in Beziehung stehen kann: als „Psychologie und Recht", „Psychologie des Rechts" und „Psychologie im Recht" (vgl. Kette, 1987, S. 5 f.).

Bei „Psychologie und Recht" stehen beide Fachdisziplinen selbständig auf gleicher Höhe nebeneinander, Merkmale des Rechtssystems werden aus Sicht der Psychologie untersucht. Die Psychologie sammelt Wissen, das für das Rechtssystem relevant sein kann: Können z. B. rechtliche Annahmen über menschliches Verhalten aus psychologischer Sicht bestätigt werden? Wie zuverlässig sind die für gerichtliche Entscheidungen wichtigen Zeugenaussagen vor dem Hintergrund wahrnehmungs- und gedächtnispsychologischer Forschung? Die Psychologie kann auf dieser Ebene „zur Änderung von

Grundsätzen und Anwendungsweisen des Rechts beitragen" (Kette, 1987, S. 6).

Bei der „Psychologie des Rechts" geht es um das Recht als Einflussfaktor auf menschliches Verhalten. Wieweit kann das Recht gesellschaftliches Verhalten beeinflussen, z. B. im Sinne einer Senkung der Kriminalitätsbelastung: Wie beeinflusst die Gesellschaft das Recht oder wie „funktioniert" richterliches Entscheidungsverhalten? Hierbei handelt es sich ebenfalls um gesellschaftlich ausgesprochen wichtige Fragen, z. B. hinsichtlich einer Veränderung des Rechts (Verschärfung) im Sinne einer Reduzierung der Kriminalitätsbelastung, Fragen, die im Zusammenhang mit der Punitivität in einer Gesellschaft immer wieder strittig diskutiert werden (Kury & Ferdinand, 2008; Kury & Shea, 2011; Oswald et al., 2009). Wieweit kann durch härtere Strafandrohungen im Sinne einer Generalprävention straffälliges Verhalten reduziert werden, was von juristischer und kriminalpolitischer Seite weitgehend angenommen wird? „Die Psychologie des Rechts kann auch Hinweise auf die effektivste Strategie für rechtliche Normen anbieten. Dass sie bis heute in diesem Punkt noch unwirksam geblieben ist, liegt einerseits in ihrem abstrakten und zum Teil nicht empirischen Ansatz und andererseits in der Tatsache, dass sie erst seit den 70er Jahren existiert" (Kette, 1987, S. 6).

Bei „Psychologie im Recht" handelt es sich um die häufigste Nutzung der Psychologie im rechtlichen Bereich. Es handelt sich um Fragestellungen, die weitgehend der „Forensischen Psychologie" zugeschrieben werden. Hier trägt die Psychologie zur Lösung juristischer Fragestellungen bei, wird psychologisches Wissen von Juristen genutzt, z. B. wenn Psychologen als Sachverständige in einer „Hilfsfunktion" auftreten. Der Psychologe dient zur Beantwortung eng umschriebener, juristisch vorgegebener Fragestellungen, z. B. hinsichtlich des Vorliegens von Merkmalen, die für die Beurteilung der Schuldfähigkeit eines Angeklagten von Bedeutung sind, der Glaubwürdigkeit eines Zeugen oder der Gefährlichkeit eines Täters bzw. im Familienrecht zu Entscheidungen im Rahmen des Kindeswohls. „In diesem Kontext wirkt die Psychologie innerhalb der Beschränkungen standardisierter rechtlicher Kategorien und innerhalb der traditionellen rechtlichen Verfahren. Das Recht stellt spezifische, eng formulierte Fragen, die Psychologen innerhalb des rechtlichen Rahmens beantworten müssen" (Kette, 1987, S. 5). Die juristische Würdigung der Befunde obliegt dem Richter, der Psychologe dient mit seinem spezifischen Fachwissen als „Gehilfe".

Weiterführende Literatur

Füllgrabe, U. (1997). *Kriminalpsychologie: Täter und Opfer im Spiel des Lebens* (2. Aufl.). Frankfurt/M.: Ed. Wötzel.

Göppinger, H. (Begr.), Bock, M. (Hrsg.). (2008). *Kriminologie* (6. Aufl.). München: C. H. Beck.

Kaiser, G. (1996). *Kriminologie*. Heidelberg: C. F. Müller.

Kaiser, G., Kerner, H.-J., Sack, F. & Schellhoss, H. (Hrsg.). (1993). *Kleines Kriminologisches Wörterbuch* (3. Aufl.). Heidelberg: C. F. Müller.

Lösel, F. (1999). Rechtspsychologie. In R. Asanger & G. Wenninger (Hrsg.), *Handwörterbuch der Psychologie* (Studienausgabe) (S. 644–652). Weinheim: Beltz, Psychologie Verlags Union.

Wegener, H. (1981). *Einführung in die Forensische Psychologie*. Darmstadt: Wissenschaftliche Buchgesellschaft.

Weihmann, R. (2008). *Kriminalistik* (10. Aufl.). Hilden: Verlag Deutsche Polizeiliteratur.

Kontrollfragen

1. Was versteht man unter dem Begriff der Rechtspsychologie?
2. Mit welchen Merkmalen kann man das Berufsfeld des Forensischen Psychologen beschreiben?
3. In welcher Weise kann man die Kriminalpsychologie von der Kriminologie unterscheiden?

4. Wo ergeben sich Schnittmengen von Rechtspsychologie und Psychologie abweichenden Verhaltens?

5. Was bedeuten die Begriffe „Psychologie und Recht" – „Psychologie des Rechts" – „Psychologie im Recht"

3   Aus- und Weiterbildung in Rechtspsychologie

Im folgenden Abschnitt soll auf Angebote und Möglichkeiten der Aus- und Weiterbildung in Rechtspsychologie eingegangen werden. Zunächst werden die universitären Ausbildungsangebote im Rahmen des Psychologiestudiums kurz vorgestellt und in einem zweiten Teil wird auf die postgraduale Ausbildung eingegangen. Die dargestellten Informationen können keine Vollständigkeit für sich beanspruchen, es werden lediglich herausragende Angebote berichtet. Hierbei orientieren wir uns v. a. an den Angaben der Fachgruppe Rechtspsychologie in der Deutschen Gesellschaft für Psychologie[1]. Die universitären Angebote sind aktuell über die Homepages der einzelnen Psychologischen Institute zu erfahren.

3.1   Die Ausbildungssituation an deutschen Universitäten

Einen Überblick über die Ausbildungssituation an den deutschen Universitäten zu geben, ist weit schwieriger als dies zunächst den Anschein haben mag. Der Grund liegt darin, dass die Rechtspsychologie in den Studienplänen selten verankert ist, eher ein „Orchideendasein" pflegt. Entsprechend finden sich über die festen curricularen Angebote hinaus an verschiedenen Universitä-

ten immer wieder einzelne Seminare oder Vorlesungen zur Rechtspsychologie, in der Regel einzelnen Mitarbeitern geschuldet, die an dieser Fragestellung Interesse haben. Angesichts dieser Heterogenität ist der Umfang der universitären Ausbildung in Rechtspsychologie/Forensischer Psychologie schwer zu beurteilen. Teilweise sind Ausbildungsinhalte des Fachs in andere Themenbereiche, etwa die Sozialpsychologie oder Klinische Psychologie, eingebunden. Einzelne Universitätsinstitute haben das einschlägige Ausbildungsangebot in den letzten Jahren bzw. Jahrzehnten auch erheblich reduziert, so etwa in Freiburg. Nach Angaben der Deutschen Gesellschaft für Psychologie (DGPs), deren Fachgruppe Rechtspsychologie 2008 eine Erhebung zum Stand der rechtspsychologischen Ausbildung an deutschen Universitäten durchführte,[2] bieten die folgenden Institute eine relativ umfangreiche Ausbildung an.

Freie Universität Berlin
Rechtspsychologie wird als forschungsvertiefendes Wahlpflichtfach mit zwei Vorlesungen sowie Seminaren je Semester zu ausgewählten Themen rechtspsychologischer Forschung und Begutachtung aus dem strafrechtlichen und dem familienrechtlichen Bereich angeboten. Im neuen Masterstudiengang „Klinische Psychologie und Gesundheitspsychologie" soll die Forensische Psychologie angeboten werden.

---

1 www.dgps.de/fachgruppen/rechts/auwei.html;
Aufruf 11.01.2012

2 a.a. O

Universität Bonn

Im Diplomstudiengang wurden im Rahmen eines forschungsvertiefenden Wahlpflichtfachs im Hauptstudium jeweils eine einführende Vorlesung sowie Seminare zu ausgewählten Themen rechtspsychologischer Forschung und rechtspsychologischer Begutachtung aus dem strafrechtlichen und dem familienrechtlichen Bereich angeboten. Zudem bestand die Möglichkeit der Mitarbeit an aktuellen Forschungsvorhaben. Auch der Bachelor-Studiengang enthält ein rechtspsychologisches Modul, bestehend aus einer Vorlesung und einem vertiefenden Seminar, im Masterstudiengang wird ein Aufbaumodul aus zwei Seminaren angeboten.

Ab November 2012 wird ein berufsbegleitender Masterstudiengang zur Rechtspsychologie angeboten.

Technische Universität Braunschweig

Im Diplomstudiengang war die Rechtspsychologie ein forschungsvertiefendes Wahlpflichtfach, je Semester wurden zwei Seminare zu ausgewählten Themen der Begutachtung, Intervention und Forschung angeboten. Im Masterstudiengang wurde innerhalb des Schwerpunktmoduls „Klinische Psychologie" ein Aufbaumodul angeboten, bestehend aus mindestens einem Seminar zur Begutachtung sowie einem zur Intervention und Prävention. Auch bestand die Möglichkeit von Masterarbeiten.

Universität Bremen

Rechtspsychologie ist hier viertes, gleichberechtigtes Anwendungsfach im Diplomstudiengang Psychologie. Das Schwerpunktstudium umfasst 270 Stunden, zuzüglich dem Nebenfach Jura mit weiteren 120 Stunden. Neben allgemeinen Überblicks- und Basisveranstaltungen sowie schwerpunktvertiefenden Seminaren mit Anwendungsbezug aus den Praxisfeldern werden Lehr- und Forschungsfelder zu unterschiedlichen Themen angeboten.

Universität Erlangen

An der Universität Erlangen wird bislang das Teilfach Rechtspsychologie als Vertiefungsfach angeboten, der Ausbildungsumfang liegt dabei zwischen 8 und 16 Semesterwochenstunden. Neben Vorlesungen, Kolloquien und Hauptseminar zu den unterschiedlichen Themenbereichen der Rechtspsychologie werden auch Exkursionen und Praktika angeboten.

Universität Gießen

Im Diplomstudiengang wurde Rechtspsychologie als Nebenfach im zweiten Studienabschnitt mit 16 Semesterwochenstunden angeboten. Neben einer Einführung in die Sozialpsychologie des Gerichtsverfahrens und in die Kriminologie wurden Angebote zu den verschiedenen Anwendungsbereichen der Rechtspsychologie gemacht.

Universität Kiel

Im Diplomstudiengang wird Rechtspsychologie bislang als Basismodul im Hauptstudium mit zwei einführenden Vorlesungen von jeweils 2 SWS angeboten. Anschließend kann Rechtspsychologie als Wahlpflichtmodul in einer umfassenderen (mit 10 SWS) oder kleineren Variante (mit 4 SWS) belegt werden. Zu den Lehrinhalten gehören neben den Anwendungsbereichen der Rechtspsychologie auch jeweils eine Einführung in rechtliche Grundlagen, in die Kriminologie sowie in Modelle der Erklärung und Prognose abweichenden Sozialverhaltens.

Weitere Angebote werden im Rahmen des 2008 gegründeten Zentrums für Rechtspsychologie, Kriminalwissenschaften und Forensische Psychopathologie gemacht, in welchem eine enge Zusammenarbeit zwischen Rechtspsychologie, Kriminologie, (Jugend-) Strafrecht und Forensischer Psychiatrie/Sexualmedizin stattfindet. Hier ist man auch bestrebt, postgraduale Weiterbildungsangebote für Praktiker auszubauen. Zum Ende des Studiengangs können die Studierenden ein Zertifikat als Bestätigung der Ausbildung in Rechtspsychologie erhalten.[3]

Universität Würzburg

Im Diplomstudiengang wurden bisher Rechtspsychologie als Wahlfach zur Grundlagenvertiefung in Form einer zweisemestrigen Vorlesung in Rechtspsychologie und in jedem Semester ein rechtspsychologisches Praktikum oder Seminar angeboten. Im Bachelor- und Masterstudiengang sollen Möglichkeiten einer Vertiefung in Rechtspsychologie angeboten werden.

3.2 Weiterbildungsmöglichkeiten in Rechtspsychologie in Deutschland

Vor dem Hintergrund der fehlenden, vielfach nur rudimentären Ausbildung in Rechtspsychologie an den universitären Psychologischen Instituten schuf der BDP eine postgraduale Weiterbildungsmöglichkeit, die durch eine 1995 vom Vorstand der Föderation Deutscher Psychologenvereinigungen verabschiedete „Ordnung für Weiterbildung in Rechtspsychologie" definiert wird.[4] Nach Vorgabe des Rahmens für die föderative Weiterbildung wurde 1998 in Nordrhein-Westfalen der erste Antrag zur Einrichtung einer Weiterbildung an den Akkreditierungsausschuss gestellt. Der erste Durchgang startete 2000 in Köln. Danach folgten in anderen Regionen weitere Ausbildungsangebote.

Vertragspartner der Föderation Weiterbildung zur Fachpsychologin bzw. zum Fachpsychologen in Rechtspsychologie ist die Föderation Deutscher Psychologenver-

einigungen, konstituiert durch die Deutsche Gesellschaft für Psychologie (DGPs) und den Berufsverband Deutscher Psychologen e. V. (BDP). Getragen wird die Weiterbildung von der Deutschen Psychologen Akademie, die den BDP vertritt, von psychologischen Universitätsinstituten und Praxiseinrichtungen.

Durch diese Weiterbildung in Rechtspsychologie wird angestrebt, auf der Basis eines universitären Abschlusses in Psychologie „eine erweiterte und vertiefte wissenschaftliche und berufliche Qualifikation für die psychologische Tätigkeit im Rechtswesen" zu erreichen (s. Ordnung für die Weiterbildung in Rechtspsychologie, Abschnitt 1). Zentral für die Weiterbildung ist eine praktische Tätigkeit unter Anleitung. Die Weiterbildung wird durch eine Prüfung abgeschlossen und durch ein Zertifikat dokumentiert. Die Inhaber des Zertifikats verpflichten sich nach der Berufsordnung für Psychologen zu einer stetigen Fortbildung im Fach. Ziel der Weiterbildung ist „die Befähigung zur sachgerechten Anwendung des wissenschaftlichen Kenntnisstandes der Rechtspsychologie in der Praxis".

Die Weiterbildungsprogramme umfassen insgesamt 375 Stunden:

- 240 Stunden Weiterbildungsseminare
- 120 Stunden Arbeit und Supervision im Fachteam
- 15 Stunden Beratung der forensisch-psychologischen Prüfungsgutachten

In der Regel werden für die Weiterbildung drei Jahre angesetzt. Die Weiterbildung erfolgt berufsbegleitend, d. h. zur Teilnahme ist eine psychologische Berufstätigkeit, v. a. im Bereich der Rechtspsychologie, erforderlich (s. Ordnung für die Weiterbildung in Rechtspsychologie, Abschnitt 4.3).

Zur Verleihung des Zertifikats für Rechtspsychologie sind erforderlich:

---

3 www.zrkfp.uni-kiel.de; Aufruf 11.01.2012
4 http://www.dgps.de/dgps/kommissionen/
aka_recht/001.php; Aufruf 11.01.2012

- Absolvierung von zehn schriftlichen Prüfungen à 45 Minuten (eine pro Schwerpunktbereich)
- drei vollständige forensisch-psychologische Gutachten – anstelle eines Gutachtens kann auch ein einschlägiger Interventionsfall mit ausführlicher Dokumentation erstellt werden

Inhaltlich konzentriert sich die Weiterbildung auf das Gebiet der Forensischen Psychologie, den „traditionellen psychologischen Anwendungsbereich im Rechtswesen" (s. Ordnung für die Weiterbildung in Rechtspsychologie, Abschnitt 3). Nach der Weiterbildungsordnung von 1995 umfasst das Curriculum die folgenden zehn Schwerpunktbereiche (S. 2 ff.):

1. Rechtliche Grundlagen
   - Wesentliches von Gesetzgebung und Rechtspflege
   - Relevantes in materiellem und Verfahrensrecht
2. Empirisch-psychologische Grundlagen
   - normabweichendes Verhalten
   - Gerichtsverhandlung und Urteilsbildung
   - relevante Forschungsmethoden
3. Psychologie der Zeugenaussage
   - Realitätsgehalt von Zeugenaussagen
4. Psychologische Begutachtung im Strafverfahren
   - Schuldfähigkeit, Reifebeurteilung, Prognose
5. Psychologische Tätigkeit im Straf- und Maßregelvollzug
   - Vollzugsplanung, Lockerungs- und Entlassungsprognosen

- Interventionen bei Straffälligen und Opfern
6. Psychologische Tätigkeit im zivilrechtlichen Bereich
   - Trennung und Scheidung
   - Vormundschaft und Betreuung
   - Haftung und Verantwortung
7. Psychologische Tätigkeit im arbeits-, sozial-, verkehrs- und verwaltungsrechtlichen Bereich
   - Arbeits- und Erwerbsunfähigkeit
   - berufliche Rehabilitation und Weiterbildung
   - Fahreignung und Rehabilitation
8. Psychologie im Bereich der Polizei
   - Gefahrenabwehr
   - Verbrechensbekämpfung
9. Gesellschaftliche und ethische Rahmenbedingungen
   - psychosoziale Versorgung
   - Öffentlichkeit und Massenmedien
   - ethische Probleme
10. Nachbarwissenschaften
    - Kriminologie
    - Kriminalistik
    - Rechtsmedizin
    - Forensische Psychiatrie
    - Rechtssoziologie

Weiterführende Informationen

Ordnung für die Weiterbildung in Rechtspsychologie (Stand August 2010), http://www.dgps.de/dgps/kommissionen/aka_recht/001.php; Aufruf 11.01.2012
Online-Ressourcen der Deutschen Gesellschaft für Psychologie (Stand August 2010), http://www.dgps.de/studium/danach/; Aufruf 11.01.2012

4 Kriminologisch-strafrechtliche Grundlagen

4.1 Straffälliges Verhalten – Vorkommen, Entwicklung, Ursachen und Theorien

In Deutschland werden derzeit pro Jahr von der Polizei etwa sechs Millionen Straftaten registriert, wobei die Zahl seit 2004 sinkend ist. 2010 waren es ca. 5,933 Millionen, dies entspricht einer Häufigkeitszahl (HZ = polizeilich registrierte Fälle pro 100 000 Einwohner) von 7253, 2004 waren es noch 8037.[1] Seit dem Bestehen einer bundeseinheitlichen Kriminalstatistik im Jahre 1953 hat die Zahl der polizeilich registrierten Straftaten drastisch zugenommen, allerdings nicht nur in Deutschland, sondern auch in den anderen westlichen Industrieländern. Wurden 1955 ca. 1.6 Millionen Straftaten registriert (HZ = 3018), waren es 1975, also 20 Jahre später, bereits ca. 2,9 Millionen (HZ = 4721) und 1992, noch bezogen auf die alten Bundesländer, dann ca. 5,2 Millionen (HZ = 7921). Nach der Wende stieg die Zahl der Straftaten bis 1993 erheblich an auf ca. 6,75 Millionen 1993, allerdings durch die Wiedervereinigung auch die Zahl der Einwohner. Auf eine unabhängig davon gestiegene Kriminalitätsbelastung weist die HZ hin, die bei 8337 lag und damit einen bisherigen Höchststand erreichte. Seit Ende des 20. Jahrhunderts nehmen die registrierten Straftaten wieder moderat ab.

Ungefähr ein Fünftel aller registrierten Straftaten entfallen heute auf einfachen Diebstahl (2010: 20,8 %), knapp ein weiteres Fünftel (18,0 %) auf schweren Diebstahl, ca. 16 % auf Betrug, 12 % auf Sachbeschädigung, etwa 9 % auf Körperverletzung und ca. 4 % auf Rauschgiftkriminalität. Sexueller Kindesmissbrauch bzw. Vergewaltigung/sexuelle Nötigung, die vielfach große Medienaufmerksamkeit auf sich ziehen, machen dagegen weniger als 1 % aller Straftaten aus. Was Mord und Totschlag betrifft, wurden 2010 2218 Fälle registriert.

Hierbei muss beachtet werden, dass die von der Polizei registrierten Straftaten nur die „Spitze des Eisbergs" darstellen, ein erheblicher Teil der begangenen Straftaten wird von der Polizei nicht entdeckt bzw. registriert, verbleibt somit im Dunkelfeld (vgl. Kürzinger, 1996, S. 174ff; Kury, 2001; Schwind, 2011, S. 21 ff.). Einige Autoren schätzen das Dunkelfeld insgesamt auf bis zu 90 %, das würde bedeuten, dass der weitaus größere Teil aller Straftaten nicht offiziell registriert und gezählt wird. Entscheidend für die Höhe des Dunkelfeldes ist das Anzeigeverhalten der Bevölkerung bzw. vor allem der Opfer. Bei Sexualstraftaten etwa, die insbesondere im sozialen Nahbereich begangen werden, findet, trotz vielfach erheblicher Opferschäden, oft keine Strafanzeige statt, z. B. weil das Opfer eine Stigmatisierung durch die Strafverfolgung und Bekanntwerden der Viktimisierung fürchtet. Selbst bei Tötungsdelikten wird von einem Dunkelfeld von 50 % oder höher ausgegangen (Rückert, 2000; Scheib, 2002). Das enorme Dunkelfeld und sich verändernde Einstel-

---

1 www.bka.de → Publikationen → Polizeiliche Kriminalstatistik (PKS); Aufruf 16. 01. 2012

lungen zu einzelnen Straftaten(-gruppen), wie etwa Sexualstraftaten, machen zuverlässige Aussagen über den Verlauf des Ausmaßes der Kriminalitätsbelastung schwierig. Auf- und Abwärtsbewegungen der Häufigkeitszahlen können auch vom Anzeigeverhalten der Bevölkerung oder der Verfolgungsintensität der Polizei abhängen.

Um die Kriminalitätsentwicklungen erklären, aber auch um mögliche Interventions- und Präventionsstrategien dagegen entwickeln zu können, ist es notwendig, die theoretischen Grundlagen straffälligen Verhaltens, die Ursachen und Bedingungsfaktoren zu kennen und zu berücksichtigen. Dabei kann die nachfolgende kurze Darstellung einiger wichtiger Kriminalitätstheorien selbstverständlich nur einen oberflächlichen Überblick geben. Die gewählte Klassifizierung der Theorien orientiert sich an einer klassischen Schuleneinteilung in eher gesellschaftlich-soziologische Ansätze und eher individuumszentrierte psychologische Grundlagen. Damit sind nachfolgend einige Theorien z. B. als psychologische Theorien eingeordnet, die andernorts unter soziologischen Theorien gefasst werden. Dies ist aber für die praktische Relevanz der Theorie unerheblich. Lösel und Schmucker (2008, S. 15 ff.) teilen die Theorien ein in persönlichkeitsorientierte Ansätze, lerntheoretische Erklärungen, Theorien der sozialen Informationsverarbeitung, sozialstrukturelle Theorien, Etikettierungstheorien, situationsbezogene Ansätze und entwicklungsorientierte/neuropsychologische Theorien. Schneider (2007b, S. 125 ff.) unterteilt in rationale Wahltheorie, kriminalbiologische Theorien, kriminalpsychologische Theorien, kriminalsoziologische Theorien, sozialpsychologische Theorien, soziale Interaktionstheorie, Lebenslauf- und Entwicklungstheorien, Konflikttheorien sowie kritische Theorien. Kaiser, Kerner, Sack, und Schellhoss (1993) haben in ihrem Übersichtswerk zur Kriminologie Stichworte zu ökonomischen (Pilgram, 1993), psychologischen (Lösel, 1993), sozio-

biologischen (Buikhuisen, 1993) und soziologischen (Sack, 1993) Kriminalitätstheorien. Daraus wird deutlich, dass es keine einheitliche Klassifizierung der zahlreichen Kriminalitätstheorien gibt, auch die Abgrenzung einzelner Theorien ist unterschiedlich, was insofern nicht verwundert, als die Unterschiede vielfach recht gering sind. Einen guten Überblick über Kriminalitätstheorien findet man etwa bei Cote (2002), Cullen und Agnew (2011), Kaiser (1996) sowie bei Lamnek (2007, 2008) und Schwind (2011).

Es sei erwähnt, dass keine der bislang existierenden Theorien das Phänomen Kriminalität erschöpfend erklären kann, vorliegende Theorien können lediglich als „Theorien mittlerer Reichweite" beschrieben werden, was vor dem Hintergrund der Komplexität und der Bandbreite straffälligen Verhaltens auch nicht überraschen kann.

4.1.1 Klassische Theorien

Nachfolge der dämonologischen und naturalistischen Erklärungen

Von jeher waren Menschen bestrebt, abweichendes und damit auch kriminelles Verhalten zu erklären. Die dazu herangezogenen Theorien bzw. Erklärungsansätze basierten und basieren stets auf den jeweils gültigen Menschenbildern, dem vorhandenen Wissen und den geltenden Gesellschaftsordnungen einer Zeit. So prägten in der Frühzeit, im Mittelalter, sogar hinein bis in die Neuzeit dämonologische Erklärungen das Auftreten von Kriminalität. Kriminelle bzw. als solche Definierte wurden nicht selten als von bösen oder teuflischen Mächten besessene Menschen angesehen, entsprechend reichten die Behandlungen über Gottesurteile und Teufelsaustreibungen bis hin zur restlosen Zerstörung einer Person und damit des „Bösen" (z. B. Verbrennung von Hexen im Rahmen der Hexenverfolgung des Mittelalters). Auch heute kann – wenngleich nicht mit den drastischen Konsequenzen wie zur damaligen Zeit – teilweise beobachtet werden, dass besonders grausame Verbrechen einer naiven „Bösartigkeit", einem „teuflischen" Täter zugeordnet werden. Ebenfalls haben noch heutzutage in manchen Ländern Glaubensgrundsätze bzw. Regeln, die als solche ausgegeben werden, einen Einfluss auf die Erklärung und den Umgang mit unerwünschtem Verhalten, das als Kriminalität definiert wird, etwa wenn in einigen muslimischen Ländern Ehebrecher oder v. a. Ehebrecherinnen zu Tode gesteinigt werden.

Allerdings setzten bereits ab dem 13. Jahrhundert mit einer steigenden Kenntnis über den Körper des Menschen und seiner Funktionsweise vermehrt naturwissenschaftliche Erklärungsansätze ein. Die Beobachtung erklärbarer Sachverhalte nahm gegenüber mythischen Vorstellungen mehr und mehr Raum ein, wenngleich diese bis ins 19. Jahrhundert auch in westlichen Ländern immer wieder durchbrechen konnten. Eine besondere Rolle spielte die Aufklärung ab dem 17. Jahrhundert, Menschen und damit auch Straftäter wurden mehr und mehr als selbstverantwortliche Wesen gesehen, Vernunft, Gerechtigkeit und das Bild von einer Gesellschaft als Interessengemeinschaft erhalten mehr Raum. Entsprechend orientierten sich Sanktionen stärker an der Verfehlung als am Täter. Theoretiker wie Hobbes (1588–1679), Locke (1632–1704), de Montesquieu (1689–1755), Voltaire (1694–1778) oder auch Rousseau (1712–1778) hatten einen nachhaltigen Einfluss auf die weitere Entwicklung der kriminologischen Theorien (vgl. ausführlich Vold et al., 2002).

Die klassische Schule

Als Hauptvertreter dieser Richtung gelten u. a. der italienische Mathematiker Cesare Beccaria (1738–1794) und der englische Philosoph Jeremy Bentham (1748–1832). So richtet sich beispielsweise Beccaria (1767) gegen richterliche Willkür bei der Strafzumessung und fordert mehr Prävention von Kriminalität statt Sühne. Noch heute sind seine Ausführungen zur General- und Spezialprävention sowie zur größeren Relevanz der Sicherheit des Strafeintritts gegenüber der Strafhärte aktuell. Er war einer der ersten, der Kriminalität im Zusammenhang mit rechtlichen Regelungen und deren Einfluss auf die gesellschaftlich-wirtschaftliche Entwicklung, einer Ungleichverteilung des Wohlstands sah. Er sah in ungleichen sozialen und wirtschaftlichen Verhältnissen eine Hauptursache für die Auflehnung gegen Gesetz und Ordnung, Gedanken, die heute noch Gültigkeit haben (vgl. unten: ökonomische Kriminalitätstheorien). Auch Bentham fordert eine Reform des Gefängniswesens, insbesondere die Abschaffung der schweren Zwangsarbeit (vgl. Mack, 1969). Hier ging es v. a. um eine größere Humanität in der Bestrafung straffällig gewordener Mitbürger.

Gemeinsam ist diesen Vertretern der klassischen Schule, die ein Produkt der Aufklärung darstellt, die Betonung gesellschaftlicher Bedingungen für das Entstehen von Kriminalität, das In-den-Mittelpunkt-Stellen der Tat selbst sowie der gesellschaftliche Umgang mit dem Täter. Für sie sind alle Menschen aufgrund ihrer Rationalität vor dem Gesetz gleich und können als Individuen verantwortlich handeln (vgl. ausführlich Taylor et al., 1973, S. 1 ff.). Somit reichen die klassischen Theorien an Konzepte, wie sie erst im Laufe des 20. Jahrhunderts, insbesondere im Rahmen soziologischer und sozialpsychologischer Ansätze, entwickelt wurden.

4.1.2 Biologische Theorien

Anthropogenetische Kriminologie

Im Laufe des 19. Jahrhunderts entwickelte sich mit fortschreitendem Erkenntnisstand der Naturwissenschaften eine stärker biologisch ausgerichtete Kriminologie. Ein prominenter Vertreter der frühen anthropogenetischen Kriminologie und ein erster Vertreter eines konsequent empirischen Ansatzes ist der italienische Arzt Cesare Lombroso (1836–1909). Auf Grundlage der Untersuchung von Kopf- und Schädelformen Verurteilter und Hingerichteter gelangte Lombroso (1876) zur Überzeugung, dass sich Kriminelle und Nichtkriminelle anhand körperlicher Merkmale, sogenannter Stigmata, unterscheiden lassen (vgl. Kury, 2007). Die Menschen sind hiernach nicht mehr frei, sondern durch biologische Anlagen in ihrem Handeln beeinflusst, sie werden unterschiedlichen, klar abgegrenzten Typen zugeordnet mit jeweils unterschiedlichen Verhaltenseigenschaften. Kriminalität wird als Merkmal eines bestimmten Täters angesehen (Kunz, 2008). Der Verbrecher ist, im Sinne Darwins, ein Rückfall auf eine frühere Entwicklungsstufe der Menschheit.

> Diebe haben im allgemeinen sehr bewegliche Gesichtszüge und Hände; ihr Auge ist klein, unruhig, oft schielend; die Brauen gefältet und stoßen zusammen; die Nase ist krumm oder stumpf, der Bart spärlich, das Haar seltener dicht, die Stirn fast immer klein und fliehend, das Ohr oft henkelförmig abstehend. Die Mörder haben einen glasigen, eisigen, starren Blick, ihr Auge ist bisweilen blutunterlaufen. Die Nase ist groß, oft eine Adler- oder vielmehr Habichtsnase; die Kiefer starkknochig, die Ohren lang, die Wangen breit, die Haare gekräuselt, voll und dunkel, der Bart oft spärlich, die Lippen dünn, die Zähne groß. Im allgemeinen sind bei Verbrechern von Geburt die Ohren henkelförmig, das Haupthaar voll, der Bart spärlich, die Stirnhöhlen gewölbt, die Kinnlade enorm, das Kinn viereckig oder hervorragend, die Backenknochen breit – kurz ein mongo-

> lischer und bisweilen negerähnlicher Typus vorhanden. (Lombroso, 1894; nach Schneider, 1974, S. 24)

Wenngleich man bei der Arbeit Lombrosos heute von einem typischen ökologischen Fehlschluss ausgehen muss, handelt es sich doch um eine systematische, frühe statistische Erhebung von Merkmalen, wie sie – wenngleich in den Methoden deutlich verfeinert – in übertragener Form auch heute noch durchgeführt werden könnte. Die Lehre Lombrosos hatte zu seiner Zeit einen erheblichen Einfluss, wurde aber von seinem Schüler Enrico Ferri, der ebenfalls ein Anhänger der Lehre vom geborenen Verbrecher war, um psychische und soziale Faktoren erweitert. In seiner „Kriminalsoziologie" unterschied er bereits entsprechend zwischen organischen, psychischen und sozialen Einflüssen auf die Kriminalität (Kury, 2007, S. 71).

Auch in späterer Zeit wurden, z. B. durch Sheldon, Hartl und McDermott (1949), Überlegungen zum Zusammenhang zwischen Körperbau und Delinquenzbelastung angestellt, die allerdings – wenngleich erst Mitte des 20. Jahrhunderts – in einer Sackgasse endeten und nicht weiterverfolgt wurden (vgl. neuerdings Ergebnisse der modernen Hirnforschung und die Diskussion um einen freien Willen mit entsprechenden Auswirkungen auf das Strafrecht: Walter, 2004).

Zwillingsforschung

Zu Beginn des 20. Jahrhunderts wurden vermehrt hereditäre Faktoren der Kriminalitätsentwicklung diskutiert – gängige Vorgehensweise hierbei waren Forschungen an Zwillingspaaren, möglichst eineiige. So untersuchte z. B. Lange (1929) die Häufigkeit straffälligen Verhaltens bei eineiigen und zweieiigen Zwillingen. Dabei stellte sich in der Tat heraus, dass die Wahrscheinlichkeit, dass bei eineiigen Zwillingspaaren beide Partner straffällig wurden, deutlich höher lag als bei zweieiigen Paaren, allerdings schränkten sowohl die sehr kleinen Fallzahlen als auch die sehr schwer kontrollierbaren Umweltfaktoren die Validität dieser Ergebnisse erheblich ein. Eine besondere Bedeutung erlangte die Zwillingsforschung durch die Untersuchungen von Christiansen (1977) in Dänemark. Er bezog in seine Untersuchungen alle 3586 Zwillingspaare ein, die 1881 bis 1910 in Dänemark geboren wurden und von denen rund 900 einen straffälligen Partner hatten. Der Autor fand, dass bei den erfassten männlichen Zwillingspaaren 35,2 % der 325 eineiigen und 12,5 % der 611 zweieiigen Paare auch einen delinquenten Partner hatten. „Worauf die Übereinstimmung im Verhalten zurückzuführen ist, bleibt freilich noch klärungs- und interpretationsbedürftig" (Kaiser, 1996, S. 475).

Chromosomenaberrationen – XYY-Syndrom

Mit beginnender Entschlüsselung des Genoms richtete sich das Interesse der Forschung vermehrt auf das Erbgut selbst als möglicher Ursachenfaktor kriminellen Verhaltens. So deuteten nach einigen Autoren Untersuchungen der 1960er Jahre darauf hin, dass bei kriminellen Männern die Auftretenshäufigkeit von XYY-Kombinationen größer sei als bei der sonstigen männlichen Bevölkerung. Die Annahmen vom „geborenen Verbrecher", wie sie bereits von Lombroso (1876) geäußert wurden, erhielten neue Nahrung (vgl. Mergen, 1968). Es wurde angenommen, dass das Y-Chromosom insbesondere Träger aggressiver Verhaltensdispositionen sei und durch eine Verdoppelung diese besonders zum Tragen kämen. Diese Ansicht konnte allerdings nicht bestätigt werden: Einerseits zeigen auch Frauen, die kein Y-Chromosom aufweisen, aggressives Verhalten, andererseits ergaben neuere Forschungen keinen einheitlichen Zusammenhang zwischen Gewaltkriminalität und XYY-Genkonfigurationen. Männer mit einer entsprechenden Chromosomenaberration zeigten keine gesteigerte Gewaltbereitschaft (vgl. Rose, 1995; Zankl, 2010).

Neuere biologische Ansätze

In neuerer Zeit spielen psycho-biologische Ansätze erneut eine zunehmende Rolle bei der Suche nach einer adäquaten theoretischen Erklärung straffälligen Verhaltens, dies gilt in erster Linie für das Entstehen von Gewaltstraftaten. So sprechen z. B. Raine, Brennan und Farrington (1997, S. 1 ff.) von „biosocial bases" der Gewalt als Verbindung von biologischen und sozialen Faktoren. Insbesondere die Rolle von Neurotransmittern ist Gegenstand intensiver Forschungsarbeiten. So gilt z. B. eine reduzierte Serotonin-Aktivität als Prädiktor für impulsives und aggressives Verhalten. Allerdings spielt auch hier, wie bei vielen anderen Verhaltenskorrelaten, die oftmals nur schwer eindeutig zu operationalisierende abhängige Variable (Aggressivität, Kriminalität) eine die Aussagen relativierende Rolle. Ein Einfluss von Steroiden, z. B. erhöhter Testosteron- oder verringerter ACTH-Spiegel (Adrenocorticotropes Hormon), wird für das Auftreten vermehrter Aggressivität ebenso diskutiert wie der Einfluss von Dopamin, Norepinephrin oder GABA (Gamma-Aminobuttersäure).

Diese Annahmen konnten in verschiedenen aktuellen Studien bestätigt werden. So fanden Caspi et al. (2002) eine bedeutsame Anlage-Umwelt-Interaktion im Hinblick auf die Entstehung antisozialen Verhaltens. Eine genetisch bedingte, geringe Aktivität der Monoaminooxidase A (MAO A) – ein Enzym das die Neurotransmitter Norepinephrin, Serotonin und Dopamin metabolisiert – führte in Verbindung mit erlebter Kindesmisshandlung zu signifikant höherer späterer krimineller Auffälligkeit. Da das MAO-A-Gen auf dem X-Chromosom lokalisiert ist, können auf diese Weise auch differentielle Unterschiede in der Auffälligkeit von

Jungen und Mädchen erklärt werden. Diese Befunde konnten anhand des National Youth Survey Samples in den USA bestätigt werden (vgl. Haberstick et al., 2005).

Ein weiterer Strang der neurobiologischen Forschung befasst sich mit strukturellen Veränderungen des Gehirns. Hier sind die Arbeiten von Birbaumer et al. (2005) zu nennen, der bei anhand ihres Wertes in der Psychopathy Checklist (PCL-R) von Hare (1991) als psychopathisch eingeschätzten Probanden funktionelle Veränderungen in der Amygdala als Ursache für deren mangelnde Konditionierbarkeit und damit deren Unvermögen zum Lernen aus Bestrafung feststellen konnte. Weitere Ansätze gehen davon aus, dass Defekte im präfrontalen Cortex einen Einfluss auf die Entstehung abweichenden Verhaltens haben (Anderson et al., 1999; Damasio, 2000), und auch die Rolle des Aufmerksamkeitsdefizit-Hyperaktivitätssyndroms (ADHS) wird vermehrt diskutiert (Laufkötter et al., 2005; Vollmoeller & Edel, 2006; vgl. Peper & Chavanon, 2011).

Es ist abzusehen, dass in der Zukunft solche psycho- und neurophysiologischen Ansätze, und nicht zuletzt auch die weitergehende Entschlüsselung des menschlichen Genoms, auch in der Erklärung von (schwerem) straffälligem Verhalten zunehmend eine wichtigere Rolle spielen werden, wobei gerade die neuesten Befunde darauf hinweisen, dass genetische Bedingungen allenfalls eine notwendige, jedoch keinesfalls hinreichende Bedingung für das Entstehen von Kriminalität darstellen.

4.1.3 Ökonomische Theorien

Wie Pilgram (1993, S. 250) betont, spielen ökonomische Faktoren in verschiedenen Kriminalitätstheorien eine wesentliche Rolle. „Nicht vom Umstand der Berücksichtigung ökonomischer Faktoren, sondern von der Stellung, die ihnen in der Theorie zukommt, hängt es ab, ob und inwiefern man von einer ökonomischen Kriminalitätstheorie sprechen kann."

Sozio-ökonomischer Strukturwandel

Neben persönlichkeitsorientierten theoretischen Ansätzen zur Erklärung von Straffälligkeit spielen heute insbesondere Theorien eine Rolle, die gesellschaftliche Bedingungen, v. a. wirtschaftliche, und deren Veränderungen berücksichtigen. Durch die Industrialisierung im 19. Jahrhundert, die Urbanisierung, aber auch die steigende Arbeitsteilung wurden vermehrt Konsequenzen dieses sozio-ökonomischen Strukturwandels mit Kriminalität in Verbindung gebracht. So hat sich die Berücksichtigung ökonomischer Faktoren bei der Erklärung von straffälligem Verhalten durchgesetzt. Ein früher wichtiger Vertreter dieser Richtung ist Adolphe Quételet (1796–1874), der insbesondere durch seine „Moralstatistiken" (1869) bekannt wurde, die Kriminalität, demographische und soziale Variablen miteinander in Beziehung setzen. So wurde die subjektive Deprivation zu einem ebenso bedeutenden Faktor wie etwa tatsächliche Armut. Es entstanden multifaktorielle Ansätze, die neben ökonomischen auch biologische und soziale Faktoren in die Erklärung von Kriminalität einbrachten und z. B. in die Mitte des 20. Jahrhunderts durch das Ehepaar Glueck und Glueck (1960) entwickelten, elaborierten und später statistische Modelle abbildenden Prognosetafeln mündeten. Bis heute spielen theoretische Ansätze, die die Entstehung straffälligen Verhaltens auf gesellschaftliche Veränderungen, gerade auch der wirtschaftlichen Bedingungen, zurückführen, eine wichtige Rolle (vgl. Beck, 2010; Thome & Birkel, 2007; Wacquant, 2009; zusammenfassend Pilgram, 1993). So wurde immer wieder diskutiert, wieweit Arbeitslosigkeit zu Kriminalität, insbesondere bei jungen Menschen, beitrage. Zu Recht betont Spiess (1993, S. 35), dass „die Annahme eines ursächlichen oder gar mono-kausalen Einflusses der Arbeitslosigkeit auf die Kriminalitätsrate [...] nicht belegt werden" könne (vgl. Münder et al., 1987). Das zeigte bereits die klassische empirisch-soziologische Untersuchung von 1933 zu den Wirkungen von Langzeitarbeitslosigkeit in Marienthal. Langzeitarbeitslosigkeit führte nicht, wie oft angenommen, primär zu einer Revolution, sondern vielfach zu Resignation (Jahoda et al., 1975).

Marxismus

Nach Pilgram (1993, S. 251) wird man von „(politisch-)ökonomischen Kriminalitätstheorien im strikten Sinn [...] erst dann sprechen, wenn Kriminalität im Rahmen einer Theorie der Verflechtung aller sozialen, politischen und geistigen Lebensprozesse mit der Produktionsweise des materiellen Lebens interpretiert wird, etwa im Rahmen marxistischer Konzeptionen". Zu den bedeutendsten Vertretern einer ökonomischen Sichtweise der Kriminalität gehört somit Karl Marx (1818–1883). Marx hat Zusammenhänge zwischen historisch geschaffenen Produktionsverhältnissen und menschlichem Handeln, etwa auch Kriminalität, aufgezeigt. Er selbst, und später Blasius (1976), haben beispielsweise am Ausmaß des Holzdiebstahls in Preußen deutlich gemacht, wie die zunehmende Privatisierung des Waldes in Zusammenhang mit wirtschaftlichen Interessen zu Widerständen der Landbevölkerung in Form vermehrten Diebstahls führten. Neuere Untersuchungen und auch Erfahrungen der letzten Jahre mit Protestbewegungen aus der Bevölkerung, z. B. gegen Atomkraft oder politische Entscheidungen, konnten zeigen, dass der Hintergrund nicht in materieller Notlage besteht, sondern in als moralisch ungerecht empfundenen Veränderungen. Ökonomische Kriminalitätstheorien beschäftigen sich teilweise auch mit Kosten-Nutzen-Aspekten von Kriminalität und deren Bekämp-

fung, so z. B. hinsichtlich der Abschreckungswirkung von harten Sanktionen bis hin zur Todesstrafe (vgl. Pilgram, 1993, S. 253; Becker, 1968).

Insbesondere die später auf dem Marxismus aufbauenden Staaten des ehemaligen Ostblocks gingen davon aus, dass die Aufhebung von Privatbesitz und die Kollektivierung des Eigentums und der Produktionsmittel irgendwann zu einer kriminalitätsfreien Gesellschaft führen würden. Die ehemalige DDR hing dieser Ideologie bis zu ihrem Ende an, so wurde zwar das Auftreten von Kriminalität auch in den sozialistischen Staaten zwangsläufig eingestanden, allerdings lediglich als „Übergangsphänomen" hin zu einer „idealen Gesellschaft" betrachtet. Dies führte so weit, dass systematisch Kriminalitätsstatistiken im Sinne der Ideologie gefälscht oder bestimmte Massendelikte (z. B. Fahrraddiebstahl) nicht mehr in der Polizeilichen Kriminalstatistik berücksichtigt, in gewisser Weise „entkriminalisiert" wurden (vgl. Kury et al., 1996).

4.1.4 Soziologische Theorien

Etwa seit Mitte des 20. Jahrhunderts dominieren in der Kriminologie v. a. soziologische Kriminalitätstheorien, wobei auch hier keineswegs Einigkeit besteht, welche Ansätze letztlich hierunter zu fassen sind. Der Vorrang soziologischer Erklärungsansätze mag auch damit zu tun haben, dass die internationale Kriminologie v. a. durch die angelsächsischen Länder bestimmt wird und in diesen Kriminologie – anders als in Deutschland bzw. kontinentaleuropäischen Ländern – eine primär sozialwissenschaftliche Disziplin ist. Soziologisch orientierte Kriminalitätstheorien konnten, in Ergänzung zu eher persönlichkeitsorientierten, psychologischen Ansätzen (vgl. Lösel & Schmucker, 2004), einen wesentlichen Beitrag zur Erklärung des Zustandekommens straffälligen

Verhaltens leisten. Als wesentliche und kriminalpolitisch einflussreiche Ansätze können neben anomie- und labelingtheoretischen Konzepten die Subkulturtheorie oder die Kulturkonflikttheorie gelten.

Wie Sack (1993, S. 271 ff.) betont, gehen soziologische Ansätze von einer gesellschaftlichen Bedingtheit straffälligen Verhaltens aus, Kriminalität wird als „ausschließlich soziales Phänomen, zu dem letztlich kein wissenschaftlicher Zugang über die Bloßlegung der physischen oder psychischen Struktur des Menschen erfolgreich möglich ist" gesehen (S. 272). Damit grenzen sich soziologische Theorien in aller Deutlichkeit von biologischen oder psychologischen ab. Was als „abweichendes" oder „kriminelles" Verhalten verstanden wird, hängt von Gesellschaft und herrschender Kultur ab. Hiernach gibt es kein Verhalten, was nicht prinzipiell auch als „kriminell" definiert werden kann.

> Die Verteilung der Kriminalität in der Gesellschaft weist systematische Aspekte auf, die sich nicht auf Merkmale und Attribute beziehen, die den Menschen als biologisches oder psychisches Individuum ausmachen, sondern die mit der Art und Weise zusammenhängen, wie der Mensch in Beziehung zu anderen Mitgliedern der Gesellschaft steht. (Sack, 1993, S. 272)

Vor diesem Hintergrund erklärt sich die Abhängigkeit des Umfangs von Kriminalität und Sozialschicht, Geschlecht, Alter oder Urbanisierung. „Ein Krimineller ist man nicht, sondern man wird zu ihm […]" (S. 277).

Anomietheorie

Ein wichtiger Vertreter der soziologischen Kriminalitätstheorien ist die Anomietheorie, die im Laufe der Jahrzehnte eine erhebliche Entwicklung erfahren hat. Der Begriff Anomie wird vielfach mit Regel- oder Normlosigkeit umschrieben, diese Umschreibungen greifen jedoch zu kurz. Die Anomietheorie geht auf den französischen Soziologen und Ethnologen Émile Durkheim (1858–1917) zurück, der Ende des 19. Jahrhunderts in der Arbeitsteilung der modernen industriellen Gesellschaft eine Grundlage ihrer Entsolidarisierung, damit steigender Probleme, auch der Kriminalität, sah. Wenn in Zeiten raschen sozialen Wandels traditionelle Normen nicht mehr als verbindlich erlebt werden, sich neue Wertvorstellungen und Richtlinien noch nicht etabliert haben, kann eine „Normlosigkeit" entstehen. Teilweise wird der Zustand nach der Wiedervereinigung beider deutscher Staaten Anfang der 1990er Jahre, v. a. in den Neuen Bundesländern, als anomisch beschrieben (vgl. Kury et al., 1996). Die Arbeiten Durkheims über den „anomischen Selbstmord" zeigten, dass dieser insbesondere in Zeiten erheblichen gesellschaftlichen Wandels auftritt, da hier die Gesellschaft eine vorübergehende Handlungsunfähigkeit aufweist und ein Missverhältnis zwischen Wünschen und verfügbaren Mitteln, Gerechtigkeit und Ungerechtigkeit besonders deutlich zutage tritt (vgl. Durkheim, 1893). Anomie (Normlosigkeit) tritt dann vermehrt auf, wenn sich ein Widerspruch ergibt zwischen gesellschaftlichen Vorgaben und der sozialen Struktur dieser Gesellschaften, welche legitime Realisierungsmöglichkeiten der allgemein vorgegebenen Ziele behindert bzw. verwehrt.

Die Weiterentwicklung und Neuformulierung der Anomietheorie durch den US-Amerikaner Merton 1938 und in den folgenden Jahren beinhaltete insbesondere den Einbezug sozialstruktureller Elemente und die Berücksichtigung abweichenden Verhaltens (vgl. Merton, 1951). Die Anomietheorie hat seitdem einen großen Einfluss in der Kriminologie gewonnen. Anomische Zustände auf der Basis der Nichterreichbarkeit der gesellschaftlich vorgegebenen Ziele mit den vorhandenen Mitteln münden nach Merton in Desorientierung, zu deren Lösung verschiedene Wege eingesetzt werden können:

- *Konformität*: Dies beinhaltet die Akzeptanz der gesellschaftlich kulturell vorgegebenen Ziele wie auch der institutionalisierten Mittel zu deren Erreichung und spielt insofern für Kriminalität keine Rolle.
- *Innovation*: Die kulturellen Ziele (z. B. Erreichen von Wohlstand) werden akzeptiert, die vorgegebenen Mittel jedoch abgelehnt, was insbesondere bei unteren sozialen Schichten zu kriminellem Verhalten (v. a. Eigentumskriminalität) führt.
- *Ritualismus*: Hier werden die institutionalisierten Mittel akzeptiert, dagegen jedoch die Ziele abgelehnt bzw. so modifiziert, dass sie mit den legalen Mitteln erreichbar sind.
- *sozialer Rückzug*: Sowohl die Mittel als auch die vorgegebenen Ziele werden abgelehnt, d. h. es wird ein eigenes Wertesystem geschaffen, so z. B. bei „Aussteigern".
- *Rebellion*: Kulturelle Ziele und Mittel werden als veränderbar angesehen. Wenn Ziele oder Mittel abgelehnt werden, erfolgt eine Substitution.

In der Folgezeit wurde die Anomietheorie immer wieder überarbeitet, z. B. durch Konzepte wie differentielle Zugangschancen, Realisierungschancen oder auch die Intensität von Zielen und Mitteln. Die Ausgangsüberlegungen Mertons blieben jedoch Kern der Theorie (vgl. Ortmann, 2000). In den letzten Jahren haben Messner und Rosenfeld (2006) die Anomietheorie auf neuere Entwicklungen angewandt und das Zustandekommen von heutiger Kriminalität aus dem Spannungsverhältnis überstarker wirtschaftlicher Interessen und Vormacht sowie dem Rückgang der Bedeutung und des Einflusses von Familie oder Religion zu erklären versucht (vgl. Schneider, 2007 b, S. 139).

Subkulturtheorie

Einstellungen, Werthaltungen und Verhaltensweisen entstehen in einem sozialen Kontext. Auch straffälliges Verhalten ist weitgehend sozial bedingt. Vor diesem Hintergrund wundert es nicht, dass sich die theoretische Kriminologie früh der Bedeutung kultureller Bedingungen für das Zustandekommen straffälligen Verhaltens zuwandte (Rock, 2002, S. 73 f.). Subkulturtheorien wurden in erster Linie in Zusammenhang mit Analysen von Jugendgangs in den USA entwickelt. Sack (1993, S. 278) vermutet, dass Subkulturtheorien „vermutlich mehr noch als die Anomietheorie [...] die weitere Forschung stimuliert und belebt [haben], insbesondere deshalb, weil sie sehr schnell den engen Anwendungsbereich der Kriminalität in Richtung der Jugendsoziologie überschritten" haben. Die Anomietheorie hat allerdings durch die Herausarbeitung des Einflusses sozialer Ungleichheit auf die Entstehung von Konflikten einen zentralen Aspekt für die Bedingungen in Subkulturen geliefert. Bereits in den 1920er und 1930er Jahren haben die US-amerikanischen Kriminologen Shaw und McKay (1942; vgl. Shaw, 1929) auf der Basis ihrer empirischen Untersuchungen in Chicago die Theorie der sozialen Desorganisation entwickelt, die inzwischen weiterentwickelt wurde (vgl. Sampson, 2002). Der sozial-ökologische, stadtsoziologische Ansatz der „Chicago-Schule" aus den 1920er Jahren und danach gilt bis heute als eine der frühesten und produktivsten Forschungsrichtungen der Kriminologie (Rock, 2002, S. 61).

Eine der bekanntesten Subkulturtheorien stammt von dem US-Amerikaner Albert Cohen (1957), der den Begriff der „delinquent subculture" einführte und betonte: „The crucial condition for the emergence of new cultural forms is the existence, in effective interaction with one another, of a number of actors with similar problems of adjustment" (S. 59). Ausgangspunkt der Theorie ist, dass Subkulturen eine kollektive Anpassung an gesellschaftliche Lagen darstellen, für welche die bestehenden Kulturen keine adäquaten Lösungsmuster bereithalten. Innerhalb dieser Subkultur werden Kriterien und Regeln aufgestellt, die sich von den Mittelschichtsmaßstäben unterscheiden, innerhalb der Gruppe aber eine verbindliche Ordnung darstellen und somit Klarheit, Halt und Orientierung vermitteln. Damit verleihen Subkulturen den Mitgliedern Status, sie schaffen Gruppenzugehörigkeitsgefühle und die Mitglieder grenzen sich – oft aggressiv – nach außen ab. Subkulturen, die auch in neuerer Zeit von sich Reden machten, sind Rockergruppen wie die Bandidos oder die Hell's Angels bzw. rechtsradikale Gruppierungen.

Unterschichtkultur

Die Unterschichtkulturthese geht auf Miller (1959, 1968) zurück und unterscheidet sich insoweit von der der Subkulturtheorie, als dass es bei abweichendem Verhalten – wiederum vorwiegend durch männliche Jugendliche – nicht darum geht, Mittelschichtnormen zu verletzen, sondern vielmehr Unterschichtnormen aufrechtzuerhalten. Somit relativiert sich auch der Begriff der Abweichung, da solche erst durch das Anlegen der Mittelschichterwartungen entsteht. Durch die Konformität mit den Regeln der Unterschicht entstehen zum Teil automatisch Verletzungen allgemeiner gesetzlicher Normen.

Subkultur der Gewalt

Die beiden Amerikaner Wolfgang und Ferracuti (1967) entwickelten auf der Grundlage zahlreicher gewalttätiger Auseinandersetzungen, insbesondere in den amerikanischen Großstädten, den Ansatz der Subkultur der Gewalt. Dabei handelt es sich um eine Theorie, die disziplinübergreifend ist und soziologische wie auch psychologische Komponenten enthält. Der Ansatz geht davon aus, dass Gewalt eine erhebliche Bedeutung im sozialen Bereich hat, in der Sozialisation vermittelt wird, in das Wertgefüge integriert ist und ihren Nie-

derschlag in der Persönlichkeit und im Lebensstil einer Person findet. Dabei sind nicht alle Bevölkerungsteile in gleicher Weise betroffen, insbesondere junge Männer übernehmen gewalttätige Ideale, was auch zu einer Verstärkung entsprechenden Verhaltens beitragen kann. Gewalt wird innerhalb der Subkultur als ein legitimes Mittel zur Konfliktlösung und Situationsbewältigung gesehen und eingesetzt, wenngleich nicht alle Situationen in dieser Weise bewältigt werden – hier zeigt sich vielmehr der Einfluss der Werte der übergeordneten Kultur. Je größer die Zahl der Situationen ist, in denen Gewalt als legitimiertes Mittel gilt, desto eher kann man von einer „Subkultur der Gewalt" sprechen, in welcher der Einsatz gewalttätiger Handlungen nicht an besondere emotionale Zustände des Täters (z. B. Wut oder Hass) gebunden ist und auch keine emotionalen Folgen (z. B. Schuldgefühle) zeigt. Die Durchsetzung einer Gruppe mit Gewalt geschieht mittels differentiellen Lernens – hier zeigt sich die Überschneidung zu anderen, eher psychologischen Kriminalitätstheorien (s. Kap. 4.1.5).

Kulturkonflikttheorie

Wie in den bereits zuvor genannten Subkulturtheorien spielen auch in der Kulturkonflikttheorie Aspekte der Ausgrenzung und Abgrenzung eine wichtige Rolle. Einer der prominenten Vertreter der Kulturkonflikttheorie ist der Amerikaner Thomas Sellin, der dazu bereits in den 1930er Jahren des 20. Jahrhunderts arbeitete (vgl. Sellin, 1938). Die Kulturkonflikttheorie problematisiert das Aufeinanderprallen verschiedener Kulturen mit unterschiedlichen Werte- und Normensystemen, ein Problem, das sich in den USA als Einwanderungsland schon früh zeigte. Ein typisches Beispiel hierfür sind Konflikte zwischen Immigranten und den eingesessenen Bürgern. Einerseits werden die Immigranten ausgegrenzt – besonders dann, wenn deren Lebensstil vor dem Hintergrund ihrer eigenen Kultur und Sozialisation deutlich von den gewohnten Normen und Lebensgewohnheiten in den aufnehmenden Kulturen abweicht –, andererseits führt diese Ausgrenzung oftmals zu einer Verfestigung der Werte der Immigranten, so dass eine gegenseitige Kommunikation erheblich erschwert werden kann und Konflikte mit gewalttätigen Mitteln ausgetragen werden. Ein typisches Beispiel hierfür ist die Situation der Spätaussiedler aus den früheren Ostblockstaaten (den „Russlanddeutschen"), deren Werte und Normen oft in scharfem Kontrast zu denen Deutschlands stehen. Besonders junge männliche Aussiedler erleben sich als ausgegrenzt, nicht willkommen, sie schotten sich von der Kultur der neuen Heimat ab, lernen oftmals nicht oder nur unzureichend die neue Sprache und erleben sich selbst als „die Russen". Ein vergleichbares Problem ergibt sich teilweise mit den „Türken", die in den 1960er bis 1980er Jahren als Gastarbeiter ins Land kamen, bzw. mit deren Nachkommen. Vielfach leben sie, wie die „Russlanddeutschen", in Subkulturen zusammen, was die Integrationsbereitschaft in aller Regel behindert. Eine der Konsequenzen kann dann auch die erhöhte kriminelle Auffälligkeit im Kontext einer deutlich höheren Rate an Schulabbrechern und Arbeitslosen, damit gesellschaftlichen „Verlierern" im Vergleich zu den „Einheimischen" sein. Gerade in den letzten Jahren wurde das Problem, vor dem Hintergrund sozialer Auffälligkeit und kontroverser Diskussionen in der Öffentlichkeit (vgl. die Diskussion um die provokante Veröffentlichung von Sarrazin, 2010), auch auf politischer Ebene vermehrt gesehen. So wird bei straffälligem Verhalten von Immigranten, z. B. auf der Basis von Gutachten zur Kriminalprognose, die Frage der Ausweisung gestellt.

Labeling Approach

Menschen antworten nicht auf die Welt, „wie sie ist", sondern auf ihre Vorstellungen derselben, wie z. B. vom symbolischen Interaktionismus herausgearbeitet wurde. Verhalten wird bewertet, Ursachen werden zugeschrieben, „abweichend" unterschiedlich definiert, z. B. wer ein Alkoholtrinker, ein Betrunkener oder ein Alkoholiker ist. Becker (1953, 1963), einer der frühen Labeling-Theoretiker, beschreibt die schrittweise Entwicklung eines Marihuana-Rauchers zum Außenseiter in Zusammenhang mit Zuschreibungsprozessen und Neutralisationstechniken. Soziale Interaktion und Zuschreibung prägen das Verhalten, was erneute Reaktionen hervorruft und damit einen Entwicklungsprozess bestimmen kann. „Delinquenz wird nicht ,begangen', sondern durch die Gesellschaft geschaffen und hervorgebracht, und zwar in einem komplexen Prozess der Setzung und Anwendung von Normen [...]" (Amelang, 1986, S. 217). Der junge Straftäter wird böse, weil er als böse definiert wird (Tennenbaum, 1977).

Der „Labeling Approach" (Etikettierungsansatz) ist – wie z. B. auch die Anomietheorie – kein einheitliches theoretisches Konzept, sondern eine Reihe verschiedener Ansätze, die sich zum Teil erheblich von anderen soziologischen Theorien unterscheiden, denen aber gemeinsam ist, dass Kriminalität und Abweichung als die Folge eines Zuschreibungsprozesses von Devianz im Rahmen von Interaktionsschemata gesehen wird. Der Ansatz selbst geht auf Tannenbaum (1938) zurück, der in der Reaktion des sozialen Umfeldes und v. a. staatlicher Institutionen auf straffälliges Verhalten im Sinne einer „Dramatisierung des Bösen" die wesentliche Ursache für weitere Delinquenz sah. So wird der junge Straftäter dadurch böse, dass er als böse definiert wurde. Danach ist die Entwicklung von kriminellem Verhalten eine Folge von Zuschreibungen und Etikettierungen, d. h. Labels. Vielfach bleiben Labels ohne größere Auswirkungen, mit am einflussreichsten sind jedoch Labels seitens Angehöriger des Strafverfolgungssystems, da diese Macht haben und Vertreter des Staates sind. In den Auseinandersetzungen mit Vertretern der Strafverfolgungsorgane wird der „Täter" nicht nur damit konfrontiert, was er getan hat, seiner „primären Devianz", es kann auch zu einer abweichenden Reaktion seinerseits auf die Strafverfolgungsmaßnahmen kommen, der „sekundären Devianz", ausgelöst durch die Zuschreibungsprozesse (Lemert, 1951, S. 76). Die so etikettierte Person übernimmt letzten Endes die ihr zugeschriebene Rolle und verinnerlicht diese, verhält sich danach und „bestätigt" somit das Etikett.

In einer Erweiterung des Ansatzes spielt insbesondere der Aspekt sekundärer Devianz eine große Rolle, d. h. aufgrund bestimmter Merkmale einer Person (z. B. verwahrlostes Aussehen) werden dieser von der Öffentlichkeit weitergehende Eigenschaften zugeschrieben, z. B. kriminell oder asozial zu sein. Treten diese Zuschreibungsprozesse gehäuft auf und ziehen entsprechende Interaktionen mit sich, integriert die betroffene Person diese in ihr Selbstbild. Insbesondere Becker hat die Rolle der sogenannten „selffulfilling prophecy" betont: Eine als abweichend etikettierte Person wird sich irgendwann abweichend verhalten (vgl. Becker, 1963). Dabei wird das, was abweichendes Verhalten ist, erst durch bestimmte Normsetzungen definiert, wobei eine Verhaltensrelevanz erst dann auftritt, wenn die Normen angewandt werden, z. B. durch Sanktionierung. Die Normanwendung selbst ist wiederum selektiv, was bedeutet, dass nicht alle Personen in allen Situationen die gleiche Chance haben, dass die Normen auf sie angewandt werden. Hier spielen gesellschaftliche Machtstrukturen eine wichtige Rolle, wer über mehr Macht verfügt, kann sich einer Strafverfolgung leichter entziehen.

In seinem „radikalen" Ansatz lehnt der Hamburger Soziologe Fritz Sack (1972) die Suche nach Ursachen des Auftretens abweichenden Verhaltens ab, wohingegen in den „klassischen" Ansätzen des Labeling Approach durchaus noch ätiologische Komponenten vorhanden waren. In seinem Ansatz spielt der Aspekt der Macht eine erhebliche Rolle, diese bezieht sich nicht nur auf den formellen Umgang (z. B. Polizei, Gerichte), sondern auch auf informelle Alltagsinteraktionen. Gerade der Labeling-Ansatz hatte in Deutschland seit den 1970er Jahren nach US-amerikanischen Vorbildern (Lemert, 1971) einen deutlichen Einfluss auf die Kriminalpolitik, insbesondere hinsichtlich des strafrechtlichen Umgangs mit jugendlichen Tätern. Mittels Konzepten der „Diversion" versuchte man eine Stigmatisierung durch die Strafverfolgung durch alternative Konzepte zu vermeiden, Programme, die bis heute einen wesentlichen Einfluss auf die (Jugend-)Kriminalpolitik haben (Kury & Lerchenmüller, 1981). Kaiser (1993, S. 92) betont, dass die Diversionsstrategie „erheblichen Einfluss auf die gegenwärtige kriminalpolitische Diskussion gefunden hat, als ein gangbarer Weg zur Bewältigung minderschwerer Kriminalfälle". Nach Schneider (2007b, S. 144) ruft die Labeling-Theorie „nicht länger das Interesse, den Enthusiasmus, die Beachtung und Akzeptanz hervor, die sie einst als dominierendes Paradigma in der Kriminologie und Rechtssoziologie erzeugt hat" (s. a. Akers & Sellers, 2004).

4.1.5 Psychologische Theorien

Die im Folgenden dargestellten Theorien werden unter die psychologischen subsumiert, d. h. neben engeren psychoanalytischen und lerntheoretischen Konzepten werden auch sozialpsychologische Ansätze beschrieben, die bei anderen Autoren zum Teil eher unter soziologische Theorien gefasst werden. Eine einheitliche, verbindliche Klassifikation liegt nicht vor (s. Kap. 4.1; vgl. Lösel & Schmucker, 2008; Lamnek, 2007, 2008). Nach Lösel (1993, S. 254) beziehen sich psychologische Kriminalitätstheorien „überwiegend auf die Analyseebene des Individuums und seine Interaktionen in kleinen Gruppen (z. B. Familie, Peers). [...] Historischen und gesellschaftlichen Aspekten der Kriminalität wird weniger Aufmerksamkeit gewidmet." Allerdings haben sich auch psychologische Ansätze zur Erklärung straffälligen Verhaltens in den letzten Jahrzehnten deutlich weiterentwickelt, wenngleich sie nach wie vor hinter soziologischen Theorien zurückstehen. Lösel (1993, S. 255) stellt Entwicklungen insbesondere in folgenden Bereichen fest: Es werden vermehrt situative Bedingungen zur Erklärung des Zustandekommens von Straftaten herangezogen. Persönlichkeitspsychologische Ansätze erweisen ihre Fruchtbarkeit v. a. in der Erklärung dauerhafter Kriminalität und spielen damit z. B. bei Prognosefragestellungen eine wichtige Rolle. Kriminalität wird vermehrt unter dem Aspekt rationaler Entscheidungen gesehen und vor dem Hintergrund inzwischen vorliegender differenzierter Forschungsergebnisse konzentriert man sich vermehrt auf spezifische Formen und Ausprägungen von Kriminalität. Straffälliges Verhalten wird zunehmend in Zusammenhang mit entwicklungspsychologischen Risiko- und Schutzfaktoren gesehen, zudem rücken verstärkt Mehrebenenbetrachtungen in den Vordergrund. Zunehmend werden auch gesellschaftliche Reaktionen auf Kriminalität, z. B. seitens der Kontrollinstanzen, erforscht.

Psychoanalyse

Unter den psychologischen Kriminalitätstheorien hat der psychoanalytische Ansatz lange Zeit eine wichtige Rolle eingenommen. Es handelt sich zudem um die älteste wissenschaftlich ausgearbeitete psychologische Theorie, die auch heute noch hinsichtlich

Erklärung und Prävention von Straffälligkeit eine Rolle spielt. Diese geht auf Sigmund Freud zurück, wenngleich Kriminalität explizit in seinen Schriften keine allzu große Rolle spielt. Als entscheidende Faktoren für die Entstehung von Kriminalität werden zum einen „kulturelle Unterdrückung von Trieben, zum anderen Unbeugsamkeit des Einzelnen sowie eine weder sozialprestige- noch begabungsmäßig kompensierbare ungünstige Ausgangslage" gesehen (Dechêne, 1975, S. 122). So kann durch ein zu gering ausgeprägtes „Über-Ich" das „Es" Dominanz erreichen, d. h. die Triebe werden unreguliert ausgelebt, es erfolgt ein primitives Streben nach deren Befriedung. Dabei spielen insbesondere Störungen in der späten oralen Phase eine große Rolle, die entsprechenden kriminellen Verhaltensweisen sind hier v. a. Landstreicherei, Brandstiftung, Rauschgiftkonsum, aber auch Mord oder „Kleptomanie". Dagegen sollen Störungen in der späteren ödipalen Phase Prädiktoren insbesondere sexueller Devianz sein. Aber auch eine zu starke „Über-Ich"-Ausprägung kann dann zu kriminellem Verhalten führen, wenn hierdurch die verdrängten Triebe kompensiert werden.

Nach Annahme der Psychoanalyse müssen dem Menschen erst moralische Hemmungen „anerzogen" werden, er wird hiernach als „polymorph-perverses Wesen" geboren. Davon unterschieden ist der „Verbrecher aus Schuldbewusstsein", der aufgrund des nicht bewältigten Ödipuskomplexes und den damit verbundenen Schuldgefühlen Erleichterung durch die auf Kriminalität folgende Bestrafung erfährt. So hatte Freud schon 1915 in „Der Verbrecher aus Schuldbewusstsein" einen Ansatz entwickelt, der später in „Das Ich und das Es" (1923) erneut aufgegriffen wird. Er führt hierzu aus:

> Es war eine Überraschung zu finden, daß eine Steigerung unbewußten Schuldgefühls den Menschen zum Verbrecher machen kann. Aber es ist unzweifelhaft so. Es lässt sich bei

vielen, besonders jugendlichen Verbrechern, ein mächtiges Schuldgefühl nachweisen, welches vor der Tat bestand, also nicht deren Folge, sondern deren Motiv ist, als ob es als Erleichterung empfunden würde, dies unbewusste Schuldgefühl an etwas Reales und Aktuelles knüpfen zu können. (Band XIII, S. 282)

Seit Aichhorn (1925) wird weitgehend unterschieden zwischen Kriminalität auf der Basis neurotischer Persönlichkeitsentwicklung und derjenigen durch Einfluss von Verwahrlosung. Durch Verwahrlosung ausgelöste Kriminalität wird insbesondere in Zusammenhang mit einem schwachen „Über-Ich" gesehen.

Besondere Bedeutung im Hinblick auf Jugenddelinquenz hat der Ansatz von Tilman Moser (1970) erhalten. Moser geht davon aus, dass insbesondere eine mangelnde Konsistenz in der Erziehung, das Fehlen eines positiven Vaterbildes sowie weitere Sozialisationsdefizite, wie sie in unteren sozialen Schichten oft anzutreffen sind, kriminelles Verhalten aufgrund gestörter „Über-Ich"-Ausbildung fördern. In diesem Ansatz zeigt sich eine enge Verbindung psychologischer und soziologischer Kriminalitätstheorien (vgl. zu neueren Entwicklungen die Diskussion um eine „Psychosocial Criminology", Gadd & Jefferson, 2007).

Frustrations-Aggressions-Hypothese

Ebenfalls stärker auf psychoanalytische Konzepte geht die in den 1940er Jahren des 20. Jahrhunderts von Dollard und Miller (Dollard et al., 1939, 1970) entwickelte Frustrations-Aggressions-Hypothese zurück. Diese Hypothese – teils auch als „Dampfkesseltheorie" bezeichnet – geht davon aus, dass Frustrationen zu Aggressionen führen, gewissermaßen sich aufstauen und dann – in Form eines dem Druck nicht mehr standhaltenden Ventils – ausbrechen, Aggression somit eine Folge von Frustration darstellt. Weiterhin wird angenommen, dass das Ausagieren von Aggression das Niveau derselben reduziert (Katharsis-Hypothese). In neueren, modifizierten Ansätzen werden auch Modelle einer verringerten Frustrationstoleranz bei Straffälligen bzw. mangelnder Antizipation der Folgen des Verhaltens einbezogen, eine allgemein überzeugende Theorie konnte jedoch hieraus bisher nicht entwickelt werden.

Lerntheoretische Ansätze

Zu den gegenwärtig bedeutendsten und einflussreichsten Gruppen psychologischer Kriminalitätstheorien gehören die Lerntheorien, die, anders als z. B. die Psychoanalyse, nicht von einer moralischen Bewertung des Verhaltens ausgehen, sondern ein System der – auch kognitiven – Verstärkung von Handlungsweisen beschreiben (vgl. Amelang, 1986, S. 163 ff.). Lerntheoretische Ansätze gehen davon aus, dass abweichendes Verhalten nach denselben Prinzipien erlernt wird wie angepasstes, auch wieder verlernt werden kann, was auf Behandlungsmöglichkeiten hinweist.

Klassische und operante Konditionierung

Die Annahme, dass kriminelles wie nicht-kriminelles Verhalten erlernt ist und durch Verstärkung aufrechterhalten wird, bzw. dass auf bestimmte Hinweisreize mit kriminell abweichendem Verhalten reagiert wird, liegt allen lerntheoretischen Modellen zugrunde. Grundlegende Mechanismen sind die klassische sowie die operante Konditionierung, schließlich das Lernen am Modell. Ein wichtiges Modell, einerseits basierend auf den lerntheoretischen Grundlagen, andererseits neurobiologische Annahmen einbeziehend, wurde durch Hans-Jürgen Eysenck in den 1960er Jahren entwickelt. Eysenck ging davon aus, dass Extravertierte mehr Situationen suchen, die ihnen Anregung bieten, z. B. risikoreiche Ereignisse im Sinne eines „Sensation Seeking". Daneben sind sie unempfindlicher gegenüber aversiven Reizen und schwerer konditionierbar als der Durchschnitt der Bevölkerung. Somit sprechen sie weniger auf die Sanktionierung abweichenden Verhaltens an, d. h. sie lernen im Sinne des operanten Paradigmas nur schwer die Verknüpfung von Verhalten und Konsequenz (vgl. hierzu die Ausführungen zu den neurobiologischen Erklärungsmodellen im Abschnitt „Neuere biologische Ansätze"). Das führt zu einer höheren Wahrscheinlichkeit für die Ausbildung straffälligen Verhaltens. Eysenck spricht in diesem Kontext auch vom Gewissen als „konditionierter Angstreaktion". Für ihn spielen genetische Faktoren eine wesentliche Rolle hinsichtlich menschlichen Verhaltens (Lösel & Schmucker, 2008, S. 15 ff.).

Die Besonderheit hierbei ist, dass Eysenck (1964) dies auf einen niedrigeren Erregungszustand des aufsteigenden retikulären Aktivierungssystems zurückführt, d. h. ein niedrigeres „Arousal". Im Sinne des Berlyne'schen Erregungsmodells ist ein mittlerer Erregungszustand optimal, ist dies gegeben, findet Lernen leichter statt (vgl. Berlyne, 1960). Abweichungen hiervon werden von der Person als unangenehm erlebt; weicht das Erregungspotential nach oben ab, werden stimulierende Reize möglichst gemieden, erfolgt eine Abweichung nach unten, werden besonders starke Reize gesucht, um so einen optimalen Erregungszustand zu erreichen. Dies wäre entsprechend bei Straffälligen der Fall und könnte so erklären, dass strafbare Handlungen, die ihrerseits starke Reize darstellen, eine positiv verstärkende Wirkung ausüben, da dadurch ein als angenehm empfundener Erregungszustand erreicht wird.

Modelllernen
Eine der Grundlagen der heute dominierenden kognitiven Lerntheorien ist die Theorie des Modellernens von Bandura (1977; vgl. Bandura & Mischel, 1965), die auch Aufschluss über die Entwicklung kriminell abweichenden Verhaltens gibt. So spielt insbesondere die Beobachtung bestimmter

Verhaltensweisen und deren spätere Übernahme in das eigene Verhaltensrepertoire eine zentrale Rolle, ein Vorgang, der gerade bei kleineren Kindern zu beobachten ist. Wird z. B. eine Person, die eine Straftat begeht, für ihre Verhaltensweisen belohnt und hat diese Person Attribute eines für den Beobachter adäquaten Modells (z. B. Vorbildfunktion), so erhöht sich die Wahrscheinlichkeit der Nachahmung dieses Verhaltens durch den Beobachter. Für den letztendlichen Erwerb des Verhaltens spielen selbstverständlich weitere Faktoren eine wichtige Rolle, so z. B. externe und interne Verstärkung oder auch weitergehende, stellvertretende Verstärkung. Für die Auslösung der Verhaltensweise sind neben motivationalen Variablen auch bestimmte situative Bedingungen, Hinweisreize, aber auch Befehl-Gehorsams-Strukturen relevant.

Theorien des differentiellen Lernens
Die Theorien des differentiellen Lernens befinden sich im Übergangsfeld soziologischer und sozialpsychologischer Kriminalitätstheorien. Allerdings basieren sie auf lerntheoretischen und damit psychologischen Mechanismen.

Ausgangspunkt der Theorien ist die Annahme, dass kriminelles Verhalten, wie jedes andere Verhalten, gelernt wird. Im Vordergrund steht dabei der Austauschprozess mit anderen relevanten gesellschaftlichen Mitgliedern, insbesondere in kleinräumigen sozialen Milieus. Der Einzelne lernt somit innerhalb relevanter Bezugsgruppen bestimmte Verhaltensweisen, die hier auch verstärkt werden.

Theorie der differentiellen Assoziation
Die älteste der differentiellen Lerntheorien ist die, eng mit den Namen Sutherland und Cressey verbundene, Theorie der differentiellen Assoziation (vgl. Sutherland & Cressey, 1955; Sutherland, 1956; Cressey, 1955). Diese geht davon aus, dass der Kontakt mit abweichenden und nichtabweichenden Ver-

haltensmustern für deren Übernahme entscheidend ist. Kriminalität wird in der Interaktion mit anderen Personen in einem Kommunikationsprozess, insbesondere in intimen persönlichen Gruppen, erlernt. Eine Person wird hiernach v. a. dann delinquent, wenn Einstellungen, die abweichendes Verhalten positiv bewerten, diejenigen überwiegen, welche das Verhalten negativ bewerten. Das ist das Prinzip der differentiellen Kontakte. Damit ist eine erhebliche kognitive Komponente gegeben. Eine Situation ist nicht per se tatbegünstigend, sondern sie muss vom potentiellen Täter als solche wahrgenommen werden. Kriminelles Verhalten wird, moderiert durch gesellschaftliche Bedingungen, in Interaktion mit anderen, v. a. für die Person relevanten Gruppen erlernt. In diesem Milieu müssen die legal abweichenden Verhaltensweisen – die kriminellen Assoziationen – die rechtskonformen überwiegen (vgl. Amelang, 1986, S. 163 f.).

Theorie der differentiellen Verstärkung

Die Autoren dieser Theorie, Burgess und Akers (1966), sehen hierin eine besser operationalisierbare Revision der Theorie der differentiellen Assoziation. Um die Frage zu beantworten, wie delinquentes Verhalten erlernt und aufrechterhalten wird, gehen sie von sieben Hypothesen aus (vgl. Sutherland, 1968, S. 396 ff.; Amelang, 1986, S. 163 f.):

- Kriminelles Verhalten wird entsprechend den Prinzipien operanter Konditionierung erlernt.
- Kriminelles Verhalten wird ebenso in nichtsozialen Situationen, die verstärkend bzw. diskriminativ wirken, erlernt wie in sozialen Situationen, in denen sich andere verstärkend bzw. diskriminativ verhalten.
- Kriminelles Verhalten wird v. a. in Gruppen gelernt, welche die Person hauptsächlich verstärken.
- Das Erlernen des kriminellen Verhaltens ist eine Funktion der wirksamen und ver-

fügbaren Verstärker sowie der Verstärkungsmöglichkeiten.

- Art und Häufigkeit kriminellen Verhaltens sind abhängig von den verfügbaren Verstärkern sowie den Verstärkungsplänen.
- Kriminelles Verhalten ist eine Funktion von diskriminativen Normen, die dann einsetzen, wenn solches Verhalten häufiger verstärkt wird als nichtkriminelles Verhalten.
- Die Stärke kriminellen Verhaltens ist abhängig von Wahrscheinlichkeit und Häufigkeit seiner Verstärkung.

Theorie der differentiellen Gelegenheiten

Die Theorie der differentiellen Gelegenheiten von Cloward und Ohlin (1960) basiert in einigen Annahmen stark auf der Anomietheorie. So wird z. B. Kriminalität als Lösung eines Anpassungsproblems in einer widersprüchlichen Gesellschaft gesehen. Individuen haben je nach Gruppenzugehörigkeit differentielle Zugangschancen zu legitimen und illegitimen Mitteln. Neben dem Zugang muss aber auch der Einsatz illegitimer Mittel erlernt werden, dies ist wiederum abhängig von bestimmten sozialen Kontakten, z. B. einer kriminellen Subkultur. Je nach Sozialstruktur unterscheiden Cloward und Ohlin die „kriminelle Subkultur", in der Nützlichkeitsüberlegungen dominieren (v. a. Diebstahl), die „Konfliktsubkultur", in der Kriminalität als rationale Problemlösung und Statusmittel gesehen wird (insbesondere Gewalt), und die „Subkultur des Rückzugs", in der Erfolglosigkeit das vorherrschende Kennzeichen ist (v. a. Drogenkriminalität) (vgl. Cloward & Ohlin, 1960).

Neutralisierungsthese

Grundgedanke der Neutralisierungsthese von Sykes und Matza (1957) ist, dass kriminell abweichende Personen, primär Jugendliche, zwar die gesellschaftlichen Normen gelernt und internalisiert haben, jedoch wirksame kognitive Strategien einsetzen, diese auszuschalten bzw. zu neutralisieren.

Auch diese Neutralisierungstechniken sind erlernt, erneut spielen bei diesem Lernprozess bestimmte Subkulturen eine wichtige Rolle. Es wird ein System von Rechtfertigungen einer kriminellen Handlung aufgebaut („das machen doch alle"), die einerseits sozial anerkannt sein können, andererseits aber auch aus dem subjektiven Normensystem des Betreffenden entstehen. Gängigste Neutralisierungstechniken sind: Ablehnung von Verantwortung, Negierung des geschehenen Unrechts, Ablehnung bzw. Abwertung des Opfers, „Verdammung der Verdammenden", d. h. Zweifel an den Organen der Rechtspflege, und Berufung auf höhere Instanzen. Besonders im Hinblick auf die in den vergangenen Jahren intensiver gewordene Diskussion um Sexualstraftäter spielen Neutralisierungstechniken auf Seiten der Täter vielfach eine wichtige Rolle (vgl. Sykes & Matza, 1957). Zu denken ist hier z. B. an sogenannte „Rape-Myths", vor deren Hintergrund Sexualstraftäter vielfach ihr Verhalten bagatellisieren („Das Opfer hat freiwillig mitgemacht", „Frauen wollen gewaltsamen Sex" usw.; vgl. Kury, 2003).

Rational-Choice-Theorie

Die Rational-Choice-Theorie, die teilweise auch unter die ökonomischen oder soziologischen Kriminalitätstheorien gefasst wird (vgl. Rock, 2002, S. 59 f.), geht davon aus, dass Verhalten, d. h. auch kriminelles Verhalten, auf rationalen Überlegungs- und Abwägungsprozessen basiert. Der Ansatz hat in den letzten Jahren deutlich an Bedeutung gewonnen. Ausgangspunkt ist eine Kosten-Nutzen-Kalkulation der Handlung bzw. deren Folgen, basierend auf einer bestimmten Intention und beeinflusst durch situative Faktoren, die Tatgelegenheitsstruktur. Besondere Bedeutung hat diese Theorie in den letzten Jahren mit dem Boom der Kriminalprävention, insbesondere auf kommunaler Ebene, erlebt (vgl. Dölling, Feltes, Heinz und Kury, 2003; Bannenberg, Coester

und Marks, 2005). So wurde durch zahlreiche situative Präventionsstrategien (z. B. Erschweren der Tat durch Videoüberwachung oder Sicherungsanlagen) versucht, die „Kostenseite" für potentielle Täter zu steigern und den „Nutzen" straffälligen Verhaltens zu verringern (vgl. Cornish & Clarke, 1986; Felson & Clarke, 1998). Der Wirkungsbereich der Modelle ist teilweise noch offen, erfolgversprechend scheinen sie v. a. bei Eigentumsdelinquenz, Wirtschafts- und Umweltdelikten.

Routine-Activity-Ansatz

Aus der Rational-Choice-Theorie lässt sich der Ansatz der Routine-Activities ableiten, der in besonderem Maß auf dem Konzept der Gelegenheitsstrukturen beruht und auch als „Lifestyle-Ansatz" bezeichnet wird. Grundlage ist das Zusammenkommen verschiedener Komponenten: ein geeignetes Zielobjekt, das Fehlen von Kontrollinstanzen sowie ein potentieller Täter. Dabei erhöht routinemäßiges Verhalten die Chancen für kriminelle Viktimisierungen, so z. B. die tägliche Fahrt mit der U-Bahn in der Rushhour oder das Verlassen der Wohnung zur jeweils selben Zeit. Kriminalität ist somit abhängig von der Art und der Häufigkeit des Opfer- und Täterverhaltens. Kriminalpräventiv macht man sich die Erkenntnis beim Schutz wichtiger, eventuell gefährdeter Personen zunutze, indem z. B. Fahrtwege dauernd verändert werden. Wie bei der „Rational Choice Theorie" stehen die Situation und die rationale Kosten-Nutzen-Abwägung durch den Täter im Mittelpunkt (vgl. Cohen & Felson, 1979; Felson & Clarke, 1995, 1998).

Crime-Pattern-Theorie

Eine weitere, dem Bereich der Gelegenheitsstrukturansätze zuzuordnende Theorie ist die „Crime Pattern Theory". Hier geraten insbesondere die wechselseitigen Beziehungen der Handelnden in einem zeitlich-räumlichen Interaktionsfeld in den Blick. Es werden Knoten („nodes"), Wege („paths") und Kanten („edges") unterschieden: „Knoten" gelten als von den Bürgern aufgesuchte räumliche Ziele (z. B. der Arbeitsplatz). Der potentielle Täter sucht nun sein Ziel in der Nähe solcher Aktivitätsknoten bzw. auf den „Wegen" zwischen solchen Knoten. Die „Kanten" schließlich beziehen sich auf die Grenzen der Bereiche, in denen die Bürger leben, arbeiten oder ihre Freizeit verbringen. Bestimmte Kriminalitätsarten, wie z. B. Diebstahldelikte in der Rushhour oder der sogenannte Zechanschlussraub, geschehen besonders häufig an diesen räumlichen Übergangsbereichen (vgl. Felson & Clarke, 1998).

Entwicklung des moralischen Urteils

Ebenfalls zu den kognitiven Theorien kann die von Kohlberg ausformulierte und auf Piaget basierende Entwicklungstheorie des moralischen Urteils gezählt werden. Kohlberg formuliert drei Ebenen mit jeweils zwei Stufen, wobei die jeweils höhere Ebene eine Reduktion der Anfälligkeit gegenüber kriminellen Anreizen symbolisieren soll (vgl. Kohlberg, 1964, 1978; Kohlberg & Althof, 2002). Im Einzelnen handelt es sich um:

1. *Präkonventionelle Ebene:* Begründung von Verhalten durch Strafen, Autoritäten bzw. eigenen Interessen
   – Orientierung an Strafe und Gehorsam: Gebote und Verbote bestimmen das Handeln
   – Naiv-egoistische Orientierung: „Wie du mir, so ich dir", Handlungsorientierung an eigenen Bedürfnissen, Gleichheit von Tauschgeschäften
2. *Konventionelle Ebene:* Verhalten als Erhalt wichtiger Sozialbeziehungen
   – Orientierung am „braven Kind": eigene Verhaltensbewertungen werden an den Wünschen und Erwartungen anderer orientiert

– Orientierung an Autorität und sozialer Ordnung: Orientierung an Pflichterfüllung und der Bewahrung von Recht und Ordnung, Vorrang des übergreifenden sozialen Systems
3. *Postkonventionelle Ebene:* Orientierung prinzipienunabhängig von Systemen und Autoritäten, Normen werden verteidigt, aber unter Gerechtigkeitsregeln gestellt
   – Orientierung an Sozialverträgen: Handeln orientiert sich an mehrheitlich vereinbarten Normen, Sozialverträge sind bestimmend, individuelle Rechte bleiben erhalten, sind aber relativ
   – Orientierung an universellen Prinzipien: Handeln wird bestimmt durch bewusste Entscheidungen in Übereinstimmung mit selbstgewählten, logisch widerspruchsfreien und umfassenden ethischen Prinzipien (Gewissen, Vertrauen und Respekt)

Nach Kohlberg hängt straffälliges Verhalten vom Niveau der erreichten moralischen Stufe ab. Je niedriger die erreichte Stufe ist, umso weniger hat ein Individuum die Möglichkeit bzw. die überzeugenden rationalen Argumente, Versuchungen zur Begehung von Straftaten zu widerstehen. Bisher vorliegende Untersuchungen konnten die Theorie gut bestätigen (vgl. Blasi, 1980; Nelson, Smith und Dodd, 1990).

Konzept der Selbstkontrolle

Abschließend zu den Kriminalitätstheorien soll das von Gottfredson und Hirschi (1990) entwickelte Konzept der Selbstkontrolle dargestellt werden, das sich selbst als eine „Allgemeine Theorie der Kriminalität" versteht und damit als eine Art Meta-Konzept angesehen werden kann. Ein Mangel an Selbstkontrolle, der zu einem impulsiven Verhalten beitragen kann, wurde bereits von Wilson und Hernstein (1985) als Erklärung für kriminelles Verhalten gesehen. Nach Brownfield und Sorenson (1993) wirkt sich eine geringe Selbstkontrolle auf straffälliges Verhalten z. B. dadurch aus, dass die Fähigkeiten zu Belohnungsaufschub reduziert sind, die Verantwortungsübernahme für andere reduziert bzw. die Impulsivität erhöht ist (vgl. Hollin, 2002, S. 158 f.). Ross und Fabiano (1985, S. 37; vgl. Hollin, 2002, S. 158 f.) verstehen Impulsivität „as a failure to insert between impulse and action a stage of reflection, a cognitive analysis of the situation".

Grundlegend für Kriminalität ist nach Ansicht der Autoren das Bedürfnis nach einer raschen Realisierung kurzfristiger Ziele. Damit ist Delinquenten weitgehend gemeinsam, dass sie kurzfristigen Nutzen langfristigen Konsequenzen überordnen. Somit besteht eine erhebliche Ähnlichkeit zu dem bereits 1965 von Bandura und Mischel untersuchten Konzept des „delay of gratification", d. h. des Zurückstellens sofortiger geringerer zugunsten späterer wertvollerer Belohnung. Kriminelle sind im Sinne dieses Ansatzes somit nicht, wie z. B. in der Öffentlichkeit immer wieder dargestellt, „böse Menschen" oder „Monster", sondern sie sind nur begrenzt in der Lage, ihre individuellen Bedürfnisse und das Handeln zu ihrer Befriedigung zu kontrollieren. Allerdings ist mangelnde Selbstkontrolle nicht hinreichende Bedingung der Entwicklung kriminellen Verhaltens, sondern nur notwendige Voraussetzung.

Jeder Entscheidung zu einer kriminellen Handlung geht eine Kosten-Nutzen-Berechnung voran – hier zeigt sich wiederum die Ähnlichkeit zur Rational Choice Theorie – d. h. die Tat findet dann statt, wenn das erlebte Ausmaß der (kurzfristigen) Belohnung und deren Eintrittswahrscheinlichkeit größer ist als das Ausmaß der (langfristigen) Sanktion und deren Eintrittswahrscheinlichkeit.

Weiterführende Literatur

Cote, S. (Hrsg.). (2002). *Criminological theories.* Thousand Oaks, CA: Sage.
Cullen, F. T. & Agnew R. (Hrsg.). (2011). *Criminological theory. Past to present* (4. Aufl.). New York, NY: Oxford University Press.
Lamnek, S. (2007). *Theorien abweichenden Verhaltens I – „Klassische" Ansätze* (8. Aufl.). Paderborn: Fink.
Lamnek, S. (2008). *Theorien abweichenden Verhaltens II – „Moderne" Ansätze* (3. Aufl.). Paderborn: Fink.
Schwind, H.-D. (2011). *Kriminologie. Eine praxisorientierte Einführung mit Beispielen* (21. Aufl.). Heidelberg: Kriminalistik Verlag.

Kontrollfragen

1. Immer schon beschäftigte die Kriminologie die Frage nach den biologischen Ursachen von Kriminalität. Welche Entwicklung hat dieser Ansatz in den vergangenen 100 Jahren genommen?
2. Welche wichtigen soziologischen Kriminalitätstheorien wurden entwickelt und wie lassen sich diese jeweils kurz skizzieren?
3. Psychoanalytische Ansätze der Kriminalitätserklärung spielten lange Zeit eine große Rolle, wie lassen sich diese Ansätze beschreiben?
4. Kriminelles Verhalten kann wie jedes andere Verhalten auch erlernt werden. Welche lerntheoretischen Modelle liegen hierzu vor?
5. Der Rational-Choice-Ansatz weicht in zentralen Punkten von den „klassischen" Theorien der Kriminalitätserklärung ab. Welches sind die wichtigsten Inhalte?
6. Zu den wichtigsten neuen Ansätzen gehört das Konzept der Selbstkontrolle. Was versteht man hierunter?

4.2 Reaktionen: Sanktion – Resozialisierung – Mediation

Was als straffälliges Verhalten definiert ist und wie die Sanktionen darauf ausgestaltet sind, ist in einzelnen Gesellschaften teilweise deutlich unterschiedlich. Es hängt z. B. vom umfassenderen Normensystem ab, das sich wiederum im zeitlichen Verlauf deutlich verändern kann. So wurden in der Vergangenheit immer wieder einzelne Verhaltensweisen, die früher strafbar waren, entkriminalisiert (wie konsensuelle gleichgeschlechtliche Sexualität unter Erwachsenen), anderes Verhalten wurde neu kriminalisiert oder schwerer unter Strafe gestellt (wie beispielsweise Umweltverschmutzung oder sog. Computerkriminalität). Die Einstellung und Sichtweise hinsichtlich Straftaten hat sich im Laufe der Jahrhunderte erheblich verändert, auch in Zusammenhang mit neuen gesellschaftlichen Gegebenheiten und Bedingungen. Entsprechend sind das Sanktionsverhalten und die Einstellungen hierzu einem erheblichen Wandel unterworfen. Auch zwischen einzelnen Gesellschaften sind die Sanktionsstrukturen teilweise sehr unterschiedlich, was sich beispielsweise an der Einstellung zur und Praktizierung der Todesstrafe zeigt. Diese wurde z. B. in Deutschland 1949 abgeschafft, obwohl sie damals noch von ca. Dreiviertel der Bevölkerung unterstützt wurde, heute votieren in Umfragen nur noch ca. ein Drittel für diese härteste Sanktion. Allerdings zeigen sich teilweise erhebliche Schwankungen, insbesondere hinsichtlich bestimmter Tätergruppen (wie Pädophilen) bzw. nach der Schwere der Straftaten. In den USA ist die Todesstrafe noch in 34 der 50 Bundesstaaten in Kraft, immerhin 16 haben sie inzwischen abgeschafft.[2]

Das Sanktionsverhalten hat sich vor dem Hintergrund einer Einstellungsveränderung gegenüber (harten) Strafen v. a. über die Zeit verändert. So wurde im Mittelalter in europäischen Ländern als kriminell angesehenes und definiertes Verhalten teilweise drastisch bestraft, etwa mittels grausamster Tötungsarten wie rädern, pfählen, kreuzigen, lebendig begraben oder verbrennen (vgl. Schubert, 2007). Auch heute noch werden in einigen muslimischen Ländern Ehebrecherinnen gesteinigt, eine Sanktion, die bereits vor Jahrtausenden zur Anwendung kam. Mit fortschreitendem Zivilisationsprozess wurden die grausamen Körperstrafen mehr und mehr zurückgedrängt, auch in Zusammenhang mit der wachsenden Erkenntnis, dass sie, wenn überhaupt, nur begrenzt zu einer Verhinderung sozial abweichenden Verhaltens beitragen können. Wurde in den meisten europäischen Ländern die Todesstrafe in der Zeit nach dem Zweiten Weltkrieg oder teilweise schon davor abgeschafft, wird sie, wie erwähnt, in der Mehrzahl der US-amerikanischen Bundesstaaten noch angewandt. Dies geschieht trotz großer Kritik von Menschrechtsorganisationen und zahlreichen wissenschaftlichen Studien, die den kriminalpräventiven Effekt in Frage stellen, wenngleich die Frage, ob die Todesstrafe gerade die Begehung schwerer Straftaten zurückdrängen kann, nach wie vor umstritten ist, wobei man allerdings, wenn überhaupt, in der Regel nur von einem geringen Effekt ausgeht (vgl. Kovandzic et al., 2009; vgl. Dölling et al. 2011).[3] Unter dem Druck von Menschenrechtsorganisationen und der wachsenden Erkenntnis über die zweifelhafte kriminalpräventive Wirkung ging in den USA die Zahl der Exekutionen in den letzten Jahren deutlich zurück. Wurden 1999 nach einem stetigen Anstieg in den 25 Jahren zuvor 98 Menschen hingerichtet, sank deren Zahl bis 2008 auf 37, stieg

---

2 http://www.deathpenaltyinfo.org/documents/FactSheet.pdf; Aufruf 16. 01. 2012

3 http://www.deathpenaltyinfo.org/history-death-penalty; Aufruf 16. 01. 2012

danach allerdings wieder an (2010 auf 46). Die meisten Exekutionen finden in den Südstaaten statt.

In Deutschland hat sich die Sanktionsstruktur in den letzten 100 Jahren erheblich verändert. Wurden 1882 noch 76,8 % aller von einem deutschen Gericht abgeurteilten Straftäter zu einer zu verbüßenden Freiheitsstrafe verurteilt, waren es 1950, dem ersten Jahr, zu dem statistische Ergebnisse für Deutschland vorliegen, noch 39,1 %, 2008 waren es lediglich noch 8,3 %, also etwas mehr als ein Zehntel, wobei der Anteil seit Mitte der 1990er Jahre leicht zugenommen hat (1993: 4,9 %) (Kaiser, 1996, S. 985 f.; Heinz, 2010, S. 47 f.). Die Geldstrafe und die „Alternativen", wie z. B. Sozialstunden oder Weisungen, zu einer Freiheitsstrafe haben diese mehr und mehr in den Hintergrund gedrängt. Hierfür waren auch finanzielle Aspekte verantwortlich, da die Freiheitsstrafe die teuerste Kriminalsanktion ist. So kostet ein Haftplatz den Steuerzahler pro Tag mindestens ca. 70 €. Nachdem in den 1960er Jahren in den Vereinigten Staaten, aber auch in Holland und Dänemark damals als vielversprechend eingestufte Modelle zur (psychotherapeutischen) Behandlung von (inhaftierten) Straftätern entwickelt wurden, gewann in den 1970er Jahren auch in Deutschland der Behandlungsansatz zunehmend an Einfluss. 1969 wurde in Baden-Württemberg die erste Sozialtherapeutische Anstalt eröffnet, weitere Bundesländer folgten in den kommenden Jahren. 2010 gab es in Deutschland 56 Sozialtherapeutische Anstalten bzw. Abteilungen, in denen zum Stichtag (31.03.2010) 1883 Insassen inhaftiert waren, von denen 54,6 % der Gruppe der sogenannten Sexualstraftäter zugerechnet werden, deren Anteil in den letzten zehn Jahren erheblich zugenommen hat, wobei dieser Anstieg v. a. auf Täter mit sexuellem Kindesmissbrauch zurückgeht. Von den insgesamt 2110 verfügbaren Haftplätzen in Sozialtherapeutischen Anstalten standen im Jahr 2010 für weibliche Inhaftierte 57 Plätze zur Verfügung. Der Anteil der weiblichen Gefangenen an der Gesamtbelegung hat seit 2005 (2,4 %) etwas abgenommen (2010 = 2,2 %) (vgl. Niemz, 2010). Im Vergleich dazu waren in den 185 deutschen Vollzugsanstalten zum Stichtag (30.11. 2010) insgesamt 69 385 Gefangene und Verwahrte untergebracht, davon waren 3755 (5,4 %) weiblich. Das bedeutet, dass sich Ende 2010 2,7 % aller Inhaftierten in einer Sozialtherapeutischen Anstalt befanden (Statistisches Bundesamt, 2011). Im Umkehrschluss folgt daraus allerdings nicht, dass alle anderen keine Behandlung erhielten, denn vielfach sind in den Regelvollzugsanstalten Behandlungsabteilungen eingerichtet, bzw. es werden externe Therapeuten tätig, die in die einschlägigen statistischen Erhebungen keinen Eingang finden.

1977 trat in der damaligen Bundesrepublik Deutschland das erste Strafvollzugsgesetz (StVollzG), also eine gesetzliche Regelung der Freiheitsstrafe für Erwachsene, in Kraft, die in § 2 die Aufgabe einer Resozialisierung des Inhaftierten deutlich hervorhob und das Vollzugsziel in der Vermittlung der Fähigkeit sah, künftig „in sozialer Verantwortung ein Leben ohne Straftaten zu führen". Ziel der Freiheitsstrafe war hiernach die Wiedereingliederung des Straftäters in die Rechtsgemeinschaft.

Dieses Strafvollzugsgesetz entstand in einer Zeit relativ liberalen Umgangs mit Straffälligen, als man sich in den USA allerdings bereits wieder vom Behandlungsansatz entfernte. Dort kam 1975 mit einer kritischen Veröffentlichung zur Wirksamkeit resozialisierender Behandlungsmaßnahmen (vgl. Lipton et al., 1975) – die v. a. von Martinson (1974), einem der Autoren, unter dem Schlagwort „nothing works" pointiert, aber zu einseitig zusammengefasst wurde – v. a. auf der politischen Ebene eine Abkehr vom Behandlungsansatz in Gang, die bis heute anhält. In Deutschland dauerte es noch einige Jahre, bis die Skepsis gegenüber einer Resozialisierung „hinter Mauern" zunehmend stärker wurde. Evaluationen zeigten allerdings auch hier, dass die anfänglichen Erfolgserwartungen teilweise zu hoch gesteckt waren. Meta-Evaluationen konnten belegen, dass insgesamt von einem moderaten Erfolg intramuraler Behandlungsansätze bei Straftätern ausgegangen werden kann, wobei einzelne Treatments teilweise erhebliche Unterschiede in der Erfolgsquote zeigten (vgl. Lösel et al., 1987). Als relativ erfolgreich erwiesen sich auch hier, wie in der allgemeinen Therapieerfolgsforschung (vgl. Grawe et al., 2001), kognitiv behaviorale Behandlungsansätze. Entsprechend wurden strukturierte Behandlungsprogramme, z. B. für Sexual- oder Gewaltstraftäter entwickelt.

Vor dem Hintergrund der Ernüchterung über die begrenzten Erfolge der Straftäterbehandlung, allerdings auch wiederum unter dem Einfluss angloamerikanischer Länder, wurden insbesondere in den 1980er Jahren mehr und mehr Diversionsmodelle und Alternativen zur Freiheitsstrafe diskutiert. Theoretischer Hintergrund für die verschiedenen Diversionsmodelle, also Ansätze, den Straftäter möglichst um ein formelles Strafverfahren mit anschließender Sanktion „herumzuleiten", war v. a. der Labeling-Ansatz (vgl. den Abschnitt „Labeling Approach"), welcher die stigmatisierende Wirkung einer Kriminalsanktion, v. a. einer Inhaftierung, betonte, besonders bei jungen Straftätern. In diesem Kontext wurden, insbesondere im Bagatellbereich, die Möglichkeiten einer Einstellung des Strafverfahrens und der Verzicht auf formelle Sanktionen erheblich ausgebaut. Gleichzeitig wurden die Alternativen zu „klassischen" Sanktionen wie Täter-Opfer-Ausgleich bzw. Schadenswiedergutmachung erweitert. Man suchte nach weniger eingriffsintensiven Maßnahmen zur Konfliktschlichtung – vor dem Hintergrund einer insgesamt relativ liberalen Kriminalpolitik und einer entsprechenden, verhältnismäßig breiten Tolerierung durch die Bevölkerung (Kury & Lerchenmüller, 1981).

Beeinflusst wurde der Umgang mit Straftätern auch durch die (wieder) aufgekommene Opferforschung (Viktimologie), die vor dem Hintergrund der internationalen Entwicklung ab den 1970er Jahren auch in Deutschland erheblich an Einfluss in der Kriminologie gewann (Kury, 2007; Schneider, 2007 a). Einerseits wurden mehr und mehr Opferstudien durchgeführt, 1989 die erste bundesweite (Kury, 1991 a), 1991, nach der Wiedervereinigung der beiden deutschen Staaten, die erste landesweite in Ost- und Westdeutschland (Kury et al., 1996), andererseits gewannen die Ergebnisse dieser Untersuchungen auch an Einfluss in der Kriminologie und Kriminalpolitik. Die Rolle des Opfers von Straftaten wurde durch gesetzliche Änderungen gestärkt, etwa was eine (staatliche) Wiedergutmachung erlittener Schäden betrifft (vgl. das „Gesetz über die Entschädigung für Opfer von Gewalttaten – Opferentschädigungsgesetz – OEG" vom 11. Mai 1976; BGBl. I, 1181) oder was die Stellung des Opfers als Zeuge im Strafverfahren angeht (vgl. das „Erste Gesetz zur Verbesserung der Stellung des Verletzten im Strafverfahren – Opferschutzgesetz – OSG" vom 18. Dezember 1986; BGBl. I, 2496). Weitere gesetzliche Regelungen zur Stärkung des Opfers folgten:

- „Zeugenschutzgesetz – ZSchG" vom 30. April 1998 (BGBl. I, 820)
- „Opferanspruchssicherungsgesetz – OASG" vom 4. März 1998 (BGBl. I, 2491)
- „Gesetz zur Verbesserung des zivilrechtlichen Schutzes bei Gewalttaten und Nachstellungen sowie zur Erleichterung der Überlassung der Ehewohnung bei Trennung – Gewaltschutzgesetz – GewSchG" vom 1. Januar 2002
- „Opferrechtsreformgesetz – OpferRRG" vom 1. September 2004 (BGBl. I, 2004)
- (zweites) „Justizmodernisierungsgesetz" von 2006

- (zweites) Opferrechtsreformgesetz vom 1. Oktober 2009

Auch auf europäischer Ebene wurden Initiativen unternommen, Mindeststandards für den Schutz der Opfer von Verbrechen auszuarbeiten (vgl. Kury & Obergfell-Fuchs, 2003, 2005; Schwind, 2011).

Man bemühte sich mehr und mehr um eine opferbezogenere Strafrechtspflege (vgl. Rössner & Wulf, 1984) und eine Konfliktschlichtung, die sich nicht nur auf die Sanktionierung des Täters beschränkt, sondern diesen zu einer Schadenswiedergutmachung und Entschädigung des Opfers anregt (vgl. Sessar, 1992). Unterstützt wurde diese kriminalpolitische Entwicklung durch die Ergebnisse der Opferforschung, die zeigten, dass selbst Opfer von schwereren Straftaten nicht so sanktionsorientiert sind wie vermutet (vgl. Boers & Sessar, 1991; Sessar, 1992).

Die Untersuchungen zur Wirksamkeit von Resozialisierungsprogrammen im Strafvollzug machten mehr und mehr deutlich, auf welche Schwierigkeiten solche Programme in Vollzugsanstalten stoßen, in denen nach wie vor Sicherheitsaspekte im Vordergrund stehen; mit der wachsenden Diskussion um die Sicherheit vor Gewalt- und Sexualstraftätern umso mehr. Hier besteht das Risiko des Auftretens von Prisonisierungseffekten, wie z. B. Anpassung an die Insassen-Subkultur, Verlust von Autonomie, Verlernen von Lebensbewältigungstechniken, Deprivation, die eine Behandlungswirkung mehr oder weniger neutralisieren kann, und Insassen können selbst zu Opfern von Straftaten, z. B. durch andere Inhaftierte werden (vgl. Kury & Brandenstein, 2002; Ortmann, 2002). Vor allem lange Freiheitsstrafen im Regelvollzug zeigen oft mehr schädigende als hinsichtlich einer Wiedereingliederung in die Rechtsgemeinschaft hilfreiche Auswirkungen. Hinzu kommen vielfach erhebliche Nachteile und Schädigungen für die Angehörigen der Inhaftierten wie Ehefrauen oder Kinder bzw. das soziale Umfeld der Inhaftierten (vgl. Kury & Kern, 2003a, 2003b; Clear, 2008). Ebenfalls ist zu beachten, dass nur ein kleinerer Teil der Inhaftierten gezielt an resozialisierenden Programmen teilnimmt bzw. teilnehmen kann (vgl. oben zur Sozialtherapie).

In den letzten Jahren rückten vermehrt auch Kostenüberlegungen in den Vordergrund. Während man in den USA bereits vor Jahren Kostenberechnungen für unterschiedliche Umgangsweisen mit Kriminalität, von Präventionsprogrammen bis hin zu Freiheitsstrafen, durchführte (vgl. Aos, 2003), wurden solche Kalkulationen bei uns bisher nur ansatzweise gemacht (vgl. Entorf & Meyer, 2004; Entorf, 2010; Fegert & Schläfke, 2010). Die in der Polizeilichen Kriminalstatistik erfassten Kosten von ausgewählten Straftaten umfassen nur einen Bruchteil der Gesamtkosten von Kriminalität, da sie die Folgekosten nicht berücksichtigen. Auswertungen der Strafvollzugsstatistiken konnten zudem zeigen, dass – kostspielige – längere Inhaftierungen keinen günstigen Einfluss auf die Rückfallquote haben (vgl. Jehle et al., 2003, 2010). Gerade die lange Freiheitsstrafe wird vor dem Hintergrund kriminalpolitischer Überlegungen und wissenschaftlicher Forschungsergebnisse von kriminologischer Seite international kritisch gesehen (vgl. die Beiträge in Kury & Shea, 2011).

Die Forschungsergebnisse legen eine gewisse Austauschbarkeit der Sanktionen nahe: Auf straffälliges Verhalten sollte eine negative Reaktion erfolgen, die Art der Reaktion scheint im Hinblick auf die Rückfälligkeit relativ unwichtig zu sein, was mehr Mut zu weniger eingriffsintensiven und sanktionsorientierten und zu mehr helfenden Maßnahmen machen sollte. Die Devise „Schlichten statt Richten" (Prütting, 1985; vgl. Kaiser, 1996, S. 217) deutet hier, zumindest für einen Großteil der Straftäter, in die richtige Richtung. Hierbei ist auch zu beachten, dass das Dunkelfeld der Kriminalität in Bezug auf alle Straftaten auf ca. 90 % geschätzt wird, d. h. nur ein geringer Teil aller Straftäter wird überhaupt erwischt und sanktioniert, der Großteil der Kriminalität erledigt sich somit „von selbst" (Kürzinger, 1996, S. 174 ff.; Kury, 2001).

Insgesamt zeigten Umfragen aus den 1970er und 1980er Jahren, dass breite Teile der Bevölkerung die kriminalpolitischen Neuerungen, z. B. den Resozialisierungsgedanken im Strafvollzug, unterstützten, das gilt weitgehend bis heute. Das „sanktionspolitische Klima" hat sich allerdings in den letzten Jahren, etwa seit Anfang der 1990er Jahre, deutlich gewandelt, hin zu einer härteren Sanktionseinstellung und einem höheren Strafbedürfnis (Punitivität) in der Bevölkerung – und zwar nicht nur in Deutschland, sondern in der gesamten westlichen Welt (vgl. Roberts, 1992; Roberts & Stalans, 1997; Kury & Shea, 2011). Für diese Entwicklung können, bezogen auf Deutschland, verschiedene Ursachen gesehen werden, wie:

- Die Öffnung der Grenzen zu den mittel- und osteuropäischen Ländern Ende 1989/ Anfang 1990 brachte eine wachsende Migration, insbesondere von den ärmeren östlichen in die wohlhabenderen westlichen Länder mit sich. Dies führte dazu, dass mehr kriminell auffällige Ausländer, v. a. junge Männer, in Erscheinung traten, was sich dann in der Belegung der Strafvollzugsanstalten niederschlug. Hintergrund für deren Kriminalität sind oft mangelnde Zukunftsperspektiven und schlechte Lebensbedingungen, z. B. aufgrund von Arbeitslosigkeit.
- Der Zusammenschluss der beiden deutschen Staaten zeigte nach einer kurzen euphorischen Phase bald, dass die dadurch bedingten finanziellen und wirtschaftlichen Probleme erheblich größer waren als ursprünglich angenommen.
- Durch die Erweiterung der Europäischen Union traten die Einzelstaaten zugunsten

„Europas" mehr in den Hintergrund. Man sah und erlebte sich in einer größeren Völkergemeinschaft mit einem größeren Wettbewerb, in welchem der Einzelstaat seine bisher ausgeübten Schutzfunktionen teilweise einbüßte. Dies fand auch seinen Niederschlag in den Ängsten vor einer Globalisierung.

- In den 1990er Jahren traten in diesem Kontext gesellschaftliche Probleme, wie eine wachsende Arbeitslosigkeit und Probleme des Staatshaushalts, welche v. a. die sozialen Sicherungssysteme in Mitleidenschaft zogen, in den Vordergrund. Diskussionen um die „Unbezahlbarkeit" der Renten, der zu hohen Kosten für das Gesundheitssystem oder eines adäquaten Arbeitslosengeldes führten zu Ängsten und Verunsicherungen in der Bevölkerung. Schutzbestimmungen wie Kündigungsschutz, Mindestlohn oder Gesundheitsfürsorge wurden in Frage gestellt bzw. zurückgenommen.
- Nachrichten über ein Auseinanderklaffen der Einkommensschere, d. h. einer steigenden Zahl von Reichen und Armen bei einem Rückgang der Mittelschicht, schürten Ängste des Abrutschens, v. a. im Alter. Der Anteil der zeitlich befristeten Arbeitsstellen nahm zu, was zu einer größeren Unsicherheit führt, da man nie sicher sein kann, ob der Arbeitsvertrag verlängert wird.
- Medienberichte, in der Regel über herausgegriffene Einzelfälle, erweckten fälschlicherweise den Eindruck von einem mehr oder weniger deutlichen Anstieg bestimmter schwerer Kriminalitätsbereiche, wie etwa der Sexualstraftaten (v. a. von sexuellem Kindesmissbrauch) oder der schweren Jugendgewalt.

Diese Entwicklung führte, v. a. Anfang der 1990er Jahre, zu einer Zunahme der gemessenen Verbrechensfurcht, etwa seit dem Jahr 2000 auch zu der, von den Medien teilweise provozierten, Forderung nach härteren

63

Sanktionen für Straftäter, mit der Vorgabe, dies würde das „Problem" reduzieren. In der Folge wurden neue gesetzliche Regelungen geschaffen bzw. einzelne Gesetze verschärft. So trat 1998 das „Gesetz gegen schwere Sexualstraftaten und andere Gewalttaten" in Kraft, das ein härteres strafrechtliches Vorgehen v. a. gegen Sexualstraftäter ermöglichte. Vor dem Hintergrund öffentlicher Forderungen wurden Sicherungsmaßnahmen für verurteilte (Sexual-)Straftäter ausgeweitet. So wurde 2004 die gesetzliche Möglichkeit zur nachträglichen Verhängung der Sicherungsverwahrung geschaffen.

Mit der am 1. September 2006 in Kraft getretenen „Föderalismusreform" sind die Bundesländer nun u. a. allein für die Strafvollzugsgesetzgebung zuständig, mit der Folge, dass die einzelnen Länder inzwischen eigene entsprechende gesetzliche Regelungen erlassen haben, bei denen in Zusammenhang mit dem herrschenden politischen Klima oftmals der Schutz der Öffentlichkeit vor weiteren Straftaten deutlicher in den Vordergrund gerückt wurde. Diese rechtlichen Änderungen schufen auch einen erheblichen neuen Bedarf für psychologische bzw. psychiatrische Prognosegutachten hinsichtlich der Gefährlichkeit der Inhaftierten bzw. Untergebrachten (vgl. Kap. 11).

Weiterführende Literatur

Heinz, W. (2010). *Das strafrechtliche Sanktionensystem und die Sanktionierungspraxis in Deutschland 1882–2008.* http://www.ki.uni-konstanz.de/kis/; Aufruf 17. 01. 2012

Jehle, J.-M., Albrecht, H.-J., Hohmann-Fricke, S. & Tetal, C. (2010). *Legalbewährung nach strafrechtlichen Sanktionen. Eine bundesweite Rückfalluntersuchung 2004 bis 2007.* Berlin: Bundesministerium der Justiz.

Kury, H. (Hrsg.). (2008). *Fear of crime – punitivity. New developments in theory and research.* Bochum: Universitätsverlag Dr. N. Brockmeyer.

Kury, H. & Ferdinand, T.N. (Hrsg.). (2008). *International perspectives on punitivity.* Bochum: Universitätsverlag Dr. N. Brockmeyer.

Kury, H. & Shea, E. (Hrsg.). (2011). *Punitivity – International Developments. Vol. 3: Punitive-*

ness and Punishment. Bochum: Universitätsverlag Brockmeyer.

Kontrollfragen

1. In welcher Weise hat sich das Sanktionensystem in Deutschland im Laufe der Zeit entwickelt?
2. Welche Alternativen gibt es zu freiheitsentziehenden Maßnahmen?
3. Wie hat sich das sanktionspolitische Klima neuerer Zeit entwickelt?

4.3 Das Opfer von Straftaten

4.3.1 Viktimologie und Opferforschung

Die Bedeutung der Lehre vom Opfer, die Viktimologie, hat in den letzten Jahrzehnten erheblich an Bedeutung gewonnen (Schneider, 2007 a; Hagemann et al., 2009). Erst im 17. Jahrhundert wurde das Wort „Opfer" als Bezeichnung für eine verletzte, gequälte oder gar getötete Person verwandt. In den kriminologischen Lehrbüchern in der Zeit nach dem Zweiten Weltkrieg wurden „Verbrechensopfer oder Täter-Opfer-Beziehungen in ihrem Rang entweder gar nicht erkannt oder noch kaum zu den relevanten Dimensionen kriminologischer Analyse gerechnet" (Kaiser, 1996, S. 531). In der zweiten Hälfte des letzten Jahrhunderts war dann ein rasches Aufblühen der Opferforschung feststellbar, zu dem internationale Tagungen und die Gründung der „World Society of Victimology" 1979 sowie einschlägige Veröffentlichungsorgane maßgeblich beitrugen. Der Begriff der Viktimologie selbst wird Wertham (1948) zugeschrieben. Unter dem Einfluss wachsender Erkenntnisse über Verbrechensopfer kam es zu internationalen und nationalen rechtlichen Übereinkommen zu einem besseren Schutz von Verletzten. Plädierten die Gründungsväter des Fachs, wie Mendelsohn (1956), teilweise noch für die Einrichtung einer unabhängigen Viktimologie als selbständiges wissenschaftliches Fachgebiet, das nicht nur Verbrechensopfer einschließt, sondern auch Opfer von Unfällen oder Naturkatastrophen, blieb die empirische Forschung weitgehend auf Opfer von Straftaten konzentriert. Wemmers (2009, S. 39 ff.) untergliedert den Fachbereich vor dem Hintergrund der internationalen Literatur entsprechend in „Penal Victimology" als Teilbereich der Kriminologie, „General Victimology", die alle Arten von Opfern beinhaltet, mit der Gefahr, dass jeder als Opfer gesehen werden kann und der Opferbegriff uferlos wird, und in einen „Human Rights"-Ansatz, der Viktimisierungen wie Völkermord, Folter oder Sklaverei umfasst,. Nach Ansicht der Autorin sollte das Fachgebiet ohnehin auf Viktimisierungen beschränkt werden, die von Menschen ausgelöst werden. Das Fach ist inzwischen zu einem wesentlichen und unverzichtbaren Teilgebiet der Kriminologie geworden. Seit 1973 (in Jerusalem) findet in dreijährigem Rhythmus ein Weltkongress der Viktimologie statt, der zudem die Bedeutung dieser kriminologischen Teildisziplin belegt.

Der Grund für den Aufschwung der Viktimologie liegt einerseits darin, dass mit zunehmender Verbreitung von Opferbefragungen – im Grunde allgemeine Bevölkerungsbefragungen zu Viktimisierungserfahrungen – das Wissen über Opferwerdungen, deren Häufigkeit und Folgen deutlich zunahm (vgl. Kury et al., 1996, S. 3ff; Obergfell-Fuchs et al., 2003; Obergfell-Fuchs, 2008; zu Frauen als Opfer vgl. Bundesministerium für Familie, Senioren, Frauen und Jugend, 2004). Andererseits erhielt das Verbrechensopfer, insbesondere in Deutschland, eine zunehmend stärker und einflussreicher werdende Lobby. So wurde z. B. 1976 der Weiße Ring gegründet, der, finanziert v. a. durch Bußgelder, Spenden und Nachlässe, jährlich mehrere Millionen Euro für die Unterstützung von Verbrechensopfern aufwendet. Weitere Hilfsorganisationen kamen im Laufe der Jahre hinzu. Vor dem Hintergrund, dass Opfer von Straftaten bzw. missbräuchlichem Verhalten vielfach „sozial Ohnmächtige" wie Frauen und Kinder sind (Kaiser, 1996, S. 534), v. a. wenn es sich um Ereignisse im familiären Kontext handelt, wurde die Opferforschung insbesondere von der stärker werdenden Frauenbewegung unterstützt. Opferbefragungen zeigten bald, dass v. a. sozial Schwache, Angehörige von unteren sozialen Schichten und Minderheiten ein höheres Viktimisierungsrisiko besitzen (Wacquant, 2009). Neben der Verschärfung einzelner Straftatbestände mit Blick auf die erlittenen Schäden und die (vermeintliche) Befriedigung des Opfers wurden v. a. Anlaufstellen und Hilfseinrichtungen für Opfer eingerichtet. In der Viktimologie werden einzelne Opfergruppen, wie z. B. Opfer im Straßenverkehr, bis heute relativ vernachlässigt, v. a. wenn man deren große Zahl berücksichtigt (Brandenstein & Kury, 2005, 2006; Kury & Brandenstein, 2006; Aertsen & Hutsebaut, 2009). So hat die Zahl der Verkehrstoten in Deutschland 2010 zwar einen absoluten Tiefstand erreicht, es starben aufgrund von Verkehrsunfällen aber immerhin 3657 Menschen auf deutschen Straßen. Auch die Zahl der Verletzten nahm ab, lag bei rund 371 700.

Der Gegenstandsbereich der Viktimologie umfasst in erster Linie den Prozess der Opferwerdung, die Beziehung zwischen Täter und Verbrechensopfer sowie die Rechte des Opfers. Darüber hinaus werden Merkmale der Opferpersönlichkeit und deren mögliche Einflüsse auf eine Viktimisierung untersucht, ebenso wie Fragen der Prävention von Opferwerdung sowie der Umgang des Opfers mit den Folgen der Tat, d. h. den physischen, psychischen und materiellen Konsequenzen einer Viktimisierung und deren Behandlung bzw. die Wiedergutmachung des erlittenen Schadens. Heute lässt „die gesamtgesellschaftliche Analyse zu Verbrechen, Kriminalität, Täterpersönlichkeit und Verbrechenskontrolle [...] den Verzicht auf viktimologische Fragestellungen schon gar nicht mehr zu, wenn man keinen Erkenntnisverlust riskieren will" (Kaiser, 1996, S. 534).

4.3.2 Spezielle Opfergruppen

Während die frühe Opferforschung in Anlehnung an die damalige kriminologische Forschung stark durch die Ermittlung von Opfertypologien beeinflusst war, veränderte sich die Zielrichtung der Forschung mehr und mehr auf die Seite der Situationsanalyse. So wurde immer wieder der Frage nachgegangen, inwieweit es bestimmte Gruppen von Personen bzw. bestimmte Merkmale gibt, die zu einem differentiellen Opferrisiko beitragen. Hier spielen Fragen der Vulnerabilität eine wichtige Rolle. So treten nach offiziellen Statistiken Frauen als Täterinnen kaum in Erscheinung. Damit verglichen ist – wie Opferbefragungen zeigen – ihr Risiko, Opfer zu werden, ungleich höher, wenn auch insgesamt noch geringer als bei Männern (vgl. Kaiser, 1996, S. 543). Dies trifft insbesondere auf bestimmte Deliktarten zu, bei denen Frauen einem differentiell weitaus höheren Risiko ausgesetzt sind als Männer (Bundesministeriums für Familie, Senioren, Frauen und Jugend, 2004). So ist die überwiegende Zahl der Opfer von Sexualdelikten weiblich, wenngleich es durchaus auch Männer gibt, die einer solchen Straftat (sowohl Männer als auch Frauen können als Täter und Täterinnen hierbei in Erscheinung treten) zum Opfer fallen (vgl. Lenz, 2006; Jungnitz, Lenz, Puchert, Puhe und Walter, 2004).

Die Dunkelziffer bei Sexualdelikten, v. a. an Kindern, wird als extrem hoch geschätzt. Für die fehlende Anzeigebereitschaft spielen die häufig gegebene Täter-Opfer-Beziehung – ein erheblicher Teil der Straftaten findet im sozialen Nahraum, meist der eigenen Familie, statt –, die in aller Regel fehlenden Zeugen, die Scham sowie die Angst vor den Folgen einer Anzeige und den Mühen durch den Strafverfolgungsprozess eine wichtige Rolle. Wie Untersuchungen zeigen (vgl. Krahé et al., 1999; Kury, Chouaf & Obergfell-Fuchs, 2002 a), beträgt die, bezogen auf das aktuelle Alter, lebenslange Prävalenz bei ca. 25-jährigen Frauen für Sexualdelikte insgesamt, darunter auch leichtere sexuelle Belästigungen, rund 90 %, für schwerere und generell mit Strafandrohung belegte Delikte immerhin zwischen 25 % und 50 %. Betrachtet man ausschließlich die Prävalenzraten für vollendete Vergewaltigung als eine der schwersten Formen sexueller Viktimisierung, so zeigen die beiden deutschen Studien Prävalenzraten zwischen 6 % und 12 %. Dies ist zwar mit internationalen Ergebnissen vergleichbar, doch eher im unteren Bereich angesiedelt (5 %–24 %; vgl. Russel & Bolen, 2000). Im Vergleich zur nordamerikanischen Forschungstradition sind in Deutschland Untersuchungen zu Prävalenz- und Inzidenzraten sexueller Viktimisierung eher spärlich. Eine Ausnahme macht die groß angelegte, im Auftrag des Bundesministeriums für Familie, Senioren, Frauen und Jugend (2004) durchgeführte Studie zur Lebenssituation, Sicherheit und Gesundheit von Frauen in Deutschland. Bei den 10 264 befragten Frauen zeigte sich eine Einjahresprävalenzrate für sexuelle Gewaltdelikte von 0,9 %, die Fünfjahresprävalenzrate lag bei 2,2 %.

Von besonderer rechtspsychologischer Bedeutung bei Sexualdelikten an Mädchen und Frauen ist neben der Prüfung der Glaubhaftigkeit der Aussagen die Frage nach der Behandlung der als Folge der Opferwerdung oft auftretenden posttraumatischen Belastungsstörungen. Zahlreiche Forschungsresultate haben gezeigt, dass Sexualstraftaten, insbesondere Vergewaltigung, für das

Opfer ein existentiell bedrohliches Ereignis bedeuten, das mit dem Erleben von Naturkatastrophen, Krieg oder lebensbedrohlicher Krankheit gleichgesetzt werden kann (vgl. z. B. Fischer & Riedesser, 2009, S. 293 ff.). Neben den traumatischen Reaktionen während der Tat kann aufgrund fehlender Integration des Erlebten in das kognitiv-emotionale Erleben des Opfers ein „Traumaschema" entstehen, das durch bestimmte Hinweisreize auch später wieder reaktiviert werden kann und zu den oft beschriebenen „Flashbacks" führt, d. h. die Situation wird vor dem geistigen Auge erneut erlebt – mit allen aversiven emotionalen Konsequenzen. In der Folge des traumatischen Ereignisses können entweder Erholung und Integration des Erlebten in die Persönlichkeit erfolgen, Erinnerungsverzerrung, Vermeidung bzw. Erregung als Folge unterbrochener Verarbeitung oder aber chronisches Fortbestehen der traumatischen Reaktion. Kann die Erholung nicht oder nur unvollständig erfolgen, kann eine posttraumatische Belastungsstörung resultieren, die sich aus Intrusion, d. h. dem unfreiwilligen Wiedererleben des Traumas bei entsprechenden Hinweisreizen, der anhaltenden Vermeidung von mit dem Trauma assoziierten Reizen und anhaltend hoher physiologischer Erregung zusammensetzt. Dabei ist die anhaltende Dauer der Störungstrias (länger als ein Monat) entscheidend (vgl. Heynen, 2000, S. 53 ff.).

Dieses Störungsbild ist nicht ausschließlich auf Sexualdelikte an Mädchen und Frauen begrenzt, wenngleich es hier am besten untersucht wurde, sondern kann auch alle anderen schweren Viktimisierungserlebnisse betreffen. Das heißt, auch bei Opfern von schwerer Körperverletzung, Raub und insbesondere Wohnungseinbruch können posttraumatische Belastungsstörungen auftreten.

Eine einerseits besonders vulnerable, andererseits auch viele Emotionen auslösende Opfergruppe sind Kinder. Dabei stehen in der Öffentlichkeit v. a. von Fremden sexuell missbrauchte Kinder im Mittelpunkt des Interesses, wenngleich diese Form der Kriminalität einen nur extrem geringen Anteil am Gesamtkriminalitätsaufkommen darstellt und z. B. die Zahl der registrierten Delikte sexuellen Kindesmissbrauchs sich in den vergangenen 30 Jahren kaum geändert hat, in den letzten zehn Jahren eher zurückgegangen ist (vgl. Kury et al., 2003; Kury & Obergfell-Fuchs, 2007; vgl. Zeitreihen der Polizeilichen Kriminalstatistik[4]). Allerdings handelt es sich um eine Straftat mit einem erheblichen Dunkelfeld, was insbesondere für den sexuellen Missbrauch innerhalb der Familie zutreffen dürfte. So gaben in einer Analyse von Wetzels (1997, S. 153 ff.) über die Opfer sexueller Delikte 7,3 % der befragten Männer und 18,1 % der Frauen an, bis zu einem Alter von 18 Jahren Opfer eines sexuellen Übergriffs geworden zu sein. Grenzt man dies auf Kinder unter 14 Jahren ein, so wurden immerhin 3,4 % der Jungen und 10,7 % der Mädchen Opfer sexuellen Missbrauchs (einschl. Exhibitionismus). Bei den weiblichen wie auch den männlichen Opfern sind die Täter in erster Linie männliche Bekannte (ca. 40 %). Auch männliche Familienmitglieder treten als Täter gehäuft in Erscheinung (ca. 28 %), häufiger als unbekannte männliche Täter (ca. 27 %), die jedoch in den Medienberichten über kindliche Sexualdeliktsopfer überdurchschnittlich oft anzutreffen sind. Erst in den letzten Jahren hat sich diese Mediendarstellung vor dem Hintergrund diskutierter schwerer Fälle sexuellen Missbrauchs innerhalb von Familien teilweise verändert. Die Prävalenzzahlen decken sich mit den Resultaten internationaler Forschungen, wenngleich die erhebliche Spannweite – zwischen 6 % und 62 % Prävalenzraten – durch-

---

4 www.bka.de/nn_193232/DE/Publikationen/ PolizeilicheKriminalstatistik/PksZeitreihen/ pksZeitreihen__node.html?__nnn=true; Aufruf 17. 01. 2012

aus auch die Repräsentativität der Resultate in Frage stellt (vgl. Russel & Bolen, 2000, S. 285).

Kinder werden jedoch nicht nur Opfer sexuellen Missbrauchs, sondern erleben oftmals körperliche Gewalt als „Erziehungsmittel" der Eltern, bis hin zu schweren körperlichen Misshandlungen. Hier zeigt die bereits genannte Untersuchung von Wetzels (1997, S. 144 ff.), dass Dreiviertel aller Kinder körperliche Gewalthandlungen durch die Eltern erlebten, ca. 11 % wurden Opfer elterlicher Misshandlungen. Im November 2000 trat das „Gesetz zur Ächtung der Gewalt in der Erziehung" in Kraft, das Kinder vor Gewalt durch Erziehungspersonen besser schützen soll. Bussmann (2008) stellte in einer empirischen Untersuchung fest, dass auch in diesem Kontext die Verbreitung von Gewalt in der Erziehung allmählich abnimmt, die Zahl gewaltbelasteter Familien und v. a. misshandelter Kinder und Jugendlicher allerdings nahezu unverändert blieb. Hier könnten auch gegenläufige Tendenzen wie zunehmende Armut in Unterschichtfamilien oder größerer psychischer Druck aufgrund von Ängsten, sozial abzurutschen, eine wesentliche Rolle spielen. Auch das am 01. 01. 2012 in Kraft getretene „Gesetz zur Stärkung eines aktiven Schutzes von Kindern und Jugendlichen (Bundeskinderschutzgesetz)" trägt dieser Situation Rechnung. So sollen z. B. durch verbesserte Kommunikation zwischen den beteiligten Akteuren möglichst frühzeitig Gefährdungen des Kindeswohls erkannt und dagegen vorgegangen werden.

In der rechtspsychologischen forensischen Praxis erscheinen Fälle sexuellen Missbrauchs, aber auch körperlicher Misshandlung in zwei bedeutenden Fragestellungen: Wieweit sind Aussagen kindlicher bzw. jugendlicher Zeugen glaubhaft (v. a. bei sexuellem Missbrauch) und wie soll das Sorge- und Umgangsrecht (z. B. bei sexuellem Missbrauchsverdacht sowie bei körperlicher Misshandlung bzw. Vernachlässigung) geregelt werden? In der Analyse solcher Fälle ist immer wieder der Frage nach den Ursachen des sexuellen Missbrauchs bzw. der körperlichen Misshandlung von Kindern nachzugehen. Dabei hat sich in der neueren Forschung die Ansicht durchgesetzt, dass es sich hierbei um kein monokausales Geschehen handelt, sondern vielmehr ein komplexes Ursachenbündel zugrunde gelegt werden muss.

Während bei der körperlichen Misshandlung konflikthaltige Interaktionen und Belastungen im Mikrosystem der Familie sowie dessen zahlreiche – auch konfliktfördernde – Verflechtungen mit dem übergeordneten Makro-, Meso- und Exosystem bei der Ätiologie herangezogen werden (vgl. Belsky & Vondra, 1989), werden im Hinblick auf den sexuellen Missbrauch neben diesen familiären Konfliktfaktoren auch historisch-gesellschaftliche, ontogenetische, sozialisationstheoretische, situative, motivationale und insbesondere psychopathologische Ursachen oft kontrovers diskutiert. Inzwischen liegen zahlreiche, auch zusammenfassende, Veröffentlichungen zu der Thematik vor, für eine ausführliche Darstellung sei beispielsweise auf das umfassende Handbuch von Amann und Wipplinger (2005) verwiesen (vgl. Heitmeyer & Schröttle, 2006).

Weitere Opfergruppen, die ein besonderes Maß an Vulnerabilität aufweisen, sind ältere Menschen, Behinderte oder auch Minderheiten und Ausländer. So gelten ältere Menschen aufgrund ihrer oftmals gegebenen sozialen Isolation, ihrer verminderten physischen Stärke, aber auch ihres unsicheren Umgangs mit technologischen Neuerungen (z. B. Datenverarbeitungstechnologie, Automatisierung von Abläufen) als besonders leichte Opfer für Diebstähle, Raubdelikte, aber auch Betrug und Einbruch. Besonders dann, wenn ältere Menschen hilflos und gebrechlich sind, geraten sie vermehrt in das Risiko, von betreuenden Personen entweder ausgenutzt oder aber physisch und psychisch misshandelt zu werden. Hier spielen einerseits das Machtgefälle zwischen Betreuer und Betreutem aber auch Überforderungen auf Seiten des Pflegenden, etwa aufgrund von Zeitmangel und Arbeitsüberlastung, eine erhebliche Rolle (Schneider, 2007a, S. 408 f.; vgl. die Beiträge in Heitmeyer & Schröttle, 2006, S. 141 ff.).

Ausländer werden oft allein aufgrund ihres Aussehens oder ihres Verhaltens stigmatisiert und Opfer fremdenfeindlicher Übergriffe und Straftaten. Aufgrund mangelnder Kenntnis der Gepflogenheiten des Gastlandes bzw. fehlender Sprachkenntnisse werden sie nicht nur leichter Opfer von Betrugsdelikten, sondern haben zudem eine nur geringe Beschwerdemacht und geraten bei Anzeige einer erlittenen Straftat möglicherweise sogar selbst in das Blickfeld von Ermittlungen, dies gilt insbesondere für Migranten. Darüber hinaus leben Ausländer oftmals in sozial ungünstigen Milieus, die ein erhöhtes Risiko krimineller Viktimisierung beinhalten.

4.3.3 Rechtliche Stellung des Opfers

Das Opfer einer Straftat hat als Zeuge eine erhebliche Bedeutung für die Ermittlung und Verurteilung eines Täters. So ist der Anteil der Straftaten sehr klein, die von der Polizei selbst entdeckt werden – in der Regel handelt es sich bei letzteren um sogenannte Kontrolldelikte (z. B. Drogenhandel oder Wirtschaftsstraftaten). Die weitaus überwiegende Zahl der Delikte gelangt durch Anzeige des Opfers bzw. von Zeugen zur Kenntnis der Polizei. Von daher spielt das Opfer neben Zeugen und deren Anzeigebereitschaft hinsichtlich der Strafverfolgung eine zentrale Rolle.

Wenngleich nur ein kleiner Teil der Opfer überhaupt im Hauptverfahren aussagen muss, wird die rechtliche Stellung des Opfers im Strafverfahren, insbesondere von vielen Opfern selbst, als unbefriedigend wahr-

genommen. Das Opfer hat den Status eines Beweismittels, d. h. es ist zunächst einmal ausschließlich Zeuge. Eine besondere psychosoziale oder auch sozialmedizinische Betreuung oder Behandlung durch das Gericht findet nicht statt, viele lokale oder überregionale Opferhilfsorganisationen bieten den Opfern im Bedarfsfall jedoch inzwischen eine spezielle Betreuung bis hin zur Prozessbegleitung an. Als belastend werden von den Opfern oft die Grundsätze des deutschen Strafrechts der Unmittelbarkeit, Öffentlichkeit und Mündlichkeit erlebt, dies gilt auch für die Unschuldsvermutung und die Rechte des Täters (Schweigerecht, keine Mitwirkungspflicht), die jedoch elementare Bestandteile eines fairen Prozesses sind. Damit verbunden ist – besonders bei schweren Straftaten – die von den Opfern häufig als belastend und re-traumatisierend erlebte mündliche Aussage vor dem Gericht, der anwesenden Öffentlichkeit und dem Beschuldigten, der – entweder selbst oder über seinen Anwalt – auch das Recht hat, das Opfer (kritisch) zu befragen. Ein Ausschluss der Öffentlichkeit oder gar der Person des Beschuldigten während der Befragung des Opfers ist nur unter bestimmten besonderen Voraussetzungen möglich, wobei allerdings Jugendgerichtsverhandlungen grundsätzlich nicht öffentlich sind. Hinzu kommt, dass die Rechte des Opfers in den letzten Jahren deutlich ausgeweitet wurden (vgl. Kap. 4.2). Dennoch besteht durch das weitgehend formalisierte Verfahren und einen teilweise wenig einfühlsamen Umgang mit dem Opfer die Gefahr der „sekundären Viktimisierung".

Allerdings gibt es für das Opfer mehrere Möglichkeiten, seine Rolle vor Gericht zu stärken. Zum einen ist hier die Privatklage zu nennen, die vom Opfer selbst vor einem Strafgericht erhoben wird, allerdings auf wenige Delikte (z. B. Hausfriedensbruch, Beleidigung, Körperverletzung, Sachbeschädigung) beschränkt ist. In einem solchen Verfahren wird das Opfer gewissermaßen zu seinem eigenen Anwalt, Akteneinsichtsrecht besteht jedoch nur für einen vom Opfer beauftragten Rechtsvertreter. Allerdings ist dieser Weg für das Opfer sehr mühsam und mit dem Risiko versehen, die Kosten des Verfahrens selbst tragen zu müssen.

Eine deutliche Stärkung erfährt das Opfer zum anderen in der Nebenklage, die ihm eine Rolle als Verfahrensbeteiligten ermöglicht. Im Rahmen der Nebenklage bestehen Akteneinsichtsrecht – wahrgenommen wiederum über einen Rechtsanwalt –, Anwesenheitsrecht während der gesamten Hauptverhandlung sowie im Vor- und Zwischenverfahren, Beschwerderecht bei Ablehnung der Eröffnung einer Hauptverhandlung sowie eine Reihe weiterer Rechte, wie z. B., eigenständige Beweisanträge zu stellen, Zeugen und Sachverständige zu befragen, ein eigenes Plädoyer zu halten oder auch Rechtsmittel gegen ein ergangenes Urteil einzulegen. Eine solche Nebenklage, bei der das Opfer gut beraten ist, sich durch einen Anwalt vertreten zu lassen, ist ebenfalls beschränkt auf einige Delikte, z. B. Straftaten gegen die sexuelle Selbstbestimmung, Beleidigungen, Körperverletzungen, Freiheitsberaubung oder versuchte bzw. vollendete Tötungsdelikte (durch Angehörige).

Durch die Straftat entstehen dem Opfer oftmals nicht unerhebliche Schäden, deren Wiedergutmachung nicht im eigentlichen Strafverfahren, sondern in einem zivilgerichtlichen Verfahren geltend gemacht werden kann. Zur Vereinfachung dieses Weges existiert das Adhäsionsverfahren, das es erlaubt, bereits im Strafverfahren diese Ansprüche geltend zu machen. Die Adhäsionsentscheidung ist somit ein Teil des Strafurteils. Allerdings wird das Verfahren nur äußerst selten eingesetzt. So zeigte z. B. Klaus (2000), dass in nur etwa 0,4 % der erledigten Verfahren das Adhäsionsverfahren zum Einsatz kam, was er unter anderem mit dem Desinteresse der Gerichte an diesem Verfahren erklärt, sicherlich aber auch auf fehlende Information der Opfer durch die Anwälte zurückzuführen ist.

In den letzten Jahren wurden, wie erwähnt, eine Reihe neuer gesetzlicher Regelungen zu einem besseren Schutz des Opfers verabschiedet (zusammenfassend Schwind, 2011). Bereits wesentliche Instrumente zur Verbesserung der Entschädigung von Opfern und der Situation von Opfern vor Gericht wurden durch Gesetze geschaffen, die 1976 und 1986 in Kraft getreten sind. 1976 trat das Opferentschädigungsgesetz („Gesetz über die Entschädigung für Opfer von Gewalttaten" – OEG) in Kraft. Damit folgte man in der Bundesrepublik bereits vorliegenden ausländischen Vorbildern. Nach § 1 Abs. 1 OEG kann eine Entschädigung erhalten, „wer im Geltungsbereich dieses Gesetzes oder auf einem deutschen Schiff oder Luftfahrzeug infolge eines vorsätzlichen, rechtswidrigen, tatsächlichen Angriffs gegen seine oder eine andere Person oder durch dessen rechtmäßige Abwehr eine gesundheitliche Schädigung erlitten hat". Nach Abs. 2 können Schäden beglichen werden, die entstehen durch „die vorsätzliche Beibringung von Gift und die wenigstens fahrlässige Herbeiführung einer Gefahr für Leib und Leben eines anderen durch ein mit gemeingefährlichen Mitteln begangenes Verbrechen". Im Blickpunkt stehen hier v. a. Straftaten wie vorsätzliche Körperverletzung, Tötungsdelikte, Vergewaltigungen und sexueller Missbrauch. In den vergangenen Jahren wurden mehr als 22 000 Anträge auf Entschädigung pro Jahr gestellt, von denen allerdings nur knapp 40 % anerkannt wurden (vgl. Schwind, 2011).

Mit dem Opferschutzgesetz („Erstes Gesetz zur Verbesserung der Stellung des Verletzten im Strafverfahren" – OSG) von 1986 wurden die Informationsmöglichkeiten der Opfer über den Stand des Verfahrens verbessert, es besteht nun eine umfangreichere Möglichkeit der Entfernung des Angeklagten aus dem Gerichtssaal bei Zeugenvernehmungen, die Öffentlichkeit kann bei Erörterung schutzwürdiger Interessen des Opfers ausgeschlossen werden, der staatlich bezahlte Opferanwalt kann bereits im Ermittlungsverfahren eingeschaltet werden, die Nebenklagebefugnis wurde erweitert und deren Kosten geregelt, ebenso haben die Schadensersatzansprüche des Opfers Vorrang vor staatlichen finanziellen Ansprüchen.

Im Jahr 1998 ist darüber hinaus das Zeugenschutzgesetz in Kraft getreten (BGBl I, 820), das regelt, welche Personen in welchem Ausmaß vor Gericht zu schützen sind.

Eine Person, ohne deren Angaben in einem Strafverfahren die Erforschung des Sachverhalts oder die Ermittlung des Aufenthaltsorts des Beschuldigten aussichtslos oder wesentlich erschwert wäre, kann mit ihrem Einverständnis nach Maßgabe dieses Gesetzes geschützt werden, wenn sie aufgrund ihrer Aussagebereitschaft einer Gefährdung von Leib, Leben, Gesundheit, Freiheit oder wesentlicher Vermögenswerte ausgesetzt ist und sich für Zeugenschutzmaßnahmen eignet. (§ 1 Abs. 1, Satz 1)

Ermöglicht ist z. B. die Aufzeichnung einer Vernehmung und deren Verwendung vor Gericht von unter 16-jährigen Zeugen, aber auch die Vernehmung des Zeugen außerhalb des Gerichtssaals und deren audiovisuelle Einspielung, ferner die Beiordnung eines anwaltlichen Beistands, wenn dies zur Wahrung der schutzwürdigen Interessen des Zeugen erforderlich ist (Schwind, 2011). Dieses Zeugenschutzgesetz ist v. a. für besonders schutzbedürftige Zeugen gedacht, in erster Linie kindliche Opfer sexuellen Missbrauchs, bei denen durch die Art der Verhandlung im Gerichtssaal die Gefahr sekundärer Viktimisierung und weiterer Traumatisierung besteht.

1998 wurde das Opferanspruchssicherungsgesetz („Gesetz zur Sicherung der zivilrechtlichen Ansprüche der Opfer von Straftaten" – OASG) verabschiedet, das dem Opfer ein Pfandrecht an Erlösen des Täters aus einer medialen Vermarktung der Tat einräumt. Auch das Gewaltschutzgesetz

von 2002 („Gesetz zur Verbesserung des zivilrechtlichen Schutzes bei Gewalttaten und Nachstellungen sowie zur Erleichterung der Überlassung der Ehewohnung bei Trennung" – GewSchG), nach welchem Täter bei Gewalt gegen Partner durch eine richterliche Anordnung aus der gemeinsamen Wohnung verwiesen werden können, somit einen Platzverweis erhalten, stärkt die Rechte von Opfern erheblich (vgl. Kury & Obergfell-Fuchs, 2003, 2005). Nach dem 2004 in Kraft getretenen Opferrechtsreformgesetz („Gesetz zur Verbesserung der Rechte von Verletzten im Strafverfahren" – OpferRRG) sollen die Rechte der Opfer von Straftaten im Strafverfahren weiter gestärkt werden. Es wurde geregelt, dass ein Opferanwalt auf Staatskosten z. B. nach Tötungsdelikten auch Hinterbliebenen zusteht, dass Schmerzensgeldansprüche des Opfers grundsätzlich im Strafverfahren mit zu entscheiden sind bzw. dass Videoaufzeichnungen von Zeugenvernehmungen nur mit Zustimmung der Zeugen weitergegeben werden dürfen. Das Zweite Justizmodernisierungsgesetz („Zweites Gesetz zur Modernisierung der Justiz" – 2. JustizModG) von 2006 weitet u. a. die Möglichkeit eines Adhäsionsverfahrens gegen Heranwachsende aus, ferner wird hier bestimmt, dass die Wiedergutmachung durch den Täter Vorrang haben soll vor der Vollstreckung von Geldstrafen. Das Zweite Opferrechtsreformgesetz von 2009 („Gesetz zur Stärkung der Rechte von Verletzten und Zeugen im Strafverfahren" – 2. ORRG) schließlich erweitert die Möglichkeiten der Beiordnung eines Opferanwalts auf Staatskosten bei Fällen schwerer Körperverletzung, Raub und Erpressung. Weiterhin wird der Anspruch auf einen anwaltlichen Beistand hinsichtlich polizeilicher Vernehmungen geregelt. Zur Stärkung der Rechte von jugendlichen Opfern und Zeugen wurde die Schutzaltersgrenze in verschiedenen Vorschriften der Strafprozessordnung und des Gerichtsverfassungsgesetzes von 16 auf nun 18 Jahre heraufgesetzt. Das erweitert die

Ausschlussmöglichkeit der Öffentlichkeit im Strafverfahren (vgl. Schwind, 2011).

Weiterführende Literatur

Amann, G. & Wipplinger, R. (Hrsg.). (2005). *Sexueller Missbrauch: Überblick zu Forschung, Beratung und Therapie. Ein Handbuch* (3. Aufl.). Tübingen: Deutsche Gesellschaft für Verhaltenstherapie.

Kaiser, G. (1996). *Kriminologie* (3. Aufl.). Heidelberg: C. F. Müller.

Schneider, H. J. (2007). Viktimologie. In H. J. Schneider (Hrsg.), *Internationales Handbuch der Kriminologie. Band 1: Grundlagen der Kriminologie* (S. 395–433). Berlin: de Gruyter.

Kontrollfragen

1. Welche speziellen Opfergruppen werden in der Opferforschung besonders hervorgehoben?
2. Welche methodischen Aspekte müssen bei Forschungen zu Sexualdeliktsopfern insbesondere berücksichtigt werden?
3. Was bedeutet der Begriff „Traumaschema"?
4. Welche rechtliche Stellung nimmt das Opfer im deutschen Strafverfahren ein?
5. Welche Veränderungen ergaben sich durch die Einführung des Opferschutzgesetzes und des Opferentschädigungsgesetzes?

B – Grundlagen der Begutachtung

5 Gesetzliche Grundlagen der Tätigkeit des (psychologischen) Sachverständigen

Bereits früh hat sich der Bundesgerichtshof (BGH) mit der Rolle des Sachverständigen auseinandergesetzt und deutlich gemacht, dass er nicht Zeuge, „sondern der auf seinem Wissensgebiet sachkundige Gehilfe des erkennenden Gerichts" ist (BGH-Urteil vom 07. Juni 1956, 3 StR 136/56, LG Mönchengladbach). Damit hat der Sachverständige die Rolle eines Verfahrensbeteiligten und so auch zur Wahrheitsfindung beizutragen (vgl. Schreiber, 1987). Diese Rolle bedingt aber auch, dass für die Tätigkeit des Sachverständigen bestimmte Regeln und gesetzliche Grundlagen gelten, die in jeder Verfahrensordnung festgelegt sind (§§ 144, 402–414 ZPO; §§ 72–93 StPO; § 96 I VwGO; § 81 FGO; § 118 I SGG; § 15 I FGG).

5.1 Gesetzliche Grundlagen gemäß Straf- und Zivilprozessordnung

Im folgenden Kapitel soll anhand der umfassenden Regelungen der Straf- (StPO) und der Zivilprozessordnung (ZPO) stichwortartig auf zentrale gesetzliche Regelungen für den psychologischen Sachverständigen eingegangen werden. Dabei werden die vergleichbaren Paragraphen einander gegenübergestellt und – kurz – kommentiert. Für eine ausführliche Analyse und Interpretation der jeweiligen Paragraphen sei auf die einschlägige juristische Kommentarliteratur verwiesen. Da gerade die verfahrensrechtlichen Vorschriften einem erheblichen Wandel unterworfen sind, sollte es für den Forensischen Psychologen selbstverständlich sein, sich immer wieder über den neuesten Stand der Rechtsprechung zu informieren.

§ 72 StPO und § 402 ZPO sind ähnlich aufgebaut und bilden in gewisser Weise die Einleitung zu den nachfolgenden Bestimmungen, in denen die Behandlung des Sachverständigen im Gegensatz zu anderen Zeugen geregelt ist.

> **§ 403 ZPO – Beweisantritt**
> Der Beweis wird durch die Bezeichnung der zu begutachtenden Punkte angetreten.

Nicht alle Bestimmungen der ZPO entsprechen denen der StPO und umgekehrt. So ist gemäß § 403 ZPO geregelt, dass eine sum-

> **§ 72 StPO – Anwendung der Vorschriften für Zeugen**
> Auf Sachverständige ist der sechste Abschnitt über Zeugen entsprechend anzuwenden, soweit nicht in den nachfolgenden Paragraphen abweichende Vorschriften getroffen sind.

> **§ 402 ZPO – Anwendbarkeit der Vorschriften für Zeugen**
> Für den Beweis durch Sachverständige gelten die Vorschriften über den Beweis durch Zeugen entsprechend, insoweit nicht in den nachfolgenden Paragraphen abweichende Vorschriften enthalten sind.

§ 73 StPO – Auswahl

(1) Die Auswahl der zuzuziehenden Sachverständigen und die Bestimmung ihrer Anzahl erfolgt durch den Richter. Er soll mit diesen eine Absprache treffen, innerhalb welcher Frist die Gutachten erstattet werden können.

(2) Sind für gewisse Arten von Gutachten Sachverständige öffentlich bestellt, so sollen andere Personen nur dann gewählt werden, wenn besondere Umstände es erfordern.

§ 404 ZPO – Sachverständigenauswahl

(1) Die Auswahl der zuzuziehenden Sachverständigen und die Bestimmung ihrer Anzahl erfolgt durch das Prozessgericht. Es kann sich auf die Ernennung eines einzigen Sachverständigen beschränken. An Stelle der zuerst ernannten Sachverständigen kann es andere ernennen.

(2) Sind für gewisse Arten von Gutachten Sachverständige öffentlich bestellt, so sollen andere Personen nur dann gewählt werden, wenn besondere Umstände es erfordern.

(3) Das Gericht kann die Parteien auffordern, Personen zu bezeichnen, die geeignet sind, als Sachverständige vernommen zu werden.

(4) Einigen sich die Parteien über bestimmte Personen als Sachverständige, so hat das Gericht dieser Einigung Folge zu geben; das Gericht kann jedoch die Wahl der Parteien auf eine bestimmte Anzahl beschränken.

marische Angabe der zu begutachtenden Punkte ausreichend ist, eine wissenschaftliche Substantiierung wird dagegen nicht verlangt.

Die Bestimmungen zur Auswahl des Sachverständigen (§ 73 StPO und § 404 ZPO) zeigen die größere Flexibilität im Zivilverfahren. Während im Strafprozess die Auswahl des Sachverständigen Sache des Gerichts ist, besteht für die Parteien im Zivilprozess deutlich mehr Mitbestimmungsmöglichkeit. Im Strafverfahren werden im Rahmen des Vorverfahrens (Ermittlungsverfahrens) seit der Novellierung der Strafprozessordnung im Jahre 1975, die der Staatsanwaltschaft mit Verweis nach § 161a StPO entsprechende Befugnisse einräumt (Schreiber & Rosenau, 2009, S. 155), auch häufig „Psychosachverständige" durch die Staatsanwaltschaft hinzugezogen – das v. a., um Zeit zu sparen. Aber auch die Verteidigung kann im Rahmen der Selbstladung eines Sachverständigen versuchen, diesen in das Verfahren einzubringen. Dieser ist ebenfalls unabhängiger Sachverständiger, kein „Parteiengutachter", wenngleich er oft als solcher gesehen wird, und im Strafverfahren entsprechend zu behandeln (vgl. Kap. 8; Detter, 2001). Auch im Strafverfahren wird heute die Hinzuziehung eines Sachverständigen und dessen Auswahl durch die Staatsanwaltschaft häufig mit der Verteidigung abgesprochen bzw. dieser werden Vorschlagsmöglichkeiten eingeräumt. Das ist insofern wichtig, als ein Sachverständiger vielfach einen wesentlichen Einfluss auf den Ausgang eines Verfahrens hat und möglichst von allen Parteien akzeptiert werden sollte (vgl. Kap. 6).

Eine weitere Bestimmung, die sich ebenfalls in der ZPO, nicht aber der StPO findet, ist § 405 ZPO, nach welcher ein Richter, der mit der Durchführung der Beweisaufnahme

§ 405 ZPO – Auswahl durch den mit der Beweisaufnahme betrauten Richter
Das Prozessgericht kann den mit der Beweisaufnahme betrauten Richter zur Ernennung der Sachverständigen ermächtigen. Er hat in diesem Falle die Befugnisse und Pflichten des Prozessgerichts nach den §§ 404, 404 a.

betraut wurde, auch zur Auswahl des Sachverständigen ermächtigt werden kann.

In beiden Prozessordnungen kann ein Sachverständiger selbstverständlich abgelehnt werden. Dabei sind die Ablehnungsgründe zunächst einmal dieselben, die auch den Ausschluss eines Richters begründen können (vgl. § 22 StPO und § 41 ZPO): wenn er selbst Partei ist, z. B. wenn er durch die Straftat verletzt wurde, wenn er der Partner einer betroffenen Person ist oder war bzw. mit dieser verwandt oder verschwägert ist oder war, er in der Sache bereits in einer anderen Funktion tätig gewesen ist, z. B. als

§ 74 StPO – Ablehnung

(1) Ein Sachverständiger kann aus denselben Gründen, die zur Ablehnung eines Richters berechtigen, abgelehnt werden. Ein Ablehnungsgrund kann jedoch nicht daraus entnommen werden, dass der Sachverständige als Zeuge vernommen worden ist.
(2) Das Ablehnungsrecht steht der Staatsanwaltschaft, dem Privatkläger und dem Beschuldigten zu. Die ernannten Sachverständigen sind den zur Ablehnung Berechtigten namhaft zu machen, wenn nicht besondere Umstände entgegenstehen.
(3) Der Ablehnungsgrund ist glaubhaft zu machen; der Eid ist als Mittel der Glaubhaftmachung ausgeschlossen.

§ 406 ZPO – Ablehnung eines Sachverständigen

(1) Ein Sachverständiger kann aus denselben Gründen, die zur Ablehnung eines Richters berechtigen, abgelehnt werden. Ein Ablehnungsgrund kann jedoch nicht daraus entnommen werden, dass der Sachverständige als Zeuge vernommen worden ist.
(2) Der Ablehnungsantrag ist bei dem Gericht oder Richter, von dem der Sachverständige ernannt ist, vor seiner Vernehmung zu stellen, spätestens jedoch binnen zwei Wochen nach Verkündung oder Zustellung des Beschlusses über die Ernennung. Zu einem späteren Zeitpunkt ist die Ablehnung nur zulässig, wenn der Antragsteller glaubhaft macht, dass er ohne sein Verschulden verhindert war, den Ablehnungsgrund früher geltend zu machen. Der Antrag kann vor der Geschäftsstelle zu Protokoll erklärt werden.
(3) Der Ablehnungsgrund ist glaubhaft zu machen; zur Versicherung an Eides statt darf die Partei nicht zugelassen werden.
(4) Die Entscheidung ergeht von dem im zweiten Absatz bezeichneten Gericht oder Richter durch Beschluss.
(5) Gegen den Beschluss, durch den die Ablehnung für begründet erklärt wird, findet kein Rechtsmittel, gegen den Beschluss, durch den sie für unbegründet erklärt wird, findet sofortige Beschwerde statt.

§ 75 StPO – Pflicht zur Erstattung des Gutachtens

(1) Der zum Sachverständigen Ernannte hat der Ernennung Folge zu leisten, wenn er zur Erstattung von Gutachten der erforderten Art öffentlich bestellt ist oder wenn er die Wissenschaft, die Kunst oder das Gewerbe, deren Kenntnis Voraussetzung der Begutachtung ist, öffentlich zum Erwerb ausübt oder wenn er zu ihrer Ausübung öffentlich bestellt oder ermächtigt ist.

(2) Zur Erstattung des Gutachtens ist auch der verpflichtet, welcher sich hierzu vor Gericht bereit erklärt hat.

§ 407 ZPO – Pflicht zur Erstattung des Gutachtens

(1) Der zum Sachverständigen Ernannte hat der Ernennung Folge zu leisten, wenn er zur Erstattung von Gutachten der erforderten Art öffentlich bestellt ist oder wenn er die Wissenschaft, die Kunst oder das Gewerbe, deren Kenntnis Voraussetzung der Begutachtung ist, öffentlich zum Erwerb ausübt oder wenn er zur Ausübung derselben öffentlich bestellt oder ermächtigt ist.

(2) Zur Erstattung des Gutachtens ist auch derjenige verpflichtet, der sich hierzu vor Gericht bereit erklärt hat.

gesetzlicher Vertreter einer Partei, oder wenn er als Sachverständiger bzw. Zeuge in der Sache mitgewirkt hat bzw. vernommen wurde. Sonstige Ablehnungsgründe beziehen sich auf die Besorgnis der Befangenheit des Sachverständigen. Dies könnte z. B. dann der Fall sein, wenn er früher einmal für eine Person oder Einrichtung, die Interesse am Ausgang des Verfahrens hat, ein Privatgutachten erstellt hat bzw. wenn er sich so sehr mit einer verfahrensbeteiligten Person identifiziert, dass er den nötigen Abstand für eine unabhängige Stellungnahme verliert. Was die Form des Ablehnungsantrags betrifft, kann man Unterschiede zwischen Zivil- und Strafprozess feststellen. Im Strafprozess ist dies nur in der Hauptverhandlung möglich, im Zivilverfahren dagegen auch außerhalb.

Eine besonders wichtige Regelung ist die Pflicht zur Erstattung des Gutachtens. Diese Pflicht ist in beiden Prozessordnungen geregelt. Allerdings geht die Kommentarliteratur zur ZPO davon aus, dass grundsätzlich keine Pflicht zur Gutachtertätigkeit besteht, da der Sachverständige ersetzbar ist. Eine Ausnahme hierbei sind allerdings die öffentlich bestellten Sachverständigen, z. B. Amtsärzte. Eine Ermächtigung zur Sachverständigentätigkeit bezieht sich allerdings auch

auf das Vorliegen einer Lehrbefugnis oder Approbation.

Die Bereiterklärung kann dagegen auch stillschweigend dadurch erfolgen, dass der ernannte Gutachter keinen Widerspruch gegen seine Auswahl einlegt. Sie betrifft jedoch immer einen spezifischen Fall. In der Kommentarliteratur zur StPO wird weiterhin darauf hingewiesen, dass sich die Sachverständigenpflicht aus dem Auftrag ergibt und auch Vorarbeiten umfasst. Dies kann sich auch auf die schriftliche Vorbereitung des Gutachtens beziehen. Ferner ist der Sachverständige verpflichtet, das Gutachten persönlich zu erstatten, er darf keine Ersatzperson stellen. So ist es nicht möglich, dass sich der beauftragte Sachverständige durch z. B. einen Mitarbeiter vor Gericht vertreten lässt. Bei Co-Gutachtern besteht – unter Voraussetzung der Zustimmung der Prozessbeteiligten – eine gewisse Vertretungsmöglichkeit. Da Sachverständige in aller Regel ersetzbar sind, wird ein Gericht kaum darauf bestehen, dass ein bestimmter Gutachter einen Fall übernimmt, wenn dieser dazu nicht bereit ist. Ein relativ häufiger Ablehnungsgrund hinsichtlich der Übernahme eines Gutachtens durch ein Gericht besteht in der zeitlichen Überlastung von Gutachtern und dadurch einer drohenden Verzögerung

§ 407 a ZPO – Weitere Pflichten des Sachverständigen

(1) Der Sachverständige hat unverzüglich zu prüfen, ob der Auftrag in sein Fachgebiet fällt und ohne die Hinzuziehung weiterer Sachverständiger erledigt werden kann. Ist das nicht der Fall, so hat der Sachverständige das Gericht unverzüglich zu verständigen.

(2) Der Sachverständige ist nicht befugt, den Auftrag auf einen anderen zu übertragen. Soweit er sich der Mitarbeit einer anderen Person bedient, hat er diese namhaft zu machen und den Umfang ihrer Tätigkeit anzugeben, falls es sich nicht um Hilfsdienste von untergeordneter Bedeutung handelt.

(3) Hat der Sachverständige Zweifel an Inhalt und Umfang des Auftrages, so hat er unverzüglich eine Klärung durch das Gericht herbeizuführen. Erwachsen voraussichtlich Kosten, die erkennbar außer Verhältnis zum Wert des Streitgegenstandes stehen oder einen angeforderten Kostenvorschuss erheblich übersteigen, so hat der Sachverständige rechtzeitig hierauf hinzuweisen.

(4) Der Sachverständige hat auf Verlangen des Gerichts die Akten und sonstige für die Begutachtung beigezogene Unterlagen sowie Untersuchungsergebnisse unverzüglich herauszugeben oder mitzuteilen. Kommt er dieser Pflicht nicht nach, so ordnet das Gericht die Herausgabe an.

(5) Das Gericht soll den Sachverständigen auf seine Pflichten hinweisen.

in der Begutachtung. Deshalb fragen Gerichte in aller Regel vor einer endgültigen Auftragserteilung bei den Gutachtern nach, ob diese in der Lage sind, in einem angemessenen Zeitrahmen einen Gutachtenauftrag zu übernehmen und durchzuführen.

Die Zivilprozessordnung sieht darüber hinaus noch weitere Pflichten des Sachverständigen vor, die allerdings – wenngleich nicht in Paragraphen formuliert – auch für die strafrechtliche Begutachtung gelten. Ziel des § 407 a ist die Prozessbeschleunigung. So sollte es – auch ohne rechtliche Regelung – selbstverständlich sein, dass, wenn ein Sachverständiger in der Frage nicht kompetent ist, er den Auftrag unverzüglich wieder zurückgibt. Ebenso kann er den Auftrag nicht ohne weiteres auf jemand anderen übertragen, auch kann er sich nicht mit dem Gutachten eines qualifizierten Mitarbeiters nur einverstanden erklären, indem er dieses lediglich mit unterschreibt, sondern er muss die Arbeit nachvollziehen, prüfen und sich zu eigen machen; eine Ausnahme sind untergeordnete Hilfsdienste. Zu beachten ist hierbei v. a. die enorme Verantwortung, die der Sachverständige übernimmt. Ferner gilt, dass der Sachverständige die Parteien über unverhältnismäßig hohe Kosten aufzuklären hat, so dass diese ggf. den Gutachtenauftrag zurückziehen können. Weiterhin ist der Sachverständige verpflichtet, auf Verlangen des Gerichts Unterlagen und Untersuchungsergebnisse herauszugeben, dies kann v. a. dann der Fall sein, wenn es zu erheblichen Verzögerungen bei der Gutachtenerstellung kommt. Teilweise dauert die Erstellung von psychowissenschaftlichen Gutachten in Strafverfahren relativ lang, bis zu einem Jahr oder länger, was auch auf den vielfach gegebenen Mangel an qualifizierten, erfahrenen Gutachtern zurückzuführen ist. Die Gutachter sollten bei Auftragserteilung über die voraussichtliche Dauer bis zur Fertigstellung verbindlich informieren und sich entsprechend an die Zusagen halten.

Beide Prozessordnungen sehen ein Gutachtenverweigerungsrecht vor, dies gilt aus persönlichen Gründen, wenn der Sachverständige mit dem zu Begutachtenden bzw. einer Partei z. B. verlobt oder verheiratet ist oder war, eine Lebenspartnerschaft besteht oder bestand, er verwandt oder verschwägert ist (§ 52 StPO, § 383 ZPO). In der StPO

§ 76 StPO – Gutachtenverweigerungsrecht

(1) Dieselben Gründe, die einen Zeugen berechtigen, das Zeugnis zu verweigern, berechtigen einen Sachverständigen zur Verweigerung des Gutachtens. Auch aus anderen Gründen kann ein Sachverständiger von der Verpflichtung zur Erstattung des Gutachtens entbunden werden.

(2) Für die Vernehmung von Richtern, Beamten und anderen Personen des öffentlichen Dienstes als Sachverständige gelten die besonderen beamtenrechtlichen Vorschriften. Für die Mitglieder der Bundes- oder einer Landesregierung gelten die für sie maßgebenden besonderen Vorschriften.

§ 408 ZPO – Gutachtenverweigerungsrecht

(1) Dieselben Gründe, die einen Zeugen berechtigen, das Zeugnis zu verweigern, berechtigen einen Sachverständigen zur Verweigerung des Gutachtens. Das Gericht kann auch aus anderen Gründen einen Sachverständigen von der Verpflichtung zur Erstattung des Gutachtens entbinden.

(2) Für die Vernehmung eines Richters, Beamten oder einer anderen Person des öffentlichen Dienstes als Sachverständigen gelten die besonderen beamtenrechtlichen Vorschriften. Für die Mitglieder der Bundes- oder einer Landesregierung gelten die für sie maßgebenden besonderen Vorschriften.

(3) Wer bei einer richterlichen Entscheidung mitgewirkt hat, soll über Fragen, die den Gegenstand der Entscheidung gebildet haben, nicht als Sachverständiger vernommen werden.

§ 77 StPO – Folgen des Ausbleibens oder der Weigerung

(1) Im Falle des Nichterscheinens oder der Weigerung eines zur Erstattung des Gutachtens verpflichteten Sachverständigen wird diesem auferlegt, die dadurch verursachten Kosten zu ersetzen. Zugleich wird gegen ihn ein Ordnungsgeld festgesetzt. Im Falle wiederholten Ungehorsams kann neben der Auferlegung der Kosten das Ordnungsgeld noch einmal festgesetzt werden.

(2) Weigert sich ein zur Erstattung des Gutachtens verpflichteter Sachverständiger, nach § 73 Abs. 1 Satz 2 eine angemessene Frist abzusprechen, oder versäumt er die abgesprochene Frist, so kann gegen ihn ein Ordnungsgeld festgesetzt werden. Der Festsetzung des Ordnungsgeldes muss eine Androhung unter Setzung einer Nachfrist vorausgehen. Im Falle wiederholter Fristversäumnis kann das Ordnungsgeld noch einmal festgesetzt werden.

§ 409 ZPO – Folgen des Ausbleibens oder der Gutachtenverweigerung

(1) Wenn ein Sachverständiger nicht erscheint oder sich weigert, ein Gutachten zu erstatten, obgleich er dazu verpflichtet ist, oder wenn er Akten oder sonstige Unterlagen zurückbehält, werden ihm die dadurch verursachten Kosten auferlegt. Zugleich wird gegen ihn ein Ordnungsgeld festgesetzt. Im Falle wiederholten Ungehorsams kann das Ordnungsgeld noch einmal festgesetzt werden.

(2) Gegen den Beschluß findet sofortige Beschwerde statt.

§ 78 StPO – Richterliche Leitung

Der Richter hat, soweit ihm dies erforderlich erscheint, die Tätigkeit der Sachverständigen zu leiten.

§ 404 a – ZPO Leitung der Tätigkeit des Sachverständigen

(1) Das Gericht hat die Tätigkeit des Sachverständigen zu leiten und kann ihm für Art und Umfang seiner Tätigkeit Weisungen erteilen.

(2) Soweit es die Besonderheit des Falles erfordert, soll das Gericht den Sachverständigen vor Abfassung der Beweisfrage hören, ihn in seine Aufgabe einweisen und ihm auf Verlangen den Auftrag erläutern.

(3) Bei streitigem Sachverhalt bestimmt das Gericht, welche Tatsachen der Sachverständige der Begutachtung zugrunde legen soll.

(4) Soweit es erforderlich ist, bestimmt das Gericht, in welchem Umfang der Sachverständige zur Aufklärung der Beweisfrage befugt ist, inwieweit er mit den Parteien in Verbindung treten darf und wann er ihnen die Teilnahme an seinen Ermittlungen zu gestatten hat.

(5) Weisungen an den Sachverständigen sind den Parteien mitzuteilen. Findet ein besonderer Termin zur Einweisung des Sachverständigen statt, so ist den Parteien die Teilnahme zu gestatten.

sind darüber hinaus berufliche Gründe vorgesehen (§§ 53, 53 a StPO), dies betrifft den psychologischen Sachverständigen dann, wenn er beim zu Begutachtenden bereits Therapeut oder Berater bzw. als dessen Gehilfe tätig war. Nach der ZPO kann eine Verweigerung auch dann erfolgen, wenn der Sachverständige sich durch das Gutachten selbst Schaden zufügen würde (§ 384 ZPO).

Es wurde bereits darauf hingewiesen, dass der Gutachter die Pflicht zur Gutachtenerstattung hat, weigert er sich – ohne dazu berechtigt zu sein – oder bleibt er der Verhandlung fern, muss er die entstandenen Kosten ersetzen und es kann ein Ordnungsgeld gegen ihn verhängt werden (§ 77 StPO und § 409 ZPO). Dies gilt auch bei schuldhaftem Versäumen von Fristen. Arbeitsüberlastung, Krankheit u. ä. ist dem Gericht unverzüglich mitzuteilen. Gerichtstermine bzw. Termine, zu denen der Gutachter erscheinen muss, werden vor ihrer Festlegung mit den Verfahrensbeteiligten, also auch mit einem Gutachter, abgesprochen, um Überschneidungen mit anderen Terminen zu vermeiden.

Der Sachverständige als „Gehilfe des Gerichts" soll durch den Richter geleitet werden. Dies beinhaltet selbstverständlich nicht die Wahl der vom Sachverständigen gewählten jeweiligen Untersuchungsmethodik, sondern bezieht sich insbesondere auf die Eindeutigkeit des erteilten Auftrags und die Mitteilung der relevanten Anknüpfungstatsachen. Bei den Anknüpfungstatsachen handelt es sich um die Sachverhalte, von denen der Sachverständige bei seiner Expertise aus-

§ 79 StPO – Sachverständigeneid

(1) Der Sachverständige kann nach dem Ermessen des Gerichts vereidigt werden. Auf Antrag der Staatsanwaltschaft, des Angeklagten oder des Verteidigers ist er zu vereidigen.

(2) Der Eid ist nach Erstattung des Gutachtens zu leisten; er geht dahin, dass der Sachverständige das Gutachten unparteiisch und nach bestem Wissen und Gewissen erstattet habe.

(3) Ist der Sachverständige für die Erstattung von Gutachten der betreffenden Art im Allgemeinen vereidigt, so genügt die Berufung auf den geleisteten Eid.

§ 410 ZPO – Sachverständigenbeeidigung

(1) Der Sachverständige wird vor oder nach Erstattung des Gutachtens beeidigt. Die Eidesnorm geht dahin, dass der Sachverständige das von ihm erforderte Gutachten unparteiisch und nach bestem Wissen und Gewissen erstatten werde oder erstattet habe.

(2) Ist der Sachverständige für die Erstattung von Gutachten der betreffenden Art im Allgemeinen beeidigt, so genügt die Berufung auf den geleisteten Eid; sie kann auch in einem schriftlichen Gutachten erklärt werden.

zugehen hat. Diese finden sich in der Regel in den dem Gutachter zugeschickten Aktenunterlagen. Der Auftraggeber sollte seine Fragen möglichst präzise formulieren. Ist die Fragestellung für den Sachverständigen nicht klar genug, sollte dieser mit dem Auftraggeber Kontakt aufnehmen, bevor er mit seiner Arbeit beginnt. Die vom Sachverständigen erhobenen Informationen stellen die Befundtatsachen dar, z. B. die Entwicklung des Probanden, die Entstehung einer Aussage, das psychologische Krankheitsbild oder Veränderungen aufgrund einer psychotherapeutischen Behandlung. Daneben können vom Sachverständigen Zusatztatsachen in Erfahrung gebracht werden, worunter man Informationen versteht, die nicht an die Fachkunde des Gutachters geknüpft sind, für das Gericht aber von Wichtigkeit sein können, etwa nicht bekannte Informationen zum Tatgeschehen oder ein Geständnis. Über diese Zusatztatsachen kann der Sachverständige vor Gericht als Zeuge vernommen werden (Nedopil, 2007, S. 15).

Die Zivilprozessordnung (§ 404 a) geht sogar noch etwas weiter: So hat sich das Gericht völlige Klarheit über die Beweisfragen und den Inhalt des Auftrags an den Sachverständigen zu verschaffen und auch bei den zu untersuchenden Gesichtspunkten und den zu befragenden Personen bestimmt das Gericht, von welchen Tatsachen der Sachverständige auszugehen hat und welche Personen er wie befragen darf. In der Praxis ist die Handhabung gerade bei Psychosachverständigen in der Regel weniger restriktiv.

Im Straf- oder auch Zivilverfahren ist es die Regel, dass der Sachverständige nicht vereidigt wird. Allerdings können die Prozessbeteiligten die Ver- bzw. Beeidigung des Sachverständigen (StPO, ZPO) beantragen, worüber dann der Vorsitzende Richter bzw. das Gericht zu entscheiden hat. Wie man an den Regelungen erkennen kann, ergeben sich gewisse Unterschiede zwischen StPO und ZPO, so z. B. hinsichtlich des Zeitpunktes des Eides. Allerdings erfolgt eine Vereidigung des Sachverständen, wie erwähnt, selten, daher sollen die Details nicht weiter vertieft werden.

Die Strafprozessordnung kennt im Vergleich zur Zivilprozessordnung eine Reihe weiterer Vorschriften, die im Folgenden kurz dargestellt werden sollen.

§ 80 StPO – Vorbereitung des Gutachtens

(1) Dem Sachverständigen kann auf sein Verlangen zur Vorbereitung des Gutachtens durch Vernehmung von Zeugen oder des Beschuldigten weitere Aufklärung verschafft werden.

(2) Zu demselben Zweck kann ihm gestattet werden, die Akten einzusehen, der Vernehmung von Zeugen oder des Beschuldigten beizuwohnen und an sie unmittelbar Fragen zu stellen.

Der Sachverständige ist zur Vernehmung von Zeugen und Beschuldigten nicht befugt, er kann nur vorbereitend (informatorisch) befragen. Dabei darf er nur für das Gutachten erforderliche Fragen stellen, eine Belehrung der Zeugen über Weigerungsrechte ist nicht notwendig. Auch kann dem Sachverständigen vorab Akteneinsicht gewährt werden, was in aller Regel der Fall ist, der Umfang, in welchem er der Hauptverhandlung beizuwohnen hat, ist Sache des Gerichts. Bei Psychosachverständigen reicht er in der Regel bis zum Zeitpunkt der Erstattung des Gutachtens. Auch kann ihm gestattet werden, während des Strafverfahrens unmittelbar Fragen an Beweispersonen zu richten.

§ 80 a StPO – Zuziehung im Vorverfahren

Ist damit zu rechnen, dass die Unterbringung des Beschuldigten in einem psychiatrischen Krankenhaus, einer Entziehungsanstalt oder in der Sicherungsverwahrung angeordnet werden wird, so soll schon im Vorverfahren einem Sachverständigen Gelegenheit zur Vorbereitung des in der Hauptverhandlung zu erstattenden Gutachtens gegeben werden.

Bei § 80 a StPO handelt es sich um eine Sollvorschrift für das staatsanwaltschaftliche und polizeiliche Ermittlungsverfahren.

Dabei muss nach vielfacher Meinung in der Regel der Gutachter Psychiater sein und sich das Gutachten auch auf die Behandlungsaussichten erstrecken.

§ 81 StPO – Unterbringung zur Beobachtung des Beschuldigten

(1) Zur Vorbereitung eines Gutachtens über den psychischen Zustand des Beschuldigten kann das Gericht nach Anhörung eines Sachverständigen und des Verteidigers anordnen, dass der Beschuldigte in ein öffentliches psychiatrisches Krankenhaus gebracht und dort beobachtet wird.

(2) Das Gericht trifft die Anordnung nach Absatz 1 nur, wenn der Beschuldigte der Tat dringend verdächtig ist. Das Gericht darf diese Anordnung nicht treffen, wenn sie zu der Bedeutung der Sache und der zu erwartenden Strafe oder Maßregel der Besserung und Sicherung außer Verhältnis steht.

(3) Im vorbereitenden Verfahren entscheidet das Gericht, das für die Eröffnung des Hauptverfahrens zuständig wäre.

(4) Gegen den Beschluss ist sofortige Beschwerde zulässig. Sie hat aufschiebende Wirkung.

(5) Die Unterbringung in einem psychiatrischen Krankenhaus nach Absatz 1 darf die Dauer von insgesamt sechs Wochen nicht überschreiten.

§ 81 StPO regelt die mögliche Unterbringung eines Beschuldigten zur Vorbereitung eines psychiatrischen Gutachtens, in der Regel zu Fragen der Schuldfähigkeit, der Gemeingefährlichkeit, der Verhandlungsfähigkeit oder auch des Entwicklungsstandes bei Jugendlichen. Grundsätzlich ist dabei aber das Verhältnismäßigkeitsprinzip zu beachten. Diese Unterbringung beinhaltet jedoch nicht zugleich auch das Recht auf einen Eingriff in die körperliche Unversehrtheit. Vor dieser Unterbringung ist der Sachverständige – ein Neurologe oder Psychiater – zu hören.

§ 82 StPO – Gutachten im Vorverfahren
Im Vorverfahren hängt es von der Anordnung des Richters ab, ob die Sachverständigen ihr Gutachten schriftlich oder mündlich zu erstatten haben.

Werden Gutachter von Polizei oder Staatsanwaltschaft im Ermittlungsverfahren hinzugezogen, ist die Gutachtenerstattung aufgrund der notwendigen Aktendokumentation in der Regel schriftlich, auch im Eröffnungsverfahren gilt dies als zweckmäßig. Dagegen ist in der Hauptverhandlung der Sachverständige an die Grundsätze der Mündlichkeit und Unmittelbarkeit gebunden. Als verbindlich gelten letztlich die mündlichen Ausführungen des Sachverständigen im Strafverfahren. Ein in der Regel schriftlich vorher vorgelegtes Gutachten kann somit durch den mündlichen Vortrag, in den zusätzliche Informationen durch Erkenntnisse aus dem Verfahren, z.B. aus Vernehmungen von Zeugen, eingehen, geändert werden. Das ist allerdings relativ selten, v.a. was die wesentlichen Ergebnisse betrifft.

§ 411 ZPO – Schriftliches Gutachten
(1) Wird schriftliche Begutachtung angeordnet, so hat der Sachverständige das von ihm unterschriebene Gutachten auf der Geschäftsstelle niederzulegen. Das Gericht kann ihm hierzu eine Frist bestimmen.
(2) Versäumt ein zur Erstattung des Gutachtens verpflichteter Sachverständiger die Frist, so kann gegen ihn ein Ordnungsgeld festgesetzt werden. Das Ordnungsgeld muss vorher unter Setzung einer Nachfrist angedroht werden. Im Falle wiederholter Fristversäumnis kann das Ordnungsgeld in der gleichen Weise noch einmal festgesetzt werden. § 409 Abs. 2 gilt entsprechend.
(3) Das Gericht kann das Erscheinen des Sachverständigen anordnen, damit er das schriftliche Gutachten erläutere.
(4) Die Parteien haben dem Gericht innerhalb eines angemessenen Zeitraums ihre Einwendungen gegen das Gutachten, die Begutachtung betreffende Anträge und Ergänzungsfragen zu dem schriftlichen Gutachten mitzuteilen. Das Gericht kann ihnen hierfür eine Frist setzen; § 296 Abs. 1, 4 gilt entsprechend.

Im Zivilverfahren steht die Frage, ob der Sachverständige sein Gutachten mündlich oder schriftlich zu erstatten hat, im Ermessen des Gerichts. Wie § 411 ZPO deutlich macht, sind dabei die gesetzten Fristen einzuhalten. Ferner kann das Gericht den Sachverständigen zur mündlichen Erläuterung seines Gutachtens laden oder ihn auffordern, eine schriftliche Ergänzung abzuliefern. Entsprechende Anträge können dabei auch von Seiten der Parteien an das Gericht gestellt werden.

Die Gutachten unterliegen der freien Beweiswürdigung durch das Gericht im Hinblick auf Schlüssigkeit, Verwertbarkeit, Stichhaltigkeit und Überzeugungskraft. Wird es als ungenügend angesehen, kann das Gericht ein weiteres Gutachten in Auftrag geben. Ungenügend ist es v.a. dann, wenn es dem Gericht nicht die notwendige Sachkenntnis vermittelt. Im Strafprozess ist zudem ein weiteres Gutachten einzuholen, wenn bereits zwei einander widersprechende Gutachten vorliegen. Darüber hinaus kann in wichtigen Fällen auch ohne diese Gründe ein weiteres Gutachten einer Fachbehörde (z.B. Universität) eingeholt werden. Ein „Obergutachter" im Zivilverfahren – obgleich der Begriff als solcher nicht existiert – ist dagegen ein Sachverständiger, der durch überragende Sachkunde oder besondere Au-

§ 83 StPO – Neues Gutachten

(1) Der Richter kann eine neue Begutachtung durch dieselben oder durch andere Sachverständige anordnen, wenn er das Gutachten für ungenügend erachtet.

(2) Der Richter kann die Begutachtung durch einen anderen Sachverständigen anordnen, wenn ein Sachverständiger nach Erstattung des Gutachtens mit Erfolg abgelehnt ist.

(3) In wichtigeren Fällen kann das Gutachten einer Fachbehörde eingeholt werden.

§ 412 ZPO – Neues Gutachten

(1) Das Gericht kann eine neue Begutachtung durch dieselben oder durch andere Sachverständige anordnen, wenn es das Gutachten für ungenügend erachtet.

(2) Das Gericht kann die Begutachtung durch einen anderen Sachverständigen anordnen, wenn ein Sachverständiger nach Erstattung des Gutachtens mit Erfolg abgelehnt ist.

§ 84 StPO – Sachverständigenvergütung

Der Sachverständige erhält eine Vergütung nach dem Justizvergütungs- und -entschädigungsgesetz.

§ 413 ZPO – Sachverständigenvergütung

Der Sachverständige erhält eine Vergütung nach dem Justizvergütungs- und -entschädigungsgesetz.

§ 85 StPO – Sachverständige Zeugen

Soweit zum Beweis vergangener Tatsachen oder Zustände, zu deren Wahrnehmung eine besondere Sachkunde erforderlich war, sachkundige Personen zu vernehmen sind, gelten die Vorschriften über den Zeugenbeweis.

§ 414 ZPO – Sachverständige Zeugen

Insoweit zum Beweise vergangener Tatsachen oder Zustände, zu deren Wahrnehmung eine besondere Sachkunde erforderlich war, sachkundige Personen zu vernehmen sind, kommen die Vorschriften über den Zeugenbeweis zur Anwendung.

torität als dazu in der Lage eingeschätzt wird, entstandene Zweifel zu klären.

Die Sachverständigenvergütung richtet sich nach dem am 1. Juli 2004 in Kraft getretenen Justizvergütungs- und -entschädigungsgesetz (JVEG), dieses wird weiter unten noch ausführlicher dargestellt (s. Kap. 5.2). Diese Vergütung kann dann versagt werden, wenn der Sachverständige durch eine vorsätzliche oder grob fahrlässige Pflichtverletzung zur Unverwertbarkeit des Gutachtens beiträgt, wenn er abgelehnt wird, wenn er gegen die Pflicht der Unparteilichkeit verstößt oder – v. a. im Strafverfahren – schuldhaft verspätet erscheint und nicht vernommen werden kann.

§ 85 StPO bzw. § 414 ZPO gehen auf die Vernehmung sachverständiger Zeugen ein.

Zu beachten ist der Unterschied zwischen „Sachverständigem", „sachverständigem Zeugen" und „Zeugen". So sagt ein Sachverständiger über spezifische Erkenntnisse aus, die er im Auftrag des Gerichts gemacht hat, ein Zeuge berichtet über Wahrnehmungen außerhalb des Verfahrens und ein „sachverständiger Zeuge" berichtet über wahrgenommene Begebenheiten, die er aufgrund seiner besonderen Sachkunde gemacht hat. Damit hat er die Stellung eines „normalen Zeugen", da seine Wahrnehmungen mehr oder weniger zufällig aufgrund seiner Sachkunde entstanden sind, dies könnte z. B. ein Arzt sein, der – ohne entsprechenden gerichtlichen Auftrag – im Rahmen seiner ärztlichen Tätigkeit Laborwerte erhoben hat und nun darüber berichten soll. Würde ihn das Gericht – z. B. im Strafverfahren – darüber hinaus zum Verhalten des Betroffenen befragen, so würde er für diesen Bericht zum Sachverständigen. Diese Unterscheidung ist besonders relevant in Bezug auf die Vereidigung, die Besorgnis der Befangenheit oder die Ablehnung des sachverständigen Zeugen.

5.2 Die Entschädigung des Sachverständigen

Seit dem 1. Juli 2004 ist das „Gesetz über die Vergütung von Sachverständigen, Dolmet-scherinnen, Dolmetschern, Übersetzerinnen und Übersetzern sowie die Entschädigung von ehrenamtlichen Richtern, Zeuginnen, Zeugen und Dritten" (Justizvergütungs- und -entschädigungsgesetz – JVEG) in Kraft. Es löst damit das bis dahin geltende Zeugen- und Sachverständigenentschädigungsgesetz (ZSEG) und das Gesetz über die Entschädigung der ehrenamtlichen Richter ab.

In § 9 JVEG – der nur auszugsweise wiedergegeben wird – sind diese Sätze festgelegt, dabei erfolgt ein Verweis auf die Anlage 1, in welcher die einzelnen Tätigkeiten der Sachverständigen mit Zuordnung zu den jeweiligen Vergütungsgruppen aufgelistet werden:

---

§ 9 – Honorar für die Leistung der Sachverständigen und Dolmetscher
(1) Der Sachverständige erhält für jede Stunde ein Honorar

in der Honorargruppe...	in Höhe von ... Euro	in der Honorargruppe...	in Höhe von ... Euro
1	50	8	85
2	55	9	90
3	60	10	95
4	65	M1	50
5	70	M2	60
6	75	M3	85
7	80		

Die Zuordnung der Leistungen zu einer Honorargruppe bestimmt sich nach der Anlage 1. Wird die Leistung auf einem Sachgebiet erbracht, das in keiner Honorargruppe genannt wird, ist sie unter Berücksichtigung der allgemein für Leistungen dieser Art außergerichtlich und außerbehördlich vereinbarten Stundensätze einer Honorargruppe nach billigem Ermessen zuzuordnen; dies gilt entsprechend, wenn ein medizinisches oder psychologisches Gutachten einen Gegenstand betrifft, der in keiner Honorargruppe genannt wird. Erfolgt die Leistung auf mehreren Sachgebieten oder betrifft das medizinische oder psychologische Gutachten mehrere Gegenstände und sind die Sachgebiete oder Gegenstände verschiedenen Honorargruppen zugeordnet, bemisst sich das Honorar einheitlich für die gesamte erforderliche Zeit nach der höchsten dieser Honorargruppen; jedoch gilt Satz 3 entsprechend, wenn dies mit Rücksicht auf den Schwerpunkt der Leistung zu einem unbilligen Ergebnis führen würde [...].

Gegenstand medizinischer und psychologischer Gutachten	Honorargruppe

Gegenstand medizinischer und psychologischer Gutachten
Einfache gutachtliche Beurteilungen, insbesondere
- in Gebührenrechtsfragen,
- zur Minderung der Erwerbsfähigkeit nach einer Monoverletzung, M1
- zur Haft-, Verhandlungs- oder Vernehmungsfähigkeit,
- zur Verlängerung einer Betreuung oder nach § 35 a KJHG.

Beschreibende (Ist-Zustands-)Begutachtung nach standardisiertem Schema ohne Erörterung spezieller Kausalzusammenhänge mit einfacher medizinischer Verlaufsprognose und mit durchschnittlichem Schwierigkeitsgrad, insbesondere Gutachten
- in Verfahren nach dem SGB IX,
- zur Minderung der Erwerbsfähigkeit und zur Invalidität,
- zu rechtsmedizinischen und toxikologischen Fragestellungen im Zusammenhang mit der Feststellung einer Beeinträchtigung der Fahrtüchtigkeit durch Alkohol, Drogen, Medikamente oder Krankheiten, M2
- zu spurenkundlichen oder rechtsmedizinischen Fragestellungen mit Befunderhebungen (z.B. bei Verletzungen und anderen Unfallfolgen),
- zu einfachen Fragestellungen zur Schuldfähigkeit ohne besondere Schwierigkeiten der Persönlichkeitsdiagnostik,
- zur Einrichtung einer Betreuung,
- zu Unterhaltsstreitigkeiten auf Grund einer Erwerbs- oder Arbeitsunfähigkeit,
- zu neurologisch-psychologischen Fragestellungen in Verfahren nach der FeV.

Gutachten mit hohem Schwierigkeitsgrad (Begutachtungen spezieller Kausalzusammenhänge und/oder differenzialdiagnostischer Probleme und/oder Beurteilung der Prognose und/oder Beurteilung strittiger Kausalitätsfragen), insbesondere Gutachten
- zum Kausalzusammenhang bei problematischen Verletzungsfolgen,
- zu ärztlichen Behandlungsfehlern,
- in Verfahren nach dem OEG,
- in Verfahren nach dem HHG,
- zur Schuldfähigkeit bei Schwierigkeiten der Persönlichkeitsdiagnostik, M3
- in Verfahren zur Anordnung einer Maßregel der Besserung und Sicherung (in Verfahren zur Entziehung der Fahrerlaubnis zu neurologisch/psychologischen Fragestellungen)
- zur Kriminalprognose,
- zur Aussagetüchtigkeit,
- zur Widerstandsfähigkeit,
- in Verfahren nach den §§ 3, 10, 17 und 105 JGG,
- in Unterbringungsverfahren,
- in Verfahren nach § 1905 BGB,
- in Verfahren nach dem TSG,

Gegenstand medizinischer und psychologischer Gutachten	Honorargruppe
• in Verfahren zur Regelung von Sorge- oder Umgangsrechten, • zur Geschäfts-, Testier- oder Prozessfähigkeit, • zu Berufskrankheiten und zur Minderung der Erwerbsfähigkeit bei besonderen Schwierigkeiten, • zu rechtsmedizinischen, toxikologischen und spurenkundlichen Fragestellungen im Zusammenhang mit einer abschließenden Todesursachenklärung, ärztlichen Behandlungsfehlern oder einer Beurteilung der Schuldfähigkeit.	M3

Darüber hinaus kann der Sachverständige eine Reihe von weiteren Auslagen geltend machen, hierzu gehören gemäß § 5 JVEG ggf. die Fahrtkosten (0,30 €/km), Kopierkosten (0,50 €/Seite für die ersten 50 Seiten, 0,15 €/jede weitere Seite; § 7 JVEG) und Schreibgebühren (0,75 €/1000 Anschläge; § 12, Abs. 1 JVEG). Auch der Einsatz von Hilfskräften kann durch einen Aufschlag von 15 % auf die Gemeinkosten abgerechnet werden (§ 12, Abs. 2 JVEG).

Weiterführende Literatur

Meyer-Goßner, L., Cierniak, J., Schwarz, O. (Begr.), Kleinknecht, T. (Forts.) & Meyer, K. (Forts.) (2010). *Strafprozessordnung: StPO* (53. Aufl.). München: C.H. Beck.

Thomas, H., Putzo, H. (Begr.), Reichold, K. (Forts.) & Hüßtege, R. (Forts.). (2010). *Zivilprozessordnung: ZPO* (31. Aufl.). München: C.H. Beck.

Schneider, H. & Rödel, C. (Mitarb.). (2007). *Justizvergütungs- und -entschädigungsgesetz: JVEG*. München: C.H. Beck.

6 Der Auftraggeber: Gericht – Staatsanwaltschaft – Verteidiger

Der Auftraggeber für ein forensisches Gutachten sollte in der Regel der Richter als unabhängige Person sein. Wie oben erwähnt, werden Gutachten, etwa zur Glaubhaftigkeit von Zeugen oder zur Schuldfähigkeit eines Angeklagten, zur Zeitersparnis in Strafverfahren vielfach in einem „Vorverfahren" durch die Staatsanwaltschaft vergeben, ein insofern nicht unproblematisches Vorgehen, weil die Staatsanwaltschaft die Anklagebehörde ist, zwar neutral und übergreifend ermitteln soll, allerdings bei nach ihrer Ansicht vorliegendem Tatverdacht zwangsläufig an einer Anklage und Verurteilung interessiert sein wird. Allerdings können auch alle anderen Prozessparteien, v. a. die Verteidigung, ein Sachverständigengutachten in Auftrag geben, wobei solche „Privatgutachten" dann nicht zwangsläufig Eingang in das Gerichtsverfahren finden müssen. Darin liegt ein wesentlicher Grund, warum solche „Privatgutachten" vielfach verpönt sind und von Sachverständigen teilweise von vornherein nicht übernommen werden. Vielfach werden diese Gutachten als „Parteiengutachten" angesehen und von den Gerichten bestenfalls mit Einschränkung anerkannt. Besonders kritisch wird eine solche „private" Begutachtung im Strafverfahren gesehen, weshalb hier kurz auf die Problematik eingegangen werden soll. Entspannt wird die Situation, wie oben ausgeführt, weitgehend dadurch, dass das Gericht bzw. die Staatsanwaltschaft vor der Beauftragung eines Gutachters der Verteidigung eine Vorschlagsmöglichkeit einräumt, woraufhin man sich schließlich auf den Gutachter einigt.

Wegener (1981, S. 4) schrieb vor ca. 30 Jahren: „Der Richter wählt den Sachverständigen aus [...]" Das ist theoretisch richtig, die Praxis sieht jedoch, wie erwähnt, im Strafverfahren vielfach anders aus, nämlich derart, dass die Staatsanwaltschaft die Beauftragung eines Sachverständigen vornimmt. Hierin kann durchaus und berechtigterweise ein Problem gesehen werden. Nedopil meint hierzu:

> Die *Auswahl des Sachverständigen* obliegt dem Gericht (§ 73 StPO). Oft wird aber ein Gutachten schon im Ermittlungsverfahren von der Staatsanwaltschaft beauftragt und anschließend vom Gericht gehört. Da die Aufklärungspflicht der Staatsanwaltschaft die Beschaffung sowohl von be- wie entlastendem Material vorschreibt, ist es durchaus gerechtfertigt, dass sie, wenn nötig, bereits im Ermittlungsverfahren einen Sachverständigen beauftragt, der neutral sein Gutachten erstatten soll. Ein solches Vorgehen beschleunigt das Gerichtsverfahren, birgt aber die Gefahr, dass sich manche Gutachter der Staatsanwaltschaft, die sie finanziell entschädigt, verpflichtet fühlen [...] Einen *weiteren Gutachter* kann das Gericht beauftragen, wenn es von den Ausführungen des Erstgutachters nicht überzeugt ist; die Verteidigung kann eine weitere Begutachtung nur durchsetzen, wenn der zweite Gutachter im Vergleich zum Erstgutachter über überlegene Forschungsmittel verfügt und es dadurch naheliegt, dass ihm die Sachaufklärung besser gelingt (§ 244 IV 2 StPO). (2007, S. 15)

Damit wird auf das Problem der Abhängigkeit der Gutachter vom Auftraggeber hingewiesen, das sich v. a. dann zeigt, wenn der Gutachter hauptberuflich als solcher tätig und somit von den Aufträgen finanziell abhängig ist. Allzu leicht kann sich dann die

Tendenz einschleichen, Gutachten im Sinne des Auftraggebers zu erstellen, um weitere Aufträge zu erhalten.

Nach Lempp, Schütze und Köhnken (2003 b) steht der vom Gericht oder der Staatsanwaltschaft bestellte Experte im Dienst des Gerichts – nicht im Dienst der Staatsanwaltschaft oder der Polizei. Diesem Auftraggeber gegenüber sei er zur Offenbarung verpflichtet. Der Übernahme von „Privatgutachten", z. B. von Seiten der Anwälte, stehen die Autoren skeptisch gegenüber, da sie das Risiko sehen, dass der Gutachter nicht ausreichend objektive Informationen über den Sachverhalt erhält, um die gestellten Zusammenhangsfragen korrekt beantworten zu können. Ihrer Ansicht nach haben solche Privatgutachten vor Gericht oft einen nur geringen Beweiswert und würden meist mit Erfolg abgelehnt. Man könne zwar mit solchen Privatgutachten viel Geld verdienen, ruiniere jedoch seinen Ruf als Gutachter.

Bei Wiederaufnahmeverfahren ist nach Ansicht der Autoren die Erstattung eines Privatgutachtens für einen Anwalt gerechtfertigt, „wenn das Gutachten zur Begründung der Wiederaufnahme erforderlich ist. In diesem Fall ist vom Gericht zunächst keine Beauftragung zu erhalten." Unklar bleibt hier, warum ein „Privatgutachter" mit solchen Gutachten viel Geld verdienen können soll und seinen Ruf als Gutachter ruiniert. Das könnte nur dann der Fall sein, wenn er bei Privatgutachten mehr verlangt und diese schlechter sind als die „offiziellen". Ansonsten verdient er genauso viel wie bei Gutachten im Auftrag der Staatsanwaltschaft oder der Gerichte und wenn sie gut sind, können sie die Verfahrensbeteiligten zusätzlich aufklären.

Interessanterweise wird diese Problematik von juristischer Seite, zumindest teilweise, durchaus als ein Problem gesehen. Schreiber und Rosenau, beide Strafrechtler, weisen kritischer auf das sich hier stellende Problem hin (2009, S. 155). Sie betonen, dass die Auswahl der Sachverständigen und die Bestimmung ihrer Anzahl gemäß § 73 StPO durch den Richter erfolge. Dieser bestimme nicht nur die Person, sondern auch die Fachrichtung des Gutachters. Im Ermittlungsverfahren dagegen stünden seit der Novellierung der Strafprozessordnung im Jahre 1975 aufgrund der Verweisung in § 161 a StPO dieselben Befugnisse auch der Staatsanwaltschaft zu. Ausdrücklich weisen sie darauf hin, dass es „nicht nur als Recht, sondern als Verpflichtung angesehen" werde, diese Rechte anzuwenden. „Diese Befugnis der Staatsanwaltschaft hat insbesondere dann, wenn es um Schuldfähigkeitsgutachten geht, weitreichende Bedeutung." Weiterhin betonen die Autoren:

> Meist bleibt das Gericht ungeachtet seiner eigenen Kompetenzen aus § 73 StPO in den späteren Verfahrensabschnitten bei dem Sachverständigen, den die Staatsanwaltschaft im Ermittlungsverfahren beauftragt hatte. Aus Kosten- und Zeitgründen ist das auch verständlich. Der Staatsanwalt kann damit jedoch bereits im Ermittlungsverfahren das weitere Verfahren und seinen Ausgang vorprogrammieren, je nachdem, welcher Richtung der von ihm ausgewählte psychiatrische Sachverständige angehört. Faktisch hat die Staatsanwaltschaft damit eine weitgehende Befugnis zur Bestimmung des Sachverständigen für das gesamte Verfahren; das Auswahl- und Leitungsrecht des Richters ist demgegenüber praktisch entwertet. (Schreiber & Rosenau, 2009, S. 155)

Wie Schreiber weiter feststellt, habe die Staatsanwaltschaft während des Ermittlungsverfahrens zwar dem Verteidiger „Gelegenheit zu geben, vor der Auswahl eines Sachverständigen Stellung zu nehmen", falls nicht bloß ein routinemäßig zu prüfender Sachverhalt anstehe, wie etwa bei Blutalkoholgutachten, oder eine Gefährdung des Untersuchungszwecks oder eine Verzögerung zu befürchten sei. „Damit ist aber dem Ermessen der Staatsanwaltschaft kaum eine Grenze bei der eigenen Auswahl der Sachverständigen gesetzt."

Schreiber stellt dar, dass die Möglichkeiten des Angeklagten bzw. seines Vertreters, „beim Gericht auf die Auswahl des Sachverständigen Einfluss zu nehmen oder die Hinzuziehung eines weiteren Sachverständigen zu erreichen, [...] angesichts der gegenwärtigen Rechtslage leider tatsächlich nur gering" seien (Lürken, 1968, S. 1163; Schreiber, 1985, S. 1009). Sie bestehen im Beweisantragsrecht sowie in der Möglichkeit, Sachverständige, wie übrigens auch Zeugen, selbst zu laden (§§ 219, 220, 245 StPO) – ein allerdings aufwändiger Weg (Zwiehoff, 2002, S. 49). Zwar gehe das Gesetz davon aus, „dass einem Beweisantrag stets entsprochen werden" müsse, falls nicht ein Ablehnungsgrund nach § 244 III, IV, § 245 II StPO vorliegt. „Diese Ablehnungsgründe sind aber so weit gefasst, dass Anträge auf Anhörung eines anderen bzw. eines weiteren Sachverständigen so gut wie immer revisionssicher vom Gericht abgelehnt werden können."

Dass ein weiterer Gutachter über bessere Forschungsmittel als der zuerst benannte verfügt (§ 244 IV 2, 2. Halbsatz StPO), kann bei psychowissenschaftlichen Gutachten kaum belegt werden, da überlegene apparative Verfahren so gut wie keine Rolle spielen. „Persönliche Kenntnisse und Fähigkeiten, längere berufliche Erfahrung und größeres wissenschaftliches Ansehen werden nicht als überlegenes Forschungsmittel anerkannt (BGHSt 23, 176, 186; BGHSt 34, 355, 358)" (S. 58). Wird die Benennung eines weiteren Sachverständigen von Seiten des Gerichts abgelehnt, können der Angeklagte bzw. sein Verteidiger diesen nach § 220 StPO selbst laden lassen. Allerdings betont Schreiber (1985, S. 58), dass „schon die Kostenbelastung [...] eine Ladung durch den Angeklagten meist illusorisch" mache. „Hinzu kommt die verbreitete Scheu psychiatrischer und psychologischer Sachverständiger, auf Ladung allein des Verteidigers zu erscheinen [...]. Viele Gutachter legen Wert darauf, den Gutachtenauftrag von ‚objektiver' Seite, d.h. vom Gericht oder der Staatsanwaltschaft zu erhalten. Das erscheint insoweit nicht recht verständlich, als auch der Verteidiger ein Organ der Rechtspflege ist. Häufig wird er nicht weniger‚objektiv' sein als etwa die Staatsanwaltschaft." Weiterhin betont der Autor: „Durch eine frühe, im Alleingang vorgenommene Auswahl durch den Staatsanwalt kommt der Sachverständige häufig in eine missliche Situation. Er wird, auch wenn es gar nicht zutrifft, leicht dem Verdacht ausgesetzt, ‚Parteigutachter' der Staatsanwaltschaft zu sein." Da die einzelnen Verfahrensbeteiligten „ihre" Gutachter meist kennen („Hausgutachterproblematik"), dürfte es nicht schwerfallen, einen „genehmen" zu finden.

Letztere Gefahr kann jedoch, da die Staatsanwaltschaft nach wie vor vielfach als „neutralste Behörde der Welt" angesehen wird und die Verteidigung in aller Regel ein Mitspracherecht hat, als relativ gering angesehen werden, allerdings ist sie gegeben. Offensichtlich sieht Schreiber als Strafjurist die sich hier auftuende Problematik einer Beeinflussung des Ergebnisses eines Strafverfahrens durch die Auswahl des „richtigen" Gutachters deutlicher als manche Gutachter selbst. Beachtet man die Bedeutung, die Gutachten in aller Regel für den Ausgang eines Strafverfahrens haben, ist die aufgezeigte Problematik nicht zu vernachlässigen. Hinzu kommt, dass viele Auftraggeber, also gerade auch Staatsanwaltschaften, immer wieder dieselben „Hausgutachter" beauftragen, mit denen sie eben „gut zusammenarbeiten", mit denen man „sich versteht" und die dann auch Zeit haben. Das wird die Gutachter motivieren, es den Auftraggebern „recht zu machen", damit sie weitere Aufträge bekommen. Das soll nicht in Frage stellen, dass Staatsanwaltschaften sich in aller Regel redlich um die Auswahl neutraler und unabhängiger Gutachter bemühen, auch in Absprache mit der Verteidigung, es weist aber auf ein grundsätzliches Problem hin.

Eine differenzierte neuere Darstellung dieser Problematik und v. a. der dahinterliegenden psychodynamischen Gegebenheiten liefert Zwiehoff (2002), ebenfalls Juristin. Sie diskutiert kritisch die Frage der Beauftragung eines Sachverständigen durch die Verteidigung in einem Strafverfahren. In den allermeisten Fällen erfolgt die Beauftragung, wie erwähnt, bereits im Ermittlungsverfahren durch die Staatsanwaltschaft. Der Gutachter ist somit für die Anklagebehörde tätig, sein Ergebnis spielt u. U. für eine Anklageerhebung eine zentrale Rolle. In der Regel wird dieser Gutachter im Hauptverfahren vom Gericht übernommen. Bei der eventuellen Bedeutung eines Gutachtenergebnisses für den Ausgang eines Verfahrens verwundert es nicht, dass die Verteidigung u. U. einen weiteren Gutachter eingeschaltet haben möchte. „Ein Beweisantrag der Verteidigung auf Vernehmung eines weiteren Sachverständigen kann jedoch vom Gericht zumeist revisionssicher abgelehnt werden, so dass die Chancen der Verteidigung gering sind, das Gericht zu zwingen, einen weiteren Sachverständigen zu beauftragen" (S. 49). Für die Verteidigung selbst sei es schwierig, einen weiteren Sachverständigen zu finden, da Gutachter eine Scheu hätten, „im Auftrag des Beschuldigten tätig zu werden, weil sie auf der einen Seite einen Loyalitätskonflikt im Verhältnis zu ihrem ständigen Auftraggeber – der Staatsanwaltschaft – befürchten, auf der anderen Seite deshalb, weil sie sich scheuen, zugunsten einer ‚Partei‘ – also für den Beschuldigten – aufzutreten und damit als ‚Parteigutachter‘ tätig zu werden".

Zu Recht betont die Autorin, der Gutachter der Verteidigung sei prinzipiell ebenso unabhängig wie der von der Staatsanwaltschaft beauftragte (S. 50). „Das deutsche Strafverfahrensrecht kennt weder den ‚Sachverständigen der Staatsanwaltschaft‘ noch den ‚Sachverständigen der Verteidigung‘." Auch von Seiten des Gerichts würden dem „Parteigutachter" teilweise Ressentiments entgegengebracht (Detter, 2001, S. 441).

Die Staatsanwaltschaft ist verpflichtet, be- als auch entlastende Umstände zu ermitteln und offenzulegen, die Verteidigung dagegen nicht. Bei der Beauftragung durch die Staatsanwaltschaft scheint somit „ein Rollenkonflikt des Sachverständigen [...] – so die landläufige Meinung – wegen der Objektivitätsverpflichtung der Staatsanwaltschaft vom Ansatz her nicht berechtigt". Allerdings, so Zwiehoff, entspreche das geflügelte Wort von der Staatsanwaltschaft als der „objektivsten Behörde der Welt" weder der Struktur des Verfahrensrechts noch der Verfahrenswirklichkeit (2002, S. 51). Staatsanwaltschaft und Verteidigung stünden sich mit entgegengesetzten Rollen gegenüber und würden sich hierin auch ergänzen. „Sofern man also überhaupt den Terminus des ‚Parteigutachters‘ verwendet, gilt er jedenfalls tendenziell auch für den Sachverständigen, der im Auftrag der Staatsanwaltschaft sein Gutachten erstattet; daraus folgt gleichzeitig, dass die Gründe, aus denen die Ressentiments gegenüber dem ‚Sachverständigen der Verteidigung‘ resultieren, sich als gegenstandslos erweisen." Die Staatsanwaltschaft könne als Prozesspartei durchaus „mit interessengefärbter Perspektive am Verfahren beteiligt sein" (S. 53). Man könne vor dem Hintergrund der Rechtsgeschichte von der Staatsanwaltschaft nicht erwarten, dass sie Opfer- und Angeklagtenseite gleichgewichtig beachte. Ohne vorläufige Festlegung – damit auch der Gefahr einer einseitigen Sichtverengung – sei die Planung des Vorgehens und die Anklageerhebung überhaupt nicht möglich. Selbst der Richter sei nicht vor Vorurteilen geschützt, was auch anerkannt werde, deshalb könne er wegen Besorgnis der Befangenheit abgelehnt werden, ebenso der Sachverständige, nicht aber der Staatsanwalt. Dabei könne der Richter sich leichter in einer die Argumente abwägenden Position halten.

Es liegt auf der Hand, dass derjenige, der das Verfahren aktiv betreibt, die Gesamtheit der

Ermittlungen in den Händen hält und steuernd auf den Verfahrensablauf einwirkt, für ein seine Unvoreingenommenheit beeinträchtigendes ‚Jagdfieber' entschieden anfälliger ist als derjenige, der – wie etwa der Ermittlungsrichter – in passiver Einstellung gegenüber dem Gesamtverfahren nur zu einzelnen, genau abgegrenzten Schritten herangezogen wird, oder als der erkennende Richter, dem das fertig aufbereitete Ermittlungsergebnis für die Hauptverhandlung unterbreitet wird. (Zwiehoff, 2002, S. 53)

Kühne (1999, Rn. 62.3) betont, dass bei Plädoyers der Staatsanwaltschaft oft der Eindruck vermittelt werde, dass die entlastenden Beweismittel überhaupt nicht bzw. nicht genügend berücksichtigt würden. Aus parteiprozessualen Elementen des Hauptverhandlungsrechts lasse sich zwingend ableiten, „dass eine einseitige Sicht der Dinge nicht nur der Tätigkeit der Verteidigung, sondern auch der der Staatsanwaltschaft systemimmanent ist" (S. 61). Der „Kampf" zwischen Unabhängigkeit und Staatsanwaltschaft werde in der deutschen Hauptverhandlung im Vergleich zum angloamerikanischen Recht nicht so deutlich, er finde aber „in gewisser Hinsicht unterhalb der ruhig wirkenden Oberfläche statt" (Herrmann, 1971, S. 169). Zwiehoff (2002, S. 49) vertritt die Meinung, dass es „von allen Beteiligten als alltägliche Situation in einem Strafverfahren angesehen werden" sollte, dass sich verschiedene Sachverständige mit verschiedenen Ausgangspositionen und gegenseitigen Standpunkten äußern. Detter, selbst Richter des 2. Senats beim Bundesgerichtshof (BGH), betont, dass die Wahrheitsfindung im Vordergrund stehen müsse, auch auf Kosten einer längeren und umfangreicheren Beweisaufnahme.

Aus der Sicht der Sachverständigen folgt daraus das Gebot, vorbehaltlos auch im Auftrag des Beschuldigten ihr Gutachten zu erstatten. Eine Gefahr für ihre Objektivitätsverpflichtung ist in solchen Fällen nicht größer zu veranschlagen, als sie bei der Übernahme eines Auftrages durch die Staatsanwaltschaft besteht. Hinzu kommt – und dies spricht in besonderem

Maße für ein Tätigwerden im Auftrag des Beschuldigten –, dass zwar ein Anspruch des Staates auf Verfolgung und Bestrafung eines Rechtsbrechers besteht, dass eine Verurteilung aber stets unter dem Vorbehalt der Beachtung elementarer rechtsstaatlicher Standards steht. Dazu gehört die Einhaltung des audiatur et altera pars. (Detter, 2001, S. 466)

Der weitere Sachverständige kann auch zusätzliche Gesichtspunkte und Sichtweisen deutlich machen, z.B. das Gericht auf Schwächen oder Fehler des Erstgutachtens hinweisen, die ansonsten unbeachtet geblieben wären.

Diese Argumentation ist unseres Erachtens überzeugend. Die Gegenargumente von Poschenrieder (2002, S. 247 ff.) überzeugen nicht. Zwar macht sie deutlich, dass viele Staatsanwälte „rühmliche Ausnahmen" darstellen, was jedoch nicht gegen die von Zwiehoff begründete Dynamik spricht. Wenn sie jedoch meint, dass die Ansicht, man müsse „diese Behörde mit positiven Gutachten bei Laune halten [...], um weiterhin beauftragt zu werden", falsch sei, so mag das die Idealvorstellung sein, von der auch hier die Praxis durchaus abweichen kann. Zu Recht kritisiert die Autorin allerdings, dass manche „Parteiengutachter" auf „Verrisse" bedacht seien. Beachtenswert scheint, dass offensichtlich v. a. Gutachter selbst Bedenken gegen eine Beauftragung durch eine „Partei" äußern. Wenn sie allerdings unparteiisch vorgehen, was ihre Aufgabe ist, somit über der Sache stehen, dürfte es letztlich gleichgültig sein, welche Seite den Auftrag erteilt.

Grundsätzlich sind weitere und ergänzende Begutachtungen im Strafverfahren in Fragen der Schuldfähigkeit ohne Probleme möglich, da hier die Exploration des Angeklagten in aller Regel durchgeführt werden kann. Sie ist deutlich schwieriger, u. U. nicht möglich, in Fragen der Glaubhaftigkeitsbegutachtung oder des Familienrechts, da hier ohne die richterliche (staatsanwaltschaftliche) Beauftragung Gespräche mit den Zeugen bzw. mit dem oder den bei der anderen Partei lebenden Kind(-ern) in aller Regel nicht durchzuführen sind. Auch Prognosegutachten, etwa über inhaftierte Straftäter, können selbstverständlich in aller Regel nur mit Erlaubnis der Justizbehörden durchgeführt werden.

Weiterführende Literatur

Detter, K. (2001). Der von der Verteidigung geladene psychiatrische Sachverständige – Konfliktverteidigung oder Ohnmacht der Tatgerichte? In A. Eser, J. Goydke, K.R. Maatz & D. Meurer (Hrsg.), *Festschrift für Meyer-Goßner zum 65. Geburtstag* (S. 431–446). München: C.H. Beck.

Schreiber, H.-L. & Rosenau, H. (2009). Der Sachverständige im Verfahren und in der Verhandlung. In U. Venzlaff (Begr.), K. Foerster & H. Dreßing (Hrsg.), *Psychiatrische Begutachtung* (5. Aufl.) (S. 153–165). München: Urban & Fischer.

Zwiehoff, G. (2002). Sachverständiger im Strafverfahren und die Rolle seiner Auftraggeber – Zum Ressentiment, als Sachverständiger im Auftrag der Verteidigung tätig zu werden. *Praxis der Rechtspsychologie, 12* (1), 49–62.

Kontrollfragen

1. Wie sieht der Regelfall der Bestellung eines Sachverständigen im Strafverfahren aus?
2. Welches sind Vor- und Nachteile der Bestellung des Sachverständigen durch die Staatsanwaltschaft im Vorverfahren?
3. Welche Argumente werden ins Feld geführt, die gegen eine Beauftragung eines Sachverständigen durch die Verteidigung sprechen? Was spricht dafür?
4. In welche Konflikte kann der Sachverständige je nach Art der Beauftragung kommen?

7 Psychologischer versus psychiatrischer Sachverständiger

Das Verhältnis zwischen der Psychologie und der Psychiatrie als medizinischer Teildisziplin war seit der Entwicklung der Psychologie als eigenständiger Wissenschaft nie ungetrübt. Dieses Spannungsverhältnis wurde und wird jedoch nicht nur in den klinischen Disziplinen ausgetragen, sondern reichte und reicht ebenfalls in die Forensik hinein. Seit den 1950er Jahren, mit einem gewissen Höhepunkt in den 1980er Jahren, als die Psychologie mehr und mehr Anspruch auf die Anerkennung als Heilkunde stellte und dies methodisch begründete, schwelte ein mehr oder minder offener Streit, welche Disziplin in welchen Bereichen mehr Kompetenz anzubieten hat. Dreh- und Angelpunkt dieser Streits ist im forensischen Bereich v. a. die Begutachtung der Schuldfähigkeit, wohingegen im Hinblick auf die Erstellung von Prognosen bei (vorzeitiger) Haftentlassung, Glaubhaftigkeitsgutachten oder auch Begutachtungen im Familienrecht kaum ein so sehr öffentlich ausgetragener Streit festzustellen war.

So wunderte sich bereits vor der Großen Strafrechtsreform in den 1970er Jahren Bresser (1958), „in welchem Umfang seit einigen Jahren die forensische Psychologie ihr Tätigkeitsfeld ausgeweitet hat", und es drängte ihn zu fragen, „welches sind die in der Sache liegenden Gründe oder welches sind die Kompetenzen des Psychologen, die von denen des Psychiaters abzugrenzen sind?" (S. 248). Während er jedoch, gemäß der damaligen Situation, deutlich machte, dass nur dann, wenn der Psychiater sich nicht für kompetent hält, da er nichts Psychopathologisches feststellen kann, der Psychologe noch gehört werden *kann*, und dem Psychologen das Gespräch mit dem Juristen über „normalpsychologisches Handeln" überließ, wurde die Diskussion nach der Strafrechtsreform deutlich schriller. Heiss (1962, S. 225) betonte noch, dass die Entscheidung über die Hinzuziehung eines psychologischen oder psychiatrischen Sachverständigen „zunächst von der Scheidung zwischen krankhaften und nicht-krankhaften Zuständen" auszugehen habe. Gleichzeitig hebt er allerdings bereits damals hervor:

> Der Sorgfaltspflicht der Gutachtertätigkeit halber wäre objektiv wünschenswert, dass auch bei der Beurteilung der krankhaften Störungen ein Psychologe zugezogen wird, wie es gelegentlich auch schon geschieht. Unerlässlich scheint uns, dass in den Fällen der Begutachtung nicht-krankhafter Störungen und seelischer Ausnahmezustände der Psychologe zugezogen wird und in den nicht-eindeutigen Fällen ein Psychiater. Das beste Verfahren liegt ohne Zweifel in einer Zusammenarbeit, die sich gegenseitig ergänzt. (Heiss, 1962, S. 226)

Einen Höhepunkt erreichte die Auseinandersetzung zur Frage psychologischer vs. psychiatrischer Gutachter sicherlich in der Reaktion von Rauch (1984) auf einen Beitrag von Wolff (1983). So hält Rauch das Problem des geeigneten Gutachters bei Fragen der Schuldfähigkeit für konstruiert, das Problem sei durch den Anspruch von Psychologen geschaffen worden, „[...] die sich aus wirtschaftlichen Gründen gezwungen sahen, ein neues Betätigungsfeld zu erschließen, sich auch mit kranken Menschen zu beschäftigen, sie eigenverantwortlich zu therapieren, was ihnen nach unserer Rechtsordnung unstreitig nicht erlaubt ist" (S. 498). Er lässt keinen Zweifel daran, wen er zur Schuldfähigkeitsbegutachtung für kompetenter hält: „Wenn eine [...] Qualifikationsprüfung durchgeführt werden würde, wäre nach meiner Ansicht der Kompetenzstreit zwischen Psychiater und Psychologen endgültig beigelegt [...] nämlich mit der Anerkennung der alleinigen Kompetenz des Psychiaters für die Begutachtung der Schuldfähigkeit." Er begründet dies damit, dass die Feststellung psychischer Störungen allein ärztliche Aufgabe sei, wenngleich er sich dabei über eine Entscheidung des BGH (BGHSt 23, 8; Urteil vom 21. Mai 1969, 4 StR 446/68, LG Bielefeld) hinwegsetzt, nach welcher es genügt, wenn ein klinisch erfahrener Psychologe das Vorliegen krankhafter Erlebnis- und Verhaltensformen ausschließt. Vielmehr „wettert" er generell gegen die Psychologie und deren Methoden: „Die psychologische Forschung dagegen hat seit Jahrzehnten keine neuen Erkenntnisse erbracht, sie hat z. B. keine neue psychische Fähigkeit oder Funktion entdeckt, nur neue Theorien aufgestellt und neue Deutungen psychischer Zusammenhänge versucht, kurz gesagt: alten Wein in neue Schläuche gegossen" (S. 499). Er sieht die Psychologen allenfalls als Gehilfen der Ärzte und kommt zum Schluss, dass der Psychologe von seiner Ausbildung her kaum befähigt sei, entsprechende Begutachtungen durchzuführen, wogegen der Psychiater auch über umfassende psychologische Kenntnisse verfüge. Bis heute ist das einerseits zwar völlig überholt, allerdings nach wie vor teilweise Überzeugung mancher Strafjuristen.

In der vorangegangenen Diskussion war insbesondere von Wolff (1983) die psychiatrische Position angegriffen worden, wenn sie schreibt, „da, wo es um die Einordnung des normalpsychologischen Affektes, um die Auswirkung einer neurotischen/psychopathischen Fehlentwicklung auf die Steuerungsfähigkeit, um die Messung der Intelli-

genz geht, bietet der Psychologe mit seinen Skalierungsmethoden und Testreihen überlegene Forschungsmittel" (S. 540), und quasi eine Gleichstellung von Psychiatrie und Psychologie fordert. „[...] je mehr und respektloser der Richter den Gutachter und das Gutachten hinterfragt, desto eher können diese – unabhängig, ob ein Psychiater oder Psychologe betroffen ist – das leisten, was sie leisten sollen: die notwendigen Erkenntnisse zur Wahrheitserforschung liefern, die ein gerechtes Urteil erst möglich macht" (S. 540). Dem ist uneingeschränkt zuzustimmen. Zu berücksichtigen ist hierbei, dass im engeren Sinne „psychiatrische Fälle", z. B. mit Psychosen, bei forensischen Begutachtungen im Rahmen eines Strafverfahrens relativ selten vorkommen. Bei den meisten Begutachtungen handelt es sich um die Beurteilung psychischer Phänomene, für die der Psychologe aufgrund seiner Ausbildung zumindest genauso geeignet ist wie der Psychiater (was die Differentialdiagnose von Affekt- und Impulstaten betrifft, siehe die andere Ansicht von Marneros, 2007, S. 73; vgl. Kap. 10.1.2).

Hartmann (1984) betrachtete den Streit aus psychologischer Sicht: Während er feststellt, dass die forensische Aussagepsychologie sich als unumstrittene Domäne der Rechtspsychologie etabliert hat – eine Einschätzung, die auch von Kaiser (1976, S. 205), als Jurist, geteilt wurde –, und auch, dass im Rahmen der Begutachtungen in Zivil-, Verwaltungs- und Sozialrechtsfällen kaum eine Konkurrenzsituation besteht, sieht er bei der strafrechtlichen Täterbegutachtung „einen erbitterten Dauerstreit" (S. 201 f.). Seiner Ansicht nach sei jedoch die Psychologie an der „Prestige-Front gerichtlicher Sachverständigentätigkeit" (S. 202) auf dem Rückzug. Der Grund sei einerseits eine Spezialisierung der Forensischen Psychologie auf die Aussage- und familienpsychologische Begutachtung, andererseits sei die Forensische Psychiatrie in hohem Maße institutionalisiert, oftmals seien eigene Abteilungen an Universitätskliniken angesiedelt. Demgegenüber war, und ist bis zum heutigen Tag, die Forensische Psychologie allenfalls ein Randgebiet in Psychologischen Instituten – sofern sie überhaupt existent ist – und vielfach vernachlässigt. Hinzu kommt, dass es sich bei der Gutachtentätigkeit oftmals um eine sehr lukrative Nebentätigkeit handelt – Barton (1983) berichtet für das Jahr 1972 von jährlichen Nebeneinkünften eines Sachverständigen von bis zu 120 000 DM (dies entspräche heute ca. 60 000 €) –, die sich die Psychiater keinesfalls nehmen lassen wollen.

Wegener (1986) urteilt dagegen weitaus moderater über das Verhältnis zwischen Forensischen Psychologen und Psychiatern. Wie Hartmann ist auch er der Ansicht, dass sich die Psychologen in den Bereichen familienrecht- und vormundschaftlicher Verfahren, Verwaltungsgerichte und hinsichtlich der Beurteilung der Zeugenaussage im Strafverfahren Kompetenz erworben haben, sie aber in Bezug auf die Täterbegutachtung nicht in gleicher Weise wie die Psychiater vertreten sind. Dies sei der Fall, obwohl es sich einerseits z. B. bei Begutachtungen zu affektbedingten Einschränkungen der Steuerungsfähigkeit um psychopathologisch „normale" Personen handelt und andererseits die Psychiater sich häufig originär psychologischer Methoden bedienen, z. B. Persönlichkeitstests. So steht dem oft geäußerten Einwand der Psychiater, der Psychologe könne keine körperliche Untersuchung vornehmen (z. B. Blutwerte erfassen), die zu unterstreichende Ansicht Wegeners gegenüber, dass es in der heutigen Psychodiagnostik obsolet ist, dass ein Gutachter ein ganzheitliches und breites Persönlichkeitsbild erstellt. Vielmehr ist es das Ziel, spezifische, auf die Fragestellung bezogene Persönlichkeitsbereiche zu untersuchen. Ihm ist zuzustimmen, wenn er schreibt, dass sowohl beim zweiten bis vierten Merkmal der §§ 20 und 21 StGB (tiefgreifende Bewusstseinsstörung, Schwachsinn, schwere andere seelische Abartigkeit) wie auch bei prognostischen Fragen bei normalen, gesunden Personen Psychologen und Psychiater die gleiche Kompetenz besitzen, wohingegen bei Fragen der Zeugenbegutachtung das größere Fachwissen auf der Seite der Psychologie, beim ersten Merkmal der §§ 20, 21 StGB (krankhaft seelische Störung) oder bei Fragen der Einweisung gemäß §§ 63, 64 StGB die Kompetenz auf Seiten der Psychiater liegt (vgl. Rasch, 1992).

In ähnlicher Weise argumentieren auch Maisch und Schorsch (1983) – Psychologe und Psychiater –, indem sie fallspezifische gutachterliche Erfordernisse benennen. So verfügt z. B. im Hinblick auf endogene (z. B. Schizophrenie) oder exogene Psychosen (z. B. entzündliche Hirnschädigungen) der Psychiater über überlegenes Know-how – allerdings machen solche Fälle weniger als 1 % der Begutachtungen aus –, wohingegen bei nichtpsychotischen Persönlichkeitsstörungen, dem weitaus größten Teil aller Begutachtungen, so auch bei Kriminalprognosen die Diagnoseinstrumente des Psychologen überlegen sind. Ansonsten gilt: „Generell ist die Fähigkeit eines Sachverständigen, sich sachkompetent zur empirischen Seite der Schuldfähigkeit zu äußern, weitgehend unabhängig von der jeweiligen verhaltenswissenschaftlichen Disziplin, Klinische Psychologie und Klinische Psychiatrie" (S. 37). Es sind die Sachkompetenz, Erfahrung und die Qualifikation und insbesondere die Berücksichtigung wissenschaftlicher Gütekriterien, die einen „guten" Gutachter auszeichnen, nicht dessen Schulenzugehörigkeit (vgl. Rasch, 1992; Rode & Legnaro, 1994, S. 117 f.). So erwiesen sich in neueren Untersuchungen psychologische Prognosegutachten als signifikant aussagekräftiger, mehr an der neueren Prognoseforschung und deren Ergebnissen sowie den inzwischen formulierten „Mindeststandards" orientiert als psychiatrische (Kury et al., 2009; Kury & Adams, 2010).

Harsch gehen Maisch und Schorsch (1983) mit der – bis heute – teilweise üblichen Praxis ins Gericht, dass – zumeist in Institutionen – durch den Psychologen ein testpsychologisches „Zusatzgutachten" erstellt wird, das von diesem aber dann in foro nicht selbst vertreten, sondern durch den (psychiatrischen) Hauptgutachter ebenfalls vorgetragen bzw. in das eigene Gutachten eingearbeitet wird. Eine solche Vorgehensweise entspricht dem Geiste von Rauch (1984), den Psychologen „als Gehilfen der Ärzte" zu benutzen, und ist von einer eigenständigen und unabhängigen wissenschaftlichen Disziplin nicht mehr hinzunehmen. Weitaus fruchtbarer ist dagegen eine, wie es auch Wegener (1986) vorschlägt, Partnerschaft zwischen beiden Disziplinen ohne jeweilige Über- und Unterordnung. Derartige Entwicklungen werden z. B. auch vom BGH gefordert, wenn er davon ausgeht, dass bei der Aussagebegutachtung ein psychiatrischer Sachverständiger dann hinzuzuziehen sei, wenn die Zeugentüchtigkeit durch psychopathologische Zustände bzw. eine geistige Erkrankung eingeschränkt ist (BGH Beschl. 19. 02. 2002 – 1StR 5/02, LG Mannheim; vgl. ausführlich Schumacher, 2003). Die Kompetenzen der beiden Fachdisziplinen können sich so sinnvoll ergänzen.

Kury und Mitarbeiter (vgl. Kury, 1991 b, 1997; Böttger et al., 1988; Böttger et al., 1991) haben in einem von der DFG geförderten Forschungsvorhaben zur Praxis der Schuldfähigkeitsbegutachtung mit Hilfe eines teilstandardisierten Befragungsinventars alle Vorsitzenden Richter der Schwurgerichtsverfahren in Hamburg und Niedersachsen der Jahre 1983 und 1984 befragt, ferner alle forensischen Gutachter, die im Rahmen dieser Verfahren ein schriftliches Gutachten zur Schuldfähigkeit erstellt haben. Insgesamt sendeten 25 Richter und 54 Gutachter den Fragebogen ausgefüllt zurück. Es zeigte sich, dass, zumindest damals, die Schuldfähigkeitsbegutachtung nach wie vor eine Domäne der Psychiatrie war. Von den befragten Gutachtern meinten 62 %, dass Schuldfähigkeitsgutachten von Medizinern/Psychiatern durchgeführt werden sollten, von den befragten Richtern stimmten dem 56 % zu. Für einen psychologisch/therapeutischen Gutachter sprachen sich lediglich 8 % der Gutachter und 0 % der Richter aus. Allerdings meinten gleichzeitig 31 % der Gutachter (Richter: 44 %), dass dies keinen Unterschied ausmachen würde. Die Ergebnisse der Untersuchung zeigten, dass die Auswahl der Gutachter weniger aufgrund inhaltlicher, fallbezogener Kriterien erfolgte. Hat sich eine Kammer einmal für einen bestimmten Sachverständigen entschieden und „bewährt" sich dieser in der Praxis, wird er damit rechnen können, immer wieder beauftragt zu werden. 15 % der Gutachter (14 % der Richter) meinten, dass von den einzelnen Schwurgerichtskammern „fast immer" dieselben Gutachter beauftragt werden, 79 % (50 % der Richter) halten das „häufig" für möglich. Es fällt auf, dass die Richter die „Hausgutachterproblematik" offensichtlich weniger als Problem sehen als die Gutachter selbst, was nicht verwundert, schließlich sind sie als Auftraggeber auch selbst dafür verantwortlich („eher selten": Gutachter: 3,8 %; Richter: 36 %).

Dass auch heute noch eine latente – zuweilen offene – Rivalität zwischen den beiden Wissenschaften, teilweise aber auch zwischen Gutachtern derselben Disziplin besteht, ist nicht von der Hand zu weisen. Auch wenn der BGH es immer wieder in die Hand des jeweiligen Tatrichters legt, den seiner/ihrer Meinung nach „geeignetsten" Sachverständigen auszuwählen (vgl. Rasch, 1992), wird sich diese Situation nur schwer ändern lassen. Eine Sorge im Zuge der Großen Strafrechtsreform war die Einführung des „vierten Merkmals" in die damals neuen §§ 20 und 21 StGB („schwere andere seelische Abartigkeit") und damit ein Vordringen der Psychologen in die von Psychiatern dominierte Schuldfähigkeitsbegutachtung:

Der „Krankheitsbegriff" würde ausgehöhlt und der Psychologe als „Weichmacher" in das Verfahren eintreten (vgl. Hartmann, 1984, S. 202 f.; Rasch, 1992, S. 259). Auch die lange Tradition der Zusammenarbeit zwischen Medizin und Recht – neben der Theologie die ältesten Wissenschaften – dürfte bei der weitgehend stabilen Allianz zwischen Richtern und Psychiatern eine wichtige Rolle spielen (vgl. Moser, 1971; Bauhofer, 1980). Die Psychologie, die als Wissenschaft auf gerade gut 100 Jahre zurückblicken kann, hat es entsprechend schwer, sich hier zu beweisen und alte Muster aufzulösen. Allerdings konnte sie in den letzten Jahren ihre Kompetenzen zunehmend deutlicher machen und erfolgreich unter Beweis stellen.

Die Diskussion um Psychologen oder Psychiater als geeignetere Gutachter ist in den vergangenen Jahren abgeflaut und die Kooperation zwischen Psychologen und Psychiatern deutlich entspannter geworden, was auch mit der zunehmenden Zahl an Gutachtenaufträgen und dem oft vorhandenen Mangel an qualifizierten Gutachtern zusammenhängen mag. Es bestehen Unterschiede zwischen den Disziplinen, so sind die Psychologen v. a. hinsichtlich der Untersuchung normalpsychischer Abläufe und der Anwendung empirisch-statistischer Methoden qualifiziert, wohingegen die Psychiater den Schwerpunkt in der Untersuchung psychopathologischer Zustände und der Anwendung kasuistisch-biografischer Methoden setzen (vgl. Kröber, 2005). So gehen Schreiber und Rosenau (2009) davon aus, dass es keine festen Regeln für die Kriterien gibt, nach denen ein Sachverständiger ausgewählt wird. Deutlich wichtigere Kriterien als die Fachrichtung seien die Prozesserfahrung sowie die Qualifikation und Spezialisierung. „Die generelle Bevorzugung von Psychiatern gegenüber Psychologen erscheint sachlich nicht gerechtfertigt" (S. 157).

Auch die Übergänge zwischen den Fachrichtungen sind zwischenzeitlich fließend geworden. Psychologische Verfahren haben Eingang in die Psychiatrie gefunden und psychiatrisches Wissen wurde in psychologische Methodik transferiert. So zeigt z. B. die rasche Entwicklung der Forensischen Neuropsychologie, dass die funktionelle Diagnose zentralnervöser Erkrankungen und Störungen – allerdings unter Berücksichtigung der fehlenden Isomorphie zwischen Hirnfunktionen und Verhaltensindikatoren – neue Felder der psychologischen Begutachtung eröffnet (vgl. ausführlich Littmann, 2005). Zwar stehen derzeit bei der Forensischen Neuropsychologie noch arbeits-, sozial-, verkehrs- und verwaltungsrechtliche Fragestellungen im Vordergrund, die Anwendungsmöglichkeiten z. B. auch im Strafrecht und bei der Frage der Schuldfähigkeitsbegutachtung sind jedoch unübersehbar. Damit entstehen neue Aspekte der Kooperation aber auch der Konkurrenz von psychologischen und psychiatrischen Sachverständigen. Letztendlich muss man jedoch Kröber (2005, S. 218) zustimmen, wenn er schreibt: „Grundsätzlich ließen sich binnen weniger Jahre alle Psychologen zu Psychiatern und alle Psychiater zu Psychologen umschulen. Aber warum sollte man, ungleich vorteilhafter ist die zielbestimmte Kooperation."

Weiterführende Literatur

Kröber, H.-L. (2005). Psychologische und psychiatrische Begutachtung im Strafrecht. In H.-L. Kröber & M. Steller (Hrsg.), *Psychologische Begutachtung im Strafverfahren* (2. Aufl.). (S. 205 – 219). Darmstadt: Steinkopff.

Rasch, W. (1992). Die Auswahl des richtigen Psycho-Sachverständigen im Strafverfahren. *Neue Zeitschrift für Strafrecht,* 12 (6), 257 – 265.

Schreiber, H.-L. & Rosenau, H. (2009). Der Sachverständige im Verfahren und in der Verhandlung. In U. Venzlaff (Begr.), K. Foerster & H. Dreßing (Hrsg.), *Psychiatrische Begutachtung*

(5. Aufl.) (S. 153–165). München: Urban & Fischer.

Kontrollfragen

1. In den 1980er Jahren bestand ein erheblicher Kompetenzstreit zwischen psychiatrischen und psychologischen Sachverständigen. Welche Argumente lagen diesem zugrunde?

2. In welchen Tätigkeitsfeldern werden hauptsächliche Kompetenzen der psychiatrischen, in welchen der psychologischen Sachverständigen gesehen? Wie ist diese Zuschreibung zu beurteilen?

8 Problembereiche und Fehlerquellen forensisch-psychologischer Begutachtung

Forensisch-psychologische Untersuchungen sollen in der Regel zu ausgesprochen komplexen und schwierig zu beantwortenden Fragen Stellung nehmen, etwa dazu, wie hoch die Rückfallgefahr eines inhaftierten Straftäters eingeschätzt werden muss, wie glaubhaft die Aussagen eines Kindes hinsichtlich selbst erlittenen straffälligen Verhaltens sind oder ob ein einer Straftat Angeklagter, die er vor Monaten begangen hat, zur Tatzeit im hochgradigen Affekt handelte und dadurch hinsichtlich seiner Steuerungsfähigkeit beeinträchtigt war oder nicht – um nur einige Beispiele zu nennen. Hinzu kommt, dass es diagnostische Instrumente zur Prüfung der Fragestellungen und ein klar umschriebenes Vorgehen nur in Ansätzen gibt. Das bedeutet, dass es umso mehr auf die Qualifikation, die Information über neue Forschungsergebnisse, die Erfahrung und ein selbstkritisches Vorgehen des Gutachters ankommt. Obwohl sich die Forensische Psychologie in den letzten Jahren deutlich weiterentwickelt hat, wird im Strafverfahren auch heute noch der Sachverständigenbeweis als problematisch angesehen – unter Berücksichtigung der festzustellenden Schwächen nicht ganz zu Unrecht (vgl. schon Barton, 1983, S. 73). Das zeigen auch immer wieder unterschiedliche Ergebnisse bei verschiedenen Gutachtern im selben Strafverfahren. Nach wie vor trifft zu, dass sich Juristen vielfach, teilweise verständlich, immer noch gegen die Tätigkeit von Psychologen und Psychiatern im Strafverfahren wehren. Das trägt dazu bei, dass sie ihnen genehme Sachverständige auswählen, die zu „Hausgutachtern" werden, die immer wieder beauftragt werden und von denen sie wissen, was von ihnen zu „erwarten" ist, was gleichzeitig deren Unabhängigkeit in der Regel erheblich beeinträchtigt.

Systematische Studien zu den Fehlerquellen bei forensisch-psychologischen bzw. psychiatrischen Gutachten gibt es nur ansatzweise. In einer der ersten Untersuchungen stellte Seyffert (1951) fest, dass bei Zweitgutachten die Ergebnisse der Experten häufiger auseinandergingen, als dass sie übereinstimmten. Die Diagnosen fielen bei zwei Dritteln der Fälle unterschiedlich aus, bei einem weiteren Drittel die Beurteilungen. Meist stimmte zwar die neurologische Diagnostik überein, nicht jedoch die Ergebnisse zum psychischen Befund.

Eine wichtige Untersuchung wurde von Pfäfflin (1978) durchgeführt. Er fand bei einer Nachuntersuchung von 317 forensisch-psychiatrischen Gutachten über Sexualstraftäter im Landgerichtsbezirk Hamburg gravierende methodische Mängel. So waren Anamnesen, auch zur Sexualität, oft unvollständig oder fehlten gar völlig. Bei 56 % der Gutachten wurde kein körperlicher Befund erhoben. In 28 % der Fälle gingen die Gutachter von Intelligenzproblemen aus, ohne dass eine entsprechende (testpsychologische) Untersuchung durchgeführt wurde. Statt nachvollziehbarer objektiv relevanter Befunde fanden sich in den Gutachten oft abwertende Charakterisierungen der Angeklagten, wie „kümmerlich", „gerissen", „gewissenlos", „primitiv" oder „minderwertig". Bei 208 analysierten schriftlichen Gutachten über Sexualstraftäter fanden sich in 25 % keine Angaben zur sexuellen Vorgeschichte bzw. Entwicklung. Bei weiteren 30 % bestand die in solchen Fällen wichtige Sexualanamnese aus lediglich zwei bis drei Sätzen. In 66 % der Gutachten fehlten Angaben zur frühkindlichen Entwicklung, in 54 % fanden sich keine Angaben zu Erkrankungen im Kindesalter.

Heinz (1982) führte eine zweite aussagekräftige Untersuchung zu Fehlerquellen in forensisch-psychiatrischen Gutachten durch. Grundlage waren 1115 Wiederaufnahmeverfahren der Jahre 1951 bis 1964 in der BRD. Es wurden 67 Verfahren ausgewählt, bei denen sowohl im Erst- als auch Zweitverfahren psychiatrische Gutachten angefertigt wurden. Fehler in der Anamneseerhebung fanden sich in 48 % der Erstgutachten, z. B. bei 16 % die nur mangelnde Erhebung früherer Erkrankungen oder bei 14 % eine thematisch zu starke Beschränkung auf ausgewählte Einzelaspekte in der Anamnese. Befundfehler ließen sich bei immerhin 60 % der Erstgutachten finden, so fehlte bei 26 % der Gutachten ein psychischer bzw. neurologischer Befund, bei 24 % war der psychische Befund unvollständig, bei 10 % fanden sich im psychischen Befund Widersprüche bzw. Vermutungen. Was die durchgeführten Anamnesen betrifft, fanden sich auch solche, die nur auf den ersten Blick korrekt erhoben wurden, in Wirklichkeit jedoch fehlerhafte Angaben enthielten, ferner ausgesprochen lückenhafte Anamnesen. Teilweise fanden sich Anamnesen, die sich nur auf Teilbereiche der Vorgeschichte beschränkten bzw. Spekulationen enthielten.

Eine weitere empirische Studie zum „psychowissenschaftlichen Sachverständigen im Strafverfahren" wurde von Barton (1983) vorgelegt. Der Autor wertete 1568 Verfahren des Jahrgangs 1972 eines Landgerichtsbezirks aus, bei denen insgesamt 134 psychowissenschaftliche Gutachten gemacht wurden. Weiterhin wurden 147 weitere Gutachten aus dem Jahre 1978 ausgewertet, die von zwei für den untersuchten Gerichts-

bezirk repräsentativen Sachverständigen (ein Amtsarzt und ein klinischer Psychologe) angefertigt wurden. In 43 % der untersuchten Verfahren erfolgte die Zuziehung eines Sachverständigen im Vorverfahren durch den Staatsanwalt. Während vom Amtsgericht in nur 2 % aller Verfahren Gutachter hinzugezogen wurden, war dies beim Landgericht in 21 % der Fall. Ein Sachverständiger wurde offensichtlich v. a. dann hinzugezogen, wenn eine hohe gesetzliche Mindeststrafe drohte. Was die Auswahl der Gutachter betrifft, werden offenkundig „nicht die Psychowissenschaftler mit der höchsten Sachkunde, dem speziellsten Wissen, ausgewählt, sondern die mit einem ‚Amtssitz' am Gesundheitsamt beheimateten Amtsärzte" (S. 74). 71 % der Gutachten wurden von Amtsärzten des Gesundheitsamtes erstattet. „Bezeichnenderweise wird dabei selbst unter den Amtsärzten nicht demjenigen mit der speziellsten Sachkunde (einem Amtsarzt mit Zusatzqualifikation als Diplompsychologe) der Vorzug gegeben, sondern einem Allgemeinmediziner ohne jegliche Zusatzqualifikation." Es werden nach Ansicht des Autors offensichtlich nicht die Qualifiziertesten und Kompetentesten ausgesucht, sondern die, die sich „bewährt" haben, mit denen es keine „Verständigungsprobleme" gibt.

Auch die Anleitung des Sachverständigen kritisiert Barton vor dem Hintergrund seiner Ergebnisse. Die richterliche Nachprüfung der Gutachten erfolge in aller Regel nur sehr oberflächlich und innerhalb „revisionsrechtlicher Minimalanforderungen". Den Gutachten werde weitestgehend gefolgt, was wiederum auf die Verantwortung der Gutachter hinweist. Die Gerichte prüften die Gutachten selbst kaum nach, verwendeten dagegen „revisionsrechtlich notwendige Pflichtsätze", um sich abzusichern (1983, S. 75). Vielfach wurden die schriftlichen Gutachten wörtlich übernommen. Barton kommt zu dem Ergebnis, dass „in der Alltagspraxis […] strafverfahrensrechtliche

Kontrollmöglichkeiten mithin nicht, wie es erforderlich wäre, genutzt [werden]. Sachverständigen vertraut man blind." Obwohl vom Sachverständigen die Anwendung einer wissenschaftlichen Methodik gefordert und Sachkunde vorausgesetzt wird, ist die eingesetzte Untersuchungsmethodik bis heute nicht selten mehr als dürftig. Als wissenschaftlich begründete Basis der Gutachtenerstellung bleibt allzu oft nur die Exploration, für die wiederum vielfach nicht genügend Zeit eingesetzt wird. Barton (1983, S. 75) berichtet, dass er selbst miterlebt habe, wie ein Sachverständiger in einer Stunde drei Untersuchungen durchführte. Oft werden mehr Alltagstheorien als wissenschaftlich begründete Erklärungsansätze zur Begründung der gutachterlichen Aussagen herangezogen (Barton, 1983, S. 76). Vor dem Hintergrund teilweise extrem oberflächlicher Datenerhebung spricht Barton geradezu von „Bluff-Techniken". Der Sachverständige wird als „Gehilfe des Gerichts" betrachtet, der sich lediglich durch psychowissenschaftliche Erwägungen und Interessen leiten lassen darf. Die Praxis zeige jedoch, dass sie vielfach von „rein strafrechtlichen Erwägungen geleitet werden". Das zeige sich bereits darin, dass ein Großteil der Gutachten aus Aktenwiedergabe bestünde. Eine Identifikation oder Überidentifikation mit der Strafjustiz zeige sich auch darin, dass sich die Gutachter teilweise als Ermittlungshelfer verstünden (vgl. Moser, 1971; Maisch, 1973). Die vorgeschlagene Therapie bestehe vielfach in sanktionierenden Maßnahmen. Von verschiedensten Seiten, etwa den vom Gutachter „erspürten" Erwartungshaltungen der Auftraggeber, schleichen sich sachfremde Erwägungen in die gutachterliche Stellungnahme ein. Vor dem Hintergrund der finanziellen Dimensionen von Gutachtenaufträgen muss eine mehr oder weniger große persönliche Befangenheit angenommen werden, „zumindest ist eine Verknüpfung fachlicher und ökonomischer Interessen nicht per se auszuschließen" (S. 77).

Wenngleich die Gutachtenqualität in den letzten Jahren, auch vor dem Hintergrund inzwischen formulierter „Mindeststandards" für Glaubhaftigkeits-, Schuldfähigkeits- und Prognosegutachten, offensichtlich besser geworden ist (vgl. Kap. 10.3, 10.1 und 11), finden sich auch heute noch ausgesprochen ungenügende Beispiele von Sachverständigengutachten. 2004 führte ein psychiatrischer Sachverständiger auf die kritische Frage eines Verteidigers, warum er sich für die Exploration des Angeklagten nicht mehr Zeit genommen habe, aus, er würde schließlich neben seiner psychiatrischen Praxis pro Jahr ca. 60 Gerichtsgutachten erstellen und könne sich deshalb für die einzelnen Fälle nicht mehr Zeit nehmen – eine Begründung, die von dem Strafgericht anstandslos akzeptiert wurde.

Die Verteidiger, bei denen eine Kontrollfunktion gesehen werden kann, mischen sich nach Barton nur in wenigen Fällen überhaupt ein, z. B. bei der Gutachterauswahl, aber auch im Falle von mangelhaften Gutachten. Diese Situation könne durch eine Verbesserung und wirksamere Gestaltung der Tätigkeit der Verteidiger (Barton, 1983) im Hinblick auf größere Einflussnahme bei der Auswahl der Sachverständigen, deren Beauftragung, Überwachung, bei der Kontrolle der Gutachten und hinsichtlich einer prozessualen Kontrolle im Rahmen einer Konfliktstrategie verbessert werden. Gerade auch die Strafverteidiger sind durch Aufdeckung von Gutachtenmängeln für eine Weiterentwicklung der Gutachtenqualität verantwortlich. So ist es z. B. den Verteidigern in einem Strafverfahren – in welchem es um eine Anklage wegen Mordes ging, somit eine lebenslange Freiheitsstrafe drohte und bei dem ein von der Staatsanwaltschaft beauftragter „Hausgutachter" ein ausgesprochen schlechtes Gutachten vorlegte, das lediglich auf einem Kontakt mit der sich in Untersuchungshaft befindlichen Angeklagten von ca. 45 Minuten beruhte, in welchem diese exploriert wurde, zwei „Testverfahren" durchgeführt wurden und der Gutachter auch noch die Gefangenenpersonalakte durchsah – nach hartem Ringen mit dem Gericht gelungen, eine neue, bessere Begutachtung durchzusetzen, die dann zu einem erheblich anderen Ergebnis kam. Die Ablösung des völlig überforderten Gutachters gelang allerdings auch hier erst dann, nachdem sich in von den Verteidigern angeregten Recherchen herausstellte, dass sich der Gutachter durch eine falsche Abrechnung der für das Gutachten aufgewandten Zeit – er hatte zu viel abgerechnet – strafbar gemacht hatte (Kury, 1999). Vor dem Hintergrund teilweise spektakulärer, in den Medien berichteter Fälle, aber auch der Ausarbeitung von Mindeststandards hat sich inzwischen eine kritischere Diskussion und Prüfung von Gutachten ergeben.

Anhand der bereits oben skizzierten von der DFG geförderten Studie (Kury, 1991 b, 1997; vgl. Kapitel 7), konnte gezeigt werden, dass anlässlich der schriftlichen Begutachtung nach Angaben von 26 % der Gutachter (Richter: 28 %) „fast nie" ein zusätzliches Gespräch über formelle und thematische Aspekte des Gutachtens geführt wird („eher selten" meinten 51 % der Gutachter und 44 % der Richter). Entsprechend findet ein Kontakt zwischen Auftraggeber und -nehmer im Sinne einer Leitung des Sachverständigen nach Angaben von 47 % der Gutachter „fast nie" statt (Richter: 32 %). Nach Angaben von 19 % der Gutachter (Richter: 4 %) versuchen diese, das Gericht über ihren Gutachtenauftrag hinaus zu beeinflussen. 11,3 % der Gutachter meinen andererseits, dass die Gerichte versuchen würden, diese „fast immer" oder „häufig" zu beeinflussen (Richter: 0 %). Auffallend ist, dass nach Ansicht von 37 % der Gutachter, aber 68 % der Richter die Diagnosen der Gutachter in der Regel so aufgezeigt würden, dass die Argumentationsstruktur allgemein verständlich und nachvollziehbar sei.

Tondorf (2005) berichtet über Ergebnisse des Landesmodellprojekts zur Qualitäts-sicherung der Forensisch-Psychiatrischen Gutachtertätigkeit in Mecklenburg-Vorpommern bei Tötungs- und Brandstiftungsdelikten (vgl. Fegert et al., 2003; vgl. Fegert et al., 2004). Hierbei wurden sämtliche Akten der Jahre 1994 bis 1998 der bei den Staatsanwaltschaften in Mecklenburg-Vorpommern eröffneten Verfahren wegen Tötungs- und Brandstiftungsdelikten durchgesehen. 109 psychiatrische Gutachten und die erstinstanzlichen Urteile wurden hinsichtlich der Beurteilung der Schuldfähigkeit und der Gefährlichkeitsprognosen analysiert. Auftraggeber für die Gutachten waren v. a. die Staatsanwaltschaften. Tondorf kritisiert die vielfach einseitig von der Staatsanwaltschaft vorgenommene Auswahl des Gutachters, der oft ein „Hausgutachter" sei (vgl. Kap. 6). Die Verfahrenswirklichkeit zeige nach Ansicht Tondorfs (2005) vielfach eine Parteilichkeit auf Seite der Staatsanwaltschaft, die sich etwa darin ausdrückt, dass man an einem für den Beschuldigten wenig günstigen Sachverständigengutachten interessiert sei. Diese Erwartungshaltung übertrage sich im Zusammenhang mit einer Identifikation mit dem Auftraggeber in gewissem Maße auch auf den Gutachter. Der Sachverständige gerate dadurch in die Rolle des „Verfolgers", er verliere die Sichtweise des neutralen Beobachters. Die Auftragsschreiben der Staatsanwälte und die wenigen der Gerichte waren kurz und wenig präzise. Die Sprache der Gutachten ist oft mit (rechts-)medizinischen Fachausdrücken versehen, die zumindest von den Laienrichtern nicht verstanden werden dürften, wodurch auch eine vermeintliche „Wissenschaftlichkeit" vorgegeben wird. Es bleibt nicht nur mit Tondorf (2005) zu fragen, wen die Gutachter ansprechen, wenn sie fachmedizinische Sachverhalte mitteilen, die wenig mit der Fragestellung zu tun haben, die keinerlei Auskunft etwa über die psychischen Abläufe beim Täter geben können. Interessanterweise hat die Befragung aber weiterhin ergeben, dass sowohl Staatsanwälte bzw. Richter als auch Gutachter mit der Kommunikation zwischen den Gruppen völlig zufrieden waren.

Was die Qualität der Gutachten betrifft, wurden z.B. frühere Krankenakten nur selten herangezogen. Fremdanamnesen fehlten überwiegend, obwohl Dritte u.U. vieles zur Einschätzung der zu beantwortenden Frage hätten beitragen können. So können im Rahmen eines Prognosegutachtens die Exploration der Ehefrau bzw. festen Partnerin eines Inhaftierten, zu welcher der Gefangene nach Haftentlassung ziehen möchte, oder ein Gespräch mit dem behandelnden Psychologen – selbstverständlich unter Voraussetzung der vorliegenden Entbindung von der Schweigepflicht – wesentliche zusätzliche Erkenntnisse über mögliche Rückfallgefahren bringen. Bei ca. einem Fünftel der Fälle wurden aktuelle Straftat und delinquente Vorgeschichte nicht thematisiert. Der Anteil der Beurteilung am Gesamtgutachten machte im Vergleich zur Wiedergabe der Befragung und den Aktenauszügen nur einen geringen Teil aus. Fegert et al. (2003, S. 106) bemerken hierzu, es dränge „sich die böse Bemerkung auf, dass Bereiche des Gutachtens, in denen der Gutachter einfach ‚nacherzählen‘ kann, weitaus ausführlicher sind, als Bereiche, in denen die Wertung und Gewichtung der erhobenen Befunde vorgenommen werden muss – der eigentlichen und zentralen Aufgabe des Gutachters". Bei 11 % der Gutachten fehlte eine saubere Trennung zwischen Datenerhebung und Interpretation derselben, ein Grundprinzip wissenschaftlichen Arbeitens. Die Rahmenbedingungen der Begutachtung wurden ausgesprochen mangelhaft berichtet: In 27 % der Fälle war nicht angegeben, an wie vielen Tagen die Untersuchung stattfand, nur bei 5,5 % fanden sich Angaben zu den Untersuchungsstunden, nur in 5 % wurde deutlich, dass der Gutachter mit dem Probanden allein war. Die Diagnosen waren mehrheitlich unklar, „Privatdiagnosen". Viele Gutachten erfüllten nicht die Kriterien von Wissenschaftlichkeit. Lediglich 4 % der Gutachten wurden als „sehr gut" und nachvollziehbar bewertet, 37 % mit „gut", 31 % mit „mäßig" und nicht weniger als 28 % mit „schlecht". Bei letzteren war keinerlei Zusammenhang zwischen erhobenen Befunden und Schlussfolgerungen erkennbar. Das Ergebnis wird zu Recht als niederschmetternd eingestuft (vgl. Tondorf, 2005).

Was die Umsetzung der Gutachten im Urteil betrifft, wurden nur relativ wenige Gutachten von den Gerichten nicht berücksichtigt, in der Regel übernahmen die Gerichte die gutachterlichen Ergebnisse. Kamen die Sachverständigen zu dem Ergebnis „voll schuldfähig", wurden die Gutachtenergebnisse interessanterweise von den Gerichten signifikant seltener übernommen, diese gingen öfter von verminderter Schuldfähigkeit aus. Die Gerichte übernahmen die Gutachtenergebnisse meist pauschal, nur in 12 % der Fälle fand eine inhaltliche Auseinandersetzung statt. Tondorf (2005) kommt zu dem kritischen Ergebnis, dass die Zufriedenheit sowohl der Richter als auch der Staatsanwälte mit der Kooperation mit den Gutachtern und ebenso der Gutachter mit den Justizjuristen vor dem Hintergrund der vielfach aufzufindenden Qualität der Gutachten keineswegs berechtigt sei. Er fordert mehr Distanz, gerade auch im Hinblick darauf, dass es ja schließlich um das Schicksal von Menschen gehe und nicht irgendwelcher Objekte. Pessimistisch stellt der Autor fest, die zahlreichen Publikationen zu Qualitätsanforderungen an Gutachten hätten wohl kaum viel bewirkt. Das Sozialministerium hat eine Checkliste zu Fehlerquellen in Gutachten veröffentlicht, deren Anwendung bleibt jedoch den Betroffenen überlassen. Es werde höchste Zeit, dass der BGH für Schuldfähigkeits- und Prognosegutachten Mindeststandards festsetzt – eine Forderung, der eine interdisziplinäre Arbeitsgruppe um Richter des BGHs in den Folgejahren nachkam (Boetticher et al., 2005, 2006). Transparenz und Nachvollziehbarkeit sollten Grundprinzipien eines Gutachtens sein, auch im Sinne des Grundsatzes des rechtlichen Gehörs. Die in Art. 1, Abs. 1 Grundgesetz (GG) verankerte Würde des Menschen fordere, dass über seine Rechte nicht kurzerhand verfügt werde. Eine Anhörung des Betroffenen ist letztlich nur dann sinnvoll, wenn dieser weiß, um was es geht (Tondorf, 2005). Für den Angeklagten müsse überprüfbar sein, wie der Sachverständige zu seinem Ergebnis gekommen ist. Dies setzt selbstverständlich voraus, dass der Begutachtete anhand der im Sachverständigengutachten wiedergegebenen Informationen klar erkennen könne, welche Befunde im Einzelnen und wie erhoben worden sind und welche diagnostischen Schlussfolgerungen der Gutachter daraus abgeleitet hat – eigentlich eine Selbstverständlichkeit. Ein Gutachten, das den Anspruch auf Wissenschaftlichkeit erheben will, muss den Prinzipien wissenschaftlicher Arbeit genügen, damit nachprüfbar und replizierbar sein. Letztlich geht der Gutachter stets von Hypothesen bzw. Vorannahmen aus. Dann ist es nur redlich, wenn diese auch mitgeteilt werden.

Neben der Befunderhebung besteht ein wesentlicher Teil des Gutachtens in der Ergebnisdarstellung und deren, auf die Fragestellung bezogenen, Bewertung. Gerade hier kann es zu einer einseitigen Interpretation der Befunde kommen, z.B. vor dem Hintergrund eigener Überzeugungen und Sichtweisen von Kriminalität oder unter dem Druck der erlebten oder vermuteten Erwartungshaltungen des Auftraggebers. So beschrieb Rasch (1999, S. 39; vgl. Rasch & Konrad, 2004) Anpassungs- und Überanpassungshaltungen an die Erwartungen der Justiz, die insofern besondere Aufmerksamkeit verdienten, „weil in ihnen oft eine Einstellung erkennbar wird, die mit der Stellung des Sachverständigen nicht vereinbar ist, vornehmlich nicht mit seiner Verpflichtung zur Unparteilichkeit". Er fordert, dass wenn solche Anpassungsbemühungen

an die Justiz zu beobachten sind, vom Gericht geprüft werden müsste, „ob der Sachverständige sich nicht disqualifiziert hat und wegen Befangenheit aus dem Verfahren ausgeschlossen werden sollte". Er selbst hat einen dieser Verhaltensstile als „Verdammungsurteil" beschrieben (Rasch, 1967) und schildert einen Fall, in welchem ein wegen einer schweren Straftat Angeklagter vom Sachverständigen ausgesprochen abwertend charakterisiert wurde (vgl. auch Rasch & Konrad, 2004):

> Als besondere Wesenszüge, die das Persönlichkeitsbild des Angeklagten bestimmen, fanden wir weiterhin eine Unzuverlässigkeit, Unoffenheit, Oberflächlichkeit, Unaufrichtigkeit, Rücksichtslosigkeit, einen Leichtsinn in der Lebensauffassung und Lebensführung, eine allgemeine Haltlosigkeit mit kriminellen Neigungen, einen Mangel an Steuerung, sowie eine mangelnde willensmäßige Disziplinierungsfähigkeit. (Rasch, 1999, S. 39)

Barton (1983, S. 73) spricht in diesem Zusammenhang davon, dass die „strafrechtliche ‚Degradierungszeremonie' durch zusätzliche medizinische Kompetenz" abgesegnet werde (vgl. Moser, 1971). Berücksichtigt man, dass Sachverständigengutachten nicht selten einen erheblichen Einfluss auf die Strafzumessung der Gerichte haben, ist die Oberflächlichkeit, mit der von Seiten der Gutachter teilweise gearbeitet wird, nicht akzeptabel. So betont Barton (1983, S. 73), dass die psychowissenschaftlichen Gutachten nicht nur über Freispruch (§ 20 StGB) oder Verurteilung „entscheiden", sie „können auch eine Minderung des Strafrahmens (§ 21 StGB) oder Gründe für eine niedrigere Strafzumessung bewirken".

Nach Heinz (2000, S. 106) finden sich in Gutachten nicht selten nur dem Anschein nach objektiv-klinische Diagnosen, die in einer nicht offiziellen Terminologie umschrieben werden. Bei den medizinisch-psychologischen Laien, also auch Richtern, werde dadurch der fälschliche Eindruck einer wissenschaftlichen Fachsprache geweckt. In

Wirklichkeit würden oft nur „Leerformeln" angeboten (vgl. Pfäfflin, 1978). Er betont, dass eine exakte Untersuchung und Befunderhebung zentrale Voraussetzungen eines guten Gutachtens seien und hier oft Fehler gemacht würden. So werden relativ oft „Persönlichkeitsstörungen" diagnostiziert, insbesondere naheliegenderweise eine „dissoziale", ohne dass anhand vorgegebener Kriterien genau nachgeprüft wird, ob solche überhaupt vorliegen. Hierbei ist zu beachten, dass die Zuschreibung einer entsprechenden Diagnose den Betroffenen oft lang, eventuell ein Leben lang, verfolgt, indem immer wieder auf die griffige Diagnose Bezug genommen wird, somit nachteilige Effekte auf seine Entwicklung haben kann. Betroffene befürchten oft, nicht zu Unrecht, dass weitere Gutachter von ihren Vorgängern abschreiben und deren Schlussfolgerungen mehr oder weniger übernehmen, anstatt eine unabhängige Prüfung vorzunehmen.

Eine weitere zentrale Fehlermöglichkeit liegt in der Umsetzung und Interpretation der erhobenen Befunde. Hier spielen Erfahrung, eigene Einstellungen, aber auch Einflüsse aus der Interaktion im Untersuchungskontext eine wichtige Rolle. Voreinstellungen, etwa gegenüber bestimmten Tätergruppen (wie Sexualstraftätern) oder gegenüber Menschen mit bestimmten Eigenschaften und Verhaltensweisen, können bereits die Datenerhebung, v. a. aber die Interpretation der gewonnenen Ergebnisse beeinflussen. So wurde teilweise ein deutlicher Zusammenhang zwischen dem Gutachtenergebnis bei rechtsmedizinischen Untersuchungen und den Umständen des Falles gefunden (vgl. Heinz, 2000, S. 105). Auch Heinz (1982) hat in seiner Untersuchung zu den Fehlerquellen zwischen „probandenbezogener Abwehrhaltung" und „falscher Übernahme von Prozessrollen" unterschieden.

Ein in Gutachten relativ oft begangener Fehler ist, wie erwähnt, dass nicht deutlich zwischen den erhobenen Untersuchungsergebnissen und deren Interpretation getrennt wird. Vielfach werden die Ergebnisse bereits bei ihrer Darstellung, zumindest ansatzweise interpretiert, so dass teilweise nicht mehr klar unterschieden werden kann, welche Daten der Gutachter objektiv erhoben hat und wie er sie in Bezug auf die Fragestellung deutet. Ein Gutachten ist eine wissenschaftliche Arbeit, muss sich also auch an die hier geltenden Regeln halten, zu denen eine klare Trennung von Messung und Interpretation gehört.

Insgesamt deutet einiges darauf hin, dass sich die Gutachtenqualität in den letzten Jahren und Jahrzehnten vor dem Hintergrund entsprechender kritischer Untersuchungen und der Formulierung von Mindeststandards verbessert hat. Das deuten schon die Ergebnisse des Projekts von Kury (1991, 1997b) im Vergleich zu den älteren Untersuchungen von Pfäfflin (1978) und Heinz (1982) an. „Verdammungsurteile", wie sie in älteren Gutachten nicht selten vorgekommen sind, sind heute sehr viel seltener bzw. tauchen kaum noch auf. Allerdings lassen sich, wie gezeigt, noch immer forensisch-psychologische bzw. -psychiatrische Gutachten finden, die der Verantwortung, welche die Gutachter mit Annahme des Auftrags übernommen haben, nicht gerecht werden. Erstaunlich ist in diesem Zusammenhang, dass solche Gutachter teilweise über Jahre bei bestimmten Gerichten tätig sind, ohne dass diese die Qualität der vorgelegten Expertisen rügen. Die „Hausgutachterproblematik" besteht fort und nicht nur in Gebieten, in denen es keine Alternativen gibt. Hat sich das Gericht einmal auf einen „genehmen" Gutachter festgelegt, von dem man weiß, was man zu „erwarten" hat, besteht die Gefahr, dass es aus einer gewissen Bequemlichkeit bei diesem bleibt. Dann wird über Mängel der Gutachten, die teilweise auch einem Laien auffallen müssen, offensichtlich allzu oft hinweggesehen. Hierbei ist allerdings zu berücksichtigen, dass es tatsächlich vielfach an qualifizierten und erfahrenen Gutachtern mangelt, die Gerichte somit nur eine eingeschränkte Auswahl – wenn überhaupt – haben. Unseres Erachtens zu Recht wurde in der Fachliteratur gefordert, dass hier, wie erwähnt, den Verteidigern eine gewisse Verantwortung zukommt, die teilweise von diesen wahrgenommen wird. Wir haben es in den letzten Jahren immer wieder erlebt, dass Verteidiger uns Gutachten zugeschickt haben mit der Bitte, zu überprüfen, ob diese den üblichen Qualitätsstandards entsprechen. Ist das nicht der Fall, kann das auch dazu führen, dass die Verteidiger ihrerseits einen Gutachter beauftragen, eine zusätzliche Stellungnahme zu erarbeiten. Viele forensisch-psychologische bzw. psychiatrische Gutachter lehnen solche „Parteigutachten", wie ausgeführt, ab; unseres Erachtens vielfach zu Unrecht. Wenn es tatsächlich so ist, dass ein (sehr) schlechtes Gutachten vorliegt, und nicht auszuschließen ist, dass man bei einer genaueren Prüfung der zur Diskussion stehenden Frage zu einem anderen Ergebnis kommen könnte, sollten sich Gutachter bereit erklären, solche Aufträge zu übernehmen. Schließlich kann es für einen angeklagten Straftäter – dies gilt in gleicher Weise für den Inhaftierten wie die um das Sorgerecht streitenden Eltern, somit in allen Gutachtenbereichen – um sehr viel gehen, je nachdem, zu welchem Ergebnis ein Gutachten kommt.

Kury und Adams (2010; vgl. Kury et al., 2009) berichten die Ergebnisse zweier neuerer empirischer Untersuchungen zur Qualität von Prognosegutachten bei inhaftierten Straftätern. Hierbei wurde v. a. den Fragen nachgegangen, inwieweit sich die Qualität der Prognosegutachten in den letzten Jahren verbessert hat, wieweit die Profession der Gutachter einen Einfluss auf die Qualität der Gutachten hat, wieweit die Art des Auftrags bzw. des Anlassdelikts eine Rolle spielt, wieweit sich eine Übereinstimmung mit der Einschätzung der Vollzugsanstalt auf das Gutachtenergebnis auswirkt, ob das Prognoseergebnis einen Einfluss auf die

Qualität hat und ob sich die Gutachten hinsichtlich ihrer Qualität in den zwei untersuchten Vollzugsanstalten unterscheiden.

Die Gutachtenanalyse erfolgte hierbei anhand eines standardisierten Erhebungsbogens durch unterschiedliche Einschätzer. Berücksichtigt wurden insbesondere die formulierten Mindeststandards an Prognosegutachten (Boetticher et al., 2006) und es wurde geprüft, wieweit diese von den einzelnen Sachverständigen beachtet werden. Berücksichtigt wurde der Großteil der Prognosegutachten von den innerhalb von ca. zehn Jahren entlassenen Strafgefangenen in zwei Vollzugsanstalten (Freiburg und Bruchsal). Insgesamt fanden sich 472 externe Prognosegutachten. Es zeigte sich in beiden Anstalten eine deutliche Zunahme an Prognosegutachten über die untersuchten Jahre hinweg (1987–2007). Etwa die Hälfte der Gutachter arbeitete in einer freien Praxis, ca. 40 % in einem Landes-, Universitätskrankenhaus oder einer anderen Klinik. Zwischen 65 % und 70 % der Gutachten wurde von Psychiatern/Ärzten erstellt, der Rest von Psychologen. Allerdings gab es hier erhebliche regionale Unterschiede. Während in Freiburg 43 % der Gutachten von Psychologen angefertigt wurden, waren es in Bruchsal lediglich 8 %. Wenngleich ein Vergleich der Qualität der Gutachten über die Zeit eine Verbesserung in den letzten Jahren zeigte, waren teilweise nach wie vor erhebliche Mängel feststellbar. So war bei acht Gutachten z. B. das Geschlecht des Gutachters nicht feststellbar. Bei beiden Studien wurden die psychologischen Gutachten von ihrer Qualität her signifikant besser eingestuft als die psychiatrischen. Psychologen berücksichtigten deutlich mehr relevante Information zu den als wichtig erachteten Variablenbereichen, sie erfüllten die geforderten Mindeststandards in deutlich höherem Umfang. Insbesondere waren Methodik und Stellungnahme bei psychologischen Gutachten fundierter und begründeter. Was die Art des Auftrags (Prognose hinsichtlich Vollzugslockerung, Entlassung oder Stellungnahme zu beiden Fragen) betrifft, ergaben sich die qualitativ besten Gutachten bei einem kombinierten Auftrag (Lockerung und/oder Entlassung), wobei sie sich nur leicht von Entlassungsgutachten unterschieden. Weniger gut bewertet wurden reine Lockerungsgutachten. Von der Qualität am schlechtesten schnitten allerdings Prognosegutachten ab, die in einem laufenden Strafverfahren erstellt wurden. Das Anlassdelikt hatte nur bei der zweiten Studie einen Einfluss auf die Gutachtenqualität in der Weise, dass Prognosegutachten bei Gewalt- bzw. Sexualstraftätern besser bewertet wurden als solche bei (versuchten) Tötungsdelikten. In 79 % bzw. 83 % stimmte das Gutachtenergebnis mit einer davor abgegebenen internen Stellungnahme zur Prognose seitens der Anstalt überein. Ob eine solche Übereinstimmung vorlag oder nicht, hatte allerdings keinen Einfluss auf die Gutachtenqualität. Inwieweit ein Zusammenhang zwischen Ergebnis des Gutachtens und dessen Qualität bestand, konnte anhand der beiden Studien nicht eindeutig beantwortet werden.

Alex (2010) geht in einer neueren Untersuchung auf die Problematik falscher Gutachtenergebnisse in Zusammenhang mit Kriminalprognosen ein. Das Problem der Überprüfung der Richtigkeit von Kriminalprognosen wird zu Recht darin gesehen, dass in dem Fall, in dem der Gutachter zu dem Ergebnis kommt, dass eine erhebliche bzw. hohe Rückfallgefahr besteht, ein inhaftierter Täter mit großer Wahrscheinlichkeit nicht entlassen wird. Sollte die Gefährlichkeit zu Unrecht festgestellt worden sein, hat der betroffene Täter somit keine Chance, seine Ungefährlichkeit in einem Leben in Freiheit zu beweisen, da er ja weiterhin inhaftiert bleibt. Es ist somit kaum möglich, „falsch positive" Gutachten nachzuweisen. Bei „falsch negativen" Gutachten, also solchen, bei denen der Gutachter fälschlicherweise zu dem Ergebnis kommt, der Täter sei nicht

mehr gefährlich, er aufgrund dessen entlassen wird, wird die falsche Schlussfolgerung aufgrund des relevanten Rückfalls offensichtlich.

Aufgrund des erheblichen und in den letzten Jahren deutlich zugenommenen Drucks der Öffentlichkeit, für mehr Sicherheit vor schweren Gewalt- bzw. Sexualstraftätern zu sorgen, sind sowohl Gutachter, Justizvollzugsanstalten als auch Gerichte eher vorsichtiger hinsichtlich Vollzugslockerungen bzw. Entlassungen bei diesen Tätergruppen geworden. Vor diesem Hintergrund wird zu Recht davon ausgegangen, dass das Problem hinsichtlich falscher Gutachtenergebnisse v. a. auf Seiten der „false positives" liegt. Hierauf weisen bereits frühe US-amerikanische Untersuchungen hin (vgl. Steadman & Cocozza, 1974; Thornberry & Jacoby, 1979).

Alex hat das methodische Problem dadurch zu lösen versucht, dass er das Legalverhalten von Straftätern untersucht hat, bei denen gegen Ende der Verbüßung einer Freiheitsstrafe die Verhängung der nachträglichen Sicherungsverwahrung geprüft, von den Gerichten allerdings abgelehnt wurde, diese Täter somit in Freiheit kamen. Nach seinen Untersuchungen sind von 2001 bis Ende 2006 etwa 115 Anträge auf Anordnung einer solchen Maßnahme von den Gerichten abgelehnt worden (2010, S. 89). 77 dieser Täter konnten von ihm in einer bundesweiten Untersuchung erfasst werden. Die Täter wurden spätestens Ende 2006 entlassen, die Erhebung eventueller Neueintragungen im Bundeszentralregister erfolgte im 2. Halbjahr 2008 und 1. Halbjahr 2009 (S. 134). In 56 der 77 Fälle wurde vor der Entscheidung mindestens ein Sachverständigengutachten eingeholt, in der Regel von einem Psychiater, in zehn Fällen gab es zusätzliche Gutachten von einem Psychologen. Die Gutachten enthielten mit drei Ausnahmen eine eher negative Beurteilung hinsichtlich der künftigen Legalbewährung, „differierten hinsichtlich der Höhe der

Rückfallwahrscheinlichkeit und der Intensität etwaiger Rückfalldelinquenz aber doch ein wenig" (S. 94).

Der Autor kommt zu dem Ergebnis (S. 95), dass in allen acht Fällen, in welchen es zu einem schweren Rückfall kam, der mit einer unbedingten Freiheitsstrafe sanktioniert wurde, mindestens einer der forensischen Gutachter zu Recht eine hohe Rückfallgefahr hinsichtlich weiterer schwerer Straftaten vorausgesagt hatte. Gleichzeitig ist jedoch in 30 anderen Fällen ebenfalls von mindestens einem der Gutachter eine solche hohe Gefährlichkeit prognostiziert worden, ohne dass es im Katamnesezeitraum zur Registrierung überhaupt einer Straftat gekommen ist. Die Gutachter haben nach Alex (S. 95) somit zwar „die ‚richtigen' Personen als gefährlich eingeschätzt", gleichzeitig jedoch „eine sehr viel größere Zahl, deren ‚Gefährlichkeit' sich nicht in neuer Delinquenz manifestiert", fälschlicherweise als rückfallgefährdet eingestuft. Das bestätigt deutlich die Problematik der „falsch Positiven" (vgl. Rusche, 2004). „30 von 46 als hochgefährlich Eingeschätzte, das sind 65 %, sind bisher entgegen der Prognose nicht wieder auffällig geworden" (S. 95).

Bei immerhin 37 der 56 Gefangenen, bei denen ein Sachverständigengutachten vorlag, wurde u. a. eine „dissoziale Persönlichkeitsstörung" (n = 27) bzw. eine „dissoziale Persönlichkeit" (n = 10) festgestellt. Der Autor sieht darin nicht zu Unrecht eine „gesteigerte ‚Pathologisierung' der Probanden durch die Sachverständigen" (S. 97), was insofern nicht unbedenklich ist, als die Zuordnung oft wenig begründet erfolgt und den Betroffenen das „Label" vielfach mehr oder weniger dauerhaft anhängt (vgl. Habermeyer, 2005; Habermeyer et al., 2007; Harrendorf, 2008). „Im Ergebnis hat auch die psychiatrisch/psychologische Diagnose wenig Aussagekraft für den tatsächlich eintretenden Rückfall" (S. 97). Selbst wenn man berücksichtigt, dass die Katamnesezeit bei den untersuchten Fällen teilweise recht

kurz war, da gerade bei schweren Straftaten die Verfahrensdauer nicht selten sehr lang ist, auch die Eintragung in das Bundeszentralregister nach Eintreten der Rechtskraft eines neuen Urteils Zeit in Anspruch nimmt und ferner ein nicht unerheblicher Teil von Rückfalltaten nicht entdeckt worden sein mag (Dunkelfeldproblematik), weist die Untersuchung von Alex zu Recht auf die erhebliche Problematik der „falsch Positiven" bei Prognosegutachten hin.

Eine zusammenfassende Darstellung der Fehlermöglichkeiten in Gutachten findet sich bei Foerster und Dreßing (2009). In den genannten Bereichen ergeben sich hiernach folgende Fehlerquellen:

- *Auftragserteilung und Auftragsannahme*: Hier sind insbesondere die Fragen nach Kompetenz und Eignung des Sachverständigen sowie das Risiko einer unpräzisen und damit für den Gutachter nicht eindeutigen Formulierung der Beweisfrage betroffen.
- *Aktendarstellung*: Der Sachverständige muss die geeigneten, beurteilungsrelevanten Inhalte neutral darstellen, ohne kritische Punkte auszuklammern.
- *Interaktion Proband – Sachverständiger*: Der Sachverständige muss Neutralität wahren, er darf keinem falschen Rollenverständnis (z. B. „Therapeut", „Polizist") erliegen.
- *Exploration und Anamnese*: Ein kritischer Punkt sind eine nicht ausreichend investierte Zeit, aber auch Sprachprobleme. Besonders gravierend sind Lücken in der Anamneseerhebung.
- *Befund*: Oftmals fehlerhaft ist das Vermischen von Befund und zugrundeliegenden Daten oder aber eine schematische und oberflächliche Befunddarstellung. Kritisch kann auch die Überinterpretation und -gewichtung von Testergebnissen sein.
- *Diagnose*: Dies gilt v. a. bei psychiatrischen Gutachten, in denen häufig ICD-10- oder DSM-IV-Diagnosen verwandt

werden. Liegen entsprechende Störungen vor, sollten diese benannt werden. Aber auch in psychologischen Gutachten wird oft die Frage des Vorliegens einer Störung gemäß der Klassifikationssysteme zu diskutieren sein.

- *Forensisch-psychiatrische (-psychologische) Beurteilung*: Ein Fehler kann eine unzureichende Begründung der Schlussfolgerungen sein, ebenso wie eine mangelnde Transparenz. Besonders ins Gewicht fällt oftmals die Unkenntnis rechtlicher Grundlagen und nicht selten damit verbunden auch eine Kompetenzüberschreitung.

Neben diesen inhaltlichen Merkmalen gehen Foerster und Dreßing auch auf strukturelle Fehlerquellen ein, so z. B. beim

- *schriftlichen Gutachten*: Hier ist eines der Hauptprobleme das Fehlen einer klaren Strukturierung sowie das Fehlen eines der o. g. Bereiche. Weitere Fehlerquellen sind das Nichtbenennen mitwirkender Personen oder eine unklar bleibende Verantwortlichkeit bei mehreren Autoren.
- *mündlichen Gutachten*: Ein Kardinalfehler ist das einfache Vorlesen des schriftlichen Gutachtens. Weiterhin muss der Sachverständige bemüht sein, nicht den Eindruck der Parteilichkeit zu erwecken oder sich bei Fragen auf nicht belegbare Aussagen festlegen zu lassen.

Nach Nedopil (2007, S. 349) können zusammenfassend aus der Literatur sieben Gruppen von Gutachtenfehlern unterschieden werden:

- Auftragsannahme, obwohl der Gutachter für die Fragestellung nicht kompetent ist
- Oberflächliche und unkritische Aktenanalyse
- Fehlerhafte Erhebung der Vorgeschichte (Lücken in der Biografie, Weglassen wichtiger Anamnesefragen, etwa zu Sexualent-

wicklung, Drogengebrauch, Nichtberücksichtigung früherer Untersuchungen/ Gutachten, fehlende Angaben zum subjektiven Befinden und Erleben des Probanden)
- Fehlerhafte Befunderhebung (wie Weglassen von Untersuchungen ohne Begründung, Verzicht auf den Einsatz von Untersuchungsmethoden, oberflächliche Schilderung des psychischen Befunds)
- Wertungsfehler (wie Fehlen einer verbindlichen Diagnose, fehlerhafte Anwendung von Fachbegriffen, Übergehen von Widersprüchen, ungenügende Kenntnisse zum gesetzlichen Hintergrund, mangelnde Darlegung der Zusammenhänge zwischen Störung und Fragestellung, Unterlassen von therapeutischen bzw. prognostischen Schlussfolgerungen, obwohl diese angezeigt wären)
- Fehler bei der Darstellung der Befunde (wie keine Erläuterung von Fachtermini, mangelnde Trennung zwischen Datenerhebung und Interpretation, wertende Darstellung der Befunde)
- Interaktionsfehler (wie Rollenkonfusion des Gutachters oder Überidentifikation mit dem Auftraggeber)

Aus den obigen Darstellungen ist deutlich geworden, dass der Gutachter in allen Fragestellungen und unabhängig vom Rechtsbereich, in welchem er tätig wird, eine erhebliche Verantwortung übernimmt. In aller Regel haben die gefertigten Gutachten einen deutlichen Einfluss auf die folgende Gerichtsentscheidung. So beeinflusst ein psychologisches oder psychiatrisches Gutachten z. B. in einer strafrechtlichen Entscheidung, zu welcher Sanktion ein Straftäter verurteilt wird, ob zu einer Freiheitsstrafe und wenn ja, wie lang, oder einer zur Bewährung ausgesetzten Strafe, ob aufgrund eines Prognosegutachtens ein inhaftierter Täter Vollzugslockerungen erhält oder gar vorzeitig entlassen wird. Hiermit sind somit nicht nur Entscheidungen über menschliche Schicksale verbunden, sondern auch über erhebliche Kosten, die der öffentlichen Hand entstehen. Im familienrechtlichen Bereich beispielsweise hat der Gutachter in aller Regel erheblichen Einfluss auf Entscheidungen zum Kindeswohl, bei welchem Elternteil ein Kind nach einer Trennung oder Scheidung aufwächst, wie der Kontakt zum anderen Elternteil gestaltet wird. Das kann ausschlaggebend für die Entwicklung des Kindes und sein gesamtes weiteres Leben sein.

Vor diesem Hintergrund ist zu fordern, dass psychologisch-psychiatrische Gutachten ausgesprochen gründlich, nach dem neuesten Stand wissenschaftlicher Erkenntnisse und verantwortungsbewusst angefertigt werden. Dass dies nicht immer der Fall war und auch heute noch nicht ist, zeigen entsprechende wissenschaftliche Untersuchungen. Diese konnten teilweise zahlreiche von den Gutachtern gemachte Fehler bzw. Nachlässigkeiten nachweisen, die nach Möglichkeit vermieden werden sollten (vgl. Heinz, 1982, 2000; Pfäfflin, 1978). So ergeben sich bei familienrechtlichen Gutachten Begutachtungsfehler u. a. aus einem falschen Rollenverständnis des Sachverständigen, z. B. wenn dieser sich als Anwalt des Kindes, der Eltern oder als Kindeswohlmanager versteht oder auch über juristische Vorgaben unzureichend informiert ist (Salzgeber, 2011). Aber auch bei strafrechtlichen Gutachten, etwa zur Schuldfähigkeit, übernehmen die Gutachter, wie schon gezeigt, teilweise die Rolle des „Anklägers" oder „Verteidigers".

Ein besonderes Problem ergibt sich bei der Begutachtung von ausländischen Angeklagten bzw. Prozessbeteiligten. Diese Problematik hat in den letzten Jahren und Jahrzehnten auch in Deutschland aufgrund des gewachsenen Anteils von Ausländern zugenommen. Hierbei ergibt sich in aller Regel zunächst ein Sprachproblem. Um die differenzierten Fragen beantworten zu können, für die sich ein Gutachter in der Regel interessieren wird, ist ein differenziertes Verständnis der Sprache erforderlich. Dies gilt in ganz besonderer Weise für die eingesetzten psychologischen Testverfahren, bei denen vielfach keine fremdsprachigen Versionen vorliegen. Muss ein Dolmetscher eingeschaltet werden, ergeben sich u. U. zusätzliche Schwierigkeiten. Das Problem der Begutachtung von ausländischen Staatsangehörigen ist allerdings nicht auf mögliche Sprachschwierigkeiten zu reduzieren. Berücksichtigt werden müssen hier v. a. kulturelle Unterschiede, unterschiedliche rechtliche Bestimmungen im Herkunftsland und in diesem Kontext auch andere Einstellungen zu einzelnen Strafrechtsnormen oder zur Familie u. ä.

Eine qualifizierte Ausbildung der Gutachter zur Vermeidung von Fehlern, etwa auch bei der Datenerhebung, ist daher ausgesprochen wichtig. So können durch die Befragungstechnik die Ergebnisse erheblich beeinflusst und sogar verfälscht werden. Der Einsatz psychologischer Tests, z. B. in Prognose- bzw. Schuldfähigkeitsgutachten, wird dadurch erschwert, dass ein Großteil dieser Testverfahren nicht für diese Fragestellung entwickelt wurde und nicht zwangsläufig davon ausgegangen werden kann, dass die getesteten Probanden an einer offenen Beantwortung der einzelnen Items interessiert sind (vgl. Seitz & Rautenberg 2010). Es muss vielmehr von Verfälschungstendenzen ausgegangen werden (Kury, 1983 b, 2002).

Unter methodischen Gesichtspunkten umstritten ist der Einsatz projektiver Verfahren in der rechtspsychologischen Diagnostik. Diese sind zwar kaum bewusst in eine gewünschte Richtung zu verfälschen, bieten jedoch neue methodische Probleme. Angesichts der meist zweifelhaften Testgütekriterien wäre es daher ein großer Fehler, für die Entscheidung relevante Befunde maßgeblich über solche Verfahren abzusichern. Auf der anderen Seite können aber projektive Verfahren in der Hand des hierin geübten Diagnostikers durchaus Hypothesen für das weitere Vorgehen eröffnen.

Grundsätzlich sollte der Sachverständige stets über neuere wissenschaftliche Entwicklungen in seinem Gutachtenbereich informiert sein, bei Prognosegutachten etwa über die neuen Instrumentarien, wie aktuarische Checklisten, die zusätzliche Information bringen und zur Prognosegenauigkeit beitragen können, ferner über kriminologische Untersuchungen zur Rückfälligkeit einzelner Tätergruppen. Er sollte darüber hinaus in der Lage sein, die Validität der über solche Methoden erhobenen Informationen kritisch einschätzen zu können. Wichtig wäre somit eine kontinuierliche Weiterbildung in Prognosetechniken bzw. Entwicklungen in anderen Gutachtenfragen, die allerdings von den Gutachtern, die ihre Expertisen vielfach neben anderen Tätigkeiten anfertigen und sich oft kaum Zugang zu neuerer Fachliteratur verschaffen können, nicht selten vernachlässigt wird.

Weiterführende Literatur

Boetticher, A., Nedopil, N., Bosinski, H. & Saß, H. (2005). Mindestanforderungen für Schuldfähigkeitsgutachten. *Neue Zeitschrift für Strafrecht, 25* (2), 57–62.

Boetticher, A., Kröber, H.-L., Müller-Isberner, R., Böhm, K.M., Müller-Metz, R. & Wolf, T. (2006). Mindestanforderungen für Prognosegutachten. *Neue Zeitschrift für Strafrecht, 26* (10), 537–544.

Foerster, K. & Dreßing, H. (2009). Fehlermöglichkeiten beim psychiatrischen Gutachten. In U. Venzlaff (Begr.), K. Foerster & H. Dreßing (Hrsg.), *Psychiatrische Begutachtung* (5. Aufl.) (S. 55–62). München: Urban & Fischer.

Nedopil, N. (2007). *Forensische Psychiatrie: Klinik, Begutachtung und Behandlung zwischen Psychiatrie und Recht* (3. Aufl.) (S. 349 ff.). Stuttgart: Thieme.

Kontrollfragen

1. In den vergangenen Jahrzehnten ist eine Reihe von Studien zur Gutachtenqualität durchgeführt worden. In welchen Bereichen konnten die häufigsten Fehler festgestellt werden?

2. Welchen Beitrag können die Auftraggeber (Gerichte, Staatsanwaltschaften) leisten, um ihrerseits Fehlerquellen in Gutachten zu reduzieren?

3. Nahezu alle Stellen des Begutachtungsprozesses bergen mögliche Fehlerquellen. Welche sind dies im Einzelnen?

4. Es wird viel über das „Hausgutachterwesen" diskutiert. Welche Vor- und Nachteile bringt dies mit sich?

5. Auch in methodischer Hinsicht ergeben sich Fehlermöglichkeiten. Was sollte daher in der Methodik unbedingt beachtet werden?

9 Durchführung der forensisch-psychologischen Begutachtung

9.1 Definition und Anforderungen

Die Durchführung einer psychologischen Begutachtung, die Erstellung des Gutachtens selbst, gehört zu den schwierigsten und auch verantwortungsvollsten Bereichen der Rechtspsychologie. Bereits aus der Definition des Gutachtens ergibt sich eine Fülle zentraler Kriterien:

Definition des psychologischen Gutachtens

Ein Psychologisches Gutachten ist eine wissenschaftliche Leistung, die darin besteht, aufgrund wissenschaftlich anerkannter Methoden und Kriterien nach feststehenden Regeln der Gewinnung und Interpretation von Daten zu konkreten Fragestellungen fundierte Feststellungen zu treffen. Es handelt sich dabei um die Antwort eines Experten auf Fragen, zu denen aufgrund des psychologischen Fachwissens, des aktuellen Forschungsstandes und einschlägiger Berufserfahrung Stellung genommen wird. (Kühne & Zuschlag, 2001, S. 8)

Insbesondere der Aspekt der Wissenschaftlichkeit steht beim psychologischen Gutachten im Vordergrund, das heißt, dass Vorgehensweise, Methoden und Aufbau denen einer wissenschaftlichen Arbeit zu entsprechen haben. Damit grenzt sich das Gutachten von anderen Formen der Darstellung ab, so sind z. B. die in den Medien oft anzutreffenden Statements zu Kriminalfällen hinsichtlich des Täters, seiner Motivation oder auch den Gründen keine wissenschaftlichen Gutachten, selbst wenn diese von Wissenschaftlern getroffen werden. Die Gründe hierfür ergeben sich einsichtig aus der genannten Definition: Methode, Regeln der Datengewinnung und Interpretation entsprechen hier in aller Regel nicht strengen wissenschaftlichen Standards. Ebenfalls wichtig ist, dass es um die Beantwortung einer konkreten gestellten Frage geht. Dies beinhaltet auch Aspekte der Ökonomie, denn nur die Untersuchung solcher Merkmale ist relevant, die auch der Beantwortung der Fragestellung dienen. So muss z. B. die Anwendung psychologischer Testinstrumente, etwa eines Intelligenztests, unter diesem Aspekt beurteilt werden, es ist zu prüfen, ob deren Ergebnisse zur Beantwortung der Frage beitragen können. Nicht minder bedeutsam ist der Verweis auf die psychologische Expertise. Ein psychologisches Gutachten kann nur durch einen einschlägig erfahrenen Experten erstellt werden.

Aus der Definition, insbesondere aus dem Verweis auf die Wissenschaftlichkeit des Gutachtens, ergeben sich Anforderungen an dessen Qualität. Diese Qualitätskriterien finden sich in den „Richtlinien für die Erstellung psychologischer Gutachten" des Berufsverbandes Deutscher Psychologen (Kühne & Zuschlag, 2001; vgl. Zuschlag, 2002, S. 13 ff.). Dabei sind insbesondere folgende Punkte zu berücksichtigen:

- *Nutzen des Gutachtens für den Auftraggeber*: zufriedenstellende Beantwortung der gestellten Frage, angemessenes Kosten-Nutzen-Verhältnis, Bearbeitung in einem angemessenen Zeitrahmen
- *Fachkompetenz des psychologischen Gutachters*: einschlägige Berufsausbildung mit

wissenschaftlichem Abschluss, auf dem jeweiligen Gebiet vorhandener Sachverstand, Kenntnisse und Methoden, die dem wissenschaftlichen „state of the art" entsprechen, einschlägige und ausreichende Berufserfahrung

- *Neutralität, Objektivität, Unbestechlichkeit, Vertraulichkeit*: Unabhängigkeit von den am Begutachtungsprozess beteiligten Parteien sowie neutrales Verhalten ihnen gegenüber, Vorurteilsfreiheit, Objektivität in allen Phasen des Begutachtungsprozesses, die Einhaltung des Datenschutzes und der Schweigepflicht (gemäß § 203 Abs. 2 StGB)

- *Lesbarkeit und Verständlichkeit des Gutachtens*: gilt formal wie inhaltlich, d. h. Wiedergabe der relevanten Auftragsdaten, Übersichtlichkeit und lesbares Schriftbild, verständliche Formulierungen und präzise Wortwahl, möglichst geringe Nutzung von Fachausdrücken bzw. Erklärung derselben in auch für einen Nichtfachmann verständlicher Weise

- *Nachvollziehbarkeit des Gutachtens*: konkrete Wiedergabe der Fragestellung, Entwicklung und Darstellung von Hypothesen, Trennung von Untersuchungsbericht und Befund (s. Kap. 9.2.2.), Eindeutigkeit der Ausführungen, Widerspruchsfreiheit der Argumentation, Beantwortung aller gestellten Fragen bzw. Stellungnahme hierzu, Begründung, falls eine Frage nicht beantwortet werden kann

- *Nachprüfbarkeit des Gutachtens*: detaillierte Angabe aller Informationsquellen, präzise und ausführliche Darstellung der Untersuchung, wie etwa Untersuchungszeit und -dauer, Teilnehmer an der Untersuchung, ggf. Informationen über eingesetzte Verfahren, Dokumentation der Ergebnisse (auch in der Handakte)

- *Überzeugungskraft des Gutachtens*: Berücksichtigung der o. g. Punkte unter Verzicht auf fragwürdige Annahmen und Vermutungen, dies trägt zur Überzeugungskraft des Gutachtens bei

Diese Anforderungen an das psychologische Gutachten sollten vom Gutachter sehr ernst genommen werden, schlechte Gutachten bzw. solche, die die Mindestanforderungen nicht genügen, verursachen den Gerichten teilweise nicht nur einen erheblichen Mehraufwand und tragen damit zur unnötigen Belastung der in die Begutachtung eingebundenen Personen bei, sie bringen letztendlich auch den Berufsstand des Forensischen bzw. Rechtspsychologen in Verruf. Damit mindern sie nicht nur die Zugangschancen in einem umkämpften Tätigkeitsfeld, sondern tragen zu einem negativen Bild psychologischer Sachverständigentätigkeit in der Öffentlichkeit bei. Wie bedeutsam die Qualitätssicherung in diesem Bereich ist, belegt die höchstrichterliche Rechtsprechung. So legte z. B. der Bundesgerichtshof in seinem Urteil vom 30. Juli 1999 wissenschaftliche Anforderungen an aussagepsychologische Begutachtungen (Glaubhaftigkeitsgutachten) fest (BGH-Urteil vom 30. 07. 1999, 1 StR 618/98, LG Ansbach; vgl. Praxis der Rechtspsychologie 10, Sonderheft 1, November 2000, S. 117–130). Die dort getroffenen Ausführungen – die sich im Übrigen mit den oben dargestellten Anforderungen weitgehend decken – gelten nicht nur für die aussagepsychologische Begutachtung, sondern können – mit Modifikationen – auch auf andere Bereiche übertragen werden. Inzwischen wurden auch Mindeststandards für Schuldfähigkeits- und Prognosegutachten formuliert (vgl. Boetticher et al., 2005, 2006).

9.2 Der Gutachtenprozess

9.2.1 Das Gutachtenablaufschema

Nach Eingang und Annahme des Auftrags stellt sich für den Forensischen Gutachter die

Frage des Vorgehens. Dabei kann sich die Durchführung des Gutachtens an einem Schema orientieren, das so für nahezu alle wissenschaftlichen Arbeiten Gültigkeit hat. So spielt beim nachfolgenden Ablaufschema, präsentiert als Flussdiagramm, die Art der Fragestellung keine entscheidende Rolle. Sei dies ein Gutachten zur Frage der Schuldfähigkeit, zur Prognose, zur Glaubhaftigkeit von Zeugenaussagen oder zur Regelung des elterlichen Umgangs, der Ablauf ist jeweils weitgehend identisch.

Wie **Abbildung 1** zeigt, ist der Ausgangspunkt die durch das Gericht bzw. den Auftraggeber vorgegebene Gutachtenfragestellung. Diese steckt den Rahmen für die Untersuchung ab. Im zweiten Schritt wird, wie bei jeder wissenschaftlichen Arbeit, das vorhandene Material gesichtet und ausgewertet. Im Gutachten ist dies die Aktenanalyse. Hierbei sind unterschiedliche Akten zu berücksichtigen, z. B. solche der Strafverfolgungsbehörden wie der Staatsanwaltschaft, Gerichtsakten oder auch Akten von Justizvollzugsanstalten (Gefangenenpersonalakten), von Maßregelvollzugseinrichtungen oder Unterlagen und Stellungnahmen verschiedener beteiligter Institutionen (z. B. Jugendamt, Sozialamt u. a.). Aus diesem vorgegebenen Material ergeben sich eine Präzisierung der wissenschaftlichen Fragestellung, die Entwicklung von untergeordneten, untersuchungsleitenden Fragen sowie die Ableitung von Hypothesen. Die Überprüfung dieser Hypothesen und präzisen Fragen geschieht im Rahmen der Begutachtung anhand ausführlicher Exploration und Verhaltensbeobachtung auf der einen und dem Einsatz zielführender Tests bzw. anderer Untersuchungsinstrumente wie z. B. aktuari-

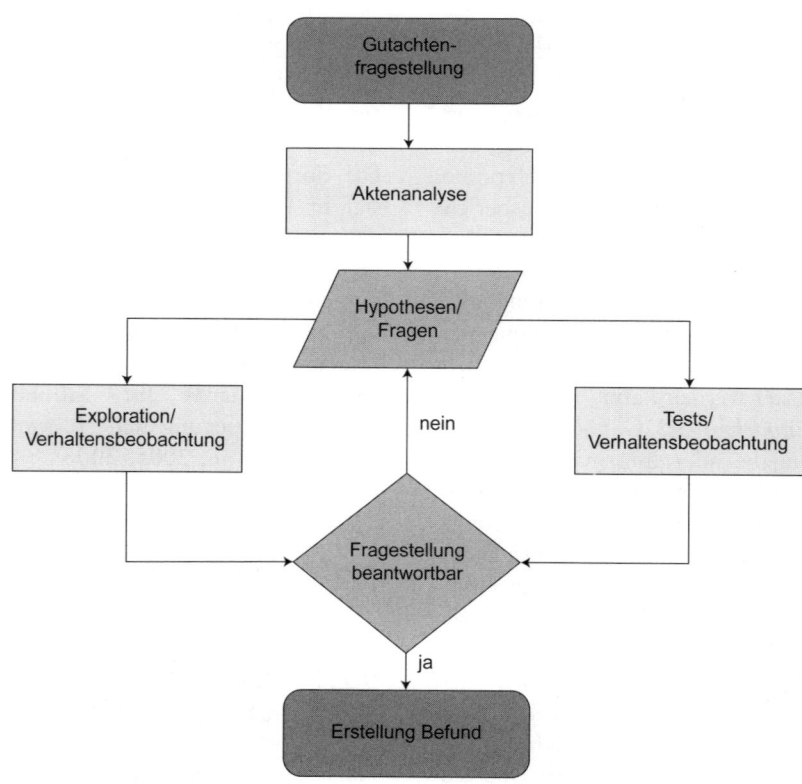

Abb. 1: Der Gutachtenprozess

scher Prognoseinstrumente auf der anderen Seite. Sind die geplanten Untersuchungsschritte erfolgt, hat der Gutachter zu prüfen, inwieweit die vorgegebene Fragestellung auf der Basis der gesammelten Informationen beantwortbar ist. Ist dies anhand des erhobenen Materials in ausreichendem Umfang möglich, geht das Gutachten in die Erstellung des Befunds. Ist dies (noch) nicht der Fall, muss der Weg zurückführen zu den Hypothesen und den zugeordneten Fragestellungen. Da der bisherige Prozess nicht zum Ziel geführt hat, ist entsprechend eine Anpassung der Fragen und Hypothesen notwendig, die dann wiederum erneut anhand von (ergänzender) Exploration, Verhaltensbeobachtung oder Tests operationalisiert werden. Dieser Prozess ist so lang zu durchlaufen, bis die Gutachtenfragestellung ausreichend beantwortet werden kann.

9.2.2 Das schriftliche Gutachten

Kernstück der psychologischen Begutachtung ist in aller Regel die Abfassung des schriftlichen Gutachtens, wenngleich dieses im Rahmen eines Strafverfahrens aufgrund des Mündlichkeitsgrundsatzes (s. Kap. 9.2.3.) nur einen vorläufigen Charakter hat. Ausgangsbasis dieses schriftlichen Gutachtens ist eine in aller Regel umfangreiche Informationserhebung, die sich aus zahlreichen unterschiedlichen Quellen speist: dem vorliegenden Aktenmaterial, eigenen durchgeführten Explorationen, psychologischen Tests und spezifischen Instrumentarien wie aktuarischen Checklisten zur Prognose oder auch möglicherweise vorhandene Ergänzungs- bzw. Zusatzgutachten. Mittlerweile liegen zur Gutachtenerstellung eine Reihe guter und umfangreicher Monografien vor. Zu erwähnen sind insbesondere die „Richtlinien für die Erstellung psychologischer Gutachten" (Kühne & Zuschlag, 2001), die zwar keinen rechtsverbindlichen Charakter haben, jedoch durch die Psychologen-

verbände (BDP und DGP) als allgemeinverbindlich angesehen werden. Weitergehende Informationen bietet der Band von Zuschlag (2002) sowie mit einem Schwerpunkt auf familienrechtliche Fragestellungen die Arbeit von Salzgeber (2011). Zu nennen ist auch die Monografie von Westhoff und Kluck (2008), die durch ihre klare Strukturierung mit zahlreichen Checklisten und Beispielen sich als Anleitung besonders gut für Gutachtenanfänger, aber auch für Auftraggeber und Rezipienten von Gutachten eignet. In dem von Volbert und Steller (2008) herausgegebenen Handbuch der Rechtspsychologie werden in zahlreichen Kurzbeiträgen zu einzelnen Fragestellungen Hinweise gegeben.

Nachfolgend wird der Prozess der Begutachtung vom Auftragseingang bis zur Abfassung des schriftlichen Gutachtens beschrieben. Dies kann allerdings nur kursorisch erfolgen, für eine eingehende Beschäftigung mit diesem Thema sei auf die erwähnte weiterführende Literatur verwiesen.

Schritt 1: Eingang des Auftrags

Geht ein Gutachtenauftrag ein, hat sich der Sachverständige zunächst die Frage zu stellen, ob er diesen Auftrag überhaupt annehmen kann, z. B. aus zeitlichen oder v. a. aus fachlichen Gründen. Teilweise fragen die Auftraggeber vor der offiziellen Erteilung eines Gutachtenauftrags bei dem ins Auge gefassten Gutachter an, ob dieser den Auftrag annehmen und bis zu einem vorgegebenen Zeitpunkt erledigen kann. Nach § 74 StPO und § 407 ZPO ist der Sachverständige verpflichtet, den Auftrag anzunehmen (s. Kap. 5.1.), allerdings können gewichtige Gründe dagegen sprechen. Dies gilt besonders dann, wenn er mit dem zu Begutachtenden verwandt oder verschwägert ist. Darüber hinaus gibt es eine Reihe weiterer Gründe, die einen Sachverständigen veranlassen können, den Auftrag abzulehnen bzw. Bedenken gegenüber einer Annahme zu äußern, so z. B. fehlende Sachkunde oder v. a. Zeitmangel. So wäre beispielsweise das Vorliegen einer psychiatrischen Fragestellung, etwa hinsichtlich des Vorliegens einer schizophrenen Störung bei einem Beschuldigten, ein klarer Grund für das Ablehnen eines Auftrags oder zumindest für eine kritische Selbstprüfung, inwieweit man in der Lage ist, den Auftrag vor dem Hintergrund eigener Erfahrung und vorhandenen Wissens zu bewältigen. Auch Arbeitsüberlastung kann ein Grund für eine Ablehnung sein, keinem Gericht bzw. Auftraggeber ist es zuzumuten, dass das Gutachten erst ein Jahr nach Auftragserteilung fertiggestellt werden kann. Es ist ein schlechter Stil, dass Gutachter teilweise Aufträge annehmen, obwohl sie wissen, dass sie diese nicht in akzeptabler Zeit abarbeiten können. In der Regel wird man sich in solchen Fällen mit dem Auftraggeber in Verbindung setzen und die Situation klären, wenn nicht, wie erwähnt, ohnehin im Vorfeld der Auftraggeber noch vor der Auftragserteilung Kontakt mit dem Sachverständigen aufnimmt und bereits erste grundsätzliche Fragen klärt.

Wenn der Gutachter aufgrund der kritischen Selbstprüfung zu dem Ergebnis gekommen ist, dass er den Auftrag annehmen kann, sollte als erster Schritt eine Auftragsbestätigung erfolgen, damit z. B. das Gericht weiß, dass der Auftrag sowie die in der Regel mitgesandten Unterlagen den Gutachter erreicht haben und dieser innerhalb der gesetzten Zeit in der Lage ist, ein Gutachten vorzulegen. Diese Auftragsbestätigung muss – wie alle anderen Schreiben auch – immer das Aktenzeichen des Falles in der Betreffzeile beinhalten, da sonst eine Zuordnung innerhalb eines Gerichts erschwert wird.

Schritt 2: Die Aktenanalyse

Zusammen mit dem Auftrag – zum Teil auch erst nach dessen Bestätigung – erhält der Sachverständige in aller Regel mehr oder minder umfangreiches Aktenmaterial zugestellt. Dies kann von einigen schmalen Heftern bis hin zu zahlreichen Aktenordnern reichen. Teilweise wird auf weitere Akten verwiesen, etwa zu früheren Behandlungsmaßnahmen, Urteilen oder Unterbringungen, wobei der Gutachter prüfen muss, ob er diese anfordern sollte. Um sich ein Bild über den Fall zu machen, ist ein gründliches Aktenstudium notwendig – insbesondere der für die Fragestellung wichtigen enthaltenen Unterlagen. Besonders relevant für den Gutachter sind die Fallbeschreibungen, Ermittlungen, Vernehmungen und Befragungen, etwaige Vorgutachten, Urteile sowie Einlassungen, Schriftsätze, Briefe u. ä. Bereits während des Aktenstudiums bietet es sich an, sich Notizen für die eigene Handakte zu machen, die dann in Schritt 3 münden.

Schritt 3: Überführung der juristischen Fragestellung in psychologische Fragen und Aufstellen von Hypothesen

Folgt man der Maxime, dass es sich beim psychologischen Gutachten um eine wissenschaftliche Arbeit handelt, kann man die Phase der Aktenanalyse durchaus mit der Analyse des Forschungsstandes vergleichen. Dieser schließt sich nun die Entwicklung der Fragestellung und die Aufstellung der Hypothesen an – ebenfalls analog zur Forschungsarbeit. Die Besonderheit beim Gutachten ist, dass bereits eine juristische Fragestellung vorliegt, die allerdings teilweise wenig konkret ist und die nun in psychologische Fragen überführt werden muss. So könnte man z. B. die juristische Frage „... ob zum Zeitpunkt der Tat eines der Eingangsmerkmale des § 20 StGB vorlag ...?" in die (Teil-)Frage übersetzen: „War zum Zeitpunkt der Tat eine hochgradige emotionale Erregung im Sinne eines Affekts gegeben?" Diese übergeordneten Fragestellungen lassen sich dann wiederum in Detailfragen und Hypothesen untergliedern. Beispielsweise könnte eine solche Hypothese lauten: „Zum Tatzeitpunkt befand sich Herr A. in

einem solch hochgradigen Erregungszustand, dass er Umweltreize nicht mehr
wahrnehmen konnte."

Sind auf der Grundlage der vorliegenden
Informationen solche untersuchungsleitenden Fragestellungen und Hypothesen aufgestellt worden, geht es im Anschluss um
deren Operationalisierung, d.h. um die
Überführung in ein Gefüge messbarer Variablen. Um welche Variablen es sich dabei
handelt und wie diese gemessen werden,
hierüber geben vorhandene Arbeiten und
aktuelle Forschungsergebnisse aus den einzelnen Bereichen (z.B. Schuldfähigkeit,
Prognose, Sorgerecht, aber auch der weiteren psychologischen Forschung u.a.) Aufschluss. Dies macht aber auch deutlich, dass
es für den psychologischen Sachverständigen notwendig ist, sich immer wieder über
den aktuellen Stand der Literatur seines
Fachgebiets zu informieren, um so möglichst
reliable und valide Merkmale mit aktuellen
Untersuchungs- und Testmethoden erfassen
zu können.

Schritt 4: Untersuchungsplan
Vergleichbar mit einer Forschungsarbeit
geht es im nächsten Schritt um die Erstellung
eines Untersuchungsplans, um die aufgestellten Merkmale erheben zu können. Mit anderen Worten, es geht darum, wer, wann,
wo, mit welchen Mitteln, unter welchen
Bedingungen untersucht werden soll. Die
Art und Auswahl der Verfahren und das
Vorgehen müssen dabei strengen wissenschaftlichen Kriterien genügen und begründet werden. So wird bei der Mehrzahl der
Begutachtungen die Exploration einen breiten Raum einnehmen, diese sollte aber entsprechend strukturiert und themengeleitet
sein. Es geht nicht darum, „nett zu plau-
dern", sondern mit möglichst geringem Aufwand möglichst viele für die Beantwortung
der Fragestellung relevante Informationen
zu erheben. Die spezifischen Inhalte der
Exploration richten sich nach der konkreten
Fragestellung bzw. der Fallgestaltung. Bei

einem Sexualstraftäter etwa werden bei einem Schuldfähigkeits- oder Prognosegutachten Fragen zur sexuellen Entwicklung
und Ausrichtung einen besonderen Stellenwert erhalten. Bei der Exploration ist darauf
zu achten, dass die erfasste Information
nicht durch suggestive Befragung verfälscht
wird. „In Verbindung mit forensischen Fragestellungen spielt Suggestion vor allem im
Hinblick auf die Veränderung von Gedächt-
nisinhalten bzw. die Induzierung von Pseudoerinnerungen eine Rolle" (Volbert, 2008,
S. 331). Volbert unterscheidet hinsichtlich forensisch bedeutsamer Suggestions-
effekte zwischen „Falschinformationseffek-
ten" und „Pseudoerinnerungen" (S. 331 f.).
Die Unterscheidung zwischen auf Erleb-
nissen beruhenden oder suggerierten Aussagen ist ausgesprochen schwierig (vgl.
Kap. 10.3.4). Neben der Exploration können spezielle psychologische Tests bzw. standardisierte Checklisten, die in den letzten
Jahren vermehrt entwickelt wurden, eine
wichtige Rolle spielen. Auch diese müssen
aktuellen wissenschaftlichen Kriterien genügen und für die Fragestellung indiziert sein.
Darüber hinaus gibt es weitere Informationsquellen, z.B. Arbeitsproben, Verhaltensbeobachtungen, Gespräche mit Drittpersonen u.a., für die ebenfalls das bislang
Ausgeführte gilt.

Der Untersuchungsplan sollte möglichst
ökonomisch sein, d.h. es sollte soviel wie
nötig mit so geringem Aufwand wie möglich
erhoben werden. Ein psychologisches Gutachten ist in der Regel teuer und je nach Art
des Verfahrens hat den Preis ein Prozess-
beteiligter zu zahlen. Es ist insofern oft nicht
die „anonyme Staatskasse", aus der das
Gutachten bezahlt wird – diese geht teilweise
allenfalls in Vorleistung –, sondern eine reale
Person, die nicht selten als „Verlierer" aus
dem Verfahren hervorgeht. Dieses Gebot der
Ökonomie gilt für alle Bereiche. So sollte die
Auswahl der eventuell einzubeziehenden
Personen nach Gesichtspunkten erfolgen,
inwieweit deren Angaben zur Beantwortung

der Fragestellung entscheidend beitragen können, insbesondere natürlich auch, ob mögliche schweigerechtliche Aspekte betroffen sind. Ähnliches gilt für den Einsatz von Testverfahren. Eine Testbatterie nur deswegen durchzuführen, weil man sie immer standardmäßig einsetzt, ist weder ökonomisch noch fachlich zu rechtfertigen. Gerade hierbei gilt es auch immer zu berücksichtigen, dass entsprechende Untersuchungstermine für die Betroffenen in aller Regel belastend sind, da vom Untersuchungsergebnis für sie viel abhängt, und daher unnötigerweise unterbleiben sollten. Psychologische Testverfahren können wesentliche Beiträge zur Beantwortung der Gutachtenfrage leisten, dies ist aber vor deren Einsatz kritisch zu hinterfragen.

Auch gilt es bei der Untersuchungsplanung, u. U. mögliche Reihenfolgen der Befragten zu berücksichtigen. So wird z. B. im Sorgerechtsverfahren die Mutter des Kindes möglicherweise fragen bzw. kritisch sehen, weshalb der Gutachter erst mit ihrem (Ex-) Mann gesprochen hat, mit dem sie im Streit liegt, und ggf. Parteilichkeit unterstellen (umgekehrt gilt das Gleiche). Sinnvoll ist es – und sei es nur für das eigene Vorgehen –, begründbare Regeln aufzustellen, etwa erst mit der Partei zu sprechen, bei der das Kind lebt.

Schritt 5: Durchführung der Untersuchung

Die Durchführbarkeit der Untersuchung ist in erheblicher Weise abhängig von der Qualität des Untersuchungsplans. Dennoch wird es immer wieder Fälle geben, in welchen sich die geplanten Schritte nicht in der vorgesehenen Weise realisieren lassen, sei es, dass ein Proband eine Untersuchung verweigert oder dass sich nach einem Gespräch z. B. völlig neue Sachverhalte auftun, die eine Modifikation des ursprünglichen Plans nahelegen oder verlangen.

Wichtig vor Beginn der Durchführung der Untersuchung ist die Aufklärung der Betroffenen, der Sachverständige ist weder auf ihrer Seite noch auf der Seite des Prozessgegners. Neutralität, Objektivität, Unbestechlichkeit und Vertraulichkeit sind die zentralen Merkmale der Untersuchung. Darüber hinaus ist unbedingt darauf hinzuweisen, dass alle relevanten Informationen Eingang in das Gutachten finden werden. Es gilt weder die Schweigepflicht gegenüber dem Auftraggeber, noch gibt es Absprachen zu wesentlichen Punkten „außerhalb des Protokolls". Wenn Tonbandaufzeichnungen der Exploration erfolgen, sind die Probanden darüber aufzuklären und keine heimlichen Aufnahmen zu machen.

Von entscheidender Bedeutung, nicht nur für die spätere Auswertung der Gespräche und Tests, sondern auch im Hinblick auf die Nachvollziehbarkeit und Nachprüfbarkeit, ist die gründliche Dokumentation. Ratsam ist die Aufzeichnung der Gespräche auf Tonband (das Einverständnis der Betroffenen vorausgesetzt) ggf. auf Video, wenngleich bei der Videodokumentation leicht eine unnatürliche Situation entstehen kann, bzw. eine Durchführung in manchen Settings (Vollzugsanstalt) kaum möglich bzw. mit einem großen Aufwand verbunden ist, der in der Regel den zusätzlichen Ertrag nicht rechtfertigt.

Optimal ist das „Vier-Augen-Prinzip", d. h. Gutachter und ein zusätzlicher Co-Gutachter führen die Untersuchungen gemeinsam durch und kommen möglichst unabhängig voneinander zu einem Ergebnis. Die meisten Gutachter, v. a. frei niedergelassene, machen ihre Gutachten allerdings allein. Das hängt v. a. mit Kostenfragen zusammen, liegt aber auch daran, dass es vielfach an Gutachtern mangelt. Wird ein Co-Gutachter hinzugezogen, sind naheliegenderweise auch die Einnahmen aufzuteilen. Bei der Schwierigkeit der Gutachtenfragestellungen und der enormen Verantwortung für die Gutachter sollte grundsätzlich geprüft werden, ob nicht die Möglichkeit der Hinzuziehung eines Co-Gutachters, der sich möglichst eigenständig ein Bild verschaffen sollte, besteht. Dies reduziert die Gefahr möglicher Untersucherfehler (z. B. aufgrund von Abneigung, Voreingenommenheit, Sympathie) und gestattet eine gründliche Untersuchung sowie einen späteren Abgleich der Aufzeichnungen. Im Hinblick auf die Validität und Reliabilität hat ein solches Vorgehen deutliche Vorteile, in der Praxis wird es sich allerdings oft nur schwer umsetzen lassen. Trotzdem sollte die erhebliche Verantwortung des Gutachters nie aus dem Auge verloren werden.

Schritt 6: Abfassung des Gutachtens

Ziel der gesamten Informationssammlung ist letztlich die Abfassung des psychologischen Gutachtens, auch hier vergleichbar mit der Durchführung von Erhebungen, etwa zur Darstellung in einem wissenschaftlichen Forschungsbericht oder Aufsatz. Zum Aufbau des Gutachtens bietet sich eine Orientierung am „Gutachten-Grundschema" von Fisseni (1992, S. 52 ff.) an, das auch die Grundlage der folgenden Ausführungen bildet (vgl. **Abbildung 2**).

Allgemeine Informationen

An erster Stelle des Gutachtens muss der Briefkopf des Gutachters mit ladungsfähiger Adresse stehen, ferner muss der Adressat des Gutachtens benannt werden, so z. B. Herr M., Richter am Landgericht, oder Frau Dr. A., Staatsanwältin. In die Betreffzeile des Gutachtens gehört dann die Benennung des Themas, die Angabe des/der Begutachteten und die Angabe des Aktenzeichens.

Beispiel für eine Betreffzeile
Kriminalprognostische Begutachtung von Klaus Müller, geb. am 04. 10. 1952 in Hamburg – AZ: 18 Js 24 025/02

Übersicht

Es schließt sich dann die Übersicht über das schriftliche Gutachten an. Hier steht an erster Stelle die genaue Wiedergabe der vom Auftraggeber vorgegebenen Fragestellung zusammen mit der genauen Angabe des Fragestellers. Es muss weiterhin angegeben werden, wer das Gutachten erstellt hat, hier sind alle Beteiligten, d. h. Co-Gutacher oder z. B. auch Hilfskräfte zur Testdurchführung zu nennen.

Beispiel für eine Fragestellung
Das Landgericht Hamburg – 1. Strafvollstreckungskammer – beschloss am 12. November 2003 zur Vorbereitung der Entscheidung der Kammer über die vorzeitige Entlassung des Verurteilten … gemäß § 57 Abs. 1 StGB ein kriminalprognostisches Gutachten darüber einzuholen, „ob und ggf. unter welchen Umständen unter Berücksichtigung des Sicherheitsinteresses der Allgemeinheit die Aussetzung des Restes der Freiheitsstrafe verantwortet werden kann". Mit Schreiben des Landgerichts Hamburg vom selben Tag wurden wir beauftragt, diese kriminalprognostische Begutachtung des in der JVA Hamburg untergebrachten Strafgefangenen Klaus Müller, geb. am 04. 10. 1952, vorzunehmen. Der Gefangene verbüßt eine 12-jährige Freiheitsstrafe. Zur Begutachtung wurde das Vollstreckungsheft übersandt.

Es folgt dann die Überführung der rechtlichen in psychologische Fragestellungen und Hypothesen. Auf diesen Punkt wurde bereits oben eingegangen. Für die Rezipienten des Gutachtens – in der Regel psychologische Laien – kann die Darstellung von Hypothesen in der typischen Form einer Behauptung ungewohnt und daher auch missverständlich sein. Es bietet sich deswegen im schriftlichen Gutachten an, die Fragestruktur beizubehalten (vgl. Westhoff & Kluck, 2008). Ein Beispiel:

Beispiele für psychologische Fragestellungen
Wie ist das Verhalten während des Strafvollzuges zu beurteilen? Wie sind Schwierigkeiten, die bei Vollzugslockerungen auftauchen, prognostisch zu bewerten? Ist die Straftat auf einen zum Tatzeitpunkt hochgradigen Affekt zurückzuführen, wie kann dieser begründet werden, wieweit liegt eine impulsive Persönlichkeitsproblematik vor?
Wie ist die Bindung des Kindes zu seiner Mutter/seinem Vater zu bewerten?

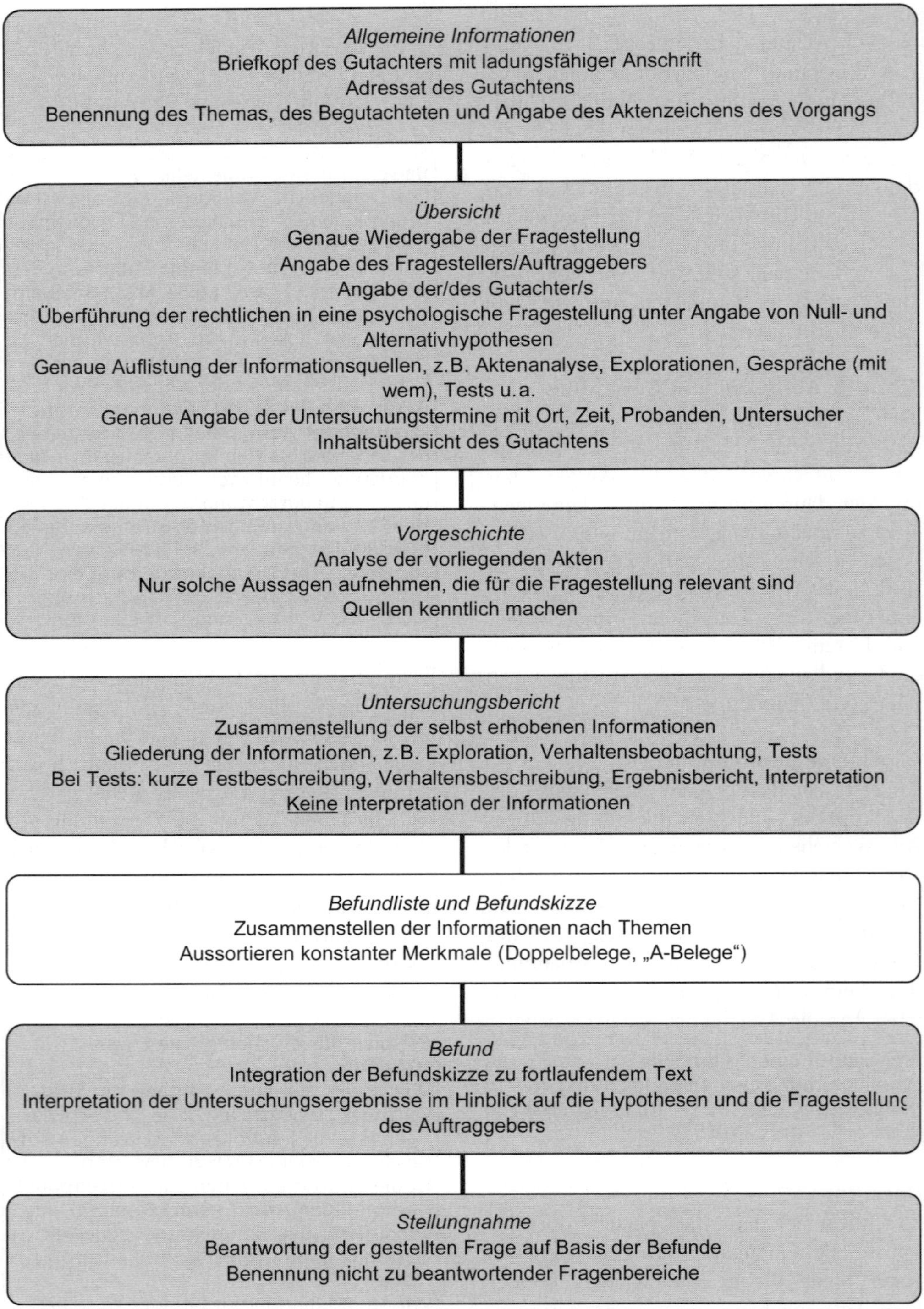

Allgemeine Informationen
Briefkopf des Gutachters mit ladungsfähiger Anschrift
Adressat des Gutachtens
Benennung des Themas, des Begutachteten und Angabe des Aktenzeichens des Vorgangs

Übersicht
Genaue Wiedergabe der Fragestellung
Angabe des Fragestellers/Auftraggebers
Angabe der/des Gutachter/s
Überführung der rechtlichen in eine psychologische Fragestellung unter Angabe von Null- und Alternativhypothesen
Genaue Auflistung der Informationsquellen, z.B. Aktenanalyse, Explorationen, Gespräche (mit wem), Tests u.a.
Genaue Angabe der Untersuchungstermine mit Ort, Zeit, Probanden, Untersucher
Inhaltsübersicht des Gutachtens

Vorgeschichte
Analyse der vorliegenden Akten
Nur solche Aussagen aufnehmen, die für die Fragestellung relevant sind
Quellen kenntlich machen

Untersuchungsbericht
Zusammenstellung der selbst erhobenen Informationen
Gliederung der Informationen, z.B. Exploration, Verhaltensbeobachtung, Tests
Bei Tests: kurze Testbeschreibung, Verhaltensbeschreibung, Ergebnisbericht, Interpretation
Keine Interpretation der Informationen

Befundliste und Befundskizze
Zusammenstellen der Informationen nach Themen
Aussortieren konstanter Merkmale (Doppelbelege, „A-Belege")

Befund
Integration der Befundskizze zu fortlaufendem Text
Interpretation der Untersuchungsergebnisse im Hinblick auf die Hypothesen und die Fragestellung des Auftraggebers

Stellungnahme
Beantwortung der gestellten Frage auf Basis der Befunde
Benennung nicht zu beantwortender Fragenbereiche

Abb. 2: Überblick über das schriftliche Gutachten

Wie in jeder wissenschaftlichen Arbeit ist auch in der Begutachtung die Hypothesengenerierung ein zentraler Prozess. Welche Bedeutung diesem beikommt, wird auch aus dem oben genannten Urteil des Bundesgerichtshofs deutlich (BGH-Urteil vom 30.07.1999, 1 StR 618/98, LG Ansbach): „Die Bildung relevanter Hypothesen ist daher von ausschlaggebender Bedeutung für Inhalt und (methodischen) Ablauf einer Glaubhaftigkeitsbegutachtung. Sie stellt nach wissenschaftlichen Prinzipien einen wesentlichen, unerlässlichen Teil des Begutachtungsprozesses dar […]" (S. 7). Aufgrund dieser Bedeutung sollten die Hypothesen auch im schriftlichen Gutachten formuliert werden, wenngleich es vielfach gängige Praxis ist, die Hypothesenformulierung nur in der Handakte zu dokumentieren und sie dann im Gutachten selbst – aus platzökonomischen Gründen – nicht explizit zu erwähnen.

Ebenfalls zur Übersicht gehört eine genaue Auflistung aller herangezogener Informationsquellen: Akten (einschl. Aktenzeichen), Explorationen (mit wem, wann, wo, wie lang, durch wen), psychologische Tests, Zusatzgutachten u.a. Darüber hinaus müssen alle Untersuchungstermine mit Zeit, Ort, Name der untersuchten Person und Name des Untersuchers genau angegeben werden. Dies dient nicht zuletzt der Qualitätssicherung des Gutachtens im Hinblick auf die Frage, auf welcher Grundlage die dargestellten Ergebnisse zustande gekommen sind (vgl. Kury, 1999). Hinzu kommt eine Inhaltsübersicht des gesamten schriftlichen Gutachtens, in gewisser Weise das Inhaltsverzeichnis.

Vorgeschichte

In der Vorgeschichte werden durch den Gutachter die ihm vorliegenden relevanten Informationen zusammengestellt. In der Regel geschieht dies im forensischen Gutachten auf der Grundlage der vorhandenen Akten. Dabei ist es wichtig, nur solche Informationen aufzunehmen, die auch für den späteren Befund und die Interpretation der Daten relevant sind. Es geht also nicht darum, die Akten einfach nur zusammenzufassen, sondern es müssen die Informationen gezielt ausgewählt werden, die für die Beantwortung der Fragestellung wichtig sind. Gerade die Darstellung der Vorgeschichte steht oftmals im Verdacht, dass hier seitenweise „abgeschrieben" wird, um so durch einen entsprechend größeren Umfang den Preis des Gutachtens nach oben zu drücken. Ein solches Vorgehen ist angesichts der bereits geschilderten moralischen Verpflichtung des Gutachters inakzeptabel. In der Darstellung der Vorgeschichte müssen Quellenangaben (z.B. auch wörtliche Angaben) immer kenntlich gemacht werden, am einfachsten über Angabe der Aktenseite und des Aktenzeichens.

Wie bei allen Teilen des schriftlichen Gutachtens, so gibt es auch hier Abfassungsregeln: Die Wiedergabe der Informationen erfolgt im Konjunktiv, außer bei unstrittigen Angaben (z.B. Geschlecht, Alter, Gerichtsurteile u.ä.).

Untersuchungsbericht

Im Untersuchungsbericht werden die selbst erhobenen Informationen zusammengestellt. Dabei sollten die vorliegenden Daten gegliedert werden. Am sinnvollsten im forensischen Gutachten erweist sich eine Gliederung beginnend mit den jeweiligen Explorationen (getrennt nach Personen), den Darstellungen der Verhaltensbeobachtungen (personenbezogen) und schließlich den Testergebnissen. Sollten Zusatzgutachten vorhanden sein, können diese dann im Anschluss dargestellt werden.

Exploration

Der Untersuchungsbericht ist die Datendarstellung des wissenschaftlichen Gutachtens, daher sollte im Hinblick auf die Nachvollziehbarkeit der späteren Interpretationen auf diesen Punkt besonderes Augenmerk gelegt werden. Da es aus ökonomischen Gründen (sowohl hinsichtlich des Gutachtenumfangs als auch der direkt damit verbundenen Kosten) nicht sinnvoll ist, die gesamten Explorationen wörtlich mitzuteilen, muss ein Weg gefunden werden, die Gesprächsinhalte so zusammenzufassen, dass einerseits unerwünschte Irrelevanz und Redundanz vermieden werden, andererseits aber die wesentlichen Inhalte zur Beantwortung der Fragestellung objektiv berichtet und von einem Dritten nachvollzogen werden können. Dies geht letztlich immer zu Lasten der Informationsfülle und birgt die Gefahr der subjektiven Datenauswahl durch den Gutachter.

Neben einer chronologischen Gliederung der Exploration (1. Gespräch, 2. Gespräch ...) bietet sich eine thematische Gliederung (z. B. Information zur Tatentstehung, Tatausführung, Nachtatsituation) an, Letzteres birgt jedoch die Gefahr einer weitaus stärkeren Selektion durch den Gutachter, so dass im Sinne der Nachvollziehbarkeit im Untersuchungsbericht die chronologische Darstellung vorzuziehen ist. So kann auch die Abfolge des Gesprächs besser nachvollzogen werden. Wörtliche Zitate sollten sparsam und nur an markanten Stellen verwendet werden. Grundsätzlich erfolgt an dieser Stelle weder eine Kommentierung noch eine Interpretation der Informationen durch den Gutachter.

Was die sprachliche Gestaltung betrifft, steht der Bericht selbst im Perfekt, die Aussagen des Begutachteten werden im Konjunktiv dargestellt.

Beispiel für Formulierungen des Untersuchungsberichts – Exploration

Herr Müller berichtete, die Familie habe unter sehr bescheidenen Verhältnissen in einem kleinen Haus gewohnt. Die Mutter habe in der Landwirtschaft geholfen und eine bescheidene Witwenrente bekommen. Als Kind habe er den Kindergarten besucht, der von Schwestern geleitet wurde, er sei nicht gerne hingegangen. Er sei dort von anderen Kindern oft geschlagen und be-

---

schimpft worden. 1958 sei er dann in die Grundschule gekommen, die er bis 1962 besucht habe, dort sei er fast immer ein Außenseiter gewesen, dann sei er in das Gymnasium gewechselt, auch hier habe er kaum Anschluss an andere gefunden, sei ein „Einzelgänger" gewesen, was ihn psychisch sehr belastet habe, das habe dazu geführt, dass er sich immer weiter zurückgezogen habe.
...
Auf die Frage, wie er die Gefahr einschätze, dass es unter Alkoholeinfluss wieder zu Straftaten kommen könne, sagte Herr Müller: „Ich muss schauen, dass ich keine Probleme habe." Und: „Warum soll ich hier im Knast eine Therapie machen, hier sagt mir nichts zu."

Verhaltensbeobachtung

Die Verhaltensbeobachtung betrifft das Verhalten während der gesamten Explorationsphase. Ziel ist es dabei, auch nonverbale Äußerungen zu erfassen, die dann ebenfalls in die Gesamtinterpretation eingehen können. Die Abfassung der Verhaltensbeobachtung erfolgt ebenfalls im Perfekt.

Beispiel für Formulierungen des Untersuchungsberichts – Verhaltensbeobachtung

Es fiel auf, dass Herr Müller zunächst nur sehr stockend berichtete, den Blickkontakt mit dem Gutachter vermied und auch bestrebt war, keine emotionale Beteiligung sichtbar werden zu lassen. Im weiteren Verlauf wurden jedoch mehr und mehr Emotionen deutlich, besonders bei der Schilderung der Straftaten bekam er deutlich feuchte Augen, fing auch oft an zu weinen und betonte dabei, dass er sich für seine Taten schäme. Dabei sank er in sich zusammen und senkte das Gesicht nach unten, sprach deutlich langsamer und sehr stockend, mit großen Pausen.

Testergebnisse

Bei einem forensischen Gutachten ist davon auszugehen, dass der Empfänger kein psychologischer Experte ist, ein Umstand der bei der Darstellung der zum größten Teil hochspezifischen Testverfahren unbedingt zu berücksichtigen ist. Es bietet sich daher eine vierstufige Darstellung der Testergebnisse an, bestehend aus:

- einer kurzen Testbeschreibung, in welcher dem Adressaten das Verfahren vorgestellt wird. Ziel ist es, dass der Empfänger in etwa nachvollziehen kann, was dieses Verfahren misst und wie dieses Messergebnis zustande kommt. Auch ein kurzer Hinweis zu den Testgütekriterien ist hilfreich, ebenso Angaben zu möglichen Verfälschungstendenzen und dem Stellenwert des Verfahrens in diesem Kontext.
- einer Verhaltensbeschreibung, wie sich der Proband beim jeweiligen Verfahren verhielt und ob es diesbezügliche Besonderheiten gab.
- dem Ergebnisbericht, auch in Form von Zahlenangaben zu den erhobenen Dimensionen, so dass ein anderer Testdiagnostiker die Interpretation nachprüfen kann.
- der Interpretation dieser Testergebnisse in ihrem Bedeutungsgehalt für die Fragestellung. Anders als bei der Darstellung der Exploration und der allgemeinen Verhaltensbeobachtung erfolgt die Interpretation der Testergebnisse hier bereits im Untersuchungsbericht. Allerdings sollte die Darstellung in unpersönlicher Prädikation erfolgen, d. h. nicht „Herr Müller ist durchschnittlich intelligent", sondern: „Die Ergebnisse sprechen für eine durchschnittliche Intelligenz." Auch bei den Tests ist die personenbezogene Interpretation dem Befund vorbehalten. Es sollte auch auf mögliche Einschränkungen hinsichtlich der Interpretation der Resultate hingewiesen werden, etwa auf Verfälschungstendenzen bei Persönlichkeitsfragebögen.

Bei projektiven Verfahren verzichtet man in aller Regel auf die umfängliche Darstellung der Testergebnisse, da dieser Bericht meist immens lang ist und das Gutachten unnötig aufblähen würde. Hier schließt sich an die Beschreibung der Testsituation zumeist deren Interpretation an. Dennoch muss der Testbericht in den Handakten des Gutachters dokumentiert und archiviert werden. Die Abfassung der Testbeschreibung erfolgt im Präsens, die Darstellung der Testsituation im Perfekt und die Interpretation wiederum im Präsens.

Befund – Befundliste und Befundskizze
An den Untersuchungsbericht schließt sich der Befund an. Hier werden die bislang noch nach Personen, Situationen und Verfahren getrennten Informationen integriert und in Bezug auf die Fragestellung auf ihren Bedeutungsgehalt hin interpretiert. Da auf der Basis der verschiedenen eingesetzten Methoden eine Fülle von Informationen und Daten vorliegen, bietet es sich vor der Erstellung des eigentlichen Befunds an, einen Zwischenschritt einzuschieben.

Der Schritt der Befundliste und Befundskizze erscheint nicht im eigentlichen Gutachten und ist daher im oben dargestellten Schema hervorgehoben (vgl. Fisseni, 1992, S. 94 ff.). Eine Befundliste ist nichts anderes als ein systematisches Zusammentragen von Einzeldaten aus den verschiedenen Erhebungen (Aussagen, Testergebnisse, Beobachtungen u. a.), getrennt nach einzelnen übergeordneten Themen, die auch in der Formulierung der psychologischen Fragen bzw. Hypothesen eine Rolle gespielt haben, z. B. soziale Kompetenz, Intelligenz, soziales Umfeld u. a. Ziel ist es, mit dieser Befundliste die Fülle des vorliegenden Materials zunächst einmal nach bedeutsamen Themen zu strukturieren und zusammenzufassen.

Es schließt sich die Befundskizze an, in welcher der Gutachter die in der Befundliste zusammengestellten Einzelaussagen auf deren Konstanz und Übereinstimmung untersucht. Mit anderen Worten, zu jedem Beleg für ein Merkmal sollte der Gutachter weitere suchen, die mit diesem übereinstimmen bzw. ihm widersprechen. Diese Vorgehensweise ist sehr zeitaufwändig, da nur selten zwei Ergebnisse exakt miteinander übereinstimmen. Vielmehr wird der Gutachter meist anhand der psychologischen Fragen und Hypothesen die einzelnen Belege miteinander in Beziehung setzen. Letztlich können in der Regel nur solche Merkmale als gesichert angesehen werden, zu denen zumindest zwei voneinander unabhängige Belege vorhanden sind. Es wird jedoch immer wieder vorkommen, dass der Gutachter einen einzelnen Beleg so hoch gewichtet, dass er keines weiteren bedarf, Fisseni spricht in diesem Zusammenhang von „Ausnahme-Belegen", bzw. „A-Belegen" (1992, S. 98 f.). Ein solcher Ausnahmebeleg könnte z. B. ein als zuverlässig eingeschätzter Bericht über immer wieder vorgekommene grausame Tierquälereien als Indikator für das Vorliegen sadistischer Tendenzen sein.

Die Befundskizze wird dann in den eigentlichen Befund überführt, der eine nach Themenbereichen, d. h. nach psychologischen Fragen und Hypothesen geordnete Integration der Daten darstellt. Alle Aussagen sollten feststellender, nicht erklärender Natur sein und eine neutrale, nicht wertende Diktion beinhalten. Die Prädikation ist nun persönlich und der Text im Präsens gehalten.

Stellungnahme

Der letzte Teil des schriftlichen Gutachtens ist die Stellungnahme, die explizit auf die eingangs gestellte Frage des Auftraggebers Bezug nimmt. Es versteht sich von selbst, dass die Stellungnahme sich konsequent auf den Befund beziehen und sich aus diesem ableiten lassen muss. Je nach Art der Fragestellung kann die Stellungnahme eine einfache Antwort auf die Frage sein, eine Diagnose darstellen oder auch Vorschläge für die weitere Vorgehensweise beinhalten, v. a. bei Prognosegutachten. Gegebenenfalls kann es sich anbieten, die Fragestellung zu fraktionieren und in entsprechenden Teilfragen zu beantworten. Die Stellungnahme selbst ist im Präsens formuliert.

Wichtig kann es z. B. bei Prognosegutachten sein, neben der Beurteilung der mögli-

chen Rückfallgefahr noch Hinweise zu geben, was getan werden kann bzw. sollte, um diese möglichst dauerhaft niedrig zu halten, z. B. was die Zusammenarbeit mit Beratungsstellen, eine Bewährungsunterstellung oder eine Therapieaufnahme betrifft.

9.2.3 Das mündliche Gutachten

Wie bereits oben ausgeführt gilt im deutschen Verfahrensrecht der Mündlichkeitsgrundsatz (zu den Grundsätzen im Zivilverfahren allgemein vgl. Schnellenbach, 1995). Das bedeutet, dass im Zivil- und Strafprozess keine Entscheidung ohne mündliche Verhandlung erfolgen darf (im Verwaltungsprozess betrifft dies nur Urteile). Nur was Gegenstand der mündlichen Verhandlung war, darf im Urteilsverfahren die Grundlage der Entscheidung bilden. Daher kann der Sachverständige vom Gericht zur Erstattung des Gutachtens geladen werden. Diese Ladung ist im Strafverfahren die Regel (Schuldfähigkeitsbegutachtung, Glaubhaftigkeitsbegutachtung). In diesen Fällen dient das schriftliche Gutachten der Vorbereitung, es gilt als „vorläufig", „endgültig" ist, was im Verfahren vorgetragen wird. Da das Strafverfahren sehr streng formalisiert ist, gelten hier auch für den Gutachter Regeln, die er zu beachten hat. Einerseits hat er über den Vorsitzenden Richter das Recht, während der Hauptverhandlung Fragen an den/die Beschuldigten, das Opfer oder die Zeugen zu richten – dies geschieht in streng formalisierter Reihenfolge –, andererseits besteht für ihn so lang Anwesenheitspflicht, bis er vom Vorsitzenden Richter entlassen wurde, was in der Regel nach Vortrag des Gutachtens und eventueller darauf bezogener Befragung der Fall ist (§ 248 StPO). In der Regel erfolgt die Erstattung des mündlichen psychologischen Gutachtens am Schluss der Beweisaufnahme, vor den Schlussanträgen von Staatsanwaltschaft und Verteidigung. Nur die vom Gutachter in diesem Vortrag vorgebrachten Befundtatsachen werden für die spätere Urteilsfindung herangezogen. Prinzipiell ist es also möglich, dass der mündliche Vortrag auf der Basis neuer Erkenntnisse aufgrund von Zeugenaussagen in der Hauptverhandlung vom schriftlichen Vorgutachten im Ergebnis abweicht. Dies erklärt auch die Notwendigkeit der dauernden Anwesenheit des Sachverständigen. Meist wird es jedoch nicht zu (wesentlichen) Abweichungen zwischen mündlichem und schriftlichem Gutachten kommen und der Gutachter wird sich in seinem Vortrag am schriftlichen Gutachten orientieren – ggf. wird er Informationen aus der Hauptverhandlung einflechten. Richter, Verteidigung und Staatsanwaltschaft werden dann den Gutachter u. U. befragen und hier zumeist auch Aspekte des vorliegenden schriftlichen Gutachtens einbauen.

Das Zivilverfahren wird im Vergleich zum Strafverfahren weit weniger streng formalisiert gehandhabt, eine Ladung des Sachverständigen ist hier immer noch eher die Ausnahme als die Regel. Meist wird der Richter sich am schriftlichen Gutachten orientieren, wird der Gutachter dennoch geladen, handelt es sich in der Regel um die gewünschte Ergänzung des schriftlichen Gutachtens und dessen Erläuterung (vgl. Salzgeber, 2011). Allerdings hat auch hier der Sachverständige die Möglichkeit, sein mündliches Gutachten gegenüber dem schriftlichen zu revidieren. Dies gilt vorwiegend dann, wenn sich neue bedeutsame Sachverhalte ergeben haben.

In den anderen Gutachtenfeldern (z. B. Verwaltungsgericht) sind mündliche Gutachten noch weitaus häufiger die Ausnahme, wenngleich z. B. im Hinblick auf die Kriminalprognose das 1998 in Kraft getretene „Gesetz zur Bekämpfung von Sexualdelikten und anderen gefährlichen Straftaten" den mündlichen Vortrag des Gutachters vor der Strafvollstreckungskammer vorsieht (vgl. Hammerschlag, 1998). Wünscht einer der Verfahrensbeteiligten, etwa der Strafverteidiger des Inhaftierten, die Anwesenheit

des Gutachters, was relativ selten der Fall ist, wird dieser geladen und hat entsprechend anwesend zu sein.

Was die Form des mündlichen Vortrags betrifft, sollte das Gutachten nicht einfach abgelesen werden – dies gilt v. a. für die den Prozessbeteiligten anhand der Akten mittlerweile hinlänglich bekannte Vorgeschichte –, sondern nach bedeutsamen Merkmalen strukturiert werden. Hierzu bietet sich v. a. der Befund an, in welchem die psychologischen Fragestellungen explizit beantwortet werden und selbstverständlich die Stellungnahme. Als Sachverständiger muss man sich bewusst sein, dass ein mündlich erstattetes Gutachten von den Prozessparteien in der Regel unterschiedlich aufgenommen wird. Im Zivilverfahren ist dies besonders offensichtlich. Kommt man beispielsweise zu dem Ergebnis, dass es im Sinne des Kindeswohls günstiger ist, wenn die Mutter das Sorgerecht erhält, wird in der Regel die Partei des Vaters bemüht sein, das Gutachten und seine Aussagefähigkeit in Frage zu stellen. Gleiches gilt auch für das Strafverfahren: Kommt das Gutachten zu einem Ergebnis, das die Anklagebehörde in ihrem Bemühen, eine präferierte Sanktion zu erwirken, nicht unterstützt, wird sie sich wahrscheinlich bemühen, aus ihrer Sicht vorhandene Schwächen aufzuzeigen. Dies unterstreicht die Notwendigkeit eines gründlichen und methodisch einwandfreien Arbeitens bei der Begutachtung, um auch in einer mündlichen Auseinandersetzung über das Gutachten und seine Fundiertheit bestehen zu können. In großen Verfahren, z. B. Strafprozessen, kommt es häufiger vor, dass mehrere Gutachten vorliegen, die sich nicht selten widersprechen, was auch auf die Problematik der Aussagekraft von forensischen Gutachten hinweist. Teilweise kommt es hier geradezu zu „Gutachterschlachten", die oft auch ein schlechtes Licht auf die Gutachtenpraxis insgesamt werfen.

Weiterführende Literatur

Kühne, A. & Zuschlag, B. (2001). *Richtlinien für die Erstellung psychologischer Gutachten.* Bonn: Deutscher Psychologen Verlag.

Salzgeber, J. (2011). *Familienpsychologische Gutachten* (5. Aufl.). München: C. H. Beck.

Westhoff, K. & Kluck, M.-L. (2008). *Psychologische Gutachten schreiben und beurteilen* (5. Aufl.). Heidelberg: Springer.

Zuschlag, B. (2002). *Das Gutachten des Sachverständigen* (2. Aufl.). Göttingen: Hogrefe.

Kontrollfragen

1. Wie lautet die Definition eines psychologischen Gutachtens?
2. In welcher Weise lässt sich der Prozess der Begutachtung schematisch skizzieren?
3. In welche sechs Schritte gliedert sich der Begutachtungsprozess?
4. Was ist bei der sprachlichen Formulierung von Aktenanalyse, Untersuchungsbericht, Befund und Stellungnahme zu beachten?
5. Wie erfolgen die Darstellungen psychologischer Tests und ihrer Ergebnisse im Gutachten?
6. In welcher Weise sind die erhobenen Daten in den Befund zu integrieren?
7. Was bedeutet das Mündlichkeitsprinzip im deutschen Verfahrensrecht?
8. Was ist bei der Form der Erstattung des mündlichen Gutachtens zu beachten?

C – Die wichtigsten Bereiche forensisch-psychologischer Begutachtung

10 Begutachtung im Strafrecht

10.1 Begutachtung der Schuldfähigkeit nach §§ 20, 21 StGB

10.1.1 Einleitung

Das deutsche Strafrecht ist durch den Schuldgrundsatz gekennzeichnet, der besagt, dass Strafe auf eine Tat nur dann erfolgen kann, wenn Schuld vorliegt, d. h. wenn dem Täter die Tat vorzuwerfen ist (vgl. Schreiber & Rosenau, 2009, S. 78 f.). Diese Schuld setzt Willens- und Entscheidungsfreiheit voraus, d. h. man kann dem Täter die Tat nur dann vorwerfen, wenn man ein anderes, rechtstreues Verhalten hätte erwarten können. Dies bezieht sich nur auf die soziale Freiheit des Anders-handeln-Könnens, nicht auf dessen sittliche Dimension, daher ist Schuld in diesem Kontext ein strafrechtlicher Begriff, wenngleich das Gesetz keine klare Definition dessen trifft, was denn nun unter Schuld eigentlich zu verstehen sei. In einzelnen Fachbereichen, wie Strafrecht, Theologie oder Psychologie, werden jeweils unterschiedliche Aspekte von Schuld in den Vordergrund gerückt.

Schuldig kann sich eine Person nach juristischem Verständnis dann machen, wenn sie entweder vorsätzlich oder aber fahrlässig handelt (vgl. ausführlich Baumann et al., 2003). Schuld richtet sich damit nach dem Prinzip der subjektiven Zurechnung normabweichenden Verhaltens (vgl. Schreiber & Rosenau, 2009). Entsprechend entfällt der Schuldvorwurf, wenn bestimmte, außerge-

wöhnliche Umstände beim Täter oder in der Tatsituation vorhanden sind. Auf erstere beziehen sich die Kriterien der Schuldunfähigkeit bzw. verminderten Schuldfähigkeit. Der juristische Schuldbegriff wird somit in der Regel durch vier Merkmale charakterisiert (Krümpelmann, 1991; vgl. Scholz & Schmidt, 2008, S. 401):

- Die Tat muss vorwerfbar sein, es muss gegen ein bestehendes Gesetz gehandelt worden sein.
- Das normentsprechende Verhalten muss zumutbar gewesen sein, d. h. der Beschuldigte muss fähig gewesen sein, die gesetzlichen Vorschriften einzuhalten.
- Wissen über die Rechtswidrigkeit des Handelns – d. h. der Beschuldigte hätte wissen können, dass er sich rechtswidrig und somit strafbar verhält.
- Eine eigene Entscheidung, rechtswidrig zu Handeln – d. h. es muss die Möglichkeit des Anders-handeln-Könnens gegeben sein.

Die Kenntnis der rechtlichen Voraussetzungen sind notwendig, um die Frage der Begutachtung der Schuldfähigkeit verstehen zu können. So muss eine Person fähig sein, schuldig zu werden, d. h. im Besitz der Willens- und Entscheidungsfreiheit sein, soll sie für eine Handlung strafrechtlich belangt werden. Hierbei sind eine Reihe von Einschränkungen zu berücksichtigen: Nach deutschem Strafrecht sind Kinder, d. h. Personen, die das 14. Lebensjahr noch nicht vollendet haben, generell nicht schuldfähig und können somit auch nicht von einem deutschen Gericht abgeurteilt werden. Dies ist in § 19 des Strafgesetzbuchs (StGB) geregelt:

> **§ 19 StGB – Schuldunfähigkeit des Kindes**
> Schuldunfähig ist, wer bei Begehung der Tat noch nicht 14 Jahre alt ist.

Allerdings führt die Polizei auch Ermittlungen bei Kindern, zum Teil sogar bei welchen unter sechs Jahren durch, wenngleich diese, wie erwähnt, strafrechtlich nicht belangt werden können (vgl. Kühne, 2001, S. 27). Dies bedeutet jedoch nicht, dass Kinder unter 14 Jahren bei (schweren) Delikten keinerlei Sanktion zu erwarten haben, so können bei „straffälligen" Kindern Maßnahmen nach dem Kinder- und Jugendhilfegesetz (KJHG) erfolgen, z. B. eine Unterbringung in einem geschlossenen Heim (siehe ausführlicher Kap. 10.2). In den letzten Jahren wurde im Zusammenhang mit einzelnen schweren Straftaten von Kindern und Jugendlichen von politischer Seite immer wieder die Forderung diskutiert, das Strafmündigkeitsalter, das in anderen Ländern teilweise unterschiedlich festgelegt ist, zu senken, was von kriminologischer Seite vor dem Hintergrund empirischer Ergebnisse zur Wirkung von Sanktionen bzw. entsprechenden Androhungen stets kritisiert wurde (Funke, 2008; Kury & Shea, 2011).

Straffällige Jugendliche im Alter von 14 bis 17 Jahren werden grundsätzlich nach dem milderen und stärker den Erziehungsgedanken berücksichtigenden Jugendgerichtsgesetz (JGG) beurteilt, bei Jungerwachsenen von 18 bis 20 Jahren kann je nach Entwicklungsstand das Jugendgerichtsgesetz oder das allgemeine Strafrecht angewandt werden. Erst bei Erwachsenen ab 21 Jahren gilt grundsätzlich das Strafgesetzbuch, das in aller Regel härtere Sanktionen für straffälliges Verhalten vorsieht. Entscheidend für die Altersgrenzen ist jeweils das Alter zum Zeitpunkt der Begehung der Tat. Inwieweit Jugendliche nach JGG und Jungerwachsene nach JGG oder StGB sanktioniert werden, hängt von der psychischen und moralischen Entwicklung ab, die v. a. bei schweren Straftaten in der Regel von einem psychowissenschaftlichen Gutachter (Psychologe/Psychiater) zu prüfen ist. Eingehender wird dies im späteren Kapitel zur Reifebeurteilung Jugendlicher und Heranwachsender erörtert.

Auch bei Erwachsenen, bei denen zunächst grundsätzlich von Schuldfähigkeit ausgegangen wird, kann das Gericht aufgrund bestimmter gegebener Umstände zu dem Ergebnis kommen, dass die individuelle Schuldfähigkeit zur Tatzeit nicht gegeben oder zumindest eingeschränkt war. Dies wird in den §§ 20, 21 StGB geregelt:

> **§ 20 StGB – Schuldunfähigkeit wegen seelischer Störungen**
> Ohne Schuld handelt, wer bei Begehung der Tat wegen einer krankhaften seelischen Störung, wegen einer tiefgreifenden Bewusstseinsstörung oder wegen Schwachsinns oder einer schweren anderen seelischen Abartigkeit unfähig ist, das Unrecht der Tat einzusehen oder nach dieser Einsicht zu handeln.
>
> **§ 21 StGB – Verminderte Schuldfähigkeit**
> Ist die Fähigkeit des Täters, das Unrecht der Tat einzusehen oder nach dieser Einsicht zu handeln, aus einem der in § 20 bezeichneten Gründe bei Begehung der Tat erheblich vermindert, so kann die Strafe nach § 49 Abs. 1 gemildert werden.

Bereits durch die in den Paragraphen verwendete Sprache wird deutlich, dass es sich bei den vier Merkmalen „krankhafte seelische Störung", „tiefgreifende Bewusstseinsstörung", „Schwachsinn" und „schwere andere seelische Abartigkeit" nicht um psychologische, psychiatrische oder psychopathologische Begrifflichkeiten handelt, sondern um juristische Termini, die vom psycho-wissenschaftlichen Gutachter erst in die eigene Sprache zu übersetzen sind (vgl. Eggers & Röpcke, 2003). Hilfreich hierbei sind Gesetzeskommentare, in denen wichtige, auch höchstrichterliche Rechtsprechung, grundlegende (fach-)wissenschaftliche Referenzen sowie die Interpretation und Auslegung des Gesetzestextes veröffentlicht sind (zum Strafrecht z. B. die Kommentare von Schönke, Schröder et al., 2010; Fischer, 2010; Dreher, Lackner & Kühl, 2011). Da das Recht keine „tote Materie" ist, sondern durch aktuelle Rechtsprechung die jeweiligen Bestimmungen erst ihre konkrete Auslegung erfahren, ist es auch für den psychologischen Gutachter wichtig, sich mit dieser Materie vertraut zu machen. Die Interpretation und Auslegung einzelner Regelungen kann sich auch weiterentwickeln. Diese Kommentare erscheinen – je nach Umfang – in mehrjährigen Abständen immer wieder neu und beinhalten dann die in den verstrichenen Jahren gefällten richtungsweisenden Urteile sowie neuere wissenschaftliche Erkenntnisse, die durch deutsche Gerichte in der Begründung von Urteilen herangezogen wurden. Da täglich Recht gesprochen wird, sind die Kommentare in gewisser Weise bei deren Erscheinen schon wieder „überholt". Aktueller sind juristische Fachzeitschriften wie z. B. die „Neue Juristische Wochenschrift". Für den Gutachter, der selbst kein Recht spricht und auch keine Paragraphen auszulegen hat, ist die Wahrnehmung dieser aktuellen Rechtsprechung sicherlich zu viel verlangt. Um sich über den aktuellen Stand der für seinen Bereich relevanten Entscheidungen zu informieren, bieten sich – neben der Kommentarliteratur – auch rechtspsychologische/-psychiatrische Zeitschriften wie z. B. „Praxis der Rechtspsychologie" bzw. „Recht & Psychiatrie" an, in denen entsprechende Hinweise auf neuere Urteile gegeben werden. Dies gilt selbstverständlich nicht nur für das Strafrecht, sondern für alle Rechtsbereiche, in denen

Gutachter tätig sind, also z. B. auch für das Familienrecht.

Bei der Erstellung von Schuldfähigkeitsgutachten muss dann wiederum ein Rückübersetzungsprozess erfolgen, d. h. psychische Störungsbilder z. B. nach ICD-10 oder DSM-IV müssen wieder mit den juristischen Termini in Einklang gebracht, für Juristen verständlich formuliert werden, um so dem Gericht die Möglichkeit der Bewertung zu geben (vgl. Gretenkord, 2000).

Die Bestimmung der Schuldfähigkeit nach § 20 StGB erfolgt nach der „zweistöckigen", „zweistufigen" oder auch „biologisch-psychologischen" bzw. „psychisch-normativen" Methode, wenngleich diese Begrifflichkeiten in der Literatur nicht unumstritten sind (vgl. Schreiber & Rosenau, 2009). So ist in einem mehrstufigen Prozess zunächst zu prüfen, ob mindestens eines der genannten vier Eingangsmerkmale „krankhafte seelische Störung", „tiefgreifende Bewusstseinsstörung", „Schwachsinn" oder „schwere andere seelische Abartigkeit" in erheblichem Umfange vorliegt. Nur wenn dies der Fall ist, muss in einem zweiten Schritt weiterhin der Frage nachgegangen werden, ob das Vorliegen eines oder mehrerer dieser Merkmale dazu geführt hat, dass der Täter zum Zeitpunkt der Tat unfähig war, „das Unrecht der Tat einzusehen" oder „nach dieser Einsicht zu handeln". Trifft keines der genannten Kriterien – bzw. nicht in erheblichem Ausmaß – zu, so erübrigt sich auch die zweite Stufe, d. h. die Prüfung der Einsicht- bzw. Steuerungsfähigkeit entfällt (vgl. Schreiber & Rosenau, 2009, S. 83ff; Nedopil, 2007).

Grundsätzlich gilt, dass für die Frage der Schuldunfähigkeit die Störungen in erheblichem Maße gegeben sein müssen, wobei es sich hierbei allerdings um einen unklaren Rechtsbegriff handelt, was als „erheblich" eingeschätzt wird, hängt deutlich von der Wertung einer gegebenen Störung ab. Allerdings hat nicht der Sachverständige, sondern der Richter vor dem Hintergrund der Beratung durch den Sachverständigen die Entscheidung zu treffen, ob eine Beeinträchtigung erheblich ist oder nicht. Hierbei ist weiterhin zu beachten, dass es sich um eine Beurteilung des Täters hinsichtlich seines „Zustands" zur Tatzeit handelt. Das wirft schon insofern oft große Probleme auf, als die Begutachtung, insbesondere bei schweren Straftaten, aufgrund in der Regel lang dauernder Ermittlungen durch die Strafverfolgungsbehörden nicht selten erst Monate nach der Tat erfolgt, zu einer Zeit, zu der der Tatverdächtige v. a. durch Polizei und Staatsanwaltschaft schon umfangreich angehört worden ist und er sich unter Umständen schon Monate in Untersuchungshaft befindet. Merkmale der Schuldfähigkeit können sich auch im Laufe des Tatgeschehens ändern (Rasch & Konrad, 2004). „Die psychische Verfassung des Täters *während der Tat* differenziert zu beschreiben, ist nicht nur notwendig, sondern ebenso schwierig" (Scholz & Schmidt, 2008, S. 402).

Im Folgenden soll zunächst der Frage der Operationalisierung der vier Eingangskriterien des § 20 StGB nachgegangen werden. Teilweise wurden früher von psychiatrischer Seite, so z. B. von Rasch (1999), die Eingangsmerkmale mit konkreten psychiatrischen Diagnosen umschrieben, was jedoch nicht vom Gesetzgeber beabsichtigt war (vgl. Schreiber & Rosenau, 2009).

10.1.2 Eingangsmerkmale des § 20 StGB – Die erste Stufe

Krankhafte seelische Störung

Unter dieses erste Merkmal fallen psychopathologische Erkrankungen, bei denen somatische Veränderungen bzw. Abweichungen der Geistestätigkeit vorliegen bzw. begründet wissenschaftlich vermutet werden können; insofern geht die Definition über einen rein medizinisch-somatischen Krankheitsbegriff hinaus (vgl. Schreiber & Rosenau, 2009, S. 88 ff.). Als bedeutende Vertreter dieser Gruppe gelten sogenannte endogene und exogene Psychosen, d. h. Erkrankungen, die zu einer nachweisbaren Schädigung hirnorganischer Strukturen bzw. Prozesse führen. Darunter fallen z. B. schwere Hirnverletzungen, hirnorganische Krampfleiden (z. B. Epilepsie), Infektionspsychosen (z. B. aufgrund von Enzephalitis), Intoxikationspsychosen als Folge von Alkohol-, Drogen- oder Medikamentenmissbrauch oder sonstigen Vergiftungen, Erkrankungen des Zentralnervensystems, aber auch altersbedingte Hirnabbauprozesse (z. B. senile Demenz) (Nedopil, 2007). Vor allem die Promillegrenzwerte (2‰ bzw. 3‰) bei Alkoholintoxikationen sind recht umstritten (vgl. Rasch, 1999, S. 219; vgl. Rasch & Konrad, 2004). So werden teilweise bei alkoholgewohnten Personen auch deutlich höhere Promillewerte nicht als Kriterien einer verminderten oder gar aufgehobenen Schuldfähigkeit gewertet.

Die zweite große Gruppe der Erkrankungen, die unter das erste Merkmal subsumiert werden, sind endogene Psychosen, d. h. Erkrankungen mit bislang weitgehend ungeklärter Genese. Darunter wird insbesondere die Schizophrenie gefasst, aber auch andere schizoaffektive bzw. affektive Psychosen (z. B. manisch-depressive Erkrankungen).

Die Feststellung einer solchen krankhaftseelischen Störung ist in erster Linie Aufgabe des psychiatrischen oder neurologischen Gutachters, da gerade bei den exogenen Psychosen aufschlussreiche bildgebende Verfahren, wie z. B. Computertomographie (CT), Magnet-Resonanztomographie (MRT) oder Positronen-Emissions-Tomographie (PET), mit herangezogen werden können. Auch kann die, sich in den vergangenen Jahrzehnten auch in Deutschland nahezu sprunghaft entwickelnde, Neuropsychologie wichtige ergänzende Informationen zur forensisch-psychologischen Begutachtung dieser Patientengruppe beitragen. Einzuschätzen ist jeweils nicht nur das Ausmaß der Störung zum Tatzeitpunkt, sondern auch die Auswirkungen auf das Verhalten während des Tatgeschehens.

Tiefgreifende Bewusstseinsstörung

Unter den Begriff der tiefgreifenden Bewusstseinsstörung werden Schädigungen gefasst, die keinen Krankheitswert per se besitzen, jedoch eine erhebliche Beeinträchtigung des bewussten Realitätserlebens darstellen. Von besonderer Bedeutung ist dabei das Adjektiv „tiefgreifend", das deutlich macht, dass es, wie Schönke, Schröder et al. (2010) schreiben, eine Störung „von einer solchen Intensität sein muss, dass das seelische Gefüge des Betroffenen zerstört oder im Falle des § 21 erschüttert ist" (§ 20 StGB, Rn 14). Damit scheiden eine Reihe von Zuständen vielfach aus, die zwar Bewusstseinsstörungen bzw. -trübungen beinhalten, jedoch nicht diese „tiefgreifende" Qualität haben, so z. B. Ermüdungs- und Erschöpfungszustände, Schlaftrunkenheit oder auch Hypnose.

Die Affekttat
Der Hauptanwendungsbereich der tiefgreifenden Bewusstseinsstörung ist das Vorliegen eines hochgradigen Affekts wie Wut, Hass, Eifersucht oder Angst, den die Rechtsprechung schon nach früherer Regelung bei besonderen Umständen als ausreichend für eine Schuldunfähigkeit anerkannt hat (vgl. Jescheck & Weigend, 1996, S. 439; Endres, 2008, S. 416). Schreiber & Rosenau (2009, S. 90) betonen in diesem Zusammenhang: „Den in foro bedeutsamsten, aber auch schwierigsten Anwendungsfall der Bewusstseinsstörung bildet die Affekttat" (vgl. Saß, 1993; Schütze, 2003, S. 164 f.). Diese wird als „Höchstform der Erregung [...], bei der ein besonnenes Abwägen von Gründen und Gegengründen nicht mehr stattfindet" (Schönke, Schröder et al., 2010, § 20 StGB,

Rn 15), beschrieben und grenzt sich somit ab von „normalen" starken Erregungszuständen, die nicht das Kriterium der §§ 20, 21 StGB erfüllen. Beim Affekt im Sinne des § 20 StGB handelt es sich somit um einen psychischen Ausnahmezustand, der allerdings keinen Krankheitswert aufweist und im Rahmen des normalpsychologischen Erlebens zu sehen ist. Affektdelikte haben in der Regel eine lange Vorgeschichte – die typische Affekttat ist die Tötung des Partners nach langer und schwerer konflikthafter Beziehungsproblematik (vgl. Foerster & Venzlaff, 2009). Wie Endres (1998, 2008, S. 415) betont, gibt es kein generell anerkanntes Erklärungsmodell für Affekttaten. „Vielmehr finden sich vielfältige Ansätze und Versuche, die zum Teil eher als Ad-hoc-Erklärungen, Analogieschlüsse und metaphorische Beschreibungen denn als wissenschaftliche Erklärungen imponieren." Er führt explizit die Erklärung von Affekttaten im Rahmen eines „psychopathologischen Referenzmodells", als „Kurzschlusshandlungen" bzw. „Primitivreaktionen", als Ausdruck einer „besonderen Persönlichkeitsprägung" und Überforderung in besonderen Belastungssituationen wie Trennungen an. Vor dem Hintergrund der Schwierigkeiten der Beurteilung gerade von Affektdelikten betont Marneros (2007, S. 16) zu Recht: „Kein anderer Bereich der forensischen Tätigkeit ist so kontrovers wie die Beurteilung in foro der Affektdelikte." Ziegert (1993, S. 54) spricht geradezu von einer „Beliebigkeit gutachterlicher Stellungnahmen und ihnen folgender richterlicher Urteile".

Zur Beschreibung und letztlich auch zur Diagnostik des Affekts hat Saß 1983 eine Kriterienliste veröffentlicht, deren Verwendung sich weitgehend eingebürgert hat (vgl. **Tab. 10.1** auf S. 140). 1985 legte Saß eine revidierte Liste der Merkmale vor, die für bzw. gegen das Vorliegen eines Affektdelikts sprechen. Diese Liste besteht aus insgesamt zwölf positiven, d. h. für das Vorliegen einer

Affekttat sprechenden, und 13 negativen Kriterien, die dagegen sprechen.

Betrachtet man zunächst die Kriterien, die *für* das Vorliegen eines Affektdelikts sprechen,

1. so spielt die *spezifische Vorgeschichte und Tatanlaufzeit* eine erhebliche Rolle. Wie bereits erwähnt, entstehen Affektdelikte in aller Regel auf der Basis einer spezifischen Täter-Opfer-Beziehung, die meist gekennzeichnet ist durch Kränkungen, Demütigungen und Zurückweisungen auf der einen, jedoch auch durch Anziehung, Bindung und Hoffnungen auf der anderen Seite. Diese Beziehungen erfüllen oftmals die Kriterien des in der Familientherapie so bezeichneten „malignen Clinches", der besonders durch eine Abwärtsspirale immer tiefer werdender Beziehungsverstrickungen gekennzeichnet ist. Dies macht deutlich, dass es v. a. intime Partnerbeziehungen sind, in denen die Basis für mögliche Affekttaten entsteht. Beide Partner leiden in ihrer Beziehung, sind aber durch Bindungen, Konventionen oder auch Hoffnungen so eng miteinander verbunden, dass sie keine Möglichkeit sehen, aus dieser Beziehung zu entkommen. Dass dies kein rascher Prozess ist, ist offensichtlich, häufig dauert diese Phase, in denen sich Emotionen aufstauen, bis es letztendlich zur affektiven Entladung kommt, über Jahre wenn nicht gar Jahrzehnte.

2. Als Konsequenz dieses Zustands kann die *affektive Ausgangssituation mit Tatbereitschaft* stehen, die in bildlicher Weise dem randvollen Fass entspricht, das letztendlich ein kleiner Tropfen zum Überlauf bringt. Dabei kennzeichnet die Tatbereitschaft keinen Entschluss zu deren Begehung, sondern vielmehr eine Entschlussunfähigkeit durch Verlust des Realitätsgefühls. Insbesondere in den beschriebenen Partnerkonflikten kann es ein Streit um eine Nichtigkeit sein, der letztlich zur Tat führt.

3. Diskutiert wird darüber hinaus der Einfluss einer *psychopathologischen Disposition der Persönlichkeit* für affektive Reaktionen, insbesondere die Neigung zu Stimmungslabilität, Gereiztheit, Kränkbarkeit, Selbstunsicherheit und Flucht- bzw. Versagensreaktionen. Nach Ansicht von Kröber (1993) spielt die Persönlichkeitsstruktur des Täters eine erhebliche Rolle beim Zustandekommen des Affekts. Die Vorstellung eines kontinuierlichen Affektstaus, der sich irgendwann Bahn bricht, verwirft er dagegen als „Volksvorurteil" (S. 82). Neben explosiblen Persönlichkeiten diskutiert er die bereits genannte Übernachhaltigkeit der Persönlichkeitsstruktur (überhöhte Verletzlichkeit, Kränkbarkeit, geringe Durchsetzungsfähigkeit, Affektvermeidung), ebenso wie aggressive Reizbarkeit, Zwanghaftigkeit oder auch narzisstische Persönlichkeitsstörungen. So kann bei vielen Fällen das Merkmal des Affekts hinzutreten, Grundlage der Tat ist jedoch die Persönlichkeitsstörung, die unter das vierte Merkmal der „schweren anderer seelischer Abartigkeit" zu subsumieren ist.

4. Von erheblicher Bedeutung sind auch *konstellative Faktoren*, wie z. B. Alkohol-, Drogen- oder Medikamenteneinfluss, Erschöpfung oder Übermüdung, die die Entstehung von Affektdelikten begünstigen können. Allerdings sind diese, so eine Untersuchung von Kröber (1993), eher selten gegeben.

5. Charakteristisch für eine Affekttat ist ein *abrupter, elementarer Tatablauf ohne Sicherungstendenzen*, d.h. die Tat geschieht ohne Rücksicht auf eigene Schäden sowie ohne Schutz vor Entdeckung.

6. Ebenso typisch ist ein *charakteristischer Affektauf- und -abbau*, der ein abruptes

Einsetzen des Affekts, eine kurze, nur Sekunden während Dauer des eigentlichen Tatgeschehens sowie ein ebenso rasches Abfallen beinhaltet – oft wird dies auch als rechtwinkliger Affektverlauf beschrieben.

7. Ebenfalls zu den meist vorhandenen Merkmalen einer Affekttat gehört ein *spezifisches Folgeverhalten mit schwerer Erschütterung*, so z. B. Erstaunen über das Geschehene oder auch seelischer Zusammenbruch. Manche Täter fahren oder irren nach der Tat ziellos in der Gegend herum, sind desorientiert oder weisen erhebliche physiologische Reaktionen (z. B. „schweißgebadet", Herzrasen) auf.

8. Kennzeichen des Affekts ist auch die *Einengung des Wahrnehmungsfeldes und der seelischen Abläufe*, was als normalpsychologisches Phänomen der Aufmerksamkeitskonzentration gesehen werden muss. Das bedeutet, dass die Aufmerksamkeit und Wahrnehmung nur noch auf einen Punkt zentriert ist, andere, auch starke Reize werden nicht mehr wahrgenommen, die Person ist während des Affektausbruchs nicht mehr ansprechbar, auch die durch Normen und Regeln geformte Verhaltenskontrolle ist ausgeblendet. Bereits Undeutsch (1965) sprach in diesem Zusammenhang von einem „Affekttunnel".

9. Ein weiteres Merkmal einer Affekttat kann das *Missverhältnis zwischen Tatanstoß und Reaktion* sein, wenn gewissermaßen ein Tropfen genügt, um das Fass zum Überlaufen zu bringen. Allerdings ist schwer zu beurteilen, inwieweit ein Tatanlass als angemessen zu bewerten ist.

10. Als besondere Kennzeichen der Affekttat – wenngleich sicherlich auch als die umstrittensten – gelten *Erinnerungsstörungen*. Diese tatbezogene psychogene Amnesie kommt vergleichsweise häufig

vor, eine Untersuchung von Horn (1993) zeigte bei 96 männlichen Gewalttätern in 32,1 % der Fälle eine solche Amnesie. Problematisch ist jedoch, inwieweit es sich tatsächlich um eine Amnesie oder nur um eine Schutzbehauptung des Täters handelt. Besonderes Merkmal dieser psychogenen Amnesie ist, dass – anders als z. B. bei Amnesien aufgrund von Rauschzuständen – das Tatgeschehen gleichsam aus der Erinnerung ausgestanzt ist. Während die Tatvorlaufphase und das Nachtatverhalten deutlich in der Erinnerung vorhanden sind, bleiben von der Tat selbst allenfalls rudimentäre Bruchstücke übrig. Grundlegend für die Bewertung der Amnesie als Kennzeichen des Affekts ist die Herleitung der Genese. Wenn die Amnesie als postdeliktischer Verdrängungsprozess im Sinne eines innerpsychischen Schutzmechanismus gesehen wird, lässt dies keine Rückschlüsse auf die psychische Situation zum Zeitpunkt der Tat zu (vgl. Horn, 1993). Eine tatzeitverankerte Genese dagegen weist auf Beeinträchtigungen der kognitiven Funktionen zum Tatzeitpunkt und damit auf eine Störung des raumzeitlichen Erlebnis- und Wahrnehmungszusammenhangs hin. So wird durch den, durch extreme Erregung gekennzeichneten, affektbezogenen Ausnahmezustand die Aufmerksamkeit und Wahrnehmung so sehr eingeengt, dass eine bewusste Präsenz des Geschehens und damit auch eine Gedächtnisenkodierung nicht oder nur bruchstückhaft vorhanden ist. Dies können experimentelle Befunde belegen (vgl. Maisch, 1995).

11. Das Merkmal der *Persönlichkeitsfremdheit* weist darauf hin, dass sich für die Tat in der Persönlichkeit der betreffenden Person keine Strukturen entdecken lassen, wie etwa ausgeprägte spontane Aggressivität, und dass in der bisherigen Biografie keine derartigen explosiven

Ausbrüche bzw. ähnlich gelagerte kriminelle Handlungen zu finden sind.

12. Das letzte Merkmal, die *Störungen der Sinn- und Erlebniskontinuität*, spricht für die Orientierungslosigkeit, in der sich der Täter zum Zeitpunkt der Tat befindet. Das ablaufende Geschehen ist in gewisser Weise ein Fremdkörper in der psychischen Struktur und im Verhalten des Betreffenden, es handelt sich um eine „blinde" und „sinnlose" Handlung.

Neben den positiven, d. h. für das Vorliegen eines Affekts sprechenden Kriterien lassen sich nach Saß (1985) eine Reihe weiterer Merkmale ausmachen, die *gegen* eine Affekttat sprechen.

1. Hierzu gehören *aggressives Vorgestalten in der Phantasie*, dieses kann von allgemeiner aggressiver Phantasie gegenüber dem späteren Opfer bis zur gedanklichen Vorwegnahme der Tat reichen. Wenngleich aggressive Phantasien in emotional aufgeladenen Konflikten nicht ungewöhnlich sind, können sie in gewisser Ausprägung gegen das Vorliegen einer Affekttat sprechen.

2. Eine gewisse Steigerung des Vorgestaltens stellt die *Ankündigung der Tat* in mündlicher oder schriftlicher Form, z. B. mittels eines Tagebuchs, dar. Zwar ist auch hier zu berücksichtigen, dass ausgesprochene Drohungen in Konflikten häufig sind, dennoch weisen sie – je nach Präzisionsgrad – mehr oder weniger deutlich darauf hin, dass aggressive Handlungen möglicherweise nicht unvorbereitet als Konsequenz einer Bewusstseinsstörung auftreten.

3. Treten *aggressive Handlungen in der Anlaufzeit* auf, d. h. kommt es bereits im Vorfeld des Geschehens zu gewalttätigen Übergriffen, so spricht dies eher gegen eine Affekttat, da nach dem Abklingen erster aggressiver Impulse Zeit zum Überdenken des Geschehens gegeben ist.

4. Gegen eine Affekttat sprechen weiterhin und verständlicherweise *Vorbereitungshandlungen für die Tat*, so z. B. die Mitnahme einer Waffe – wenngleich dies nicht zwingend gegen eine Affekttat sprechen muss. Der Grund für die Mitnahme einer Waffe kann unterschiedlich sein, er muss nicht in einer Tötungsabsicht des Anderen liegen. Vorbereitungshandlungen deuten allerdings darauf hin, dass ein gewisser Handlungsentwurf bereits vor der Tat vorhanden war, möglicherweise eine Handlungsabsicht vorlag und entsprechend Arrangements zu deren Durchführung getroffen wurden.

5. Kommt es zur *Konstellierung der Tatsituation durch den Täter*, z. B. durch Einbestellen des Opfers an einen bestimmten Ort, durch Schaffen einer Tatkonstellation ohne Zeugen o. ä., kann die Annahme einer Affekttat nur sehr schwer aufrechterhalten werden, es ist eher von einer geplanten Tat auszugehen.

6. Ebenfalls gegen eine Affekttat spricht ein *fehlender Zusammenhang zwischen Provokation, Erregung und Tat*, d. h. wenn z. B. die Tat erst geraume Zeit (Minuten) nach der Provokation erfolgt oder zu einem Zeitpunkt stattfand, als kein ausgeprägter, hoher Erregungszustand vorlag bzw. die Provokation nicht adäquat war, um den Erregungszustand zu steigern.

7. Ein weiteres deutliches Kennzeichen, das gegen eine Affekttat spricht, ist die *zielgerichtete Gestaltung des Tatablaufs vorwiegend durch den Täter*, so dass es sich nicht um eine spontane und reflexartige Reaktion in einer unübersichtlichen Situation handelt, sondern vielmehr um einen Handlungsablauf, der vom Täter bewusst und zielgerichtet koordiniert wird.

8. Entsprechendes gilt für ein *lang hingezogenes Tatgeschehen*; so ist es nicht nachvollziehbar, dass ein Affekt, der ein Übermaß an Erregung darstellt, sich über längere Zeit (z. B. Minuten oder gar Stunden) hinziehen kann. Eine Handlung, deren Ablauf sich über Minuten zwischen Provokation und Tat hinzieht, kann kaum als Affekttat gesehen werden, da der psychische Ausnahmezustand einerseits abklingen und andererseits auch Zeit zur rationalen Bewertung entstehen würde.

9. Vergleichbar ist auch ein *komplexer Handlungsablauf in Etappen* zu bewerten, z. B. nach einer Provokation der Gang ins Büro, das Suchen des Schlüssels, das Aufschließen des Waffenschrankes, das Entnehmen der Waffe, das Laden der Waffe, die Rückkehr zum Opfer und schließlich das Abdrücken der Waffe. Diese in Etappen gegliederte Handlung mit zahlreichen Einzelhandlungen setzt kognitive Schritte (z. B. Suchen des Schlüssels, Laden der Waffe) voraus, die nicht mit einer Bewusstseinsstörung im Sinne eines Affekts in Einklang zu bringen sind.

10. Schwierig zu bewerten ist die *erhaltene Introspektionsfähigkeit bei der Tat*. Berichtet z. B. ein Täter über seine Gefühle, die er während der eigentlichen Tat hatte, spricht dies gegen eine die gesamte Bewusstseinstätigkeit beeinträchtigende Erregung. Nicht selten werden aber die vor bzw. nach der Tat vorhandenen Empfindungen in den Äußerungen des Täters auf das gesamte Geschehen extrapoliert, so dass der Gutachter vor der schwierigen Aufgabe steht, die wenigen Sekunden des eigentlichen Tatgeschehens herauszufiltern.

11. Wenngleich, wie oben beschrieben, eine vollständige Amnesie kein notwendiges Kriterium darstellt, spricht eine *exakte, detailreiche Erinnerung* jedoch eher gegen einen Affekt, da eine sichere und umfassende Enkodierung des gesamten komplexen Geschehens mit dem Vorliegen eines extremen affektiven Ausnahmezustands eher inkompatibel ist.

12. Auch eine *zustimmende Kommentierung des Tatgeschehens* direkt vor, während oder nach der Tat spricht gegen eine Störung des Bewusstseinskontinuums. Davon abzugrenzen sind sicherlich Äußerungen, die deutlich später, z. B. während der Begutachtung, erfolgen und eine retrospektive Bewertung des Geschehenen darstellen.

13. Auch das *Fehlen von vegetativen, psychomotorischen und psychischen Begleiterscheinungen heftiger Affekterregung* kann ein Indiz dafür sein, dass keine hochgradige Bewusstseinsstörung vorlag. Oftmals sind gerade dies Kennzeichen, die einem Täter nicht bekannt sind und daher weniger leicht im Sinne einer Verfälschung benutzt werden können.

Wenngleich die Liste von 12 positiven und 13 negativen Merkmalen dies nahelegen mag, sollte man sich davor hüten, diese einfach zusammenzuzählen und anhand des Ergebnisses dann zu entscheiden, ob ein Affekt vorlag oder nicht. Nicht selten kann ein solches „Aufaddieren" vor Gericht beobachtet werden. Alle diese Kriterien bedürfen unbedingt einer Wertung und Gewichtung durch den erfahrenen forensischen Gutachter (vgl. Marneros, 2007, S. 13). Wenn z. B. ein positives Merkmal nicht vorhanden ist oder ein negatives vorliegt, spricht dies noch keinesfalls prinzipiell gegen eine Affekttat. Vielmehr können einzelne Kriterien so bestimmend sein, dass sie mehr Gewicht haben als mehrere andere, die möglicherweise das gegenteilige Ergebnis unterstützen. Die revidierte Liste von Saß (1985) enthält bei beiden Gruppen weniger Merkmale. Bei den Merkmalen, die für das Vorliegen eines Affektdelikts sprechen, fügt er allerdings auch zwei neue hinzu: Hiernach

Tab. 10.1: Affektkriterien nach Saß (1983)

A	positive, d. h. für das Vorliegen eines Affekts sprechende Kriterien
1	spezifische Vorgeschichte und Tatanlaufzeit
2	affektive Ausgangssituation mit Tatbereitschaft
3	psychopathologische Disposition der Persönlichkeit
4	konstellative Faktoren
5	abrupter, elementarer Tatablauf ohne Sicherungstendenzen
6	charakteristischer Affektauf- und -abbau
7	spezifisches Folgeverhalten mit schwerer Erschütterung
8	Einengung des Wahrnehmungsfeldes und der seelischen Abläufe
9	Missverhältnis zwischen Tatanstoß und Reaktion
10	Erinnerungsstörungen
11	Persönlichkeitsfremdheit
12	Störungen der Sinn- und Erlebniskontinuität
B	negative, d. h. gegen das Vorliegen eines Affekts sprechende Kriterien
1	aggressives Vorgestalten in der Phantasie
2	Ankündigung der Tat
3	aggressive Handlungen in der Anlaufzeit
4	Vorbereitungshandlungen für die Tat
5	Konstellierung der Tatsituation durch den Täter
6	fehlender Zusammenhang zwischen Provokation, Erregung und Tat
7	zielgerichtete Gestaltung des Tatablaufs vorwiegend durch den Täter
8	lang hingezogenes Tatgeschehen
9	komplexer Handlungsablauf in Etappen
10	erhaltene Introspektionsfähigkeit bei der Tat
11	exakte, detailreiche Erinnerung
12	zustimmende Kommentierung des Tatgeschehens
13	Fehlen von vegetativen, psychomotorischen und psychischen Begleiterscheinungen heftiger Affekterregung

sprechen für das Vorliegen einer Affekttat ein enger Zusammenhang zwischen Provokation, Erregung und Tat, ferner vegetative, psychomotorische und psychische Begleiterscheinungen heftiger Affekterregung (vgl. dazu oben).

Marneros (2007) weist in einer neueren Veröffentlichung auf weitere Kriterienlisten bezüglich Affektdelikte hin. Vor allem aber macht er eine klare Unterscheidung zwischen Affekt- und Impulstaten und führt Kriterien zu deren Unterscheidung an. Ein wesentliches Unterscheidungsmerkmal ist, dass die Affekttat hiernach eine „Beziehungstat (ist), biographisch fundiert und

in der Erschütterung der Selbstdefinition des Täters eingebettet. Die ‚Impulstat‘ dagegen nicht" (S. 80; vgl. die unterscheidenden Merkmale auf S. 92). Nach Marneros (S. 127) können forensisch bedeutsame Impulshandlungen bei allen vier Merkmalsgruppen der §§ 20, 21 StGB auftreten. Impulsives Handeln ist nach ihm häufig in Zusammenhang mit Alkohol bzw. anderen psychotropen Mitteln zu finden.

Weitere Formen tiefgreifender Bewusstseinsstörung

Ebenfalls der tiefgreifenden Bewusstseinsstörung zuzuordnen ist die Begehung einer

Straftat im Rauschzustand, insbesondere aufgrund von exzessivem Alkoholkonsum. Dies ist jedoch – anders als die Affekttat – weniger eine Domäne der forensischen Psychologie als vielmehr der Psychiatrie bzw. der Rechtsmedizin. Es ist zu berücksichtigen, dass es keine aufgrund der Blutalkoholkonzentration (BAK) festgelegten Grenzwerte gibt, ab denen Schuldunfähigkeit oder verminderte Schuldfähigkeit vorliegt. Ist eine Bestimmung der Blutalkoholkonzentration überhaupt möglich, so hat sich eine – wenn auch nicht zwingend verbindliche – Faustregel eingebürgert, dass bei trinkungewohnten Heranwachsenden und Jugendlichen eine BAK ab 3‰ eine Schuldunfähigkeit nahelegt, wohingegen eine BAK zwischen 2‰ und 3‰ eher für eine verminderte Schuldfähigkeit spricht. Hier ist jedoch in jedem Fall die psychische und physische Situation des Beschuldigten zur Tatzeit mit zu berücksichtigen, so z. B. ob es sich um eine alkoholerfahrene Person handelt, ob und wie viel gegessen wurde oder ob weitere Faktoren (z. B. motivationale und emotionale Lage) Einflüsse ausgeübt haben. Nicht selten wird die BAK aufgrund der verstrichenen Zeit nicht mehr zu bestimmen sein, hier ist dann eine Rekonstruktion des Grades der Alkoholisierung durch die nachträgliche Berechnung aufgrund von Trinkmengenangaben durch den Beschuldigten oder durch Zeugen notwendig, der sich anhand von in Tabellen niedergelegten Eliminationsraten – abhängig von Geschlecht und Körpergewicht – berechnen lässt (vgl. Graw & Thieme, 2009). Diese Vorgehensweise ist aber sehr ungenau und stark von der Glaubwürdigkeit der Angaben abhängig (vgl. Foerster, 2009).

Auch die Zuordnung der akuten Alkoholintoxikation zu den tiefgreifenden Bewusstseinsstörungen ist nicht unumstritten – während Schönke, Schröder et al. (2010) diese hierunter subsumieren, fasst sie z. B. Foerster (2009) unter die „krankhafte seelische Störung".

Neben Alkohol spielen auch Drogenintoxikationen eine vergleichsweise große Rolle, hierunter sind Amphetamine, Halluzinogene, Kokain und Opiate sowie auch Cannabisprodukte bzw. neue, synthetische „Designer-Drogen" zu fassen. Anders als beim Alkohol liegen hier aufgrund mangelnder gesicherter Kenntnisse keine „Richtwerte" vor, sondern die Täterpersönlichkeit, auf deren Grundlage der Drogenkonsum stattfand, spielt von vornherein eine größere Rolle.

Schwachsinn

Das dritte Eingangsmerkmal des § 20 StGB ist der „Schwachsinn". Hierunter werden in der Regel schwere angeborene, nichtorganisch bedingte hochgradige Störungen der intellektuellen Leistungsfähigkeit verstanden. Intelligenzminderungen aufgrund von intrauterinen, geburtstraumatischen oder frühkindlichen Hirnschädigungen werden dagegen unter die „schwere andere seelische Abartigkeit" gefasst. Zum Teil ist es noch gebräuchlich, die Intelligenzminderungsgrade Idiotie (IQ bis 40), Imbezillität (IQ 40–60) und Debilität (IQ 60–75) zu unterscheiden, Ausgangspunkt ist hier eine psychologische Intelligenzmessung anhand standardisierter Verfahren. Die Intelligenzminderung äußert sich in aller Regel auch im Sozialverhalten. Es ist somit eine differenzierte Diagnose erforderlich, die nicht nur den Intelligenzquotienten prüft. „Vielmehr sind neben den allgemeinen intellektuellen Fähigkeiten, sprachliche, emotionale und soziale Verhaltensbesonderheiten zu beschreiben. Häufig sind bei diesem Störungsbild erhöhte Affektlabilität, Suggestibilität und Konformitätstendenzen festzustellen" (Scholz & Schmidt, 2008, S. 403 f.).

Schwere andere seelische Abartigkeit

Das vieldiskutierte vierte Merkmal der „schweren anderen seelischen Abartigkeit" wurde erst im Rahmen der Großen Straf-

141

rechtsreform nach langen, teilweise kontroversen Diskussionen 1975 dem Gesetzestext hinzugefügt. Die Einführung dieses vierten Merkmals war heftig umstritten, da nach Ansicht v. a. konservativer Psychiater ein „Dammbruch" zu befürchten sei, da in zu vielen Fällen der Psychopathie, Neurose oder auch der sexuellen Triebstörungen ein Schuldausschluss bejaht würde (vgl. Deutscher Bundestag BT-DR V4095, S. 10). Wie jedoch spätere Studien zeigten, hat dieser „Dammbruch" nie stattgefunden (vgl. Schreiber, 1981; Böttger et al., 1991), es kam keineswegs zu dem teilweise befürchteten dramatischen Anstieg an Exkulpationen aufgrund von Schuldunfähigkeit. Das Vorliegen nur dieses Merkmals führt in der Gerichtspraxis in der Regel weniger zur Anwendung des § 20 StGB, wenn überhaupt eher zu einer Schuldminderung nach § 21 StGB. Allerdings trifft zu, dass „das Merkmal der ‚Abartigkeit' außerordentlich weit gefasst ist und grundsätzlich keinen Sachverhalt für die Entschuldigung ausschließen kann, der den psychischen Zustand des Täters im Sinne einer Abweichung von der Norm nachteilig verändert, also auch für Störungen aus dem Unterbewussten prinzipiell offen ist" (Schreiber, 2000, S. 17).

Das Merkmal selbst umfasst eine Fülle von psychischen Abweichungen und Störungen, die nicht auf nachweisbaren oder begründet angenommenen organischen Defekten oder Prozessen basieren, und wird teilweise auch als „Rest- bzw. Sammelkategorie" gesehen (vgl. Schreiber, 2000, S. 15 ff.). Störungsgruppen sind Psychopathien (dissoziale bzw. antisoziale Persönlichkeitsstörungen; „psychopathy"), abnorme Belastungsreaktionen, Störungen des Sexualverhaltens, „Neurosen" (z. B. Borderline-Syndrom) und Triebstörungen (z. B. sexuelle Abweichungen) bzw. nichtstoffgebundene Süchte wie etwa die Spielsucht. Eine einheitliche Abgrenzung dahingehend, welches Störungsbild unter dieses vierte Merkmal zu

fassen ist, gibt es nicht. Scholz und Schmidt (2008, S. 409) nennen elf Merkmale, die für Schuldfähigkeit bei schwerer anderer seelischer Abartigkeit sprechen. Hierunter fallen z. B. eine vorhandene Selbstreflexionsfähigkeit, emotionale Differenzierungsfähigkeit, ein Fehlen früherer Auffälligkeiten, instabiles antisoziales Verhalten, eine Empathiefähigkeit, vorhandene Impulskontrolle oder ein geplantes Vorgehen vor und während der Tat.

10.1.3 Die zweite Stufe des § 20 StGB

Die bereits oben beschriebene gemischte Stufe der Prüfung der Schuldfähigkeit nach § 20 StGB setzt, wie erwähnt, das Vorliegen mindestens eines Eingangskriteriums voraus, ehe der Frage nachgegangen werden kann, ob der Betreffende zum Tatzeitpunkt vor diesem Hintergrund nicht in der Lage war, das Unrecht der Tat einzusehen, oder aber zwar die Einsicht vorhanden, er jedoch nicht in der Lage war, nach dieser zu handeln. Die Unfähigkeit, das Unrecht der Tat einzusehen, kann etwa bei schweren Psychosen oder hochgradiger Intelligenzminderung gegeben sein. Das Merkmal bezieht sich auf das materielle Unrecht der Tat und ist konkret und in Bezug auf jeden Straftatbestand gesondert zu prüfen. Ein Schuldausschluss ist prinzipiell „immer dann anzunehmen, wenn der Täter das Unrechtsbewusstsein nicht haben konnte, wobei es auf die Gründe hierfür nicht ankommt" (Jescheck & Weigend, 1996, S. 441).

Die Schuldfähigkeit ist auch dann als nicht gegeben zu betrachten, wenn der Täter zur Tatzeit wegen einer seelischen Störung nicht in der Lage war, nach der Einsicht zu handeln. Dies kann v. a. bei hochgradigen Affekten, bei Alkoholrausch, Psychopathien, Neurosen oder Triebstörungen der Fall sein (Jescheck & Weigend, 1996, S. 442). Es ist immer wieder strittig, inwieweit der Sachverständige oder allein der Richter für die Feststellung dieser zweiten, normativen Stufe zuständig ist. Jescheck und Weigend (1996, S. 442) betonen allerdings zu Recht, dass die „Beurteilung der Schuldfähigkeit eine Rechtsfrage (darstellt), für die der Richter die Verantwortung trägt [...] Die Entscheidung ist dem Juristen in der Regel jedoch nur mit Hilfe eines Sachverständigen möglich."

In Abgrenzung hierzu wird in § 17 StGB der „Verbotsirrtum" definiert, bei welchem der Schuldausschluss ohne psychische Voraussetzungen erfolgt (vgl. Schreiber & Rosenau, 2009, S. 102 f.).

§ 17 StGB – Verbotsirrtum
Fehlt dem Täter bei Begehung der Tat die Einsicht, Unrecht zu tun, so handelt er ohne Schuld, wenn er diesen Irrtum nicht vermeiden konnte. Konnte der Täter den Irrtum vermeiden, so kann die Strafe nach § 49 Abs. 1 gemildert werden.

Zu beachten ist in diesem Zusammenhang noch die Regelung der „Actio libera in causa" (Schönke, Schröder et al., 2010, Rn 33). Die Frage, ob die Schuldfähigkeit des Täters gegeben war, bezieht sich stets auf den Zeitpunkt der Tat. „Eine im Gesetz nicht geregelte, aber gewohnheitsrechtlich anerkannte Ausnahme davon ist die actio libera in causa. Hierunter versteht man ein Verhalten, zu dem sich der Täter im Zustand der Schuldfähigkeit entschließt oder das er in diesem Zustand jedenfalls vorhersehen konnte, das aber erst zu einem Zeitpunkt verwirklicht wird, in dem er die Handlungsfähigkeit oder die volle Schuldfähigkeit verloren hat" (Jescheck & Weigend, 1996, S. 445 f.). Ein solcher Fall würde vorliegen, wenn beispielsweise jemand eine schwere Straftat, z. B. ein Tötungsdelikt begehen will, alles vorbereitet, den Entschluss zur Tat fasst, sich vor der Tat betrinkt, um später die Verantwortung für

das Geschehen von sich weisen zu können, und dann die Tat begeht. Gegeben wären die Bedingungen allerdings auch, wenn ein Autofahrer trotz Anzeichen einer deutlichen Übermüdung weiterfährt, einschläft, von der Straße abkommt und dabei ein Kind tötet (vgl. Jescheck & Weigend, 1996, S. 446).

Der Anwendungsbereich des § 21 StGB, der verminderten Schuldfähigkeit, umfasst alle in § 20 StGB genannten psychischen Störungen. Entscheidend für die Anwendung von § 20 oder § 21 ist die Schwere der Störung, die sich auf die Einsichts- und/oder Steuerungsfähigkeit auswirkt. Sind letztere lediglich erheblich vermindert aber nicht ausgeschlossen, kommt § 21 zur Anwendung. Bedeutung hat der § 21 z. B. bei alkoholischen und sonstigen Rauschzuständen niedrigeren Grades, bei Drogenabhängigkeit, wenn diese z. B. bereits zu schweren Persönlichkeitsveränderungen oder starken Entzugserscheinungen geführt hat, bei Psychopathien, Neurosen, stoffungebundenen Süchten (Spielsucht) und Triebstörungen (vgl. Schreiber & Rosenau, 2009, S. 102 ff.).

Bei Vorhandensein der Voraussetzungen für die Anwendung von § 20 ist die Verhängung einer Kriminalstrafe ausgeschlossen, im Hinblick auf § 21 wird die Strafe in aller Regel gemildert. Weitere „Besondere gesetzliche Milderungsgründe" behandelt § 49 StGB. Er gibt Richtlinien vor, nach denen der ansonsten vorgesehene Strafrahmen ermäßigt wird, etwa anstelle lebenslanger Freiheitsstrafe „lediglich" Freiheitsstrafe nicht unter drei Jahren bzw. bei zeitiger Freiheitsstrafe die Begrenzung auf höchstens drei Viertel des angedrohten Höchstmaßes bzw. bei Geldstrafe auf höchstens drei Viertel der Höchstzahl der Tagessätze.

Die Begutachtungen im Bereich der Prüfung der Schuldfähigkeit nach §§ 20, 21 StGB werden nach wie vor vorrangig durch (Forensische) Psychiater durchgeführt, eher in selteneren Fällen ausschließlich und selbständig durch Forensische Psychologen. Diese fungieren teilweise in Zusammenarbeit mit Psychiatern als „Zusatzgutachter" und führen z. B. psychologische Testuntersuchungen durch. Nach Scholz und Schmidt (2008, S. 403 ff.) fällt die Begutachtung des Merkmals der krankhaften seelischen Störung vorrangig in den Bereich des Psychiaters, bei den anderen Merkmalen sind jedoch die Psychologen mindestens genauso kompetent wie ihre fachärztlichen Kollegen. „Der Automatismus, der vielfach im Hinblick auf die fachliche Kompetenz hinsichtlich der psychowissenschaftlichen Begutachtung der vier Eingangsmerkmale von Juristen praktiziert wird, ist unbegründet." Von psychiatrischer Seite wird das teilweise, gerade was die Begutachtung von Affekt- bzw. Impulstaten betrifft, anders gesehen. Nach Marneros (2007, S. 73) haben psychische Funktionen „ein somatologisches Korrelat [...] Und genau das muss bei jeder Affekttat und jeder Impulstat untersucht, bestätigt oder ausgeschlossen werden. Insofern bleibt die Beurteilung von Affekttaten und Impulstaten doch Domäne der Psychiatrie." Sie dürfe nicht „auf die Schultern des Psychologen geladen werden", bleibe „Kompetenz und [...] Aufgabe des Mediziners, insbesondere des Psychiaters, und keines anderen". Das Vorgehen bei der Begutachtung liegt auch hier in der Hand des Gutachters. Neben Durchsicht der (Straf-)Akten und einer Exploration des Angeklagten und u. U. weiterer Personen, die zum Angeklagten wesentliche Information liefern können, werden je nach Art der Störung (fach-)medizinische, etwa auch neurologische und/oder psychologische Untersuchungen durchgeführt.

Eine besondere Schwierigkeit bei der Begutachtung der Schuldfähigkeit nach §§ 20, 21 StGB ist, dass es sich, wie auch bei der Begutachtung der Glaubhaftigkeit, um eine retrospektive Beurteilung handelt, d. h. es muss der Frage nachgegangen werden, ob zum Zeitpunkt der Tat eine entsprechende Störung vorlag, welche von solchem Ausmaß war, dass sie die Einsichts- bzw. Steuerungsfähigkeit wesentlich beeinträchtigen konnte. Dies kann bei überdauernden und gut dokumentierten psychiatrischen Erkrankungen wie z. B. Schizophrenie, Hirnläsionen oder auch schweren Intelligenzdefiziten einfacher sein, wenngleich z. B. bei Vorliegen einer Schizophrenie geklärt werden muss, ob der Täter sich zum Zeitpunkt der Tat in einem schizophrenen Schub befand. Ist dies nicht der Fall, so greifen auch die Regelungen nach §§ 20, 21 StGB nicht. Gleiches gilt auch für die unter das „vierte Merkmal" einzustufenden Persönlichkeitsstörungen. Auch die Bestimmung der Blutalkoholkonzentration durch einen Rechtsmediziner zum Tatzeitpunkt ist dann weitgehend problemlos möglich, wenn der Täter kurz nach der Tat gefasst wurde und noch Restalkohol vorhanden ist, deutlich schwieriger dagegen, wenn man sich auf subjektive Angaben von Zeugen oder gar des Täters selbst zur Trinkmenge verlassen muss.

Erhebliche Probleme bereitet insbesondere die Beurteilung des Affekts, da es sich um ein psychologisches Phänomen ohne überdauernden Krankheitswert handelt. Hier sind oft allein die Angaben des Täters vorhanden, der ein erhebliches Interesse an einem möglichst milden Urteil haben wird und daher bestimmte Zustände auch mehr oder weniger bewusst falsch schildern mag. So wird trotz der oben beschriebenen ausführlichen Merkmalsdiagnostik meist ein gewisser Restzweifel beim Gutachter bleiben, inwieweit nicht z. B. der Täter sich selbst über kritische Angaben informiert hat oder durch seinen Anwalt informiert wurde. „Man ist auch in diesem Fall – wie bei vielen anderen Fällen in der Forensik – auf die Offenheit und Ehrlichkeit des Täters angewiesen" (Marneros, 2007, S. 17).

Weiterführende Literatur

Endres, J. (2008). Affekttaten. In R. Volbert & M. Steller (Hrsg.), *Handbuch der Rechtspsychologie* (S. 412–420). Göttingen: Hogrefe.

Nedopil, N. (2007). *Forensische Psychiatrie: Klinik, Begutachtung und Behandlung zwischen Psychiatrie und Recht* (3. Aufl.). Stuttgart: Thieme.

Scholz, O. B. & Schmidt A. F. (2008). Schuldfähigkeit. In R. Volbert & M. Steller (Hrsg.), *Handbuch der Rechtspsychologie* (S. 401–411). Göttingen: Hogrefe.

Venzlaff, U. (Begr.), Foerster, K. & Dreßing, H. (Hrsg.). (2009). *Psychiatrische Begutachtung* (5. Aufl.) (insb. Kapitel II). München: Urban & Fischer.

Kontrollfragen

1. Was bedeutet die sog. „zweistöckige" oder auch „biologisch-psychologische" bzw. „biologisch-normative" Methode?
2. Welche Eingangsmerkmale kennzeichnen den § 20 StGB zur Schuldunfähigkeit?
3. Welche Kriterien sprechen für das Vorliegen eines Affekts, welche dagegen?
4. Was bedeutet „schwere andere seelische Abartigkeit"?
5. Was kennzeichnet die zweite Stufe des § 20 StGB?
6. Was bedeutet der Begriff „actio libera in causa"?
7. Worin unterscheiden sich – aus forensisch-psychologischer Sicht – die §§ 20 und 21 StGB?

10.2 Reifebeurteilung Jugendlicher und Heranwachsender

10.2.1 Strafrechtliche Verantwortlichkeit gemäß § 3 JGG

Von Seite des Strafrechts werden Personen bis zum Ende des vollendeten 14. Lebensjahres als Kinder betrachtet, die noch nicht schuldfähig sind, somit bei Begehung einer Straftat nicht vor einem Strafgericht angeklagt oder verurteilt werden können. Personen von 14 bis unter 18 Jahren gelten nach dem Gesetz als Jugendliche, für die das Jugendgerichtsgesetz (JGG) zuständig ist.

> **§ 1 JGG – Persönlicher und sachlicher Anwendungsbereich**
> (1) Dieses Gesetz gilt, wenn ein Jugendlicher oder ein Heranwachsender eine Verfehlung begeht, die nach den allgemeinen Vorschriften mit Strafe bedroht ist. (2) Jugendlicher ist, wer zur Zeit der Tat vierzehn, aber noch nicht achtzehn, Heranwachsender, wer zur Zeit der Tat achtzehn, aber noch nicht einundzwanzig Jahre alt ist.

Als Heranwachsende werden 18- bis unter 21-Jährige definiert. Für die Altersgruppe der 14- bis 17-Jährigen gilt zunächst nur eine bedingte strafrechtliche Verantwortlichkeit, wobei „für jede einzelne Tat und bezogen auf das konkrete Geschehen die entsprechende Reife positiv festzustellen ist. Gelingt dies nicht, haben Jugendliche bis zum Alter von 17 Jahren weiterhin als schuldunfähig zu gelten. Erst ab 18 Jahren, damit dem Eintritt in das Erwachsenenalter, wird grundsätzlich und ohne Überprüfung eine Schuldfähigkeit als generell gegeben angenommen" (Schütze & Schmitz, 2003,

S. 147). Bei Jugendlichen ist somit eine Überprüfung des Entwicklungsstandes vorzunehmen, entweder durch das Gericht selbst oder
in Zweifelsfällen in der Regel durch einen
Gutachter.

---

§ 3 JGG – Verantwortlichkeit
Ein Jugendlicher ist strafrechtlich verantwortlich, wenn er zur Zeit der Tat nach
seiner sittlichen und geistigen Entwicklung reif genug ist, das Unrecht der Tat
einzusehen und nach dieser Einsicht zu
handeln. Zur Erziehung eines Jugendlichen, der mangels Reife strafrechtlich
nicht verantwortlich ist, kann der Richter
dieselben Maßnahmen anordnen wie das
Familiengericht.

Nach der Formulierung von § 3 JGG ist vom
Gutachter somit die sittliche und geistige
Reife des Angeklagten zum Tatzeitpunkt
zu prüfen. Während die geistige Reife vor
dem Hintergrund eines allgemeinen Ein-
drucks, anamnestischer Erhebungen beim
Angeklagten und eventuell Bezugspersonen,
schließlich durch testpsychologische Untersuchungen (Intelligenz- und Leistungstests)
in der Regel recht gut erfasst werden kann,
ist die sittliche Reife schwerer zu präzisieren
und zu operationalisieren (Schütze &
Schmitz, 2003, S. 148). In der Regel orientiert man sich an der Moralentwicklung, z. B.
nach dem Schema von Kohlberg (vgl. Kohlberg & Althof, 2002). Standardisierte, valide Testinstrumente zur Erfassung des moralischen Entwicklungsniveaus, zumindest
neuere, sind nicht verfügbar. Nach Brunner
und Dölling (2002, S. 86) muss der Jugendliche „nach seinem Entwicklungsstand zu
der Erkenntnis befähigt sein, dass seine
Handlung mit einem geordneten und fried-
lichen Zusammenleben der Menschen un-
vereinbar ist und deshalb von der Rechtsordnung nicht geduldet werden kann [...] er
muss das Verbot als sittlichen Wert erleben
und seine Handlung rechtlich als beanstan-

denswert empfinden können." Es geht somit
darum, inwieweit der Jugendliche in der
Lage ist, zu erkennen, dass ein bestimmtes,
konkretes Verhalten sich gegen die schutzwürdigen Interessen der Gemeinschaft richtet und ob sein Reifezustand und seine Ein-
sichtfähigkeit ausreichend sind, derartiges
Verhalten zu unterlassen. Es ist zu prüfen,
ob der Jugendliche das Unrecht des eigenen
Handelns versteht und dieses Verhalten steu-
ern kann. „Es werde verlangt, die Strafwür-
digkeit und nicht nur die Tatsache angedroh-
ter Bestrafung zu erkennen" (Hommers,
2008, S. 422).

Unter § 3 JGG sollen nach Vorgabe des
Gesetzgebers nur solche Reifeeinschränkungen subsumiert werden, die auf eine verzögerte Entwicklung zurückzuführen sind.
„Handelt es sich demgegenüber um Unreife-
zustände infolge einer krankhaften Störung,
so sind diese Befunde den §§ 20 und 21 StGB
zuzuordnen. Erforderlich ist damit eine
weitergehende Abklärung der Unreife unter Berücksichtigung psychopathologischer
Veränderungen und prognostischer Bewertungen" (Schütze & Schmitz, 2003, S. 150).

Nach Schütze und Schmitz (2003, S. 150)
erfordert die Bearbeitung des § 3 JGG „ein
außerordentlich hohes Maß an fachlicher
Kompetenz, da krankhafte Störungen auch
mit Entwicklungsverzögerungen kombiniert
sein können, wie beispielsweise im Rahmen
des hyperkinetischen Syndroms". Vor diesem Hintergrund, so die Autoren, stellen
solche Fragestellungen erhebliche Anforderungen sowohl an den Juristen als auch an
den Gutachter.

Die Regelung wird aus juristischer Sicht
aus verschiedenen Gründen immer wieder in
Frage gestellt. Zum einen sei es nicht unpro-
blematisch, junge Menschen im Hinblick auf
die Ausbildung der eigenen ethischen Normen für Straftaten nicht zur Rechenschaft zu
ziehen, zum anderen könne die Verneinung
der Verantwortungsreife stigmatisierende
Wirkungen haben und das Selbstwertgefühl
des Betroffenen negativ beeinträchtigen.

Hinzu käme, „dass eine wirklich begründete Entscheidung nicht getroffen werden könne, weshalb die Ergebnisse zwischen den einzelnen Gerichten und Gutachtern weit auseinandergingen" (Brunner & Dölling, 2002, S. 85). Während einige Autoren für die ersatzlose Streichung des Paragraphen plädieren, sehen andere in ihm eine Möglichkeit, die Anwendung des Strafrechts auf Jugendliche einzuschränken und „durch eine extensive Interpretation der Vorschrift eine Entkriminalisierung zu erreichen" (Brunner & Dölling, 2002, S. 85). Die Altersgrenze für die Strafmündigkeit in Deutschland von 14 Jahren wird auch immer wieder kritisiert. Einerseits wurde vor Jahrzehnten die Frage erörtert, ob die Grenze nicht nach oben verschoben werden sollte, etwa auf 16 Jahre (vgl. Berckhauer & Steinhilper, 1981). Andererseits ist im Zusammenhang mit der neuerlichen Forderung nach härteren Sanktionen für junge Menschen nach schweren Straftaten einzelner Mitglieder dieser Altersgruppe vermehrt die Überlegung auch von politischer Seite aufgetaucht, die Altersgrenze, v. a. bei schweren Straftaten, nach unten zu verschieben (vgl. Funke, 2008) bzw. die Höchststrafe von 10 auf 15 Jahre Freiheitsentzug zu erhöhen, um dadurch einen tatsächlichen oder vermeintlich höheren Abschreckungseffekt zu erzielen (vgl. Kury & Obergfell-Fuchs, 2011).

10.2.2 Strafreife gemäß § 105 JGG

Die zweite strafrechtlich relevante Altersgrenze liegt beim 18. Lebensjahr, also beim Übergang vom Jugendlichen zum Heranwachsenden. Während für Heranwachsende grundsätzlich das Erwachsenenstrafrecht (StGB) mit seinen schärferen Bestimmungen und v. a. höheren Strafrahmen anzuwenden ist, grundsätzlich von der Schuldfähigkeit ausgegangen wird und nur entgegen der Grundannahme nach Gründen einer Schuldausschließung bzw. Schuldmin-

derung gefragt wird, gilt für Jugendliche das nach Erziehungsgesichtspunkten ausgerichtete Jugendgerichtsgesetz (JGG) (Ostendorf, 2003, S. 138). Somit ist für Heranwachsende entsprechend zu prüfen, inwiefern der Angeklagte von der sittlichen und geistigen Reife seiner Persönlichkeit noch einem Jugendlichen gleichstand bzw. inwieweit es sich bei der Tat um eine typische Jugendverfehlung handelte. Ist deutlich von Letzterem auszugehen, wendet der Richter das mildere JGG an. Die entsprechende gesetzliche Vorschrift findet sich in § 105 JGG. Hierbei ist zu beachten, dass der Begriff der sittlichen und geistigen Entwicklungsreife unbestimmt ist (Ostendorf, 2003, S. 139).

§ 105 JGG – Anwendung des Jugendstrafrechts auf Heranwachsende
1) Begeht ein Heranwachsender eine Verfehlung, die nach den allgemeinen Vorschriften mit Strafe bedroht ist, so wendet der Richter die für einen Jugendlichen geltenden Vorschriften der §§ 4 bis 8, 9 Nr. 1, 10, 11 und 13 bis 32 entsprechend an, wenn
1. die Gesamtwürdigung der Persönlichkeit des Täters bei Berücksichtigung auch der Umweltbedingungen ergibt, dass er zur Zeit der Tat nach seiner sittlichen und geistigen Entwicklung noch einem Jugendlichen gleichstand, oder
2. es sich nach der Art, den Umständen und den Beweggründen der Tat um eine Jugendverfehlung handelt.
(2) § 31 Abs. 2 Satz 1, Abs. 3 ist auch dann anzuwenden, wenn der Heranwachsende wegen eines Teils der Straftaten bereits rechtskräftig nach allgemeinem Strafrecht verurteilt worden ist.
(3) Das Höchstmaß der Jugendstrafe für Heranwachsende beträgt zehn Jahre.

Ziel des 1953 eingeführten § 105 JGG ist es somit, für die noch in der Entwicklung sich befindenden Heranwachsenden die besseren Chancen des Jugendgerichtsgesetzes zu nutzen, um erzieherisch auf sie einwirken zu können (Schütze & Schmitz, 2003, S. 151).

An dieser Regelung wurde im Hinblick auf die Schwierigkeit der Prüfung der Kriterien immer wieder Kritik geübt, eine Abschaffung des Paragraphen und eine Heraufsetzung der Altersgrenze auf 21 Jahre gefordert. Als Begründung wird, auch aus rechtspolitischer Sicht, v. a. angeführt, das JGG könne flexibler auf Fehlverhalten der noch jungen Menschen reagieren, Straftaten junger Menschen in dieser Altersgruppe entstünden meist spontan, vielfach in Gruppen aus sich ergebenden Situationen heraus, unter entwicklungspsychologischen Gesichtspunkten sei die Altersgrenze von 18 Jahren willkürlich, ferner sei eine zuverlässige Prüfung der Kriterien kaum möglich (vgl. Hommers, 2008, S. 422 f.; Wegener, 1996). So betonte bereits Lempp (1983, S. 218), dass die Regelung nach § 105 JGG zu einer „Rechtsunsicherheit geführt hat, [...] die Häufigkeit der Bejahung der Voraussetzungen desselben schwankt innerhalb der Bundesrepublik ganz erheblich." In einer von ihm mit durchgeführten Untersuchung lag der Anteil der Verurteilungen Heranwachsender nach dem JGG zwischen 27 % und 42 %. Andere Untersuchungen fanden etwa in Baden-Württemberg einen deutlich höheren Anteil von Heranwachsenden, die nach JGG verurteilt wurden, als in Hamburg und Schleswig-Holstein. Eisenberg (2000, S. 906 ff.) weist zu Recht darauf hin, dass bei solch erheblichen Unterschieden die Rechtsgleichheit in Frage steht (vgl. Busch, 2008, S. 433).

In den letzten Jahrzehnten hat sich in Deutschland zunehmend die Rechtspraxis herausgebildet, dass Richter bei Heranwachsenden, vor allem dann, wenn sie die Altersgrenze von 18 Jahren noch nicht lang überschritten hatten, mehr oder weniger automatisch das JGG anwenden, ein Vorgehen, das in den vergangenen Jahren vor dem Hintergrund wachsender Punitivität und damit der Forderung nach härteren Strafen auch gegenüber jungen Menschen (vgl. Kury et al., 2002 b; Kury & Ferdinand, 2008; Kury, 2008; Kury & Shea, 2011) aber nicht zuletzt auch aus Gründen der genannten Rechtsunsicherheit vermehrt auf Kritik gestoßen ist. In diesem Zusammenhang ist auch zu beachten, dass von Zeit zu Zeit auf rechtspolitischer Ebene selbst immer wieder diskutiert wurde, die Strafmündigkeitsgrenze von 14 auf 12 Jahre zu senken, ein Wunsch mancher Kriminalpolitiker, der sich jedoch politisch, zumindest gegenwärtig, kaum umsetzen lassen dürfte (vgl. Kap. 10.1.1).

„Da der Heranwachsende noch einem Jugendlichen gleichzusetzen ist, gestaltet sich die Reifebeurteilung gemäß § 105 JGG grundsätzlich anders als im § 3 JGG. So wird zwar auch auf den Tatzeitpunkt, nicht aber auf den Kontext mit dem Tatgeschehen abgehoben" (Schütze & Schmitz, 2003, S. 151). Beurteilungsschwierigkeiten ergeben sich v. a. deshalb, weil es, wie erwähnt, um das 18. Lebensjahr keine einschneidenden Merkmale hinsichtlich der Reifeentwicklung gibt. Diese Altersgrenze ist vom Gesetzgeber somit mehr oder weniger willkürlich festgesetzt worden. Der Heranwachsende ist nicht klar vom Erwachsenen oder vom Jugendlichen abzugrenzen. Insofern erscheint es nur konsequent, wenn Schütze und Schmitz (2003) fordern, Heranwachsende, die sich noch in der adoleszenten Weiterentwicklung befinden, nach dem Jugendgerichtsgesetz zu behandeln. Nach höchstrichterlicher Rechtsprechung ist zu prüfen, „ob sich der einzelne Heranwachsende noch in einer für Jugendliche typischen Entwicklungsphase befindet" (BGHSt 22, 41, 42).

Um die Rechtsprechung durch Vorhandensein möglichst klarer Regeln auf sicherere Beine zu stellen, wurde bereits 1955, also zwei Jahre nach Einführung des § 105 JGG, von der Deutschen Vereinigung für

Jugendgerichte und Jugendgerichtshilfen e. V. in Zusammenarbeit mit der Deutschen Vereinigung für Jugendpsychiatrie mit den sog. Marburger Richtlinien als Richtschnur der Reifebeurteilung bei Heranwachsenden ein erster Versuch unternommen, die vom Gesetzgeber vorgegebenen Eingangskriterien zu konkretisieren. Esser, Fritz und Schmidt (1991) haben diese Kriterien mittels einer groß angelegten Vergleichsstudie empirisch überprüft. Sie definieren in Anlehnung an die Marburger Richtlinien folgende Reifekriterien (vgl. Schütze & Schmitz, 2003; Busch, 2008, S. 434 f.):

- realistische Lebensplanung vs. Leben im Augenblick
- Eigenständigkeit gegenüber den Eltern vs. starkes Anlehnungsbedürfnis und Hilflosigkeit
- Eigenständigkeit gegenüber der Peer-Gruppe und dem Partner vs. starkes Anlehnungsbedürfnis und Hilflosigkeit
- ernsthafte vs. spielerische Einstellung gegenüber Arbeit und Schule
- äußerer Eindruck
- realistische Alltagsbewältigung vs. Tagträumen, abenteuerliches Handeln, Hineinleben in selbstwerterhöhende Rollen
- gleichaltrige oder ältere vs. überwiegend jüngere Freunde
- Bindungsfähigkeit vs. Labilität in den mitmenschlichen Beziehungen oder Bindungsschwäche
- Integration von Eros und Sexus
- konsistente berechenbare Stimmungslage vs. jugendliche Stimmungswechsel ohne adäquaten Anlass

Busch (2006) entwickelte auf der Basis einer Untersuchung „evidenzbasierte Entscheidungsalgorithmen zur strafrechtlichen Zuweisung gemäß § 105 JGG" und umschreibt acht personenbezogene (Autonomie, Beziehung und Partnerschaft, Qualifikation und Ziele, Werte und Normen, Emotionalität und Impulsivität, Problem- und Konfliktmanagement, Kommunikation und Reflexivität, Umweltbedingungen) und zwei tatbezogene Eingangsmerkmale (Umstände bzw.

Beweggründe der Tat) (Busch, 2008, S. 438). Nach seiner Ansicht ist der Gutachter aufgrund dieser Kriterien „in der Lage, unabhängig von einer wie auch immer gesetzten kalendarischen Altersgrenze, den Entwicklungsstand von heranwachsenden Straftätern verhaltensnah zu erfassen." (S. 442). Hierbei sei das Kriteriensystem nicht als „Checkliste" zu sehen, bei der ein Summenwert den Entwicklungsstand des Untersuchten beschreibt, „sondern als diagnostische Heuristik für den Begutachtungsprozess. Die diagnostische Gewichtung der einzelnen Merkmale hat an den Besonderheiten des Einzelfalles zu erfolgen." Hier dürften dann auch die Probleme zu sehen sein, die zu Divergenzen in der Einschätzung führen werden.

Die Durchführung der Reifebeurteilung erfolgt vor dem Hintergrund einer Anamnese mit dem Angeklagten, eventuell weiterer Personen sowie in aller Regel anhand einer testpsychologischen, eventuell auch einer medizinischen Untersuchung. Der Entwicklungsstand ist für den Zeitpunkt der Tat festzustellen, was auch hier insofern eine zusätzliche Schwierigkeit darstellen kann, als zwischen Tat und Begutachtung ein erheblicher Zeitraum liegen kann. Für die Beurteilung zu berücksichtigen sind die Persönlichkeit des Heranwachsenden und/oder spezifische Merkmale der Tat. Busch (2008, S. 439) empfiehlt aufgrund zahlreicher Begutachtungsprobleme, beide in § 105 JGG genannten Eingangsmerkmale zu berücksichtigen, was zweifellos zu unterstützen ist. Dem Gutachter stehen als Informationsquellen für die Begutachtung neben der Exploration Testverfahren zur Verfügung, deren Informationsgehalt allerdings nicht überschätzt werden darf, ferner die Strafakten, wobei hier allerdings, wie bei allen Akten, eine gewisse Selektivität der Informationsaufnahme nicht übersehen werden darf.

Busch (2008, S. 440) beschreibt als Vorgehen beim diagnostischen Prozess vier Schritte:

- Diagnose der individuellen Entwicklung im Längsschnitt (wie Familie, Umwelt, Normorientierung wichtiger Bezugspersonen)
- dasselbe im Querschnitt (wie Besonderheiten in Erleben und Verhalten, Entwicklungsstand zum Tatzeitpunkt, Beziehungsfähigkeit, Norm- und Wertesystem)
- Beschreibung des Tathergangs aus der Perspektive des Täters (Analyse des Tatgeschehens, Tatumstände, Motive des Betroffenen)
- Beschreibung des weiteren Entwicklungspotentials (für den Fall, dass das Ergebnis des Gutachtens ist, dass der Betroffene hinsichtlich seiner Entwicklung eher einem Jugendlichen entspricht). Gerade der letzte Schritt dürfte auch unter kriminalpräventiven Gesichtspunkten von Bedeutung sein

„In nur wenigen Einzelfällen ist [...] eine kongruente Befundlage – Übereinstimmung personen- und tatbezogener diagnostischer Befunde – zu erwarten, nach der ein Heranwachsender zum Tatzeitpunkt in allen (Entwicklungs-)Bereichen gleichermaßen ‚einem Jugendlichen gleichsteht'" (Busch, 2008, S. 441). Die Relevanz der einzelnen erfassten Merkmale für das Tatgeschehen ist zu gewichten, darzustellen und für das Gericht transparent zu machen. Nach höchstrichterlicher Rechtsprechung (BGH-Urteil vom 06.12.1988, BGHSt 36, 38) sind Aussagen darüber zu machen, ob beim Heranwachsenden eine vorübergehende Entwicklungshemmung oder eine psychologische Retardierung gegeben ist (Busch, 2008, S. 442). Kann ein ausreichendes Entwicklungspotential festgestellt werden, ist nach Busch von gutachterlicher Seite die Anwendung des Jugendstrafrechts zu befürworten, andernfalls die Anwendung des Erwachsenenstrafrechts.

Weiterführende Literatur

Busch, T. P. (2008). Strafrechtliche Zuweisung heranwachsender Straftäter. In R. Volbert & M. Steller (Hrsg.), *Handbuch der Rechtspsychologie* (S. 432–443). Göttingen: Hogrefe.

Günter, M. (2009). Begutachtung im Familienrecht – Sorgerecht, Umgangsrecht, Sorgerechtsentzug, geschlossene Unterbringung. In U. Venzlaff (Bergr.), K. Foerster & H. Dreßing (Hrsg.), *Psychiatrische Begutachtung* (5. Aufl.) (S. 731–764). München: Urban & Fischer.

Hommers, W. (2008). Strafrechtliche Verantwortungsreife. In R. Volbert & M. Steller (Hrsg.), *Handbuch der Rechtspsychologie* (S. 421–431). Göttingen: Hogrefe.

Schütze, G. & Schmitz, G. (2003). Strafrechtliche Verantwortlichkeit, Strafreife und schädliche Neigungen. In R. Lempp, G. Schütze & G. Köhnken (Hrsg.), *Forensische Psychiatrie und Psychologie des Kindes- und Jugendalters* (2. Aufl.) (S. 147–155). Darmstadt: Steinkopff.

Kontrollfragen

1. Was bedeutet der Begriff der „bedingten strafrechtlichen Verantwortlichkeit"?
2. Wie lassen sich Reifeeinschränkungen gemäß § 3 JGG erfassen?
3. Wie hat sich die Rechtspraxis bezüglich der Anwendung des § 105 JGG in den vergangenen Jahren entwickelt?
4. Wie lauten die Marburger Richtlinien zur Reifebeurteilung von Heranwachsenden?

10.3 Begutachtung der Glaubhaftigkeit

von Monika Aymans

10.3.1 Einleitung und rechtlicher Rahmen

Der Zeuge ist eines von mehreren möglichen Beweismitteln im gerichtlichen Verfahren und soll über seine eigenen Wahrnehmungen berichten (vgl. Malek, 1999). Das Gericht muss die Verwertbarkeit einer solchen Aussage für den Prozess der Wahrheitsfindung beurteilen und „nirgends passieren so viele Fehler wie bei der Tatsachenfeststellung durch Zeugenaussagen" (Baumann, 1989, S. 23). Fasst man menschliche Aussagen über Wahrnehmungen aus psychologischer Sicht als „verbale Rekonstruktionen subjektiver Erlebniswirklichkeiten" (Greuel, 2001, S. 1) auf, so wundert dies nicht. Auch die juristische Literatur befasst sich eingehend mit fehlerhaften und falsch konstruierten Zeugenaussagen (vgl. Bender et al., 2007). Gerichte haben im Rahmen der Beweiswürdigung die Dimensionen Irrtum und Lüge im Einzelfall zu prüfen und zudem grundlegend zu beurteilen, ob der Zeuge generell und in Bezug auf das, was er angibt, wahrgenommen zu haben, in der Lage ist, eine gerichtsverwertbare Aussage zu tätigen. Je zentraler bzw. verfahrensentscheidender die Zeugenaussage für den Prozess der Urteilsfindung ist, umso bedeutsamer wird diese Prüfung und umso strenger sind die Anforderungen an die gerichtliche Würdigung der Zeugenaussage (Sander, 2000). Durch die Rechtsprechung festgeschrieben ist diese Prüfung, den Realitäts- und Erlebnisgehalt einer Aussage (eines Zeugen, eines Angeklagten) betreffend, die „ureigene Aufgabe des Tatrichters" (vgl. Fischer, 1994). Dabei beurteilt er nicht nur bereits aus dem Ermittlungsverfahren gewonnene schriftlich vorliegende Aussagen, sondern erhebt solche auch selbst im Rahmen der Hauptverhandlung.

Nur in begründeten Einzelfällen, in denen das Gericht (oder im strafrechtlichen Vorverfahren die Staatsanwaltschaft) sich selbst nicht die erforderliche Sachkunde zu dieser Prüfung zuschreibt, bedient es sich bei der Einschätzung der Glaubhaftigkeit einer Aussage der Hilfe eines aussagepsychologischen Sachverständigen (BGH 5 StR 209/00). Dies geschieht im Strafverfahren v. a. in der Fallkonstellation, bei der Aussage (des Angeklagten) gegen Aussage (des Belastungszeugen) steht – die schwierigste Konstellation mit Blick auf die richterliche Beweiswürdigung (Bender et al., 2007) – und bei der die Belastungsaussage in Ermangelung anderer Beweise einen zentralen Stellenwert im Hinblick auf das Urteil hat, da es keine oder keine eindeutigen Sachbeweise gibt und auch keine weiteren, den inkriminierten Vorgang selbst bezeugenden Aussagen von Dritten vorliegen. Diese Beweislage ist in der juristischen Praxis fast regelmäßig anzutreffen, wenn es um Delikte gegen die sexuelle Selbstbestimmung geht, die im Strafgesetzbuch unter den §§ 174 – 184 g aufgeführt sind. Darunter fallen folgende, für die forensische Begutachtungspraxis relevante Paragraphen, deren genaue Kenntnis auch für den aussagepsychologischen Sachverständigen unverzichtbar ist:

- Sexueller Missbrauch von Schutzbefohlenen (§ 174 StGB)
- Sexueller Missbrauch von Kindern (§ 176 StGB)
- Sexuelle Nötigung; Vergewaltigung (§ 177 StGB)
- Sexueller Missbrauch widerstandsunfähiger Personen (§ 179 StGB)

In der Gruppe der Straftatbestände, die unter den §§ 180 – 184 StGB festgeschrieben sind, sind in der Praxis für die Glaubhaftigkeitsbegutachtung die „Förderung sexueller Handlungen Minderjähriger" (§ 180 StGB),

„Sexueller Missbrauch von Jugendlichen" (§ 182 StGB) sowie „Exhibitionistische Handlungen" (§ 183 StGB) relevant. Die Regelungen zu Verbreitung, Erwerb und Besitz verbotener pornografischer Schriften (§§ 184 ff. StGB) sind für die Aussage-gegen-Aussage-Konstellation eher nachrangig, da hier oftmals beschlagnahmtes Material im Vordergrund der Beweisführung steht. Allerdings kann bei der Prüfung des § 184 Abs. 1, 2 (Verbreitung pornografischer Schriften – Anbieten, Überlassen oder Zugänglichmachen (1) oder an einem dem Jugendlichen zugänglichen oder einsehbaren Ort pornografische Schriften ausstellen, anschlagen, vorführen oder sonst zugänglich machen) durchaus im Einzelfall die Aussage eines vermeintlich betroffenen Jugendlichen (unter 18 Jahren) im Vordergrund stehen. Aussage-gegen-Aussage-Konstellationen können auch im Bereich der Straftaten gegen die körperliche Unversehrtheit (§§ 223 – 229 StGB – Körperverletzung) entstehen.

Die Konstellation Aussage-gegen-Aussage allein führt noch nicht zur Einholung eines Glaubhaftigkeitsgutachtens. Nur wenn die Aussageperson besondere Umstände aufweist (z. B. Psychose, Persönlichkeitsstörung, Drogenabhängigkeit, intellektuelle Minderbegabung, geringes Alter oder Störungen im Verhalten) oder aber die zu verhandelnde Sache selbst Besonderheiten aufweist (z. B. langer Abstand zwischen fraglicher Tat und Aussage darüber bei gleichzeitig sehr geringem Alter des bekundenden Zeugen) (vgl. Greuel, 2001; Boetticher, 2002; Pfister, 2008), werden aussagepsychologische Sachverständige zur Prüfung des Realitäts- und Erlebnisgehalts einer Aussage hinzugezogen. Zu konkreten Konstellationen gibt es umfangreiche Rechtsprechung (vgl. Detter, 2009) und aus der höchstrichterlichen Rechtsprechung leiten sich Weisungen und Empfehlungen ab, wann ein solches Gutachten notwendig ist, in welcher Weise es vom Richter in den Entscheidungsgründen darzustellen ist und

welchen Einfluss die Anerkennung der durch den Bundesgerichtshof im Urteil vom 30. 07. 1999 dargelegten, wissenschaftlich begründeten Glaubhaftigkeitsprüfung (s. hierzu Kap. 10.3.3 und 10.3.4) auf die Beweiswürdigung durch den Tatrichter und deren Überprüfung durch das Revisionsgericht hat (Pfister, 2007). Wenn ein Glaubhaftigkeitsgutachten vorliegt, ersetzt dies nicht die eigene Würdigung der Zeugenaussage durch das Gericht. So kann im Einzelfall die Beurteilung der Glaubhaftigkeit einer Zeugenaussage durch das Gericht anders ausfallen als die des Sachverständigen. Gleichwohl haben aussagepsychologische Erkenntnisse Einfluss auf die richterliche Beweiswürdigung und diese hat aussagepsychologische Erkenntnisse zu berücksichtigen (Deckers, 2008) sowie von der gutachterlichen Beurteilung abweichende Glaubhaftigkeitseinschätzungen zu begründen (BGH 3 StR 302/08; BGH 1 StR 552/08).

10.3.2 Historische Entwicklung der aussagepsychologischen Forschung und forensischen Anwendung

In der Frühphase der Aussagepsychologie zu Beginn des letzten Jahrhunderts versuchten die Forscher, sich mit Laborexperimenten den Konstrukten der Aussagegenauigkeit (= Fehlerbehaftetheit von Zeugenaussagen) und der Aussagetüchtigkeit zu nähern. Damals lag der Fokus auf der forensischen Frage der Aussagetüchtigkeit von Kindern und jungen Frauen (Kühne, 1997). Es wurde unterschieden zwischen „Zeugentüchtigkeit" einerseits (kognitive Komponente der Aussage) und der „Glaubwürdigkeit" im Sinne von Aussageehrlichkeit (motivationale Komponente) andererseits. Damals wurde Aussageehrlichkeit (sog. Wahrheitsliebe) als persönlichkeitsbedingt angesehen und die Ansicht vertreten, dass sich die Glaubwürdigkeit der Aussage „am besten über die

Beurteilung der Persönlichkeit des Zeugen, seines Lebenswandels usw. erschließen" lässt (Köhnken, 1990, S. 82).

Dieses Konzept der „allgemeinen Glaubwürdigkeit" wurde nach dem Zweiten Weltkrieg v. a. von Undeutsch (1967) immer wieder als unbrauchbarer Ansatz kritisiert. Dies hatte einen Paradigmenwechsel zur Folge: Undeutsch stellte diesem alten Konzept das der „speziellen Glaubwürdigkeit" entgegen. Damit war gemeint, dass die Motivation zu einer wahrheitsgemäßen Aussage nicht durch stabile Persönlichkeitsmerkmale bestimmt ist, sondern durch situative Faktoren. Diese bald anerkannte Auffassung der modernen Aussagepsychologie hatte zur Folge, dass für die Glaubwürdigkeitsbegutachtung in erster Linie die Aussage selbst und das sie begleitende Verhalten die relevante Informationsquelle wurde (vgl. Köhnken, 1990). Die Glaubhaftigkeit einer konkreten Zeugenaussage – nicht mehr die allgemeine Glaubwürdigkeit der Person – stand nun seit Anfang der 1970er Jahre im Vordergrund. Undeutsch (1967) griff eine damals schon existente Überlegung auf, dass sich erfundene Berichte in inhaltlichen Merkmalen von realitätsbegründeten Schilderungen unterscheiden müssten, und entwickelte diese zu einer Hypothese, die später, durch Steller (1989) so benannt, als „Undeutsch-Hypothese" in die Literatur einging. Demnach unterscheiden sich Aussagen über selbsterlebte Vorgänge von lediglich erfundenen Aussagen „u.a. durch Merkmale wie Unmittelbarkeit, Farbigkeit, Lebendigkeit, Konkretheit und Detailreichtum" (zit. n. Köhnken, 1999). Aus der praktischen forensischen Erfahrung heraus wurden auf dieser Grundlage verschiedene Listen mit Merkmalen für eine erlebnisbasierte Aussage ausgearbeitet (Undeutsch, 1967; Trankell, 1971; Littmann & Szewczyk, 1983; Arntzen, 1993). Diese Qualitätsmerkmale („Realkennzeichen") basieren auf der Annahme, „dass sie in einer phantasierten Aussage nur selten vorkom-

men, weil ein Zeuge nicht in der Lage ist, eine Aussage mit den in den Realkennzeichen beschriebenen Qualitäten ohne eigene Erlebnisgrundlage zu erfinden" (Köhnken, 1999, S. 322).

Steller und Köhnken (1989) integrierten diese verschiedenen Merkmalsysteme in einen Kriterienkatalog von 19 Einzelmerkmalen, der seitdem in der aussagepsychologischen Forschung Gegenstand zahlreicher Validierungsstudien war. Fazit dieser Feld- und Simulationsstudien war der Beleg bzw. die grundsätzliche Untermauerung der Undeutsch-Hypothese (vgl. Steller & Volbert, 1999; Niehaus, 2008 a).

Die forensische Glaubwürdigkeitsforschung hat sich auch mit anderen Zugängen zur Einschätzung der Glaubhaftigkeit einer Aussage beschäftigt. Verhaltensorientierte Ansätze (vgl. Köhnken, 1990) fokussieren dabei auf Verhaltensmerkmale, die Aussagen begleiten und Täuschungen anzeigen sollen. Einen Überblick über die Forschung zu möglichen nonverbalen Indikatoren von Täuschung geben Sporer und Köhnken (2008). Ein weiterer verhaltensorientierter Zugang besteht in der Erforschung des Zusammenhangs zwischen psychophysiologischen Phänomenen (Blutdruckänderungen, Hautleitfähigkeit etc.) und der Glaubhaftigkeit der Aussage. Die daraus entstandene Entwicklung und Anwendung der Methode der psychophysiologischen Aussage- bzw. Täterschaftsbeurteilung, auch „Polygraphie" oder irreführend „Lügendetektion" genannt (Steller & Dahle, 1999), hat durchaus ihren methodischen Wert bei der forensischen Aufgabe, wahre von unwahren Aussagen zu diskriminieren (Steller, 1999). Allerdings sind in neuerer Zeit weitere empirisch fundierte Überprüfungen zur psychophysiologischen Begutachtung (Polygraph) durch Urteile des BGH vom 17.12.1998 (1 StR 156/98; 1 StR 258/98) in den Hintergrund getreten.

Die forensische Wirklichkeit zeigt neben der Unterscheidung „wahr vs. erfunden" eine weitere Problemkonstellation an, mit der sich Gutachter beschäftigen mussten: Es gibt Fälle, in denen Zeugen zusammenhängende Aussagen tätigen, von deren Erlebnisbasiertheit sie subjektiv gänzlich und unkorrigierbar überzeugt sind und die dennoch falsch sind. Entstanden sind sie aufgrund fremdsuggestiver Prozesse. Spektakulär wurde dies in Deutschland in den sog. Wormser Prozessen am Landgericht Mainz (Köhnken, 2000) aufgezeigt und diskutiert. Derartige Probleme der Unzuverlässigkeit von Zeugenaussagen haben seit Ende der 1980er Jahre zu umfangreicher aussagepsychologischer Forschung (Suggestionsforschung) angeregt (Überblicke hierzu in Greuel, 2001; Volbert, 2008). Das für die Anwendung wohl zentrale Ergebnis dieser Forschung an Kindern, Jugendlichen und Erwachsenen ist, dass suggestive Befragungsformen unter bestimmten Bedingungen dazu führen können, dass „fiktive Episoden überzeugend als eigene Erlebnisse geschildert werden. Diese Schilderungen können so plastisch sein, dass ihnen selbst Fachleute Glaubwürdigkeit attestieren. Am Ende sind sogar die Zeugen subjektiv davon überzeugt, diese (nicht existenten) Episoden tatsächlich erlebt zu haben" (Köhnken, 1999, S. 343). Die in der Praxis als „Glaubhaftigkeitsbegutachtung" bezeichnete forensisch-aussagepsychologische Begutachtung umfasst demnach auch die Fragestellungen, die sich mit dem Phänomen subjektiv wahrer, gleichwohl durch Suggestion verfälschter oder gänzlich suggestiv erzeugter Falschaussagen beschäftigt.

Trotz des Zuwachses an anwendungsbezogenem Wissen war die Bandbreite der Qualität der im forensischen Alltag vorgelegten Gutachten erheblich. In einigen Strafverfahren fielen Gutachten mit schwerwiegenden Mängeln im methodischen Verständnis und in der diagnostischen Vorgehensweise auf. Anlässlich eines Revisionsverfahrens, in dem ein kritisiertes Glaubhaftigkeitsgutachten zur Aussage der Hauptbelastungszeugin vorlag, holte der Bundesgerichtshof 1999 zwei wissenschaftliche Gutachten zu den Standards von forensisch-aussagepsychologischer Begutachtung („Glaubwürdigkeitsbegutachtung") ein (Steller & Volbert, 1999; Fiedler & Schmid, 1999), um sich u.a. eingehend über die methodische Güte der Glaubhaftigkeitsbegutachtung informieren zu lassen. In seinem darauf fußenden Urteil vom 30.07. 1999 (BGHSt 45, 164) hat der Bundesgerichtshof die von den jeweiligen Wissenschaftlern dargelegten methodischen Standards aufgegriffen und damit nicht nur (noch einmal breitenwirksamer) den Psychologen „ins Stammbuch" geschrieben.

Mit der höchstrichterlichen Definition der aussagepsychologischen Glaubhaftigkeitsbegutachtung ist eine Absage an alle anderen, „eher intuitiv" vorgehenden, Beurteilungsstrategien verbunden (Steller, 2008, S. 301). Damit gemeint sind alltagstheoretische Einschätzungen der Glaubwürdigkeit (z.B. aufgrund von Verhaltensweisen und Erscheinungsbild des Aussagenden; vgl. Köhnken, 1990; Niehaus, 2008b). Des Weiteren kommt bestimmten deutenden und für die Glaubhaftigkeitsbeurteilung invaliden Verfahren wie z.B. Ausdeutung von Kinderzeichnungen oder Deutung von Verhaltensweisen sowie Interaktionen, die Kinder unter Einsatz sog. anatomisch korrekter Puppen darstellen, keine Bedeutung zu (vgl. hierzu Köhnken, 2007). Deutlich geworden ist durch die Rechtsprechung des BGH zudem, dass die Beurteilung der Glaubhaftigkeit von Zeugenaussagen durch Sachverständige die Domäne der Aussagepsychologie ist und die Einschätzung normalpsychologischer Wahrnehmungs-, Gedächtnis- und Denkprozesse in den Kompetenzbereich von psychologischen Sachverständigen fällt, wozu auch die Beurteilung bei intellektueller Minderleistung eines Zeugen zählt (Pfister, 2007, mit Verweis auf 1 StR 5/02). Sie beziehen dabei Erkenntnisse verschiedenster psychologischer Forschungsbereiche mit ein (Sozialpsychologie,

Entwicklungspsychologie, Klinische Psychologie, Allgemeine Psychologie). Ergänzend dazu ist allenfalls die besondere Sachkunde eines psychiatrischen Sachverständigen zur Prüfung der Aussagetüchtigkeit hinzuzuziehen, „wenn die Zeugentüchtigkeit dadurch in Frage gestellt ist, dass der Zeuge an einer geistigen Erkrankung leidet oder sonst Hinweise darauf vorliegen, dass die Zeugentüchtigkeit durch aktuelle psychopathologische Ursachen beeinträchtigt sein kann" (a. a. O., S. 49). Eine Approbation zum Psychologischen Psychotherapeuten oder zum Kinder- und Jugendlichenpsychotherapeuten ist für aussagepsychologisch sachverständige Tätigkeit weder Voraussetzung noch fachlich notwendig.

10.3.3 Prüfkonstellationen der Begutachtung und methodisches Grundprinzip

Aussagen können unwahr und damit für Gerichte unbrauchbar sein, weil sie erlogen oder aber weil sie aufgrund von suggestiven Bedingungen erheblich irrtümlich sind. Mit diesen Irrtümern sind nicht solche gemeint, die aufgrund normal erwartbarer Gedächtnisprozesse und Einflussfaktoren beim Kodieren, Speichern und Abrufen von Erinnerungen auch in subjektiv erlebnisbasierten Aussagen entstehen (vgl. hierzu Milne & Bull, 2003; Erdfelder, 2003). Bei der Glaubhaftigkeitsbegutachtung, die in der Regel Aussagen von am inkriminierten Geschehen beteiligten Zeugen zum Gegenstand hat, sind vielmehr Irrtümer solchen Ausmaßes gemeint, die zu Vorstellungen über vermeintliche Erinnerungen führen, die „keinerlei Entsprechung in einer vorausgegangenen Realität haben" (Volbert & Steller, 2009, S. 819). Dabei steht die Identifizierung möglicher „substantieller Verfälschungsfaktoren" (Greuel et al., 1998, S. 4) im Vordergrund. Es geht demnach bei der Glaubhaftigkeitsbegutachtung letztlich um die

Unterscheidung erlebnisentsprechender (wahrer) Aussagen von bewussten Falschkonstruktionen bzw. erfundenen Aussagen einerseits und suggerierten Aussagen andererseits.

Bevor man diese Konstellationen diagnostisch überprüft, muss im Einzelfall jedoch die Frage geklärt werden, ob der aussagende Zeuge überhaupt in der Lage ist, eine zutreffende Aussage über das in Frage stehende Ereignis zu tätigen (sog. Aussagetüchtigkeit; vgl. Kap. 10.3.4).

Glaubhaftigkeitsbegutachtung ist psychologische Diagnostik und damit als hypothesengeleitete Prüfstrategie konzipiert (Steller & Volbert, 1999). In jedem zu begutachtenden Einzelfall werden naheliegende Hypothesen über das Zustandekommen der zu prüfenden Aussage generiert. Dabei werden fallspezifische Annahmen dazu, wie die Aussage auch ohne Erlebnishintergrund zustande gekommen sein könnte (sog. Unwahrhypothesen), der sog. Wahrannahme (bei der die Aussage subjektiv erlebnisbezogen und im Kerngehalt nicht durch suggestive Prozesse verfälscht ist) gegenübergestellt.

Geprüft werden die Hypothesen analog zu wissenschaftlichen Regeln, wie sie aus den empirischen Sozialwissenschaften bekannt sind. Der Bundesgerichtshof hat es so formuliert:

Das methodische Grundprinzip besteht darin, einen zu überprüfenden Sachverhalt (hier: Glaubhaftigkeit einer spezifischen Aussage) so lange zu negieren, bis diese Negation mit den gesammelten Fakten nicht mehr vereinbar ist. Der Sachverständige nimmt daher bei der Begutachtung zunächst an, die Aussage sei unwahr (sog. Nullhypothese). Zur Prüfung dieser Annahme hat er weitere Hypothesen zu bilden. Ergibt seine Prüfstrategie, dass die Unwahrhypothese mit den erhobenen Fakten nicht mehr in Übereinstimmung stehen kann, so wird sie verworfen, und es gilt dann die Alternativhypothese, dass es sich um eine wahre Aussage handelt. (BGHSt 45, 164)

Die Bestätigung der Wahrhypothese setzt allerdings voraus, dass die Unwahrhypothesen für den zu prüfenden Einzelfall vollständig aufgestellt wurden. Wird z. B. eine Hypothese übersehen (z. B. eine naheliegende Suggestionshypothese, vgl. Kap. 10.3.4), wäre es ein erheblicher Fehler, die Wahrannahme als naheliegende Erklärung für das Zustandekommen der zu prüfenden Aussage anzunehmen, auch wenn die übrigen aufgestellten Unwahrhypothesen (z. B. die der bewussten Falschaussage) verworfen werden können. Vollständigkeit der Hypothesen meint dabei nicht, dass alle denkbaren Hypothesen aufgestellt werden. Vielmehr sind nur die Hypothesen, die sich aus dem vorliegenden Material (Gerichtsakten, eigene Untersuchungsergebnisse) als naheliegend erweisen, in Betracht zu ziehen.

Gleich welche Problemkonstellation im Einzelfall im Vordergrund steht; es geht bei der Glaubhaftigkeitsbegutachtung immer darum, zu prüfen, „ob die in Frage stehende Aussage anders als durch einen tatsächlichen Erlebnishintergrund zustande gekommen sein kann" (Volbert, 2010). Erst wenn diese Frage anhand der vorgenommenen Diagnostik verneint werden kann, kann das Gegenteil angenommen werden (hier: Glaubhaftigkeit der Aussage). Dieses Prinzip der Falsifikation von untersuchungsleitenden Annahmen schützt vor vorschneller und unzutreffender Bestätigung der Glaubhaftigkeit einer Aussage (vgl. zu den Mechanismen falscher Beurteilungsstrategien vom Schemm & Köhnken, 2008).

10.3.4 Aussagepsychologische untersuchungsleitende Konstrukte

Die vorstehend skizzierten Fallkategorien weisen auf die drei zentralen Konstrukte bei der Glaubhaftigkeitsbegutachtung, die den umgangssprachlichen Begriff der Glaubhaftigkeit in psychologische, der Diagnostik zugängliche Termini überführen: Aussagetüchtigkeit, Aussagequalität, Aussagezuver-

lässigkeit. Sie bilden die „Grundstruktur der psychodiagnostischen Informationsaufnahme und -verarbeitung" (Greuel et al., 1998, S. 49).

Aussagetüchtigkeit

Mit dem Begriff „Aussagetüchtigkeit" (synonym für Aussagefähigkeit, Zeugentüchtigkeit) ist die Fähigkeit eines Zeugen gemeint, den in Frage stehenden Sachverhalt zuverlässig wahrzunehmen (Kodierung), ihn in der Zeit zwischen fraglichem Ereignis und Befragung darüber im Gedächtnis zu bewahren (Speicherung) und ihn ohne wesentliche Beeinflussung in einer Befragungssituation in den Grundzügen richtig zu rekonstruieren (weitgehend selbständiger Abruf der Erinnerung). Generell muss er dazu grundlegend die Fähigkeit besitzen, Erlebtes von anderweitig generierten Vorstellungen zu unterscheiden (sog. Quellenmonitoring). In der Befragungssituation muss er neben ausreichendem Sprachverständnis und relevanten kommunikativen Kompetenzen (vgl. Lau & Böhm, 2005) auch über ausreichende sprachliche Ausdrucksfähigkeit bzgl. einer für Dritte nachvollziehbaren, validen Schilderung verfügen (vgl. Greuel et al., 1998; Volbert, 2010). Es wird demnach geprüft, ob der Zeuge überhaupt über die notwendigen kognitiven Grundvoraussetzungen verfügt, die zur Erstattung einer gerichtsverwertbaren Aussage notwendig sind. Diese Prüfung bezieht sich nicht nur auf den Zeitpunkt einer Begutachtung oder einer zuvor erfolgten Befragung. Beurteilt werden muss vielmehr die jeweilige Ausprägung der einzelnen Funktionen, „die während des in Frage stehenden Geschehnisses die Wahrnehmung, in der zwischen Geschehen und Aussage liegenden Zeit das Gedächtnis sowie während des Aussagens das Erinnern und die Wiedergabe beeinflusst haben bzw. beeinflussen könnten" (Greuel et al., 1998, S. 79). Die Prüfung bezieht sich konkret auf den fraglichen *Tatbestand* und muss damit für diesen diskutiert werden. Es kann nämlich durchaus sein, dass ein Zeuge bezogen auf diesen Tatbestand aufgrund personaler oder situativer Faktoren in der speziellen Wahrnehmungssituation (z. B. punktuelle Einnahme halluzinogener Drogen als personale Variable) nicht ausreichend aussagetüchtig war, bezogen auf andere Wahrnehmungssituationen im selben engen Zeitraum jedoch sehr wohl.

Die Prüfung der Aussagetüchtigkeit kann weder die Frage der Glaubhaftigkeit einer Aussage beantworten noch die Frage danach, ob die Aussage im Einzelnen Irrtümer aufweist (Volbert, 2010), die in der Gesamtdiskussion der Bewertung der Aussage eine Rolle spielen könnten.

Einer eingehenden Prüfung und Erörterung der Aussagetüchtigkeit bedarf es nur dann, wenn sich aus dem Aktenstudium Hinweise auf eine Einschränkung der Aussagetüchtigkeit ergeben oder aber der Auftrag auf die Prüfung der Aussagetüchtigkeit explizit an den Sachverständigen formuliert ist (vgl. Steller, 2008). In den meisten zur aussagepsychologischen Begutachtung gelangenden Fällen ist nach forensischer Erfahrung die Aussagetüchtigkeit bei Zeugen jenseits des früheren Kindesalters zuzusprechen.

Minderungen der Aussagetüchtigkeit können entwicklungsbedingt bei Kleinkindern oder Vorschulkindern vorliegen (vgl. zu altersbedingter Entwicklung von Aussagefähigkeiten Greuel, 2001; Volbert, 2005) oder bei älteren Zeugen durch das Vorliegen psychischer Störungen bedingt sein, die zu dauerhaft oder vorübergehend aufgehobener Aussagetüchtigkeit führen können (hierzu im Einzelnen Volbert & Lau, 2008). Zu betonen ist, dass es beim Vorliegen von psychischen Störungen auch *erhaltene Aussagetüchtigkeit* gibt. So rechtfertigen nichtpsychotische psychische Störungen keinen Zweifel am Erhalt der Aussagetüchtigkeit, denn „diesen Störungen liegen dimensionale und keine kategorialen Veränderungen auch

normalpsychologisch zu beobachtender Phänomene ohne gravierende kognitive Beeinträchtigungen zugrunde" (ebd., S. 295). Dies gilt z. B. für die in letzter Zeit im Bereich der Glaubhaftigkeitsbegutachtung vieldiskutierte Borderline-Persönlichkeitsstörung, es sei denn, sie ist im Einzelfall durch psychotische Episoden begleitet, die für die Zeitpunkte der fraglichen Wahrnehmung oder der Aussage im Rahmen der Begutachtung nachweisbar sind (vgl. Böhm & Lau, 2007). Auch das Vorliegen leichter bis mittelgradiger depressiver Symptomatik begründet keinen Zweifel an einer erhaltenen Aussagetüchtigkeit (Lau et al., 2008). Jedoch sind bei psychischen Störungen Besonderheiten in der Leistungsfähigkeit und im Aussagestil zu beachten, die sich auf Art und Umfang der Aussage auswirken können.

Diagnostischer Zugang bei der Prüfung der Aussagetüchtigkeit

Für die Beurteilung der Aussagetüchtigkeit sind die kognitiven Kompetenzen des Zeugen im Hinblick auf die allgemeine und sprachliche intellektuelle Leistungsfähigkeit von Belang und die Frage, ob diese durch psychopathologische Auffälligkeiten (z. B. formale oder inhaltliche Denkstörungen) beeinträchtigt sind oder waren. Die *Aktenanalyse* ergibt bereits wichtige Hinweise für die Beantwortung der Frage der Aussagetüchtigkeit (Aspekte der schulischen Entwicklung; eventuell Angaben zu Verhaltensauffälligkeiten oder Befundberichte). Die *allgemeine Exploration* des Zeugen in der Begutachtung zu seiner Lebens- und Leistungsgeschichte (z. B. schulische Laufbahn, eventuelle Klinikaufenthalte) gibt weiteren Aufschluss über sein kognitives Leistungsniveau, begleitet von der *Verhaltensbeobachtung während der Begutachtung*, die die aktuelle psychische Verfassung im Hinblick auf die Aussageleistung sowie das eventuelle aktuelle Vorliegen von kognitiven Störungen erfassen kann (mögliche Minderungsfaktoren für den Erinnerungsabruf durch Befindlichkeitsstörungen, verminderten Antrieb, erhöhtes oder vermindertes Niveau der psychischen Erregung etc.). Im begründeten Einzelfall können auch *standardisierte Tests* (z. B. Intelligenztest) oder unstandardisierte Proben (bei kleinen Kindern *explorationsbegleitende Leistungsproben* innerhalb der Exploration zur Erfassung z. B. von Täuschungskompetenzen oder Leistungen beim sprachlichen Darstellen zusammenhängender Handlungssequenzen) eingesetzt werden. Letztere gehören im Gutachten genau beschrieben und begründet, da sie nicht im Repertoire standardisierter Tests sind. Gegebenenfalls werden *fremdanamnestische Daten* mit Einverständnis des Zeugen und/oder der hierzu rechtlich befugten Person (Betreuer, Erziehungsberechtigter) herangezogen. Dies können Entwicklungsberichte oder Klinikbefunde sein, ebenso informatorische Gespräche des Sachverständigen mit Dritten. Hierbei sollte der Auftraggeber darüber informiert werden, damit er entscheiden kann, ob diese aussagepsychologisch im Einzelfall angezeigte Vorgehensweise rechtlich unbedenklich ist.

Bedeutung eingeschränkter oder aufgehobener Aussagetüchtigkeit für den weiteren Prüfprozess

Eine Minderung der Aussagetüchtigkeit bei kleinen Kindern oder eine zeitweilige oder dauerhafte Aufhebung der Aussagetüchtigkeit bei älteren Zeugen führt zu einer Einschränkung des Wertes der Aussage für den Wahrheitsfindungsprozess bei Gericht. Für den Prüfprozess der Glaubhaftigkeit führt die dauerhaft aufgehobene Aussagetüchtigkeit dazu, dass weitere Prüfschritte obsolet sind. Bei vorübergehender Aussageuntüchtigkeit kann überlegt werden, ob Aussicht besteht, eine Prüfung der Glaubhaftigkeit der Angaben in einem späteren Begutachtungsprozess sinnvoll durchzuführen. Wird die Aussagetüchtigkeit entwicklungsbedingt bei einem Kleinkind zum Zeitpunkt des fraglich erlebten Ereignisses als noch nicht

gegeben eingeschätzt, so erscheint eine Begutachtung zu einem späteren Zeitpunkt nicht sinnvoll. Diese Konstellation trifft man im forensischen Alltag dann an, wenn z. B. ein sechsjähriges Kind über etwas berichten soll, das es im Alter von zwei Jahren oder jünger erlebt haben soll. Da sich die relevanten Fähigkeiten, die für den Bericht über autobiografische Erlebnisse notwendig sind, allmählich ausbilden und es hier individuelle Unterschiede in der Entwicklung gibt, muss der Einzelfall geprüft werden. Zur altersabhängigen Entwicklung dieser Fähigkeiten (z. B. Bezugnahmen auf die Vergangenheit, Länge des Erinnerungsintervalls, Ausformung der narrativen und inhaltlichen Struktur bei Aussagen) gibt Volbert (2010) Anhaltspunkte.

Aussagequalität

Die untersuchungsleitende Frage im Bereich der Aussagequalität besteht darin, inwieweit die vorliegende Aussage vor dem Hintergrund der Kompetenzen des Aussagenden solche Merkmale aufweist, die in erlebnisbasierten Schilderungen zu erwarten sind, in frei erfundenen oder aus anderer Quelle bewusst falsch konstruierten Aussagen jedoch eher bzw. in vergleichbarem Umfang fehlen.

Theoretische Überlegungen

Dieser Suche nach Merkmalen in der Aussage liegen theoretische Überlegungen zugrunde, die begründen, warum es zu Unterschieden in der Qualität von erlebnisbasierten Aussagen im Gegensatz zu erfundenen kommt. Diese von Steller und Volbert (1999; Volbert & Steller, 2009) wiederholt formulierten Überlegungen begründen die Ansicht, dass eine Zeugenaussage das Resultat einer kognitiven Leistung ist, Glaubhaftigkeitsbegutachtung in diesem Prüfbereich „Leistungsdiagnostik" (Köhnken, 2007) ist:

Derjenige, der eine erlebnisbezogene Aussage tätigt, greift dabei auf sein autobiografisches Gedächtnis zurück. In diesem sind für das Individuum persönlich bedeutsame ereignisspezifische Erinnerungen repräsentiert (vgl. Greuel, 2001), die gut memoriert werden (auch Erinnerungen an emotional extrem stressreiche Ereignisse; vgl. Volbert, 2004). Sie sind als Episoden im Gedächtnis gespeichert und beinhalten „bildhaft vorstellbare Informationen über spezifische räumlich-zeitlich lokalisierbare Ereignisse" (Volbert & Steller, 2009, S. 820). So sind je nach erlebter Episode verschiedenste Informationen abgespeichert. Dies können verbale und Informationen aus den verschiedensten Wahrnehmungsbereichen (visuell, auditiv, olfaktorisch, räumlich, verbal) sein. Die Aussageleistung eines Zeugen, der auf tatsächliches, in seinem autobiografischen Gedächtnis abgespeichertes Erleben zurückgreifen kann, ist demnach hoch. Diese hohe Leistung bei der Wiedergabe von Erinnerungen an tatsächlich Erlebtes ist jedoch kognitiv eine relativ leicht zu bewältigende Aufgabe (vgl. Volbert & Steller, 2009), eben weil der Rückgriff auf das autobiografische Gedächtnis als Basis für die Aussage möglich ist.

Dahingegen stellt eine erfundene Aussage über ein komplexes Handlungsgeschehen, die womöglich über einen langen Zeitraum konsistent aufrechterhalten werden muss, hohe Anforderungen an den Aussagenden. Er sagt über etwas aus, das er aus seinem gespeicherten Allgemeinwissen (kognitive Schemata) bezüglich solcher oder ähnlicher Erlebnisse konstruieren muss.

Kognitive Schemata sind abstrakte Wissensstrukturen, die Vorannahmen über Gegenstände, Menschen und Situationen enthalten. Sie repräsentieren Cluster von Wissen und Sequenzen aufeinander bezogener Ereignisse und Handlungen und leiten Aufmerksamkeit, Erwartungen, Interpretationen und Inferenzen bei der Wahrnehmung, Verarbeitung und Rekonstruktion von Informationen. Schemata enthalten gewissermaßen eine Zusammenfassung der Eigenschaften, die typischerweise in einem Exemplar des jeweiligen Gegenstandsbereichs vorkommen. (Volbert & Steller, 2009, S. 820)

Man nimmt an, dass der schemageleitete falsch Aussagende eine geringere Aussageleistung erbringt, weil Schemata weniger oder keine qualitätsreichen Details aufweisen (z. B. einzigartig an die Situation gebundene Komplikationen im Handlungsverlauf). Zudem ist der bewusst falsch Aussagende bemüht, sich als glaubwürdig zu präsentieren (vgl. Köhnken, 1990): Er versucht dies nicht nur auf der Verhaltensebene, sondern auch auf verbal-inhaltlicher Ebene. So vermeidet er tendenziell Details, von denen er laienhaft meint, dass sie seine Glaubwürdigkeit in Frage stellen könnten (z. B. Selbstbelastungen, Erinnerungslücken, Selbstkorrekturen). Gleichzeitig hat er beim Vortrag seiner Lüge kognitiv anstrengende Aufgaben zu bewältigen: Er muss aktiv eine in sich schlüssige, nicht selbst erlebte Ereignisdarstellung erzeugen, diese falsche Ereignisdarstellung bei entsprechenden Nachfragen widerspruchsfrei ergänzen und er muss sich seine ursprünglich erfundene Ereignisdarstellung merken, samt eventuell auf Fragen produzierter Ergänzungen. Er muss zudem Aussageelemente vermeiden, die einen Hinweis auf den fehlenden Erlebnisbezug geben könnten, und er muss seine Täuschung verheimlichen, auf der verbalen wie auf der Verhaltensebene (nach Volbert & Steller, 2009, S. 821).

Ein bewusst falsch aussagender Zeuge ist also in hohem Maß damit beschäftigt, seine Geschichte inhaltlich plausibel darzulegen und sich selbst so zu präsentieren, dass er (aus seiner Sicht) seinem Gegenüber glaubwürdig erscheint (strategische Selbstpräsentation; vgl. Köhnken, 1990). Diese Überlegungen setzen die Annahmen voraus, dass der Aussagende gezielt handelt (Intentionalität des Kommunikators) und um Verheimlichung der Täuschung bemüht ist. Man nimmt an, dass die eigentliche Handlungsschilderung beim falsch Aussagenden – gemessen an seinem Aussageniveau bei der Wiedergabe von tatsächlich Erlebtem – wenig elaboriert ausfällt, eben weil er seine „kognitive Energie" auf die oben genannten Aufgaben richten muss (Volbert & Steller, a.a.O.). Man nimmt zudem an, dass seine Aussageleistung im Vergleich zu der Leistung, die er bei erlebnisbezogenen Angaben erbringen könnte, niedriger ist. Das trifft auch zu, wenn der Zeuge nicht nur aus allgemeinem Schemawissen konstruiert, sondern die Aussage aus anderen Erlebniszusammenhängen heraus konstruiert (Personenübertragung). Dann wäre das Aussageniveau hoch, was einzelne Details von Handlungsabläufen betrifft, das Niveau jedoch an den Stellen geringer, an denen es um die Schilderung individueller Eigenarten der Beteiligten und des angegebenen Kontextes und deren Verflechtung in den an sich nicht erfundenen Handlungsablauf geht.

Exemplarische Formulierungen von Hypothesen bezüglich bewusster Falschaussagen

Hypothese: Bei der Aussage der Zeugin/des Zeugen XY handelt es sich, die relevanten dargestellten Kerninteraktionen zwischen ihr/ihm und dem Beschuldigten betreffend, um eine absichtliche Falschaussage.

Die Hypothese der absichtlichen Falschaussage ist bei der Aussage-gegen-Aussage-Konstellation bei Zeugen, die entwicklungsbedingt über Täuschungskompetenzen verfügen, aufzustellen und zu prüfen. Es ist jedoch im Einzelfall darauf zu achten, welcher Teil der Aussage prüfungsrelevant ist.

Besondere Aspekte der Aussageanalyse sind auch dann zu berücksichtigen, wenn die Hypothese begründet ist, dass es sich um einen sog. Personentransfer handelt:

Hypothese: Die Aussage der Zeugin/des Zeugen XY beruht inhaltlich auf eigenem Erleben des Zeugen, nicht jedoch bezogen auf den Beschuldigten, sondern auf eine andere Person.

In einem solchen Fall ist die Qualität der Aussage zur Sache insgesamt und besonders im Hinblick auf Merkmale hin zu prüfen, die eine Verflechtung der dargelegten Handlungen mit dem Beschuldigten anzeigen (sog. Individualverflechtung).

Eine weitere, in der Praxis gelegentlich zu prüfende Annahme im Bereich eines bewussten Transfers ist die der Wahrnehmungsübertragung:

Hypothese: Die Aussage bildet einen realen Wahrnehmungsbezug ab, ihm liegt jedoch kein Erlebnisbezug einer Eigenbeteiligung zugrunde.

In einem solchen anzunehmenden Fall hätte der Zeuge eine Anschauung durch anderweitige Wahrnehmungs- oder Wissensquellen (z.B. durch eigenes Beobachten anderer Personen bei der Ausübung des in Frage stehenden Handlungskomplexes, durch Wissen aus medialer Anschauung oder durch Hörensagen) und würde diese Anschauung als mit dem Beschuldigten selbst erlebt ausgeben.

Analysebereiche der Qualitätsprüfung

Realkennzeichenanalyse
Die Qualitätsanalyse beinhaltet neben der Konstanzprüfung die aussageimmanente Prüfung anhand der Realkennzeichen (vgl. **Tab. 10.2**). Sie bezieht sich auf die sachverhaltsrelevante Aussage des Zeugen zu dem in Frage stehenden Delikt, nicht auf allgemeine Ausführungen des Zeugen. In der Regel wird zu diesem Zweck die Aussage des Zeugen in einer *aussagepsychologischen Exploration* erhoben. Sind vorangegangene Aussagen allerdings vollständig und wörtlich dokumentiert worden, so dass das Antwortverhalten des Zeugen in Abhängigkeit zum Befragerverhalten nachvollzogen werden kann, können auch derartige Aussagen in

Tab. 10.2: Realkennzeichen in der Kategorisierung von Steller und Köhnken (1989; nach Steller & Volbert, 1999)

Allgemeine Merkmale
1. logische Konsistenz
2. ungeordnet sprunghafte Darstellung
3. quantitativer Detailreichtum

Spezielle Inhalte
4. raumzeitliche Verknüpfungen
5. Interaktionsschilderung
6. Wiedergabe von Gesprächen
7. Schilderung von Komplikationen Im Handlungsverlauf

Inhaltliche Besonderheiten
8. Schilderung ausgefallener Einzelheiten
9. Schilderung nebensächlicher Einzelheiten
10. Phänomengemäße Schilderung unverstandener Handlungselemente
11. indirekt handlungsbezogene Schilderungen
12. Schilderung eigener psychischer Vorgänge
13. Schilderung psychischer Vorgänge des Beschuldigten

Motivationsbezogene Inhalte
14. spontane Verbesserungen der eigenen Aussage
15. Eingeständnis von Erinnerungslücken
16. Einwände gegen die Richtigkeit der eigenen Aussage
17. Selbstbelastungen
18. Entlastung des Beschuldigten

Deliktspezifische Inhalte
19. deliktspezifische Aussageelemente

die Analyse der immanenten Qualität einbezogen werden.

Die Kriterien 1. bis 3. beziehen sich auf die Aussage als Gesamtheit. Logische Konsistenz und ausreichender quantitativer Detailreichtum sind dabei keine Merkmale, aus denen schon die Erlebnisfundiertheit belegende Qualität abgeleitet werden kann. Es handelt sich um notwendige Eingangskriterien, deren Erfüllung eine weitere Analyse anhand der anderen Realkennzeichen rechtfertigt.

Kompetenzen des Zeugen als Maßstab für die Inhaltsanalyse

Ob festgestellte Realkennzeichen tatsächlich zu Qualitätsmerkmalen werden, hängt entscheidend von der Einschätzung der kognitiven und gedanklich-kreativen Leistungsfähigkeit des Zeugen, seiner verbalen Darstellungsfähigkeiten und seinem bereichsspezifischen Wissen ab. Je mehr er hier leisten kann, umso eher könnte er eine diesbezügliche Aussage auch erfinden und umso höher sind die inhaltlichen Anforderungen, die er bei der Aussage zur Sache erfüllen muss. Die Analyse dieser Bereiche führt zur qualitativen Bestimmung eines individuellen Referenzwertes bzw. Vergleichsmaßstabs, an dem die gezeigte Aussageleistung beurteilt wird. So wird deutlich, dass ein und dieselbe Aussageleistung für einen Zeugen eine so hohe kognitive Anforderung darstellt, dass er diese Aussage kaum ohne eigenen Erlebnishintergrund hätte tätigen können, während ein kognitiv wendigerer und präziser wissender Zeuge dieselbe Aussage hätte erfinden können. Es handelt sich bei der Aussageanalyse, wie auch bei der gesamten Glaubhaftigkeitsbegutachtung, um einen qualitativen Analyseprozess, der zudem im Ergebnis immer nur Wahrscheinlichkeitsaussagen über das Zustandekommen der Aussage zulässt.

Konstanzanalyse

Hat ein Zeuge zu mehreren Zeitpunkten Angaben zur Sache gemacht (z. B. bei der Polizei, beim Ermittlungsrichter, im Rahmen der aussagepsychologischen Begutachtung), findet eine aussageübergreifende Prüfung der Konstanz statt. Die Konstanzprüfung beinhaltet einen Aussagevergleich im Hinblick auf Übereinstimmungen, Ergänzungen, Auslassungen und Widersprüche. Sie stellt ein wesentliches methodisches Element der Aussageanalyse dar. Zunächst müssen Abweichungen und Übereinstimmungen rein deskriptiv festgestellt werden. In einem nächsten Schritt werden sie bewertet, also auf ihre diagnostische Bedeutsamkeit hin geprüft. Sodann muss das Ergebnis dieser Analyseschritte mit den individuellen Fallbesonderheiten in Bezug gesetzt werden. Solche sind z. B. Komplexität des behaupteten Ereignisses und Abstand zwischen den Befragungen (vgl. Köhnken, 2007, S. 28). Aber auch eventuelle Vorbereitungsarten des Zeugen auf die neuerliche Aussage müssen hier mitberücksichtigt werden, um einschätzen zu können, ob und inwieweit das Ergebnis der Konstanzprüfung überhaupt sinnvoll als Indikator für stabile Gedächtnisinhalte gewertet werden kann.

Beachtet werden muss zudem, auf welchem Niveau frühere Aussagen des Zeugen im justiziellen Rahmen festgehalten wurden: Liegen nur zusammengefasste Protokolle über die Aussagen des Zeugen vor, so ist dies bei der Konstanzprüfung mit zu bedenken. Eine Glaubhaftigkeitsbegutachtung muss sich mit der Frage des Grades der Zuverlässigkeit der in die Analyse einzubeziehenden Protokolle auseinandersetzen.

Nicht jede Abweichung ist als Hinweis auf mangelnde Glaubhaftigkeit der Aussage zu werten. Viele Abweichungen sind Ausdruck natürlicher Erinnerungsunsicherheiten oder -schwankungen. Einige Abweichungen, wie

spontane Ergänzungen oder nachträgliche Präzisierungen, können nach Arntzen (2007) im Einzelfall sogar als Hinweis auf den Realitätsgehalt der Aussage gewertet werden. Aus der durch Auswertung vieler Gutachten gestützten praktischen Erfahrung hat Arntzen (ebd.) Annahmen zu Übereinstimmungen und Abweichungen in erlebnisbasierten Aussagen formuliert. Demnach wird erwartet, dass in erlebnisbasierten Aussagen, die nicht länger als zwei Jahre auseinander liegen, folgende Aspekte *übereinstimmend* geschildert werden: Schilderungen von Handlungen, die für den Zeugen das *Kerngeschehen* darstellen; Schilderungen hinsichtlich der Benennung von *Handlungspartnern*, die *unmittelbar* beteiligt sein sollen; die grobe Angabe von *Örtlichkeiten*, an denen sich die Handlungen abgespielt haben sollen; Angaben dazu, wie man von einem Ort zum anderen gekommen ist, falls das Geschehen sich über mehrere Örtlichkeiten erstreckte (*Fortbewegungsart*); Benennung von *Gegenständen* (z. B. von Einrichtungsgegenständen), zu denen Handlungen unmittelbar in Bezug standen (im Unterschied zu unbeachteten ruhenden Objekten, die in keiner Beziehung zum Geschehen standen) und grobe Angabe über *Helligkeit bzw. Dunkelheit* am Ort der Beobachtung. *Erwartbare Schwankungen* treten in erlebnisbasierten Aussagen dagegen auf bei: Aussagen über die *Zuordnung von Nebenhandlungen* zu einer Handlung, die der Zeuge als Haupthandlung ansieht, wenn mehrere ähnliche Vorfälle zur Erörterung stehen; Aussagen über die *zeitliche Reihenfolge von Phasen eines Vorgangs* und über die *Reihenfolge verschiedener in sich abgeschlossener Handlungen*; Aussagen über die *Datierung eines Vorgangs*; Aussagen über *Schätzungen* (z. B. Zeitdauer eines Handlungssegmentes); Aussagen über die *Häufigkeit von einander ähnlichen Vorgängen*; Aussagen über *Seitenverhältnisse* und über die *Position einzelner Körperteile* bei bestimmten Handlungen; Aussagen über *Begleitpersonen*, die an einer

Handlung nicht unmittelbar beteiligt waren; Aussagen über *Kleidung* der am Geschehen Beteiligten; *eigenen Bekundungen der Zeugen über frühere* (selbstgetätigte) *Aussagen*; Aussagen über den *Wortlaut sowie den Sinngehalt von* Gesprächen; Aussagen über *Motive* früherer Handlungen bzw. Unterlassungen; Aussagen über *Schmerzempfindungen* und Aussagen über *Wetterverhältnisse*. Demnach könnte eine in allen Punkten übereinstimmende Aussage ebenso Zweifel am Erlebnisgehalt begründen, wie eine in den genannten zentralen Aspekten widersprüchliche. Arntzen (2007) postulierte darüber hinaus, dass das Muster einer differenzierten Inkonstanz, wonach „Aussagen von früheren Vernehmungsergebnissen nur in den Teilen abweichen, in denen Erinnerungsverluste zu erwarten sind, aber in den Teilen mit früheren Aussagen übereinstimmen, die nach Befunden der Gedächtnispsychologie zuverlässig behalten werden können" (vgl. S. 56), zu einem Glaubhaftigkeitsmerkmal werden könne.

Volbert (2010) führt aus, dass erste empirische Untersuchungen der Überlegungen von Arntzen die Annahme bestätigen, „dass in wahren Aussagen signifikant weniger Widersprüche und mehr qualifizierte Ergänzungen und nach einem Intervall von einem Jahr in der untersuchten Stichprobe von Erstklässlern auch signifikant mehr Übereinstimmungen auftreten als in erfundenen Aussagen" (S. 42). Es konnte des Weiteren empirisch gezeigt werden, „dass in wahren Aussagen Vergessensprozesse entsprechend den von Arntzen formulierten Erwartungen ungleichmäßig verlaufen" (a. a. O.). Allerdings bestätigte sich die Annahme einer differenzierten Inkonstanz bzw. Konstanz als trennendes Merkmal zwischen erlebnisbasierten und erfundenen Aussagen empirisch nicht (Volbert, 2002). Das Muster der differenzierten Inkonstanz kann damit nicht als Glaubhaftigkeitsmerkmal angesehen werden, wenn es in einer Aussage festzustellen ist.

Aus bisherigen Forschungsergebnissen folgt für die Begutachtung: Eine in zentralen Aspekten widersprüchliche Aussage kann Zweifel an ihrem Erlebnisgehalt begründen. Eine in den zentralen Aspekten nicht widersprüchliche Aussage stellt jedoch unter dem Aspekt der Aussage als geistige Leistung noch kein positives Glaubhaftigkeitsmerkmal dar. In einer Konstanz in diesem basalen Sinne ist lediglich ein Eingangskriterium i. S. der Mindestanforderung zu sehen, die legitimiert, die Aussage inhaltlich weiter zu analysieren (vgl. Greuel et al., 1998). Volbert (2010) stellt aufgrund bisheriger empirischer Erkenntnisse jedoch heraus, dass die konstante Darstellung vieler nebensächlicher Details in einer komplexen Aussage einen Hinweis auf einen Erlebnisbezug bieten kann, „während umgekehrt gravierende Widersprüche in zentralen Aspekten auf eine Falschaussage verweisen können" (ebd., S. 43).

Integration der Analysebereiche der Qualitätsprüfung

Die Feststellung von Realkennzeichen und von Übereinstimmungen und Abweichungen in einer Aussage stellen die ersten Schritte der Qualitätsanalyse dar. Ohne einen Bezug zu den Kompetenzen des Zeugen kann jedoch im weiteren Schritt nicht beurteilt werden, ob es sich tatsächlich um eine für diesen Zeugen qualitätsreiche Aussage handelt, die die Verwerfung der Hypothese der intentionalen Falschaussage erlauben würde. Eine von der Kompetenz- bzw. Persönlichkeitsbetrachtung losgelöste Feststellung von inhaltlichen Merkmalen (oder aber Konstanzleistungen) ist nicht möglich, da es keinen einheitlichen Beurteilungsmaßstab für die Einschätzung der Aussageleistung über alle denkbar zu untersuchenden Zeugen hinweg gibt (vgl. Steller, 2008, zum „Kompetenz-Leistungs-Vergleich"). Ein und dieselbe inhaltliche Ausgestaltung einer Aussage (Details, Art der Details) kann nämlich bei einem Zeugen zu dem Schluss führen, dass er diese Aussage nicht hätte erfinden können, während sie bei einem anderen, kompetenteren Zeugen durchaus den Schluss zuließe, dass er sie auch erfunden haben könnte. Ebenso müssen die zunächst deskriptiven Ergebnisse zu Übereinstimmungen und Abweichungen in der Aussage zu einem leistungsbezogenen Referenzwert des aussagenden Zeugen in Bezug gesetzt werden.

Finden sich vor dem Hintergrund der Kompetenzen des Zeugen genügend Realkennzeichen, die bei ihm im Falle einer bewussten Falschkonstruktion nicht erwartet werden können, spricht dieser Befund gegen die Hypothese der bewussten Falschaussage (vgl. auch Volbert, 2010). Der Umkehrschluss, dass eine geringe Ausprägung von Qualitätsmerkmalen für eine Lüge spricht, ist methodisch nicht zulässig. Es können auch andere Gründe für eine geringe Qualität der Aussage vorliegen: mangelnde Aussagebereitschaft, unzureichender Befragungsstil, in der Sache liegende Aspekte (z. B. ein nur kurzes, nicht komplexes Tatgeschehen) oder aber auch ein sehr langes Erinnerungsintervall bzw. Erinnerungsverluste (z. B. wenn eine Erwachsene über sexuellen Missbrauch, bezogen auf ihr frühes Schulalter, berichten soll). Nicht zuletzt kann die kognitive Leistungsfähigkeit des Aussagenden bei seiner Aussage durch emotionale Belastungen deutlich beeinträchtigt sein (vgl. Köhnken, 2007, S. 24).

Diagnostischer Zugang bei der Prüfung der Aussagequalität

Die zu analysierende Aussage wird im Rahmen der Begutachtung durch eine *Exploration zur Sache* erhoben, die eine Qualitätsanalyse ermöglicht. Im Gegensatz zu einer polizeilichen Vernehmung zielt sie darauf ab, nicht nur den fraglichen Tatbestand zu eruieren, sondern Indikatoren für die Einschätzung bezüglich der Erlebnisfundiertheit zu gewinnen (Realkennzeichen). Dabei hängt die Qualität der erhobenen Daten nicht

nur von den genannten Faktoren wie Aussagebereitschaft etc. ab, sondern ganz maßgeblich auch von der Explorationstechnik. So können sich mangelnde Aussagebereitschaft und/oder zu hohe emotionale Belastung erheblich mindernd auf die Qualität einer eventuell erlebnisbasierten Aussage auswirken. Zudem können Störungen während der Exploration und zu lange Untersuchungsdauer zu Beeinträchtigungen der Konzentration und der kognitiven Leistungsfähigkeit des Zeugen führen und sollten daher vermieden werden, ebenso die Anwesenheit anderer Personen bei der Exploration, die Einfluss auf die Schilderungen des Zeugen haben können (vgl. Köhnken, 2007).

Die *allgemeine Exploration (ggf. gestützt durch bereits vorliegende Akten- oder Drittinformationen)* ist der Zugang zur Kompetenzanalyse, bezogen auf die Qualitätsprüfung. Sie umfasst drei Bereiche der Einschätzung:

1. Anamnestische Daten (allgemeine Exploration; Hinweise aus Akten oder Fremddaten) geben Aufschluss über die persönlichen kreativgedanklichen Fähigkeiten des Zeugen zu Dimensionen, die bei erfolgreichen Lügen wesentlich sind: strategisches, vorausschauendes, flexibles und perspektivenwechselndes Denken (Grundlagen der Täuschungsfähigkeit) sowie das allgemeine sprachliche Niveau (bedingt durch Bildung sowie Interessen, die sprachlich darstellerische Fertigkeiten voraussetzen und fördern).

2. Konkret werden die sprachliche Ausdrucksfähigkeit und der individuelle Berichtstil des Zeugen erhoben, mit denen der Zeuge handlungs- und ichbezogene Schilderungen darstellt. Dies kann durch vergleichende Verbalproben geschehen (Berichte über strukturell möglichst der Sache ähnlicher, nicht in Frage stehender Erlebnisse des Zeugen). Qualitativ beurteilt werden Detailreichtum, Komplexi-

tät der Darstellung, auf Qualität weisende Details, aber auch Eigenarten im Berichtstil.

3. Die allgemeine Exploration dient zudem der Erfassung bereichsspezifischer Kenntnisse und Erfahrungen. So ist z. B. bei Aussagen über Sexualdelikte v. a. bei Kindern und Jugendlichen im Wege der Sexualanamnese zu erkunden, welche Erfahrungen sie eventuell bereits mit sexuellen Handlungen und welches Wissen sie zur Verfügung haben. Wissen und Erfahrungen, die eine bewusste Falschaussage im vorliegenden Fall bewirkt haben könnten, sind bei allen zu untersuchenden Zeugen zu eruieren, und zwar bezogen auf den jeweils in Frage stehenden Sachverhalt. Dies setzt ein aktualisiertes und konkretes Wissen des Sachverständigen voraus, aus welchen medialen und kommunikativen Quellen delikttypische Informationen geschöpft werden können.

Aussagezuverlässigkeit

Das Ergebnis der Qualitätsanalyse allein kann die Frage nach der Glaubhaftigkeit der Angaben nicht beantworten. Erst die genaue Betrachtung der Bedingungen von Entstehung und Entwicklung der Aussage und möglicher Einflüsse persönlicher Eigenarten des Aussagenden auf die Aussage, ggf. auch die Beleuchtung der Motivation des Aussagenden und dessen Umfeld, klären die Frage, ob eine vorliegende qualitätsreiche Aussage nicht doch ohne eigenen Erlebnishintergrund entstanden sein könnte.

Suggestive Bedingungen der Aussageentstehung

Fremdsuggestive Prozesse

Eine Aussage über Selbsterlebtes kann sich durch nachträgliche spezifische Falschinformationen (in Fragen suggeriert) oder durch unspezifische Fehlinformationen (Formulie-rungen des Befragers, die eine bestimmte Schlussfolgerung nahelegen) im Sinne der in Befragungen vermittelten Aspekte inhaltlich verändern (sog. Falschinformationseffekt). Es ist empirisch ausreichend belegt, dass suggestive Einflussnahmen die Zuverlässigkeit von Zeugenaussagen von Kindern und Erwachsenen negativ beeinflussen können, und zwar bei Aussagen über selbsterlebte wie auch beobachtete Ereignisse. Erdmann (2001) hat in ihrer Arbeit die diesbezügliche Forschung im Überblick dargestellt, ebenfalls Befunde aus Studien, die zeigen, dass es unter bestimmten Umständen möglich ist, Kindern verschiedener Altersgruppen wie auch Erwachsenen Pseudoerinnerungen (auch Scheinerinnerungen genannt) über tatsächlich nicht stattgefundene Ereignisse zu induzieren.

Damit es zur Übernahme von Suggestionen kommt, bedarf es beim Befragten zunächst einer Form der Empfänglichkeit für einen suggestiven Einfluss. Eine solche kann beim Falschinformationseffekt darin liegen, dass nach Einzelheiten gefragt wird, die der Befragte nicht (mehr) oder nicht besonders gut erinnert. Aufgrund dieser Lücken oder Unsicherheiten in der Erinnerung ist er eher bereit, durch Suggestionen induzierte Details in seinen Bericht und sukzessiv auch in seine Erinnerung zu integrieren, um diese Lücken zu schließen. Bei der Induktion von kompletten Erinnerungen besteht die Empfänglichkeit darin, dass der Aussagende und/oder der Befrager fest davon überzeugt sind, dass ein entsprechendes Ereignis stattgefunden hat. Die als zentral angesehene Befragervoreinstellung (vgl. Volbert, 2008) führt zum Phänomen des konfirmatorischen Hypothesentestens (s. auch vom Schemm & Köhnken, 2008): Der früh entstandenen Überzeugung widersprechende Anhaltspunkte und Angaben des Zeugen werden ignoriert oder umgedeutet und alle Erinnerungen oder Zustände werden einseitig im Sinne der Überzeugung interpretiert. Zudem muss bei der Suggestion von Scheinerinnerungen

Befrager und Befragtem plausibel erscheinen, dass das fragliche Ereignis passiert ist.

Wie es sodann konkret zur Konstruktion einer Aussage über ein lediglich vorgestelltes Ereignis durch fremdsuggestive Prozesse kommt, beschreibt Volbert (2008). Sie resümiert aufgrund der bislang vorliegenden Erkenntnisse, dass nicht eine einzelne suggestive Technik (z. B. suggestive Fragen) allein zu einer gelungenen Implantierung von komplexen, elaborierten und detaillierten Pseudoerinnerungen führt. Vielmehr scheint es die Kombination von inhaltlichen Vorgaben und Anstößen (in eine bestimmte Richtung zu denken und sich bemühen zu „erinnern") mit konfirmatorischen Strategien und Techniken, die die beidseitige subjektive Überzeugung über die Richtigkeit der Angaben fördern, zu sein, die zu komplexeren Scheinerinnerungen führt.

Autosuggestive Prozesse
Die in der forensischen Praxis zunehmend zu prüfenden Fälle, bei denen es um Aussagen psychisch auffälliger Zeugen jenseits des Kindesalters geht, haben den Fokus von fremdsuggestiven Einflüssen auf Prozesse der Autosuggestion erweitert. Autosuggestive Prozesse haben

> ihren Ausgangspunkt häufig in einem schlechten psychischen Befinden des Betroffenen. Oft besteht das Bedürfnis, eine Erklärung für die eigenen Beschwerden zu finden, solche ist meist aber nur schwer auszumachen. Vermeintliche Erklärungen, bei denen erkennbare äußere Umstände oder sogar schuldige Dritte zu identifizieren sind, wie das bei einem sexuellen Missbrauch der Fall ist, können in dieser Situation der Unsicherheit erleichternd wirken. (Volbert, 2008, S. 334)

Autosuggestive Prozesse sind bei erwachsenen Zeugen nicht selten mit angestoßen von fremdsuggestiven Abläufen. Es werden zudem interindividuelle Unterschiede in der Empfänglichkeit für Suggestionen bei Kindern und bei Erwachsenen diskutiert (vgl. zu bisherigen Ergebnissen ebd.).

Exemplarische Hypothesenformulierungen
Ist z. B. bei einem kindlichen Zeugen der Einfluss fremdsuggestiver Faktoren zu prüfen, könnte eine Hypothese wie folgt lauten:

Hypothese: Es handelt sich bei der Aussage um die Induktion einer Falschaussage durch einen Dritten, die vom kindlichen Zeugen XY subjektiv als wahre Aussage übernommen wird.

Bei Autosuggestion könnte sie exemplarisch so formuliert werden:

Hypothese: Die Aussage der Zeugin XY ist das Produkt eines autosuggestiven Prozesses, während dessen die Zeugin Vorstellungen zum inkriminierten Geschehen generiert hat, die (in weiten und relevanten Teilen) nicht Erinnerungen an tatsächlich Erlebtes in der Wachwirklichkeit entsprechen.

Methodischer Zugang bei der Prüfung der Suggestionsproblematik
Bisher durchgeführte Untersuchungen haben nach Volbert (2010) in der Tendenz ergeben, dass sich allenfalls in geringem Umfang Unterschiede in der Qualität von erlebnisbasierten und suggerierten Aussagen finden lassen. Daraus leitet sich ab, dass die Inhaltsanalyse beim Vorliegen eindeutiger Anzeichen einer suggestiven Problematik nicht sinnvoll anwendbar ist, um suggerierte von wahren Aussagen zu unterscheiden. Der methodische Weg besteht darin, die Aussage in ihrer Entstehung und ihrer Entwicklung akribisch zu analysieren. Dabei richtet sich die Analyse auf interne und externe Problembedingungen und auf die Analyse der Ausgestaltung der Aussage über die Zeit. Letzteres rechtfertigt sich mit der Erkenntnis, dass sich erlebnisbasierte Aussagen von suggerierten über die Zeit unterscheiden: „Suggerierte Aussagen können sich überhaupt erst entwickeln, nachdem suggestive Bedingungen vorgelegen haben, sie verändern sich im Laufe der Zeit mit den suggestiven Einflussnahmen" (Volbert, 2008, S. 339).

Psychologische Besonderheiten der Aussageperson

Im Einzelfall können sowohl Leistungsbesonderheiten als auch Eigenarten im Erleben und Verhalten der aussagenden Person Einfluss auf die Zuverlässigkeit der Aussage haben. *Leistungsbesonderheiten* werden in diesem Zusammenhang dahingehend beleuchtet, ob sie sich, wenn vorhanden, mindernd auf die Aussageleistung auswirken. Auch können Einschränkungen der Aussageleistung durch die Aussagesituation selbst entstehen und Variablen, die unabhängig vom aussagenden Individuum die Aussageleistung durch allgemein-psychologische Gesetzmäßigkeiten begrenzen können. Greuel et al. (1998) nennen beispielhaft für letztere, dass Zeugen in der Regel nur eine gering ausgeprägte Fähigkeit dahingehend haben, einander ähnelnde erlebte Handlungssequenzen exakt zu quantifizieren und voneinander abzugrenzen. Alle Erkenntnisse des Funktionierens des autobiografischen Gedächtnisses sind hierbei in Abhängigkeit vom angegebenen Ereigniskomplex einerseits und den individuellen Fähigkeiten andererseits zu beleuchten.

Besonderheiten im Erleben und Verhalten des Aussagenden können ebenfalls zu einer Minderung der Zuverlässigkeit der Aussage führen. Gemeint sind hier alle solchen entwicklungs- und persönlichkeitsspezifischen Besonderheiten, die im Erleben und in einer Aussage starke Übertreibungen bzw. aggravierende Verzerrungen dessen, was ursprünglich erlebt wurde, zur Folge haben. Dabei besteht die Gefahr, dass Erlebtes zu Lasten des Beschuldigten einseitig umgedeutet und umbewertet wird und sich dadurch ein harmloser Vorgang in der Aussage des Zeugen nun weit weniger harmlos abbildet. Dies kann bei Jugendlichen entwicklungsbedingt in der Pubertät oder bei Erwachsenen mit akzentuierter Persönlichkeit passieren (vgl. Greuel et al., 1998).

Zunehmend häufiger ist die Diagnose oder der Verdacht einer Persönlichkeitsstörung Anlass für eine Glaubhaftigkeitsbegutachtung (vgl. Steller & Böhm, 2008). Relevant sind hier die Persönlichkeitsstörungen, die im DSM-IV (APA, 2000) im Cluster B aufgeführt sind, bislang in der Praxis allen voran die emotional instabile Persönlichkeitsstörung vom Borderline-Typ (DSM-IV-TR 301.83; analog ICD-10 F60.31) (WHO, 2007). Hier sind im Hinblick auf die Zuverlässigkeit der Aussage Besonderheiten im Erleben (Eigen- und interpersonale Wahrnehmung) und Eigenarten im Verhalten, z. B. bedingt durch starke Emotionalität und launische Stimmungswechsel, zu diskutieren. Derartige Eigenarten manifestieren sich in der Interaktion des Betroffenen mit seiner Umwelt und sodann in seinen diesbezüglichen Aussagen über Interaktionen. Steller und Böhm (2008, S. 38) leiten aus den spezifischen Besonderheiten der Interaktionswahrnehmung und -gestaltung von Personen mit Borderline-Störung Überlegungen mit Blick auf die aussagepsychologische Überprüfung ab: Das instabile Selbstbild und die Instabilität zwischenmenschlicher Beziehungen prädestinieren derart Betroffene „als besonders anfällig für auto- und heterosuggestive Prozesse". Dies betrifft zum einen die Frage, ob einvernehmliche sexuelle Interaktionen im Nachhinein als unfreiwillig umgedeutet werden (umdeutende Aggravation). Zum anderen ist zu fragen, ob möglicherweise komplette Scheinerinnerungen entstanden sind, wenn es um die Rekonstruktion von vermeintlichen Erinnerungen an lang Zurückliegendes, wie z. B. sexueller Missbrauch in der Kindheit, geht.

Potentielle Motivationen zur Falschbezichtigung

Bei der *Prüfung der intentionalen Falschaussage* gilt die Motivationsanalyse als notwendiger, aber nicht hinreichender Aspekt der Gesamtanalyse (vgl. Volbert & Steller, 2009). Es ist jedoch auf derzeitigem Diskussionsstand fraglich, was eine Motivationsanalyse zur Beantwortung der Frage nach der Glaubhaftigkeit beitragen kann. So kann ein und dasselbe Motiv Grund für eine bewusste Falschaussage ebenso wie für eine wahrheitsgemäße Aussage sein (Arntzen, 2007). Sowohl die Feststellung von Motiven zur bewussten Falschbezichtigung als auch die ihrer Abwesenheit ist diagnostisch fragwürdig, da Motive (oder deren Nichtexistenz) nicht direkt beobachtbar und erfassbar sind, sondern aus den Angaben des Zeugen selbst und der Dynamik der Entstehung der Aussage und aus Angaben anderer Zeugen abgeleitet, rekonstruiert und interpretiert werden müssen (Greuel et al., 1998, S. 177). Selbst wenn eine direkte Erfassung gelänge, so wäre mit Köhnken (2007) zu hinterfragen, welchen Stellenwert die Motivationsanalyse bei der Prüfung der Aussage nach dem Konzept der geistigen Leistung hätte: Wäre der Zeuge nicht in der Lage gewesen, die vorgebrachte Aussage mit den darin festgestellten inhaltlichen Qualitäten ohne Erlebnisgrundlage zu erfinden, wäre er auch mit einem starken Belastungsmotiv nicht dazu in der Lage gewesen. Umgekehrt kann die vermutete Abwesenheit eines Belastungsmotives (eine aus praktischer Erfahrung heraus gängige Argumentation in Urteilsbegründungen) nicht den Mangel an Aussageleistung kompensieren.

Es wird in der Gutachtenpraxis demnach im Einzelfall zu begründen sein, welchen Stellenwert Belastungsmotive oder eine Nichterkennbarkeit von Motiven im integrativen Beurteilungsprozess haben. Eine in der Entstehung der Aussage erkennbar naheliegende Motivlage des Zeugen (z. B. die Unwahrheit zu sagen, um eigenes Verhalten zu rechtfertigen, Aufmerksamkeit zu erhalten oder den Erwartungen des Befragers gerecht zu werden) kann jedoch zumindest bei der Hypothesengenerierung bzw. Begründung des Aufstellens der willentlichen Falschaussage dienen. Auch können bestimmte Störungsbilder zu spezifischen star-

ken Motiven für eine Falschbezichtigung und deren Aufrechterhaltung führen (vgl. hierzu bezogen auf borderlinegestörte Zeugen Steller & Böhm, 2008).

Ein Aussagender, der möglicherweise eine *nichtintentionale Falschaussage*, basierend auf autosuggestiven Prozessen, produziert, wird hierfür kein Falschbezichtigungsmotiv haben, da er davon ausgeht, dass seine Aussage seinem tatsächlichen Erleben entspricht. Allerdings ist es in einer solchen Prüfkonstellation durchaus sinnvoll, sich mit der Frage zu befassen, was einen Zeugen dazu motiviert hat und motiviert, sich intensiv mit Erinnerungen und Vorstellungen zu beschäftigen. Dies kann z. B. aus dem Bedürfnis heraus geschehen, endlich einen Grund für die eigene desolate Lebenssituation zu finden, oder aber aus dem Bedürfnis heraus, Gehör bei Dritten zu finden. Ist die Frage des Vorliegens einer Fremdsuggestion bei kindlichen Zeugen zu prüfen, wird nach Motiven derjenigen Personen im Umfeld des Kindes, die mit dem Vorbringen oder Erfragen des Beschuldigungskomplexes zu tun haben, zu fragen sein.

Diagnostischer Zugang bei der Prüfung der Aussagezuverlässigkeit

Die *Exploration des Zeugen* zur Entstehung seiner Aussage und deren Entwicklung hinsichtlich eventueller Ausweitungen der Aussage, eventueller umdeutender Veränderungen der Aussage durch psychotherapeutisch-imaginative Vorgehensweisen hinsichtlich eventueller Veränderungen durch nachträgliche Informationen Dritter (Fremdsuggestion) oder durch intensive eigene Erinnerungsarbeit stellt einen wichtigen diagnostischen Zugang zur Prüfung des Vorliegens einer nichtintentionalen Falschaussage dar. Die Exploration des Zeugen sollte auch dessen jeweilige motivationsbezogene Lage eruieren, z. B. zur Frage, was ihn (beim Verdacht auf Autosuggestion) motiviert, sich mit Erinnerungen oder der Generierung weiterer Vorstellungen zu beschäftigen. Hier spielt auch die jeweilige psychische Lage des Zeugen eine Rolle, in der er sich bemüht, (vermeintliche) Erinnerungen zu produzieren oder Vorstellungen zu generieren. Da der Zeuge selbst oft keine validen Angaben zur Entstehung oder Entwicklung in diesen Dimensionen geben kann, was den möglichen Einfluss Dritter auf seine Aussage angeht, sind im Einzelfall *Drittinformationen* einzuholen. Das Einverständnis des Auftraggebers ist dabei ratsam, damit dieser die juristische Rechtmäßigkeit dieses Vorgehens einschätzen kann.

Zugang zu Besonderheiten der Aussageperson: Der Zugang zu leistungsbezogenen Aspekten wurde in den Abschnitten „Aussagetüchtigkeit" und „Aussagequalität" bereitet. Besonderheiten im Erleben und Verhalten lassen sich ableiten aus aktenkundigen Darlegungen und aus verbalen Darstellungen des zu untersuchenden Zeugen bei der *allgemeinen Exploration* (z. B. bestimmte Stile der Bewertung von Interaktionen und der eigenen Rolle darin). Des Weiteren bietet die *Verhaltensbeobachtung während der Exploration* im Hinblick auf Aussagestil und Selbstpräsentation des Zeugen möglicherweise Anhaltspunkte für Besonderheiten.

10.3.5 Diagnostisches Vorgehen

Wesentliche Arbeitsschritte

Die gründliche Aktenanalyse mit Blick auf alle möglichen Fallkonstellationen dient zunächst der Generierung von untersuchungsleitenden Hypothesen und bildet den ersten Schritt der Gesamtprüfung. Aus dem Aktenmaterial werden die für den Einzelfall relevanten Falschaussageannahmen erzeugt. Sie sollten nicht nur benannt, sondern aus dem Material begründend hergeleitet werden, weil sie den gesamten Untersuchungsprozess und die Diskussion der Befunde leiten. Die

Akte wird zudem im Hinblick auf die Rekonstruktion der Entstehungs- und Entwicklungsbedingungen der Aussage analysiert. Erscheinen diese unvollständig oder zu oberflächlich, so wäre beim Auftraggeber eine Nachermittlung (Vernehmung von Personen, die an der Entstehung der Aussage mitgewirkt haben; Berichte über therapeutische Verläufe, sofern sie für die Entstehung und Entwicklung der Aussage relevant sind) anzuregen. Bei gewichtigen Anhaltspunkten für eine Suggestionsproblematik wird eine eigene Exploration des Zeugen möglicherweise nicht durchgeführt, da sie das so bereits gewonnene Prüfergebnis nicht beeinflussen kann oder aufgrund ethischer Erwägungen unterlassen wird. Es kann in solchen Fällen jedoch sinnvoll sein, im Rahmen einer Exploration die äußeren und inneren Umstände der Entstehung der Aussage aus der Sichtweise des Zeugen zu eruieren. Die allgemeine Exploration und die begleitende (unstrukturierte und teilnehmende) Verhaltensbeobachtung dienen allen angesprochenen Erhebungen zur Persönlichkeit des Zeugen und zur Kompetenzanalyse, zu denen bereits Akteninhalte Hinweise geben können. Die Analyse der Akte dient vorbereitend auch der Konstanzprüfung, in die alle offiziell dokumentierten früheren Aussagen des Zeugen eingehen. Nicht zuletzt dient sie der Vorbereitung einer eigenen Exploration und der Planung der Untersuchung.

Bei der Erarbeitung des Gutachtens ist auf Transparenz und Vollständigkeit der Darstellung zu achten: Alle Schritte der Untersuchung, alle eingesetzten Untersuchungsmethoden, alle Ergebnisse der einzelnen Untersuchungsschritte und (getrennt davon) alle den Konstrukt-Ebenen zuzuordnenden Befunde, die sich daraus ableiten, sind im schriftlichen Gutachten transparent darzustellen. Dabei kann der Aufbau des Gutachtens im Grunde frei gewählt werden (diesbezüglicher Vorschlag bei Greuel et al., 1998, S. 249). Es gelten dieselben Richtlinien der Gutachtentechnik wie für andere psychologische Gutachten (vgl. Richtlinien des BDP zur Gutachtenerstellung allgemein; darüber hinaus konkrete Hinweise zur Darlegung bei Glaubhaftigkeitsgutachten bei Greuel et al., 1998; Steller & Volbert, 1999). Allerdings sind in der Praxis auch ökonomisierte Formen der Gutachtenerstattung gestattet, je nach Fall- und Ergebniskonstellation und nach vorheriger Absprache mit dem Auftraggeber (vgl. Aymans, 2005). Auch die mündliche Gutachtenerstattung bei Gericht sollte alle wesentlichen methodischen und fallbezogen hypothesengeleiteten Schritte sowie die dadurch geleitete Präsentation wesentlicher Daten und Befunde beinhalten.

Prinzipien der aussagepsychologischen Exploration

Steht weder die Prüfung der Aussagetüchtigkeit noch die der Aussagezuverlässigkeit im Vordergrund, ist eine eingehende Exploration zur Sache angezeigt, deren Ergebnisse der Konstanzprüfung und der merkmalsorientierten Inhaltsanalyse zugeführt werden. Die aussagepsychologische Exploration zur Sache hat zum Ziel,

> vom Zeugen einen möglichst vollständigen und genauen Bericht über das inkriminierte Geschehen in einer Art und Weise zu erheben, die eine Analyse der der Aussage zugrunde liegenden psychischen Prozesse erlaubt. Darüber hinaus werden die internen und externen Rahmenbedingungen der Aussageentstehung und -entwicklung möglichst umfassend zu rekonstruieren versucht. (Greuel et al., 1998, S. 61)

Die Exploration ist gleichsam „trichterförmig" anzulegen; von Erzählaufforderungen und Leerfragen zum weiteren Erzählanstoß (freier Bericht) über spezifischere Fragen zu einzelnen berichteten Details bis hin zu vorhaltenden Fragen (strukturierte Befragung), die sich aus den vorangegangenen Aussagen des Zeugen ergeben können. Dabei ist immer dann, wenn der Zeuge auf spezifische Fragen sog. Überhangantworten gibt (mehr berichtet, als der Inhalt der Frage nahelegt), erneut

in eine diesbezüglich freie Erzählaufforderung überzuwechseln. Eingehende Informationen zur Gestaltung einer aussagepsychologischen Exploration und zu angemessenen Frageformen finden sich z. B. bei Greuel et al. (1998) oder bei Köhnken (1999). Informationen zur äußeren Gestaltung einer aussagepsychologischen Exploration gibt Arntzen (2008), Erkenntnisse zur Erhöhung der Aussageleistung durch den Einsatz des „Kognitiven Interviews" und zu günstigem Interviewerverhalten legen Fisher und Schreiber (2007) dar. Besonderheiten bei Befragungen spezifischer Zeugengruppen fassen Arntzen (2008, zu Kindern und Jugendlichen) sowie Milne und Bull (2003, zu besonders beeinflussbaren Personen, z. B. geistig behinderten) zusammen und Erkenntnisse zu entwicklungspsychologischen Determinanten bei Aussagen kleiner Kinder sowie daraus folgende Empfehlungen für die Befragung von Kindern finden sich anschaulich beschrieben bei Kraheck-Brägelmann (1993).

Folgt man Undeutsch (1989), so geht es bei der Erhebung von Aussagen im forensischen Kontext zudem darum, dem Zeugen die Ernsthaftigkeit der Befragungssituation zu verdeutlichen, auch im Hinblick auf seine Wahrheitspflicht als Zeuge. Dazu schlägt er auf verhaltenstheoretischer Basis vor, beim Zeugen die erwarteten Vorteile wahrheitsgemäßer und die erwarteten Nachteile wahrheitswidriger Bekundungen zu verstärken. Entsprechende Instruktionen des Befragers bilden die Grundlage einer gewissen „Erziehung" zu wahrheitsgemäßer Aussage.

Integrative Beurteilung der Glaubhaftigkeit der untersuchten Aussage

Die Beantwortung der Frage nach der Glaubhaftigkeit der Aussage erfolgt integrativ durch eine Gewichtung der Befunde aus den Bereichen „Aussagetüchtigkeit", „Aussagequalität" und „Aussagezuverlässigkeit". Der Beurteilung der einzelnen Untersuchungsbereiche und damit auch der

Gesamtbeurteilung liegt eine qualitative Diagnostik zugrunde: Es gibt keine quantifizierbaren Schwellenwerte in den einzelnen Konstruktbereichen, die zum hinreichenden Beleg einer Annahme bzw. der Verwerfung der entgegengesetzten Annahme führen. Insofern sind auch entsprechende Antworten auf Fragen von Prozessbeteiligten dahingehend, mit welcher prozentualen (oder sprachlich verklausulierten) Wahrscheinlichkeit die Aussage glaubhaft ist, unsinnig (z. B. Antworten wie: „mit 90 % Wahrscheinlichkeit" oder mit „an Sicherheit grenzender Wahrscheinlichkeit"). Vielmehr besteht der Akt der Integration aller Befunde darin, im individuellen Fall begründet darzulegen, ob die aufgestellten Falschaussageannahmen zurückgewiesen werden können. Wenn die erhobenen und bewerteten Daten mit keiner der aufgestellten Falschaussageannahmen schlüssig erklärt werden können, dann – und nur dann – bleibt als einzig naheliegende Erklärung für das Zustandekommen der untersuchten Aussagen anzunehmen, dass sie zuverlässig eigenes Erleben in der Wachwirklichkeit abbilden. Da einer solchen, wenn auch strengen, Hypothesenprüfung eine qualitative Diagnostik zugrundeliegt, sind Fehlurteile nicht auszuschließen. Die Strenge, die der Prüfprozess in Anlehnung an das Hypothesentesten vorgibt, mindert jedoch das Risiko falsch positiver Urteile (die Aussage wird als glaubhaft angesehen, ist dennoch falsch). Es wird auch dadurch gemindert, dass die Realkennzeichenanalyse nicht isoliert durchgeführt wird.

10.3.6 Grundlegende Standards der Glaubhaftigkeitsbegutachtung und Fehlerquellen

Wer im Bereich der Glaubhaftigkeitsbegutachtung tätig ist oder werden will, kommt nicht umhin, sich intensiv mit der mittlerweile vielfältigen Literatur zu relevantem Fachwissen, zu rechtlichen und berufsethischen Standards sowie mit Literatur zur Erstellung von Gutachten auseinanderzusetzen. Vor allem aber müssen die grundlegenden methodischen Standards der Erstattung eines Glaubhaftigkeitsgutachtens studiert, verstanden und konkret umgesetzt werden (s. **Tab. 10.3**).

Einer Analyse von Busse & Volbert (1997) zufolge, die die Glaubhaftigkeitsgutachten aus allen 1991 bei der Staatsanwaltschaft Berlin eingetragenen Verfahren wegen sexuellen Missbrauchs von Kindern einbezog, sind diese erheblich fehlerhaft (vgl. hierzu im Einzelnen Volbert, 2000). Die neueren Ausführungen von Deckers (2007) stimmen mit den unsystematischen Erfahrungen der Verfasserin des vorliegenden Beitrages darin überein, dass es auch nach dem Grundsatzurteil des BGH aus dem Jahr 1999 noch viele mangelhafte Glaubhaftigkeitsgutachten gibt, die den geforderten Mindeststandards nicht entsprechen. Derartige Gutachten kommen nach Deckers Erfahrungen im „Mantel der Mindestanforderungen" daher und suchen zu verbergen, dass sie nur den „alten Wein in neue Schläuche" gefüllt haben (a. a. O., S. VIII).

Vor dem genannten Hintergrund fehlerhafter Begutachtung und/oder fehlerhafter schriftlicher und mündlicher Präsentationen von aussagepsychologischen Gutachten hat Köhnken (2007) eine Taxonomie der Fehlerquellen in Glaubhaftigkeitsgutachten formuliert, die für die Praxis von großer Bedeutung ist. Sie legt Fehler im methodischen Verständnis ebenso wie Fehler in allen Begutachtungsschritten bis hin zu denen in der Erstattung der Gutachten bei Gericht dar und erläutert sie eingehend. Dabei sind nicht alle Fehler gleichermaßen schwerwiegend und nicht alle Fehler führen zu einem falschen Gutachtenergebnis oder zur Unverwertbarkeit der bisherigen, unvollständigen Befunderhebung oder der intransparenten Darlegung von Befunden oder Unter-

Tab. 10.3: Standards der Glaubhaftigkeitsbegutachtung nach Volbert (2000)

> - *Eine erkennbare Spezifizierung der globalen gerichtlichen Fragestellung für den Einzelfall, d.h. eine Formulierung der relevanten Fragestellungen und Hypothesen.* Diese Forderung impliziert, dass überhaupt Alternativhypothesen zur Hypothese, dass es sich um eine erlebnisbasierte Darstellung handelt, aufgestellt werden müssen.
>
> - *Datensammlung auf der Basis der ausgewählten Fragestellungen.* Die Datenerhebung (also sowohl Explorationsinhalte wie Testverfahren und andere diagnostische Erhebungsmethoden) muss sich orientieren an den Fragestellungen und kann nicht in einem Routineverfahren erfolgen (hypothesengeleitete Diagnostik).
>
> - *Erkennbare Überprüfung relevanter Alternativhypothesen.* Es muss aus dem Gutachten ersichtlich sein, ob und wie relevante Alternativhypothesen zur Wahrheitsannahme geprüft wurden. Dabei reicht eine einfache Benennung nicht aus, entscheidend ist, dass der Abwägungsprozess des Gutachters, sein diagnostisches Schlussfolgern, deutlich wird.
>
> - *Einschätzung der Aussagequalität mittels relevanter Qualitätsmerkmale unter Berücksichtigung der individuellen Kompetenzen des Zeugen einerseits und der Aussageentstehung und -entwicklung andererseits.* Der wesentliche methodische Schritt besteht in einer Analyse der Aussagequalität. Die Qualitätsanalyse umfasst im Schwerpunkt eine merkmalsorientierte Inhaltsanalyse, besteht aber ebenfalls aus der Konstanzanalyse und der Analyse der Aussageweise. Die Tatsache, dass eine merkmalsorientierte Inhaltsanalyse vorgenommen wurde, bedeutet noch nicht, dass ein Gutachten dem wissenschaftlichen Stand entspricht. Wenn die Inhaltsanalyse ohne ausreichende Berücksichtigung der individuellen Fähigkeiten, vor allem aber ohne ausreichende Beachtung der Aussagegenese und -entwicklung erfolgt, kann das Erlebnis mindestens ebenso fehlerhaft sein, als wenn gar keine inhaltsanalytische Methodik angewandt wurde.

suchungsberichten. Neben dieser Eigenkontrolle greift im Einzelfall auch eine methodenkritische Beurteilung des vorgelegten Gutachtens durch einen Fachkollegen – eine für den kritisierten Sachverständigen nicht leichte Situation, wird doch sein Gutachten und damit seine Kompetenz im Einzelfall dadurch in Frage gestellt. Ein derartiges Vorgehen ist nicht zu beanstanden, sofern sich auch der kritisierende Kollege an die grundlegenden Standards der Gutachtenerstattung (Transparenz und Nachvollziehbarkeit) hält, einen berufsethisch unbedenklichen Stil seiner Kritik am Kollegen wahrt und über besondere Sachkunde verfügt, die ihn zu einer derartigen Kritik befähigt (vgl. Greuel, 2004).

10.3.7 Angemessenes Verhalten des aussagepsychologischen Sachverständigen

Wie für alle gerichtlichen Sachverständigen gelten auch für aussagepsychologische Sachverständige die grundlegenden Sorgfaltspflichten, die sich aus den jeweiligen Prozessordnungen (ZPO, StPO) ergeben: Danach sind sie verpflichtet, ihr Gutachten unparteiisch und nach bestem Gewissen und Wissen zu erstatten. Daraus ergeben sich die Maßgaben der Neutralität (Unparteilichkeit), der Objektivität (Gewissenhaftigkeit und Sorgfalt) sowie der Unbestechlichkeit (Gewissenhaftigkeit). Weiter gilt die Pflicht zur höchstpersönlichen Gutachtenerstattung, zur Verschwiegenheit (§ 203 StGB) und zum Datenschutz, die Pflicht zur Mitteilung aller relevanten Daten an den Auftraggeber und gelten Pflichten im Hinblick auf den Umgang mit Begutachtungsunterlagen sowie im Umgang mit den zu Begutachtenden (vgl. vertiefend Aymans, 2005).

Das Wissen um und die Einstudierung des angemessenen Verhaltens, auch im Rahmen einer Gutachtenerstattung bei Gericht, schützt den Sachverständigen weitgehend vor Anträgen der Prozessbeteiligten, ihn wegen der Besorgnis der Befangenheit abzulehnen (vgl. hierzu Salzgeber, 2011).

10.3.8 Zur Qualifikation aussagepsychologischer Sachverständiger

Psychologen mit umfassenderen universitären Abschlüssen (Diplom, Master), die sich im Bereich der Glaubhaftigkeitsbegutachtung betätigen wollen, müssen zunächst das lernen, was alle psychologischen Sachverständigen betrifft. Dazu gehört das intensive, umfassende und aktualisierte Studium der auf den Aufgabenbereich bezogenen fachpsychologischen Literatur, der Erwerb von Wissen bezüglich der Grundlagen des Sachverständigenwesens und der in diesem Arbeitsbereich wesentlichen rechtlichen Grundlagen (materielle und prozessuale Gesetze und Vorschriften, Rechtsprechung, juristische Literatur zu aussagepsychologisch relevanten Fragestellungen). Darüber hinaus sollten spezielle Fort- und Weiterbildungen in Anspruch genommen werden. Sie ersetzen jedoch nicht die fallbasierte Weiterbildung, die Problemkonstellationen konkreter eigener Begutachtungsfälle aktiv mit einbezieht. Am konkreten Fall kann im kollegialen Austausch mit erfahrenen Sachverständigen das diagnostische Handeln erprobt und diskutiert werden. Auch das Auftreten des Sachverständigen bei Gericht ist erfahrungsgemäß durch fallbasierte Übung zu optimieren (vgl. Aymans, 2005). Der Anspruch an einen Sachverständigen besteht darin, dass er „besondere Sachkunde" besitzt, um die vom Gericht gestellte Frage zu beantworten.

Weiterführende Literatur

Arntzen, F. (2011). *Psychologie der Zeugenaussage* (5. Aufl.) München: C. H. Beck.

Greuel, L. (2001). *Wirklichkeit – Erinnerung – Aussage*. Weinheim: Psychologie Verlags Union.

Greuel, L., Offe, S., Fabian, A., Wetzels, P., Offe, H. & Stadler, M. (1998). *Glaubhaftigkeit der Zeugenaussage. Theorie und Praxis der forensisch-psychologischen Begutachtung. Weinheim.* Weinheim: Psychologie Verlags Union.

Köhnken, G. (2007). Fehlerquellen in aussagepsychologischen Gutachten. In: R. Deckers & G. Köhnken (Hrsg.), *Die Erhebung von Zeugenaussagen im Strafprozess. Juristische, aussagepsychologische und psychiatrische Aspekte* (S. 1–41). Berlin: BWV.

Volbert, R. (2010). Aussagepsychologische Begutachtung. In R. Volbert & K.-P. Dahle (Hrsg.), *Forensisch-psychologische Diagnostik im Strafverfahren* (S. 18–66). Göttingen: Hogrefe.

Kontrollfragen

1. Wie hat sich die Glaubhaftigkeitsbegutachtung historisch entwickelt?
2. Wie stellt sich das methodische Grundprinzip der Glaubhaftigkeitsbegutachtung dar?
3. Was ist bei der Exploration besonders zu beachten?
4. Welche Prüfkonstellationen können sich bei der aussagepsychologischen Begutachtung ergeben?
5. Welches sind die drei zentralen Konstrukte der Glaubhaftigkeitsbegutachtung?
6. Welches sind die Analysebereiche der Qualitätsprüfung einer Aussage?
7. Welche suggestiven Prozesse können bei der Aussageentstehung eine Rolle spielen?

11 Begutachtung im Rahmen des Strafvollzugs: Prognosebegutachtung zur Entscheidung hinsichtlich Haftlockerungen oder Haftentlassungen bei inhaftierten Straftätern

11.1 Einleitung

Die Begutachtung der Kriminalprognose ist ein weiterer Bereich innerhalb der Forensischen Psychowissenschaften, der in den letzten Jahren stark expandierte (vgl. hierzu Dölling, 1995; zu den Anfängen psychowissenschaftlicher Prognosetätigkeit und der deutschen Forschung Mey, 1967). Die Begutachtung der Kriminalprognose, die seit vielen Jahrzehnten zu den Aufgaben Forensischer Psychiater und inzwischen auch Forensischer Psychologen gehört (vgl. Nedopil, 2007), ist eine der schwierigsten und verantwortungsvollsten Aufgaben in der Praxis. Alles Verhalten ist „eine Funktion von Dispositionen der Person und Einflüssen der Situation" (Endres, 2002, S. 162). Können mittels Diagnostik die Dispositionen mehr oder weniger genau herausgearbeitet werden, kann über zukünftige Situationseinflüsse in aller Regel nur spekuliert werden. Es ist daher auch nicht möglich, „exakt zu bestimmen, wer in der Zukunft erneut Straftaten begeht und wer nicht. Es kann nur darum gehen, zu beschreiben, welches Risikopotenzial in einer Person liegt und welche äußeren Umstände für diese Person Risikosituationen darstellen" (Endres, 2002, S. 163). Einige Autoren haben vorgeschlagen, Prognosen mehr bzw. ausschließlich auf statischen Risikofaktoren (vgl. Kap. 11.5) zu begründen, da dynamische Faktoren wenig zu deren Validität beitragen würden (Harris & Rice, 2003). Andrews und Bonta (2010a, S. 45) betonen dagegen vor dem Hintergrund neuerer Instrumente, dass die Kombination beider Bereiche am ehesten eine Verbesserung der Prognosezuverlässigkeit bringen kann.

Während noch vor etwa 30 Jahren Prognosebegutachtungen vielfach kritisch gesehen wurden, hat die Zahl der von den Gerichten, Strafvollstreckungskammern bzw. Justizministerien angeforderten Gutachten zur Kriminalprognose bei angeklagten sowie insbesondere verurteilten und inhaftierten Straftätern – auch vor dem Hintergrund entsprechender gesetzlicher Änderungen – in den letzten Jahrzehnten deutlich zugenommen. Einrichtungen, wie z. B. die in Baden-Württemberg geschaffene „Behandlungsinitiative Opferschutz – BIOS-BW e. V." setzten sich in den letzten Jahren im Sinne eines besseren Schutzes potentieller Opfer vermehrt für eine umfangreichere Begutachtung von Gewalt- und Sexualstraftätern im Rahmen des Strafverfahrens ein.[1] Nur bei einem Bruchteil von problematischen Fällen im Strafprozess würden hiernach Schuldfähigkeitsgutachten eingeholt, was dazu führe, dass auch Gefährlichkeit und Behandlungsbedürftigkeit eines Straftäters nicht rechtzeitig geklärt würden, entsprechend würden zu wenig wirksame Vorsichtsmaßnahmen ergriffen. Urbaniok et al. (2010, S. 111) betonen in diesem Zusammenhang, dass in einem Strafverfahren in Deutschland deutlich weniger als die Hälfte der Gewalt- und Sexualstraftäter begutachtet würden. „Da in Deutschland von Gesetzes wegen keine Einschätzung des Rückfallrisikos bei schuldfähigen Straftätern

---

1 www.bios-bw.de; Aufruf 25.01.2012

vorgesehen ist, kann davon ausgegangen werden, dass eine forensisch-psychiatrische Legalprognose nur bei einer kleinen Minderheit von Gewalt- und Sexualstraftätern erfolgt." Nach Feststellung der Autoren ist das darauf zurückzuführen,

dass der Gutachter vor allem die Frage der Schuldfähigkeit zu beantworten hat und eine prognostische Bewertung sowie die sich anschließende Beurteilung einer Therapienotwendigkeit oft trotz Begutachtung unterbleibt, weil das Gesetz eine solche in der gerichtlichen Hauptverhandlung nur in den in § 246 a StPO genannten Fällen ausdrücklich vorschreibt. Dies hat zur Folge, dass selbst bei Beauftragung eines Gutachters sich dieser im Regelfall nur zur Schuldfähigkeit, aber nicht zur Gefährlichkeit des Täters und den Behandlungsaussichten äußert. Das deutsche Recht sieht – von den § 246 a StPO beschriebenen Ausnahmen abgesehen – eine Pflicht zur Feststellung der Gefährlichkeit des Täters nämlich nur und erst dann vor, wenn der Verurteilte nach Jahren der Haft seine vorzeitige Entlassung zum sog. Zweidrittelzeitpunkt anstrebt. Erst dann ist die Einholung eines psychiatrischen Gutachtens zur Gefährlichkeit des Verurteilten bei Freiheitsstrafen von mehr als zwei Jahren in den in § 66 Abs. 3 Satz 1 StGB genannten Fällen gesetzlich ausdrücklich allgemein vorgeschrieben (§ 454 Abs. 2 StPO i. V. m. § 57 StGB). (Urbaniok et al., 2010, S. 112)

Gerade im Rahmen von Schuldfähigkeits- und Prognosegutachten könnte jedoch, wie das in der Schweiz deutlich mehr der Fall sei, auch eine Risikobeurteilung vorgenommen und spezifische Hinweise zu einer Indikation kriminalpräventiver oder Schutzmaßnahmen gegeben werden. Kommt nach deutscher Regelung „die Unterbringung in einer Entziehungsanstalt (§ 64 StGB) oder in der Sicherungsverwahrung nicht in Betracht (§§ 66 StGB), unterbleibt schon aus diesem Grund die forensisch-psychiatrische Beurteilung ihrer Legalprognose" (a. a. O.). Bis heute werden in Prognosegutachten vielfach keine Ausführungen darüber gemacht, durch welche Einzelmaßnahmen, etwa nach der Gewährung von Vollzugs-

lockerungen oder einer Entlassung, die Kriminalprognose verbessert werden kann (vgl. Kap. 11.7). Wie Kury und Adams (2010) zeigen konnten, sind Stellungnahmen zur Prognose im Rahmen von Gutachten im Strafverfahren, z. B. innerhalb von Schuldfähigkeitsgutachten, wenn sie überhaupt erfolgen, methodisch in der Regel schlechter als bei expliziten Gutachten zur Kriminalprognose im Rahmen des Strafvollzugs. Offensichtlich steht diese Frage für die Gutachter hier eher im Hintergrund, auch in Zusammenhang mit den Forderungen des Auftraggebers, und sie machen sich offenbar die Beantwortung dieser schwierigen Frage einfacher. Wie Urbaniok et al. (2010, S. 113) betonen, ist das „Schweizer Strafrecht und die schweizerische Justizvollzugspraxis im Vergleich zu Deutschland stärker auf Präventionsaspekte ausgerichtet. Die stärkere Gewichtung präventiver Aspekte zeigt sich auch in den gesetzlichen Bestimmungen über Gutachten." Nach Art. 56 SchwStGB muss in der Schweiz ein Gutachten dann eingeholt werden, wenn eine Sanktion allein „nicht geeignet ist, der Gefahr weiterer Straftaten zu begegnen, eine schwere psychische Störung vorliegt sowie entweder eine Behandlungsbedürftigkeit des Täters besteht oder die öffentliche Sicherheit gefährdet ist".

Hier ist auch die Auftragserteilung für den Sachverständigen nicht vorrangig auf die Beurteilung der Schuldfähigkeit orientiert. Der Gutachter hat immer das Risiko einzuschätzen und Aussagen zur Indikation präventiver therapeutischer oder sichernder Maßnahmen zu machen. „Damit ist ein in Auftrag gegebenes Gutachten in der Schweiz im Unterschied zu Deutschland immer auch ein Prognosegutachten, das die Abklärung der Behandlungsbedürftigkeit und -fähigkeit einschließt" (Schweizerische Gesellschaft für Forensische Psychiatrie SGFP, 2006)[2].

---

2 www.swissforensic.ch/site/index.cfm?id_art=7 1436&actMenuItemID=15883&vsprache/DE/ Downloads.cfm; Aufruf 25. 01. 2012

Urbaniok et al. (2010, S. 114) kommen vor dem Hintergrund ihrer Untersuchung zu dem abschließenden Ergebnis, dass eine „professionelle Risikobeurteilung und die Abklärung der Indikatoren für therapeutische oder sichernde Maßnahmen zum Urteilszeitpunkt [...] unter Präventionsaspekten eine wichtige, initiale Weichenstellung" sei. Alle Tötungsdelinquenten wurden im Kanton Zürich hinsichtlich ihrer weiteren Gefährlichkeit unabhängig von der Prüfung ihrer Schuldfähigkeit begutachtet. Bei jeder schweren Gewalt- und Sexualstraftat sollte hiernach standardmäßig eine entsprechende Begutachtung des Täters stattfinden. Die Autoren kritisieren in diesem Kontext das deutsche Strafrecht, das vorrangig „auf das vergangenheitsorientierte Schuldprinzip" konzentriert sei, „das Präventionsprinzip, das nicht nach der Schuld in der Vergangenheit, sondern nach dem Risiko in der Zukunft fragt, wird demgegenüber nachrangig behandelt" (S. 115). Die Behandlungsinitiative Opferschutz (BIOS-BW) e. V. hat sich mehrfach mit Vorschlägen zu einer Änderung der Strafprozessordnung (§ 246 a StPO) und des StGB hin zu einer deutlicheren Stärkung des Präventionsprinzips an das Bundesjustizministerium gewandt (Böhm & Boetticher, 2009 a, 2009 b). Die Erfahrungen aus der Schweiz zeigen jedoch gleichzeitig auch, dass ein Ausbau von Begutachtungen und damit das Erreichen größerer Sicherheit an dem Mangel an genügend qualifizierten, erfahrenen Gutachtern scheitern kann.

Auch die Entscheidungen der Rechtsprechung werden von Vorhersagen zukünftigen menschlichen strafbaren Verhaltens beeinflusst. Zum Beispiel dann, wenn ein Strafgericht zusätzlich zur verhängten Freiheitsstrafe noch die Sicherungsverwahrung anordnet, weil davon ausgegangen wird, dass der Täter nach Verbüßung etwa einer mehrjährigen Freiheitsstrafe auch weiterhin eine erhebliche Gefahr für die Bevölkerung darstellt und deshalb nicht entlassen werden

könne, oder wenn die Strafvollstreckungskammer einem Inhaftierten aufgrund einer vermuteten Rückfallgefahr (noch) keine Vollzugslockerungen bzw. keine vorzeitige Entlassung gewährt. Der Problematik der Prognose entgeht man zwangsläufig in einem Strafrecht nicht, das, wie das deutsche, letztlich präventive Zwecke verfolgt.

In die Schlagzeilen der Medien gerieten in den letzten Jahren v. a. Rückfalltäter, insbesondere Sexual- und Gewaltstraftäter, die nach einer vorzeitigen Entlassung bzw. bei der Gewährung von Vollzugslockerungen mit schweren Delikten rückfällig wurden. Naheliegenderweise wurden die hier gefällten „Fehlprognosen" im Nachhinein starker Kritik ausgesetzt und ein (noch) zurückhaltenderes Vorgehen hinsichtlich der Gewährung von Freiheit für diese Täter gefordert, wobei der öffentliche Druck durch die Medienberichterstattung eine zentrale Rolle spielt. Solche Gefährlichkeitsbeurteilungen sind dabei nur ein Ausschnitt aus der gesamten Prognoseproblematik, allerdings zeigen sich hier sämtliche Schwierigkeiten (Schneider, 2002). So werden die Möglichkeiten einer Prognosebegutachtung deutlich überfordert, wenn z. B. eine vollkommene Genauigkeit und ein Ausschluss von „Fehlprognosen" gefordert werden.

11.2 Gesetzlich relevante Bestimmungen zur Einholung von Prognosegutachten bei Straftätern

Kriminalprognosen spielen nach dem Strafgesetzbuch v. a. hinsichtlich der Frage der Strafaussetzung bei freiheitsentziehenden Eingriffen sowie der Anordnung von Maßregeln der Besserung und Sicherung (§§ 61 ff. StGB) eine Rolle.

§ 57 StGB – Aussetzung des Strafrestes bei zeitiger Freiheitsstrafe

(1) Das Gericht setzt die Vollstreckung des Restes einer zeitigen Freiheitsstrafe zur Bewährung aus, wenn

1. zwei Drittel der verhängten Strafe, mindestens jedoch zwei Monate, verbüßt sind,
2. dies unter Berücksichtigung des Sicherheitsinteresses der Allgemeinheit verantwortet werden kann, und
3. die verurteilte Person einwilligt.

Bei der Entscheidung sind insbesondere die Persönlichkeit der verurteilten Person, ihr Vorleben, die Umstände ihrer Tat, das Gewicht des bei einem Rückfall bedrohten Rechtsguts, das Verhalten der verurteilten Person im Vollzug, ihre Lebensverhältnisse und die Wirkungen zu berücksichtigen, die von der Aussetzung für sie zu erwarten sind.

(2) Schon nach Verbüßung der Hälfte einer zeitigen Freiheitsstrafe, mindestens jedoch von sechs Monaten, kann das Gericht die Vollstreckung des Restes zur Bewährung aussetzen, wenn

1. die verurteilte Person erstmals eine Freiheitsstrafe verbüßt und diese zwei Jahre nicht übersteigt oder
2. die Gesamtwürdigung von Tat, Persönlichkeit der verurteilten Person und ihrer Entwicklung während des Strafvollzugs ergibt, daß besondere Umstände vorliegen, und die übrigen Voraussetzungen des Absatzes 1 erfüllt sind.

[...]

Bei der Anordnung von Maßregeln der Besserung und Sicherung (§§ 61 ff. StGB) handelt es sich nach § 61 StGB um: die Unterbringung in einem psychiatrischen Krankenhaus, in einer Entziehungsanstalt, in der Sicherungsverwahrung, die Anordnung von Führungsaufsicht, die Entziehung der Fahrerlaubnis oder um das Berufsverbot. Die letzten beiden Punkte spielen hinsichtlich der Erstellung von Prognosegutachten durch Sachverständige kaum eine Rolle.

§ 63 StGB – Unterbringung in einem psychiatrischen Krankenhaus

Hat jemand eine rechtswidrige Tat im Zustand der Schuldunfähigkeit (§ 20) oder der verminderten Schuldfähigkeit (§ 21) begangen, so ordnet das Gericht die Unterbringung in einem psychiatrischen Krankenhaus an, wenn die Gesamtwürdigung des Täters und seiner Tat ergibt, dass von ihm infolge seines Zustandes erhebliche rechtswidrige Taten zu erwarten sind und er deshalb für die Allgemeinheit gefährlich ist.

§ 64 StGB – Unterbringung in einer Entziehungsanstalt

Hat eine Person den Hang, alkoholische Getränke oder andere berauschende Mittel im Übermaß zu sich zu nehmen, und wird sie wegen einer rechtswidrigen Tat, die sie im Rausch begangen hat oder die auf ihren Hang zurückgeht, verurteilt oder nur deshalb nicht verurteilt, weil ihre Schuldunfähigkeit erwiesen oder nicht auszuschließen ist, so soll das Gericht die Unterbringung in einer Entziehungsanstalt anordnen, wenn die Gefahr besteht, dass sie infolge ihres Hanges erhebliche rechtswidrige Taten begehen wird. Die Anordnung ergeht nur, wenn eine hinreichend konkrete Aussicht besteht, die Person durch die Behandlung in einer Entziehungsanstalt zu heilen oder über eine erhebliche Zeit vor dem Rückfall in den Hang zu bewahren und von der Begehung erheblicher rechtswidriger Taten abzuhalten, die auf ihren Hang zurückgehen.

§ 66 StGB – Unterbringung in der Sicherungsverwahrung

(1) Das Gericht ordnet neben der Strafe die Sicherungsverwahrung an, wenn
[…]
4. die Gesamtwürdigung des Täters und seiner Taten ergibt, dass er infolge eines Hanges zu erheblichen Straftaten, namentlich zu solchen, durch welche die Opfer seelisch oder körperlich schwer geschädigt werden, zum Zeitpunkt der Verurteilung für die Allgemeinheit gefährlich ist.
[…]

§ 67d StGB – Dauer der Unterbringung
[…]
(2) Ist keine Höchstfrist vorgesehen oder ist die Frist noch nicht abgelaufen, so setzt das Gericht die weitere Vollstreckung der Unterbringung zur Bewährung aus, wenn zu erwarten ist, daß der Untergebrachte außerhalb des Maßregelvollzugs keine rechtswidrigen Taten mehr begehen wird. Mit der Aussetzung tritt Führungsaufsicht ein.
(3) Sind zehn Jahre der Unterbringung in der Sicherungsverwahrung vollzogen worden, so erklärt das Gericht die Maßregel für erledigt, wenn nicht die Gefahr besteht, daß der Untergebrachte erhebliche Straftaten begehen wird, durch welche die Opfer seelisch oder körperlich schwer geschädigt werden. Mit der Entlassung aus dem Vollzug der Unterbringung tritt Führungsaufsicht ein.
[…]
(6) Stellt das Gericht nach Beginn der Vollstreckung der Unterbringung in ei-

nem psychiatrischen Krankenhaus fest, dass die Voraussetzungen der Maßregel nicht mehr vorliegen oder die weitere Vollstreckung der Maßregel unverhältnismäßig wäre, so erklärt es sie für erledigt. Mit der Entlassung aus dem Vollzug der Unterbringung tritt Führungsaufsicht ein. Das Gericht ordnet den Nichteintritt der Führungsaufsicht an, wenn zu erwarten ist, dass der Betroffene auch ohne sie keine Straftaten mehr begehen wird.

§ 68 StGB – Voraussetzungen der Führungsaufsicht

(1) Hat jemand wegen einer Straftat, bei der das Gesetz Führungsaufsicht besonders vorsieht, zeitige Freiheitsstrafe von mindestens sechs Monaten verwirkt, so kann das Gericht neben der Strafe Führungsaufsicht anordnen, wenn die Gefahr besteht, daß er weitere Straftaten begehen wird.
[…]

Die Strafprozessordnung (StPO) regelt entsprechend die Frage der Hinzuziehung eines Sachverständigen.

§ 264a StPO

Kommt in Betracht, dass die Unterbringung des Angeklagten in einem psychiatrischen Krankenhaus oder in der Sicherungsverwahrung angeordnet oder vorbehalten werden wird, so ist in der Hauptverhandlung ein Sachverständiger über den Zustand des Angeklagten und die Behandlungsaussichten zu vernehmen. Gleiches gilt, wenn das Gericht erwägt, die Unterbringung des Angeklagten in einer Entziehungsanstalt anzuordnen. Hat der Sachverständige den Angeklagten nicht schon früher untersucht, so soll ihm dazu vor der Hauptverhandlung Gelegenheit gegeben werden.

11.3 Prognose späterer Straffälligkeit

§ 454 StPO

[...]

2. Das Gericht holt das Gutachten eines Sachverständigen über den Verurteilten ein, wenn es erwägt, die Vollstreckung des Restes

1. der lebenslangen Freiheitsstrafe auszusetzen oder
2. einer zeitigen Freiheitsstrafe von mehr als zwei Jahren wegen einer Straftat der in § 66 Abs. 3 Satz 1 des Strafgesetzbuches bezeichneten Art auszusetzen und nicht auszuschließen ist, dass Gründe der öffentlichen Sicherheit einer vorzeitigen Entlassung des Verurteilten entgegenstehen.

Das Gutachten hat sich namentlich zu der Frage zu äußern, ob bei dem Verurteilten keine Gefahr mehr besteht, dass dessen durch die Tat zutage getretene Gefährlichkeit fortbesteht. Der Sachverständige ist mündlich zu hören, wobei der Staatsanwaltschaft, dem Verurteilten, seinem Verteidiger und der Vollzugsanstalt Gelegenheit zur Mitwirkung zu geben ist. Das Gericht kann von der mündlichen Anhörung des Sachverständigen absehen, wenn der Verurteilte, sein Verteidiger und die Staatsanwaltschaft darauf verzichten.

[...]

Die Schwierigkeiten von Rückfalluntersuchungen, mit denen man versucht, möglichst eindeutige Unterschiede zwischen Rückfälligen und Nichtrückfälligen herauszuarbeiten, fangen bereits bei der Definition des „Rückfalls" oder dem berücksichtigten Katamnesezeitraum an. Hier weisen die einzelnen Studien erhebliche Unterschiede auf, was die Vergleichbarkeit der Resultate deutlich einschränkt (vgl. Berckhauer & Hasenpusch, 1982.). Wie schwer ein Delikt sein muss, um es als „relevanten Rückfall" zu betrachten, hängt wiederum davon ab, welche Risiken eine Gesellschaft bereit ist, hinzunehmen. Je mehr Sicherheit vor Rückfalltätern gefordert wird, umso größer ist die Gefahr, dass nicht vermeidbare Prognosefehler zu Lasten der Straftäter gehen, d. h. dass auch in Wirklichkeit nicht gefährliche Täter, die als solche nicht erkannt werden („falsch Positive"; vgl. Kap. 11.4), nicht entlassen werden bzw. keine Vollzugslockerungen erhalten. Aufgrund der in den letzten Jahrzehnten zugenommenen Medienberichterstattung über Rückfälle von Straftätern, vor allem, wenn es sich um Sexualstraftaten handelt, ist eine vermehrte Zurückhaltung bei der Gewährung von Lockerungen bzw. vorzeitigen Entlassungen zu beobachten. Bereits Göppinger (1980, S. 333) betonte: „Man sollte sich grundsätzlich bei allen Überlegungen zur Prognose klarmachen, dass man bei *keinem* Menschen, also auch nicht bei den sozial *unauffälligen* Persönlichkeiten, eine sichere Sozialprognose oder eine sichere Prognose über zukünftige psychische Reaktionen stellen kann." Nicht nur Kriminalprognosen bergen eine erhebliche Unsicherheit in sich, sondern Prognosen allgemein, wie auch die Vorhersagen zur Wirtschaftsentwicklung, zu Klimaveränderungen oder zur zukünftigen Bedeutung technischer Entwicklungen zeigen, um nur einige Beispiele zu nennen (vgl. Lösel, 1986). Der offiziell registrierte Rückfall ist schon deshalb zwangsläufig ein schlechtes Kriterium für die Genauigkeit einer Prognose, da eventuelle Dunkelfeldkriminalität nicht berücksichtigt wird – und diese muss als erheblich angesehen werden (vgl. Kürzinger, 1996, S. 181; Kury, 2001). Selbstberichte zu Straftaten seien hier zuverlässiger, wenngleich auch diese mit erheblichen – wenn auch anderen – Fehlerquellen behaftet sind.

In der Kriminologie insgesamt hat die Prognoseforschung eine lange Tradition, ging es doch von Anfang an um das „Verständnis" der Kriminalität, um deren Ursachen und damit um Präventions- und Vorhersagemöglichkeiten. Von daher war die Prognoseforschung auch in den USA bereits Mitte des letzten Jahrhunderts ein zentrales Forschungsgebiet empirischer Untersuchungen. So haben Glueck und Glueck (1950) vor dem Hintergrund großer Datenerhebungen bei jungen Straftätern bereits Prognosetabellen aufgestellt, die mittels weniger Indikatoren den Anspruch erhoben, spätere kriminelle Gefährdungen, z. B. bei Jugendlichen, vorhersagen zu können. So konnten sie hinsichtlich straffälligen Verhaltens bei männlichen Jugendlichen bei den fünf Variablen Erziehungsstil des Vaters, Aufsicht der Mutter, Zuneigung des Vaters, Zuneigung der Mutter und Zusammenhalt in der Familie bei den Betroffenen deutliche Unterschiede feststellen. Entsprechend entwickelten sie frühe Prognosetafeln, mit denen sie teilweise meinten, schon bei Zwei- bis Dreijährigen spätere Delinquenz voraussagen zu können (Glueck & Glueck, 1957; Glueck, 1966; vgl. Göppinger, 1980, S. 347). Zwangsläufig erkannten sie bereits die „Mittelfeldproblematik", die eine Prognose bei einem erheblichen Teil der Eingestuften zusätzlich unsicher macht.

Auch in Deutschland spielte seit Beginn der empirischen Kriminologie die Prognoseforschung verständlicherweise eine große Rolle. Vor dem Hintergrund ungenügender Vorhersagegenauigkeit und entsprechender Kritik geriet die Prognoseforschung allerdings in der zweiten Hälfte des 20. Jahrhunderts international in eine Krise (Fenn, 1981; Spieß, 1982). Sowohl grundsätzlich als auch und v. a. methodisch wurde Kritik an der Kriminalprognose geübt (vgl. Monahan, 1981; Steadman et al., 1994; Rasch, 1986). Diese Skepsis gegenüber Kriminalprognosen konnte allerdings 10 bis 15 Jahre später überwunden werden, v. a. durch neue Ergebnisse aus Nordamerika. Zu wichtig war die Beantwortung der Frage nach dem zukünftigen Legalverhalten für anstehende Entscheidungen, z. B. der Strafgerichte bzw. Vollzugsanstalten. So betont Kaiser (1996, S. 969): „Es bestehen theoretische und praktische Notwendigkeiten zur Voraussage von Legalverhalten und Kriminalität." Vor diesem Hintergrund haben „die Kritik einerseits und die Notwendigkeit, Prognosen abzugeben, andererseits [...] zu gewaltigen Anstrengungen geführt, die Methodik der Prognoseerstellung zu verbessern" (Groß, 2004, S. 2).

Dennoch blieben die Gewichte verschiedener Prädiktoren des Rückfalls moderat, so stellten Gendreau et al. (1996) anhand einer Meta-Analyse von 131 Rückfalluntersuchungen mit 160 Einzelstudien bei über 100 000 Einzelpersonen nur mäßige Korrelationen mit dem Rückfallkriterium fest, relativ am höchsten bei den Variablen Kontakte, soziales Umfeld, antisoziale Kognitionen bzw. Persönlichkeit oder kriminogene Persönlichkeit (vgl. zusammenfassend Endres, 2000, S. 70). Allerdings hat nach Ansicht von Endres (a. a. O.) die Prognosegenauigkeit in den letzten Jahren vor dem Hintergrund intensiver Forschungen zugenommen, einzelne Untersuchungen würden heute bereits auf Korrelationskoeffizienten von .45 kommen (Quinsey et al., 1998, S. 163). Soziale und demographische Faktoren würden dabei einen geringeren Beitrag zur Vorhersagegenauigkeit leisten als antisoziale Kognitionen, antisoziales Umfeld, die Vorgeschichte des antisozialen Verhaltens und Merkmale antisozialer Persönlichkeiten (vgl. Andrews & Bonta, 2010 b).

Zu Recht wird auf die Bedeutung der Berücksichtigung verschiedener Datenquellen zur Steigerung der Prognosegenauigkeit hingewiesen. Die Einbeziehung verschiedener sozialer Kontexte und Datenquellen ist zwar keine hinreichende, aber eine notwendige Voraussetzung, um zu möglichst zuverlässigen Prognosen zu gelangen. Folgende Merkmale frühen antisozialen Verhaltens haben sich nach Sichtweise mehrerer Autoren als prognostisch besonders bedeutsam erwiesen:

- Häufigkeit, Vielfalt und Intensität früheren sozial auffälligen Verhaltens
- Verschiedenartigkeit der Kontexte, in denen das straffällige Verhalten auftrat
- Alter bei der ersten Auffälligkeit

Dabei ist besonders die Bandbreite antisozialen Verhaltens bedeutsam und weniger das einzelne Delikt (vgl. Lösel & Bender, 1998; Farrington, 1989).

Groß (2004) hat in einer umfangreichen Literaturanalyse deliktbezogene Rückfallraten (Basisraten) von Straftätern berechnet und konnte erneut belegen, dass diese bei einzelnen Straftätergruppen erheblich unterschiedlich sind. „Die Vorhersagbarkeit von krimineller Rückfälligkeit und die Zuverlässigkeit einer Prognose im Einzelfall hängen aus methodischen und statistischen Gründen in hohem Maß von der Basisrate dieser Rückfälligkeit ab" (S. III).

Die empirische Datenbasis zur Vorhersage sozial auffälligen bzw. straffälligen Verhaltens hat sich in den letzten Jahren deutlich verbessert, es liegen inzwischen methodisch gute Längsschnittstudien vor, die zeigen, dass antisoziales Verhalten vielfach recht stabil ist. Auf der anderen Seite hängt straffälliges Verhalten deutlich vom Alter ab. Mit zunehmendem Alter, v. a. ab dem 30. Lebensjahr,

nimmt die Häufigkeit straffälligen Verhaltens bei den meisten Tätern mehr und mehr ab, insbesondere, wenn man die breit diskutierte „Straßenkriminalität" berücksichtigt und Wirtschafts- und politisch motivierte Kriminalität unbeachtet lässt. Dabei hat sich gezeigt, dass die ätiologischen, auslösenden und aufrechterhaltenden Bedingungen hinsichtlich jugendspezifischen antisozialen Verhaltens unterschiedlich sind. Viele der auffälligen Kinder und Jugendlichen wachsen in gestörten Familienverhältnissen auf, wo es an Unterstützung und Hilfsmaßnahmen fehlt, wodurch sich ein Kreislauf der Verstärkung abweichenden Verhaltens einstellen kann. Die familiären Schwierigkeiten setzen sich vielfach in außerfamiliären sozialen Kontexten wie Schule und Peers fort. Die Hauptursache für anhaltendes auffälliges und straffälliges bzw. sozial abweichendes Verhalten wird weitgehend in einem Interaktionsprozess zwischen risikohaften Persönlichkeitsmerkmalen und sich hierauf beziehenden Umweltreaktionen gesehen. Darüber hinaus wird auch die Bedeutung neurobiologischer Aspekte zunehmend erkannt, was die Ausrichtung an einer entwicklungspsychologisch ausgerichteten, integrativen biopsychosozialen Perspektive zur Erklärung antisozialen Verhaltens notwendig macht.

Zu Recht wurde in den letzten Jahren neben der Beachtung von Risikomerkmalen vermehrt die stärkere Berücksichtigung von protektiven Faktoren gefordert (vgl. hierzu die Forschung zu den Stichworten wie „resilience", „invulnerability" oder „stress-resistance"). Die Kenntnis solcher Schutzfaktoren ist zweifellos prognostisch wichtig, etwa was die Entwicklung nach einer Haftentlassung betrifft. Anhand von Studien zeigte sich, dass sozialen Schutzfaktoren ein deutlicherer Einfluss auf die längsschnittliche Entwicklung des kriminell abweichenden Verhaltens zukommt als personalen. Der aktuelle soziale Kontext und die gegenwärtigen Lebensbedingungen haben offensichtlich eine zentrale Bedeutung für die weitere Entwicklung. So konnte bereits Spieß (1982) zeigen, dass Vorstrafen v. a. im Zusammenhang mit ungünstigen Bewährungsbedingungen nach Haftentlassung die Rückfallquote erhöhten. Waren die Bewährungsbedingungen günstig, hatte die Vorstrafenbelastung kaum einen Einfluss auf die Rückfälligkeit. Die vorhandenen Lebensbedingungen haben somit offensichtlich und verständlicherweise einen zentralen Einfluss auf die Legalbewährung (Kerner & Janssen, 1983). Nach Ansicht neuerer Forschung gehören einigermaßen konsistent v. a. folgende Merkmale zu den protektiven Faktoren:

• Temperament und Kognition
• emotionale Bindungen in der Familie
• soziale Unterstützung von außen

Bei der Diskussion um die Prognose muss auch berücksichtigt werden, dass, wie z. B. Heinz (2002, S. 562 ff.) feststellt, der weitaus größte Teil aller Straftaten nur von einer kleinen Gruppe junger Menschen, v. a. männlichen Jugendlichen, begangen werde. Etwa 6 % bis 10 % der Täter würden rund 40 % bis 60 % aller bekannt gewordenen Taten begehen (vgl. Elsner et al. 1998, S. 116; Elsner & Molnar, 2001, S. 122). Diese Problematik wurde in der Kriminologie unter dem Stichwort der „Intensivtäter" diskutiert und selbst von diesen tritt ein Großteil nur während einer begrenzten Lebensphase kriminell in Erscheinung, in der Regel während des Jugendalters. Kriminelle Karrieren, die das „30. Lebensjahr überdauern, sind äußerst selten; sie treten relativ gehäuft dann vor allem bei solchen Tätern auf, die schwerer verurteilt wurden und mehrfach freiheitsentziehende Strafen verbüßt haben" (Kerner, 1989, S. 204). Die Lebensverhältnisse dieser Jugendlichen und Heranwachsenden sind in aller Regel durch Defizite und Problemlagen charakterisiert (vgl. auch den Ersten Periodischen Sicherheitsbericht der Bundesregierung; Bundes-

ministerium des Inneren, Bundesministerium der Justiz, 2001, S. 594). Allerdings ist es bis heute noch nicht überzeugend und mit genügender Treffsicherheit gelungen, „diese kleine Gruppe von mehrfach Auffälligen von den Jugendlichen zu unterscheiden, die eine Spontanbewährung aufweisen, zumal das spontane Aufhören auch noch nach längerer ‚krimineller Karriere' vorkommt" (Heinz, 2002, S. 563).

So hat beispielsweise Kerner (1993, S. 44; 2001, S. 118 f.) auf der Basis der „Philadelphia Birth Cohort Study" von Wolfgang, Figlio und Sellin (1972) aus zehn einzelnen Belastungsmerkmalen aus den Bereichen Familie, Schule und Persönlichkeitsmerkmalen einen individuellen Belastungsindex gebildet. Es zeigt sich das allbekannte Bild: Mit der Zunahme der Belastung steigen auch die Polizeikontakte, also die kriminelle Auffälligkeit. Unter dem Gesichtspunkt der Prognose ergibt sich jedoch auch, dass 41,8 % der stark Belasteten keine Polizeikontakte haben und dass nur 20,1 % fünf und mehr Polizeikontakte aufweisen. Hätte man somit die stark Belasteten als spätere Intensivtäter identifiziert, hätte man selbst bei dieser Gruppe 80 % als „falsch Positive" diagnostiziert, also eine Fehlprognose erstellt, die im Sinne einer self-fulfilling prophecy unter Umständen eine negative Rückwirkung auf die Entwicklung dieser Jugendlichen haben könnte.

Die Entwicklung antisozialen Verhaltens ist vor dem Hintergrund neuerer Forschungsergebnisse keineswegs „unberechenbar", allerdings erweist sie sich als offener und von interaktiven Zusammenhängen mehr beeinflusst, als dies in den meisten klassischen Prognoseschemata zum Ausdruck kommen kann. Zu Recht wird gefordert, dass man sich von vielfach unrealistischen Erwartungen an die Treffsicherheit von Individualprognosen zu lösen hat. In Individualprognosen findet sich bis heute vielfach eine verhängnisvolle Überbewertung einzelner biografischer Negativmerkmale. Entwicklungsverläufe und die Einbeziehung protektiver Faktoren sind ausgesprochen wichtig. Vorsicht gilt auch hinsichtlich der inzwischen zahlreich vorliegenden Checklisten bzw. aktuarischen Prognoseinstrumente (vgl. Kap. 11.6.1), die zwar einerseits eine erhebliche Weiterentwicklung bedeuten, v. a. eine größere Standardisierung in der Erfassung für die Vorhersage zukünftigen Verhaltens wichtiger Variablen brachten, deren Bedeutung andererseits auch nicht überschätzt werden darf. „Wenngleich diese Instrumente einen wesentlichen Fortschritt darstellen und erheblich dazu beitragen, Risikoeinschätzung und Prognose auf empirische Grundlage zu stellen, und sie transparent und nachvollziehbar zu machen, erfüllen sie bei weitem nicht alle Anforderungen, die an die Erstellung von Prognosen gestellt werden" (Groß, 2004, S. 2).

11.4 Rechtliche Entwicklung im deutschen Strafrecht und Prognosefragestellungen

Unter öffentlichem Druck wurde von der Bundesregierung das „Gesetz zur Bekämpfung von Sexualdelikten und anderen gefährlichen Straftaten" vom 26. Januar 1998 geschaffen, das einerseits die Sanktionen, v. a. für Sexualstraftäter, erhöhte, gleichzeitig die Gewährung von Lockerungen und die Strafrestaussetzung erschwerte, andererseits jedoch auch resozialisierende Behandlung für diese Gruppe forderte (vgl. zu den Gesetzestexten Kapitel 11.2). Einige Autoren sehen in dieser Neuregelung deutlich Zugeständnisse an die Öffentlichkeit und die Medien. Und auch in der Praxis spricht einiges für ein inzwischen deutlich zurückhaltenderes Vorgehen bei Entlassungsent-

scheidungen (vgl. Kury & Obergfell-Fuchs, 2008, S. 278; vgl. zur Punitivität umfassend Kury & Shea, 2011). Die Neuregelung erleichterte eine Unterbringung in der Sicherungsverwahrung (§ 66 Abs. 3 StGB), sah jedoch auch die Verlegung von Sexualstraftätern in eine sozialtherapeutische Einrichtung vor, wenn eine entsprechende Behandlung als erfolgversprechend angesehen wird. Entsprechend nahm etwa die Zahl der in eine der 61 Sozialtherapeutischen Einrichtungen der Bundesrepublik (insgesamt 2262 Haftplätze) verlegten Sexualstraftäter in den letzten Jahren erheblich zu, auf inzwischen 1062, was zu einer Verdrängung anderer Tätergruppen führte (Niemz, 2011, S. 18). War vor der gesetzlichen Änderung nach § 454 StPO nur für zu einer lebenslangen Freiheitsstrafe Verurteilte die Einholung eines Prognosegutachtens vor einer Strafrestaussetzung zur Bewährung zwingend vorgeschrieben, ist das nach der Gesetzesänderung der Fall für alle aufgrund einer schweren Straftat i. S. des § 66 Abs. 3, Satz 1 StGB zu mehr als zwei Jahre Freiheitsentzug Verurteilten. Die Strafvollstreckungskammer muss in solchen Fällen ein Sachverständigengutachten einholen, wenn „nicht auszuschließen ist, dass Gründe der öffentlichen Sicherheit einer vorzeitigen Entlassung des Verurteilten entgegenstehen" (§ 454 Abs. 2, Satz 1, Nr. 2 StPO). „Das Gutachten hat sich namentlich zu der Frage zu äußern, ob bei dem Verurteilten keine Gefahr mehr besteht, dass dessen durch die Tat zutage getretene Gefährlichkeit fortbesteht" (§ 454 Abs. 2, Satz 2 StPO). Bei zu lebenslanger Haft Verurteilten und Sexualstraftätern wird die Begutachtung durch einen externen Sachverständigen verlangt. Im bayerischen Strafvollzug ist bei „groben Gewalttätern" eine Begutachtung vor der Gewährung von Vollzugslockerungen vorgeschrieben (Endres, 2000, S. 67).

Die Beantwortung der Frage der Gefährlichkeit und eine entsprechende Beurteilung der Kriminalprognose sind bzw. waren auch erforderlich bei einer nachträglichen Anordnung der Sicherungsverwahrung bei verurteilten und inhaftierten Tätern. Hier sind sogar zwei externe und unabhängige Gutachten erforderlich. Bei Erwachsenen ist die Notwendigkeit des Fortbestehens der Sicherungsmaßnahme alle zwei Jahre und bei Jugendlichen jedes Jahr zu prüfen. Hierbei ist allerdings zu beachten, dass das Bundesverfassungsgericht mit Urteil vom 04. Mai 2011 nach einer längeren und teilweise kontroversen Diskussion um die Rechtmäßigkeit der Regelungen im Zusammenhang mit heftiger Kritik des Europäischen Gerichtshofs für Menschenrechte (EGMR) alle Vorschriften zur Sicherungsverwahrung für verfassungswidrig erklärt hat und den deutschen Gesetzgeber aufforderte, bis zum Juni 2013, also innerhalb von ca. zwei Jahren, neue Regelungen zur Sicherungsverwahrung zu schaffen. Bis dahin gelten Übergangsvorgaben. Der EGMR hatte v. a. die 1998 erfolgte Aufhebung der Höchstdauer der Sicherungsverwahrung bei einer ersten Verhängung von zehn Jahren sowie die Einführung der Möglichkeit einer nachträglichen Anordnung während der Haft kritisiert.

Zu Recht wird selbst von juristischer Seite teilweise die kritische Frage gestellt, ob Sachverständige etwa einem Gutachtenauftrag nach § 454 Abs. 2, Nr. 2 StPO überhaupt nachkommen können, da die hier verlangte Prognosegenauigkeit gar nicht zu leisten sei. Mit dieser Gesetzesformulierung sind die an den Prognostiker gestellten Anforderungen, welche sich ja auch das Gericht zu eigen machen muss, auf eine Spitze getrieben, die kaum noch zu erreichen ist. Soll die Regelung einer Strafrestaussetzung zur Bewährung nicht ins Leere laufen, kann entsprechend herrschender Meinung für eine günstige Prognose keine Gewissheit hinsichtlich künftiger kriminalitätsfreier Lebensführung gefordert werden. Es genüge das Vorhandensein einer reellen Chance für eine straffreie Lebensführung.

Hinsichtlich einer Strafrestaussetzung wurde die früher im Gesetz festgehaltene „Erprobungsklausel" durch eine „Verantwortungsklausel" ersetzt, was auch von juristischer Seite zu Recht problematisiert wird. Hiernach ist eine bedingte Entlassung aus dem Strafvollzug nur zulässig, wenn „dies unter Berücksichtigung des Sicherheitsinteresses der Allgemeinheit verantwortet werden kann" (§ 57 Abs. 1, Nr. 2 StGB). Ähnliche Entwicklungen, z. B. Sanktionsverschärfungen, sind auch in anderen Ländern, wie z. B. der Schweiz, zu beobachten, wo die Begutachtung gemeingefährlicher Straftäter durch Fachkommissionen den Schutz der Allgemeinheit vor Rückfalltaten erhöhen soll (vgl. zur internationalen Entwicklung Kury & Shea, 2011; s. a. Kury, 2008; Kury & Ferdinand, 2008).

Zwischenzeitlich ist in Deutschland die „nachträgliche Sicherungsverwahrung" eingeführt worden, d. h. die Sicherungsverwahrung konnte hiernach nicht nur vom erkennenden Gericht im Rahmen der Hauptverhandlung verhängt werden, sondern, wird die (fortbestehende) Gefährlichkeit des Täters während der Haftzeit festgestellt, auch noch nachträglich. Dieses Vorgehen ist, wie erwähnt, sowohl von kriminologischer als auch von verfassungsrechtlicher Seite heftig kritisiert worden, zwischenzeitlich – auch nach der Rechtsprechung des Europäischen Gerichtshofs für Menschenrechte EGMR (European Court of Human Rights, M. vs. Germany, Application No. 19 359/04, 10/05/2010) sowie v. a. nach dem Urteil des BGH – musste die Anordnung der Sicherungsverwahrung neu geregelt werden.

Solche Entwicklungen zeigen, dass vor dem Hintergrund breiter Medienberichterstattung und öffentlicher Diskussion um Rückfalltäter die Sensibilität für „gefährliche" Straftaten zugenommen hat (vgl. Hassemer, 2009). Wurden vor Jahrzehnten Sexualstraftaten in der Öffentlichkeit kaum wahrgenommen, werden sie heute breit und ausgiebig berichtet, oft mit dem Unterton der Forderung nach härteren Strafen. Eine rechtlich wie kriminologisch akzeptierte Definition von „Gefährlichkeit" oder „Gemeingefährlichkeit" existiert allerdings nicht. So geht die Anordnung der Sicherungsverwahrung nach bisheriger Regelung davon aus, dass der Täter „infolge eines Hanges zu erheblichen Straftaten, namentlich zu solchen, durch welche die Opfer seelisch oder körperlich schwer geschädigt werden oder schwerer wirtschaftlicher Schaden angerichtet wird, für die Allgemeinheit gefährlich ist" (§ 66 Abs. 1, Nr. 4 StGB). Wie sehr die Diskussion auf schwere Straftaten in einer Gesellschaft sich etwa vordergründig lediglich auf „harte Reaktionen" konzentriert bzw. ob eine differenziertere Auseinandersetzung stattfindet, wird deutlich von der politischen Kultur in einem Land beeinflusst, wie das Beispiel Norwegen zeigt. Der dortige Regierungschef hat nach dem Massenmord eines Einzeltäters im Juni 2011 sehr besonnen und ausgewogen Stellung zu der Tat und den gesellschaftlichen Auswirkungen genommen – mit dem Ergebnis, dass dies auch von der Öffentlichkeit entsprechend honoriert wurde (vgl. Green, 2008).

Vor diesem Hintergrund hat nicht nur die Zahl der eingeholten Prognosegutachten stark zugenommen (Kury et al., 2009; Kury & Adams, 2010), sondern auch die Forschung zu Hintergründen straffälligen Verhaltens und Rückfällen, deren Ergebnisse für die Ausarbeitung von Prognosemethoden wichtig sind. Allerdings ist die prognostische Qualität der Kriterien bislang immer noch eingeschränkt und teilweise fraglich.

War die Kriminalprognose früher ebenfalls vorwiegend eine Domäne der (Forensischen) Psychiater, werden inzwischen häufiger Psychologen mit der Prognosebegutachtung beauftragt. Zweifellos sind diese, nach entsprechender Ausbildung und Erfahrung, zur Lösung der meisten hier gestellten Fragen in aller Regel genauso geeignet wie Forensi-

sche Psychiater. Eine neuere Analyse von Prognosegutachten hat ergeben, dass Psychologen hinsichtlich der Einhaltung der vorliegenden „Mindestanforderungen für Prognosegutachten" (Boetticher et al., 2006) wesentlich präziser sind als Psychiater; vor diesem Hintergrund wurden ihre Gutachten als besser beurteilt (Kury & Adams, 2010).

Sicherlich hat Leygraf (2009, S. 484) Recht, wenn er betont: „Begutachtungen zur Prognose gehören zu den schwierigsten, verantwortungsvollsten und umstrittensten Aufgaben der forensischen Psychiatrie." Die sich hier stellende Aufgabe der Vorhersage des Verhaltens inhaftierter Straftäter über Jahre hinaus, wenn nicht gar für das restliche Leben des Täters, ist zumindest gegenwärtig zwangsläufig mit großen Unsicherheiten behaftet. So sind prognostische Begutachtungen zu einem erheblichen Teil persönlichkeitszentriert, wobei man die Persönlichkeit oftmals in einer Ausnahmesituation, nach meist langjähriger Inhaftierung in der Haftanstalt bzw. dem Maßregelvollzug, hinsichtlich deren Verhaltens in einer völlig anderen Situation, nämlich in Freiheit unter dort spezifisch gegebenen Lebensbedingungen, zu beurteilen hat. Das Verhalten des Inhaftierten wird nach seiner Entlassung nicht nur von seiner eigenen Persönlichkeit abhängen, sondern ganz erheblich von Umgebungsfaktoren und situativen Bedingungen, die vorher, wenn überhaupt, nur schwer einzuschätzen sind. Beier (2003) betont im Zusammenhang mit der Prognosestellung bei Sexualstraftätern, dass der Richter nur bedingt damit rechnen könne, dass er anhand des Sachverständigengutachtens empirisch überprüfte und deliktspezifische Prognosekriterien mit Blick auf die künftige Entwicklung des Täters erhalte, um so sein Urteil in gewünschter Weise absichern zu können.

Der enorme Druck, der von Seiten der Öffentlichkeit auf Sicherheitsaspekte gelegt wird, wirkt auch auf die Gutachter. Sie werden bei Prognosegutachten über inhaftierte Straftäter noch mehr als bisher zu ihrer eigenen „Absicherung" in Zweifelsfällen eher zu Ungunsten des Inhaftierten argumentieren, d. h. sich eher nicht für Lockerungen bzw. eine Entlassung aussprechen. Diese „falsch Positiven", bei denen der Täter als gefährlich eingestuft wird, obwohl er das in Wirklichkeit gar nicht ist, sind hinsichtlich der Prognosegültigkeit nicht bzw. kaum zu überprüfen, da der Betroffene in aller Regel weiterhin einsitzt, seine Ungefährlichkeit damit gar nicht beweisen kann. Eine Möglichkeit, die Genauigkeit solcher Prognosen zu überprüfen, bestünde nur bei einem gesellschaftlich nicht durchzusetzenden „Experiment", bei welchem die Täter trotz ungünstiger Prognose freigelassen werden.

Bei entsprechenden „Experimenten" in den USA zeigte sich, dass als gefährlich eingestufte Insassen sich hinterher weitgehend als ungefährlich erwiesen, die Rückfallraten waren ausgesprochen gering (vgl. Webster et al., 1994; Thornberry & Jacoby, 1979; Steadman & Cocozza, 1974). Ein derartiges „Experiment" lässt sich gegenwärtig auch in Deutschland in gewisser Weise beobachten: Durch die Entscheidung des Europäischen Gerichtshofs für Menschenrechte (European Court of Human Rights, M. vs. Germany, Application No. 19 359/04, 10/05/2010) ist die Situation entstanden, dass Sicherungsverwahrte, die noch vor Inkrafttreten des oben genannten Gesetzes zur Bekämpfung von Sexualdelikten und anderen gefährlichen Straftaten in der Sicherungsverwahrung untergebracht waren und deren Unterbringung nachträglich unbegrenzt wurde, in die Freiheit zu entlassen sind. Diese Täter wurden bislang nahezu durchweg als hochgradig gefährlich eingeschätzt (vgl. die Untersuchung von Alex, 2010).

Tabelle 11.1 zeigt die relevanten Fehler der Kriminalprognose: zum einen die falsch Positiven („false positives"), bei denen irrtümlich davon ausgegangen wird, dass sie erneut (schwer) straffällig werden, zum anderen die falsch Negativen („false negatives"), d. h. die als ungefährlich Eingeschätzten, die dann tatsächlich aber erneute Straftaten begehen.

Tab. 11.1: Fehlermöglichkeiten bei der Kriminalprognose

		tatsächliche Entwicklung des straffälligen Verhaltens	
		kein Rückfall	Rückfall
prognostiziertes Verhalten	kein Rückfall	richtige Prognose	falsch negativ
	Rückfall	falsch positiv	richtige Prognose

Wie Endres (2000, S. 69) betont, sind die gesellschaftlichen Kosten bei den „falsch Positiven" anders geartet als bei den „falsch Negativen". Bei den „falsch Positiven" sind v. a. die Täter diejenigen, die die Folgen der Fehlprognose tragen, sie bleiben z. B. inhaftiert, obwohl sie ungefährlich sind. Darüber hinaus entstehen jedoch auch Folgen für die Gesellschaft, z. B. durch die Kosten für den (unnötigen) Freiheitsentzug. Des Weiteren kann die ungünstige Prognose dazu führen, dass Resozialisierungsmaßnahmen, z. B. durch Vollzugslockerungen, unterbleiben, so dass das Risiko eines Rückfalls nach der Entlassung steigt. Allerdings werden die Konsequenzen einer falsch positiven Prognose kaum direkt sichtbar.

Anders bei der falsch negativen Prognose. Hier wird der als ungefährlich beurteilte, vollzugsgelockerte oder gar freigelassene Straftäter wieder (schwer) rückfällig. Diese Rückfalltat wird man mit großer Wahrscheinlichkeit der prognostischen Falschentscheidung anlasten. Das „Risiko" ist somit für den Gutachter je nach „Fehler" enorm unterschiedlich: Eine falsch positive Prognose hat für ihn so gut wie immer keinerlei Konsequenzen, wohl aber u. U. eine falsch negative. Selbst wenn er – was die Regel ist – keine straf- oder zivilrechtlichen Konsequenzen befürchten muss, wird er evtl. einer harten öffentlichen Kritik ausgesetzt und erhält bei mehreren solcher Fehler wahrscheinlich keine Aufträge mehr. Weiterhin dürfte eine solche Fehlprognose auch psychisch belastend für den Gutachter sein.

Wie häufig solche Prognoseirrtümer vorkommen, hängt nach Endres (2000, S. 69) von der Basisrate der tatsächlich Gefährlichen in der Grundgesamtheit ab, von der Selektionsquote, d. h. dem Anteil der als gefährlich bzw. ungefährlich Prognostizierten und der Güte des Vorhersageinstruments.

Aufgrund dieser Problematik werden seit Jahren die Möglichkeiten der Verbesserung prognostischer Standards sowie der Diagnostik von Straftätern diskutiert (vgl. Obergfell-Fuchs, 2010). Hierzu sollen auch die von einer interdisziplinären Arbeitsgruppe am BGH 2006 veröffentlichten „Mindestanforderungen für Prognosegutachten" beitragen (Boetticher et al., 2006). Die Empfehlungen richten sich nicht nur an Gutachter, sondern auch an Richter, Staatsanwälte Strafverteidiger und weitere Verfahrensbeteiligte, einschließlich Mitarbeiter des Straf- und Maßregelvollzugs. „Die Empfehlungen sollen dem forensischen Sachverständigen die Erstellung von Prognosegutachten und den Verfahrensbeteiligten die Bewertung von deren Aussagekraft erleichtern" (a. a. O., S. 537). Der von der Arbeitsgruppe aufgestellte „Katalog der formellen und inhaltlichen Mindestanforderungen für kriminalprognostische Gutachten" beinhaltet v. a. die folgenden Punkte (S. 541 ff.):

- Nennung von Auftraggeber und Fragestellung
- Klare und übersichtliche Gliederung
- Umfassendes Aktenstudium
- Schaffung adäquater Untersuchungsbedingungen
- Angemessene Untersuchungsdauer, wobei der Schwierigkeitsgrad des Falles zu berücksichtigen ist; ggf. an mehreren Tagen

- Durchführung einer mehrdimensionalen Untersuchung
- Umfassende Erhebung der relevanten Informationen
- Beobachtung des Verhaltens während der Exploration, ausführliche Persönlichkeitsbeschreibung
- Berücksichtigung empirisch gesicherter Risikovariablen, ggf. unter Anwendung geeigneter standardisierter Prognoseinstrumente
- Indikationsgeleitete Durchführung testpsychologischer Diagnostik, Berücksichtigung der Validitätsprobleme, die sich aus der forensischen Situation ergeben
- Stellen einer Diagnose bzw. Differentialdiagnose
- Analyse der individuellen Delinquenz, Hintergründe und Ursachen
- Mehrdimensionale biografische Analyse unter Berücksichtigung der individuellen Risikofaktoren
- Abgleich mit dem empirischen Wissen über das Rückfallrisiko möglichst vergleichbarer Tätergruppen
- Darstellung der Persönlichkeitsentwicklung seit der Anlasstat
- Prognostische Einschätzung des künftigen Verhaltens unter besonderer Berücksichtigung des sozialen Empfangsraums und der Nachsorge
- Eingrenzung der Umstände, für welche die Prognose gelten soll

11.5 Einteilung des prognostischen Vorgehens (intuitiv, klinisch, statistisch)

Vielfach wird die Art des Vorgehens bei der Erstellung einer Prognose eingeteilt in intuitiv, klinisch und statistisch (vgl. etwa Göppinger, 1980, S. 337 ff.).

11.5.1 Intuitive Prognose

Die intuitive Prognose wird von in der Regel nicht speziell ausgebildeten Personen vor dem Hintergrund allgemeiner Überlegungen und subjektiver theoretischer Vorstellungen gefällt. Sie ist eine Vorform wissenschaftlich begründeter Prognose. Praktiker der Strafrechtspflege, wie Richter oder Staatsanwälte fällen in aller Regel intuitive Prognosen, wenn sie vor dem Hintergrund ihrer Alltagserfahrung mit Straffälligen im Einzelfall eine prognostische Aussage treffen. Hierbei können mehr oder weniger dieselben Einzelfaktoren berücksichtigt werden, wie sie beispielsweise auch in eine statistische Prognose eingehen, wie Zahl der Vorstrafen, frühere Schulschwierigkeiten oder Verhalten im Strafvollzug, allerdings werden diese Einzelinformationen nach individuellen Überlegungen ausgewählt und gewichtet. So betont Kaiser (1996, S. 960), dass begründeter Anlass zu der Vermutung bestünde, „daß die wesentlichsten Faktoren, die Richter und Staatsanwälte ihren Prognosen zugrunde legen, mit den auf der Basis des Mehrfaktorenansatzes gewonnenen Prognosefaktoren übereinstimmen". Das zeigte auch die Untersuchung von Fenn (1981, S. 133 ff.; vgl. Wyss, 1992, S. 75 ff.).

Die Merkmale entsprechen vielfach dem „common sense", ihre Gewichtung ist teilweise einseitig, Einzelmerkmalen, wie z. B.

dem Vollzugsverhalten und auch hier unterschiedlichen Ausprägungen desselben, wird u. U. ein zu hohes Gewicht beigemessen, andere wesentliche Faktoren werden „übersehen". Werthaltungen des Prognostikers, seine allgemeinen Einstellungen und Sichtweisen gewinnen einen weitgehend unkontrollierten Einfluss auf die Prognoseentscheidung. Die Treffsicherheit solcher Prognosen ist weitgehend ungeprüft, deren Ergebnisse dürften eine große Streubreite zeigen. Trotzdem sind sie in der strafrechtlichen Alltagspraxis üblich, mit Ausnahme der Fälle, in denen eine wissenschaftlich begründete Prognose eines Sachverständigen eingeholt wird. Nach den Umfrageergebnissen von Fenn (1981, S. 90) wenden nur ca. 3 % bis 5 % der Strafrichter und Staatsanwälte wissenschaftliche Prognoseverfahren an. Das dürfte sich bis heute kaum wesentlich verändert haben. Nach Ansicht von Kaiser (1996, S. 961) handelt es sich bei der sog. intuitiven Prognose streng genommen um keine wissenschaftliche Methode, sondern um ein „selbständig erarbeitetes Verfahren der Praktiker in Strafrechtspflege, Bewährungshilfe und Strafvollzug". Seiner Ansicht nach verdiene dieses Verfahren daher keine besondere Beachtung, wenngleich es weit verbreitet sei. Wie Göppinger (1980, S. 337) betont, ist selbst beim Einsatz von Fragebogenmethoden, wenn die Auswertung nicht wissenschaftlich begründet erfolgt, von intuitiven Prognosen zu sprechen. Nach Endres (2000, S. 76) unterscheidet sich die intuitive Prognose, die er als Extremfall der klinischen Prognose einordnet, von einer „bloßen Prophezeiung allenfalls durch den akademischen Grad des Urhebers".

11.5.2 Klinische Prognose

Klinische und statistische Prognosen beruhen im Gegensatz zur intuitiven Vorgehensweise auf wissenschaftlicher Basis. Die klinische Prognose, teilweise auch empirische

Individualprognose genannt, beruht auf der individuellen Untersuchung der Täterpersönlichkeit durch einen geschulten Experten, wie einen Psychologen oder Psychiater. Diese Untersuchung kann auf weniger standardisierten Erhebungsmethoden beruhen, wie einem mehr oder weniger strukturierten „klinischen Interview" oder projektiven Tests, auf hochstandardisierten (psychologischen) Testverfahren, wie z. B. Persönlichkeitsfragebogen oder auf zusätzlichen medizinischen Überprüfungen. Hier werden die gewonnenen Befunde auf der Ebene allgemeiner Leitlinien zu dem für die Fragestellung relevanten kriminologischen Wissen in Beziehung gesetzt (vgl. Göppinger, Bock, 2008, S. 239). Dies macht deutlich, dass hier ein subjektiver, schwer zu kalkulierender Faktor in die Prognosestellung Eingang finden kann.

Die klinische Prognose wurde in Deutschland am Institut für Kriminologie der Universität Tübingen im Rahmen der dort durchgeführten Längsschnittstudie, der „Tübinger Jungtäter-Vergleichsuntersuchung" bei jungen Häftlings- und Vergleichsprobanden mit einer ausgesprochen umfangreichen Datenerhebung aus allen Lebensbereichen weiterentwickelt (Göppinger, 1983). Auf statistischem Wege wurden unter Heranziehung von Rückfalldaten „kriminovalente" und „kriminoresistente Konstellationen" herausgefiltert, deren Anwendbarkeit sich v. a. auf Eigentums- und Vermögensdelikte bezieht. Wie allerdings Bock (1995, S. 19) betont, würden die gefundenen Kriterien schon bei Gewalt- oder Sexualtätern nicht mehr gut greifen. Während erstere die Rückfallwahrscheinlichkeit erhöhen, wird diese durch letztere im Sinne „protektiver Faktoren" reduziert. Die kriminovalenten Konstellationen bestehen aus (vgl. Bock, 1995, S. 5):

- Vernachlässigung des Arbeits- und Leistungsbereichs, ferner sonstiger, auch familiärer sozialer Pflichten

- einem fehlenden Verhältnis zu Geld und Eigentum
- unstrukturiertem Freizeitverhalten
- fehlender Lebensplanung

Im Gegensatz dazu setzen sich die kriminoresistenten Konstellationen zusammen aus:

- Erfüllung der sozialen Pflichten
- einem angemessenen Anspruchsniveau
- Verbundenheit mit einem geordneten Zuhause und Familienleben
- einem angemessenen Verhältnis zu Geld und Eigentum

Göppinger (1985) entwickelte vor dem Hintergrund seiner Untersuchungen eine „idealtypisch vergleichende Einzelfallanalyse" (Bock, 1995). Es wurden, v. a. hinsichtlich Eigentums- und Vermögenskriminalität, „idealtypische" Lebens- und Verhaltenszuschnitte herausgearbeitet, die für Mehrfach- und Rückfalltäter als typisch angesehen wurden. Aus der Berücksichtigung von Daten zu Person und Sozialbereich des Täters, unter Heranziehung kriminologischen Wissens sowie durch die Berücksichtigung allgemeiner gesellschaftlicher Kenntnisse wie z. B. zur Arbeitslosigkeit oder zum Wertewandel, sollen mit der Methode der idealtypisch vergleichenden Einzelfallanalyse (MIVEA) Aussagen über die künftige Straffälligkeit gemacht werden (vgl. Bock, 1995). Nach Graebsch und Burkhardt (2008, S. 327) erfolgen Zugangsuntersuchungen z. B. in der JVA-Bremen seit einiger Zeit entsprechend MIVEA. Der Lehrstuhl für Kriminologie der Universität Mainz (M. Bock) bietet eine Ausbildung im Rahmen des Studiums an, daneben gibt es Kurse für Praktiker in der Methode (Bock, 2007). Eine größere Verbreitung hat das Verfahren (MIVEA) allerdings nicht gefunden und es ist auch bis heute umstritten. Während z. B. Graebsch und Burkhardt (2008, S. 330) der Methode vorwerfen, sie „perpetuiere [...] aus wissenschaftlicher Sicht unhaltbare und schon im Ansatz überholte Denkmuster", stellen Vollbach und Hoppe (2009) eine prognostische Validität fest.

11.5.3 Statistische Prognose

Stand bis vor wenigen Jahren bei der Prognosebeurteilung noch das sog. klinische Vorgehen im Vordergrund – ältere statistische Prognoseverfahren (Prognosetafeln) als Gegensatz dazu haben sich, zumindest im deutschsprachigen Bereich, in der Praxis nie durchgesetzt – hat sich das heute teilweise gewandelt. Die Erfahrung und das Wissen des Prognostikers werden mehr und mehr durch konkrete Kriterienlisten gestützt und das Vorgehen damit auch mehr vereinheitlicht. Es ist hier somit eine vergleichbare Entwicklung zu verzeichnen wie bei der Glaubhaftigkeitsbegutachtung (vgl. Kap. 10.3). Solche Kriterienlisten können nicht nur zu einer Vereinheitlichung des Vorgehens beitragen, sondern ebenso zu der dringend erforderlichen Qualitätssicherung. Nach wie vor sind qualitativ schlechte Gutachten, auch bei so zentralen Fragestellungen wie der Kriminalprognose oder der Schuldfähigkeit nicht selten (vgl. Kury, 1997b; Kury et al., 2009; Kury & Adams, 2010).

Die statistische Prognose verwendet vielfach die gleichen Merkmale wie die klinische, unterscheidet sich hierin also nicht wesentlich von dieser, wohl aber in der Verarbeitung der gesammelten spezifischen Informationen. Während bei der klinischen Prognose diese Verarbeitung und Gewichtung vor dem Hintergrund der Erfahrung des Prognostikers unter Heranziehung des Umfeldwissens aus Kriminologie und Bezugswissenschaften (vgl. Bock, 1995) individuell bewerkstelligt wird, erfolgt sie bei der statistischen nach einem vorgegebenen Algorithmus, der auf empirischem Weg gewonnen wurde (Endres, 2000, S. 75). Beim klinischen Vorgehen bleibt es letztlich dem

Prognostiker und seiner Erfahrung überlassen, welche Merkmale er heranzieht und wie er diese subjektiv gewichtet. Damit ist einerseits eine größere Flexibilität gegeben, andererseits die Gefahr, dass wichtig Merkmale gar nicht erhoben und damit auch nicht berücksichtigt bzw. „falsch" gewichtet werden. Mittels Rückfalluntersuchungen wird bei der statistischen Prognose versucht, diejenigen Variablen herauszufiltern und genau zu definieren, die möglichst hoch (oder niedrig) mit erneuter Straffälligkeit korrelieren. Auf diese Weise gelangt man zu Merkmalen, die, je mehr von ihnen gegeben sind, für eine umso höhere Rückfälligkeit sprechen, sog. Schlechtpunkten. Diese können nun zu einer Liste (Prognosetafel) zusammengestellt werden, jedes einzelne Merkmal kann vor dem Hintergrund des ermittelten Beitrages zur Rückfälligkeit mit einem oder mehreren Punkten bedacht werden, die Aufsummierung aller Punkte ergibt einen Gesamtwert, aus dem auf die Rückfallgefahr (z. B. angegeben in prozentualer Rückfallwahrscheinlichkeit) geschlossen werden kann. Solche statistischen Prognosetafeln haben eine relativ lange Tradition, wurden bereits von Glueck und Glueck (1950) auf der Basis ihrer umfangreichen Untersuchungen entwickelt. Diese wurden teilweise auch in Deutschland aufgegriffen (Elmering, 1969; vgl. zur Problematik Spieß, 1993).

Diese Punktwertverfahren wurden in der Folge zunehmend „verfeinert", einmal dadurch, dass die Zahl der Schlechtpunkte erhöht wurde und zum anderen durch sog. Struktur-Prognosetafeln. Dieser Ansatz versucht, die Vorteile der klinischen Prognose mit denen der statistischen zu verknüpfen. Eine anfangs heterogene Stichprobe von Straffälligen wird anhand als wesentlich für den Rückfall eingeschätzter Merkmale immer weiter in homogene Untergruppen aufgeteilt. Am Schluss ergeben sich so immer spezifischere Untergruppen, mit besonderen, für die Rückfälligkeit vor dem Hintergrund empirischer Untersuchungen als relevant betrachteter Merkmale, für die dann jeweils ein besonderer Punktwert vergeben wird, aus dem wiederum auf die Rückfallwahrscheinlichkeit geschlossen wird. Ein Beispiel einer solchen Strukturprognosetafel findet sich bei Ballard und Gottfredson (1963; vgl. zusammenfassend Göppinger, 1980, S. 351 ff.; Kaiser, 1996, S. 966 ff.). Zur statistischen Absicherung solcher Strukturprognosemodelle sind aufgrund der mehr oder weniger differenzierten Untergliederung in aller Regel große Stichproben erforderlich. Weiterhin ist die Anwendung solcher Strukturprognosetafeln in der Praxis unhandlich.

11.6 Aktuelle Praxis des prognostischen Vorgehens

Die aktuelle Praxis beim prognostischen Vorgehen ist weitgehend durch eine Kombination der klinischen mit der statistischen Methode gekennzeichnet. Allerdings dominiert die klinische Prognose, die jedoch zunehmend mehr ein kriteriengeleitetes Vorgehen beinhaltet (vgl. Leygraf, 2009, S. 491 f.). Ein Grund dafür, dass in Deutschland die vorwiegend im angloamerikanischen Raum entwickelten Prognosetafeln lange Zeit wenig Anklang fanden, sieht Dahle (2008 a, S. 446) darin, „dass sie nach bloßen statistischen und nicht nach inhaltlichen Gesichtspunkten konstruiert sind und sich überwiegend auf die Erfassung statischer, d. h. unveränderbarer Merkmale beschränken".

11.6.1 Prognoseinstrumente (Checklisten)

Inzwischen wurden neue Instrumente entwickelt, welche auch dynamische, also grundsätzlich veränderbare Merkmale erfassen, ferner teilweise speziell für einzelne Risikogruppen, wie Sexual- oder Gewaltstraftäter, entwickelt wurden (Dahle, 2008 b; Dahle et al., 2007; Bliesener, 2007). Diese Instrumente sind im Rahmen internationaler Forschung hinsichtlich Objektivität und Vorhersagevalidität weitgehend bestätigt, können somit zu einer Objektivierung der Prognosebeurteilung beitragen, weisen allerdings auch Schwächen auf. Nach Dahle (2008 a, S. 447) zeigt sich wiederum das „Mittelfeldproblem", d. h. recht oft wird lediglich ein unspezifisches mittleres Rückfallrisiko festgestellt, bei der „Prognose seltener Rückfallereignisse [ergeben sich] überproportional viele falsch positive Beurteilungen", was dazu beiträgt, dass fälschlicherweise eine Rückfallgefahr angezeigt wird. Zusätzlich zeigen die Instrumente „eine gewisse Abhängigkeit ihrer Vorhersagegüte von wechselnden Merkmalen der Zielgruppe und schöpfen den verfügbaren Bestand empirisch gesicherter Erfahrung keineswegs aus (siehe im Einzelnen Dahle, 2005). Vor allem aber basieren sie – trotz theoretischer Fundierung einiger Instrumente – letztlich auf gruppenstatistischen Durchschnittserfahrungen und können prinzipbedingt etwaige individuelle Besonderheiten nicht hinreichend berücksichtigen. Sie können insoweit im Rahmen prognostischer Begutachtungen hilfreiche Dienste leisten, sie können jedoch nicht die einzige Beurteilungsgrundlage darstellen."

Rasch (1999, S. 376) geht in dem von ihm entwickelten Prognoseschema von vier prognostisch relevanten Dimensionen aus:

1. frühere Kriminalität (lebensphasisch bedingt, Konflikt bzw. grundlegende Persönlichkeitsproblematik)
2. aktueller Krankheitszustand (hohe psychische Abnormität vs. positives Persönlichkeitsbild)

3. bisheriger Verlauf während des Freiheitsentzugs (aufgeschlossen gegenüber Therapie vs. ihr gegenüber ablehnend)
4. Zukunftsperspektive und Außenorientierung (schwierige Wohn- und Familienverhältnisse vs. Nachsorge nach Haftentlassung)

Diese bzw. ähnliche Kriterien finden sich auch in anderen Listen. So lehnt sich Nedopil (2007, S. 204), unter direkter Einbindung des aktuarischen Verfahrens HCR 20, mit seiner Faktorenliste hieran an. Die von ihm aufgestellte „Struktur der gutachterlichen Überlegungen bei Prognosegutachten" enthält zu vier Bereichen folgende Einzelpunkte:

1. *Ausgangsdelikt*
   – statistische Rückfallwahrscheinlichkeit
   – Bedeutung situativer Faktoren für das Delikt
   – Einfluss einer vorübergehenden Krankheit
   – Zusammenhang mit einer Persönlichkeitsstörung
   – Erkennbarkeit kriminogener oder sexuell devianter Motivation
2. *Anamnestische Daten*
   – (H1) frühere Gewaltanwendung
   – (H2) Alter bei erster Gewalttat
   – (H3) Stabilität von Partnerbeziehungen
   – (H4) Stabilität in Arbeitsverhältnissen
   – (H5) Alkohol-/Drogenmissbrauch
   – (H6) psychische Störung
   – (H8) frühe Anpassungsstörungen
   – (H9) Persönlichkeitsstörung
   – (H10) frühere Verstöße gegen Bewährungsauflagen
3. *Postdeliktische Persönlichkeitsentwicklung (klinische Variablen)*
   – Krankheitseinsicht und Therapiemotivation
   – selbstkritischer Umgang mit bisheriger Delinquenz

– Besserung psychopathologischer Auffälligkeiten
   – (C2) pro-/antisoziale Lebenseinstellung
   – (C4) emotionale Stabilität
   – Entwicklung von Coping-Mechanismen
   – Widerstand gegen Folgeschäden durch Institutionalisierung
4. *Sozialer Empfangsraum (Risikovariablen)*
   – Arbeit
   – Unterkunft
   – soziale Beziehungen
   – soziale Beziehungen mit Kontrollfunktion
   – offizielle Kontrollmöglichkeiten
   – Verfügbarkeit von Opfern
   – (R2) Zugangsmöglichkeit zu Risiken
   – (R4) Compliance
   – (R5) Stressoren

Ergänzt wird dies um den PCL-R-Wert.

Dittmann (2000, S. 72 ff.) hat einen Katalog von zwölf Kriterien entwickelt, deren Ausprägung im Rahmen einer Prognosestellung zu prüfen ist. Er spricht von einer „kriterienorientierten strukturierten Risikokalkulation" (S. 72). Das Vorgehen ist durch die Kriterienliste systematisiert, die prognostischen Aussagen sollten ein Jahr nicht überschreiten. Neben statischen, biografischen Aspekten werden hier auch dynamische, veränderbare Faktoren berücksichtigt. Seit dem 01. Januar 2000 wird dieser Kriterienkatalog als verbindliches Beurteilungsinstrument bei allen Fachkommissionen im Strafvollzugskonkordat der Nordwest- und Innerschweiz eingesetzt. Dittmann (2000, S. 78) geht davon aus, dass mit der von ihm entwickelten neuen Methodik bei individuellen Kriminalprognosen „unter optimalen Bedingungen eine durchschnittliche Richtigkeit von etwa 90 % erreichbar sein [dürfte], insbesondere, wenn die Beurteilung wie in unseren Fachkommissionen in einem interdisziplinären Team erfolgt, was ein ganz erheblicher Fortschritt gegenüber dem Einzelgutachter ist" (vgl. Kap. 11.4). Hierbei muss beachtet werden, dass, wie erwähnt, der Prognosezeitraum nach Dittmann ein Jahr nicht überschreiten sollte, eine Einschränkung, mit der die bei den Gerichten und Strafvollstreckungskammern oftmals vorhandenen Erwartungen der Aussagen hinsichtlich eines wesentlich längeren Prognosezeitraums nicht erfüllt werden können. Grundsätzlich gilt, dass die Unsicherheit der Prognose mit der Länge des Zeitraums der Vorhersage steigt und daher langfristige Aussagen nur schwer möglich sind bzw. die Gefahr einer Fehlprognose steigt (vgl. Nedopil, 2002, S. 348). Die Stellung von Prognosen in Fachkommissionen kann die Genauigkeit mehr oder weniger deutlich erhöhen, da mehr Einzelgesichtspunkte zusammengetragen werden dürften und die Gefahr, dass wichtige Aspekte übersehen werden, reduziert wird. Dennoch erscheint die angenommene Prognosegenauigkeit deutlich zu hoch.

Bei der „kriterienorientierten strukturierten Risikokalkulation" nach Dittmann (2000, S. 73 ff.) werden die folgenden zwölf Merkmalsbereiche hinsichtlich günstiger und ungünstiger Ausprägungen bewertet (s. Tab. 11.2).

Dieser Kriterienkatalog wurde in neuerer Zeit von Wulf (2005) überarbeitet und um die Merkmale „Sucht", „Zukunftserwartungen" und „Altersfaktor" ergänzt. Ferner systematisiert er die Merkmale nach Dittmann in eine Basisprognose, welche die lebensgeschichtlichen Risiko- und Schutzfaktoren enthält, eine aktuelle Individualprognose zu derzeitigen Risiko- und Schutzfaktoren sowie eine Interventionsprognose mit zukunftsorientierten Risiko- und Schutzfaktoren. Mittlerweile hat die „Dittmann-Liste" (sei es mit oder ohne Modifikationen) weite Verbreitung besonders in der psychologischen Gutachtenpraxis sowie im Strafvollzug gefunden.

Als zusätzliche wichtige Kriterien werden von Dittmann (2000, S. 92 ff.) die Merkmale der dissozialen Persönlichkeitsstörung nach ICD-10 F60.2 genannt. Dabei sollten bei „sicheren" Diagnosen mindestens drei Kriterien erfüllt sein. Bei der „Dittmann-Liste" handelt es sich um:

- herzloses Unbeteiligtsein gegenüber den Gefühlen anderer
- deutliche und anhaltende verantwortungslose Haltung und Missachtung sozialer Normen, Regeln, Verpflichtungen
- Unfähigkeit zur Aufrechterhaltung dauerhafter Beziehungen, obwohl keine Schwierigkeit besteht, sie einzugehen

Tab. 11.2: Kriterienorientierte strukturierte Risikokalkulation (nach Dittmann, 2000)

1	Analyse der Anlasstat(en)
2	bisherige Kriminalitätsentwicklung
3	Persönlichkeit, vorhandene psychische Störung
4	Einsicht des Täters in seine Krankheit oder Störung
5	soziale Kompetenz
6	spezifisches Konfliktverhalten
7	Auseinandersetzung mit der Tat
8	allgemeine Theaecherapiemöglichkeiten
9	reale Therapiemöglichkeiten
10	Therapiebereitschaft
11	sozialer Empfangsraum bei Lockerung, Urlaub, Entlassung
12	bisheriger Verlauf nach der (den) Tat(en)

- eine sehr geringe Frustrationstoleranz und niedrige Schwelle für aggressives, einschließlich gewalttätiges Verhalten
- fehlendes Schuldbewusstsein oder Unfähigkeit aus negativer Erfahrung, insbesondere Bestrafung, zu lernen
- eine deutliche Neigung, andere zu beschuldigen oder plausible Rationalisierungen anzubieten für das Verhalten, durch welches die Betreffenden in einen Konflikt mit der Gesellschaft geraten sind

Als weitere zusätzliche Kriterien nennt Dittmann die „Psychopathy"-Merkmale der „Psychopathy Checklist" (PCL) von Hare (1991). Er geht dabei insbesondere auf die zwölf Merkmale der „Screening-Version" (PCL:SV) ein und betont, dass der Umgang mit diesen Kriterien allerdings ein besonderes, „umfassendes" Training erfordere (vgl. zur revidierten Version PCL-R). Schließlich werden zusätzliche Kriterien für die Beurteilung von Sexualstraftätern genannt, wobei zu Recht auf die besondere Heterogenität dieser Tätergruppe hingewiesen wird. Die vom Autor genannten 15 Merkmale seien nicht für alle Täter anwendbar. Neben den allgemeinen Merkmalen würden diese für Sexualstraftäter spezifischen für eine erhöhte Rückfallgefahr sprechen. Es handelt sich hierbei um folgende Kriterien:

- fixierte sexuelle Devianz (Perversion, Paraphilie)
- sexuelle Seriendelikte, besonders hohe Tatfrequenz
- fortschreitende deviante Phantasien und Handlungen
- sadistische Phantasien und Handlungen
- in der Phantasie oder konkret lang vorgeplante Handlungen
- massive Gewaltanwendung bei der Tat, Verletzung des Opfers, Waffengebrauch
- früher Beginn sexueller Delinquenz
- verschiedenartige Sexualdelikte
- fremde Opfer
- Bagatellisierung oder Leugnung

- Projektion des Fehlverhaltens auf die Opfer
- geltend gemachte Berechtigung zu sexueller Befriedigung ohne Einwilligung
- deliktfördernde Grundhaltung („Sexualmythen")
- Unfähigkeit, angemessene, stabile Partnerschaften einzugehen
- falsche Selbsteinschätzung bezüglich Risikosituationen

Bliesener (2007) teilt die vorhandenen aktuarischen Prognoseinstrumente ein in solche zur allgemeinen Risikodiagnose und Rückfallprognose, zur Risikodiagnose und Rückfallprognose bei jugendlichen Tätern, zur Risikoprognose bei Sexualstraftätern und schließlich zur behandlungsorientierten Diagnose bei Straftätern. Dahle, Schneider und Ziethen (2007) untergliedern in klassische statistische Instrumente, solche zum „Risk-Needs-Assessment", zur Gewaltprognose, für spezielle Hochrisikogruppen, zur Vorhersage mit Rückfällen zur Sexualdelinquenz und solche für junge Täter.

Instrumente zur allgemeinen Risiko- und Rückfallprognose

Instrumente zur allgemeinen Risiko- und Rückfallprognose sind nach Bliesener (2007, S. 326 ff.) z.B. die „Psychopathy Checklist Revisited – PCL-R" von Hare (1991, 1998, 2003). Hierbei handelt es sich um eine inzwischen auch in Deutschland eingesetzte Liste von (klinischen) Merkmalen bzw. Diagnosekriterien im Zusammenhang mit kriminalprognostischen Fragestellungen. Das Verfahren dient zur Identifikation besonders schwer gestörter Straftäter (der „Cleckley-Psychopathen"; Cleckley, 1976) und wird weitgehend als relativ gutes Prognoseinstrument eingeschätzt. Die Liste umfasst 20 Items und wird auch zur Risikodiagnose von Gewalttätern eingesetzt. Das Zutreffen der einzelnen Merkmale wird mit 0 („trifft nicht zu") bis 2 („trifft zu") bewertet, der

Gesamtpunktwert liegt somit zwischen 0 und 40. Mit der Screening-Version PCL-SV liegt eine Kurzform mit 12 Items vor, mit der Youth Version PCL:YV eine speziell für junge Täter entwickelte Form (Hart et al., 1995; Neumann et al., 2006). Empirische Untersuchungen zeigten einen deutlichen Zusammenhang zwischen PCL-R-Wert und späterem Rückfall (vgl. Endres, 2000, S. 71; Dahle et al., 2007; Bliesener, 2007). Die 20 zu erfassenden Merkmale sind in **Tabelle 11.3** dargelegt.

Tab. 11.3: Die Merkmale des PCL-R (nach Hare, 1991)

	Merkmal	Inhalt
1	Schlüpfrigkeit/künstlicher Charme	redegewandt, unterhaltsam; rückt sich in ein gutes Licht, präsentiert sich gut, aber zu glatt; oberflächliches Wissen
2	Angebertum, von sich überzeugt	angeberisches Verhalten; wenig sensibel gegenüber seinen Problemen mit Kriminalität, schreibt diese seinem Unglück oder einem unfairen, inkompetenten Rechtssystem zu; sieht sich als das eigentliche Opfer; legt Wert auf Status und sieht keine Zukunftsprobleme
3	starkes Stimulationsbedürfnis	braucht „Action", Aufregung und riskantes Verhalten; manchmal Drogengebrauch; Schule und lange Beziehungen werden abgelehnt; kann sich nicht vorstellen, eine Tätigkeit länger auszuführen; lehnt Routine, Monotonie ab
4	pathologisches Lügen	Lüge und Täuschung sind ein charakteristisches Merkmal der Interaktion mit anderen; baut grandiose Lügengebäude auf, auch bei Leuten, die ihn kennen; werden seine Lügen entlarvt, wechselt er einfach die Geschichte oder versucht, sie hinzubiegen; hat für alles eine Erklärung oder Entschuldigung; gibt immer wieder sein Ehrenwort; genießt das Lügen
5	herumkommandierend, andere beeinflussend	teilweise ähnlich zu 4, allerdings hier mehr im Sinne der Manipulation anderer zum eigenen Vorteil; wenig Rücksicht auf Opfer; in der Art selbstüberzeugt; kalt, kriminelles Verhalten eingeschlossen; Akzeptierung unehrlicher, unethischer Vorgehensweisen
6	Mangel an Reue oder Schuldgefühlen	zeigt einen generellen Mangel an Verständnis für die negativen Konsequenzen seines Handelns; leidet unter den Rückwirkungen auf ihn, nicht aber unter denen auf die Opfer oder die Gesellschaft; keinerlei Schuldgefühle; teilweise werden Schuldgefühle geäußert ohne Rückwirkung auf das Handeln; Schuld haben immer die anderen; engagiert sich in Aktivitäten, die klar schädigend für andere sind
7	flacher Affekt	unfähig für breite und tiefe Gefühlsempfindungen; wirkt kalt und gefühlsarm; Gefühlsäußerungen sind kurz und dramatisch, wirken gespielt, unecht; räumt manchmal eine geringe Emotionalität ein
8	gefühllos/Mangel an Empathie	Einstellung und Verhalten zeigen einen tiefgehenden Mangel an Empathie, Rücksicht auf die Gefühle, Rechte und das Wohlergehen anderer; bezieht sich nur auf sich und manipuliert andere entsprechend; zynisch und selbstbezogen, verspottet rücksichtslos andere, auch Benachteiligte; Gefühl wird als Zeichen der Schwäche gesehen

Tab. 11.3: Fortsetzung

	Merkmal	Inhalt
9	schmarotzerischer Lebensstil	finanzielle Abhängigkeit von anderen gehört zum Lebensstil; sinnvolle Beschäftigung mit eigenem Einkommen wird abgelehnt, stattdessen verlässt man sich immer auf die Familie, Verwandte, Freunde oder andere soziale Unterstützung; präsentiert sich als hilflos, als jemand, der Unterstützung verdient hat; übt Zwang auf seine Opfer aus; dauerhaftes Verhalten, bei dem andere permanent für sich ausgenutzt werden ohne Rücksicht auf deren Bedürfnisse
10	schlechte Verhaltenskontrolle	kann sein Verhalten schlecht kontrollieren; Tendenz, auf Frustration und Kritik mit gewalttätigem Verhalten zu reagieren, mit Drohungen oder verbalen Angriffen; wird wegen Kleinigkeiten aggressiv; inadäquates Verhalten; Verhaltenskontrolle wird durch Alkohol noch mehr reduziert
11	Promiskuität im sexuellen Verhalten	unpersönliche sexuelle Beziehungen; viele kurze Beziehungen; zufällige Auswahl der Sexualpartner; mehrere sexuelle Beziehungen zur gleichen Zeit; Prostitution; große Bandbreite sexuellen Verhaltens; übt Zwang in sexueller Hinsicht aus und ist teilweise entsprechend vorbestraft
12	frühe Verhaltensauffälligkeiten	ernste Verhaltensprobleme im Kindesalter, also unter 13 Jahren, z.B. dauerndes Lügen, Diebstahl, Raub, Zündeln, Schulschwänzen, Substanzmissbrauch, Vandalismus, Gewalt, Weglaufen von zuhause, sexuelle Aktivitäten; oft Polizeikontakte oder Schulausschluss
13	Mangel an realistischen, langfristigen Zielen	Unfähigkeit oder Unwilligkeit, langfristige realistische Ziele zu entwickeln und zu verfolgen; lebt von Tag zu Tag und ändert oft seine Pläne; macht sich über die Zukunft wenig Gedanken; es bekümmert ihn wenig, dass er mit seinem Leben so wenig anfängt; führt eher ein Nomadenleben; teilweise hochgestochene Ziele, ohne die Anforderungen zu beachten; keine Ideen, wie er diese Ziele erreichen könnte, die für ihn unrealistisch sind
14	Impulsivität	impulsives, wenig reflektiertes und vorausschauendes Verhalten; Verhalten aus dem Moment heraus; wägt für und wider, Konsequenzen, wenig ab; bricht Beziehungen, Arbeitsstellen oft ab; ändert plötzlich seine Pläne, ohne andere zu informieren
15	Unverantwortlichkeit	empfindet wenig Verpflichtungen für andere; hat wenig Gefühl für Pflicht und Loyalität für Familie, Freunde, Gesellschaft, Ideen usw.; unverantwortliches Verhalten hinsichtlich Finanzen; riskantes Verhalten hinsichtlich anderer, Arbeit, Geschäftsbeziehungen, privater Beziehungen zu Familie und Freunden
16	Ablehnung der Verantwortung für das eigene Verhalten	unfähig oder nicht bereit, persönliche Verantwortung zu übernehmen für das eigene Verhalten oder dessen Konsequenzen; entschuldigt sein Verhalten durch Verantwortungszuschreibung an andere; lehnt Schuldzuschreibung auch bei erdrückender Beweislage ab; führt z.B. Gedächtnislücken an, wenn er die Verantwortung akzeptiert; verleugnet oder minimiert die Konsequenzen seines Handelns; Leid der Opfer wird verleugnet

Tab. 11.3: Fortsetzung

	Merkmal	Inhalt
17	viele kurz dauernde partnerschaftliche Beziehungen	viele Beziehungen mit eheähnlichem Verhältnis
18	Jugenddelinquenz	lange Geschichte voller schwerwiegendem antisozialen Verhalten als Adoleszent unter 18 Jahren; Verurteilungen
19	Widerruf bei Bewährungsunterstellung	Bewährungswiderruf oder Flucht aus einer Institution als Erwachsener von 18 Jahren oder älter, das beinhaltet Nichteinhaltung von Bewährungsauflagen oder neue Straftaten; Flucht aus einer Inhaftierung
20	Bandbreite kriminellen Verhaltens	das kriminelle Verhalten im Erwachsenenalter zeigt eine große Bandbreite unterschiedlichster Taten

Das „Historical Clinical Risk Assessment – HCR 20" (Webster et al., 1997), eine in Kanada entwickelte Checkliste insbesondere zur Prognose gewalttätigen Verhaltens, besonders bei Straftätern mit psychischen Störungen, enthält ebenfalls 20 Einzel-Items, die im Laufe des Interviews zu klären und ebenfalls entsprechend mit null bis zwei Punkten zu gewichten sind und die zu drei Bereichen zusammengefasst werden. Auch hier wird ein erhebliches Maß an Kenntnissen und Erfahrungen in klinisch-psychiatrischer Diagnostik vorausgesetzt. Am Institut für Forensische Psychiatrie Haina wurde eine deutsche Version entwickelt (Müller-Isberner et al., 1998), welche neben den 20 Original-Items (vgl. **Tab. 11.4**) noch drei zusätzliche beinhaltet: geringes Alter bei der ersten Straffälligkeit, inammdäquater Erziehungsstil und Fehlverhalten in Kindheit und Jugend.

Der „Violence Risk Appraisal Guide – VRAG" ist eine von Quinsey, Harris, Rice und Cormier (1998) entwickelte Kriterienliste zur Vorhersage von gewalttätigen Rückfällen (vgl. Webster et al., 1994). Endres (2000) legte eine deutsche Übersetzung vor. Das Verfahren enthält zwölf Variablen, die nach einem Summenwert eine Einstufung des Probanden in neun Risikogruppen erlauben sollen. Diesen Risikogruppen werden auf der Basis empirischer Untersuchungsergebnisse prozentuale Rückfallwahrscheinlichkeiten zugeordnet. Internationale Validierungsstudien brachten teilweise gute Ergebnisse (Dahle et al., 2007, S. 19). Das Instrument eignet sich hiernach zur Prognose von sowohl sexuellen als auch gewalttätigen Rückfällen (Urbaniok et al., 2006).

Auch der „Static-99" ist für die Prognose von sowohl gewalttätiger als auch sexueller Rückfälle entwickelt worden. Er umfasst zehn Items, in der Weiterentwicklung des „Static-2002" wurde die Itemliste auf 13 Merkmale erweitert. Eine deutsche Version liegt vor (vgl. zu dem Instrument ausführlicher Nedopil, 2005; Dahle et al., 2007). Rettenberger und Eher (2006) berichten die Ergebnisse einer Validierungsstudie der deutschsprachigen Adaption der 2003 von Harris, Phenix, Hanson und Thornton revidierten Version des Instruments an einer österreichischen Stichprobe. Nach den Autoren (S. 352) können „die Ergebnisse der vorliegenden Untersuchung [...] als Beleg dafür interpretiert werden, dass die hier verwendete deutschsprachige Adaption des revidierten Static-99 zur Erhöhung der Validität kriminalprognostischer Einschätzungen bei Sexualstraftätern beitragen kann".

Weitere Instrumente, wie das computergestützte „Forensische Operationalisierte Therapie-Risiko-Evaluations-System – FOTRES" von Urbaniok (2007), bemühen sich zwar auch um eine „Standardisierung des prognostischen Beurteilungsprozesses", le-

Tab. 11.4: Historical Clinical Risk Assessment – HCR 20

H	historisch (Vergangenheit)
H1	frühere Gewalttaten
H2	Alter bei der ersten Gewalttat
H3	instabile Partnerschaften
H4	Arbeitsprobleme
H5	Substanzprobleme (Alkohol, Medikamente, Rauschmittel)
H6	psychiatrische Erkrankung(en)
H7	Psychopathy nach Hare (PCL-Score; ein hoher Wert in diesem zusätzlichen Instrument erwies sich immer wieder als guter Prädiktor für zukünftige Gewalttaten)
H8	frühe Verhaltensauffälligkeiten
H9	Persönlichkeitsstörung
H10	Bewährungsversagen
C	klinisch (Gegenwart)
C1	Mangel an Einsicht
C2	negative Einstellungen
C3	produktive Symptomatik (Symptome sind aktiv vorhanden, wie Denkstörungen, inadäquate Affekte, Wahrnehmungsstörungen)
C4	Impulsivität (unvorhersehbares, kurzschlüssiges Verhalten)
C5	schlechte Behandelbarkeit (Ansprechen auf Behandlungsversuche)
R	Risikomanagement (Zukunft)
R1	keine realistischen Pläne
R2	destabilisierende Faktoren (kriminelles Milieu, Drogen usw.)
R3	Mangel an Unterstützung
R4	noncompliance (tatsächliche Bereitschaft eines Probanden, den erforderlichen therapeutischen oder helfenden Maßnahmen zuzustimmen und zu ihrem Erfolg beizutragen, ist nicht vorhanden)
R5	Stressoren (zukünftige belastende Anforderungen)

gen daneben aber den Schwerpunkt auf eine „idiographische Fallbeurteilung" (Dahle et al., 2007, S. 16). Dabei beinhaltet FOTRES zwei Schwerpunkte, zum einen das „Risk-Needs-Assessment", in welches risikorelevante Verhaltensmerkmale und Persönlichkeitseigenschaften zum Zeitpunkt vor der Intervention eingehen, zum anderen das „Risk-Management", in welches die aktuellen Risikoausprägungen auch im Hinblick auf eine dynamische Beeinflussbarkeit eingehen. Damit eignet sich FOTRES sowohl für die Einschätzung des Rückfallrisikos als auch für Verlaufsmessungen. Es liegen empirische Befunde zur Validität dieses Verfahrens vor (Rossegger et al., 2010a).

Das außerordentlich umfangreiche computergestützte Verfahren unterscheidet drei Beurteilungsebenen, die jeweils weiterhin untergliedert werden: Strukturelles Rückfallrisiko (ST-R), Beeinflussbarkeit (BEE) und Dynamische Risikoverminderung (DY-R) (Urbaniok, 2007, S. 51 ff.). Hierbei beinhaltet ST-R die Unterbereiche Delinquenznahe Persönlichkeitsdisposition, Spezifische Problembereiche mit Tatrelevanz und Tatmuster. BEE wird untergliedert in Allgemeine Erfolgsaussicht und Ressourcen. DY-R schließlich beinhaltet Variablen zu Therapieverlauf und dem Vorliegen dominierender Einzelfaktoren. Die Forschungsgruppe um Urbaniok in Zürich ist bemüht, das Verfahren auch in

Deutschland mehr und mehr einzuführen und zunehmend Validierungsergebnisse vorzulegen.

Instrumente zur Einschätzung der Prognose bei jungendlichen Straftätern

Instrumente zur Einschätzung der Rückfallprognose bei jugendlichen Straftätern sind z. B. (vgl. Bliesener, 2007, S. 330; Dahle et al., 2007, S. 21) die oben bereits erwähnte Youth Version des PCL (PCL:YV), ferner die Jugendversion des LSI-R, das Youth Level of Service/Case Management Inventory (YLS/CMI) (Dahle et al., 2007, S. 21; Hoge & Andrews, 2001). Hierbei handelt es sich um Instrumente, die ursprünglich für Erwachsene entwickelt und dann für Jugendliche modifiziert wurden. Das YLS/CMI umfasst 42 Items, die acht Risikobereichen zugeordnet sind. Die Vorhersagegüte ist moderat bis gut (Catchpole & Gretton, 2003).

Was die Rückfallprognose bei jugendlichen Sexualstraftätern betrifft, liegen z. B. das Estimate of Risk of Adolescent Sexual Offense Recidivism (ERASOR) vor, von dem es auch eine deutsche Version gibt (vgl. zu weiteren Instrumenten Bliesener, 2007; Dahle et al., 2007).

Instrumente zur Prognose bei Sexualstraftätern

Zu Instrumenten zur Risikoprognose bei Sexualstraftätern gehört neben den bereits genannten (vgl. Craig et al., 2003), das „Sexual Violence Risk 20 Schema – SVR 20" (Boer et al., 1997), entwickelt von einer kanadischen Forschergruppe um Webster in Anlehnung an den HCR 20. Das Instrument enthält ebenfalls 20 Einzel-Items, die teilweise mit denen des HCR 20 identisch sind, in diesem Falle sich jedoch schwerpunktmäßig auf sexuelle Abweichungen beziehen und entsprechende Gewalttaten vorhersagen sollen. Müller-Isberner, Cabeza und Eucker

(2000) veröffentlichten eine deutsche Version des Instruments. Die Items, welche die „Hauptrisikofaktoren für sexuelle Gewalt" erfassen sollen, werden, wie in **Tabelle 11.5** dargelegt, wiederum zu drei Bereichen zusammengefasst.

In Anlehnung an den VRAG wurde von Rice und Harris (1997; vgl. Quinsey et al., 1998) der Sex Offender Appraisal Guide – SORAG entwickelt, der erstmals 1998 in Kanada veröffentlicht wurde. Das Verfahren zählt nach Rettenberger und Eher (2007 a, S. 485) neben dem „Static-99" und dem „Sexual Violence Risk 20 Schema" (SVR 20) zu den „bekanntesten und meist verwendeten Prognoseverfahren für Sexualstraftäter". Das Instrument erfasst 14 Merkmale, es berücksichtigt auch DSM-Kriterien für Persönlichkeitsstörungen und Schizophrenie, Resultate des PCL-R sowie phallometrische Ergebnisse. Die Vorhersagegüte wird weitgehend als moderat eingestuft (Dahle et al., 2007, S. 20). In einer neueren Untersuchung zur deutschen Version des Instruments (vgl. Verein für Forensische Forschung und Weiterbildung – VFFW[3]; Rettenberger & Eher, 2007 b) fanden Rettenberger und Eher (2007 a, S. 484) an einer österreichischen Stichprobe von 178 Sexualstraftätern eine „gute Vorhersageleistung des Instruments für das sexuell motivierte und gewalttätige Rückfallereignis".

Das „Sex Offender Need Assessment Rating" – SONAR – versucht, Veränderungen bei dynamischen Risikofaktoren zu erfassen (Hanson & Harris, 2000; neue Bezeichnung: STABLE 2000), allerdings ist dessen Validität bislang noch offen (Dahle et al., 2007, S. 21). Das Instrument besteht aus neun Items, etwa zum Intimleben, zur sexuellen Bedürfnisbefriedigung oder zur Kooperation mit Kontrollorganen (Bliesener, 2007, S. 333).

Rehder (2001) schuf mit dem Instrument zur Erfassung des Rückfallrisikos bei Sexual-

---

3 www.vffw.org; Aufruf 25.01.2012

Tab. 11.5: Sexual Violence Risk – SVR 20

A	psychosoziale Anpassung
1	Sexuelle Deviation (z. B. sexuelle Erregung durch sich weigernde Partner, also durch Gewaltanwendung)
2	Opfer von Kindesmissbrauch/Vernachlässigung
3	Psychopathy
4	gravierende seelische Störungen (ernsthafte Denk- und Affektstörungen)
5	Substanzproblematik (wie Abhängigkeit von Drogen)
6	Selbst-/Tötungsgedanken (fremd- oder autoaggressive Gedanken)
7	Beziehungsprobleme
8	Beschäftigungsprobleme
9	nichtsexuelle gewalttätige Vordelinquenz
10	gewaltfreie Vordelikte
11	früheres Bewährungsversagen
B	Sexualdelinquenz
12	hohe Frequenz
13	multiple Delikttypen (verschiedene Formen früherer Sexualdelinquenz)
14	Waffengebrauch/Todesdrohung gegen Opfer
15	Verletzung der Opfer
16	Zunahme der Deliktfrequenz oder Deliktschwere
17	deliktfördernde Ansichten (Einstellungen, Überzeugungen und Werte, die kriminelles Verhalten fördern)
18	extremes Bagatellisieren oder Leugnen
C	Zukunftspläne
19	Fehlen realistischer Pläne
20	Ablehnung weiterer Interventionen

straftätern – RRS – ein deutsches „Verfahren zur Bestimmung von Rückfallrisiko und Behandlungsnotwendigkeit" bei dieser Tätergruppe, das auf der Grundlage einer Rückfallstudie bei 245 Sexualstraftätern sehr differenziert aufgebaut ist (Rehder, 1996 a, 1996 b). Unterschieden werden kann zwischen der Rückfallwahrscheinlichkeit hinsichtlich einer erneuten Inhaftierung (Version RRS-H) bzw. der Begehung einer erneuten Sexualstraftat (RRS-S). Weiterhin liegen vier Zusatzversionen für Vergewaltiger (RRS-VE-1 und RRS-VE-2) und Kindesmissbraucher (RRS-SM-1 und RRS-SM-2) vor. Die Grundbogen RRS-H und RRS-S enthalten jeweils neun Hauptkriterien, die sich teilweise überschneiden. Die Ausprä-

gung der einzelnen Kriterien wird in der Regel einer von sieben Kategorien zugeordnet, aufgrund derer dann unterschiedlich von null bis drei Punkten vergeben werden können, die am Schluss aufaddiert werden, um anhand dessen aus einer Tabelle die prozentuale Rückfallwahrscheinlichkeit wie auch Normwerte (Prozentrang, T-Werte) abzulesen. Es erfolgt eine Einordnung in vier Risikogruppen.

Hauptkriterien, die, in allerdings teilweise unterschiedlicher Kombination, in die Formen RRS-H und RRS-S, ebenso teilweise in die Zusatzformen eingehen, sind die folgenden neun Merkmale (Rehder, 2001, S. 8 ff.):

- Alter beim ersten Sexualdelikt (wird bei allen Prognosen berücksichtigt bei von der Altersgruppe abhängigen Punktzahlen)
- depressive Persönlichkeitsanteile (Neigung zu passiver Erwartungshaltung, Resignationstendenzen, niedergeschlagene Grundstimmung, emotionale und soziale Abhängigkeit; wird bei allen Prognosen berücksichtigt)
- Bindungs- und Beziehungsfähigkeit (Fähigkeit, andauernde emotionale Beziehungen mit anderen Menschen einzugehen, ohne andere einzuschränken; Berücksichtigung bei Prognose eines Sexualdelikts und erneuter Inhaftierung; Prognose eines erneuten Sexualdelikts bei Missbrauchern)
- Hafterfahrung (Summe der bis zum Untersuchungszeitpunkt in Haft verbrachten Monate; Prognose einer erneuten Inhaftierung bei der Gesamtgruppe der Sexualstraftäter)
- berufliche Leistungsbereitschaft (Motivation zur Unabhängigkeit mittels beruflichem Einsatz; Prognose erneuter Inhaftierung bei Gesamtgruppe und Missbrauchern)
- soziale Kompetenz (Zielorientiertheit; Fähigkeit, legale Pläne zu entwickeln und angemessen umzusetzen; Prognose erneuter Inhaftierung bei der Gesamtgruppe)
- Zahl der Verurteilungen wegen Sexualdelikten (Gesamtzahl bisheriger entsprechender Urteile; Gesamtgruppe; Missbraucher)
- Bekanntheitsgrad zwischen Opfer und Täter (von völlig unbekannt bis sehr guter Bekanntschaft/Verwandtschaft; Gesamtgruppe, Vergewaltigungstäter)
- Planung der Tat (gezielte vs. „zufällige" Vorgehensweise; Gesamtgruppe, Vergewaltiger)

Hinzu kommen folgende acht Zusatzkriterien, die bei Tätern eingesetzt werden, die wegen Vergewaltigung verurteilt wurden,

ferner drei, die bei Tätern sexuellen Missbrauchs zur Anwendung kommen:

- Vergewaltigungstäter
  - Zahl der Opfer von Sexualstraftaten (Mindestzahl der Opfer von Sexualdelikten)
  - Alkoholisierung zum Tatzeitpunkt (von keiner bis hoher, zur verminderten Schuldfähigkeit führenden Alkoholisierung)
  - Bedrohung des Opfers (über sexuelle Schädigung hinaus keine Bedrohung bis Bedrohung mit Lebensgefahr)
  - gestörte Realitätseinschätzung (von pragmatisch realistischer Einschätzung der Situation bis Flucht in eine Fantasiewelt, Rückzug)
  - konventionelles Geschlechtsrollenverständnis (von gleichberechtigter Sichtweise beider Geschlechter bis Abwertung der Frauen)
  - Skala E – Selbstbehauptung aus dem 16 PF
  - Skala M– Unkonventionalität aus dem 16 PF
  - Skala N – Überlegtheit aus dem 16 PF
- Missbrauchstäter
  - Inzesttäter/Pädophilie (Opfer von innerhalb oder außerhalb der Familie)
  - Zahl aggressiver Straftaten (aus dem Bundeszentralregister ableitbare Mindestzahl aggressiver Handlungen)
  - Intensität des Sexualverhaltens (von „hands off"-Delikten bis Geschlechts-/Analverkehr mit Fesselung des Opfers)

Das Instrument sollte nur von entsprechend ausgebildeten Gutachtern eingesetzt werden, bei Tätern, die freiwillig mitarbeiten und zu einer gründlichen Exploration bereitstehen. Ausdrücklich wird darauf hingewiesen, „dass das Ergebnis des RRS nur Bestandteil einer Prognose, nicht aber die Prognose selbst sein sollte" (Rehder, 2001, S. 26). Zu Recht wird jedoch von einigen Autoren darauf hingewiesen, dass das Verfahren einen hohen Anteil an statischen Merkmalen enthält, deshalb weniger für Entlassungsprognosen geeignet sein dürfte.

Instrumente zu einer behandlungsorientierten Diagnose

In den letzten Jahren wurden zunehmend Instrumente, die eine behandlungsorientierte Diagnose vornehmen, entwickelt. Diese Verfahren zum „Risk-Needs-Assessment" werden zu den Instrumenten der „dritten Generation" gerechnet und „zeichnen sich durch den systematischen Einbezug dynamischer Risikofaktoren aus. Sie sollen, neben der Einschätzung des Rückfallrisikos („risk"), auch zur inhaltlichen Identifizierung individuell bedeutsamer Risikofaktoren („needs") beitragen und damit Hinweise auf den Bedarf und die erforderliche Stoßrichtung von Behandlungsmaßnahmen geben" (Dahle et al., 2007, S. 18). Bereits Hart (1998) betonte vor über zehn Jahren, dass sich eine Risikodiagnose nicht auf die Kriminalprognose beschränken dürfe, sondern vor dem Hintergrund des gesammelten Wissens und der nötigen sorgfältigen Diagnose auch Aussagen zur Prävention zukünftiger Straffälligkeit machen müsse (vgl. Bliesener, 2007, S. 331). Vielfach beschränken sich Prognosegutachten auch heute noch zu sehr auf den „Prognoseteil" und sagen wenig bzw. nichts über erforderliche Maßnahmen zur weiteren individuellen Kriminalprävention aus. Die Diagnose sollte „behandlungsorientiert sein, die vorhandenen Risiken und Defizite identifizieren und eine Klassifikation der Probanden erlauben, um die Zuweisung zu vorhandenen Maßnahmen und Behandlungsprogrammen zu optimieren. Gemäß dem Risikoprinzip soll eine Behandlung im Strafvollzug zudem nur dann erfolgen, wenn eine bedeutsame Rückfallwahrscheinlichkeit gegeben ist" (Bliesener, 2007, S. 331 f.).

Das wohl bekannteste und international am besten untersuchte Instrument ist das „Level of Service Inventory-Revised" (LSI-R) von Andrews und Bonta (1995; vgl. Gendreau et al., 2002). Das Verfahren enthält 54 Items, die zehn Risikobereichen zugeordnet sind. Erfasst werden neben krimineller Vorgeschichte, schulischer und beruflicher Entwicklung, familiärer und sozialer Beziehungen, finanzieller und Wohnsituation auch Freizeitgestaltung, Drogengebrauch bzw. klinische Auffälligkeiten und Einstellungen (Dahle et al., 2007, S. 18; Dahle, 2008 b, S. 456). Die Vorhersagegenauigkeit des Instruments erwies sich in Meta-Analysen als vergleichsweise gut. Aus den Ergebnissen können Hinweise auf eine Behandlung abgeleitet werden (Endres, 2000; Nedopil, 2005). Eine an einer deutschen Stichprobe von Strafgefangenen durchgeführte Untersuchung zeigte eine gute Vorhersagegüte (Dahle, 2005). Auch Rossegger et al. (2010 b) betonen den dynamischen Charakter vieler Items des LSI-R, was für seinen Einsatz spricht. Sie überprüften an einer Schweizer Stichprobe die prädiktive Validität bei 107 entlassenen Gewalt- und Sexualstraftätern über einen Zeitraum von ein bis sieben Jahren und fanden zufriedenstellende Resultate. „Die Ergebnisse weisen darauf hin, dass das LSI-R auch bei Gewalt- und Sexualstraftätern ein valides Instrument darstellt, um das Risiko erneuter Straffälligkeit zu schätzen" (2010, S. 71). Bliesener (2007) und Dahle et al. (2007; Dahle, 2008 b) beschreiben weitere Instrumente zur Erfassung einer behandlungsorientierten Diagnose bei Straffälligen.

11.7 Leistungsfähigkeit der Kriminalprognose und Gutachtenpraxis

In der Regel werden nur bei schwereren Straftaten bzw. längeren Haftstrafen Gutachten von Forensischen Experten wie Psychologen oder Psychiatern eingeholt. Das hier zur Verfügung stehende Wissen und das prognostische Inventarium haben sich in den letzten Jahren vor dem Hintergrund intensiverer Beschäftigung mit der Thematik deutlich weiterentwickelt. Zu Recht betont jedoch Endres (2000, S. 75), dass die statistische Prognose in Deutschland, auch bei Experten, heute noch „völlig ungebräuchlich" ist. „In Deutschland wird bisher noch allseits die klinische Form der Prognosestellung empfohlen und praktiziert" (S. 76; vgl. Kury et al., 2009; Kury & Adams, 2010).

Bis heute ist allerdings der Streit um die bessere oder geringere Leistungsfähigkeit klinischer bzw. statistischer Prognose nicht beigelegt. Unter dem Stichwort „Clinical versus statistical prediction" versuchte vor mehr als 50 Jahren bereits Meehl (1954), einen „Beleg" für die Überlegenheit des statistischen Modells zu liefern, ohne dass dadurch der Streit entschieden werden konnte (vgl. Jäger, 1991). Bock (1995, S. 18), ein Verfechter der klinischen Prognose, sieht in der statistischen Prognose eine Fülle von Nachteilen, wie zu niedrige Basisraten der Probanden mit verfestigter Kriminalität oder eine retrospektive Sichtweise, bei welcher sich die Faktoren nur auf zurückliegende Ereignisse bezögen und aktuelle Veränderungen unberücksichtigt blieben. Diese zurückliegenden Ereignisse seien jedoch für Interventionen untauglich, da sich solche aus individuellen Stärken und Schwächen ergeben, und sie seien auch rechtlich untragbar, da sie dem strafrechtlichen Individualisierungsprinzip zuwiderlaufen. Für die neueren Instrumente zum „Risk-Needs-Assessment" treffen diese Vorwürfe allerdings weitgehend nicht mehr zu. Ein, bei konsequenter Anwendung der statistischen Prognose ernst zu nehmender Einwand ist, dass spezifische Besonderheiten des Einzelfalls, die einen mehr oder weniger offensichtlichen Einfluss auf die Rückfallgefahr haben, nicht berücksichtigt werden können (Endres, 2000, S. 78; Bliesener, 2007, S. 334). Dies ist einer der zentralen, immer wieder angeführten Einwände gegen das statistische Vorgehen. Allerdings wird zu Recht darauf hingewiesen, dass standardisierte Instrumente nur einen Teilbeitrag zur Prognosestellung leisten können.

Bei aller Diskussion um Vor- und Nachteile klinischer versus statistischer Vorhersagen muss gesehen werden, dass Vergleichsuntersuchungen inzwischen die Überlegenheit des statistischen vor dem klinischen Vorgehen belegen (Endres, 2000, S. 77; vgl. Hanson & Bussiere, 1998). Die Treffergenauigkeit klinischer Prognosen ist beschränkt und kann auch nicht beliebig erhöht werden, schon wegen der eingeschränkten Informationsverarbeitungskapazität des Menschen. Bei statistischen Prognosen kann jedoch die Zahl der in ein Modell eingebrachten Einzelinformationen und die Komplexität der Verarbeitung nahezu beliebig erweitert werden (vgl. Urbaniok, 2007). Schon deshalb wird man bei der Weiterentwicklung der Prognostik zwangsläufig mehr und mehr auf statistische Modelle der Informationsverarbeitung zurückgreifen müssen. Bereits heute lassen sich die Trefferraten bei klinischen Prognosen allein dadurch erhöhen, dass diese durch eine vorgegebene Liste von Risikofaktoren, also aktuarischen Instrumenten (vgl. Kap. 11.6), vereinheitlicht wird.

Was die Einbeziehung zukünftiger „dynamischer" Risikofaktoren betrifft, deren Einschätzung in der Regel ausgesprochen schwierig ist, wurde von einigen Autoren gefordert, sich bei Prognosestellungen lediglich auf „statische" Risikofaktoren zu beziehen, deren Vorliegen genau geprüft werden kann, dynamische Faktoren würden wenig zur Vorhersagegenauigkeit beitragen (Harris & Rice, 2003). Andrews und Bonta (2010 a, S. 45) begründen jedoch überzeugend, „that combining the two sets of risk factors does bring some improvement" (vgl. Andrews et al., 2006; Hanson & Morton-Bourgon, 2009). Man kann jedoch gesichert davon ausgehen, dass strukturierte statistische Verfahren eine bessere Vorhersagegenauigkeit aufweisen als eine unstrukturierte klinische Bewertung (Andrews & Bonta, 2010 a, S. 45; Hanson & Morton-Bourgon, 2009).

Eine Weiterentwicklung wird in neuerer Zeit weitgehend in einer Kombination beider Vorgehensweisen gesehen, z. B. in einer durch Kriterienlisten gestützten klinischen Prognose (Hanson, 1998) oder, wie es Dahle (2008 a) vorschlägt, in einem Prozessmodell klinisch-prognostischer Urteilsbildung, welches neben einem strukturierten Prozess der Begutachtung auch den Einsatz aktuarischer Instrumente vorsieht. Bei diesen Vorgehensweisen erfolgt die letztendliche prognostische Urteilsbildung nach dem klinischen Modell. Auch Endres (2002, S. 165) vertritt die Meinung, dass eine abschließende Wertung hinsichtlich der Überlegenheit der klinischen oder statistischen Vorgehensweise noch nicht möglich sei. Er empfiehlt ein zweistufiges Vorgehen, bei dem sich beide Ansätze getrennt halten: auf der einen Seite die Abschätzung des Rückfallrisikos mittels statistischem Vorgehen, auf der anderen Seite eine Ergänzung der Informationsbasis durch klinisches Vorgehen (Warum kam es zur Straffälligkeit? Wie sehen die Hintergründe aus? Bestehen die Gefährdungsbedingungen weiter? Und wie können sie verändert werden?). Der statistische Teil berücksichtigt hierbei mehr die statischen Faktoren der Vergangenheit, der klinische die dynamischen, veränderbaren der Zukunft. Hierbei muss allerdings beachtet werden, dass die neueren standardisierten Instrumente auch bereits mehr und mehr dynamische Faktoren beinhalten.

Was die aktuarischen Prognoseinstrumente betrifft, werden diese inzwischen auch mehr und mehr in der deutschen Prognoseforschung diskutiert, allerdings stellten Kury und Adams (2010) in ihrer Untersuchung fest, dass diese in der Gutachtenpraxis bislang nur spärlich eingesetzt werden (vgl. Kury et al., 2009). Im angloamerikanischen Bereich werden immer wieder neue Verfahren auf den Markt gebracht, wobei sich die berücksichtigten Variablen in der Regel deutlich überschneiden, was nicht verwundert.[4] Auch im deutschsprachigen Bereich werden Instrumente entwickelt. So legten Rettenberger, Mönichweger, Buchelle, Schilling und Eher (2010) auf der Basis einer Untersuchung in Österreich kürzlich ein „Screeninginstrument zur Vorhersage der einschlägigen Rückfälligkeit von Gewaltstraftätern" vor, das zehn Variablen umfasst und weiter validiert werden muss.

Bisher kann noch nicht abschließend beurteilt werden, welchen aktuarischen Verfahren letztlich der Vorzug zu geben ist. Die Treffsicherheit ist bei einigen recht hoch. Die Zuverlässigkeit der Beurteilung ist bei geschulten Prognostikern beachtlich. Die Verfahren geben die Auswahl der zu sammelnden Informationen vor, wobei die Genauigkeit, Geübtheit und Erfahrung der Gutachter im Vorgehen eine große Rolle spielen. Deshalb weisen die Autoren in der Regel darauf hin, dass die Instrumente nur von geschulten und erfahrenen Prognostikern eingesetzt werden sollten.

Bliesener (2007, S. 333 ff.) hebt in seiner zusammenfassenden Bewertung u. a. hervor, dass ein Vorteil der Instrumente darin zu sehen sei, „dass die wesentlichen, für die Rückfallprognose relevanten Informationen berücksichtigt werden". Die „Grundlagen für die Prognoseentscheidung" würden transparent gemacht. Ein Problem der Verfahren wird zu Recht darin gesehen, „dass

---

4 vgl. www4.parinc.com/Products/Produc tsList. aspx?SubjectCode=F; Aufruf 25. 01. 2012

die Berechnung von Risikowerten dem Einzelfall oft nicht gerecht wird und auch keine Individualprognose darstellt, wie sie vom Gesetzgeber verlangt wird" (S. 334). Weiterhin wird auf die bereits erwähnte „Mittelfeldproblematik" hingewiesen. Damit sind nach Streng (1995, S. 109) „Konstellationen gemeint, in denen Prognosen [...] weder eindeutig positiv noch eindeutig negativ ausfallen, so dass die Täterbeurteilung im ungeklärten prognostischen Bereich verbleibt". Bliesener (2007, S. 334) betont in diesem Zusammenhang: „Wegen des weitgehenden Verzichts auf explizite Quantifizierungen scheint dieses Problem bei der klinischen Prognose hingegen nicht auf. Es ist jedoch fraglich, ob nicht auch hier ‚Tendenzen zur Mitte' bei der internen ‚Verrechnung' des Beurteilers auftreten." Die Instrumente können somit nur einen Teilbeitrag hinsichtlich der Erstellung einer individuellen Kriminalprognose leisten, vergleichbar psychologischen Testverfahren, wobei letztere allerdings in aller Regel nicht für die Prognosefragestellung entwickelt wurden (vgl. neuerdings allerdings Seitz & Rautenberg, 2010). Dahle et al. (2007, S. 24) kommen zu der abschließenden Bewertung, dass die aktuarischen Instrumente zur Kriminalprognose „eine sehr sinnvolle Ergänzung der methodischen Möglichkeiten der Prognosebeurteilung (darstellen), auf die man nicht verzichten sollte; sie können eine fundierte Einzelfallbetrachtung aber nicht ersetzen."

Dahle (2000) hat ein Prozessmodell zur klinisch-prognostischen Urteilsbildung entworfen, in welchem er vier Teilbereiche definiert: die Ableitung einer individuellen Delinquenztheorie, einer individuellen Entwicklungstheorie, die Feststellung des gegenwärtigen Entwicklungsstands bzw. der Risikopotentiale und die Einschätzung der Wahrscheinlichkeit zukünftiger „riskanter" Handlungsbereiche (vgl. Bliesener, 2007, S. 335). Endres (2000) schlägt ein zweistufiges Vorgehen vor, wobei in einem ersten

Schritt eine Abschätzung des Rückfallrisikos anhand einer statistischen Prognose erfolgt, in einem zweiten erfolgt dann eine differenzierte Analyse bisherigen straffälligen Verhaltens. Wichtig für eine Prognose im Einzelfall ist auch die Kenntnis der Basisrate der jeweiligen Straftätergruppe, wie sie inzwischen aus mehreren Rückfalluntersuchungen vorliegen (Kröber, 2006; Groß, 2004). Bliesener (2007, S. 337) fordert (vgl. Nedopil, 1998) v. a. eine zeitliche Begrenzung der Kriminalprognose, d. h. „die Formulierung der Prognose sollte für einen überschaubaren Zeitraum unter Angabe der äußeren Rahmenbedingungen erfolgen."

Zu Recht betont Endres (2000, S. 81), dass von einem Prognosegutachten mehr zu verlangen sei als nur die Beurteilung der Höhe der Rückfallwahrscheinlichkeit. Vielfach fordern die Auftraggeber, z. B. Strafvollstreckungskammern, auch mehr ein, beispielsweise Vorschläge für die weitere Vollzugsgestaltung bzw. Behandlungsmaßnahmen oder Vorkehrungen bei Vollzugslockerungen bzw. einer Entlassung. Ein Prognosegutachten sollte somit auch Angaben zu den Bedingungen machen, welche die weitere Legalbewährung mit großer Wahrscheinlichkeit beeinflussen werden und wie diese günstig unterstützt werden können. Diese müssen möglichst spezifisch sein und dürfen sich nicht einfach in der Forderung nach weiterer langjähriger Therapie erschöpfen. Prognosegutachten sind auch heute teilweise immer noch deutlich unterhalb des Standards, den man bei Kenntnis der neueren Forschungsergebnisse erwarten darf und bei der Bedeutung der prognostischen Aussagen für die gerichtliche Entscheidung auch erwarten muss (vgl. Endres, 2002, S. 175; zur Qualität der Gefährlichkeitsprognosen im Maßregelvollzug Nowara, 1995). Selbst wenig aussagekräftige Gutachten sind bei den Auftraggebern nicht selten nicht nur akzeptiert, sondern auch beliebt, „vielleicht deshalb, weil sie billig und schnell zu erstellen sind" (Endres, 2002, S. 177). Allerdings setzt sich auch bei den Auftraggebern zunehmend ein Qualitätsbewusstsein hinsichtlich der Prognosegutachten durch. Hierzu dürften die Mindestanforderungen für Prognosegutachten von Boetticher et al. (2006) einiges beigetragen haben.

Weiterführende Literatur

Andrews, D. A. & Bonta, J. (2010). *The psychology of criminal conduct* (5. Aufl.). New Providence, NJ: LexisNexis.

Böhm, K. M. & Boetticher, A. (2009). Unzureichende Begutachtung gefährlicher Gewalt- und Sexualstraftäter im Strafverfahren. *Zeitschrift für Rechtspolitik, 42,* 134–138.

Böhm, K. M. & Boetticher, A. (2009). *Die unzureichende Begutachtung gefährlicher Gewalt- und Sexualstraftäter im Strafverfahren, die Mängel bei deren Behandlung im Vollstreckungsverfahren sowie die Folgen.* Karlsruhe, Berlin: BIOS-Memorandum.

Dahle, K.-P. (2008). Kriminal(rückfall)prognose. In R. Volbert & M. Steller (Hrsg.), *Handbuch der Rechtspsychologie* (S. 444–452). Göttingen: Hogrefe.

Endres, J. (2000). Die Kriminalprognose im Strafvollzug: Grundlagen, Methoden und Probleme der Vorhersage von Straftaten. *Zeitschrift für Strafvollzug und Straffälligenhilfe, 50,* 67–83.

Leygraf, N. (2009). Die Begutachtung der Gefährlichkeitsprognose. In U. Venzlaff (Begr.), K. Foerster & H. Dreßing (Hrsg.), *Psychiatrische Begutachtung* (5. Aufl.) (S. 483–499). München: Urban & Fischer.

Kontrollfragen

1. Welches sind die zentralen empirischen Befunde zu den Einflussfaktoren auf strafrechtlich relevante Rückfälligkeit?
2. Welche Veränderungen für die Prognosebegutachtung brachte das „Gesetz zur Bekämpfung von Sexualdelikten und anderen gefährlichen Straftaten", das 1998 in Kraft trat?
3. Welche Fehlermöglichkeiten ergeben sich bei der Kriminalprognose?
4. Welche Mindestanforderungen für kriminalprognostische Gutachten wurden von der interdisziplinären Arbeitsgruppe am BGH formuliert?
5. Was sind die Unterschiede zwischen intuitiver, klinischer und statistischer Prognose?
6. Welches sind die zentralen Merkmale der kriterienorientierten strukturierten Risikokalkulation nach Dittmann?
7. Was sind Vor- und Nachteile der klinischen Vorgehensweise gegenüber der statistischen Prognose?

12 Der psychologische Sachverständige im Familienrecht

Joseph Salzgeber und Jörg Fichtner

Forensische Sachverständige im Familienrecht werden in aller Regel bei zwei Themenbereichen von den Familiengerichten hinzugezogen: erstens bei sog. Umgangs- oder Sorgerechtsverfahren, in denen sich meist die getrennten oder geschiedenen Eltern darüber streiten, wie häufig und unter welchen Bedingungen die Kinder zum getrennt lebenden Elternteil weiterhin Kontakt halten sollen oder wo ihre Kinder in Zukunft leben sollen bzw. wer elterliche Entscheidungen für die Kinder treffen darf. Zweitens erhoffen sich die Gerichte fachpsychologischen Rat in Fällen, in denen es um mögliche Kindeswohlgefährdungen geht und Kinder möglicherweise aus der Familie herausgenommen werden oder zumindest Maßnahmen ergriffen werden müssen, um die Sicherheit und eine ungefährdete Entwicklung in der Familie zu garantieren; aber auch umgekehrt bei der Frage, ob Kinder aus einer Fremdunterbringung wieder in die Familie zurückgeführt werden können. In beiden Fällen, die ja immer ein Kind betreffen, bildet das sog. Kindeswohl die handlungsleitende Maxime. Dabei ist „Kindeswohl" allerdings ein unbestimmter Rechtsbegriff (Coester, 1983) und umfasst u. a. neben dem körperlichen auch das seelische Befinden des Kindes.

Psychologen im Familienrecht üben damit eine ausgesprochen vielgestaltige und verantwortungsvolle Tätigkeit aus, die u. a. an Felder der Psychodiagnostik, Entwicklungspsychologie, Familientherapie und Paarberatung angrenzt und immer auch die besonderen Anforderungen des familiengerichtlichen Verfahrens im Blick behalten muss. Im folgenden Kapitel wird (s. Kap. 12.1) kurz auf die historische Entwicklung und (12.2) auf die rechtlichen Rahmenbedingungen eingegangen, werden sodann (12.3) die Beteiligten, (12.4) mögliche Fragestellungen und (12.5) psychologische Kriterien von deren Beantwortung skizziert und schließlich zentrale Vorgehensschritte des Familienrechtspsychologen wie (12.6) Diagnostik, (12.7) Lösungssuche sowie (12.8) die Erstattung eines Gutachtens kurz dargestellt.

12.1 Historische Entwicklung der Sachverständigentätigkeit

Die jetzt tätigen psychologischen Sachverständigen folgen bei der familienrechtspsychologischen Begutachtung den theoretischen Vorarbeiten vieler Autoren, die heute noch gültige Grundlagen für das Sachverständigenvorgehen legten. Aktuelle Standardwerke stellen z. B. die Bücher von Dettenborn und Walter (2002), Westhoff und Kluck (2008) oder Salzgeber (2011) dar.

Während aber Sachverständige früher lediglich dazu aufgerufen waren, dem Gericht eine psychologisch fundierte Empfehlung für die gerichtliche Entscheidung der strittigen Fragen zu geben, die v. a. auf einer fachlichen Erfassung des „Status" in der betroffenen Familie fußte, hat sich seit 1982 zunehmend eine intervenierende Begutachtung entwickelt. Da die Zivilprozessordnung (ZPO) aber eigentlich jede Art von Intervention unterbindet, wurde die „Intervention sui generis" (Balloff, 2003) des gerichtlich beauftragten Sachverständigen im Gesetz über das Verfahren in Familiensachen und in den Angelegenheiten der freiwilligen Gerichtsbarkeit (FamFG) gesetzlich geregelt. Damit wird die besondere Möglichkeit des Psychologen genutzt, den Eltern zu helfen, eine dem Kind angemessene Regelung für den Aufenthalt des Kindes, die verschiedenen Aspekte elterlicher Verantwortung oder den Umgang des Kindes zum getrennt lebenden Elternteil oder zu weiteren Bezugspersonen zu erarbeiten.

12.2 Formale Aspekte einer familienrechts- psychologischen Begutachtung

12.2.1 Auswahl und Qualifikation des Sachverständigen

Die Auswahl eines Sachverständigen steht dem Gericht nach § 404 Abs. 1 ZPO im Rahmen seiner Amtsermittlung zu. Grundsätzlich sollen Gerichte zu Sachverständigen nur solche Personen bestellen, die über die erforderliche fachliche Kompetenz verfügen. Rechtlich bindende Ausbildungsgänge hierzu existieren allerdings nicht. Im Rahmen eines Psychologiestudiums kann lediglich eine Grundqualifikation für die Tätigkeit als familienforensischer Sachverständiger erworben werden. Eine weitergehende und notwendige fachspezifische Qualifikation muss dann in Weiter- und Fortbildungen und/oder im Rahmen einer Mitarbeit bei erfahrenen Sachverständigen erworben werden. Eine Approbation stellt keine notwendige Voraussetzung für die Tätigkeit als familiengerichtlicher Sachverständiger dar

(vgl. Plagemann, 2007), ein Bachelor-Abschluss erscheint aber nicht ausreichend.

12.2.2 Beweisbeschluss

Der Sachverständige wird durch einen förmlichen Beweisbeschluss beauftragt. Nach § 163 Abs. 1 FamFG muss dem Sachverständigen zur Erstattung des Gutachtens eine zeitliche Frist vorgegeben werden, die häufig nur einige wenige Monate umfasst. Die Tätigkeit des Sachverständigen unterscheidet sich damit zunächst stark von der fachlichen Begleitung eines offenen Entwicklungsprozesses, wie etwa in der Therapie oder Beratung.

Gleichzeitig kann das Gericht allerdings nach § 163 Abs. 2 FamFG anordnen, dass der Sachverständige bei der Erfüllung des Gutachtenauftrags auch auf die Herstellung des Einvernehmens zwischen den Beteiligten hinwirken soll. Oftmals wird diese Ergänzung vom Richter erwartet, auch ohne explizite Formulierung im Beweisbeschluss, was aber im Einzelfall abgeklärt werden sollte. Dies nähert die Sachverständigentätigkeit dann wieder stark an sonstige psychosoziale Interventionen an und macht eine Einhaltung enger Fristen schwierig. In der Regel hat der Sachverständige dann aber auch die Möglichkeit, bei Gericht um Fristverlängerung nachzusuchen.

§ 163 – FamFG
(1) Wird schriftliche Begutachtung angeordnet, setzt das Gericht dem Sachverständigen zugleich eine Frist, innerhalb derer er das Gutachten einzureichen hat.
(2) Das Gericht kann in Verfahren, die die Person des Kindes betreffen, anordnen, dass der Sachverständige bei der Erstellung des Gutachtenauftrags auch auf die Herstellung des Einvernehmens zwischen den Beteiligten hinwirken soll.

Nach § 359 ZPO müssen im Beweisbeschluss die Fragen des Gerichts benannt werden. Der Sachverständige ist persönlich zu bestellen. Erst eine namentliche Nennung des Sachverständigen vervollständigt die Bestellung, da ein Sachverständiger höchstpersönlich die Verantwortung für die Erstellung des Gutachtens übernehmen muss. Die persönliche Bestellung des Sachverständigen kann auch später erfolgen. Sind spezielle Probleme in der Familie abzuklären, wie z. B. der Verdacht eines sexuellen Missbrauchs, körperliche oder psychische Erkrankung oder Alkohol- und Drogenabhängigkeit, die die Hinzuziehung von weiterer Fachkompetenz notwendig machen, sollten bereits in der Fragestellung die Abklärung dieser besonderen Bereiche und ggf. der entsprechende weitere Sachverständige benannt werden.

Liegen Gründe vor, die eine Begutachtung verhindern oder erheblich verzögern würden, hat der beauftragte Sachverständige dies dem Gericht umgehend mitzuteilen. Über seine Entpflichtung entscheidet dann das Gericht. Sollte er aber aus Gründen, die eine Ablehnung rechtfertigen würden, mit der Begutachtung beginnen, so kann darin ein Übernahmeverschulden liegen, was den Verlust der Entschädigung mit bedingen oder die Haftungsschwelle für etwaige Schäden senken kann.

12.2.3 Anbindung des Sachverständigen an das familiengerichtliche Verfahren

Üblicherweise werden dem Sachverständigen zur Bearbeitung seines Auftrags die sog. „Anknüpfungstatsachen" in Form der Akten zur Verfügung gestellt. Diese umfassen schriftliche Ausführungen durch Eltern, deren Anwälte und Fachkräfte, aber teilweise auch Befunde, Zeugnisse u. ä., die der Sachverständige aus psychologischer Sicht

zu bewerten hat. Allerdings finden familienforensische Einschätzungen in aller Regel keineswegs auf Grundlage der Akten, sondern vielmehr in einer intensiven Beschäftigung mit den beteiligten Familienmitgliedern selbst statt.

Eine Besonderheit der Sachverständigentätigkeit stellt die Anleitungspflicht und Kontrollfunktion des Familienrichters dar: Forensisch arbeitende Psychologen sollen und können sich bei Fragen, die ihren Auftrag betreffen, an den Familienrichter wenden. Sollten z. B. Eltern die Begutachtung verweigern, muss der Sachverständige sein weiteres Vorgehen mit dem Familienrichter abstimmen. Bei der konkreten Begutachtung beschränkt sich die Anleitungsfunktion des Familienrichters meist darauf, dem Sachverständigen – sollte dieser säumig sein – einen erneuten Zeitrahmen vorzugeben oder sich nach dem Sachstand zu erkundigen.

Die Kontrolle des vorgelegten schriftlichen Gutachtens durch das Familiengericht bezieht sich sowohl auf die formale Richtigkeit des Gutachtens als auch auf die inhaltlichen Ergebnisse des Sachverständigen in Bezug auf das Kindeswohl. Unvollständigkeiten, Unklarheiten und Zweifel hat das Familiengericht von Amts wegen soweit wie möglich auszuräumen.

In seltenen Fällen wird ein Gutachten im privaten Auftrag erstellt und von einer Partei in das Verfahren eingebracht. Ein solches Gutachten wird rechtlich dann aber nicht als Sachverständigengutachten im Sinne des Beweises durch Sachverständige nach §§ 402 ff. ZPO bewertet, sondern als Parteivortrag, also parteiliche Argumentation eines der Beteiligten. Schließlich gibt es hin und wieder auch privat erstellte Gutachtenexpertisen. Diese unterstützen dann meist die Kritik eines Beteiligten an einem bereits erstellten, gerichtlich beauftragten Gutachten.

12.2.4 Verpflichtungen des Sachverständigen bei der Begutachtung

Der Sachverständige hat unparteiisch vorzugehen. Dies bedeutet auch, dass er keine Weisungen entgegenzunehmen hat, die das Ergebnis des Gutachtens verfälschen könnten. Er darf sich neben der gesetzlichen Vergütung keine weiteren Vorteile verschaffen oder gewähren lassen. Zur Unparteilichkeit gehört auch die Vermeidung von einseitigen Sympathiebekundungen. Diese können sich auch in negativen Äußerungen gegenüber einem Elternteil oder schriftlichen Stellungnahmen des Sachverständigen zeigen. Die Ausführungen müssen sachlich formuliert sein. Daneben hat der Sachverständige sein Gutachten nach bestem Wissen und Gewissen zu erstellen.

Umgekehrt ist das Verfassen eines familienpsychologischen Gutachtens aber auch keine wissenschaftliche Arbeit im engeren Sinn. Jedes sachverständige Vorgehen muss aber den Erkenntnissen der wissenschaftlichen Psychologie folgen. Die Wissenschaftlichkeit bezieht sich hierbei nicht nur auf die schriftlichen Aufführungen, sondern auf den gesamten Begutachtungsprozess, also auch auf die Anwendung anerkannter Methoden und deren korrekte Interpretation.

Auch unterliegt der Sachverständige der Verschwiegenheitspflicht, wobei diese selbstverständlich nicht gegenüber dem beauftragenden Gericht gilt. Der Sachverständige ist vielmehr verpflichtet, alle für die Beantwortung der Fragestellung wesentlichen Daten dem Gericht mitzuteilen. Er hat kein Zeugnisverweigerungsrecht.

12.3 Die Beteiligten am Verfahren und an der Begutachtung

Die Tätigkeit des psychologischen Sachverständigen im Familienrecht sollte nicht nur unter formalen Aspekten gesehen werden, sondern als praktische psychologische Arbeit mit den betroffenen Familienmitgliedern und teilweise auch den beteiligten Fachkräften. Das Verhältnis des Sachverständigen zu den am familiengerichtlichen Verfahren beteiligten Personen ist in weiten Bereichen allerdings durch rechtliche Vorschriften geregelt.

12.3.1 Die Eltern

Die Beziehung zwischen Sachverständigem und Betroffenen ist – anders als meist in einer Beratung oder Therapie – nicht freiwilliger Natur, sondern in der Regel vom Familiengericht vorgegeben. Nach der Bestellung eines Sachverständigen können die Betroffenen ihn keiner Überprüfung unterziehen, um sich anschließend zu überlegen, ob sie bereit sind, sich auf ihn und auf eine Begutachtung einzulassen, oder gar, ob ihnen der Sachverständige sympathisch erscheint. Von seiner Bestellung an handelt er bereits in dieser Rolle.

In der Regel haben die Eltern wenig Möglichkeit, ihre Mitwirkung an der Begutachtung ohne Nachteile zu verweigern, außer sie hätten nachvollziehbare Gründe, z.B. solche, die eine Besorgnis der Befangenheit rechtfertigen würden. Dennoch gilt, dass niemand zur Begutachtung im familiengerichtlichen Verfahren gezwungen werden kann und der Sachverständige den Eltern auch nicht mit negativen Konsequenzen bei Nichtmitwirkung drohen darf. Fragen der Eltern zur Begutachtung oder zu seiner fachlichen Qualifikation sollte der Sachverständige offen und ehrlich beantworten. In der Regel wird er den Eltern bei entsprechenden Fragen den Sinn und Zweck des Sachverständigenvorgehens angemessen erläutern.

Bei der Erhebung von Informationen hat der Sachverständige die Privatsphäre der Beteiligten zu achten. Das Grundgesetz (Art. 13 GG) garantiert die Unverletzlichkeit der Wohnung, was u.a. auch Arbeits-, Betriebs- oder Geschäftsräume umfasst (vgl. Rolf, 1980). Hausbesuche des Sachverständigen sind also nur mit Einwilligung der Betroffenen erlaubt, ebenso wie das Betreten einzelner Räume. Es wäre auch nicht fachgerecht, die Erzieher und Lehrer des Kindes sowie andere Fachpersonen zu befragen, ohne dass die Eltern von der Befragung dieser Drittpersonen wissen und damit einverstanden sind. Dies gilt ebenso für die Befragung von Mitarbeitern des Jugendamtes, wenn das Jugendamt nicht ausdrücklich – in der Regel auf eigenen Antrag – offiziell verfahrensbeteiligt ist.

Die Gespräche mit dem Sachverständigen können auf Tonband aufgezeichnet werden, eine fachliche Notwendigkeit besteht hierzu aber nicht. Sollte eine Aufzeichnung erfolgen, dann nur durch den Sachverständigen selbst, der die Aufzeichnung unter Berücksichtigung des Datenschutzes und der Schweigepflicht verwahrt.

Jeder Elternteil hat das Recht, sich von seinem Anwalt oder Beistand zu den Terminen beim Sachverständigen begleiten zu lassen. Wenn ein Elternteil aufgrund von besonderer Ängstlichkeit wünscht, dass eine Person seines Vertrauens bei der Begutachtung anwesend ist, sollte dies kein generelles Hindernis darstellen, sofern diese Person die Begutachtung nicht stört. Die Hoheit über die Gesprächsführung obliegt dem Sachverständigen.

Der Sachverständige sollte möglichst keine schriftlichen Unterlagen der Parteien in Empfang nehmen, muss andernfalls diese dem Gericht zuleiten. Um die Papierflut einzudämmen, sollten die Eltern alle ihnen bedeutsam erscheinenden Dokumente oder Schriftsätze besser über ihre Anwälte bei Gericht einreichen, welches die Unterlagen dann dem Sachverständigen zuleitet.

12.3.2 Das Kind

Bei Sorge- und Umgangsrechtsverfahren sind meist Kinder unter 14 Jahren betroffen. Unabhängig vom Alter des Kindes ist es in fast allen familiären Konfliktfällen notwendig und sinnvoll, das betroffene Kind einzubeziehen. Die Entscheidung über die Teilnahme des Kindes an der Begutachtung obliegt aber den Sorgerechtsinhabern. Jugendliche, die bereits 14 Jahre alt oder älter sind, sollten unabhängig von den Eltern ebenfalls ein Einladungsschreiben zum Gespräch erhalten.

Auch das Kind kann prinzipiell die Teilnahme verweigern. Der Sachverständige hat aber motivierend auf das Kind einzugehen, wobei eine erhebliche Ablehnung seitens des Kindes angemessen zu berücksichtigen ist. Dies ist v.a. in solchen Fällen wichtig, in denen ein Kind sich entschieden weigert, überhaupt Kontakt mit dem getrennt lebenden Elternteil aufzunehmen und auch im Rahmen der Begutachtung eine Begegnung mit diesem ablehnt. Gewinnt der Sachverständige die Überzeugung, dass ein solches Zusammentreffen zu erheblichen Belastungen beim Kind führt, gehört es zu seiner Verantwortung, durch seine Begutachtung keinen Schaden anzurichten. Gerade für einen lösungsorientiert arbeitenden Psychologen wird es in solchen Fällen meist darum gehen, ein probatorisches Treffen zu ermöglichen, nicht zu erzwingen.

12.3.3 Die Anwälte

Trotz einer Reihe von regionalen Arbeitskreisen, in denen neben anderen Fachpersonen auch Sachverständige und Anwälte mitarbeiten, zeigen sich gerade zwischen psychosozialen Berufsgruppen und Rechtsanwälten weiterhin Berührungsängste (vgl. Fichtner, 2010a). Anders als viele Fachpersonen, einschließlich der Richter, sind Anwälte nicht primär dem Kindeswohl, sondern in erster Linie den Interessen ihrer Mandanten verpflichtet. Im Einzelfall kann eine angemessene Einbeziehung der Anwälte – bei Unklarheit am besten nach Rücksprache mit dem Gericht – helfen, das Konfliktniveau in der Familie zu reduzieren, da der Anwalt seinerseits auf seinen Mandanten einwirken kann. Dem Sachverständigen sind aber enge Grenzen für die Kontaktaufnahme mit dem Anwalt gesetzt, da eine einseitige Kontaktaufnahme mit dem Anwalt, verbunden mit einer Vermittlung von vorläufigen Begutachtungsergebnissen, zur Besorgnis der Befangenheit führen könnte.

12.3.4 Das Jugendamt

Das Familiengericht hat unmittelbar nach Eingang eines Scheidungsantrags das Jugendamt zu unterrichten, sofern minderjährige Kinder von der Scheidung betroffen sind. Aufgrund dieser Mitteilung ist das Jugendamt verpflichtet, den Eltern Beratung anzubieten und nach § 8 Abs. 1 SGB VIII das Kind in die Beratung einzubeziehen.

Mit dem Jugendamt kann und sollte der Sachverständige in der Regel Kontakt aufnehmen. Häufig wurden bereits im Vorfeld des Verfahrens seitens des Jugendamtes alle wesentlichen Daten zur Trennung und der Situation in der Nachtrennungsfamilie schriftlich niedergelegt. Es empfiehlt sich, die Eltern über eine beabsichtigte Kontaktaufnahme zum Jugendamt vorab zu informieren. Auch ist dem Sachverständigen grundsätzlich anzuraten, sich über die Hilfsangebote und Möglichkeiten der Jugendhilfe zu informieren. Nicht selten wird er solche Hilfen im Rahmen seines Gutachtens emp-

fehlen und er sollte hierfür die realistisch verfügbaren und angemessenen Jugendhilfemaßnahmen kennen.

12.3.5 Der Verfahrensbeistand

Gemäß § 158 FamFG hat das Gericht dem minderjährigen Kind einen Verfahrensbeistand zur Seite zu stellen, wenn das für die Wahrnehmung der Interessen des Kindes erforderlich erscheint (vgl. hierzu Salgo et al., 2010), z. B. wenn das Interesse des Kindes im Widerspruch zu dem des Sorgeberechtigten steht, wenn eine Kindeswohlgefährdung möglich erscheint oder wenn das Umgangsrecht mit einem Elternteil wesentlich eingeschränkt werden könnte. Der Verfahrensbeistand hat das Interesse des Kindes festzustellen und im gerichtlichen Verfahren zur Geltung zu bringen. Seine Aufgabe ist weiterhin, das Kind über den Inhalt, den Ablauf und den möglichen Ausgang des Verfahrens in kindgerechter Weise zu informieren. Der Sachverständige hat keine Informationsverpflichtung gegenüber dem Verfahrensbeistand. Die Beteiligtenstellung des Verfahrensbeistands hindert den Sachverständigen nicht, mit diesem Kontakt aufzunehmen, wenn dies für seine Tätigkeit von Bedeutung ist, z. B. um Termine mit dem Kind zu koordinieren.

12.3.6 Der Umgangspfleger

Nach § 1684 Abs. 3 BGB ist das Familiengericht berechtigt, einen Umgangspfleger zu bestellen, um die Durchführung des Kontaktes zwischen Kind und getrennt lebendem Elternteil abzusichern. Eine solche Umgangspflegschaft umfasst im Einzelfall das Recht, die Herausgabe des Kindes zur Durchführung des gerichtlich festgelegten Umgangs zu verlangen und für die Dauer des Umgangs dessen Aufenthalt zu bestimmen. Mit dem Umgangspfleger muss der

Sachverständige zumindest die Termine absprechen, die sein Aufgabenfeld unmittelbar berühren. Auch kann er durch seine Erfahrung bei den Umgangskontakten der jeweils betroffenen Kinder als eine Informationsquelle für den Sachverständigen dienen.

12.3.7 Nicht verfahrensbeteiligte Personen

Der Sachverständige hat nicht per se das Recht, Personen, wie etwa Kinderärzte, Erzieherinnen, Lehrer oder Großeltern, die nicht verfahrensbeteiligt sind, zu kontaktieren oder zu befragen. Er kann aber wesentliche Informationen, die für die Beantwortung der gerichtlichen Fragestellung oder seine Vermittlungsbemühungen hilfreich sind, auch von diesen Personen erheben, wenn die Sorgerechtsinhaber ihre Zustimmung hierzu erteilt haben (vgl. Böhm, 1985; Finke, 2003). Dabei sollte er sich auf das im Rahmen der gerichtlichen Frage Notwendige beschränken. Grundsätzlich wird das Gericht dem Sachverständigen wegen seiner besonderen Sachkunde die Entscheidung überlassen, welche Bezugspersonen des Kindes er in die Begutachtung einbezieht (vgl. OLG Stuttgart, 2003, FamRZ, 316). In solchen Gesprächen mit Drittpersonen darf der Sachverständige nur Informationen in Bezug auf seine Fragestellung eruieren und umgekehrt keine Informationen aus seiner Tätigkeit weitergeben.

12.4 Fragestellungen an den Sachverständigen

Der psychologische Sachverständige kann vom Familiengericht zu verschiedenen Fragekomplexen beauftragt werden. Rechtliche Grundlagen dieser Fragen stellen insbesondere das Familienrecht (Gesetz über das Verfahren in Familiensachen und in den Angelegenheiten der freiwilligen Gerichtsbarkeit – FamFG) und das Bürgerliche Gesetzbuch (BGB) dar. Fast ausnahmslos wird der Sachverständige bei Fragen zur Sorge- (§ 1671 BGB) und Umgangsregelung bei Trennung und Scheidung (§§ 1684, 1686 BGB) sowie bei Fragen, die im Zusammenhang mit Kindeswohlgefährdung (§ 1666 BGB) stehen, herangezogen. Dem Sachverständigen können zudem eine Reihe weiterer Fragestellungen (vgl. Salzgeber, 2011) im familiengerichtlichen Verfahren vorgelegt werden, wie z. B. die Regelung der elterlichen Sorge nach Ableben eines Elternteils oder Fragen zur Einwilligung in einen Schwangerschaftsabbruch. Diese Fragestellungen kommen aber in der Praxis selten vor.

12.4.1 Elterliches Sorgerecht nach Trennung und Scheidung

Die Eltern behalten die gemeinsame elterliche Sorge bei Trennung und Scheidung, wenn sie keine anderweitigen Anträge stellen. Sie müssen also nicht tätig werden und brauchen auch keinen konkreten Sorgerechtsplan vorzulegen. Wenn Eltern nach der Trennung die gemeinsame Sorge beibehalten, beinhaltet das per se z. B. noch keine Klärung darüber, bei wem das Kind nach der Trennung lebt, wer sich um dessen schulische Belange kümmert etc. Diese Fragen sind aber entweder im Vorfeld von den Eltern oder mit Hilfe ihrer Anwälte, dem Jugendamt, einer Beratungsstelle, bei einem ersten Gerichtstermin oder in der Folge mit dem Sachverständigen zu klären. Die gemeinsame elterliche Sorge nach Trennung oder Scheidung entspricht nicht der gemeinsamen elterlichen Verantwortung, wie sie vor der Trennung oder Scheidung der Eltern besteht. Vielmehr gilt gemäß § 1687 BGB, dass der nun getrennt lebende Elternteil, bei dem sich das Kind aufhält, die Befugnis hat, das Kind betreffende „Angelegenheiten des täglichen Lebens" alleinverantwortlich zu bestimmen.

Angelegenheiten des täglichen Lebens	Entscheidungen von erheblicher Bedeutung
• Angebot von Freizeitaktivitäten • Auswahl der Begleitperson des Kindes zum Kindergarten (Hort oder Schule) • Teilnahme an Klassenfahrten • Ernährung und Kleidung • Teilnahme am Gottesdienst • Freizeitgestaltung • Urlaub, i. d. R. auch im Ausland • Nachhilfeunterricht • Kontakte des Kindes zu dritten Personen • Tauftermin des Kindes	• Wahl des Lebensmittelpunktes für das Kind • Regelung des Umgangs mit dem nicht ständig betreuenden Elternteil • Auslandsaufenthalt des Kindes • Wahl der Schule oder des Kindergartens, Schulwechsel, Umschulung • Art der religiösen Erziehung, Religionswechsel, (nicht Teilnahme am Gottesdienst) • Berufsauswahl bzw. -tätigkeit des Kindes, z. B. als Schauspieler in einer Fernsehserie • besondere medizinische oder operative Behandlung, Impfungen • Vermögenssorge • im Einzelfall Fernreisen mit jüngeren Kindern, wenn z. B. Gesundheitsgefahren bestehen

Die gemeinsame elterliche Sorge nach Scheidung oder Trennung ohne gerichtliche Regelung oder aufgrund einer Abänderung einer zuvor bestehenden alleinigen Sorge bezieht sich nur auf Angelegenheiten „von erheblicher Bedeutung", somit auf das Kind wesentlich berührende Entscheidungen, die schwer abzuändernde Auswirkungen auf die Entwicklung des Kindes haben. Eltern können aber, wenn sie nicht nur vorübergehend getrennt leben, ein Verfahren zur Regelung der elterlichen Sorge oder Übertragung eines Teils der elterlichen Sorge nach § 1671 BGB beantragen.

---

§ 1671 BGB – Getrenntleben bei gemeinsamer elterlicher Sorge

(1) Leben Eltern, denen die elterliche Sorge gemeinsam zusteht, nicht nur vorübergehend getrennt, so kann jeder Elternteil beantragen, dass ihm das Familiengericht die elterliche Sorge oder einen Teil der elterlichen Sorge allein überträgt.
(2) Dem Antrag ist stattzugeben, soweit
1. der andere Elternteil zustimmt, es sei denn, dass das Kind das 14. Lebensjahr vollendet hat und der Übertragung widerspricht, oder
2. zu erwarten ist, dass die Aufhebung der gemeinsamen Sorge und die Übertragung auf den Antragsteller dem Wohl des Kindes am besten entspricht.
(3) Dem Antrag ist nicht stattzugeben, soweit die elterliche Sorge auf Grund anderer Vorschriften abweichend geregelt werden muss.

Beantragen beide Eltern jeweils unabhängig voneinander die alleinige Sorge, ist nach § 1671 Abs. 2 BGB einem Sorgerechtsantrag stattzugeben, wenn die Einigungsbemühungen gescheitert sind und zu erwarten ist, dass die Aufhebung der gemeinsamen Sorge und die Übertragung des Sorgerechts auf einen Elternteil dem Wohl des Kindes „am besten entspricht". Wird das gesamte Sorgerecht einem Elternteil übertragen, werden aus den Eltern juristisch Elternteile mit unterschiedlichen Rechtsbefugnissen. Einem Elternteil wird dabei faktisch das Sorgerecht aberkannt mit der Folge, dass er wichtige Entscheidungen bezüglich seines Kindes nicht mehr mittreffen kann, es sei denn, der andere Elternteil lässt ihn von sich aus an den wichtigen Entscheidungen teilhaben.

Folgerungen für den Sachverständigen

Der Gesetzgeber hat die gemeinsame Sorge getrennter Eltern zwar nicht explizit zum Regelfall erklärt, de facto stellt sie ihn jedoch mittlerweile dar. Stellt der Richter die Frage nach der elterlichen Sorge, hat der Sachverständige zu bedenken, dass die Regelung der gemeinsamen elterlichen Sorge die juristische Konsequenz aus einer sozialwissenschaftlichen Forderung ist, zu der auch bestätigende Forschung vorliegt (Proksch, 2002; Bauserman, 2002). Bei kooperativem Verhalten der Eltern entspricht die gemeinsame elterliche Sorge am ehesten dem Wohl des Kindes (Wallerstein & Blakeslee, 1989). Die Forschungsergebnisse zur Ausübung der gemeinsamen Sorge sind aber differenziert zu bewerten und erlauben keine Aussage für den Einzelfall (Kindler & Fichtner, 2008). Gerade im Hinblick auf Vermeidung von Konflikten zwischen den Eltern kann der Sachverständige ggf. einschätzen, ob die Probleme auch mit minder starken Eingriffen juristisch geregelt werden könnten: Oft kann auch eine gerichtlich protokollierte und genehmigte Elterneinigung erzielt werden, es kann eine Vollmachtsgebung ausreichend sein oder eine Entscheidung im Einzelfall nach § 1628 BGB.

> **§ 1628 BGB – Gerichtliche Entscheidung bei Meinungsverschiedenheiten der Eltern**
> Können sich die Eltern in einer einzelnen Angelegenheit oder in einer bestimmten Art von Angelegenheiten der elterlichen Sorge, deren Regelung für das Kind von erheblicher Bedeutung ist, nicht einigen, so kann das Familiengericht auf Antrag eines Elternteils die Entscheidung einem Elternteil übertragen. Die Übertragung kann mit Beschränkungen oder mit Auflagen verbunden werden.

Welche Anforderungen an die Kooperationsbereitschaft der Eltern zu stellen sind, um die gemeinsame elterliche Sorge kindeswohldienlich aufrechtzuerhalten, ist nirgends verbindlich festgelegt. Sachverständige müssen so ggf. die Folgen fehlender Kooperationsfähigkeit und -bereitschaft vor dem Hintergrund der Befindlichkeit des betroffenen Kindes individuell feststellen und unter Berücksichtigung möglicher Interventionen für die Zukunft abschätzen. Verlangt wird weniger ein Miteinander, auch keine dauernden Gespräche und Entscheidungen, als vielmehr ein möglichst friedliches Nebeneinander im Sinne einer „parallelen Elternschaft". Die Mehrzahl elterlicher Konflikte ist allerdings von der Sorgerechtsfrage unabhängig und entsteht eher bei der Ausübung des Umgangs. Der Sachverständige wird in den wenigsten Familienkonflikten eine einseitige Empfehlung zum gesamten Spektrum der elterlichen Sorge abgeben. Er sollte aber die im gerichtlichen Auftrag erwähnten oder die von den Eltern als strittig erlebten Sorgebereiche auf ihre Auswirkungen auf das Kindeswohl erfassen.

Über alle Professionen hinweg dürfte unstrittig sein, dass bei erheblichen Konflikten mit körperlicher Gewalt eine gemeinsame Sorgerechtsausübung meist nicht möglich ist. Gemeinsame elterliche Sorge ist auch nicht angezeigt, wenn ein Elternteil dem Kind geschadet hat und/oder weiterer Schaden zu befürchten ist und wenn die Erziehungsfähigkeit zum Schaden des Kindes durch Krankheit, Drogen, Missbrauch eines Elternteils eingeschränkt ist. Aus psychologischer Sicht können einseitige Sorgerechtsempfehlungen auch dann begründet werden, wenn ein Elternteil den anderen – gerade vor dem Hintergrund entsprechender Persönlichkeitsstörungen – ständig kontrolliert, herabwürdigt oder in Frage stellt und dabei auch das Kind mit einbezieht (OLG Saarbrücken, 2011, FamFR, 262).

Der Sachverständige sollte in Trennungsfällen mit den Eltern und auch mit dem Kind, wenn dieses aufgrund seiner Entwicklung und Haltung dazu in der Lage ist, konkrete Regelungsmodelle entwerfen, die am speziellen familiären Alltag orientiert sind. Für eine kindeswohldienliche Lösung im Einzelfall muss der Psychologe immer die Beziehungen, den Förderbedarf oder das soziale Umfeld des Kindes betrachten und die Förderkompetenz der Eltern in Bezug auf die entwicklungsmäßigen Bedürfnisse des Kindes berücksichtigen (Kindler & Fichtner, 2008).

Häufig wird von den Eltern das sog. Domizil- oder Residenzmodell gewählt, d.h. das Kind lebt schwerpunktmäßig bei einem Elternteil und hält die Beziehung zum anderen Elternteil durch Besuche aufrecht. In den letzten Jahren wird von Eltern vermehrt ein sog. Wechselmodell angestrebt, bei dem das Kind möglichst gleich viel Zeit bei beiden getrennt lebenden Eltern wohnt. Dieses Modell, bei dem das Kind zwei Lebensschwerpunkte hat, kann empfohlen werden, wenn die Betreuung tatsächlich in beiden Haushalten gesichert ist und die sozialen Bezüge, soweit sie für das Kind wesentlich sind, erhalten bleiben können. Vor allem aber setzt dieses Modell eine gute elterliche Kooperation und viele Absprachen im Alltag voraus. Bei streitenden Eltern entspricht dieses Modell häufig eher dem Bedürfnis der Eltern nach einer paritätischen Regelung der Betreuung und des Aufenthaltes des Kindes und weniger dem Bedürfnis der Kinder (Marquardt, 2005; Rakete-Dombek, 2002). Nur in Einzelfällen hat sich das starre, angeordnete Wechselmodell über lange Zeit hinweg bewährt (Fichtner & Salzgeber, 2006). Bisher ist es rechtlich nicht möglich, ein Wechselmodell gerichtlich anzuordnen. Die Rechtsprechung geht mehrheitlich davon aus, dass die Einrichtung eines Wechselmodells die Bereitschaft beider Eltern hierzu erfordert.

12.4.2 Umgang des Kindes nach Trennung und Scheidung

Die für das Umgangsrecht maßgeblichen Gesetze sind im Bürgerlichen Gesetzbuch in den Paragraphen 1626 BGB (Grundsätze der elterlichen Sorge), 1684 BGB (Umgang des Kindes mit den Eltern), 1685 BGB (Umgang des Kindes mit anderen Bezugspersonen) und 1686 BGB (Auskunft über die persönlichen Verhältnisse des Kindes) formuliert.

Nach § 1684 Abs. 1 BGB hat das Kind ein Recht auf den Umgang mit dem Elternteil, bei dem es nicht lebt, umgekehrt haben die Eltern das Recht und sogar die Pflicht auch nach der Trennung Kontakt mit ihrem Kind zu halten. Dieses Recht darf nur eingeschränkt oder ausgeschlossen werden, wenn anderenfalls das Kindeswohl gefährdet wäre.

Folgerungen für den Sachverständigen

Grundsätzlich hat der Sachverständige sich an der gesetzlichen Regelvermutung zu orientieren, nach der der Umgang zum getrennt lebenden Elternteil dem Kindeswohl dienlich ist. Die gesetzlichen Rahmenbedingungen fordern vom betreuenden Elternteil, alles ihm Mögliche zu leisten, um mit angemessenen erzieherischen Mitteln den Kontakt des Kindes zum getrennt lebenden Elternteil zu ermöglichen.

Die häufig anzutreffende Wochenendregelung, d.h. das Kind ist alle zwei Wochen beim getrennten Elternteil, wird von vielen Eltern inzwischen als Norm bewertet, aus psychologischer Sicht ist eine fachwissenschaftliche Begründung einer konkreten Umgangsregelung aber weitaus schwieriger: Gerade starre Kontakte jedes zweite Wochenende sind für Kinder, die einen engen Bezug zum Vater haben, häufig zu selten, für manche andere Kinder dagegen zu häufig (Pryor & Rodgers, 2001). In vielen Fällen wären flexible Regelungen dem Kindeswohl

§ 1684 BGB – Umgang des Kindes mit den Eltern

(1) Das Kind hat das Recht auf Umgang mit jedem Elternteil; jeder Elternteil ist zum Umgang mit dem Kind verpflichtet und berechtigt.

(2) Die Eltern haben alles zu unterlassen, was das Verhältnis des Kindes zum jeweils anderen Elternteil beeinträchtigt oder die Erziehung erschwert. Entsprechendes gilt, wenn sich das Kind in der Obhut einer anderen Person befindet.

(3) Das Familiengericht kann über den Umfang des Umgangsrechts entscheiden und seine Ausübung, auch gegenüber Dritten, näher regeln. Es kann die Beteiligten durch Anordnungen zur Erfüllung der in Absatz 2 geregelten Pflicht anhalten. Wird die Pflicht nach Absatz 2 dauerhaft oder wiederholt erheblich verletzt, kann das Familiengericht auch eine Pflegschaft für die Durchführung des Umgangs anordnen (Umgangspflegschaft). Die Umgangspflegschaft umfasst das Recht, die Herausgabe des Kindes zur Durchführung des Umgangs zu verlangen und für die Dauer des Umgangs dessen Aufenthalt zu bestimmen. Die Anordnung ist zu befristen. Für den Ersatz von Aufwendungen und die Vergütung des Umgangspflegers gilt § 277 des Gesetzes über das Verfahren in Familiensachen und in den Angelegenheiten der freiwilligen Gerichtsbarkeit entsprechend.

(4) Das Familiengericht kann das Umgangsrecht oder den Vollzug früherer Entscheidungen über das Umgangsrecht einschränken oder ausschließen, soweit dies zum Wohl des Kindes erforderlich ist. Eine Entscheidung, die das Umgangsrecht oder seinen Vollzug für längere Zeit oder auf Dauer einschränkt oder ausschließt, kann nur ergehen, wenn andernfalls das Wohl des Kindes gefährdet wäre. Das Familiengericht kann insbesondere anordnen, dass der Umgang nur stattfinden darf, wenn ein mitwirkungsbereiter Dritter anwesend ist. Dritter kann auch ein Träger der Jugendhilfe oder ein Verein sein; dieser bestimmt dann jeweils, welche Einzelperson die Aufgabe wahrnimmt.

am dienlichsten. Selbst die Orientierung an der gesetzlichen Regelvermutung ist aus fachlicher Sicht nicht so einfach, da die Befunde, dass der Umgang dem Kindeswohl meist diene, nicht so einheitlich und effektstark sind. Vielmehr ist davon auszugehen, dass sie vielen weiteren Einflüssen unterliegen (vgl. Kindler & Reinhold, 2007), die vom Sachverständigen für den Einzelfall erkannt und bewertet werden müssen.

Auch können hinter Umgangskonflikten ganz unterschiedliche Anliegen der Eltern stehen, die im Verfahren aber immer mit dem Kindeswohl begründet werden: So geht es vielen Eltern dabei nachvollziehbar um Gerechtigkeit und Gleichberechtigung, was aber vom Sachverständigen mit seiner Fokussierung auf das Kindeswohl nicht zu bewerten ist. Allgemeine Regelsätze, wie z. B. Vaterabwesenheit führe zwangsläufig

beim Kind zu Schäden (Tamis-LeMonda & Cabrera, 2002; Walter, 2002; Fthenakis, 1999), oder die gesetzliche Regelvermutung, häufiger Kontakt diene generell dem Kindeswohl, sind aus den empirischen Befunden nur schwierig abzuleiten (vgl. die Untersuchungen von Walper & Beckh, 2006). Psychologische Studien konnten bisher kaum Unterschiede in der Problembelastung zwischen Kindern mit oder ohne Umgang bzw. mit viel versus wenig Umgang aufzeigen (Kindler, 2009 a; Finley & Schwartz, 2007). Zwar belegen Forschungsarbeiten an Scheidungskindern, dass diese die Trennungsfolgen besser verarbeiten, wenn sie ungestörten Kontakt zum getrennt lebenden Elternteil haben (Wallerstein & Blakeslee, 1989). Von besonderer Bedeutung und mittlerweile sehr gut untersucht ist der Einfluss des elter-

217

lichen Konfliktniveaus (z. B. Grych & Fincham, 2001; Buchanan & Heiges, 2001; Walper & Fichtner, 2011): Nur wenn dieses nicht zu ausgeprägt ist, können Kinder von Umgangskontakten wirklich profitieren. Weiterhin scheinen die ökonomische Situation und finanzielle Unterstützung, Gefühle der emotionalen Nähe zwischen dem Kind und dem getrennt lebenden Elternteil, die Bereitschaft und Fähigkeit des getrennt lebenden Elternteils zur kindgemäßen Umgangsgestaltung und ein autoritativer Erziehungsstil des getrennten Elternteils Voraussetzungen für einen dem Kindeswohl entsprechenden Umgang zu sein (Amato & Gilbreth, 1999). Nicht zuletzt wird Schaden oder Nutzen dieser Kontakte beeinflusst durch das Verhalten und die Einstellung des hauptsächlich betreuenden Elternteils gegenüber dem getrennt lebenden Elternteil (Gate-keeping) und dessen Kontakten (Austin et al., 2010). Für das Wohlergehen des Kindes erscheint darüber hinaus die Qualität der Kontakte bedeutsamer als die Quantität: Wie positiv das Kind die Beziehung zum getrennt lebenden Elternteil erlebt, ist von höherer Bedeutung als die reine Häufigkeit des Kontaktes.

Es ist die Aufgabe des Sachverständigen, neben der Beratung der Eltern und Anbietung von Hilfen, die es den Betroffenen erleichtern, Umgänge dem Kindeswohl gemäß gestalten zu können, auch die Bedingungszusammenhänge der Belastungs-, Stütz- und Bewältigungsfaktoren der Familie zu bestimmen. Dazu muss er die Beziehungsqualität des Kindes zu seinen Eltern erheben, Hinweisen auf das Kindeswohl belastende Persönlichkeitsaspekte oder Anpassungsschwierigkeiten bezüglich der Trennung nachgehen, die Vorstellung des Kindes zur Beziehungsgestaltung erfragen, das elterliche Konfliktniveau bestimmen und die Zufriedenheit der Beteiligten mit den Umgangsmodalitäten sowie die Bedeutung weiterer Bezugspersonen erfassen (Dunn, 2004). Häufig kann der Sachverständige im Rahmen der Begutachtung einen diagnostisch begleiteten Umgang initiieren.

Bei der Umgangsgestaltung sind die Wünsche – auch des Kindes – und persönlichen Umstände der Betroffenen, wie z. B. Berufstätigkeit oder Krankheiten, zu berücksichtigen. So sollte z. B. die Gestaltung der Ferien auch an den Urlaubsplänen der Eltern ausgerichtet werden. Zudem sind bei der Umgangsregelung die zeitlichen Möglichkeiten des Kindes zu bedenken.

Begleiteter Umgang

Das Familiengericht kann gemäß § 1684 Abs. 4, Satz 3 BGB das Umgangsrecht notfalls dergestalt einschränken, dass Kontakte lediglich unter Begleitung weiterer Personen oder nur an einem neutralen Ort stattzufinden haben, soweit dies zum Wohl des Kindes erforderlich ist. Dabei stellt die Anordnung eines begleiteten Umgangs eine erhebliche Zumutung für den umgangsberechtigten Elternteil dar, so dass diese Maßnahme auf schwerwiegende Fälle beschränkt bleibt und zu keiner Dauereinrichtung werden soll. Ehe der Umgang aber ausgeschlossen wird, ist zu überprüfen, ob ein begleiteter Umgang noch möglich ist.

Der begleitete Umgang ist häufig angezeigt bei Kontaktverweigerung des Kindes, bei Gefahr von Partnerschaftsgewalt, bei drohender Kindesentführung, Kindesmisshandlungen und Missbrauch und bei langer Kontaktunterbrechung zwischen Kind und getrennt lebendem Elternteil, aber auch bei psychischen Belastungen und Sucht (Fthenakis, 2008; Fthenakis et al., 2008). Im Einzelfall kann die Empfehlung einer Umgangspflegschaft angezeigt sein. Es sollte keine Maßnahme sein, das Kind zum Umgang zu zwingen.

Umgang des fremd untergebrachten Kindes mit seinen Eltern

Beim Umgang eines fremd untergebrachten Kindes mit seinen Eltern ist zu beachten, dass die Mehrheit der in Pflege genommenen Kinder in ihrer Herkunftsfamilie traumatisierenden Erfahrungen ausgesetzt gewesen war. Darüber hinaus sollte aber nicht übersehen werden, dass eine Reihe von Pflegeverhältnissen durch freiwillige Absprachen und Eigeninitiative der Herkunftseltern, die ihre Überforderung erkennen konnten, entstanden sind.

Bei möglichen Umgangskontakten mit der Herkunftsfamilie muss gewährleistet sein, dass das Kind nicht nur vor körperlichen, sondern auch vor psychischen Übergriffen, z. B. in Form von Vorwürfen, aber auch von fälschlichen Ankündigungen, das Kind könne bald „nach Hause kommen", geschützt wird. Umgangsregelungen, die sich bei Trennung und Scheidung bewährt haben, können nicht einfach auf fremd untergebrachte Kinder übertragen werden, sondern diese müssen die möglichen Risiken im Zuge der Umgangskontakte in besonderer Weise beachten. Insbesondere ist darauf zu achten, dass fortbestehende Folgen einer Traumatisierung nicht verschärft werden, sondern der Umgang so gestaltet wird, dass diese Folgen reduziert werden (z. B. Kindler et al., 2004).

Umgang des Kindes mit weiteren Bezugspersonen

Gemäß § 1685 BGB haben Großeltern und Geschwister ein Recht auf Umgang, wenn es dem Kindeswohl „dient". Auch weitere Bezugspersonen, wie Stiefeltern, Onkel, Tanten, Lebenspartner, die für das Kind tatsächliche Verantwortung tragen oder tragen wollten bzw. im Rahmen einer sozial-familiären Beziehung getragen haben, haben ein eigenes Recht auf Umgang. Mit dieser Regelung wird auch die Situation von Kindern, die in „Patchwork-Familien" aufwachsen, berücksichtigt.

> **§ 1685 BGB – Umgang des Kindes mit anderen Bezugspersonen**
> (1) Großeltern und Geschwister haben ein Recht auf Umgang mit dem Kind, wenn dieser dem Wohl des Kindes dient.
> (2) Gleiches gilt für enge Bezugspersonen des Kindes, wenn diese für das Kind tatsächliche Verantwortung tragen oder getragen haben (sozial-familiäre Beziehung). Eine Übernahme tatsächlicher Verantwortung ist in der Regel anzunehmen, wenn die Person mit dem Kind längere Zeit in häuslicher Gemeinschaft zusammengelebt hat.
> (3) § 1684 Abs. 2 bis 4 gilt entsprechend. Eine Umgangspflegschaft nach § 1684 Abs. 3 Satz 3 bis 5 kann das Familiengericht nur anordnen, wenn die Voraussetzungen des § 1666 Abs. 1 erfüllt sind.

Ziel der sachverständigen Intervention und Empfehlung sollte sein, diese Beziehungen weitestgehend zu erhalten, wenn diese Bezugspersonen für das Kind zu stützenden, emotional bedeutsamen Personen geworden sind. Das Kind kann auch in diesen Fällen unter Loyalitätskonflikten leiden, die in ihrer Heftigkeit den Loyalitätskonflikten bezüglich der Eltern nicht nachstehen. Kindeswohldienliche Lösungen solcher Fragen sollten nicht nur den Beziehungsaspekt, der bei dieser gesetzlichen Regelung im Vordergrund steht, berücksichtigen, sondern auch weitere psychologisch relevante Aspekte wie Erziehungskontinuität, soziale Kontakte zu Gleichaltrigen, Anspruch auf Freizeit, Kindeswille und schulische Erfordernisse.

12.4.3 Gefährdung des Kindeswohls

Ein zentrales Themenfeld von familienforensischen Sachverständigen, das meist unabhängig von Fragen elterlicher Trennung und Scheidung ist, stellt die Einschätzung von Kindeswohlgefährdungen dar. Der Sachverständige muss hierbei eine eventuelle akute Gefährdung feststellen und soll in der Regel auch Maßnahmen vorschlagen, um diese vorhandene oder bevorstehende Gefährdung abzuwenden und größtmögliche Sicherheit für das betroffene Kind herzustellen. Hierfür kann den Eltern die Annahme von Hilfen vorgeschrieben, die elterliche Sorge oder Teile davon entzogen oder – als ultima ratio – auch das Kind aus der Familie herausgenommen werden.

Verfahren bei Kindeswohlgefährdung nach § 1666 BGB sind Amtsverfahren und können von jedem angeregt werden. Häufig werden sie allerdings durch das Jugendamt oder Träger der freien Jugendhilfe im Rahmen von deren Schutzauftrag nach § 8 a SGB VIII initiiert, wenn diese erhebliche Anhaltspunkte für eine solche Gefährdung in der Familie sehen. Nicht zuletzt durch breit publizierte Fälle von Kindestötungen fanden sowohl bezüglich der Gefährdungseinschätzungen als auch bezüglich der rechtlichen Rahmenvorgaben erhebliche Fortentwicklungen statt (vgl. Kindler et al., 2006; Meysen, 2008).

---

§ 1666 BGB – Gerichtliche Maßnahmen bei Gefährdung des Kindeswohls
(1) Wird das körperliche, geistige oder seelische Wohl des Kindes oder sein Vermögen gefährdet und sind die Eltern nicht gewillt oder nicht in der Lage, die Gefahr abzuwenden, so hat das Familiengericht die Maßnahmen zu treffen, die zur Abwendung der Gefahr erforderlich sind.
(2) In der Regel ist anzunehmen, dass das Vermögen des Kindes gefährdet ist, wenn

der Inhaber der Vermögenssorge seine Unterhaltpflicht gegenüber dem Kind oder seine mit der Vermögenssorge verbundenen Pflichten verletzt oder Anordnungen des Gerichts, die sich auf die Vermögenssorge beziehen, nicht befolgt.
(3) Zu den gerichtlichen Maßnahmen nach Absatz 1 gehören insbesondere
1. Gebote, öffentliche Hilfen wie zum Beispiel Leistungen der Kinder- und Jugendhilfe und der Gesundheitsfürsorge in Anspruch zu nehmen,
2. Gebote, für die Einhaltung der Schulpflicht zu sorgen,
3. Verbote, vorübergehend oder auf unbestimmte Zeit die Familienwohnung oder eine andere Wohnung zu nutzen, sich in einem bestimmten Umkreis der Wohnung aufzuhalten oder zu bestimmende andere Orte aufzusuchen, an denen sich das Kind regelmäßig aufhält,
4. Verbote, Verbindung zum Kind aufzunehmen oder ein Zusammentreffen mit dem Kind herbeizuführen,
5. die Ersetzung von Erklärungen des Inhabers der elterlichen Sorge,
6. die teilweise oder vollständige Entziehung der elterlichen Sorge.
(4) In Angelegenheiten der Personensorge kann das Gericht auch Maßnahmen mit Wirkung gegen einen Dritten treffen.

Nach § 1666 Abs. 1 BGB hat das Familiengericht die Aufgabe, die Maßnahmen zu treffen, die zur Abwendung einer Kindeswohlgefährdung nötig sind. Eingriffe ins Elternrecht bei Kindeswohlgefährdung sind nur zulässig, wenn – aus welchen Gründen auch immer – die Basisbedürfnisse des Kindes von den Bezugspersonen des Kindes nicht mehr erfüllt werden, wenn also die körperliche, seelische oder geistige Entwicklung des Kindes ernsthaft beeinträchtigt ist. Eltern und deren sozioökonomische Verhältnisse zählen dabei aber grundsätzlich zum Schicksal und Lebensrisiko eines Kindes. Die Wahrung des Kindeswohls beinhaltet also nicht, gegen den Willen der Eltern für eine den Fähigkeiten des Kindes entsprechende bestmögliche Förderung zu sorgen (BVerfG NJW, 1982, 1379).

Ehe das Familiengericht Eingriffe in das Elternrecht vornimmt, hat es zu prüfen, ob sich eine Kindeswohlgefährdung positiv feststellen oder sich zumindest eine erhebliche Schädigung voraussehen lässt und ob mit familiären Hilfen oder gerichtlichen Maßnahmen gemäß § 1666 Abs. 3 BGB die Kindeswohlgefährdung abgewendet werden kann, ehe die Entziehung von Teil-Sorgerechten notwendig wird, um die Gefahr für das Kind abzuwenden. Mit diesen rechtlichen Möglichkeiten kann das Gericht z.B. den Eltern – aber nicht dem Kind – Gebote erlassen, für die Schulpflicht zu sorgen. Der Richter kann auch Erklärungen des Inhabers der elterlichen Sorge ersetzen (z.B. die Einwilligung, das Kind in der Schule anzumelden), er kann für solche Aufgaben auch einen Pfleger bestellen.

Dem Familiengericht sind aber auch Grenzen bezüglich der Interventionen gesetzt: Es hat nicht die Möglichkeit, bei einem Elternteil eine psychotherapeutische Behandlung anzuordnen, auch wenn diese notwendig wäre, um eine Kindeswohlgefährdung abzuwenden. Es kann einem Elternteil nicht auferlegen, sich wegen einer möglichen Alkoholerkrankung beim Gesundheitsamt untersuchen zu lassen oder den Elternteil zu verpflichten, mit dem Kind spezielle Therapieprogramme in Anspruch zu nehmen, wenn diese nicht unbedingt einer Gefahrenabwehr dienen.

Kommt es zur Wegnahme des Kindes von den Eltern (oder einem sorgeberechtigten Elternteil), die nach § 1666a BGB nur zulässig ist, wenn der Gefahr nicht auf andere Weise begegnet werden kann, ist grundsätzlich so zu handeln, dass eine Fortentwick-

lung der familiären Beziehungen noch folgen kann.

> **§ 1666a BGB – Grundsatz der Verhältnismäßigkeit; Vorrang öffentlicher Hilfen**
> (1) Maßnahmen, mit denen eine Trennung des Kindes von der elterlichen Familie verbunden ist, sind nur zulässig, wenn der Gefahr nicht auf andere Weise, auch nicht durch öffentliche Hilfen, begegnet werden kann. Dies gilt auch, wenn einem Elternteil vorübergehend oder auf unbestimmte Zeit die Nutzung der Familienwohnung untersagt werden soll. [...]
> (2) Die gesamte Personensorge darf nur entzogen werden, wenn andere Maßnahmen erfolglos geblieben sind oder wenn anzunehmen ist, dass sie zur Abwendung der Gefahr nicht ausreichen.

Folgerungen für den Sachverständigen

Meist wird der Sachverständige bei Kindeswohlgefährdungen mit Fragestellungen betraut, die im gerichtlichen Beschluss zusammenfassend mit dem Begriff „Erziehungsfähigkeit" benannt werden. Häufig finden sich bei diesen Familien bereits im Jugendamtsbericht Hinweise auf bestehende Einschränkungen der Erziehungskompetenz, die eine vertiefte Abklärung erforderlich machen. „Erziehungsfähigkeit" darf nicht als ein Rechtsbegriff – etwa wie der Begriff der Schuld- oder der Geschäftsfähigkeit – missverstanden werden, der eine normative Grenze für die Ausübung der elterlichen Sorge, sei es durch die Praxis der Gerichte oder durch die Sozialwissenschaften, darstellt. Er ist immer individuell, auf ein bestimmtes Kind bezogen, zu bestimmen.

Bei Beauftragung wird der Sachverständige zuerst abzuschätzen haben, ob eine aktuelle Kindeswohlgefährdung – falls vorliegend – zu stoppen ist, welche ein sofortiges

Eingreifen des Gerichts notwendig macht. Dies kann z. B. bei psychischer Krankheit der Eltern der Fall sein oder bei Verwahrlosung des Kindes. Bei Fragen zu § 1666 BGB greift der Sachverständige meist auch auf Drittquellen zurück. Aussagekräftige Hinweise können Kindergarten, Schule oder andere mit dem Kind befasste Institutionen oder Fachpersonen geben, über Wahrnehmung von Auffälligkeiten, Misshandlungsspuren, Äußerungen des Kindes u. a.

Der Sachverständige wird dann die Risiko- und Resilienzfaktoren in der Familie erheben. Diese können im besonderen Pflegebedarf des Kindes liegen: Kindliche Verhaltensauffälligkeiten können zum Auslöser von Misshandlung und Vernachlässigung werden. Auf Seiten der Eltern wird der Sachverständige sich mit der Förderkompetenz und dem Selbstvertrauen in die elterliche Kompetenz befassen (Spangler et al., 2009) sowie erheben, ob bei den Eltern Krankheiten, Sucht oder psychische Belastungen vorliegen, wie Konflikte in der Familie geregelt werden, welcher Erziehungsstil vorherrscht und wie hoch die Bereitschaft ist, Hilfe anzunehmen (Browne et al., 2002). Für die Bewertung solcher Gefahren liegt eine Reihe von Einschätzungshilfen (Kinderschutz-Zentrum, 2009; Kindler et al., 2009; Rohmann, 2008) und diagnostischen Instrumenten vor, die aber für sich allein keine sichere Einschätzung erlauben, sondern immer im Abgleich mit anderen Datenquellen zu bewerten sind.

Misshandlungen des Kindes können in unterschiedlichen Formen stattfinden, die vom Sachverständigen differenziert betrachtet werden sollten: Zum einen gibt es den Bereich der physischen, also körperlichen Misshandlung, wobei hier einmalige Taten oder chronische Handlungen und Misshandlung mit häufigen nachhaltigen körperlichen Bestrafungen vorliegen können. Neben solchen körperlichen Misshandlungen, zu denen nicht selten auch somatische Befunde vorliegen, ist zum anderen aber auch der Bereich der psychischen Misshandlung zu beachten, zu dem ständiges und erhebliches Kritisieren, Ausnutzen, Terrorisieren, Drohen, Verächtlichmachen und Isolieren des Kindes gehören. Während körperliche Bestrafungen, seelische Verletzungen und andere entwürdigende Maßnahmen im § 1631 BGB inzwischen eindeutig als unzulässig gewertet werden, sind die psychologischen Befunde zu Auswirkungen von leichten körperlichen Bestrafungen allerdings bei weitem nicht so einheitlich (vgl. Rohmann, 2004).

Ein weiterer wichtiger Bereich neben offenen Misshandlungen ist die Vernachlässigung von Kindern, der empirisch sogar eine deutlich höhere Bedeutung zuzumessen ist. Auch Vernachlässigung kann körperlich im Hinblick auf Versorgung, Nahrung, Unterkunft, Schutz vor Gefahren, Hygiene, ärztliche Behandlung u. ä. erfolgen, oder psychisch durch ungenügende Förderung, emotionale, soziale und kognitive Zuwendung und Beaufsichtigung (vgl. Wotherspoon et al., 2010).

Ein weiteres Themenfeld, das besonders große öffentliche Aufmerksamkeit erregt, ist die Frage des sexuellen Missbrauchs durch Erziehungspersonen. Ein solcher – wie teilweise auch Gewaltvorwürfe – ist in der Regel nicht durch den Familienrechtspsychologen zu eruieren, sondern bedarf zur Einschätzung aussagepsychologischer Fachkompetenz (vgl. hierzu Kap. 10.3). Eine weitere Art von Missbrauch kann auch in Form von emotionalem Missbrauch vorliegen, z. B. wenn die Persönlichkeitsentwicklung eines Kindes durch massive Parentifizierung und Missbrauch als Partnerersatz oder durch eine massiv überfürsorgliche Erziehungshaltung der Eltern erheblich gefährdet ist. Auf Seiten der Kinder können neurologische Erkrankungen, Behinderungen, Entwicklungsstörungen oder niedriges Geburtsgewicht das elterliche Stressniveau erheblich erhöhen und die Erziehungsfähigkeit der Eltern einschränken (Schaunig et al., 2004).

Bei der Einschätzung der elterlichen Förderkompetenz wird der Sachverständige die Grenze zu bestimmen haben, die noch ausreicht, um Elternschaft auszuüben. Um eine Kindeswohlgefährdung annehmen zu können, muss eine zukünftige Gefährdung in einer gewissen zeitlichen Nähe wahrscheinlich sein und müssen die Fakten eine konkrete Schädigung voraussehbar erscheinen lassen. Es geht nicht um die Feststellung möglichst positiver Lebens- und Entwicklungsbedingungen (Coester, 2008). Gefordert ist die Erhebung der zumindest notwendigen Elternkompetenz.

Sollten Eingriffe in das Elternrecht notwendig sein, um eine Kindeswohlgefährdung zu verhindern, sollte der Sachverständige seine konkrete Empfehlung auf psychologisch notwendige Maßnahmen beschränken. Für deren rechtliche Umsetzung ist er nicht zuständig und verfügt auch nicht immer über ausreichende Kenntnis der rechtlichen Gestaltungsmöglichkeiten. Er muss dabei bedenken, dass seine Empfehlungen erhebliche Eingriffe in die Familie bewirken und seitens des Gerichts von einer von ihm abgegebenen Empfehlung nur schwer abgerückt werden kann (vgl. BVerfG FamRZ, 1999, 1417; BGH NJW, 1989, 2948; BGH NJW, 1997, 146).

Seine Aufgabe ist vielmehr, die Stärken und Defizite der Familie zu beschreiben und zu belegen, wie das Verhalten der Eltern das Kindeswohl gefährdet oder gefährden kann. Dies kann im täglichen Zusammenleben des Kindes mit den Eltern gegeben sein oder weil diese z. B. die medizinische Versorgung nicht gewährleisten, nicht für den Schulbesuch sorgen oder das Vermögen des Kindes verschwenden. Ein Verschulden der Eltern hat der Sachverständige, wie auch das Gericht, nicht festzustellen.

Zusammenfassend erfolgt das Vorgehen des Sachverständigen in drei Schritten

1. Zuerst wird der Sachverständige abzuschätzen haben, ob eine akute Kindeswohlgefährdung vorliegt und wie diese umgehend zu stoppen ist.
2. Das elterliche Verhalten wird dahingehend diagnostiziert, ob und in welchem Ausmaß die die Erziehungskompetenz einschränkenden Faktoren wie Krankheit, unangemessenes Verhalten oder ungünstige Umweltbedingungen vorliegen.
3. Die Auswirkungen dieser Faktoren auf das konkrete Kind, dessen Ausgangslage erfasst werden muss, werden bestimmt.

12.5 Exkurs: Familien mit Migrationshintergrund

Seit Jahren nehmen familiengerichtliche Verfahren zu, bei denen zumindest ein Elternteil nicht die deutsche Staatsbürgerschaft besitzt und/oder aus einem anderen Kulturkreis stammt. Allerdings leben fast zwei Drittel der rund sechs Millionen hier registrierten Menschen anderer Nationalität bereits zehn Jahre oder länger in Deutschland.

Diese besondere Ausgangslage ist vom psychologischen Sachverständigen zu berücksichtigen. Er hat sich folglich auch mit dem ethnischen Hintergrund der ihm anvertrauten Familie zu befassen und das seinem Vorgehen zugrunde gelegte Erklärungsmodell auf die Validität für den konkreten Einzelfall zu überprüfen. Er hat dabei einerseits spezifische kulturelle Mentalitäten und Vorstellungen gegenüber hiesigen Normen und insbesondere Erziehungs- und Rechtsvorstellungen abzuwägen. Das „Kindeswohl" bleibt bei der sachverständigen Empfehlung aber allgemeingültiges Kriterium. Auch entspricht es hiesiger Rechtsprechung, dass Familien unter dem besonderen Schutz des Staates stehen und dies nach Trennung auch für den Fall einer geplanten Ausweisung eines ausländischen Elternteils zu gelten hat. Wenn zwischen dem Kind und dem Elternteil eine tatsächliche Verbundenheit, die im Einzelfall zu überprüfen ist, vorliegt, widerspricht dies einer Ausweisung dieses Elternteils (vgl. BVerfG FamRZ, 2009, 1389).

Ganz allgemein ist bei sachverständiger Einschätzung von Familien mit Migrationshintergrund neben den für deutsche Familien geltenden Grundsätzen auf drei zusätzliche Aspekte zu achten: einmal die migrationsspezifische, dann die kulturspezifische und nicht zuletzt die persönlichkeitsspezifische Ebene. Jede Ebene erfordert spezifisches Hintergrundwissen vom Sachverständigen, um die Lebens- und Wertewelt der betroffenen Familienmitglieder valide zu erfassen. Wichtige Aspekte sind: Rollenverhalten und Erwartungen innerhalb einer Partnerbeziehung oder Ehe, Erziehungsvorstellungen und Verhalten gegenüber Kindern, Kinderbetreuungskonzepte, Bedeutung der Familie, Art des Ausdrucks von Emotionen – auch gegenüber Kindern –, Selbstwertgefühl der Minderheit in der dominanten Gesellschaft, Bedeutung der Religion, Zeitkonzept sowie Akzeptanz von Hilfen von außen (Stahl, 1999; Condie, 2003). Der Sachverständige sollte dabei berücksichtigen, dass eine zu untersuchende Familie mit Migrationserfahrung in der Regel weder mit hiesigen Familien noch mit solchen aus dem betreffenden Herkunftsland gleichgesetzt werden kann (Hausotter & Schouler-Ocak, 2007). Migranten übernehmen kulturelle Werthaltungen und Verhaltensweisen aus dem Aufnahmeland und legen Verhaltensmuster aus der ursprünglichen Kultur ab (Warrier, 2008). Bei der Anwendung von Testverfahren sollte auf das sprachliche Verständnis geachtet werden. Übliche psychometrische Verfahren sind für viele Kulturen nicht normiert und Testergebnisse können nur zurückhaltend interpretiert werden.

Der Sachverständige hat zudem seine eigenen Vorurteile zu reflektieren. Es gibt keine universellen Standards für beste Erziehung und Behandlung von Kindern. Praktiken in anderen Ländern gelten bei uns als Kindesmisshandlung (harte Bestrafung, um kulturelle Normen durchzusetzen, oder drastische Initiationsriten wie z. B. Genitaloperationen). Andererseits sind Menschen aus nichteuropäischen Staaten teilweise befremdet über westliche Erziehungsmethoden (Isolation von Säuglingen in eigenen Zimmern oder Betten über die Nacht, Hungernlassen von Kindern zur Einhaltung von bestimmten Essenszeiten).

Häufig werden gerade in binationalen Familien nach der Trennung Entführungsängste geäußert oder Befürchtungen, dass Kinder nach Urlauben im Heimatland nicht mehr zurückgebracht werden. Insbesondere Mütter, die mit Vätern aus einer stark patriarchalen Kultur verheiratet waren, äußern solche Befürchtungen. Hierbei ist zu untersuchen, ob tatsächlich solche Gefährdungen bestehen oder aber dies auch Vorurteilen der betroffenen Frauen geschuldet ist. Die Befürchtungen der Eltern werden zudem verstärkt, wenn ein Land sich dem Haager Abkommen noch nicht angeschlossen hat und dadurch der rechtliche Weg zu einer Rückführung der Kinder deutlich erschwert ist. Die Entführungsgefahr muss konkretisiert werden. Vage Befürchtungen reichen nicht aus, um z. B. einen gerichtlich angeordneten begleiteten Umgang herbeizuführen.

Ein weiteres Problemfeld stellt die Frage der Umgangskontakte und der Aufenthaltsregelung dar. Zunehmend müssen sich Familiengerichte mit dem Problem befassen, dass der Elternteil, der das Kind betreut, nach der Trennung in sein Heimatland zurückkehren will und der andere wegen des Umgangs oder auch wegen der Situation in diesem Land Einwände erhebt. Seitens der Gerichte ist hierbei auf das hohe rechtliche Gut der Freizügigkeit zu achten, d. h. dass der Umzug ins Ausland nicht untersagt werden darf. Von Seiten des Sachverständigen muss dann oft beurteilt werden, ob im Falle eines solchen Wunsches der Aufenthaltswechsel zum anderen Elternteil dem Kindeswohl eher entspricht.

Wenn eine Verständigung zwischen Sachverständigen und Eltern aufgrund fehlender Sprachenkenntnisse nicht möglich ist, wird in Einzelfällen ein Dolmetscher beigezogen. Häufig wird von Eltern vorgeschlagen, eine Bezugsperson aus dem eigenen Umfeld dolmetschen zu lassen. Dies ist problematisch, da diese Person nicht selten in den familiären Konflikt involviert ist. Wenn möglich sollte der Sachverständige einen Dolmetscher auswählen, der aus Deutschland stammt, die ausländische Sprache gelernt hat und öffentlich beeidigt ist.

12.6 Psychologische Kriterien

Auch wenn es kein verbindliches methodisches Vorgehen für den Sachverständigen gibt, besteht breiter Konsens darüber, dass eine Beantwortung gerichtlicher Fragestellungen nach Aufenthalt, Umgang des Kindes oder Kindeswohlgefährdung anhand spezifischer psychologischer Kriterien erfolgen sollte (z. B. Dettenborn & Walter, 2002; Salzgeber, 2011).

12.6.1 Förderkompetenz

Der Begriff „Förderkompetenz" umfasst die Persönlichkeit der Bezugspersonen des Kindes und ihre erzieherische Eignung, ihre innere Einstellung zum Kind und ihre Bereitschaft, für die Versorgung, Erziehung und Beaufsichtigung des Kindes Verantwortung zu tragen. Im Hinblick auf den Förderaspekt seitens des Sachverständigen muss

gerade bei Fragen des Aufenthaltes häufig eingeschätzt werden, welcher Elternteil dem Kind voraussichtlich die besseren Entwicklungsmöglichkeiten vermittelt und ihm das vergleichsweise höchste Maß an Unterstützung für seine Persönlichkeitsentwicklung sowie eine kontinuierliche und stabile Betreuung und Erziehung gewährleisten kann.

Förderkompetenz setzt in erster Linie die grundlegende Bereitschaft zur Übernahme der elterlichen Sorge voraus und wird wesentlich durch Erziehungssituationen und Motivkonstellationen der Eltern bestimmt. Hierzu zählen u. a. die Feinfühligkeit gegenüber den Bedürfnissen des Kindes, die Fähigkeiten, entwicklungsangemessen auf das Kind einzugehen und die Perspektive des Kindes einzunehmen, die Kontrollüberzeugungen sowie Rollenverteilung der Eltern und nicht zuletzt die Häufigkeit und Qualität von Sozialkontakten der Eltern. Erziehungsverhalten ist dabei nicht unabhängig von sozioökonomischen Faktoren zu bewerten.

Die Förderkompetenz wird im Gespräch über die bisherigen Erziehungsleistungen der Eltern und über halbstandardisierte Fragebögen erfasst (z. B. das Feinfühligkeitsinterview) sowie durch Interaktionsbeobachtungen und Fragebogenverfahren (z. B. zur Erfassung der elterlichen Belastungen) erhoben, die Informationen und Kenntnisse über die Erziehung und das Kind enthalten. Weitere wesentliche Informationen werden beim Kind selbst erhoben. Auch Gespräche mit professionellen Dritten, wie Erzieher und Lehrer, können aufschlussreiche Hinweise geben.

Ein wesentlicher Aspekt sachverständiger Diagnostik ist die Erfassung der Bindungsqualität des Kindes zu seinen wichtigsten Bezugspersonen. Dieser Begriff ist auch in der einschlägigen juristischen Literatur von hoher Bedeutung. Dabei verbinden Juristen allerdings mit dem Begriff „Bindung" meist ein umfassendes und unspezifisches Konzept, das alle Beziehungsebenen des Kindes zu seinen Bezugspersonen umfasst. Nicht zuletzt durch die Rechtsprechung stellen damit „Bindungen und Beziehungen" des Kindes ein wichtiges Entscheidungskriterium dar, ohne deswegen generell bedeutsamer zu sein als die anderen hier diskutierten Aspekte.

Der Sachverständige wird zur Beurteilung dieses Aspektes häufig auf einen deutlich engeren Bindungsbegriff im Sinne der Bindungstheorie (Ainsworth et al., 1978; Bowlby, 1984; Brazelton & Cramer, 1994; Spangler & Zimmermann, 1997) zurückgreifen. Er wird also den Vertrauensaspekt der Beziehung des Kindes zu der jeweiligen Bindungsperson in einem dyadischen Bezug bewerten und beurteilen, wie sehr das Kind dadurch das Gefühl von Sicherheit und Geborgenheit vermittelt bekommt. Auch wird er versuchen zu beurteilen, wie sehr die Elternteile in der Lage sind, angemessen auf entsprechende Situationen und Reaktionen des Kindes zu reagieren, und welche Bindungsmuster (Ahnert & Maywald, 2004; Grossmann & Grossmann, 2004) ein Kind zu seinen Bezugspersonen entwickelt hat. Von besonderer Bedeutung ist dabei eine Abschätzung der täglichen Interaktionsangebote der Bezugspersonen und insbesondere ihrer „Feinfühligkeit". Die „Feinfühligkeit", definiert als Fähigkeit, die Signale des Kindes wahrzunehmen, richtig zu interpretieren sowie prompt und angemessen darauf zu reagieren (Brisch, 2003; Ziegenhain et al., 2006), stellt einen wichtigen Aspekt der Einschätzung von Erziehungskompetenzen und der Bedeutung des jeweiligen Elternteils für das Kind dar.

Für die Nutzung der Bindungstheorie und -forschung bei familiengerichtlichen Fragestellungen erscheinen einige Aspekte besonders bedenkenswert: Väter kommen als sichere Bindungspersonen prinzipiell ebenso in Frage wie Mütter, wobei die Forschung über väterliche Verhaltensweisen, die beim Kind zu einer sicheren Bindung führen, noch nicht weit fortgeschritten ist. Die bisherigen Forschungsarbeiten zeigen, dass bei Vätern eher die feinfühlige Unterstützung im Spiel für die Bindungsqualität entscheidend sein könnte, während es bei den Müttern eher um feinfühlige Unterstützung des Kindes in belastenden Situationen geht. Es bestehen Anhaltspunkte, dass die Vaterbindungsqualität durch die unterschiedlichen Rollen beim Kind anders als die Bindung zur Mutter repräsentiert wird.

Für das Verhältnis zwischen dem Alter der Kinder und der Frage nach wichtigen Bezugs- und Betreuungspersonen ist zu vergegenwärtigen, dass der Bindungsaufbau schon im ersten Lebensjahr beginnt und Bindungen am Ende des ersten Lebensjahres bereits relativ stabil sind, womit die Bindungspersonen nicht mehr gleichwertig austauschbar sind. Je nach Betreuungskonzept vor einer Trennung ist zu bedenken, dass ein Kind auch Bindungen zu ihm nicht verwandten Personen entwickelt, wenn es über einen längeren Zeitraum mit ihnen zusammenlebt und von ihnen betreut und versorgt wird. Umgekehrt entsteht aus der biologischen Verwandtschaft allein noch keine Bindung, wenn die Personen nicht auch zusammenleben. Die Bindungen zu leiblichen Eltern und anderen Bindungspersonen unterscheiden sich prinzipiell nicht. Bindungen zu anderen Bindungspersonen, beispielsweise zu Pflegeeltern, genießen den gleichen rechtlichen Schutz wie die Bindungen zu den leiblichen Eltern (BVerfG FamRZ, 1985, 39; 1989, 31).

Zu einer Einschätzung der Bindungsqualität des Kindes stehen spezielle Verfahren zur Verfügung. Bei Kindern im Alter bis drei Jahre eignet sich beispielsweise der *Fremde-Situations-Test* (Main & Solomon, 1990), bei dem die Reaktion des Kindes nach einer kurzfristigen Trennung von der Bezugsperson Rückschlüsse auf die Bindungsqualität zulässt. Bei älteren Kindern im Kindergarten- und Grundschulalter gibt das *Geschichten-Ergänzungsverfahren* (Gloger-Tippelt & König, 2002/2006), bei dem das Kind mit

Figuren nachspielt, wie es sich in bindungs-relevanten Situationen verhalten würde, wichtige Aufschlüsse. Diagnostische Verfahren, die zu einer fundierten Einschätzung der Bindung des Kindes zur Mutter führen, sind aber nicht ohne weiteres in Bezug auf den Vater anwendbar.

Für den Sachverständigen können Anzeichen von „desorganisierter Bindung" oder „Bindungsstörung" (Brisch, 2003; Brisch & Hellbrügge, 2006; Naumann-Lenzen, 2003) entscheidungserhebliche Hinweise auf elterliche Defizite bis hin zur Kindeswohlgefährdung geben, die möglicherweise in der Folge zur Empfehlung eines Platzierungswechsels führen. Besonders sollte hier darauf geachtet werden, ob ein gehemmtes, hypervigilantes oder ambivalent-widersprüchliches kindliches Interaktionsverhalten (Mischung aus Annäherung und Vermeidung, „frozen watchfulness") vorliegt. Auch sollten hier diffuse Bindungen mit wahllosen Personen, ausgeprägte Distanzlosigkeit zu Fremden und ein Mangel an Selektivität in der Auswahl der Beziehungen Beachtung finden. Diese Beobachtungen müssen ggf. gegen Störungen, die durch eine Entwicklungsverzögerung bedingt sind, abgegrenzt werden. Es gilt ebenfalls zu beachten, dass Zusammenhänge zwischen hohem Elternkonfliktniveau, geringer familiärer Kommunikation und zeitweiliger desorganisierter Bindung empirisch nachgewiesen sind (George & Solomon, 1999).

Es liegt bisher allerdings kein empirischer Nachweis vor, dass Bindungsqualitäten und geäußerter Wille des Kindes eindeutig korrelieren. Eine sachverständige Sorgerechtsempfehlung ist deshalb nur schwerlich ausschließlich oder überwiegend mit dem Kriterium Bindung im bindungstheoretischen Sinn zu begründen (Ludolph, 2009), sondern muss immer auch andere, ggf. abweichende Aspekte, berücksichtigen. Umgekehrt reicht auch der Ausschluss einer pathologischen, also desorientierten Bindung kaum aus, um eine valide Prognose über das

Kindeswohl und potentielle Kindeswohlgefährdungen zu treffen.

Bei Fragen zur Rückführung des Kindes in den elterlichen Haushalt erscheint mindestens ein Aspekt der Bindung wesentlich: Hier muss Hinweisen auf frühere Bindungsstörungen und desorganisierte Bindung nachgegangen werden, da bei deren Vorliegen erneute Kindeswohlschädigungen erwartet werden könnten (vgl. Lee et al., 2009; Solomon & George, 1999). Gerade von beteiligten Fachkräften wird in diesen Fällen häufig auch auf bestehende Bindungen des Kindes zur Pflegefamilie, in die es im ersten Lebensjahr gekommen ist, verwiesen. Auch dieser Aspekt ist sachverständigenseits in seinen Folgen für das Kind zu prüfen.

12.6.2 Beziehungen

Neben der Förderkompetenz und der Bindung spielt der Beziehungsaspekt eine wesentliche Rolle für das Kindeswohl. Als „Hauptbezugsperson" wird die Person bezeichnet, die sich hauptsächlich um das Kind kümmert. Hierzu zählt die Versorgung in folgenden Bereichen: Zubereitung und Planung der Mahlzeiten; Baden, Anziehen und körperliche Pflege des Kindes; Bereitstellung und Pflege der Wäsche des Kindes; medizinische Versorgung; Arrangement sozialer Aktivitäten für das Kind; Organisation durchgehender Betreuung des Kindes einschließlich notwendiger Fremdbetreuung (Babysitter, Au-pair-Mädchen, pädagogische Institutionen); Zubettbringen und Aufwecken sowie weitere Erfordernisse und Rituale im Rahmen der Alltagserziehung des Kindes; Vermittlung religiöser, kultureller und sozialer Erfahrungen mittels entsprechender Angebote für das Kind; Vermittlung grundsätzlicher Fertigkeiten (mit Besteck essen, Schnürsenkel binden, sich anziehen, Reinlichkeitserziehung u. a.). Mit der Bestimmung der Hauptbezugsperson werden nicht bereits Bindungsqualitäten erfasst. So kann in seltenen Fällen ein Elternteil zwar unter dem zeitlichen Aspekt Hauptbetreuungsperson sein, aber das Kind stärkere emotionale Beziehungen oder auch Bindungen zu dem anderen Elternteil entwickelt haben.

Auch Beziehungen werden zunächst v. a. durch Befragungen der Eltern und insbesondere der Kinder wie auch durch Interaktionsbeobachtungen erfasst. Teilweise kann es auch hier sinnvoll sein, Angaben von dritten Fachpersonen hinzuzuziehen, wobei hier auch deren Subjektivität zu berücksichtigen ist. Darüber hinaus kann eine Reihe diagnostischer Verfahren den Sachverständigen bei seiner Aufgabe unterstützen, die Qualität des Beziehungsnetzes des Kindes zu seinen wichtigsten Bezugspersonen zu bestimmen. Von Familienklima-Skalen über Verfahren, die die Beziehungen des Kindes im Hinblick auf reale und ideale Selbst- und Fremdkonzepte beschreiben, bis hin zu (semi-)projektiven Testverfahren, die die Beziehung aus der Sicht des Kindes erfassen, existieren eine ganze Reihe mehr oder minder valider psychodiagnostischer Methoden. Damit kann z. B. explorationsunterstützend erhoben werden, an wen sich das Kind als Ansprechperson für alltägliche Belange gewöhnt hat und an wen es sich bei welchen Problemen wendet. Diese Verfahren geben dem Sachverständigen auch Hinweise bezüglich möglicher stabilisierender Faktoren und damit über die Ressourcen des Kindes zur Bewältigung der Elterntrennung.

Weiterhin sollten besonders auch die Beziehungen der Geschwister zueinander betrachtet werden. Gerade der Wunsch von Kindern, mit ihren Geschwistern oder auch Stiefgeschwistern zusammenzuleben, ist als ein wichtiger Aspekt des sozialen Umfeldes zu werten. Eine Geschwistertrennung sollte nicht leichtfertig oder aus Gründen der Elterngerechtigkeit empfohlen werden, da sich gerade in familiären Konfliktsituationen Geschwister gegenseitig stützen (Bank & Kahn, 1989; Karle, 2004). Dies muss umgekehrt

aber nicht zu einer grundsätzlichen Ablehnung einer Geschwistertrennung im Einzelfall führen. Eltern-Kind-Beziehungen sind insgesamt gewichtiger zu bewerten als die Geschwisterbeziehungen (Lempp, 1978). Dieser Aspekt ist jedoch immer spezifisch für den Einzelfall zu beurteilen.

12.6.3 Wille des Kindes

Es ist eine Aufgabe des Sachverständigen, den Wunsch und Willen des Kindes zu erfassen, auch wenn dieses noch sehr klein ist. Dem Kindeswillen wird im familienrechtlichen Verfahren eine doppelte Funktion beigemessen, einerseits als Ausdruck der empfundenen Personenbindung und andererseits der Selbstbestimmung des Kindes (BVerfG FamRZ, 2008, 1737; BVerfG FamRZ 2009, 1389). Allerdings wäre es nicht angemessen, dem minderjährigen Kind die Entscheidungsverantwortung für Fragen des Sorgerechts oder des Umgangs aufzubürden. In der Regel wird es nicht alle Konsequenzen einer solchen Entscheidung überblicken können, außerdem gerät es durch die Verantwortung, zwischen den Eltern entscheiden zu müssen, oft in einen erheblichen Loyalitätskonflikt.

Gerade wegen der Bedeutung des Kindeswillens wurde insbesondere in letzter Zeit eine heftige und kontroverse Debatte um das sogenannte „Parental Alienation Syndrom" (PAS) geführt, dessen Anhänger von gehirnwäscheartiger Beeinflussung vieler Kinder ausgingen (z. B. Gardner, 1998; Jopt & Behrend, 2000). Diese holzschnittartige Sichtweise ist inzwischen einer differenzierteren Einschätzung gewichen, die verschiedene Einflussfaktoren auf den Kindeswillen berücksichtigt (z. B. Kelly & Johnston, 2001; Fichtner, 2008). Ein beeinflusster Wille liegt z. B. dann vor, wenn eine Willensäußerung auf die Einflussnahme eines Elternteils, von Geschwistern oder von Großeltern zurückzuführen ist, die ein eigenes Interesse verfolgen. Dennoch darf selbst ein beeinflusster Kindeswille nicht völlig unberücksichtigt bleiben, außer der manipulierte Kindeswille entspricht nicht den wirklichen Bindungsverhältnissen (BVerfG FamRZ, 2001, 1057). Es besteht für die verbalen Äußerungen kein eindeutiges Kriterium, das zwischen echtem Wunsch und Willen eines Kindes und einer Vereinnahmung durch einen Elternteil zu trennen vermag (Kindler & Schwabe-Höllein, 2002). Der Sachverständige kann keine psychologisch belegte Folgerung vornehmen, ein durch Suggestion zustande gekommener Wille sei falsch und demzufolge sei gerade das Gegenteil zutreffend (Lehmkuhl & Lehmkuhl, 1999).

Der Sachverständige wird bei der Bewertung des Kindeswillens das Alter, die Persönlichkeitsentwicklung und den Entwicklungsstand des Kindes berücksichtigen und wenn möglich den Willen von Bedürfnis (z. B. Bindungsverhalten), Trieb und Wunsch differenzieren (Balloff, 2004). Um vom Vorliegen eines beachtlichen kindlichen Willens ausgehen zu können, sollten folgende Kriterien erfüllt sein (Dettenborn, 2010):

---

1. Zielorientierung – d.h. Absichten, einen bestimmten Zustand zu erreichen, beizubehalten oder zu vermeiden
2. Intensität – d.h. Nachdrücklichkeit und Entschiedenheit, mit der Ziele angestrebt werden, in Abhängigkeit von der subjektiven Bedeutsamkeit des Veränderungswunsches und der Attraktivität der Zielzustände
3. Stabilität – d.h. Konstanz der Willensorientierung über unterschiedliche Kontexte und Zeiten hinweg
4. Autonomie – im Sinne des Ausdrucks individueller, selbstinitiierter Bestrebungen

---

Je ausgeprägter diese Merkmale jeweils sind, umso größeres Gewicht ist dem Kindeswillen als Kriterium des Kindeswohls beizumessen, sofern kein selbstgefährdender Kindeswille vorliegt.

Der Kindeswille in Bezug auf Umgangsregelungen ist von allen Beteiligten oftmals schwierig zu erfassen. In vielen Fällen ist es dem Sachverständigen unmöglich, die dahinterliegenden Gründe der kindlichen Willensäußerung herauszufinden, da auch der Prozess der Willensbildung von Ambivalenzen gekennzeichnet ist. Stereotyp vorgetragene Äußerungen des Kindes und von einem Elternteil übernommene Argumente oder Begründungen eines Kindes, die außerhalb seines Erfahrungsschatzes liegen, liefern Hinweise darauf, dass das Kind die Einstellung des mit ihm zusammenlebenden Elternteils übernommen hat. Aber selbst in solchen Fällen ist häufig schwer zu entscheiden, ob ein Elternteil das Kind aktiv beeinflusst hat oder das Kind sich aus eigenem Antrieb heraus mit einem Elternteil solidarisiert. Wie stabil die Ablehnung von Kontakten mit dem anderen Elternteil seitens des Kindes ist, kann nur durch eine sachverständige Beobachtung der konkreten Begegnung zwischen beiden beurteilt werden.

12.6.4 Bindungstoleranz

Der Gesetzgeber verpflichtet getrennte Eltern in § 1684 Abs. 2 BGB „alles zu unterlassen, was das Verhältnis des Kindes zum jeweils anderen Elternteil beeinträchtigt oder die Erziehung erschwert. Entsprechendes gilt, wenn sich das Kind in der Obhut einer anderen Person befindet." Das entsprechende Verhalten, das die Bindungen des Kindes zu verschiedenen Personen angemessen berücksichtigt, wird als „Bindungstoleranz" bezeichnet. Dieser Begriff wird gelegentlich auch synonym mit dem der „Kooperationsbereitschaft" oder „Umgangsloyalität" benutzt. Der Sachverständige hat die Bildungstoleranz zu überprüfen und festzustellen, welcher Elternteil am ehesten die Einsicht besitzt, dass es für das Kindeswohl wesentlich ist, den Kontakt des Kindes zum getrennt lebenden Elternteil zuzulassen und zu fördern. Dabei ist für das Wohl des Kindes aus psychologischer Sicht entscheidend, wie sehr der getrennt lebende Elternteil im Leben des Kindes präsent bleibt, auch unabhängig davon, wie häufig dieser physisch anwesend ist.

Bei der Frage der Bindungstoleranz hat der Sachverständige zu erheben, ob und wie in der Familie, in der das Kind lebt, über den getrennt lebenden Elternteil gesprochen wird, ob z. B. ein Bild von ihm vorhanden sein darf oder ob er tabuisiert wird und wer welchen Koalitionsdruck auf das Kind ausübt. Vor allem aber prüft er, wie sehr der betreuende Elternteil in der Lage ist, die Wünsche des Kindes nach Kontakt mit dem Elternteil angemessen zu berücksichtigen. Bindungstoleranz ist einerseits von der eigenen Trennungsverarbeitung auf Seiten der Eltern und ihrer Fähigkeit, den ehemaligen Partner weiterhin als Elternteil zu akzeptieren, abhängig.

12.6.5 Kontinuität und Stabilität

Der Aspekt „Kontinuität" erfasst die Bewahrung aktuell bestehender Bindungen und Beziehungen (Beziehungskontinuität) sowie die Erlebniskontinuität, den Aspekt der Bewahrung des sozialen Umfeldes und die Erfahrungskontinuität, die sich auf die bisherigen Erziehungsverhältnisse bzw. den bisherigen Anteil der Eltern oder weiterer Personen an der Erziehung und Betreuung des Kindes bezieht. Der Aspekt „Stabilität" erfasst prospektiv auch zukünftige Erziehungsverhältnisse. Viele empirische Untersuchungen belegen inzwischen, dass die mit Scheidung und Trennung häufig verbundenen zusätzlichen Anpassungsleistungen eine zentrale Gefahrenquelle für kindliche Überforderung und damit für bleibende negative Scheidungsfolgen sind (Amato, 2000). Gerade bei Trennung und Scheidung können Freunde, Schule sowie nahe Bekannte und Verwandte dem Kind helfen, die Trennungsbelastungen zu verringern.

In der Regel kann davon ausgegangen werden, dass eine Änderung des Lebens-schwerpunktes aus psychologischer Sicht nur dann empfohlen werden sollte, wenn Gründe für eine solche Veränderung sprechen. Dies gilt insbesondere dann, wenn beide Eltern in etwa gleichwertig in ihrer Eignung und ihren Beziehungen zum Kind einzustufen sind.

12.7 Diagnostisches Vorgehen

Das Gericht und auch die übrigen Beteiligten können erwarten, dass der Sachverständige die an ihn gestellten Fragen auf der Basis aktueller Kenntnisse und Methoden seiner Fachwissenschaft beantwortet. Häufig fließt hier auch seine situationsspezifische Einschätzung ein, die zusätzlich aus seiner beruflichen Erfahrung resultiert. Zentrales Kriterium seiner Einschätzung stellt wie dargestellt immer das Kindeswohl dar, also ein Konstrukt, das juristisch ebenso wenig eindeutig definiert ist wie psychologisch. Deswegen steht dem Sachverständigen angesichts der Vielzahl unterschiedlicher Problemkonstellationen und unterschiedlicher Familiensituationen keine einheitlich verbindliche Vorgehensstrategie oder ein verbindliches festgelegtes Verfahren zur Verfügung. Er wird immer im spezifischen Einzelfall versuchen müssen, die familiäre Situation zu deren Lösung in Anbetracht der vorliegenden Probleme und Konflikte auch im Hinblick auf vorhandene Ressourcen mittels der Anwendung von unterschiedlichen psychologischen Verfahren angemessen und ökonomisch und ohne vermeidbare Eingriffe zu erfassen.

Da der Sachverständige verpflichtet ist, sein Gutachten ohne subjektive Voreingenommenheit und nach bestem Wissen und Gewissen zu erstatten, und die Gründe seiner Empfehlung überprüfbar sein müssen, können Durchführungs-, Auswertungs- und Interpretationsobjektivität von Verfahren wichtige Aspekte für deren Auswahl darstellen. Dies kann zunächst für den Einsatz standardisierter Testverfahren sprechen (vgl. Westhoff & Kluck, 2008). Allerdings existiert angesichts spezifischer gerichtlicher Fragestellungen nicht selten ein Objektivitäts-Validitäts-Dilemma. Dies äußert sich darin, dass etwa vorhandene psychometrische Verfahren hinreichend objektiv sind, das von ihnen erfasste psychologische Konstrukt aber nicht zielgerichtet das beinhaltet, was seitens des Sachverständigen spezifisch erfasst werden muss. Maßgeschneiderte Testverfahren, wie etwa die *Sorge- und Umgangsrechtliche Testbatterie* (SURT; Hommers, 2009), stellen eher Ausnahmen dar (vgl. Hommers, 2003). Auf der anderen Seite existieren Fragebogenverfahren wie etwa das *Eltern-Belastungs-Screening zur Kindeswohlgefährdung* (EBSK; Deegener et al., 2009), das auf eine häufige gerichtliche Fragestellung zugeschnitten erscheint und aufgrund seiner diskriminanzanalytischen Konstruktion eigentlich fast eine solche maßgeschneiderte Antwort erwarten lässt. Allerdings erscheinen bei diesem Verfahren wiederum die Validität der Items und deren Gewichtung so fraglich, dass der Einsatz des EBSK auf erhebliche fachliche Skepsis stößt (Koch, 2010).

Umgekehrt kann der Sachverständige selbstverständlich eine Reihe von Aspekten der gerichtlichen Fragestellung unmittelbar bei den betroffenen Eltern oder Kindern erfragen oder aber auf Informationen Dritter hierzu zurückgreifen. Dies verschafft ihm häufig erheblich spezifischere Daten für seine Aufgabe, deren Objektivität allerdings dann in Frage steht. Schließlich bleibt ihm noch die Möglichkeit, verschiedene Situationen zu beobachten, wobei allerdings neben Fragen von Validität solcher Situationen und Objektivität von deren Bewertungen zusätzlich die Reliabilität in Frage gestellt ist, zumal solche Situationen von den Beteiligten

fraglos als artifiziell empfunden und entsprechend in ihnen agiert werden dürfte. Zur Nutzung der Vorteile der unterschiedlichen Zugänge bei gleichzeitiger Reduktion ihrer Nachteile erscheint es daher notwendig, eine Methodentriangulation zu betreiben, in der Ergebnisse der unterschiedlichen Verfahren miteinander in transparenter Weise verknüpft werden (vgl. u. a. Dettenborn & Walter, 2002; Salzgeber, 2011; Westhoff & Kluck, 2008).

Es besteht damit weitgehend fachlicher Konsens darüber, dass das Vorgehen des Sachverständigen in der Regel bestimmte Schritte zu umfassen hat: Zunächst hat der Sachverständige die an ihn gestellten juristischen Fragen in psychologische Fragen zu übersetzen und dabei auch psychologische Hypothesen zu generieren, die er mit seinen Untersuchungsmethoden testen kann. Umstritten ist allerdings, wie explizit solche Hypothesen ausformuliert und später auch im schriftlichen Gutachten dargestellt werden müssen. Weiterhin besteht Konsens darüber, dass die zur Verfügung gestellte Akte nach psychologisch relevanten Aspekten auszuwerten ist, in der Regel Explorationsgespräche mit den Beteiligten und auch mit den betroffenen Kindern zu führen sind, psychometrische und familiendiagnostische Verfahren bei den Eltern und den Kindern zum Einsatz kommen und schließlich auch relevante Drittpersonen – unter Berücksichtigung der gesetzlichen Regelungen zur Schweigepflicht – befragt werden.

12.7.1 Aktenanalyse

In der Regel werden dem Sachverständigen die Gerichtsakten oder die vom Richter als relevant erachteten Teile daraus zugesandt. Da vom Sachverständigen eine umfassende Auseinandersetzung mit den verfügbaren Daten zu seiner Fragestellung erwartet wird, gilt dies auch für die Gerichtsakte. Auch wenn es nicht Aufgabe des Sachverständigen ist, den Wahrheitsgehalt der einzelnen Dokumente zu klären, darf er umgekehrt nicht alle in den Akten befindlichen Darstellungen als Tatsachen unterstellen (vgl. Salzgeber, 2011). Insbesondere wird er unterscheiden, ob sich in den Akten etwa ein Vorgutachten findet, ob Befunde oder Berichte von dritten Fachpersonen wie dem Jugendamt oder klinischen Einrichtungen vorhanden sind oder ob es sich um Darstellungen der Parteien einschließlich von nicht selten beigelegten (eidesstattlichen) Versicherungen von Privatpersonen zugunsten einer Partei handelt.

12.7.2 Explorationsgespräche

Nachdem die originär psychologischen Fragen formuliert und eine entsprechende Untersuchungsplanung erstellt ist, finden in der Regel zunächst je Explorationen der Eltern und der betroffenen Kinder statt. Gerade bei Nachtrennungsfamilien wird dabei meist ein Schwerpunkt auf die Diagnostik von Ursachen für den Elternkonflikt sowie auf Belastungen und Handlungsspielräume der Betroffenen gelegt (vgl. Rohmann, 2008).

Zunächst werden mit den Eltern Explorationsgespräche geführt. Sind die Eltern gegnerische Parteien, sollten diese getrennt geführt werden. Inzwischen liegen Befunde vor, dass gerade hochstrittige Eltern die Tätigkeit des Sachverständigen und die Möglichkeit, unabhängig vom anderen Elternteil die eigene Position darzustellen, als hilfreich erleben (Fichtner, 2010 b).

Zur Strukturierung des Explorationsgesprächs und zur Verbesserung von Objektivität und Vollständigkeit empfiehlt es sich, einen Leitfaden zu erarbeiten (vgl. Westhoff & Kluck, 2008). In diesem sollten die zentralen Themenbereiche und die Fragen vorab formuliert, diese dann aber flexibel im Gespräch bearbeitet werden. Hierbei sollte genug Raum gelassen werden, dass die Befragten Schwerpunkte und Reihenfolge bestimmten können. Eine Abarbeitung der

Fragen im Sinne eines Fragebogens sollte dabei vermieden werden.

Auch wenn es der Entscheidung des Sachverständigen anheimgestellt bleibt, welche Fragen er stellt, werden diese in den meisten Fällen sowohl die aktuelle Situation bezüglich der strittigen Fragen, möglicherweise die Familiengeschichte des Befragten in der eigenen Herkunftsfamilie, die Paargeschichte, die Beschreibung der Kinder, deren Wünsche und schließlich die eigenen Wünsche und Lösungsvorschläge des Befragten beinhalten. Dabei werden auch die Entwicklung und mögliche Auffälligkeiten des Kindes sowie die Erziehungsvorstellungen und Fähigkeiten der Eltern, auf die Bedürfnisse des Kindes einzugehen, erfasst. Weiterhin werden belastende Ereignisse in der Entwicklung der Familie sowie die Feststellung der aktuellen Stressoren und Ressourcen der Familie (z. B. Belastungen durch Krankheiten, die finanzielle Situation der Familie, die Pflege von Angehörigen, Unterstützung durch Verwandte oder Freunde, Lösungen und Stabilisierungsstrategien bei früheren Krisen) erhoben. Nicht zuletzt der Abschätzung von Trennungsverarbeitung und Lösungsmöglichkeiten dient die Erhebung der subjektiven Sicht auf die Partnerbeziehung, auf deren Entwicklung, deren Scheitern sowie auf den Trennungsverlauf. Hierbei wird auch zu klären sein, wieweit die Eltern ihre Probleme als Paar von ihren Aufgaben als Eltern trennen können.

Schließlich werden auch mit den Kindern Explorationsgespräche geführt, die in der Praxis oder möglicherweise in deren häuslichem Umfeld oder gar aufgeteilt auf je ein Gespräch im mütterlichen bzw. väterlichen Umfeld stattfinden. Schon allein zum Kontaktaufbau empfiehlt es sich hierbei, zunächst Alltagsthemen zu erfragen (Schule, Kindergarten, Freunde, Hobbies), die gleichwohl Aufschluss über Aspekte der sozialen Integration des Kindes geben. Sodann können angepasst an das Alter der Kinder auch das Erleben des aktuellen Alltags mit den

Eltern oder jedem Elternteil einschließlich von Wochenendkontakten, Ferien etc. erhoben werden. Weiterhin werden das Trennungsereignis und die damit verbundenen Veränderungen (etwa frühere und jetzige Beziehungen, Kontakt zu wichtigen Bezugspersonen, ihre Sicht der Ereignisse, die eigenen Gefühle, die eigenen Bewältigungsformen) thematisiert und Wünsche und Lösungsphantasien im Hinblick auf diese Themen erfragt. Sollten sich in den ersten Gesprächen für die Fragestellung relevante Auffälligkeiten beim Kind zeigen, werden auch diese zunächst näher exploriert, um darauf aufbauend ggf. eine entsprechende Testdiagnostik zu planen.

Insgesamt sollte die Exploration dazu dienen, den Entwicklungsstand des Kindes, die situationsspezifischen Verhaltensmuster in Bezug auf die Trennung, mögliche elterliche Konflikte und/oder mögliche Defizite in der Familie sowie die Beziehungen des Kindes zu den relevanten Bezugspersonen und die Wunschvorstellungen des Kindes zu erfassen. Eine weitergehende Abklärung dieser Aspekte erfolgt sodann mittels testdiagnostischer und explorationsunterstützender Verfahren, wobei gerade bei Kindern im Vorschulalter zu empfehlen ist, explorative und testdiagnostische oder gar nichtsprachliche Verfahren zu mischen und sich damit an die begrenzte Aufmerksamkeitsspanne von Kindern anzupassen.

12.7.3 Verhaltensbeobachtungen und Interaktionsdiagnostik

Eine wichtige Datenquelle des Sachverständigen stellt die Beobachtung der Interaktion jedes Elternteils mit dem Kind dar. Diese können, je nach Rahmenbedingungen und teilweise kombiniert, im jeweiligen häuslichen Umfeld oder am neutralen Ort der Gutachtenpraxis erfolgen. Die Interaktionen können in einem strukturierten, unstrukturierten oder teilstrukturierten Setting beobachtet (Rohmann, 2008) und ggf. auch digital aufgezeichnet werden, um eine Auswertung post hoc zu ermöglichen. Von besonderem Interesse sind dabei folgende Interaktionsmerkmale:

> - Welche Bindungs- und Beziehungsqualität zeigt sich bezüglich des Kindes zu den Eltern?
> - Inwieweit sind die Interaktionen zwischen Eltern und Kind altersangemessen ausgewogen (etwa gegenseitige Beteiligung)?
> - Inwieweit gehen die Eltern einfühlsam auf das Kind ein?
> - Inwieweit orientieren sich die Kinder am elterlichen Verhalten?
> - Inwieweit werden Forderungen an das Kind in angemessener Weise gestellt?

Häufig wird eine Beobachtung des Verhaltens in einer eher unstrukturierten Alltagssituation ausreichen, die dann nach nachvollziehbaren Kriterien durch den Psychologen ausgewertet wird. Hierfür bieten sich meist Situationen in beiden häuslichen Umfeldern der Beteiligten an, bei denen durchaus alle Personen anwesend sein können, die sonst auch diese Situation mitprägten. Der Fokus kann hier auf einem möglichst natürlichen Setting liegen. Gerade bei Fragen zur Umgangsregelung ist es für die Beantwortung der gerichtlichen Frage oft unumgänglich, auch Situationen im Umfeld des umgangsberechtigten Elternteils zu beobachten und auszuwerten. Sollten solche Kontakte derzeit gar nicht stattfinden, ist schon zu diagnostischen Zwecken eine Durchführung solcher Kontakte, ggf. auch in hierfür geeigneten Räumen des Sachverständigen – idealerweise einem Spielzimmer – angezeigt. Spätestens wenn sich in diesen Beobachtungen Hinweise auf erheblich unangemessene, problematische oder gar pathologische Interaktionsformen ergeben, kann eine systematische und fokussierte Interaktionsbeobachtung durchgeführt werden, die durch spezifische Aufgaben strukturiert ist. Bei einer möglichen digitalen

Aufzeichnung kann diese anschließend nach festgelegten Kriterien systematisch ausgewertet werden. Hierzu bietet sich u. a. die für verschiedene Altersgruppen ab dem Säuglings- bis zum Jugendalter reichende *Heidelberger Marschak Interaktions-Methode* (H-MIM; Ritterfeld & Franke, 1994) an. Bei dieser dyadischen Interaktionsbeobachtung werden je einem Elternteil für ein Kind Aufgaben aus den Bereichen Emotionalität, Führung und Stressbewältigung gestellt und im Hinblick auf das Kind, den Elternteil und die Interaktion der beiden systematisch ausgewertet.

Schließlich können auch belastende Situationen wie die Übergabe des Kindes zwischen den Eltern vom Sachverständigen begleitet und beobachtet werden. Aufschlussreich ist hier besonders, wie der Elternteil, bei dem das Kind zunächst ist, dieses auf die Übergabe vorbereitet und wie er das Kind verabschiedet. Auf der anderen Seite ist die Begrüßung zwischen Kind und anderem Elternteil sowie die anschließende Gestaltung des Kontaktes zu bewerten.

12.7.4 Testdiagnostische und projektive Verfahren

Grundsätzlich kann unterschieden werden zwischen Verfahren, die bei den Kindern, bei den Eltern oder gar – in der Regel zur Erfassung der gegenseitigen Beziehungen – bei Kindern und Eltern eingesetzt werden können. Während projektive Verfahren für Erwachsene aufgrund ihrer problematischen Validität, Reliabilität und Objektivität im familienforensischen Rahmen kaum mehr Verwendung finden (OLG München, 1979, FamRZ, 337), erscheinen zumindest bei Kindern Kombinationen aus testdiagnostischen und projektiven Verfahren (vgl. Herrmann, 2001) durchaus sinnvoll, zumal letztere wichtige Hilfen bei der Exploration bieten können (vgl. Salzgeber, 2011).

Verfahren für Kinder

Häufig eingesetzte projektive Verfahren bei Kindern sind etwa Zeichenverfahren wie *Familie in Tieren* (Brem-Gräser, 2006), Satzergänzungsverfahren oder auch der Einsatz von Puppen, bei denen allerdings von standardisierten Interpretationen abzuraten ist. Vielmehr sollte gerade bei jüngeren Kindern versucht werden, sie erlebte oder erwünschte Situationen, die Sichtweise auf ihre Eltern und die eigenen Bewältigungsansätze spielerisch und bildlich darstellen zu lassen. Hierzu werden einzelne Figuren und deren Aktionen vom Untersucher eingebracht, auf die das Kind reagiert. Solche spielbasierten Befragungen sind – wie auch projektive Verfahren – als Ergänzung zur mündlichen Exploration und nicht als eigentliche Testdiagnostik zu bewerten. Gerade über solche spielbasierten Verfahren lassen sich dann aber u. a. die Bewältigungsmöglichkeiten des Kindes in „Probehandlungen" erheben. Hierzu werden kritische Situationen, denen das Kind auch im Alltag ausgesetzt ist, anschaulich dargestellt und die Lösungsmöglichkeiten des Kindes zu diesem Problem erfragt. So lässt man etwa im Spiel mit Puppen eine Übergabesituation inszenieren. Das Kind kann hierbei nach Gefühlen und Handlungsoptionen befragt werden. Die Aussagen des Kindes werden z. B. nach Selbstwirksamkeit, Strategieeinsatz und Affektbewältigung ausgewertet.

Testdiagnostische Verfahren, die Auskunft über die Beziehungen in der Familie geben, liegen auch bereits für Kinder im Vorschulalter vor (etwa *Family-Relations-Test*, Bene & Anthony, 1985; *Familien-Beziehungs-Test*, Howells & Lickorish, 1994; *Familien- und Kindergarten-Interaktionstest*, Sturzbecher & Freytag, 2000; *FAST*, Gehring & Page, 2000). Für manche Fragestellungen sind darüber hinaus, sofern hier relevante Auffälligkeiten bestehen und nicht ausreichend fremddiagnostische Daten hierzu vorliegen, eine Entwicklungsdiagnostik der Kinder, etwa durch *Entwicklungstest im Alter von sechs Monate bis sechs Jahre* (ET 6–6; Petermann et al., 2008), oder weitere Verfahren zur Einschätzung von spezifischen Förderbedarfen der Kinder sinnvoll.

Für Kinder ab dem Schulalter liegen schließlich eine ganze Reihe von Verfahren vor, die zentrale Aspekte wie die Persönlichkeit der Kinder und Jugendlichen (z. B. Persönlichkeitsfragebogen für Kinder zwischen 9 und 14 Jahren; Seitz & Rausche, 2004) oder Belastungen und Stressbewältigung (z. B. *Depressionstest für Kinder*, Rossmann, 2005; *Fragebogen zur Erhebung von Stress und Stressbewältigung im Kindes- und Jugendalter*, Lohaus et al., 2006) erheben. Schließlich finden sich hier auch Verfahren, die eine differenzierte Bewertung der Eltern, der Beziehung zu diesen und deren Erziehungsverhalten ermöglichen (z. B. *Elternbildfragebogen für Kinder und Jugendliche*; Titze & Lehmkuhl, 2010).

Verfahren für Erwachsene

Für Erwachsene stehen testdiagnostische Verfahren in großem Umfang zur Verfügung, die aber häufig durch die oben dargestellte Diskrepanz von Objektivität und Validität in Bezug auf die gerichtliche Fragestellung gekennzeichnet sind:

Zum einen existieren eine Reihe von psychometrischen Verfahren, die gut eingeführt sind und eine Abschätzung des Persönlichkeitsprofils oder spezifischer Beeinträchtigungen ermöglichen (z. B. die deutsche Fassung des *Minnesota Multiphasic Personality Inventory 2*, Engel, 2000; *Allgemeine Depressionsskala*, Hautzinger & Bailer, 1993; *Borderline-Persönlichkeits-Inventar*, Leichsenring, 1997). Diese liefern aber ggf. auch Informationen, die mit dem Gutachtenauftrag nicht erfragt sind und bei denen daher vom Sachverständigen genau geprüft werden muss, wie angemessen deren Einsatz ist und ob die erfassten Konstrukte relevant

für die gerichtliche Fragestellung sind (vgl. Salzgeber, 2011).

Zum anderen finden sich Verfahren, die spezifisch auf Fragestellungen der elterlichen Belastungen und Beschränkungen in der Erziehung ausgerichtet sind (z. B. die deutsche Version des *Parenting Stress Index* von Abidin: *Eltern-Belastungs-Inventar*, Tröster, 2010; oder mit den genannten Einschränkungen: *Eltern-Belastungs-Screening zur Kindeswohlgefährdung*, Deegener et al., 2009). Diese sind allerdings – gerade wegen ihrer Nähe zur gerichtlichen Fragestellung – häufig noch einfacher als die oben genannten Verfahren durch den Ausfüllenden in eine für ihn günstige Richtung zu beeinflussen und beinhalten in der Regel keine Skalen zur Erfassung von solchen Antworttendenzen.

Verfahren zur Abbildung von Beziehungen für Eltern und Kinder

Schließlich existieren auch einige gut eingeführte Verfahren, die spezifische Aspekte der Beziehungen in der Familie abbilden und sowohl von den Eltern als auch von den Kindern ab einem bestimmten Alter bearbeitet werden können. Solche Verfahren haben den Vorteil, neben der subjektiven Beschreibung der Beziehungen der einzelnen Mitglieder auch die objektive Übereinstimmung in dieser Bewertung zu erfassen. Sie erfassen u. a. die wechselseitige Identifikation miteinander, die wechselseitige Verbundenheit und Autonomie oder die wahrgenommenen Probleme in der Familie (vgl. *Familien-Identifikations-Test*, Remschmidt & Mattejat, 1999; *Subjektives Familienbild*, Mattejat & Scholz, 1994; *Familienbögen*, Cierpka & Frevert, 1995).

12.7.5 Lösungsorientiertes Vorgehen

Auch wenn das Ziel, einen Konsens zwischen den Eltern herzustellen und damit

Kooperation zu ermöglichen und Konflikte zu reduzieren, im Hinblick auf das Kindeswohl begrüßenswert und fachpsychologisch begründbar ist, steht eine Definition der Möglichkeiten und Grenzen von lösungsorientierter Sachverständigenarbeit ebenso noch aus wie die Abgrenzung zu anderen psychologischen Interventionen, die der Familie im Trennungskonflikt angeboten werden können. Fraglos erfordert ein Einvernehmen im Rahmen der Sachverständigentätigkeit immer auch eine fachlich fundierte Einschätzung des Sachverständigen darüber, auf welcher Bandbreite sich eine elterliche Einigung bewegen kann, die noch als kindeswohldienlich zu bewerten ist (zusammenfassend Salzgeber et al., 2011). Und dies wiederum erfordert auch beim lösungsorientierten Vorgehen eine Diagnostik der Familie und ihrer Mitglieder.

Der Sachverständige, der eine entwicklungsorientierte Strategie verfolgt, wird sodann auf der Grundlage seines psychologischen Befunds sowohl eine Änderung des Verhaltens der beteiligten Personen – insbesondere der Eltern; z. B. die Verbesserung ihrer Kommunikation – als auch neue Bedingungen in der Familie durch „Probehandeln" (vgl. Kubinger & Jäger, 2003) zu initiieren versuchen. Der Sachverständige hat die Möglichkeit, den Eltern, neben der Vermittlung seiner spezifischen Einschätzung der Familie und seinem allgemeinen fachlichen Wissen über Trennung und Scheidung, Vorschläge zur Konfliktlösung zu unterbreiten und bei der Umsetzung beratend und beobachtend zur Seite zu stehen. Auf der Basis der von ihm durchgeführten Diagnostik und in Absprache mit den Beteiligten wird der Sachverständige versuchen, über einen festgesetzten, für die Eltern überschaubaren Zeitraum Veränderungen bezüglich der gerichtlichen Fragen umzusetzen, um schrittweise eine zukünftig stabilere Regelung der familiären Probleme herbeizuführen. Die Erfolge der Interventionsmaßnahmen werden durch den Sachverständigen

beobachtet, ggf. verändert und den Beteiligten rückgemeldet.

Dabei sollte der Sachverständige seine Interventionsschritte immer auch dem Gericht mitteilen, damit sowohl das Gericht als auch die Anwälte über das aktuelle Vorgehen des Sachverständigen und die Veränderungen in der Familie bzgl. der zu regelnden Bereiche in Kenntnis gesetzt werden. Nicht immer wird der Sachverständige mit seinen Interventionsbemühungen eine vollständig einvernehmliche Regelung erreichen. Häufig kann durch dieses Vorgehen aber die Erstarrung, in der sich die Familie befunden hat, aufgebrochen werden. Bei vielen hochkonflikthaften Familien wird das Familiengericht am Ende gleichwohl eine Entscheidung treffen müssen. Auch solche gerichtlichen Entscheidungen stellen oftmals psychologisch wirksame, dem Kindeswohl dienliche Maßnahmen dar.

12.8 Die Erstellung und Erstattung des Gutachtens

Auf die Erhebung und Auswertung der entscheidungsrelevanten Daten folgen meist eine schriftliche Zusammenstellung dieser Ergebnisse, deren Interpretation und die Empfehlung an das Familiengericht. Ziel einer solchen traditionell oft sehr ausführlichen und teilweise mehr als hundert Seiten umfassenden Darstellung ist es, die abschließende Empfehlung für die beteiligten Fachpersonen und insbesondere für die Eltern nachvollziehbar und überprüfbar zu machen. Allerdings ist zu bedenken, dass solche umfassenden Gutachten häufig lange Zeiten der Erstellung in Anspruch nehmen, damit eine rasche Lösung der Konflikte behindern können und nicht zuletzt kostenintensiver werden. Insbesondere Richter stehen häufig auch unter erheblichem Zeit- und Arbeitsdruck. Somit sprechen neben inhaltlichen auch ganz pragmatische Gründe für kürzere Schriftstücke.

Hat z. B. ein lösungsorientiertes Vorgehen des Sachverständigen Erfolg gehabt und einigen sich die Eltern auf eine Regelung bezüglich der gerichtlichen Fragestellung, so erübrigt sich meist ein ausführliches schriftliches Gutachten. Die einvernehmliche Regelung kann nach Rücksprache mit dem Gericht kurz, ohne Ausführung der Datengrundlage, schriftlich dargestellt werden und schließt mit der sachverständigen Anmerkung, dass diese Regelung auch aus psychologischer Sicht dem Kindeswohl entspricht (Salzgeber & Fichtner, 2009). Wenn die Einigung vom Sachverständigen nach bestem Wissen und Gewissen nicht ganz mitgetragen werden könnte, weil sie den Bedürfnissen des Kindes widerspricht oder diese gar gefährdet, kann der Sachverständige über die Einigung hinausgehende Vorschläge anführen (Salzgeber et al. 2011).

Vermehrt werden vom Gericht kürzere schriftliche Gutachten, wie z. B. Zwischenberichte oder abschließende Stellungnahmen zur Beantwortung der gerichtlichen Fragestellung, gefordert (Kurzgutachten oder Stellungnahmen).

12.8.1 Bestandteile eines schriftlichen Gutachtens

Das psychologische Gutachten ist eine zusammenfassende, in sich geschlossene Darstellung der psychodiagnostischen Vorgehensweise, der Befunde und der Schlussfolgerungen in Bezug auf die gerichtliche Fragestellung. Es basiert auf einem der Fragestellung gemäßen, angemessenen komplexen diagnostischen Prozess, der zu einer fachlich fundierten und vom Familiengericht und den Betroffenen nachvollziehbaren Empfehlung führt, auf deren Grundlage der Richter auch seine juristischen Entschei-

dungen fundierter und nachvollziehbar treffen kann (vgl. Amelang & Schmidt-Atzert, 2006). Damit der Richter seiner Pflicht, die Gutachten zu prüfen, nachkommen und den Betroffenen die Möglichkeit der Kontrolle eingeräumt werden kann, müssen die Gutachten in nachvollziehbarer und plausibler Form verfasst sein (BGH FamRZ, 1999, 1652). Gutachten sind systematisch aufzubauen, übersichtlich zu gliedern, nachvollziehbar zu begründen und auf das Wesentliche zu beschränken (IfS, 2006; Ulrich, 2010).

Aus juristischer Sicht steht es dem Sachverständigen prinzipiell frei, auf welche Art und Weise er sein Gutachten dem Gericht unterbreitet, solange Nachvollziehbarkeit und Transparenz gewahrt werden (OLG Koblenz, 2005, DS, 31; BGH NStZ, 2001, 45). Eine gesetzliche Vorschrift über Aufbau und Form des Gutachtens existiert nicht: Es herrscht auch fachwissenschaftlich keine vollständige Einigkeit, sondern es liegen Vorschläge für unterschiedliche Gutachtenstrukturen und Darstellungsformen vor. Es bestehen aber weitgehend anerkannte Erfahrungssätze der Fachwissenschaft, die zu einem Konsens über bestimmte Grundlinien einer angemessenen Gutachtenstruktur geführt haben (z. B. Amelang & Schmidt-Atzert, 2006; Fisseni, 1992; Frieling et al., 2007; Mayr, 2008; Westhoff & Kluck, 2008; Zuschlag, 2006). Danach gliedert sich ein Gutachten gewöhnlich in die Darstellung des formalen Rahmens der Begutachtung, der Bewertung – aber nicht Wiedergabe – der Akteninhalte aus psychologischer Sicht, in die Darstellung der Untersuchungsergebnisse, des Befunds und schließlich der Beantwortung der gerichtlichen Fragestellung. Der Sachverständige muss die Fragestellung des Gerichts beantworten, was aber nicht heißt, dass er bei jeder Frage zu einer psychologisch begründeten Empfehlung kommen kann.

12.8.2 Die Anhörung des Sachverständigen

Die Anhörung des Sachverständigen im Rahmen eines Gerichtstermins wird angeordnet, wenn der Richter dessen Anwesenheit wünscht oder wenn eine oder beide Parteien das Erscheinen des Sachverständigen anregen. Dabei soll den Betroffenen die Möglichkeit eingeräumt werden, sich mit der Tätigkeit des Sachverständigen kritisch auseinanderzusetzen oder bezüglich noch offener Fragen Klärung herbeizuführen. Ein Sachverständiger sollte also stets darauf vorbereitet sein, seine schriftlichen Ausführungen in einer anschließenden und oft das Verfahren abschließenden Verhandlung auch mündlich darzustellen und zu begründen. Auch hierbei ist der Aspekt der Nachvollziehbarkeit sowohl für die beteiligten Fachkräfte als auch und insbesondere für die Eltern von hoher Bedeutung.

Eine weitere Funktion einer mündlichen Erstattung des Gutachtens stellt die Möglichkeit dar, auch auf psychologischer Grundlage in der Verhandlung Lösungsvorschläge zu diskutieren. Allein deswegen wünschen sich Richter häufig die Anwesenheit des Sachverständigen in der abschließenden Verhandlung. Häufig lassen sich bei einer mündlichen Darstellung auch besser als in einem umfangreichen schriftlichen Gutachten negative Folgewirkungen für die Eltern reduzieren, etwa wenn der familiäre Konflikt oder erhebliche Problemlagen gemäß § 1666 BGB zur Sprache gebracht werden müssen.

In einzelnen Fällen wird der Sachverständige noch während des Begutachtungsprozesses geladen, beispielsweise wenn notwendige Zwischenentscheidungen zu treffen sind, zu denen der Sachverständige einen Beitrag leisten kann, z.B. bei vorübergehender Regelung und Gestaltung des Umgangsrechts oder angesichts kurzfristig zu treffender Ferienregelungen.

Weiterführende Literatur

Balloff, R. (2003). Der Sachverständige aus der Sicht des Psychologen. Zur psychologischen Diagnostik und Intervention des psychologischen Sachverständigen in Familiensachen. *Forum Familien- und Erbrecht, Sonderheft 1* (7), 83–90.

Balloff, R. (2004). *Kinder vor dem Familiengericht.* München: Reinhardt.

Dettenborn, H. (2010). *Kindeswohl und Kindeswille: Psychologische und rechtliche Aspekte* (3. Aufl.). München: Reinhardt.

Dettenborn, H. & Walter, E. (2002). *Familienrechtspsychologie.* München: Reinhardt.

Salzgeber, J. (2011). *Familienpsychologische Gutachten* (5. Aufl.). München: C. H. Beck.

Salzgeber, J., Fichtner, J. & Bublath, K. (2011). Verschriftung bei einer lösungsorientierten familienrechtspsychologischen Begutachtung. *ZKJ, 9,* 338–344.

Kontrollfragen

1. Bei welchen Fragestellungen werden familienpsychologische Gutachten in Auftrag gegeben?
2. Welche zentrale Veränderung hat sich in der Arbeit der Sachverständigen in den letzten Jahren ergeben?
3. Welche formalen Aspekte spielen bei der familienpsychologischen Begutachtung eine Rolle?
4. Wie ist die Stellung des Sachverständigen zum Gericht?
5. Wer sind notwendige und mögliche Beteiligte am Verfahren und der Begutachtung?
6. Was beinhaltet das elterliche Sorgerecht nach Trennung und Scheidung und was bedeutet dies für die Begutachtung?
7. Welche Aufgabenstellungen ergeben sich für den Sachverständigen im Rahmen der Umgangsregelung nach Trennung und Scheidung?
8. Was bedeutet „Gefährdung des Kindeswohls"?
9. Welche psychologischen Kriterien bestimmen das Vorgehen des Sachverständigen bei der Begutachtung?

10. Welche Schritte beinhaltet das Vorgehen des Sachverständigen?

11. Welches sind die Vor- und Nachteile verfügbarer testdiagnostischer Verfahren im familienforensischen Kontext?

12. In welcher Form können „Gutachten" abgeschlossen werden?

13 Forensische Begutachtung in weiteren Rechtsbereichen

In den vorangegangenen Kapiteln wurden die wesentlichen Bereiche aus Straf- und Zivilrecht vorgestellt, in welchen die meisten Gutachtenaufträge für den Forensischen Psychologen anfallen. Im Folgenden soll stichwortartig auf weitere, für den Forensischen Psychologen eher seltener vorkommende Gutachtenfragen eingegangen werden. Hierbei werden allerdings Begutachtungen im Zusammenhang mit dem Straßenverkehr weitgehend ausgeschlossen, die in Deutschland v. a. von den medizinisch-psychologischen Abteilungen z. B. der Technischen Überwachungsvereine oder der DEKRA vorgenommen werden und die sich sowohl von der Fragestellung als auch der gutachterlichen Vorgehensweise deutlich unterscheiden (vgl. ausführlicher Haffner & Dettling, 2009).

13.1 Deliktfähigkeit

Nach deutschem Recht ist zum Ersatz entstandenen Schadens verpflichtet, „wer vorsätzlich oder fahrlässig das Leben, den Körper, die Gesundheit, die Freiheit, das Eigentum oder ein sonstiges Recht eines anderen widerrechtlich verletzt" (§ 823 BGB). Die §§ 827 und 828 BGB bilden die gesetzliche Grundlage für die Begutachtung der zivilrechtlichen Haftung.

> **§ 827 BGB – Ausschluss und Minderung der Verantwortlichkeit**
> Wer im Zustand der Bewusstlosigkeit oder in einem die freie Willensbestimmung ausschließenden Zustand krankhafter Störung der Geistestätigkeit einem anderen Schaden zufügt, ist für den Schaden nicht verantwortlich. Hat er sich durch geistige Getränke oder ähnliche Mittel in einen vorübergehenden Zustand dieser Art versetzt, so ist er für einen Schaden, den er in diesem Zustand widerrechtlich verursacht, in gleicher Weise verantwortlich, wie wenn ihm Fahrlässigkeit zur Last fiele; die Verantwortlichkeit tritt nicht ein, wenn er ohne Verschulden in den Zustand geraten ist.

§ 828 BGB (s. u.) regelt die Haftung für begangene Delikte bei Minderjährigen, untergliedert nach verschiedenen Altersgruppen (unter 7 Jahren; 7 bis unter 10 Jahre; bis unter 18 Jahre).

> **§ 828 BGB – Minderjährige**
> (1) Wer nicht das siebente Lebensjahr vollendet hat, ist für einen Schaden, den er einem anderen zufügt, nicht verantwortlich.
> (2) Wer das siebente, aber nicht das zehnte Lebensjahr vollendet hat, ist für den Schaden, den er bei einem Unfall mit einem Kraftfahrzeug, einer Schienenbahn oder einer Schwebebahn einem anderen zufügt, nicht verantwortlich. Dies gilt

nicht, wenn er die Verletzung vorsätzlich herbeigeführt hat.

(3) Wer das 18. Lebensjahr noch nicht vollendet hat, ist, sofern seine Verantwortlichkeit nicht nach Absatz 1 oder 2 ausgeschlossen ist, für den Schaden, den er einem anderen zufügt, nicht verantwortlich, wenn er bei der Begehung der schädigenden Handlung nicht die zur Erkenntnis der Verantwortlichkeit erforderliche Einsicht hat.

Mit Vollendung des 7. Lebensjahres sind somit Kinder für einen verursachten körperlichen oder materiellen Schaden mit Ausnahme der in § 828 BGB genannten Umstände prinzipiell verantwortlich und müssen haftungsrechtliche Konsequenzen tragen, bzw. es muss nachgewiesen werden, dass diese Verantwortlichkeit zum Tatzeitpunkt nicht vorlag. Hintergrund für anfallende Begutachtungen sind vielfach von Kindern beim Spielen verursachte Schäden, etwa Körperverletzungen, Verkehrsunfälle, Sachbeschädigungen oder gar Brände mit teilweise erheblichen Schadenssummen. Insbesondere bei Kindern bzw. Jugendlichen, welche die Altersgrenzen 14 oder 18 Jahre gerade überschritten haben, geht es analog zu den oben besprochenen §§ 3 und 105 JGG um die Prüfung der Frage, wieweit zur Tatzeit bereits die „zur Erkenntnis der Verantwortlichkeit erforderliche Einsicht" vorhanden war. Letztlich handelt es sich auch hier wiederum um eine entwicklungspsychologische Fragestellung (vgl. Remschmidt, 1992; Hommers, 2003).

Nach § 827 BGB ist für einen Schaden ferner nicht verantwortlich, wer diesen im Zustand der Bewusstlosigkeit oder in einem Zustand verursacht hat, der die freie Willensbestimmung ausschließt (Ausschluss der Verantwortlichkeit infolge Unzurechnungsfähigkeit, Ausschluss der freien Willensbildung). Die Gesichtspunkte, die für die Beurteilung der Schuldfähigkeit gelten, sind auch hier maßgeblich. Allerdings gilt, dass die Beweislast beim Beschuldigten, also dem Minderjährigen, liegt. Er muss – anders als bei der oben beschriebenen Schuldfähigkeitsbeurteilung – beweisen, dass er zum Tatzeitpunkt nicht deliktfähig war. In Frage kommen z. B.: Wahnzustände oder hochgradige intellektuelle Minderbegabung. Das gutachterliche Vorgehen entspricht weitgehend dem bei der Schuldfähigkeitsbegutachtung. Als Untersuchungsmethoden nennt Hommers (2003) z. B. eine Exploration mit fallspezifischen Begründungsfragen, etwa weshalb man keinen Schaden anrichten dürfe oder was geschehen solle, wenn es zum Schaden gekommen sei, sowie eine Beurteilung tatverwandter Schädigungen im Rahmen von Geschichten, an denen Kinder beteiligt sind.

13.2 Weitere zivilrechtliche Fragestellungen

Weitere zivilrechtliche Fragestellungen, die zu einer forensisch-psychologischen bzw. -psychiatrischen (medizinischen) Begutachtung führen können, ergeben sich im Zusammenhang mit Fragen der (vgl. Diederichsen & Dröge, 2000, S. 361 ff.):

- Betreuung (Feststellung der Betreuungsbedürftigkeit eines alten bzw. (geistig) beeinträchtigten Menschen und Bestellung eines Betreuers);
- Entmündigung bzw. des Einwilligungsvorbehalts bei Personen, die nicht mehr fähig sind, ihre Geschäfte selbst zu regeln. Hier geht es etwa auch um Fragen der zwangsweisen Unterbringung oder einer Zwangsbehandlung;
- Geschäftsfähigkeit (Fähigkeit, privatrechtliche Geschäfte zu führen);

- Prozessfähigkeit (Fähigkeit, einen Prozess selbst oder durch einen selbst bestellten Vertreter zu führen);
- Testierfähigkeit (z. B. die Klärung der Frage, wieweit ein Testament ungültig ist, weil dem Erblasser aufgrund einer krankhaften Störung der Geistestätigkeit, wegen Geistesschwäche oder wegen einer Bewusstseinsstörung die Einsichts- und Handlungsfähigkeit zum Zeitpunkt der Testamentserstellung verlorengegangen war oder sonst fehlt).

Auf zentrale Bereiche aus diesen Begutachtungsfeldern soll in den folgenden Kapiteln kurz eingegangen werden.

13.3 Begutachtung in der Sozialgerichtsbarkeit – Rechtliche Rahmenbedingungen, Leitlinien, Begutachtungsschwerpunkte

Ralf Dohrenbusch

Die Sozialgerichtsbarkeit trägt als ein Teil des deutschen Rechtssystems dafür Sorge, dass Personen mit sozialen oder gesundheitlichen Beeinträchtigungen oder Schäden in ihren existenziellen Erfordernissen abgesichert sind oder Nachteilsausgleiche für erlittene Schäden oder Beeinträchtigungen erhalten. Grundsätzlich sichert der Staat durch gesetzlich verankerte Versicherungen gegen Risiken wie Krankheit (gesetzliche Krankenversicherung), Einkommensverlust im Alter oder aufgrund von Krankheit oder Behinderung (gesetzliche Rentenversicherung, Schwerbehindertenrecht), Pflegebedürftigkeit (gesetzliche Pflegeversicherung), Schädigung durch Straftaten (Opferentschädigungsgesetz) oder gegen Gesundheitsrisiken durch einen Ar-

beitsunfall oder eine Berufskrankheit (gesetzliche Unfallversicherung) ab. Die rechtlichen Grundlagen sind im Sozialgesetzbuch (SGB)[1] festgelegt. Zur Durchsetzung gesetzlicher Leistungsansprüche entsteht in der Sozialgerichtsbarkeit ein umfangreicher Begutachtungs- und Entscheidungsbedarf. Entscheidungen betreffen unter anderem das Vorhandensein von Schädigungen oder Krankheiten, die Art und Weise, wie diese Erkrankungen verursacht worden sind, den Behandlungs- oder Rehabilitationsbedarf, die Art und den Umfang der Krankheitsfolgen, die Kompensation von Erkrankungsfolgen sowie die Prognose von Schädigungsfolgen und Erwerbs- oder Leistungsminderungen.

13.3.1 Sozialrechtliche Grundbegriffe

Jede gutachterliche Tätigkeit im Sozialrecht setzt die Kenntnis relevanter Rechtsbegriffe voraus. Je nach Rechtsgebiet werden Rechtsbegriffe teilweise unterschiedlich interpretiert. Mitunter weichen die Rechtsbegriffe von der umgangssprachlichen Bedeutung ab. Zum Beispiel mag eine Person für juristische Laien nicht mehr erwerbsfähig sein, wenn sie ihren Beruf nicht mehr ausüben kann. Der Begriff wird aber im Sozialrecht sehr weit ausgelegt, so dass jemand, der seinen Beruf nicht mehr ausüben kann, durchaus noch erwerbsfähig sein kann. Einige zentrale sozialrechtliche Begriffe wie Krankheit, Schädigungsfolge, Behinderung oder Erwerbsfähigkeit, die jeder Gutachter im Sozialrecht kennen muss, werden daher im Folgenden beleuchtet.

Krankheit im sozialrechtlichen Sinne liegt vor, wenn ein „regelwidriger Körper- oder Geisteszustand, der von der von gesunden Menschen geprägten Norm abweicht, zu

---

1 http://www.sozialgesetzbuch-sgb.de; Aufruf 17.06.2011

Funktionsstörungen oder Beschwerden führt, die – je nach Rechtsgebiet – Behandlungsbedürftigkeit oder Beeinträchtigungen der Arbeits- oder Erwerbsfähigkeit bewirken" (Erlenkämper, 2003, S. 11). Der sozialrechtliche Krankheitsbegriff ist insofern nicht mit dem medizinischen Krankheitsbegriff gleichzusetzen, der die Identifikation bzw. diagnostische Zuordnung, Erklärung und die Behandlung von Krankheiten zum Gegenstand hat. In der gesetzlichen *Krankenversicherung* begründet Krankheit die Notwendigkeit von ärztlicher/psychotherapeutischer Krankenbehandlung oder von Arbeitsunfähigkeit. In der gesetzlichen *Rentenversicherung* kommt es auf Behandlungsbedürftigkeit oder Arbeitsunfähigkeit nicht an, sondern allein darauf, ob die Krankheit (oder Behinderung) die Erwerbsfähigkeit des Versicherten erheblich und dauerhaft mindert oder gefährdet. In der gesetzlichen *Unfallversicherung* wie auch im *sozialen Entschädigungsrecht* kommt es ebenfalls überwiegend nicht auf Behandlungsbedürftigkeit oder Arbeitsunfähigkeit an, sondern darauf, ob nach einem schädigenden Ereignis körperliche oder geistige Defektzustände oder vergleichbare Verletzungsfolgen aufgetreten sind, die ursächlich auf dieses schädigende (Unfall-)Ereignis zurückgeführt werden können. Der Krankheitsbegriff umfasst hier alle gesundheitlichen Folgen der Schädigung (Erlenkämper, S. 12).

Von einer *Schädigungsfolge* wird gesprochen, wenn eine Erkrankung z. B. nach einem Unfall aufgetreten ist und die Erkrankung nach fachlichem Ermessen auch ursächlich auf diesen Unfall zurückgeführt werden kann. Beispiel: Ein Versicherter erleidet am Arbeitsplatz unfallbedingt einen Schock und entwickelt daraufhin eine posttraumatische Belastungsstörung. Die Auswirkungen der Schädigungsfolge werden mit dem *Grad der Schädigungsfolgen (GdS)* bemessen, die in den *Versorgungsmedizinischen Grundsätzen* (s. Kap. 13.3.4) festgelegt sind. Die Ursache einer gesundheitlichen Schädigung ist ebenfalls von Bedeutung im Zusammenhang mit den Folgen einer Gewalt- oder Straftat. So regelt das Gesetz zur *Opferentschädigung*, dass eine Person, die infolge eines vorsätzlichen rechtswidrigen tätlichen Angriffs gegen ihre oder eine andere Person eine gesundheitliche Schädigung erleidet, wegen der gesundheitlichen oder wirtschaftlichen Folgen dieser Schädigung Versorgung nach dem Bundesversorgungsgesetz erhält.

Im Gegensatz zu den Folgen zeitlich umschriebener Schädigungen wird von *Behinderungen* gesprochen, wenn eine Person aufgrund gesundheitlicher Einschränkungen und ungeachtet der jeweiligen Ursachen in der individuellen „Teilhabe am Leben" beeinträchtigt ist. Nach § 2 SGB IX sind Menschen behindert, wenn ihre körperliche Funktion, geistige Fähigkeit oder seelische Gesundheit mit hoher Wahrscheinlichkeit länger als sechs Monate von dem für das Lebensalter typischen Zustand abweicht und daher ihre Teilhabe am Leben in der Gesellschaft beeinträchtigt ist.

Berufsunfähig im Sinne des § 43 SGB VI sind Versicherte, deren Erwerbsfähigkeit wegen Krankheit oder Behinderung auf weniger als die Hälfte derjenigen von körperlich, geistig und seelisch gesunden Versicherten mit ähnlicher Ausbildung und gleichwertigen Kenntnissen und Fähigkeiten herabgesunken ist. Erwerbsfähigkeit ist in diesem Fall auf alle Tätigkeiten zu beziehen, die dem Versicherten unter Berücksichtigung seiner Berufsausbildung und der besonderen Anforderungen seiner bisherigen Berufsausübung zugemutet werden können.

Hilflosigkeit liegt dann vor, wenn Personen infolge von Gesundheitsstörungen für eine Reihe von häufig und regelmäßig wiederkehrenden Verrichtungen zur Sicherung ihrer persönlichen Existenz im Ablauf jeden Tages dauernd fremde Hilfe brauchen. Dies sind z. B. An- und Auskleiden, Nahrungsaufnahme, Körperpflege, Verrichten der Notdurft. Außerdem sind notwendige körperliche Bewegung, geistige Anregung und Möglichkeiten zur Kommunikation zu berücksichtigen.

13.3.2 Entscheidungsbedarf in der Sozialgerichtsbarkeit

Entscheidungsbedarf entsteht im Sozialrecht immer dann, wenn Ansprüche auf Nachteils-ausgleiche, Entlastungen oder materielle Entschädigungen von Betroffenen beantragt oder eingefordert werden. Dabei sind psychische Störungen und die Folgen psychischer Erkrankungen in den letzten Jahrzehnten zunehmend in den Mittelpunkt gerückt, entsprechend wichtiger wurden Bewertungs- und Entscheidungshilfen auf psychologischer und psychodiagnostischer Grundlage.

Die Zunahme psychischer Erkrankungen und die wachsende Bereitschaft vieler Betroffener und Entscheidungsträger, psychische Störungen als Grund für Entlastungen am Arbeitsplatz oder finanzielle Entschädigungsleistungen zu akzeptieren, hat die sozialen Sicherungssysteme vor wachsende Probleme gestellt. Nach einer Studie des BKK Bundesverbandes stieg seit 1991 die Zahl krankheitsbedingter Fehltage wegen psychischer Störungen um 33%, während Fehlzeiten am Arbeitsplatz aufgrund körperlicher Krankheiten weiter zurückgingen (Weber et al., 2006). Das wissenschaftliche Institut der Allgemeinen Ortskrankenkassen (AOK) nennt vergleichbare Zahlen (Wido, 2005). Zwischen 1997 und 2004 nahmen bei den Versicherten der Deutschen Angestellten Krankenkasse (DAK) die Arbeitsunfähigkeitstage wegen psychischer Erkrankungen um 70% zu. In die gleiche Richtung weisen Zahlen der Deutschen Rentenversicherung (DRV, 2010). Nach Angaben des Deutschen Gesundheitsreports ist der Prozentsatz von Erwerbsminderungsrenten aufgrund psychischer Erkrankungen seit über 20 Jahren

stetig gestiegen (Wedegärtner et al., 2007). Mittlerweile sind psychische Erkrankungen die häufigste Ursache für Erwerbsunfähigkeit, etwa jede 3. gesetzliche Rente wegen verminderter Erwerbsfähigkeit wird wegen psychischer Störungen gezahlt. Noch höher liegen die Quoten in bestimmten demographischen Untergruppen oder bei wirtschaftlich gut abgesicherten Personengruppen. Beispielsweise lag im Jahr 2000 einer vorzeitigen Dienstunfähigkeit bei Beamten im öffentlichen Dienst in 39% der Fälle eine psychische Erkrankung zugrunde, 2003 waren es sogar 50%. Von den frühpensionierten Lehrern beendeten im Jahr 2003 65% wegen einer psychischen Erkrankung ihren Beruf vorzeitig (BMI, 2005).

Vor diesem Hintergrund hat der Entscheidungsbedarf in Bezug auf psychische Erkrankungen in der Sozialgerichtsbarkeit deutlich zugenommen. Gefragt sind Entscheidungen zu möglichen Ursachen psychischer Erkrankungen (z. B. unfallreaktiver psychischer Erkrankungen), zum Therapie- oder Rehabilitationsbedarf sowie zu Auswirkungen psychischer Erkrankungen auf die Funktions- und Leistungsfähigkeit der Betroffenen im Alltag oder am Arbeitsplatz. Damit verbunden sind wachsende Anforderungen an Gutachter mit psychologischer oder psychodiagnostischer Expertise in der Bewertung psychischer Krankheiten und Krankheitsfolgen.

13.3.3 Bedingungen der Zunahme psychischer Krankheitsfolgen

Die aufgezeigte Entwicklung wurde durch verschiedene Faktoren begünstigt, die wiederum auf gutachterliche Tätigkeiten in der Sozialgerichtsbarkeit zurückwirken. Einige Bedingungen der Zunahme psychischer Krankheitsfolgen seien im Folgenden genannt:

- Psychische Störungen sind durch einheitliche Klassifikationssysteme heute leichter als früher diagnostizierbar, zugleich ist das Bewusstsein für die Bedeutung psychischer Störungen im klinischen und arbeitsbezogenen Kontext gewachsen. Dadurch ist die Wahrscheinlichkeit gestiegen, auch leichtere psychische Erkrankungen bei der Bewertung z. B. der Funktionsfähigkeit im Alltag oder der Erwerbsfähigkeit zu berücksichtigen (Wittchen & Jacobi, 2005).

- Die Entscheidung darüber, ob ein krankheitswertiges und behandlungsbedürftiges psychisches Leiden vorliegt, unterliegt zumindest teilweise der willentlichen Bewertung und Kontrolle durch den Betroffenen selbst. Da Außenkriterien für psychische Störungen fehlen, beeinflusst die Darstellung der Beschwerden durch die Betroffenen und die Nachvollziehbarkeit der Beschwerdeschilderungen für Gutachter und Entscheidungsträger den rechtlich geforderten Nachweis der Erkrankung und damit auch ihre sozialrechtliche Anerkennung. Angesichts fehlender eindeutiger körperlicher Kriterien für das Vorliegen vieler psychischer Erkrankungen steigt das Risiko, dass psychische Beschwerden von Betroffenen zur Erlangung von Nachteilsausgleichen instrumentalisiert werden.

- Die Unterscheidung, ob Klagen über psychische Störungen oder krankheitsbedingte Funktions- und Leistungsbeeinträchtigungen überwiegend auf unwillkürliche, krankhafte oder eher auf willentliche bzw. bewusstseinsnahe Einflüsse zurückzuführen sind, kann von den meisten Sachverständigen ohne psychologische Expertise nicht mit der nötigen Sicherheit geleistet werden. Insbesondere ärztliche Gutachter sind mit den notwendigen psychologischen Untersuchungsmethoden meist nur unzureichend vertraut und verlassen sich auf freie Erhebungsmethoden (Interview, Verhaltensbeobachtung). Letztere liefern aber zur Beurteilung willentlich verzerrter

Angaben häufig keine zuverlässigen Erkenntnisse.

- In der Begutachtung psychischer Krankheitsfolgen wird von Sachverständigen meist größerer Wert auf die Beurteilung der Psychopathologie als auf die Beurteilung der eigentlich zu bewertenden gestörten Aktivitäten oder Leistungsfunktionen gelegt. Auf diese Weise erhöht sich das Risiko dafür, dass fälschlich von der Psychopathologie direkt und ohne weitergehende Leistungskontrollen auf krankheitsbedingte Leistungsbeeinträchtigungen geschlossen wird.

Die genannten Faktoren haben vermutlich in der Summe dazu beigetragen, dass auch leichtere psychische Störungen in den letzten Jahrzehnten verstärkt zur Begründung von Entlastungs-, Entschädigungs- oder Versorgungsleistungen im Sozialrecht angeführt wurden. Nicht zuletzt dürfte dabei eine Begutachtungspraxis den Trend mitgefördert haben, in der psychodiagnostische und testpsychologische Expertise eher schwach vertreten zu sein scheint.

13.3.4 Begutachtung im Sozialrecht

Bedeutung psychologischer Sachverständiger in der Sozialgerichtsbarkeit

Bislang sind Psychologen in der sozialrechtlichen Begutachtung relativ wenig präsent, allerdings liegen konkrete Zahlen zur Beteiligung von Psychologen an sozialrechtlichen Bewertungs- und Entscheidungsprozessen nicht vor. Dabei zielen die weitaus meisten Fragen sozialrechtlicher Begutachtung auf die Beurteilung allgemeiner oder berufsbezogener körperlicher, psychischer und sozialer Funktions- oder Leistungsminderungen, also auf Eigenschaften oder Funktionen, zu deren Erfassung das psychologische Methodenarsenal verwendet werden kann und auch sollte (Dohrenbusch, 2007). Die Zurückhaltung psychologischer Gutachter bei sozialrechtlichen Fragestellungen hat dazu geführt, dass gutachterliche Aufgaben zur Beurteilung von Funktions- und Leistungsbeeinträchtigungen im Alltag und am Arbeitsplatz ganz überwiegend von Ärzten übernommen werden, ohne dass dabei im nötigen Umfang auf psychologische Messkonzepte und Testverfahren zurückgegriffen wird.

Die aktivste Gruppe psychologischer Sachverständiger im Sozialrecht sind derzeit *Neuropsychologen*. Neuropsychologen haben traditionelle Schwerpunkte im Bereich der psychologischen Funktions- und Leistungsdiagnostik, insbesondere Methoden der Leistungsbewertung und der Validierung von Testergebnissen werden hier seit Jahrzehnten ständig weiterentwickelt. Nicht selten werden Neuropsychologen daher als „Zusatzgutachter" mit der Bewertung kognitiver Leistungsfunktionen und der Beantwortung von Fragen zur Glaubhaftigkeit und Gültigkeit der beklagten Funktionsbeeinträchtigungen beauftragt. Diese Praxis hat dazu geführt, dass viele Auftraggeber von Gutachten im Sozialrecht (z. B. Rentenversicherer, Sozialrichter) neuropsychologische mit psychologischer Begutachtung gleichsetzen. Diese Gleichsetzung ist aber irreführend, weil die meisten Begutachtungsanfragen der Beurteilung von Ursachen oder Folgen psychischer Störungen oder Erkrankungen ohne direkten Bezug zu neurologischen Schäden gelten, es also nicht um neuropsychologische Fragestellungen im engeren Sinne geht.

Insgesamt scheint die schwache Präsenz psychologischer Expertise in der sozialrechtlichen Begutachtung darin begründet zu sein, dass Psychologen diesen diagnostischen Bereich über Jahrzehnte vernachlässigt haben. Prinzipiell sind aber die Bedingungen für die Beauftragung von Psychologen mit der Beantwortung sozialrechtlicher Fra-

gestellungen nicht eingeschränkt, da z. B. Richter grundsätzlich frei sind in ihrer Entscheidung, wen bzw. welche Berufsgruppe sie mit der Begutachtung psychischer Erkrankungsursachen oder Krankheitsfolgen beauftragen.

Fragestellungen an psychologische Gutachter in der Sozialgerichtsbarkeit

Die Fragestellungen an psychologische Gutachter hängen vom jeweiligen Rechtsgebiet ab. Wird das Gutachten als Zusatzgutachten zu einem medizinischen Gutachten in Auftrag gegeben, dann beziehen sich die Fragestellungen meist auf ausgewählte Teilbereiche, die aus Sicht des medizinischen Gutachters gesondert zu prüfen sind und die ohne psychologische Testverfahren nicht zuverlässig beurteilt werden können. Typischerweise sind dies Fragen zum geistigen Leistungsniveau, zu spezifischen kognitiven Funktionen und Funktionsstörungen, zur Glaubhaftigkeit bzw. Gültigkeit/Validität von Beschwerden und Beeinträchtigungen sowie zur psychometrischen Persönlichkeitsdiagnostik. Den Hintergrund für solche speziellen Begutachtungsanliegen liefern meist allgemeinere Fragestellungen, die im Zentrum der gesetzlichen Regelungen stehen. **Tabelle 13.1** listet einige typische gutachterliche Fragestellungen für verschiedene Rechtsgebiete auf.

Allgemeine Anforderungen an psychologische Gutachter in der Sozialgerichtsbarkeit

Psychologische Gutachtertätigkeit im Sozialrecht ist in aller Regel eingebettet in medizinische Begutachtungsleistungen. Der psychologische Gutachter sollte daher gute medizinische Grundkenntnisse haben, um medizinische Sachverhalte (Diagnosen, Therapien), die z. B. in Vorgutachten ausgeführt sind, beurteilen zu können. Eine Zusammenarbeit mit ärztlichen Kollegen ist immer

Tab. 13.1: Gutachterliche Fragestellungen für verschiedene Rechtsgebiete

Rechtsgebiet	Fragestellungen (Beispiele)
Krankenversicherung	Welche Erkrankung liegt vor? Ist wegen der psychischen Erkrankung eine psychotherapeutische Behandlung indiziert? Wie ist die Behandlungsprognose?
Unfallversicherung	Welche Gesundheitsstörungen (im weitesten Sinne) liegen vor? War der Unfall/das schädigende Ereignis für die später aufgetretene psychische Erkrankung ursächlich? Welche unfallunabhängigen Ereignisse haben die psychischen oder psychosomatischen Störungen/Erkrankungen mit welcher Wahrscheinlichkeit verursacht? Wären die Beschwerden auch durch jeden anderen geringfügigen Anlass ausgelöst worden? Wurden bestehende Leiden durch den Unfall wesentlich verschlimmert?
Rentenversicherung	Welche Erkrankung liegt vor? In welchem zeitlichen Umfang ist der Versicherte in der Lage, trotz der gesundheitlichen Beschwerden in seinem Beruf/auf dem allgemeinen Arbeitsmarkt tätig zu sein? Kann der Versicherte einer körperlich leichten/mittelschweren/schweren Tätigkeit nachgehen? Inwiefern ist der Versicherte eingeschränkt in Bezug auf die: geistige Leistungsfähigkeit/Durchhaltefähigkeit/Anpassungsfähigkeit/Ausübung beruflicher Routinetätigkeiten/Selbstversorgung/Teilhabe am gesellschaftlichen Leben/Übernahme verantwortungsvoller Tätigkeiten/Durchführung von beruflichen Tätigkeiten mit besonderen körperlichen/geistigen/sozialen Anforderungen/Durchführung beruflicher Tätigkeiten unter besonderen äußeren (physikalischen/zeitlichen) Bedingungen? In welchem Umfang ist eine Besserung durch Rehabilitation zu erwarten? Könnte der Versicherte die beklagten Beeinträchtigungen mit zumutbarer Willensanspannung selbst überwinden? Als wie dauerhaft sind die beklagten Beeinträchtigungen zu bewerten?
Pflegeversicherung	Sind körperliche/psychische/soziale Funktionen so stark eingeschränkt, dass regelmäßige/ständige Betreuung erforderlich ist?
Opferentschädigungsgesetz	Welche Gesundheitsstörungen (im weitesten Sinne) liegen vor? Sind psychische oder psychosomatische Störungen, die nach einem traumatischen Ereignis oder nach einer Straftat aufgetreten sind, durch das Ereignis/die Straftat verursacht worden?

zu empfehlen. Ebenso muss er die rechtlichen Grundlagen der Begutachtung und sozialrechtlichen Entscheidungsprozesse kennen.

Grundsätzlich orientiert sich das Verhalten des (psychologischen) Gutachters in der Begutachtungssituation wie auch in anderen Rechtsbereichen am Prinzip der Neutralität: Der Gutachter hat unparteiisch und auf der Grundlage wissenschaftlicher Erkenntnisse und fachlicher Kompetenzen zu entscheiden. Planung und Durchführung der Untersuchung sowie die Auswertung der Untersuchungsergebnisse müssen den Fragestellungen angemessen und grundsätzlich ergebnisoffen sein.

Die gutachterliche Untersuchung ist insbesondere bei Funktions- und Leistungsbeurteilungen in aller Regel durch ein multimethodales Vorgehen gekennzeichnet, das verschiedene Untersuchungsmethoden und Datenebenen integriert. Entscheidungen sind allein auf fachlicher Grundlage und nicht auf der Grundlage persönlicher Einstellungen oder Wertungen vorzunehmen.

Regelungen und Leitlinien zur Begutachtung in der Sozialgerichtsbarkeit

Es existieren verschiedene Regelungen, Leitlinien und Empfehlungen, die dazu beitragen, Entscheidungen im Sozialrecht einheitlich und rechtskonform zu treffen. Eine relativ hohe Verbindlichkeit haben die vom Bundesministerium für Arbeit und Soziales (BMAS) herausgegebenen Versorgungsmedizinischen Grundsätze[2]. Orientierende Hilfestellungen für gutachterlich tätige Sachverständige leisten die Leitlinien der verschiedenen wissenschaftlichen Fachgesellschaften. Weiterhin haben Verbände (z. B. Deutsche Rentenversicherung) oder einzelne wissenschaftliche Fachgesellschaften Empfehlungen zur Begutachtung herausgegeben.

Versorgungsmedizinische Grundsätze (VMG)

Am 1. Januar 2009 trat die Versorgungsmedizin-Verordnung in Kraft und ersetzte die bis dahin gültigen „Anhaltspunkte für die ärztliche Gutachtertätigkeit". Die VMG umfassen Beschlüsse und Empfehlungen zur Gutachtertätigkeit im Sozialrecht, zur versorgungsmedizinischen Bewertung von Schädigungsfolgen, zur Feststellung des Grades der Schädigungsfolgen (GdS), zur Anerkennung einer Gesundheitsstörung, zur Bewertung von Hilflosigkeit, Pflegezulage und Nachteilsausgleichen. Außerdem enthalten sie eine Tabelle zur quantitativen Bewertung von Schädigungsfolgen. Die Grundsätze regeln insofern die Rahmenbedingungen für Übergänge zwischen der medizinisch-psychologischen Beurteilung der Versicherten und den konkreten sozialrechtlichen und ökonomischen Konsequenzen, die sich aus den Beurteilungen ergeben können. Sie sind selbstverständlich auch für psychologische Gutachter in der Sozialgerichtsbarkeit richtungsweisend. **Tabelle 13.2** veranschaulicht einige zentrale Regelungen der VMG, sofern sie insbesondere für die Bewertung psychischer Erkrankungen und Erkrankungsfolgen von Bedeutung sind. Wichtig ist dabei u. a. die Unterscheidung einer „kausalen" und einer „finalen" Interpretation von Gesundheitsstörungen, wie sie in der Differenzierung von „Schädigungsfolge" und „Behinderung" zum Ausdruck kommt.

Tab. 13.2: Ausgewählte Regelungen und Erläuterungen der Versorgungsmedizin-Verordnung für die Begutachtung psychischer Krankheitsfolgen

Regelung	Erläuterung
Grad der Schädigungsfolgen (GdS) und *Grad der Behinderung* (GdB) werden nach gleichen Grundsätzen bemessen.	Wenn eine psychische Erkrankung z. B. zu mittelgradigen Beeinträchtigungen im Alltag führt, dann erfolgt die Bewertung der Beeinträchtigungen unabhängig davon, ob die Schädigung z. B. durch einen Unfall verursacht wurde oder unabhängig von einem bestimmten Ereignis aufgetreten ist.
Unterscheidung GdS – GdB: Der GdS ist kausal, der GdB final zu interpretieren.	Vom GdS wird immer dann gesprochen, wenn die Auswirkungen in Verbindung mit einem bestimmten schädigenden Ereignis stehen. Der GdB ist auf alle Gesundheitsstörungen unabhängig von ihrer Ursache bezogen.
Gemeinsamkeit von GdS und GdB: GdS und GdB haben die Auswirkungen von Funktionsbeeinträchtigungen in allen Lebensbereichen zum Inhalt.	GdB und GdS beziehen sich nicht nur auf Einschränkungen im Erwerbsleben. Sie sind ein Maß für die körperlichen, geistigen, seelischen und sozialen Auswirkungen einer gesundheitsbezogenen Funktionsbeeinträchtigung.

---

2 http://vmg.vsbinfo.de; Aufruf 17.06.2011

Tab. 13.2: Fortsetzung

Regelung	Erläuterung
GdS/GdB-Merkmal: Keine Berufsspezifität – aus GdB und GdS kann nicht auf das Ausmaß an (z. B. beruflicher) Leistungsfähigkeit geschlossen werden.	GdB und GdS sind unabhängig vom ausgeübten oder angestrebten Beruf zu beurteilen, es sei denn, dass bei Begutachtungen im sozialen Entschädigungsrecht ein besonderes berufliches Betroffensein berücksichtigt werden muss.
GdS/GdB-Merkmal: Altersbezug – GdB und GdS setzen stets eine Regelwidrigkeit gegenüber dem für das Lebensalter typischen Zustand voraus.	Altersnormen können bei der Beurteilung von Behinderungen oder Krankheitsfolgen wichtige Informationen und Interpretationshilfen liefern. Normale altersbedingte Beeinträchtigungen sind im sozialen Entschädigungsrecht nicht zu berücksichtigen.
GdS/GdB-Voraussetzung: Gesundheitsschaden – die Zuerkennung eines GdB oder GdS setzt den Nachweis eines Gesundheitsschadens voraus.	Ohne gesicherte klinische Diagnose können auch keine Krankheitsfolgen anerkannt werden. An der Richtigkeit des Nachweises darf kein vernünftiger Zweifel bestehen.
Vergleichsmaßstab zur Bewertung von Krankheitsfolgen: Vergleichsmaßstab ist nicht der behinderte Mensch, der überhaupt nicht oder kaum unter seinem Körperschaden leidet, sondern die allgemeine ärztliche Erfahrung hinsichtlich der regelhaften Auswirkungen.	Der Maßstab für die Beurteilung von Krankheitsfolgen liegt beim Sachverständigen und nicht beim Probanden. Wesentlich ist dabei nicht die individuelle (persönliche oder fachliche) Erfahrung des Gutachters, sondern die allgemeine, d. h. wissenschaftlich gestützte und öffentlich dokumentierte Erfahrung.
Bedeutung psychischer Einflüsse: Außergewöhnliche seelische Begleiterscheinungen sind anzunehmen, wenn begleitende psychoreaktive Störungen eine spezielle ärztliche Behandlung erforderlich machen.	Psychische Probleme oder Störungen, die aber nicht krankheitswertig und behandlungsbedürftig sind, begründen keinen Anspruch auf zusätzliche Versicherungs- oder Entschädigungsleistungen.
Gesamt-GdS: Zur Bestimmung des Gesamt-GdS aus mehreren Funktionsbeeinträchtigungen dürfen die einzelnen Werte nicht addiert oder in anderer Form berechnet werden.	Maßgebend sind die Auswirkungen der einzelnen Funktionsbeeinträchtigungen in ihrer Gesamtheit unter Berücksichtigung ihrer wechselseitigen Beziehungen zueinander. Dabei sind Vergleiche mit Gesundheitsschäden anzustellen, zu denen in der **Tabelle 13.3** feste GdS-Werte angegeben sind.
GdS-Beurteilung im Kindes- und Jugendalter: Die Beeinträchtigung der geistigen Entwicklung im Kindes- und Jugendalter darf nicht allein vom Ausmaß der Intelligenzminderung und von Testergebnissen ausgehen, die immer nur Teile der Behinderung zu einem bestimmten Zeitpunkt erfassen können.	Stets muss auch die affektive und emotionale Persönlichkeitsentwicklung und die Prägung durch die Umwelt mit allen Auswirkungen auf die sozialen Einordnungsmöglichkeiten berücksichtigt werden.

Speziell für die Begutachtung durch psychologische Sachverständige sind die quantitativen Bewertungen psychischer Erkrankungen in den VMG von Interesse (vgl. **Tab. 13.3**). Die Grade für eine bestehende Behinderung oder Schädigungsfolge reichen je nach Art der psychischen Erkrankung und nach Grad der tatsächlich und nachweisbar durch die Störung bewirkten Behinderung von 0 bis 100 %. Je nach der Höhe der prozentualen Bewertung bemessen sich die Art und der Umfang konkreter Ausgleichsmaßnahmen wie z. B. Vergünstigungen am Arbeitsplatz, veränderte Pausen- oder Urlaubsregelungen, Entschädigungs- oder Rentenzahlungen. Es wird deutlich, dass allein die Diagnose einer psychischen Erkrankung nur wenig über deren sozialrechtliche Bewertung aussagt. Dies gilt v. a. für Neurosen, Persönlichkeitsstörungen und belastungsreaktive Störungen. Umso wichtiger sind Untersuchungsergebnisse dazu, welche konkreten Auswirkungen die jeweiligen Störungen oder Erkrankungen auf das zu bewertende Funktions- und Leistungsniveau der Betroffenen haben.

Grundsätzlich stellen die in den Versorgungsmedizinischen Grundsätzen aufgeführten Werte erfahrungsbasierte alters- und trainingsunabhängige Mittelwerte dar, von denen im Einzelfall auch begründet abgewichen werden kann.

Leitlinien
Leitlinien sind systematisch entwickelte Entscheidungshilfen über angemessene Vorgehensweisen bei der Beantwortung diagnostischer, therapiebezogener oder gutachterlicher Fragestellungen. Die für die Begutachtung psychischer Erkrankungen und Krankheitsfolgen in der Sozialgerichtsbarkeit am häufigsten verwendeten und für die Praxis einflussreichsten Leitlinien sind die der Deutschen Rentenversicherung (Grosch et al., 2006; Deutsche Rentenversicherung, im Druck) und die der Arbeitsgemeinschaft der medizinischen Fachgesellschaften (AWMF; z. B. Schneider et al., 2001; Schneider et al. 2012). Leider sind psychologische Fachgesellschaften auf der Ebene verbindlicher Begutachtungsleitlinien trotz aller Bedeutung psychologischer Mess-

Tab. 13.3: Grad der Behinderung bzw. Grad der Schädigungsfolge für psychische Erkrankungen

Psychosen	GdS bzw. GdB in %
schizophrene und affektive Psychosen: langandauernde (über ein halbes Jahr anhaltende) Psychose im floriden Stadium je nach Einbuße beruflicher und sozialer Anpassungsmöglichkeiten	50–100
schizophrener Residualzustand (z. B. Konzentrationsstörung, Kontaktschwäche, Vitalitätseinbuße, affektive Nivellierung) mit geringen und einzelnen Restsymptomen je nach Grad der sozialen Anpassungsschwierigkeiten	10–100
affektive Psychose mit relativ kurz andauernden, aber häufig wiederkehrenden Phasen bei ein bis zwei Phasen im Jahr von mehrwöchiger Dauer je nach Art und Ausprägung	30–50
affektive Psychose mit häufigen Phasen von mehrwöchiger Dauer	60–100
Neurosen, Persönlichkeitsstörungen, Folgen psychischer Traumen	
leichtere psychovegetative oder psychische Störungen	0–20
stärker behindernde Störungen mit wesentlicher Einschränkung der Erlebnis- und Gestaltungsfähigkeit (z. B. ausgeprägtere depressive, hypochondrische, asthenische oder phobische Störungen, Entwicklungen mit Krankheitswert, somatoforme Störungen)	30–40
schwere Störungen (z. B. schwere Zwangskrankheit) mit mittelgradigen sozialen Anpassungsschwierigkeiten	50–70
… mit schweren sozialen Anpassungsschwierigkeiten	80–100
Sucht und Abhängigkeit	
Alkoholabhängigkeit mit Kontrollverlust und erheblicher Einschränkung der Willensfreiheit	mind. 50
chronischer Gebrauch von Rauschmitteln mit körperlicher und/oder psychischer Abhängigkeit mit entsprechender psychischer Veränderung und sozialen Einordnungsschwierigkeiten (Drogenabhängigkeit)	mind. 50

und Testverfahren für die Beantwortung gutachterlicher Fragestellungen nur vereinzelt vertreten. Eine Ausnahme bilden die Leitlinien zur Neuropsychologischen Begutachtung der Deutschen Gesellschaft für Neuropsychologie (Neumann-Zielke et al., 2009).

Beispiel Leistungsbegutachtung: Beurteilung geminderter Erwerbsfähigkeit
Die aktuellen Leitlinien stellen sicher, dass sich die Beurteilung psychischer Krankheitsfolgen im Sozialrecht heute stärker als früher – wie auch in der Sozialgerichtsbarkeit explizit gefordert – an Funktions- und Leistungsmerkmalen festmacht. Entsprechendes Gewicht haben Einteilungen zu Funktions- und Leistungsminderungen, wie sie z. B. in der Internationalen Klassifikation der Funktionsfähigkeit, Behinderung und Gesundheit (ICF; DIMDI, 2005) festgelegt sind. „Leistungsfähigkeit" wird in der ICF als ein Konstrukt bezeichnet, welches das höchstmögliche Niveau der Funktionsfähigkeit angibt, das eine Person in einer Domäne der Aktivitäten- und Partizipationsliste zu einem gegebenen Zeitpunkt erreicht. Als wesentliche „Aktivitäten" gelten dabei u. a.:

• Lernen und Wissensanwendung
• allgemeine Aufgaben und Anforderungen
• Kommunikation
• Mobilität
• Selbstversorgung
• häusliches Leben
• interpersonelle Interaktionen und Beziehungen

Geprüft werden muss vor diesem Hintergrund, ob und inwiefern der Beurteilte Schwierigkeiten bei der Durchführung dieser Aktivitäten hat und in welchem Ausmaß er im „Einbezogensein in Lebenssituationen", der sogenannten Partizipation, beeinträchtigt ist.
Folgt man den Leitlinien zur Begutachtung psychischer und psychosomatischer Erkrankungen der medizinischen Fachgesellschaften (Schneider et al., 2001; Schneider et al., 2012), dann sollte sich die Begutachtung einer durch psychische Erkrankung geminderten Erwerbsfähigkeit an folgenden Regelungen orientieren:

• Erwerbsfähigkeit bzw. berufliche Einsatzfähigkeit kann nicht direkt aus der Erkrankung hergeleitet werden.
• Krankheitswertige Gesundheitsstörungen (ICD-10-Diagnosen) sind notwendige Voraussetzungen für die sozialrechtliche Bewertung der krankheitsbedingten Leistungsminderung.
• Die Beweislast (Nachweispflicht) für die Störung liegt beim Versicherten.
• In die Beurteilung einzubeziehen sind:
  – Art und Ausmaß psychischer Funktionsstörungen.
  – Angaben über individuelle Fähigkeiten und Stärken, die geeignet sind, bestehende Funktionsminderungen zu kompensieren.
  – Angaben zur bisherigen Krankheitsverarbeitung und zur Art, Wirkung und Angemessenheit bisher durchgeführter Behandlungen.
  – Angaben zur Beeinträchtigung relevanter Aktivitäten und Fähigkeiten.
• Es sollten Querschnitts- und Längsschnittsmerkmale erhoben werden, die eine Beschreibung und Erklärung des Krankheitsbildes und seiner Auswirkungen im Verlauf ermöglichen.
• Beschwerdenschilderungen sind auf ihre Gültigkeit zu prüfen.
• In die Prognose der Erwerbsfähigkeit müssen Angaben zu bisherigen Behandlungen, zur Krankheitsverarbeitung und zur Veränderungsmotivation einbezogen werden.

Es wird deutlich, dass erst die Gesamtschau ganz unterschiedlicher krankheitsbezogener und nicht krankheitsbezogener Merkmale eine angemessene Würdigung der Erwerbsfähigkeit zulässt.

Beispiel Kausalitätsbegutachtung: Beurteilung von Unfallfolgen

Kausalitäts- oder Zusammenhangsgutachten im Sozialrecht gehen der Frage nach, ob gesundheitliche Schäden oder Beeinträchtigungen auf Unfälle oder sonstige schädigende Ereignisse ursächlich zurückgeführt werden können. Beispiel: Ein Dachdecker verletzt sich beim Sturz vom Dach und entwickelt danach krankheitswertige Höhenängste, die eine Fortsetzung seiner beruflichen Tätigkeit fraglich erscheinen lassen. Jede Kausalitätsbegutachtung erfordert eine genaue Kenntnis der grundlegenden Rechtsbegriffe und rechtlichen Regelungen. Für den Gutachter sind folgende Vorgaben richtungsweisend (nach Erlenkämper, 2003):

- Ein Versicherter der gesetzlichen Unfallversicherung ist in dem Gesundheitszustand geschützt, in dem er sich bei Eintritt des schädigenden Ereignisses befunden hat.
- Alle Bedingungen können als ursächlich für den nachfolgenden Gesundheitsschaden gewertet werden, wenn sie „wesentlich" zum Eintritt des Gesundheitsschadens beigetragen haben bzw. als Grund für die Entstehung des Gesundheitsschadens „nicht hinweg gedacht werden können".
- Ein rechtlich wesentlicher ursächlicher Zusammenhang z. B. zwischen einem Unfallereignis und einer nachfolgend aufgetretenen (psychischen) Erkrankung ist auch dann zu bejahen, wenn neben dem Unfall noch andere, unfallfremde Bedingungen an der Entstehung des Schadens/der Erkrankung mitwirken.
- Sogenannte Schadensanlagen oder individuelle Konstitutionen, die bereits vor dem Unfall bestanden und die Wahrscheinlichkeit für das Auftreten der Erkrankung nach dem Unfall erhöht haben, müssen in Überlegungen zur konkurrierenden Kausalität mit einbezogen werden.

- Ein Ursachenzusammenhang ist dann wahrscheinlich, wenn nach Feststellung, Prüfung und Abwägung aller bedeutsamen Umstände des Einzelfalls und unter Berücksichtigung wissenschaftlicher Erkenntnisse insgesamt deutlich mehr für als gegen das Bestehen eines Ursachenzusammenhangs spricht.

Die Auflistung zeigt, dass bei Kausalitätsbegutachtungen theoretische Überlegungen und eine genaue Umsetzung der gesetzlichen Denkansätze und Regelungen vorrangig sind und sorgfältiges analytisches und vergleichendes Denken erfordern. Im Beispiel: Litt der Dachdecker bereits vorher an Ängsten? War er zum Zeitpunkt des Unfalls besonders labil und hat diese Labilität die spätere Entwicklung der Höhenangst begünstigt? Hätte auch ein zufälliges anderes Ereignis die Höhenängste auslösen können? Usw.

13.3.5 Schwerpunkte psychologischer Begutachtung im Sozialrecht

Erfassung motivationaler Bedingungen und Beschwerdenvalidierung

Mit Beschwerdenvalidierung werden Maßnahmen zur Überprüfung der Gültigkeit (Validität) von Klagen über gesundheitliche Beschwerden und Beeinträchtigungen bezeichnet. Validierungsmaßnahmen sind bei allen Begutachtungen im Sozialrecht erforderlich, da die Probanden ein aktives Interesse am Ausgang und an den Konsequenzen der Untersuchung haben und Angaben über psychische Beschwerden und Beeinträchtigungen prinzipiell verfälschbar sind. Nach Schätzungen liegen die Raten für willentlich verzerrte Beschwerden und Beeinträchtigungen in der Begutachtung bei ca. 30–40 % (Merten et al., 2009). Sinnvoll ist es, die

Untersuchungsergebnisse durch eine breit angelegte Validierungsdiagnostik auf eine möglichst sichere Grundlage zu stellen. Die von psychoanalytisch ausgerichteten Gutachtern im medizinischen Schrifttum genannte Ausrichtung der Beschwerdenvalidierung an Gegenübertragungsreaktionen erscheint aus psychologischer Sicht weder konzeptionell noch in der methodischen Umsetzung angemessen (Dohrenbusch, 2007). Validierungsdiagnostik sollte immer auf mehrere methodische Zugänge wie z. B. Konsistenzprüfungen, Plausibilitätschecks, Kontrollskalen und Beschwerdenvalidierungstests gestützt sein. Häufig verwendete Validierungsprinzipien sind z. B.:

- das Ausnutzen teststatistischer Deckeneffekte, d. h. die Analyse des Reaktionsmusters bei Aufgaben oder Fragen mit geringen Itemschwierigkeiten;
- die Überprüfung der Plausibilität des Antwort- oder Leistungsverhaltens gemessen an theoretischen Modellen oder kontrollierten Vergleichen zwischen wahrscheinlichen und unwahrscheinlichen Reaktionsmustern;
- die Kontrolle formaler Antworttendenzen (z. B. Zustimmungstendenz) oder bestimmter inhaltlicher Tendenzen in der Selbstbeschreibung;
- die Überprüfung der Fehlergröße, die bei bewusstseinsnah und strategisch verfälschten Angaben tendenziell geringer ausfällt („Knapp-daneben-Antworten").

Bei Klagen über *kognitive Störungen* (Störungen der Aufmerksamkeit, des Gedächtnisses, exekutiver Funktionen, des Denkens, der Sprache) stellen Beschwerdenvalidierungstests die bislang am besten untersuchte Methodengruppe dar, der auch das größte Gewicht für die Feststellung vorgetäuschter kognitiver Störungen zukommt. Dabei handelt es sich um Alternativ- oder Zwangswahltests, bei denen der Proband jeweils eine Lösung angeben muss, auch wenn er sie nicht kennt. Bei einer 50-prozentigen Ratewahrscheinlichkeit ergibt sich, dass in Abwesenheit jeglicher Kenntnis der jeweils richtigen Lösungen etwa die Hälfte aller Richtigen durch reines Raten erhalten werden kann. Für die Verteilung der Testwerte bei reinem Raten lässt sich eine Binomialverteilung verwenden; die exakten Grenzen für Antworten unterhalb der Schwelle reinen Ratens sind damit bestimmbar. Bei Unterschreiten der Zufallsgrenze mit üblichen statistischen Entscheidungsregeln lässt sich damit ein Verhalten identifizieren, das in Kenntnis der richtigen Antworten Falschantworten produziert (Merten & Dohrenbusch, 2011; Henry, 2009).

Für die Validierung von *Selbstberichten* zu gesundheitlichen Beschwerden und Funktions- und Leistungsbeeinträchtigungen sind fragebogenbasierte Methoden unverzichtbar. Darin enthaltene Kontrollskalen können sich auf unterschiedliche Tendenzen beziehen, wie z. B. die Tendenz:

- das Antwortverhalten an den Reaktionen des Untersuchers auszurichten;
- sich konformistisch und sozial überangepasst zu zeigen;
- sich im Sinne des Erhalts der Krankenrolle darzustellen;
- unwahrscheinliche Symptome überzufällig häufig anzugeben;
- vage zu antworten und inhaltliche Festlegungen zu vermeiden;
- die eigene Belastbarkeit zu leugnen;
- psychische Probleme zu leugnen (dissimulieren), um so auf unbeeinflussbare körperliche Faktoren hinzuweisen.

Derzeit ist das Minnesota Multiphasic Personality Inventory (MMPI; deutsche Bearbeitung von Engel, 2000) das Verfahren mit der größten Zahl an Kontrollskalen zur Beschwerdenvalidierung. Zugleich ist die Messintention des Verfahrens relativ intransparent, entsprechend hoch ist die Objektivität. Der Vorteil des Fragebogens liegt im vordergründig klinischen Bezug vieler Fragen und in der Tatsache, dass mehr als zwei Drittel der Items zur Analyse des Antwortverhaltens genutzt werden können. Die im deutschsprachigen Raum wiederholt vorgebrachte Kritik am MMPI-2 durch vorwiegend psychometrisch orientierte Autoren (z. B. Krohne & Hock, 2007) spart diesen für die Begutachtung psychischer Störungen wichtigen Aspekt weitgehend aus und wird der Bedeutung des Verfahrens für die Praxis der sozialrechtlichen Begutachtung nicht gerecht.

Ergänzend zur Verwendung von Kontrollskalen können zur Beschwerdenvalidierung auch Testwerte aus klinischen, funktions- oder persönlichkeitsorientierten Fragebögen verwendet werden, um die Konsistenz individueller Angaben zufallskritisch abzusichern. Wenn z. B. ein Proband in zwei Fragebögen zur Depressivität, die nachweislich hochkonvergent valide sind, jeweils überzufällig voneinander abweichende Werte erreicht, dann ist das tatsächliche Ausmaß der Depressivität unbestimmt (Dohrenbusch, 2009).

Bewertung fraglich valider Angaben

Grundsätzlich sollten in der sozialrechtlichen Begutachtung psychologische Mess- und Testverfahren nicht interpretiert werden ohne vorherige Maßnahmen zur Validierung des individuellen Antwort- bzw. Testverhaltens. Auch gute Reliabilitäts- und Validitätswerte der verwendeten psychologischen Testverfahren rechtfertigen keine Interpretation der individuellen Ergebnisse ohne Berücksichtigung individueller Antworttendenzen. Die Ausrichtung an den o. g. Validierungsprinzipien und die Verwendung geeigneter psychologischer Testverfahren mit Kontrollskalen oder Validierungsindizes können dazu beitragen, das gezeigte Beschwerdeverhalten eines Probanden nach einer in der sozialrechtlichen Begutachtung verbreiteten Einteilung als „angemessen",

„verdeutlichend", „aggravierend" oder „simulierend" zu qualifizieren. Überwiegen Belege dafür, dass die Beschwerden willentlich verfälschend übertrieben (aggraviert) oder dass nicht vorhandene Beschwerden erfunden (simuliert) wurden, dann geht dies zu Lasten des Versicherten, der für den Nachweis der gesundheitlichen Beschwerden und Beeinträchtigungen die Beweislast trägt. Dabei kann mit den derzeit vorhandenen Methoden zwar nicht ausgeschlossen werden, dass ein „aggravierender" oder „simulierender" Proband an gesundheitlichen Beeinträchtigungen leidet. Die Methoden erlauben aber in der Regel Aussagen dazu, ob die Beschwerden und Beeinträchtigungen „mit überwiegender Wahrscheinlichkeit" so ausgeprägt sind, wie sie angegeben wurden. Bei überwiegenden Zweifeln an der Gültigkeit der Beschwerden entfällt der Grund für ihre sozialrechtliche Anerkennung.

13.4 Verwaltungsgerichtsbarkeit – Rechtliche Rahmenbedingungen und Begutachtungsschwerpunkte

Ralf Dohrenbusch

Die Verwaltungsgerichtsbarkeit dient der gerichtlichen Kontrolle des Verwaltungshandelns. Verwaltungsgerichte gewährleisten die Überprüfbarkeit öffentlicher Akte (Handlungen), sie stellen sicher, dass bestimmte zivilrechtliche Bestimmungen bzw. die öffentlichen Akten zugrundeliegenden gesetzlichen Bestimmungen umgesetzt werden. Einige verwaltungsrechtliche Entscheidungen, die sowohl von Verwaltungsbehörden als auch von Gerichten zu treffen sind, erfordern die Hinzuziehung medizinischer oder psychologischer Sachverständiger. Typische gutachterlich zu klärende Fragestellungen in der Verwaltungsgerichtsbarkeit gelten den Auswirkungen körperlicher, psychischer oder sozialer Störungen oder Erkrankungen auf die individuelle Funktions- oder Leistungsfähigkeit unter der Bedingung, dass diese Funktionen ungestört sein müssen, um an öffentlichen Akten (z. B. dem Tätigen von Geschäften oder der Teilnahme am Straßenverkehr) teilnehmen zu können. Gutachter oder Berater können Ärzte (Amtsärzte), aber auch – je nach inhaltlichem Schwerpunkt – Psychologen, Pädagogen oder Sonderpädagogen sein.

Beratungs- oder Gutachtentätigkeiten, in die psychologische oder psychodiagnostische Fachkompetenz mit einfließt, können die folgenden verwaltungsrechtlichen Fragen- und Entscheidungsbereiche betreffen:

- *Geschäftsfähigkeit*: Ist eine Person in der Lage, Geschäfte des alltäglichen Lebens zu tätigen?
- *Prozessfähigkeit*: Ist eine Person in der Lage, in einem Gerichtsprozess an Prozesshandlungen teilzunehmen?
- *Testierfähigkeit*: Ist eine Person in der Lage, ihr Testament zu verfassen?
- *Verkehrsfähigkeit/Fahreignung*: Birgt die Teilnahme einer Person am Straßenverkehr ein Gefahrenpotential? Ist eine Person geeignet, ein Kraftfahrzeug zu führen?
- *Dienstfähigkeit von Beamten*: Ist eine Person im Beamtenstatus in der Lage, ihren beruflichen Anforderungen zu entsprechen?
- *Sonderpädagogischer Förderbedarf*: Muss ein Kind besonders gefördert werden, um die gesetzlich vorgegebenen gleichen Bildungschancen sicherzustellen?

Die Zusammenstellung ist nicht vollständig. Für alle gutachterlichen Tätigkeiten in der Verwaltungsgerichtsbarkeit gilt, dass die Gutachter lediglich einen Beraterstatus haben. Sie haben die Aufgabe, die rechtlichen Folgerungen für die Entscheidungsträger *ab-*

leitbar zu machen. Die Folgerungen (Rechtsentscheidungen) treffen nur die Verwaltungsbehörden oder Gerichte.

13.4.1 Geschäfts-, Prozess- und Testierfähigkeit

Geschäftsfähigkeit ist gegeben, wenn eine Person aufgrund ihrer Einsichtsfähigkeit und Urteilsfähigkeit in der Lage ist, Rechtsgeschäfte eigenverantwortlich vorzunehmen. Prozessfähigkeit bezeichnet die Fähigkeit, Prozesshandlungen selbst oder durch selbst bestellte Vertreter wirksam vorzunehmen oder entgegenzunehmen. Nicht gemeint ist hier die Fähigkeit, an einem Prozess als Kläger oder Beklagter teilzunehmen. Die Fähigkeit, ein Testament zu verfassen (Testierfähigkeit), kann als eine Sonderform der Geschäftsfähigkeit aufgefasst werden. Allgemein ist nur derjenige prozessfähig, der auch geschäftsfähig ist. Trotz der Überschneidungen von Geschäfts-, Prozess- und Testierfähigkeit müssen jeweils unterschiedliche Facetten potentieller Fähigkeitsbeeinträchtigungen geprüft werden.

Mit der Beurteilung von Geschäfts-, Prozess- und Testierfähigkeit werden in der Regel Ärzte beauftragt. Meist geht es um die Frage, ob die jeweilige Fähigkeit aufgrund einer psychischen oder körperlichen Erkrankung teilweise oder vollständig eingeschränkt ist. Die primäre Ausrichtung des Sachverständigen gilt daher den psychopathologischen Auffälligkeiten und ihren spezifischen Auswirkungen auf die zu bewertende Fähigkeit.

Geschäftsunfähig sind nach § 104 BGB Kinder unter sieben Jahren sowie Personen, die sich in einem die freie Willensbestimmung ausschließenden Zustand krankhafter Störung der Geistestätigkeit befinden, sofern der Zustand „seiner Natur nach" nicht vorübergehend ist. Geschäftsunfähigkeit ist aber kein medizinischer Befund, sondern eine Rechtsfolge, deren Voraussetzungen das Gericht unter Würdigung des Sachverständigengutachtens festzustellen hat.

Begutachtung der Geschäfts-, Prozess- und Testierfähigkeit

Wesentliche Voraussetzung des Gutachters sind psychopathologische Kenntnisse, d. h. der Gutachter muss eine psychiatrische Diagnose stellen können und in der Lage sein, die Schwere der psychischen Störung und der durch sie bedingten spezifischen Fähigkeitsbeeinträchtigungen abzuschätzen. In der Praxis gründet sich dies auf die psychiatrische Untersuchung, in die Informationen aus körperlichen Untersuchungsbefunden, Anamnese, Verhaltensbeobachtung und Fremdbericht mit einfließen. In den psychopathologischen Befund gehen u. a. mit ein: Erscheinungsbild, Untersuchungsverhalten, Sprechverhalten und Sprache, Bewusstsein, Orientierung, Aufmerksamkeit, Gedächtnis, formales und inhaltliches Denken, Sinnestäuschungen, Ich-Störungen, Affektivität, Antriebs- und psychomotorische Störungen, zirkadiane Besonderheiten der Symptomatik und sonstige Merkmale wie z. B. Aggressivität, Suizidalität und die Tendenz zur Selbstbeschädigung. Psychopathologischer Befund und Diagnose bilden das erste Ergebnis, aus dem heraus in einem zweiten Schritt die Auswirkungen der psychischen Erkrankung auf die jeweils rechtlich relevante Fähigkeit abzuleiten ist (Schneider et al., 2006).

Der Sachverständige muss bei der Frage der Geschäftsfähigkeit abschätzen können, ob z. B. bei volljährigen Geschäftsunfähigen aus Geschäften des täglichen Lebens eine erhebliche Gefahr für die Person oder das Vermögen der Person entstehen könnte. Dies kann der Fall sein, wenn eine Person mit einer bipolaren Störung in der manischen Phase unkontrollierte Geldausgaben tätigt, die zu massiver Überschuldung der Betreffenden führen könnten. Bei Beeinträchtigungen des Bewusstseins oder zentraler kognitiver Funktionen (Aufmerksamkeit, Konzentration, Gedächtnis) muss der Einfluss psychotroper Substanzen zuverlässig eingeschätzt werden können. Voraussetzung für die Annahme der Geschäftsunfähigkeit ist, dass der Betroffene nicht mehr in der Lage ist, seine Entscheidungen von vernünftigen Erwägungen leiten zu lassen. Bloße Willensschwäche oder leichte Beeinflussbarkeit genügen zur Begründung einer Geschäftsunfähigkeit nicht. Geschäftsunfähigkeit kann angenommen werden bei chronischem Alkoholmissbrauch und bei Minderbegabung unterhalb eines Intelligenzquotienten von 60. Hingegen reicht ein Zustand physischer und psychischer Erschöpfung oder eine depressive Symptomatik mit „Willensschwäche" hierzu meist nicht aus.

Bei der Testierfähigkeit kommt es entscheidend darauf an, ob für eine Person mit einer psychischen Störung oder Erkrankung eine freie Willensbestimmung noch angenommen werden kann oder nicht. Der Testierende muss in der Lage sein, die Folgen seiner Entscheidung zu erkennen und den Willen frei von den Einflüssen anderer zu bilden. Dies ist insbesondere bei erheblichen Störungen des Bewusstseins unwahrscheinlich. Nach Nedopil (2009) ist die Annahme einer Geschäftsunfähigkeit um so wahrscheinlicher, je klarer das Krankheitsbild erfassbar ist, je gesetzmäßiger der Krankheitsverlauf ist, je häufiger bei einem solchen Krankheitsbild psychopathologische Veränderungen auftreten, welche zur Geschäftsunfähigkeit führen, und je näher am relevanten Zeitpunkt fachliche Beobachtungen das Vorliegen der entsprechenden psychopathologischen Symptomatik bestätigen können. Nähere Hinweise liefert z. B. Foerster (2009).

Wie in allen Rechtskontexten muss sich der Sachverständige auch bei medizinisch-psychologischen Begutachtungen im Rahmen des Verwaltungsrechts mit der Problematik willentlich oder bewusstseinsnah verstärkter oder dissimulierter Beschwerden und Beeinträchtigungen auseinandersetzen. Geht das Interesse eines Probanden beispielsweise dahin, als prozessunfähig zu gelten, dann ist das Risiko willentlich überzeichneter psychischer und psychopathologischer Beeinträchtigungen erhöht. Gilt das Interesse hingegen dem Erhalt der eigenen Geschäftsfähigkeit, dann steigt das Risiko einer dissimulierenden bzw. verharmlosenden Beschwerdendarstellung. Derartige Verfälschungstendenzen müssen bei psychischen Störungen oder Erkrankungen durch die Art der Untersuchung regelmäßig kontrolliert werden (Stevens et al., 2009).

13.4.2 Fahreignung

Die Vorschriften, die die Zulassung zum Führen eines Kraftfahrzeugs regeln, enthalten das Straßenverkehrsgesetz (StVG) und die Fahrerlaubnisverordnung (FeV). Das Verwaltungsverfahren prüft, ob der Fahrerlaubnisinhaber ein Kraftfahrzeug im öffentlichen Straßenverkehr führen darf.

Die Fahreignung kann wegen psychischer Probleme wie etwa bei Alkohol- oder Drogenabhängigkeit, Substanzmissbrauch, schweren geistigen oder körperlichen Mängeln, aber auch bei Persönlichkeitsauffälligkeiten, die das Gefährdungsrisiko im Straßenverkehr erhöhen, verneint werden. Nach § 3 Abs. 1 des StVG muss die Fahrerlaubnisbehörde einem Inhaber die Fahrerlaubnis entziehen, wenn dieser sich als ungeeignet oder nicht befähigt zum Führen von Kraftfahrzeugen erweist. Zweifel an der Fahreignung bestehen dann, wenn der Betroffene mindestens 18 Punkte im Verkehrszentralregister angesammelt hat, er wiederholt unter Alkoholeinfluss Verkehrsverstöße begangen hat oder mit einer Blutalkoholkonzentration von über 1,6 Promille im Straßenverkehr auffällig geworden ist (Wittkowski & Seitz, 2004). Auch wiederholte erhebliche Verkehrsverstöße oder aggressive

Ausschreitungen sowie wiederholte ungewöhnliche Unfälle können Anlass für eine Überprüfung der Fahreignung sein (Nedopil, 2007).

Aufgrund der demographischen Bevölkerungsentwicklung stellt sich in der Praxis zunehmend auch die Frage nach der Fahreignung älterer Personen. Die Bedeutung altersbedingter Einschränkungen für die Fahreignung wird teilweise kontrovers diskutiert, jedoch begründen altersbedingte Funktionsminderungen nicht automatisch Zweifel an der Fahreignung. Gleiches gilt für umschriebene krankheitsbedingte Beeinträchtigungen einzelner neuropsychischer Funktionen wie der Wahrnehmung, der Konzentrationsfähigkeit oder psychomotorischer Funktionen (Niemann & Hartje, 2007).

Begutachtung der Fahreignung

Wenn die Verwaltungsbehörde Zweifel an der Fahreignung einer Person hat, dann muss der Betroffene von einem Gebietsarzt, einem Amtsarzt oder einer medizinisch-psychologischen Untersuchungsstelle ein Gutachten einholen. Der Gutachter muss über spezielle Erfahrungen in der Verkehrsmedizin oder Verkehrspsychologie verfügen und sollte durch eine langfristige Tätigkeit in begutachtenden Institutionen qualifiziert sein.

Im Gutachten muss der Sachverständige durch Tatsachenfeststellung belegen, dass eine erhöhte Wahrscheinlichkeit für den Eintritt eines Schädigungsereignisses gegeben ist. Eine Straßenverkehrsgefährdung gilt dann als wahrscheinlich, wenn entweder ein stabiles Leistungsniveau alters- oder krankheitsbedingt nicht mehr aufrechterhalten werden kann, besondere Belastungssituationen nicht mehr bewältigt werden können, wenn die Gefahr des plötzlichen Versagens der körperlichen oder geistigen Leistungsfähigkeit (z. B. aufgrund von Anfällen, Schwindel- oder Schockzuständen) zu erwarten ist oder wenn wegen sicherheitswidriger Einstellungen oder Persönlichkeitseigenschaften unsicher bleibt, ob der Fahrer sich in Zukunft regelkonform und sicherheitsgerecht verhalten wird oder nicht.

Grundlage der Beurteilung der Fahreignung sind „Begutachtungsleitlinien zur Kraftfahrereignung" (Lewrenz, 2000). Geprüft wird die Fahreignung meist in einer medizinisch-psychologischen Untersuchung (MPU). Ihre wesentlichen Ziele und Methoden sind in **Tabelle 13.4** aufgeführt.

Wesentliche Voraussetzungen des Gutachters sind psychopathologische Kenntnisse, aber auch Wissen und Erfahrungen dazu, inwiefern verkehrsrelevante Persönlichkeits- oder Verhaltensauffälligkeiten Ausdruck einer psychischen Störung sein können. Wenn verkehrsrelevantes Risikoverhalten (z. B. Alkoholkonsum) Teil einer psychischen Störung ist, dann unterliegt es nicht (vollständig) der willentlichen Kontrolle. Es kann auch nicht problemlos vom Begutachteten verändert oder beendet werden. Erkenntnisse über Art und Therapierbarkeit der Erkrankung können in Verbindung mit der Behandlungsmotivation des Betroffenen einen wesentlichen Beitrag zur Vorhersage des zu erwartenden Verkehrsgefährdungsrisikos leisten. Dabei sollte der Sachverständige auch Möglichkeiten aufzeigen können, wie bestehende Risiken reduziert oder beseitigt werden können.

In Bezug auf mögliche Verfälschungstendenzen bei der Begutachtung ist zu berücksichtigen, dass die Probanden in der Regel ein Interesse am Erhalt ihrer Fahrerlaubnis haben. Entsprechend erhöht ist das Risiko einer verharmlosenden Darstellung potentiell verkehrsgefährdender Eigenschaften oder Einstellungen sowie das Risiko einer Dissimulation (Verharmlosung oder Verleugnung) bestehender psychischer Störungen oder Erkrankungen. Der Gutachter muss durch die Auswahl der Untersuchungsmethoden und vergleichende Interpretationen (z. B. Abgleich von Aussagen mit medizinischen Befunden, motivationsdiagnostische

Tab. 13.4: Ziele und Methoden einer medizinisch-psychologischen Untersuchung zur Fahreignungsprüfung

Untersuchung	Untersuchungsziel	Untersuchungsmethoden
Verkehrsmedizin	Erstellung des psychopathologischen Befunds; Erfassung medizinischer Krankheitsfaktoren; klassifikatorische Diagnostik verkehrsrechtlich relevanter Erkrankungen, insbesondere Drogen- und Alkoholmissbrauch bzw. -abhängigkeit	Anamnese/Exploration der Symptomatik und ihrer Genese; labormedizinische Verfahren (Blut-/Haar-/Urinuntersuchung) als Drogenscreening; klinische Untersuchung; Verhaltensbeobachtung
Verkehrspsychologie	diagnostische Bewertung des früheren Fehlverhaltens; Begründung prognostischer Aussagen zur Wahrscheinlichkeit, zukünftige Verkehrsauffälligkeiten zuverlässig zu verhindern	Exploration des Problemverhaltens und verhaltensrelevanter Persönlichkeits-, Einstellungs- und Verarbeitungsmerkmale; normierte Fragebögen, Verhaltensbeobachtung, Validierungsverfahren
Leistungsdiagnostik	Erfassung der mentalen und psychomotorischen Leistungsfähigkeit in den für die Fahreignung relevanten Bereichen	Testverfahren zur Wahrnehmungs-, Konzentrations- und Gedächtnisfähigkeit und zur Beurteilung psychomotorischer Reaktionen; Verfahren zur Erfassung von Verhalten unter kurzfristiger und andauernder Belastung

Interviewstrategien, Verwendung von objektiven, in ihrer Messintention intransparenten Persönlichkeitsfragebögen, Einsatz von Antworttendenzskalen) Vorsorge treffen, dass Verzerrungen durch eine verharmlosende oder beschönigende Selbstdarstellung kontrolliert werden können. Hingegen ist in der verkehrspsychologischen Leistungsdiagnostik davon auszugehen, dass die Probanden ihre maximale Leistungsfähigkeit zeigen, daher sind gesonderte Validierungsmaßnahmen hier meist nicht erforderlich.

13.4.3 Dienstunfähigkeit von Beamten

Nach § 42 Bundesbeamtengesetz (BBG) sind Beamte auf Lebenszeit dann in den Ruhestand zu versetzen, wenn sie infolge eines körperlichen Gebrechens oder wegen Schwäche der körperlichen oder geistigen Kräfte zur Erfüllung ihrer Dienstpflichten dauernd unfähig (dienstunfähig) sind. Eine begrenzte Dienstunfähigkeit liegt vor, wenn die Dienstpflichten noch mindestens mit der Hälfte der regelmäßigen Arbeitszeit erfüllt werden können. Dienstunfähigkeit kann aber im Einzelfall auch vorliegen, wenn die Minderung der Arbeitskraft weniger als 50 % beträgt. Als dienstunfähig gilt nicht, wem ein anderes Amt oder eine andere Laufbahn übertragen werden kann.

Bei der Feststellung der Dienstunfähigkeit hat das amtsärztliche Gutachten den Charakter einer Entscheidungshilfe. Bei Polizeivollzugsbeamten kann schon dann Dienstunfähigkeit vorliegen, wenn der Beamte „den besonderen gesundheitlichen Anforderungen für den Polizeivollzugsdienst nicht mehr genügt und es nicht zu erwarten ist, dass er seine volle Verwendungsfähigkeit innerhalb zweier Jahre wiedererlangt" (§ 101 Abs. 1 Beamtenrechtsrahmengesetz[3]). Ebenso kann als dienstunfähig gelten, wer infolge Erkrankung innerhalb eines Zeitraums von sechs Monaten mehr als drei Monate keinen Dienst getan hat und keine Aussicht besteht, dass er innerhalb weiterer sechs Monate wieder voll dienstfähig wird. Für Justizvollzugsbeamte und Beamte der Feuerwehr existieren vergleichbare Regelungen.

Begutachtung der Dienstunfähigkeit von Beamten

Dienstunfähigkeit von Beamten wird zunächst von Ärzten begutachtet, die aber eine psychologische Zusatzbegutachtung der geistigen oder psychischen Leistungsfähigkeit veranlassen können. Die Beurteilung der Dienst(-un-)fähigkeit aufgrund psychischer Erkrankungen unterliegt der Besonderheit, dass es bereits ausreichen kann, wenn die „Schwäche der geistigen Kräfte" die Tätigkeit im Amt beeinträchtigt. Anders als z. B. im Sozialrecht muss hier der Nachweis nicht erbracht werden, dass eine leistungsmindernde krankheitswertige und behandlungsbedürftige psychische Störung vorliegt (Quelle: VGH Baden-Württemberg, Beschluss vom 03. Februar 2005 – 4 S 2398/04 –, veröffentlicht in: Neue Zeitschrift für Verwaltungsrecht (NVwZ-RR), 2006, 200 ff.). Entscheidend ist, ob der Beamte so erheblich und dauerhaft von dem Normalbild eines vergleichbaren Beamten abweicht, dass er zu einer ausreichenden Erfüllung seiner Dienstaufgaben auf Dauer nicht mehr in der Lage ist. Eine medizinische Prüfung des Krankheitswertes der beklagten Beschwerden ist hier nicht mehr erforderlich, da z. B. bereits fortgesetztes Klageverhalten aufgrund psychischer Beschwerden ausreichen kann, um Dienstunfähigkeit dauerhaft zu begründen. Entsprechend müssen bewusstseinsferne und bewusstseinsnahe Anteile am Klageverhalten vom Gutachter nicht mehr differenziert werden.

---

3 http://www.gesetze-im-internet.de/brrg/; Aufruf 20.06.2011

Die zuständige Dienststelle kann allerdings die Überprüfung einer krankheitsbedingten Dienstunfähigkeit anfordern. In diesem Fall muss die Begutachtung eine sorgfältige Prüfung der beruflichen Leistungsfähigkeit unter Berücksichtigung positiv diagnostizierter Krankheiten oder krankheitswertiger psychischer Störungen enthalten. Dazu zählen eine psychiatrische Diagnostik des Krankheitsbildes sowie die Funktions- und Leistungsdiagnostik. Gängige Verfahren der psychologischen Funktions- und Leistungsdiagnostik, wie sie u. a. in sozialrechtlichen Begutachtungen zur Minderung der Erwerbsfähigkeit und in zivilrechtlichen Berufsunfähigkeitsbegutachtungen zum Einsatz kommen, sind:

- Exploration/Anamnese
- standardisierte und normierte psychologische Fragebögen (zu klinischen Merkmalen, Persönlichkeitseigenschaften, Einstellungen, Funktionsminderung)
- Fremdberichte/Vorgutachten
- körperliche Funktions- und Leistungstests
- psychologische Funktions- und Leistungstests
- Verhaltensbeobachtung unter Leistungsbedingungen
- Verhaltensbeobachtung unter Explorationsbedingungen
- psychologische Testverfahren zur Beschwerdenvalidierung
- psychologische Fragebögen zur Kontrolle von Antworttendenzen
- Arbeitsproben oder Simulationstests
- psychophysiologische Mess- und Testverfahren

Eine Begutachtung der Dienstfähigkeit sollte vorsehen, dass die Erhebungen auf das berufliche Anforderungsprofil des Beamten abgestimmt werden. Durch Konsistenzabgleiche der verschiedenen Methoden (z. B. Vergleich von Informationen aus Interview und Fragebogen, Verhaltensbeobachtung und physiologischer Messung, Leistungstest und Fragebogen usw.) sollte die Gültigkeit und Verwertbarkeit der gewonnenen Informationen geprüft werden, bevor diese inhaltlich interpretiert werden. Auch bei der Beurteilung der Dienstfähigkeit von Beamten sollte es ein zentrales Anliegen des Auftraggebers und damit des Gutachters sein, zwischen krankhaften psychischen Prozessen und bewusstseinsnahen Entlastungsmotiven und Begehrenshaltungen zu differenzieren.

Das Begutachtungsergebnis kann lauten, dass der Beamte (ohne Einschränkung) dienstfähig, begrenzt dienstfähig (d. h. für mindestens die Hälfte seiner Arbeitszeit dienstfähig) oder dienstunfähig (weniger als die Hälfte seiner Arbeitszeit dienstfähig) ist. Um die in der Unterscheidung enthaltene zeitliche Belastbarkeit explizit prüfen zu können, kann es sinnvoll sein, die Untersuchung als Belastungsprobe zu konzipieren, die dem jeweiligen Dienstalltag angepasst ist. Ergänzende Hinweise zur Begutachtung der Dienst- und Berufsunfähigkeit (Schwerpunkt: private Berufsunfähigkeitsversicherung) geben Hausotter und Eich (2008).

13.4.4 Sonderpädagogischer Förderbedarf

Ein Teil der verwaltungsrechtlichen Entscheidungen zur Sicherung der Chancengleichheit im Bildungswesen betrifft sonderpädagogischen Förderbedarf. Gesetzliche Grundlage für sonderpädagogische Fördermaßnahmen sind die Schulgesetze, die länderspezifisch teilweise unterschiedliche Regelungen vorsehen. Sonderpädagogischer Förderbedarf ist bei Kindern und Jugendlichen anzunehmen, die in ihren Bildungs-, Entwicklungs- und Lernmöglichkeiten so beeinträchtigt sind, dass sie im Unterricht der allgemeinen Schule ohne sonderpädagogische Unterstützung nicht hinreichend gefördert werden können. Die Durchführung eines Feststellungsverfahrens kann durch ein schulpsychologisches Beratungszentrum oder eine kinderpsychiatrische oder kinder- und jugendpsychotherapeutische Einrichtung empfohlen werden. Ausgangspunkt für das Feststellungsverfahren ist die Antragstellung durch Erziehungsberechtigte oder durch die Schule an die Schulaufsichtsbehörde, die den Antrag prüft und einen Gutachter beauftragt.

Begutachtung sonderpädagogischen Förderbedarfs

Die Begutachtung erfolgt in aller Regel durch Sonderpädagogen, ggf. unter Einbeziehung von schulpsychologischen Diensten oder Beratungsdiensten. Begutachtungsschwerpunkte können das Lernen, die emotionale oder soziale Entwicklung, Sprache, Hören und Sehen, die körperliche und motorische Entwicklung, eine langfristige Erkrankung sowie autistisches Verhalten sein. Fast immer sind klinisch-psychologische und pädagogisch-psychologische Kompetenzen Voraussetzung zur Beurteilung des Förderbedarfs. In aller Regel kommen auch psychologische Mess- und Testmethoden zur Leistungs- und Entwicklungsdiagnostik zum Einsatz. Meist umfasst die Datengrundlage eines Gutachtens Informationen aus Anamnese, Unterrichtsbeobachtungen, Gesprächen mit Lehrkräften, Erziehern oder Erziehungsberechtigten bzw. anderen an der Erziehung des Kindes beteiligten Personen, Ergebnisse sonderpädagogischer bzw. psychologischer Funktions- und Leistungsdiagnostik (Intelligenzdiagnostik bzw. spezielle Leistungstests, Entwicklungstests, projektive Verfahren) sowie Angaben aus vorhandenen medizinischen und/oder psychologischen Gutachten.

Ein sonderpädagogisches Gutachten schließt mit einer Empfehlung, ob und inwiefern ein spezifischer sonderpädagogischer Förderbedarf (z. B. im Bereich der emotionalen und sozialen Entwicklung) vorliegt. Begründet werden kann dieser damit,

dass die Möglichkeiten der schulischen Förderung ausgeschöpft sind, die Lern- und Leistungsentwicklung des Betroffenen in Gefahr ist und die zugrundeliegenden Störungen als langandauernd, gravierend sowie situations- und personenunabhängig bewertet werden.

Die Schulbehörde entscheidet aufgrund des Gutachtens über das Vorliegen des Förderbedarfs und schickt einen widerspruchsfähigen Bescheid an die Erziehungsberechtigten. Weitergehende Hinweise liefert Bundschuh (2010).

13.5 Waffenrecht

Zu den neuen, im Zusammenhang mit Fällen von Amoktaten an Schulen vermehrt diskutierten Tätigkeitsfeldern des psychologischen wie auch des psychiatrischen Sachverständigen gehören Gutachten zum Waffenrecht (vgl. Bork & Foerster, 2009). Mit Neufassung des Waffengesetzes von 2003 wurden erhöhte Anforderungen an die Zuverlässigkeit von Personen gestellt, die mit Waffen umgehen dürfen, dabei wurde nach § 6 WaffG besonders auf die persönliche Eignung der betreffenden Person abgestellt.

> **§ 6 WaffG – Persönliche Eignung**
> (1) Die erforderliche persönliche Eignung besitzen Personen nicht, wenn Tatsachen die Annahme rechtfertigen, dass sie
> 1. geschäftsunfähig sind,
> 2. abhängig von Alkohol oder anderen berauschenden Mitteln, psychisch krank oder debil sind oder
> 3. auf Grund in der Person liegender Umstände mit Waffen oder Munition nicht vorsichtig oder sachgemäß umgehen oder diese Gegenstände nicht sorgfältig verwahren können oder

dass die konkrete Gefahr einer Fremd- oder Selbstgefährdung besteht.

Die erforderliche persönliche Eignung besitzen in der Regel Personen nicht, wenn Tatsachen die Annahme rechtfertigen, dass sie in ihrer Geschäftsfähigkeit beschränkt sind. Die zuständige Behörde soll die Stellungnahme der örtlichen Polizeidienststelle einholen. Der persönlichen Eignung können auch im Erziehungsregister eingetragene Entscheidungen oder Anordnungen nach § 60 Abs. 1 Nr. 1 bis 7 des Bundeszentralregistergesetzes entgegenstehen.

(2) Sind Tatsachen bekannt, die Bedenken gegen die persönliche Eignung nach Absatz 1 begründen, oder bestehen begründete Zweifel an vom Antragsteller beigebrachten Bescheinigungen, so hat die zuständige Behörde dem Betroffenen auf seine Kosten die Vorlage eines amts- oder fachärztlichen oder fachpsychologischen Zeugnisses über die geistige oder körperliche Eignung aufzugeben.

(3) Personen, die noch nicht das 25. Lebensjahr vollendet haben, haben für die erstmalige Erteilung einer Erlaubnis zum Erwerb und Besitz einer Schusswaffe auf eigene Kosten ein amts- oder fachärztliches oder fachpsychologisches Zeugnis über die geistige Eignung vorzulegen. Satz 1 gilt nicht für den Erwerb und Besitz von Schusswaffen im Sinne von § 14 Abs. 1 Satz 2.

(4) Das Bundesministerium des Innern wird ermächtigt, durch Rechtsverordnung mit Zustimmung des Bundesrates Vorschriften über das Verfahren zur Erstellung, über die Vorlage und die Anerkennung der in den Absätzen 2 und 3 genannten Gutachten bei den zuständigen Behörden zu erlassen.

Nach der ergänzenden Allgemeinen Waffengesetz-Verordnung wurde festgelegt, dass zum Kreis der Gutachter neben Amtsärzten und Fachärzten für Psychiatrie auch approbierte Psychotherapeuten sowie Fachpsychologen der Rechts- und Verkehrspsychologie gehören. Vom Gutachter zu prüfen sind hierbei:

- das Vorhandensein eines Abhängigkeitssyndroms von psychotropen Substanzen
- das Vorliegen einer psychischen Erkrankung, z. B. im Hinblick auf Psychosen
- das Vorliegen von Debilität im Sinne einer erheblichen Intelligenzminderung
- Persönlichkeitseigenschaften des Antragstellers, wie z. B. Impulsivität, mangelndes Verantwortungsbewusstsein oder emotionale Instabilität
- das Risiko einer möglichen Selbst- oder Fremdgefährdung

Derartige neue Tätigkeitsbereiche zeigen, dass das Arbeitsfeld des Forensischen Psychologen sich auch weiterhin im Wandel befindet und dass oftmals neuere gesellschaftliche Entwicklungen erheblich zu einer Veränderung der Nachfrage nach solchen Gutachten beitragen können. Gerade im Hinblick auf den Besitz von Schusswaffen waren es weniger gehäufte Missbräuche privater Waffen als vielmehr einzelne spektakuläre Ereignisse (Amokläufe), die – oft vermittelt über Medien – einen erheblichen Druck auf den Gesetzgeber ausübten und so zu gesetzlichen Änderungen führten. Dies konnte anhand des Waffenrechts aber auch – wie in Kapitel 11 dargestellt – im Hinblick auf den Umgang mit als gefährlich erachteten Straftätern gezeigt werden. Dieser Druck lastet jedoch nicht nur auf dem Gesetzgeber, sondern wird auch an den Gutachter selbst weitergegeben, der sich möglicherweise plötzlich im Mittelpunkt einer Medienkampagne wiederfinden kann.

Weiterführende Literatur

Bork, S. & Foerster, K. (2009). Begutachtung der persönlichen Eignung nach dem Waffengesetz. In U. Venzlaff (Begr.), K. Foerster & H. Dreßing (Hrsg.), *Psychiatrische Begutachtung* (5. Aufl.) (S. 803–807). München: Urban & Fischer.

Dohrenbusch, R. (2007) *Begutachtung somatoformer Störungen und chronifizierter Schmerzen. Konzepte, Methoden, Beispiele.* Stuttgart: Kohlhammer.

Foerster, K. (2009). Begutachtung bei zivilrechtlichen Fragen. In U. Venzlaff (Begr.), K. Foerster & H. Dreßing (Hrsg.), *Psychiatrische Begutachtung* (5. Aufl.) (S. 555–581). München: Urban & Fischer.

Foerster, K. (2009). Begutachtung bei sozialrechtlichen Fragen. In U. Venzlaff (Begr.), K. Foerster & H. Dreßing (Hrsg.), *Psychiatrische Begutachtung* (5. Aufl.) (S. 657–693). München: Urban & Fischer.

Hommers, W. (2003). Gutachten zur Deliktfähigkeit. In R. Lempp, G. Schütze & G. Köhnken (Hrsg.), *Forensische Psychiatrie und Psychologie des Kindes- und Jugendalters* (2. Aufl.) (S. 85–93). Darmstadt: Steinkopff.

Nedopil N. (2009). Psychiatrische Begutachtung bei zivilrechtlichen Fragestellungen. *Nervenarzt, 80,* 611–621.

Wittkowski, J. & Seitz, W. (2004). *Praxis der verkehrspsychologischen Eignungsbegutachtung: Eine Bestandsaufnahme unter besonderer Berücksichtigung alkoholauffälliger Kraftfahrer.* Stuttgart: Kohlhammer.

Kontrollfragen

1. Welche Funktion hat die Sozialgerichtsbarkeit in Deutschland?
2. Wie ist „Krankheit" in verschiedenen sozialrechtlichen Kontexten definiert?
3. Inwiefern hat sich die Relevanz psychischer Erkrankungen in der Sozialgerichtsbarkeit in den letzten Jahrzehnten verändert?
4. Was spricht für eine stärkere Präsenz psychologischer Gutachter in der Sozialgerichtsbarkeit?
5. Was ist in den „Versorgungsmedizinischen Grundsätzen" des Bundes geregelt?
6. Inwiefern unterscheiden sich „Grad der Behinderung" und „Grad der Schädigungsfolgen"?
7. Wovon hängt die konkrete GdB-Bewertung bei psychischen Erkrankungen ab?
8. Was ist bei der Beurteilung von Unfallfolgen zu berücksichtigen?
9. Welche möglichen Antworttendenzen sind bei der gutachterlichen Erfassung psychosozialer Störungen und Funktionsbeeinträchtigungen zu berücksichtigen?
10. Welche Funktion hat die Verwaltungsgerichtsbarkeit in Deutschland?
11. Nennen Sie gutachterliche Fragestellungen im Rahmen der Verwaltungsgerichtsbarkeit!
12. Welche Bedeutung hat die Diagnostik motivationaler Bedingungen bei der Beurteilung der Geschäftsfähigkeit?
13. Unter welchen rechtlichen Bedingungen kann die Fahrerlaubnis entzogen werden?
14. Nennen Sie Ziele und Methoden einer medizinisch-psychologischen Untersuchung zur Fahreignungsprüfung!
15. Wie unterscheiden sich Erwerbsunfähigkeit im Sozialrecht und Dienstunfähigkeit von Beamten im Verwaltungsrecht?
16. Welche Besonderheiten ergeben sich bei der Begutachtung der Dienstunfähigkeit von Beamten?
17. Auf welche Datengrundlage sollte sich ein Gutachten zu sonderpädagogischem Förderbedarf stützen?

D – Die Rechtspsychologie in Österreich und der Schweiz

14 Rechtspsychologie in Österreich

Johannes Klopf, Birgitta Kofler-Westergren, Martin Kitzberger,
Klaus Burtscher, Rotraud Erhard und Salvatore Giacomuzzi

14.1 Überblick

Rechtspsychologie als Teilgebiet der Angewandten Psychologie stellt ein weites und sehr heterogenes Betätigungsfeld für zahlreiche Psychologen in haupt- oder nebenberuflichen Beschäftigungsverhältnissen in Österreich dar. Das Selbstverständnis als „Rechtspsychologe" bezieht sich zumeist auf gutachterlich tätige Psychologen, vornehmlich im Auftrag der Gerichte. Diese hochspezialisierte Gruppe ist nach wie vor vergleichsweise klein, so teilen sich von knapp 4000 (freiwilligen) Mitgliedern des Berufsverbandes Österreichischer Psychologen (BÖP) lediglich 7 % der Sektion Rechtspsychologie zu.[1] In der Regel handelt es sich hierbei um Psychologen mit dem jus practicandi als klinische Psychologen. Die Ausbildung zum Klinischen Psychologen ist eine nach dem Studium der Psychologie zu absolvierende postgraduelle Ausbildung, geregelt im Psychologengesetz (PG)[2]. Diese berechtigt u. a. zur Diagnostik nach den offiziellen Diagnoseschemata und zur Gutachtenerstellung. Für Sachverständige besteht Fortbildungspflicht (SVG[3], PG). Psychologische Gutachtenerstellung unterliegt in Österreich den Ethikrichtlinien für Klinische Psychologen und den Richtlinien für die Befund- und Gutachtenerstellung des Bundesministeriums für Gesundheit. Eine Aktualisierung dieser Leitlinien ist im Jahr 2010 unter Mitarbeit von Psychologen aus verschiedenen Berufsfeldern, u. a. auch aus der Fachsektion Rechtspsychologie des BÖP, erfolgt und wird im Jahr 2011 veröffentlicht werden.

Neben den Gerichtssachverständigen für Psychologie gibt es jedoch noch eine Reihe weiterer gutachterlich tätiger Kolleginnen und Kollegen in Verwaltungsverfahren, wie z. B. im Bereich der Verkehrspsychologie (FSG)[4] und bei der Begutachtung der Eignung zum Waffenbesitz (WaffG)[5]. Nach Auskunft des Bundesministeriums für Verkehr, Innovation und Technologie (BMVIT) wurden im Jahr 2009 von insgesamt 14 verkehrspsychologischen Vereinigungen österreichweit über 14 000 Untersuchungen bzw. Abgaben von Stellungnahmen bekanntgegeben. Im gleichen Jahr wurden 2417 Begutachtungen gemäß dem österreichischen Waffengesetz 1996 durchgeführt. Ferner sind auch Kolleginnen und Kollegen im Bereich der Polizei- und Kriminalpsychologie, der Justizpsychologie und der Heerespsychologie psychodiagnostisch und gutachterlich tätig. Die Ausbildungszugänge zu den genannten Bereichen sind institutionell gebunden und mit sehr unterschiedlichen Zertifizierungen versehen. Eine allgemeine postgraduelle Ausbildung etwa zum „Rechtspsychologen" als Gerichtssachverständigen existiert daher in Österreich

---

1 Information des BÖP vom 17.03.2011
2 Psychologengesetz 1990, BGBl, 360, 1990
3 Sachverständigen- und Dolmetschergesetz BGBl. I, 2007, 111

4 Führerscheingesetz BGBl. I, 120, 1997
5 Das neue österreichische Waffengesetz 1996 BGBl I, 12, 1997

(noch) nicht, nichtsdestotrotz bestehen inzwischen spezifische Aus- und Fortbildungsmöglichkeiten im Rahmen des Berufsverbandes (z. B. für Familienpsychologie, Verkehrspsychologie u. a.) sowie bei privaten Ausbildungsvereinigungen und vereinzelt auch im Rahmen von Hochschullehrgängen.

Im Zentrum des studentischen Interesses steht, v. a. durch die mediale Aufbereitung bedingt, die Tätigkeit des Kriminalpsychologen. Diesbezüglich hat sich Thomas Müller als Kriminalpsychologe, Profiler und Buchautor (Müller, 2004) in Österreich hervorgetan und ist in zahlreichen Medienprozessen auch als Gerichtssachverständiger zu prozessentscheidenden Problemstellungen gefragt. Im letzten Jahrzehnt hat sich die Tatortanalyse (Musolff & Hoffmann, 2006) oder operative Fallanalyse (OFA) als Methode im deutschsprachigen Raum etabliert. Der kriminalpsychologische Sachverständige verfolgt den Blick von der Tat auf den Täter und entspricht damit einer kriminalistischen Position z. B. im Rahmen der Erstellung eines Täterprofils, aber u. U. auch zur Beurteilung der potentiellen Gefährlichkeit eines noch unbekannten Täters. Davon abzugrenzen ist der Forensische Psychologe, der den Blick des individuellen Täters auf die Tat untersucht. Während sich der kriminalpsychologische Ansatz weitgehend emanzipieren konnte, befindet sich die Forensische Psychologie in Österreich nach wie vor in einem partnerschaftlich gefärbten Konkurrenzverhältnis zur Forensischen Psychiatrie.

Universitätsangehörige als lehrende und forschende psychologische Sachverständige finden sich an österreichischen Universitätskliniken sowie an gerichtsmedizinischen und Psychologischen Instituten. In diesen Einrichtungen werden neben Lehre und Forschung auch Diplomarbeiten zu rechtspsychologischen Themen im engeren Sinne betreut. Das „Dunkelfeld" rechtspsychologischer Interessen von Studierenden ist nicht zu unterschätzen, diese werden aber mangels personeller Ressourcen noch selten geweckt. In Zeiten staatlicher Sparmaßnahmen und als Folge von Privatisierungstendenzen zentralisiert sich der Universitätsbetrieb auf die Kernkompetenzen im Bereich Forschung und Lehre von Fächern mit fundierten Theoriegebäuden. Forensische Fachgebiete werden manchmal als *Orchideenfächer* gesehen und sind von Einsparungen betroffen. Als Beispiel sei hier die *Interfakultäre Forschungsstelle für Rechtspsychologie* an der Universität Salzburg angeführt, die mit der Emeritierung des ersten und einzigen Ordinarius geschlossen wurde. An der Universität Linz finden wir das *Zentrum für Rechtspsychologie und Kriminologie* unter der Leitung von Gerhard Kette. Eine kurze Problemgeschichte der Rechtspsychologie finden wir in Kette (1987). Die Geschichte der Rechtspsychologie in Österreich ist eng mit der Geschichte der Forensischen Psychiatrie verknüpft (Frank, 1989) und wurde in der Vergangenheit von Einzelpersönlichkeiten geprägt, von denen wir stellvertretend Rudolf Quatember (1929–2006) erwähnen möchten.

Bei gerichtlichen Beauftragungen an psychologische Sachverständige stehen im Vordergrund familienpsychologische Fragestellungen wie z. B. im Obsorgeverfahren, Begutachtung von Kindern und Jugendlichen sowie zunehmend die Frage der psychischen Traumatisierung bei zivilrechtlichen Fragestellungen (z. B. im Rahmen von Schmerzensgeldforderungen, s. Griebnitz et al., 2010). Des Weiteren sind im Bereich der Begutachtung der Arbeits- und Erwerbsfähigkeit, insbesondere zu neuropsychologischen Themen, psychologische Expertisen gefragt. Diesbezüglich besteht seit 1999 die Österreichische Gesellschaft für Neuropsychologie (GNPÖ; s. Maly & Strubreither, 2006). In der Folge wurde die Neuropsychologie auch als Teilgebiet der Klinischen Psychologie in die Fachgruppen der Sachverständigenliste aufgenommen. Im

Hinblick auf Probleme bei der neuropsychologischen Begutachtung sei auf die Arbeit von Maly und Kollegen (2006) verwiesen. Regional recht unterschiedlich erfolgt in Österreich nach wie vor die Beauftragung von Psychologen im Rahmen des Strafprozesses wie z. B. zu Fragen der Zurechnungsfähigkeit, der Gefährlichkeit oder auch zur bedingten Entlassung. Wenn überhaupt, so werden Psychologen in diesen psychiatrisch dominierten Bereichen als Hilfsgutachter herangezogen und nur vereinzelt als gleichberechtigte Partner *neben* dem psychiatrischen Gutachter, meist nach Maßgabe der Verfügbarkeit lokaler Institutionen, qualifizierter Personen und Aufgeklärtheit der Gerichte.

Die Autoren beschäftigen sich im Folgenden in Schwerpunkten mit dem Prozedere der gerichtlichen Zertifizierung zum ständig beeideten Sachverständigen in Österreich und mit den aktuellen Entwicklungen im Bereich Familienpsychologie, der Obsorge bzw. der Begutachtung von minderjährigen Zeugen und Tätern. Einen weiteren Schwerpunkt bildet der Beitrag zur Justizpsychologie im österreichischen Maßnahmenvollzug. Zuletzt finden sich noch wichtige Anregungen zur Qualitätssicherung im Bereich forensisch-neuropsychologischer Diagnostik und Begutachtung, mit Beispielen aus der Begutachtung der Testier- und Geschäftsfähigkeit bzw. dem österreichischen Asylverfahren.

14.2 Zertifizierung für die Liste der Gerichtssachverständigen in Österreich

Psychologen, die als gerichtliche Sachverständige tätig sein wollen, müssen zunächst einen schriftlichen Antrag an das Präsidium des Landesgerichts stellen, in dessen Sprengel der Wohn- oder Berufssitz gelegen ist. Laut § 2 des Bundesgesetzes über die allgemein beeideten und gerichtlich zertifizierten Sachverständigen und Dolmetscher (SDG) sind folgende Voraussetzungen erforderlich:

- Sachkunde und Kenntnisse über die wichtigsten Vorschriften des Verfahrensrechts, über das Sachverständigenwesen, über die Befundaufnahme sowie über den Aufbau eines schlüssigen und nachvollziehbaren Gutachtens
- eine 10-jährige, möglichst berufliche Tätigkeit in verantwortlicher Stellung auf dem bestimmten Fachgebiet, wobei eine 5-jährige Tätigkeit genügt, wenn die Bewerberin bzw. der Bewerber ein entsprechendes Hochschulstudium abgeschlossen hat
- volle Geschäftsfähigkeit
- körperliche und geistige Eignung
- Vertrauenswürdigkeit
- österreichische Staatsbürgerschaft oder EU-Bürgerschaft
- geordnete wirtschaftliche Verhältnisse
- ausreichende Ausstattung mit der für eine Gutachtenerstattung im Fachgebiet erforderlichen Ausrüstung
- Bedarf an Sachverständigen im betreffenden Fachgebiet
- Abschluss einer Haftpflichtversicherung vor der Vereidigung (Versicherungssumme mindestens 400 000 €)

Das Vorliegen dieser Voraussetzungen prüft die jeweilige Präsidentin bzw. der jeweilige Präsident in einem Zertifizierungsverfahren (Qualitätssicherungsverfahren). Im Zuge dieses Verfahrens holt die Präsidentin bzw. der Präsident ein Gutachten einer Kommission ein, der ein Richter und zwei Fachleute des betreffenden Fachgebiets, die vom Hauptverband der allgemein beeideten und gerichtlich zertifizierten Sachverständigen Österreichs ausgesucht werden, angehören. Diese Kommission prüft den Bewerber mündlich über Sachkunde, Verfahrensrecht und Sachverständigenwesen. Zur Vorbereitung auf die Prüfung werden zweitägige Grundseminare angeboten, die sich v. a. mit den Themen des Verfahrensrechts und des Sachverständigenwesens beschäftigen. Nach positiver Prüfung und Stellungnahme der Gerichtskommission wird die Bewerberin bzw. der Bewerber zur Präsidentin bzw. zum Präsidenten des zuständigen Landesgerichts persönlich zur Beeidigung geladen. Der Sachverständigeneid lautet:

> Ich schwöre (bei Gott, dem Allmächtigen und Allwissenden) einen reinen Eid, dass ich die Gegenstände eines Augenscheins sorgfältig untersuchen, die gemachten Wahrnehmungen treu und vollständig angeben und den Befund und mein Gutachten nach bestem Wissen und Gewissen und nach den Regeln der Wissenschaft angeben werde(; so wahr mir Gott helfe!).

Das Zertifizierungsverfahren, das sich über einen Zeitraum von mehreren Monaten erstreckt, schließt mit der Eintragung in die bei jedem Landesgericht geführte Liste der allgemein beeideten und gerichtlich zertifizierten Sachverständigen. Darin ist jedes Fachgebiet mit den jeweiligen Untergruppen getrennt angeführt und mit einer eigenen Nummer versehen. In Österreich gibt es insgesamt 94 Fachgruppen. Für das Fachgebiet Psychologie (04) sind folgende sieben Fachgruppen gelistet:

- Allgemeine Psychologie (04.30)
- Klinische Psychologie (inkl. Suchtmittel, Traumatisierung, Neuropsychologie) (04.31)
- Familienpsychologie (inkl. Obsorge, Besuchsrecht, Fremdunterbringung, Kindeswohl, Missbrauch, Entwicklung) (04.35)
- Arbeits- und Organisationspsychologie (04.40)
- Verkehrspsychologie (04.70)
- Marktforschung, Meinungsforschung (04.60)
- Wirtschaftspsychologie, Werbepsychologie (04.50)

Die Eintragung in die Sachverständigenliste ist befristet auf fünf Jahre. Zur Verlängerung ist die Dokumentation über eine regelmäßige Fortbildung in einem Bildungspass erforderlich. Der Sachverständige hat in gerichtlichen und verwaltungsbehördlichen Verfahren seine Gebühren nach den Bestimmungen des Gebührenanspruchsgesetzes (GebAG) festzulegen. In diesem Gesetz, das Regelungen über Fristen und Gebühren definiert, ist auch die verpflichtende Warn- und Aufklärungspflicht des Sachverständigen enthalten. Für die Bewerberin bzw. den Bewerber entstehen Gesamtkosten für das Zertifizierungsverfahren in Höhe von etwa 1000 €. Das Gericht ist generell nicht an die Personen der Sachverständigenliste gebunden und kann grundsätzlich jede bzw. jeden für die Beantwortung der jeweiligen Fragestellung entsprechend qualifizierte(n) Fachfrau bzw. Fachmann mit der Sachverständigentätigkeit beauftragen.

Für das gesamte Fachgebiet Psychologie sind in Österreich aktuell (Stand: Jänner 2011) insgesamt 153 Sachverständige gelistet. Im Fachgebiet Psychotherapie sind zusätzlich 27 Sachverständige eingetragen. Zum Vergleich: In der Fachgruppe Psychiatrie, Psychotherapeutische Medizin finden sich 172 Sachverständige. Nachdem sich der Zertifizierungsumfang der einzelnen 153 Sachverständigen in Psychologie oftmals auf mehrere Gebiete erstreckt, errechnen sich aktuell insgesamt 376 Eintragungen, wobei die am häufigsten vertretenen Gruppen *Allgemeine Psychologie* (27,4 % der Eintragungen), *Klinische Psychologie* (ebenfalls 27,4 %) und *Familienpsychologie* (26,9 %), während die übrigen Gruppen wesentlich seltener vertreten sind (*Arbeitspsychologie*: 12,2 %; *Verkehrspsychologie*: 4,0 %; *Marktforschung*: 1,3 %; *Wirtschaftspsychologie*: 0,8 %).

Die Verteilung der Sachverständigen nach Bundesländern weist eine große Variabilität auf: Im Großraum Wien und Niederösterreich gesamt findet sich ein knappes Drittel aller eingetragenen Sachverständigen (31,4 %), Tirol liegt an zweiter Stelle (24,2 %), gefolgt von der Steiermark (15,0 %), während die übrigen Bundesländer über deutlich weniger Sachverständige verfügen (Kärnten: 11,1 %; Salzburg: 6,5 %; Oberösterreich: 5,9 %; Vorarlberg: 3,9 %; Burgenland: 2,0 %).

Gesetzliche Änderungen und Neuerungen in der Fachgebietseinteilung haben in den letzten Jahren wesentlich den Fachbereich Psychologie betroffen. Im Erlass vom September 2007 wurde zunächst die bis dahin als „Allgemeine Psychologie" bezeichnete Fachgruppe zu „Allgemeine Psychologie, Klinische Psychologie (inkl. Suchtmittel, Traumatisierung, Neuropsychologie)" erweitert mit der Begründung, die ergänzte Bezeichnung umschreibe deutlicher den Ausbildungsumfang. Hingegen wird im Erlass vom März 2010 das Fachgebiet „Allgemeine Psychologie, Klinische Psychologie" (04.30) in nunmehr zwei Fachgruppen geteilt: Allgemeine Psychologie (04.30) und Klinische Psychologie (04.31). Die Begründung lautet diesmal: Die Zusammenfassung zu einem Gebiet „kann zu Unklarheiten hinsichtlich der tatsächlichen Qualifikation des Sachverständigen führen". Der Erlass betont ferner, dass darauf zu achten sei, dass nur die Psychologen in das neue Fachgebiet „Klinische Psychologie" einzutragen seien, die auch in die Liste der Klinischen Psychologen eingetragen sind.

14.3 Begutachtung von Familien, von kindlichen und jugendlichen Zeugen und minderjährigen Tätern im Auftrag von Gerichten in Österreich

14.3.1 Begutachtung von Familien

Gutachten zu Fragen in Außerstreitverfahren betreffend Kinder (Obsorge, Besuchsrecht, Fremdunterbringung) werden üblicherweise von allgemein beeideten und gerichtlich zertifizierten Sachverständigen im Auftrag von Gerichten erstellt. Im Berufsverband Österreichischer Psychologinnen und Psychologen (BÖP) ist die Fachsektion Rechtspsychologie mit den Agenden der Sachverständigentätigkeit befasst. Ihr gehören der überwiegende Teil der familienpsychologischen Sachverständigen in Österreich an. Die Berufsgruppen der Pädagogen und der Psychotherapeuten streben ebenfalls die Beauftragung mit familienrechtlichen Gerichtsgutachten an, was insofern problematisch erscheint, als sie dabei auf psychologische Konzepte und Methoden zurückgreifen, ohne über die entsprechende fachliche Kompetenz zu verfügen. Unter Mitarbeit der Fachsektion Rechtspsychologie des BÖP wurde 2009 vom OGH ein Best Practice Manual über die Rolle des Gutachters im Obsorge- und Besuchsrechtsstreit veröffentlicht (Giacomuzzi & Erhard, 2010). An einem analogen Manual für die Begutachtung in Strafverfahren, insbesondere betreffend sexuellen Missbrauch, wird derzeit in einem Expertengremium der Generalprokuratur bestehend aus Staatsanwälten, Richtern und sachverständigen Psychologen (Angehörigen von Universitäten und der Fachsektion Rechtspsychologie des

BÖP) gearbeitet. Es bestehen darüber hinaus laufend Kontakte zwischen der Fachsektion Rechtspsychologie des BÖP und einschlägigen Berufsgruppen, insbesondere zu den Familienrichtern und zu Staatsanwälten. Aktuelle psychologische und rechtliche Rahmenbedingungen bei familiengerichtlichen Fragestellungen zu Obsorge- und Besuchsrechtsregelungen aus österreichischer Sicht wurden von verschiedenen Autoren in „Brennpunkte familienpsychologischer Begutachtung in Österreich" (Giacomuzzi & Erhard, 2010) dargestellt und diskutiert. Aktuell sind psychologische Sachverständige als Experten in die Diskussion über gesetzliche Fragen der Obsorge eingebunden. Auf Anregung der Fachsektion Rechtspsychologie bietet die Österreichische Akademie für Psychologie des BÖP eine Ausbildung für die Sachverständigentätigkeit in Familien-, Kinder- und Jugendpsychologie an, ab dem Jahr 2011 erstmals als zertifizierter Universitätslehrgang in Kooperation mit der UMIT (private Universität für Gesundheitswissenschaften, Medizinische Informatik und Technik in Tirol). Die Sektion Rechtspsychologie im BÖP bietet laufend Gesprächsforen für diese Sachverständigen an und hat in den letzten Jahren einschlägige Seminare und Tagungen mit in- und ausländischen Referenten veranstaltet. Das Europäisch-Österreichische Institut für Forensische- und Rechtspsychologie, Forschung und Fortbildung (EREFF) ist ein gemeinnütziger Verein, welcher einerseits einschlägige Fortbildungsveranstaltungen anbietet und andererseits Forschungsarbeiten unterstützt. Bislang wurden u. a. folgende Forschungsarbeiten mit Unterstützung des EREFF abgeschlossen:

- Scheidungskinder und Nichtscheidungskinder im Vergleich bezüglich Ängstlichkeit, Aggressivität und Depressivität
- Evaluation und Analyse familienpsychologischer Gutachten

- Lebensqualität und pathologisches Glücksspiel
- Glücksspiel- und Computerspielsucht
- Glaubhaftigkeit bei Kindern
- Die gesundheitsbezogene Lebensqualität von Trennungskindern
- Theoretische Überlegungen über den Zusammenhang von Aggression und Kreativität und die besondere Rolle der Imagination in diesem Kontext
- Untersuchung zur Erinnerungs- und Gedächtnisleistung und Suggestibilität bei 8- bis 10-Jährigen
- Untersuchung zur psychopharmakologischen Wirkungsweise von Substitutionspräparaten auf das autobiografische Gedächtnis und die psychomotorische Leistung

Auf Vorschlag der amtierenden Justizministerin wird in Österreich aktuell eine Gesetzesänderung diskutiert, wonach eine automatische Obsorge für Mütter und Väter nach Trennungen einzuführen ist, wie es in Deutschland bereits seit 1997 der Fall ist. Die grundlegende Idee dahinter ist die, Väter mehr als bisher in ihre Verantwortung als Elternteil einzubinden und ihnen mehr Rechte einzuräumen. Aktuelle wissenschaftliche Studien weisen verstärkt auf die negativen Auswirkungen von Vaterlosigkeit hin. So ergab z. B. eine Studie (Kofler-Westergren et al., 2010) an 75 jugendlichen Straftätern, dass nur 13 % eine intakte Vaterbeziehung aufwiesen und dass Vaterlosigkeit neben Substanzmissbrauch und Störung des Sozialverhaltens zu den wichtigsten Risikofaktoren für Jugendkriminalität zählt.

14.3.2 Begutachtung von kindlichen und jugendlichen Zeugen

Minderjährige Zeugen in Strafverfahren (zumeist bei Verdacht auf Missbrauch oder Kindes) haben in Österreich das Recht auf eine kontradiktorische Vernehmung, wofür häufig Psychologen eingesetzt werden. Die kindlichen Zeugen werden dabei in einem kleinen Raum vernommen und ihre Aussage akustisch und visuell aufgenommen, so dass sie nicht in Anwesenheit des Verdächtigen aussagen müssen. Die Begutachtung bezieht sich auf Aussagefähigkeit und Aussagetüchtigkeit sowie auf die Frage der Glaubhaftigkeit, oft mit besonderer Akzentuierung der Suggestibilität. Allerdings werden Gutachtenaufträge zur Frage der Glaubhaftigkeit oder der Erlebnisbasiertheit von Aussagen derzeit kontroversiell diskutiert.

14.3.3 Begutachtung von minderjährigen Tätern

Zuständig für die Beurteilung bzw. Begutachtung von minderjährigen Tätern und auch deren Entwicklungsstandes sind in erster Linie Klinische Psychologen und ggf. Kinder- und Jugendpsychiater bei etwaigem Vorhandensein schwerer geistiger Entwicklungsrückstände. Den Entwicklungsstand berücksichtigende Begutachtungen sind dann angezeigt, wenn ein 14- bis 17-jähriger Jugendlicher

schon vom äußeren Anschein her einen retardierten Eindruck macht oder wenn stark gestörte Familienverhältnisse bekannt sind, die Altersgrenze von 14 bei Begehung der Tat erst kurz überschritten war oder sowohl Tatbestand als auch psychologische Tatsituation undurchsichtig wirken. Suspekt erscheinen ebenso Umstände, bei denen eine Straftat, beispielsweise ein Diebstahl, nach Art und Ausmaß aus dem bisherigen Verhalten völlig herausfällt oder wenn möglicherweise Druck ausübende ältere Familienangehörige am Delikt beteiligt waren. Abhängigkeitsverhältnisse können auch einen einsichtsfähigen Jugendlichen in seiner Handlungs- und Steuerungsfähigkeit einschränken. (Nedopil, 1996, S. 51)

Vor allem bei Sexualdelikten wird häufig die Frage nach einer eventuell reifungsbedingt fehlenden Steuerungsfähigkeit aufgeworfen.

Unumgänglich ist bei Jugendlichen eine besonders den Reifegrad hinterfragende psychologische Begutachtung bei den seltenen Fällen von schwerer Kriminalität wie z.B. Tötungsdelikten (Weissbeck, 2008). Bei den meisten in diesem Alter vorkommenden Straftaten, vorwiegend Eigentumsdelikte, bestehen jedoch klare Schuldvorstellungen und damit in der Regel auch die Reife zur Einsichts- und Steuerungsfähigkeit. Von Ausnahmen abgesehen gilt dieses Prinzip auch bei schwachen oder minderbegabten Jugendlichen, da in unserer Gesellschaft selbst bei wesentlich jüngeren Kindern schon die konkrete Vorstellung vom fremden Eigentum angenommen werden kann (Nedopil, 1996). Es stellt sich manchmal auch die Frage, inwieweit eine noch aufholbare Reifungsverzögerung vorliegt oder ob es sich um einen nur bedingt kompensierbaren Entwicklungsrückstand im Rahmen einer Erkrankung oder einer Störung der Intelligenz handelt. Unterschiedliche Sichtweisen bestehen auch darin, ob durch Nachreifung Entwicklungsrückstände noch aufholbar sind.

Legitim erscheint auch die von Freisleder (1989) aufgeworfene finale Betrachtungsweise, die sich in den beiden Fragen zusammenfassen lässt: Welche psychologischen Konsequenzen ergeben sich für den einzelnen Jugendlichen im Falle einer aufgrund fehlender Reife angenommenen Nichtverantwortlichkeit? Welche Rechtsfolgen lassen in Zweifelsfällen die bessere pädagogisch-therapeutische Beeinflussung eines delinquenten Jugendlichen erwarten? Die Einschränkungen der Schuldfähigkeit bei Jugendlichen richten sich prinzipiell nach den gleichen Bedingungen und Kriterien wie bei Erwachsenen. Unterschiede bestehen im Wesentlichen darin, dass die Symptomatik schwerer psychischer Störungen bei Jugendlichen nicht immer der bei Erwachsenen entspricht. Dieser Umstand macht es erforderlich, dass der mit der Beurteilung beauftragte Sachverständige die Entwicklungspsychopathologie des Jugendalters kennen und berücksichtigen muss. Schütze (2003) ordnet zudem folgende Störungen der schweren anderen seelischen Abartigkeit zu:

- Persönlichkeitsstörungen, Reifestörungen sowie abnorme Erlebnisreaktionen bzw. Störungen der Erlebnisverarbeitung (früher Neurosen)
- sexuelle Verhaltensabweichungen
- chronischer Drogenmissbrauch

Grundsätzlich zu beachten ist, dass eine Schwere von erheblichem Ausmaß besteht; es muss der Krankheitswert der Störung festgestellt werden. Insbesondere eine kleine Gruppe Jugendlicher begeht den Löwenanteil an Straftaten in diesem Altersbereich. Bei rund 90 % der Kinder und Jugendlichen, die Straftaten begehen, handelt es sich um ein Entwicklungsphänomen. Nur bei 10 % ist eine Verfestigung hin zu einer kriminellen Entwicklung zu befürchten oder bereits eingetreten. Die Hälfte dieser Gruppe – 5 % der bekannten jungen Täter – hat 40 % der bekannt gewordenen Delikte verübt. Bedenklich erscheinen insbesondere die Tendenz zu einem immer jüngeren Einstiegsalter und die steigende Bereitschaft zur Anwendung von exzessiver Gewalt (Weissbeck, 2008, S. 30 ff.). Tatsächlich bleibt aber immer noch weitgehend offen, welche Merkmale denn nun wirklich zur Feststellung des Entwicklungsstandes bei gerichtlichen Begutachtungen von Heranwachsenden heranzuziehen sind. Sogar sehr aktuelle und zeitbezogene Werke begnügen sich oft nur mit einem kurzen Hinweis auf etwa die sog. Marburger Richtlinien (Haller, 2008). Erkenntnisse der biologischen Hirnforschung finden bis dato keinen Eingang in die Würdigung der persönlichen und sozialen Bedingungen (Speck, 2008).

Für die Arbeit des Sachverständigen in Österreich, dessen Gerichte und die Betroffenen selbst erscheint es aber unabdingbar, doch zumindest verschiedene Ansatzpunkte zur Verfügung zu haben, an denen sich eine Feststellung des Entwicklungsstandes orientieren könnte. Insgesamt kann schon an dieser Stelle verkürzt festgehalten werden, dass sowohl die sog. Marburger Richtlinien aus dem Jahre 1955 als auch deren Weiterentwicklung aus heutiger Sicht nicht mehr allein ausreichen, um unter Miteinbeziehung von sowohl anamnestischer wie auch außenanamnestischer sowie psychosozialer und testpsychologischer Befunde die Beurteilung jugendlicher Reife sicher zu gewährleisten. Somit erscheint es vorteilhaft, neben dem Ausschluss der in Österreich üblichen §-11-StGB-Störungen sowie ggf. der Berücksichtigung etwaig vorliegender medizinischer Befunde hinsichtlich frühkindlicher Hirnschädigung oder Hirndysfunktionen, Hyperaktivitätssyndromen oder jugendlicher Neurosen bzw. fallweise Reifungskrisen multimodal in der Beurteilung der jugendlichen Reife vorzugehen. Zusammengenommen bedarf es gerade in dieser Sachverständigentätigkeit entsprechender Fortbildungen und ausreichender Erfahrung, welche nur in Spezialseminaren, den vorgeschriebenen Fortbildungen und unter ständiger Weiterbildung zu erreichen sind.

14.4 Psychologen im österreichischen Straf- und Maßnahmenvollzug

Eine österreichische Expertenkommission[6] diagnostizierte einen „Rückstau" im Maßnahmenvollzug durch steigende Zugänge bei gleichzeitiger restriktiver Entlassungspraxis. Damit sind auch steigende Kosten verbunden, die im Vergleich zum normalen Strafvollzug nicht mehr zu vernachlässigen sind.

---

6 Expertengespräch (unter Beteiligung von Fachpsychologen) zum Thema *Maßnahmenvollzug*. Parlament. Wien, 02.10.2009

Vorgeschlagen wurde eine Neuformulierung des Begriffes „geistig abnorm", auch sollte bei diesem Personenkreis sofort mit der Einweisung eine Behandlung der Störung (mit Krankheitswert) erfolgen. Zudem wurde die Qualität der Gutachten zur bedingten Entlassung diskutiert. In einer katamnestischen Studie (Klopf et al., 2006) über 138 zurechnungsfähige Straftäter wurde auf die Methodik und Praxis der psychologisch/psychiatrischen Diagnostik und Begutachtung zur Frage der bedingten Entlassung aus dem Justizvollzug ausführlich eingegangen.

14.4.1 Gesetzliche Grundlagen, Berufsbild und Ausbildung

Im österreichischen Straf- und Maßnahmenvollzug sind etwa 100 Psychologen tätig. Eine grundlegende Unterscheidung der Tätigkeiten und Arbeitsweisen dieser Justizanstaltspsychologen ergibt sich aus den gesetzlichen Grundlagen des Psychologengesetzes (PG), des Strafgesetzbuchs (StGB), der Strafprozessordung (StPO) – der Behandlung der Untersuchungshäftlinge, dem Strafvollzugsgesetz (StVG), dem Jugendgerichtsgesetz (JGG) –, der Behandlung jugendlicher Strafgefangener/Jugendgerichtshilfe, der Vollzugsordnung für Justizanstalten (VZO) und den Erlässen der Vollzugsoberbehörde (Vollzugsdirektion) sowie der obersten Vollzugsbehörde, dem Bundesministerium für Justiz (BMJ); z. B. der Erlass für den psychologischen Dienst in den Justizanstalten, 2001. Des Weiteren spielen die Praxisrelevanz der verschiedenen Vollzugstypen und Formen des Strafvollzugs eine große Rolle; z. B. die Krisenintervention für Untersuchungshäftlinge bzw. Insassen mit aktuellen Krisen, die Therapie- und Betreuungsgruppen (mit Themen wie Gewalt/Aggression, soziale Kompetenz, Empathie, Drogen- und/oder Alkoholproblematik, Angehörige etc.), welche zumeist mit Strafgefangenen mit höherem Zeitstrafausmaß

durchgeführt werden. Auch die Aufgabe, am Vollzugsplan (§ 135 StVG) im Fachteam mitzuwirken, befasst den „Psychologischen Dienst", also das Team der Psychologen in den Justizanstalten, was im Genaueren noch zu erörtern sein wird.

Die umfassende Kompetenz bzw. Verantwortung für den Strafvollzug ist in Österreich Aufgabe des Bundes (nicht der einzelnen Bundesländer) und die örtliche Zuständigkeit einer Justizanstalt hinsichtlich der Einleitung und Durchführung des Straf- und Maßnahmenvollzugs ist durch die Sprengelverordnung geregelt. Die „Vorschriften für den Psychologischen Dienst in den Justizanstalten" (Erlass vom BMJ aus dem Jahr 2001) für Justizpsychologen legen in drei Hauptpunkten (1. Zweck und Leitbild, 2. Aufgaben und Tätigkeitsschwerpunkte, 3. Rahmenbedingungen) und deren Unterpunkten den Rahmen für die psychologische Arbeit in den 27 österreichischen Justizanstalten und deren Außenstellen fest. Diese den Forensischen Psychologen in der Vollzugspraxis abverlangten Leistungen erstrecken sich über die Bereiche Begutachtung und klinisch-psychologische Diagnostik, Betreuung und Krisenintervention, Beratung, Behandlung und Vermittlung von sozialen Fertigkeiten, eigene Fortbildung sowie Supervision und sind mit dem Anspruch verknüpft (und festgeschrieben!), dass Justizanstaltspsychologen sich zu einem behandlungsorientierten Vollzug und zur Lern- und Einsichtsfähigkeit der/des Straffälligen zu bekennen haben und zu einem zeitgemäßen Vollzugsmodell im Sinne gesetzlicher Bestimmungen (z. B. Europäische Menschenrechtskonvention) beitragen sollen. Die Forensischen Psychologen sind darüber hinaus auch für die Personalauslese und -entwicklung, z. B. für die Eignungsuntersuchungen bei Justizwachebeamtinnen und -beamten, tätig (Psychodiagnostik usw.) und sind in der Aus- und Fortbildung von Bediensteten an Justizanstalten sowie in Lehre, Forschung und Projekten eingebunden.

Die Fachlichkeit der Justizanstaltspsychologen orientiert sich einerseits maßgeblich an den Zwecken des Strafvollzugs nach § 20 Abs. 1 StVG (inhaltliche Ausrichtung in Bezug auf die Arbeit mit den Straffälligen) sowie des Maßnahmenvollzugs (§ 164 Abs. 1 ff. StVG) für Untergebrachte und dient andererseits der innerbehördlichen Qualitätssicherung und deren Mitarbeiter und Mitarbeiterinnen. Ein kooperativer und professionell abgestimmter Arbeitsstil mit den verschiedenen anderen Vollzugsbediensteten, welche in einer Justizanstalt ihren Dienst versehen („zivile" wie Ärzte, Physiotherapeutinnen, Sozialarbeiterinnen etc. und uniformierte Justizwachebeamte), und nachbetreuenden Einrichtungen (z. B. Bewährungshilfe) sowie die Beratungs- und Berichtspflicht gegenüber den Vorgesetzten wird als grundlegende Fähigkeit bzw. Bereitschaft vorausgesetzt.

In der Regel verfügen die Psychologen im österreichischen Straf- und Maßnahmenvollzug über das abgeschlossene Hochschulstudium für Psychologie hinaus über die postgraduelle Ausbildung zum Klinischen Psychologen und zum Gesundheitspsychologen gemäß § 7 PG. Um als Leiterin bzw. Leiter eines psychologischen Dienstes bzw. Teams einer Justizanstalt zu fungieren, was die Ausübung der unmittelbaren Fachaufsicht beinhaltet, bedarf es einer Planstelle im Bundesdienst und der Absolvierung der vierjährigen Grundausbildung, welche die Praxis in anderen Justizanstalten Österreichs umfasst und mit der Dienstprüfung endet. Justizanstaltspsychologen ohne Leitungsfunktion können auch über die Justizbetreuungsagentur (JBA) eine Anstellung für die oben genannten Bereiche erfahren; siehe dazu auch das Justizbetreuungsagenturgesetz (JBA-G).

Das fachliche Know-how für das in der Folge dargestellte vollzugsinterne Management von Risikotätern (bzw. „sicherheitsgefährlicher Insassen" laut VZO) wird, neben anderen Fortbildungsseminaren, im Rahmen des Programms des „Fortbildungszentrums Strafvollzug" (FBZ) angeboten und gelehrt und es gibt Qualitätszirkel und Projektgruppen zu speziellen Insassenpopulationen sowie Fragestellungen (z. B. Sexualstraftätermanagement, forensische Tagungen über Vernetzungsarbeit vom Gericht bis hin zur forensischen Nachsorge).

14.4.2 Rechtspsychologische Aufgaben und Tätigkeiten im Strafvollzug: Vollzugsplan, Risikotätermanagement und standardisierte Lockerungsprognose, Stellungnahmen

Neben den Aufgaben der psychologischen Betreuung in Einzel- und Gruppensettings (z. B. Einzelgespräche zur Deliktaufarbeitung; klinisch-psychologische Diagnostik und/oder Testungen im Einzelsetting; Anti-Aggressions-Gruppe oder Soziale Kompetenzgruppe etc.) sowie der Krisenintervention und Suizidprävention nehmen die Teilhabe an der Vollzugsplanung von Straftätern und Straftäterinnen (Behandlung, Betreuung, Berufsausbildung, Arbeitseinsatz usw. – „Vollzugssetting" und Interventionen im weitesten Sinne, auf das straffreie Fortkommen für die Zeit nach der Haft ausgerichtet) und das Identifizieren sowie das Management von sog. Risikotätern einen wichtigen Stellenwert im psychologischen Arbeitsfeld in einer Justizanstalt ein (laut laufenden Gesetzesänderungen und Erlässen). Die extramurale Kooperation mit der Bewährungshilfe („Neustart") und anderen Kompetenzzentren (Forensische Ambulanzen und Nachsorgeeinrichtungen, Drogenhilfe etc.), die dazu dient, Straftätern in der aktuellen Situation und für das weitere Fortkommen ein adäquates Setting und Hilfe zukommen zu lassen, gehört zum Aufgabenbereich der Vollzugspsychologen (oftmals in Zusammenarbeit mit anderen Betreuungsdiensten wie den Sozialarbeitern und Sozialarbeiterinnen). Die Führung des Vollzugsplans, explizit durch den psychologischen Dienst, ist bei durch die „Begutachtungs- und Evaluationsstelle für Gewalt- und Sexualstraftäter im Strafvollzug" (BEST) begutachteten Gewalt- und Sexualstraftätern obligat. Die Besprechung eines solchen Vollzugsplans erfolgt, wie durch den Vollzugsplan festgelegt, im multiprofessionellen Vollzugsteam.

Das Risikomanagement für „Risikotäter" soll sich gemäß Erlass stufenweise, ressourcenorientiert und adaptiv gestalten und Entscheidungsprozesse bezüglich Lockerungen innerhalb des Vollzugs und freiheitsbezogenen Lockerungen (außerhalb der Anstalt) sollen bei Personen dieser Gruppe nach besonderer Fachlichkeit und Achtsamkeit durchgeführt werden. Die dazugehörigen Lockerungsprognosen folgen einer justizinternen Kriteriologie, welche die Identifizierung einer Person als „Risikotäter" voraussetzt. Zur Identifizierung eines „Risikotäters" bedarf es der Durchsicht definierter Informationsquellen (Urteil, Strafregisterauszug etc.) und der Einschätzung, ob eine Person aufgrund der Tatsache, dass diese bereits ein Delikt mit schweren Folgen verübt hat, derartiges Verhalten zu einer erhöhten Wahrscheinlichkeit wiederholen könnte. In der Regel handelt es sich um Täter, welche die besonderen persönlichen Rechtsgüter Leben, Freiheit, körperliche Unversehrtheit und sexuelle Selbstbestimmung erheblich beeinträchtigen bzw. verletzen. Spezifische Verhaltensauffälligkeiten während des Vollzugs können in puncto Prognose ebenso einen Risikomarker darstellen und sind darum im Fachteam zu besprechen und zu prüfen.

Bei der Erstellung einer kriteriumsorientierten Lockerungsprognose wird neben der Aufarbeitung der Delinquenzentwicklung eine Deliktanalyse vorgenommen (Hypothesenbildung bezüglich der Anlasstat, die zur Verurteilung geführt hat) und nach standardisierten statistisch-nomothetischen und klinisch-strukturierten Kriminalprognoseinstrumenten (Static-99, VRAG, HCR-20 usw.) wird ein differenziertes Risiko dargestellt. Darüber hinaus wird ein diagnostischer Status in puncto Psychopathologie und Persönlichkeit erhoben. In der Folge wird der Vollzugs-, Behandlungs- und Betreuungsverlauf analysiert, so dass eine Aussage über eine Vollzugslockerung bzw. Freiheitsmaßnahme getroffen werden kann. Auch werden positive Veränderungen, die Compliance (z. B. bezüglich der Alkohol- oder Drogenkarenz, eines Therapie- oder Bewährungshilfesettings), Perspektiven und Zukunftsvariablen erhoben und eingeschätzt. Konkrete Ziele werden für die veranschlagte Lockerung geprüft sowie geeignete Kontrollmaßnahmen formuliert, bevor es zu einer Entscheidung kommt. Dieses Prozedere unterliegt einer Prozess- und Entscheidungsdokumentation.

Darüber hinaus sind Justizanstaltspsychologen für Stellungnahmen und Berichterstattungen bzw. Beiträgen zu solchen gefragt, welche die Anstaltsleitung benötigt, weil eine solche beim Gericht (z. B. § 152 StVG – Entscheidung über eine bedingte Entlassung) oder bei der Oberbehörde, der Vollzugsdirektion, z. B. laut VZO, vorzulegen ist (im Zusammenhang mit den erwähnten Vollzugslockerungen bzw. für unbewachte Aufenthalte sicherheitsgefährlicher Insassen außerhalb der Justizanstalt) bzw. bei sicherheitsrelevanten Vorfällen innerhalb und außerhalb der Mauern einer Justizanstalt und in schwierigen Einzelfällen.

14.4.3 Die psychologische Tätigkeit an der Begutachtungs- und Evaluationsstelle für Gewalt- und Sexualstraftäter im Strafvollzug (BEST)

Bei der seit 2002 in Wien installierten BEST handelt es sich um eine der Vollzugsdirektion, Abteilung Betreuung, zugeordnete Organisationseinheit. Als Folge eines standardisierten Meldeprozederes, welches zumeist von Psychologen im Regelvollzug dann durchgeführt wird, wenn ein Sexual- oder Gewaltstraftäter nach rechtskräftiger Verurteilung in eine solche Justizanstalt oder von der Untersuchungshaft in Strafhaft überstellt wird, wird diese Insassenpopulation durch die Mitarbeitenden der BEST – neben dem Leiter (Psychiater) sowie den Dokumentations- und Verwaltungsassistenten vorwiegend Psychologen – erfasst und in Form eines standardisierten Screeningverfahrens allein aufgrund von Akteninformationen weiterbearbeitet. Aufgrund dieser Informationen wird von den Mitarbeitenden der BEST eine kriminologische Meldungsstellungnahme für jeden Einzelfall erstellt und an die Anstalt rückgemeldet. Inhalt dieser Meldungsstellungnahme sind in der Regel eine Risikokategorie-Zuordnung aufgrund der Ergebnisse statistisch-nomothetischer Prognoseverfahren sowie auch die Entscheidung, ob eine ausführliche individuelle Begutachtung geplant ist oder nicht.

Die Hauptaufgaben der BEST stellen sich, neben der Datenerfassung der einschlägigen Insassen (Dokumentation und wissenschaftliche Datenauswertung), wie folgt dar:

- Begutachtung und Gutachtenerstellung mit (Risikomanagement-)Empfehlungen für den Vollzugsplan von an die BEST einberufenen Insassen
- Hilfestellung für Gutachten und Stellungnahmen im Entlassungsverfahren
- Monitoring der Therapien
- Evaluierung, Forschung und Dokumentation

Für die an der BEST tätigen Forensischen Psychologen stehen die klinisch-forensische Begutachtung mit Schwerpunkt auf empirisch-prognostische Verfahren sowie die Anwendung von computergestützten Testverfahren im Vordergrund. Etwa 40–50 % aller der BEST gemeldeten Sexualstraftäter werden einer ausführlichen klinisch-forensischen Begutachtung unterzogen. Die Auswahl dieser Straftäter erfolgt dabei nach einem empirisch ermittelten „Einberufungsschlüssel" (an der Rückfallgefahr orientiert).

Darüber hinaus muss seit der Umsetzung des Strafrechtsänderungsgesetzes aus dem Jahr 2008 nach § 152 Abs. 2, letzter Satz StVG von der BEST im Zuge jeder Entscheidung zur bedingten Entlassung über einen wegen einer strafbaren Handlung gegen die sexuelle Integrität und Selbstbestimmung verurteilten Straftäter eine fachliche Äußerung für das Gericht verfasst werden. Diese Äußerung beschränkt sich neben der Darstellung der Hauptproblematik auf eine Zuordnung des Täters zu einer bestimmten Risikokategorie gemäß valider Risikoprognoseinstrumente, gemessen an einer internationalen sowie österreichischen Vergleichspopulation. Diese Äußerung wiederum ist vom Vollzugsgericht an die jeweiligen Sicherheitsbehörden weiterzuleiten. Eine analoge zwingende Äußerung wird im Zuge der Entscheidung über die Gewährung des elektronisch überwachten Hausarrestes (EÜH) bei der gleichen Tätergruppe von Gesetz wegen verlangt. Des Weiteren kann von einem Anstaltsleiter bei argumentierter Zweckmäßigkeit – besonders schwere Entscheidung bezüglich einer freiheitsbezogenen Maßnahme bei einem Risikotäter (betrifft die §§ 99a, 126 und 147 StVG) – von der BEST eine Äußerung eingeholt werden. Grundsätzlich kommt der BEST aber die Funktion einer „Richtliniengeberin" in puncto Standards für solche fachlich fundierten und formellen Entscheidungen zu.

14.4.4 Psychologen im Maßnahmenvollzug

Gemäß den eine Unterbringung (Vollzug einer mit Freiheitsentziehung verbundenen Maßnahme) bestimmenden Paragraphen im StGB (§§ 21–24) kommen im StVG äquivalente Paragraphen zum Tragen (§§ 158 ff. StVG), so dass sich folgende Unterbringungsmöglichkeiten für Personen, über welche eine mit Freiheitsentziehung verbundene, vorbeugende Maßnahme vom Gericht verhängt wurde, im Vollzug ergeben:

- Anstalten für geistig abnorme Rechtsbrecher (§ 158 StGB)
- Anstalten für entwöhnungsbedürftige Rechtsbrecher (§§ 159 und 168 StVG)
- Anstalten für gefährliche Rückfallstäter (§§ 160 und 171 StVG)

Gemäß § 158 Abs. 4 StVG und § 161 StVG in Verbindung mit § 167a können nach § 21 Abs. 1 StGB psychisch kranke, zurechnungsunfähige Rechtsbrecher in einem öffentlichen Krankenhaus für Psychiatrie untergebracht werden, wo ebenfalls in der Regel Psychologie-Kollegen und -Kolleginnen im „forensischen" Klinik-Team tätig sind. Bezüglich dieser Unterbringungsarten gibt es ein explizites Betreuungs- und Behandlungsbekenntnis des österreichischen Strafvollzugs, weshalb der Betreuungsschlüssel tätiger Psychologen (wie auch anderer Fachteammitglieder wie z.B. Sozialarbeiterinnen und Sozialarbeiter) in diesen Vollzugsarten höher ist als im Regelvollzug.

14.4.5 Unterbringung für geistig abnorme Rechtsbrecher nach § 21 Abs. 1 StGB

Für die untergebrachten psychisch kranken Rechtsbrecher nach § 21 Abs. 1 StGB, die aufgrund ihrer Krankheitsbilder (zumeist schizophrene Erkrankungen, bipolare Störungsbilder, organisches Psychosyndrom) und der damit verbundenen Zurechnungsunfähigkeit laut StGB nicht zu bestrafen sind, also keine „Strafe" bekommen (können), sieht das StVG vor (§ 165), dass diese Klienten zur Erreichung der Vollzugszwecke (§ 164 StVG) und zur Aufrechterhaltung der Sicherheit und Ordnung in den zwei in Frage kommenden Justizanstalten so zu behandeln sind, wie es den Grundsätzen und anerkannten Methoden der Psychiatrie, Psychologie und Pädagogik entspricht. Diese besondere Bestimmung setzt hohe Anforderungen an die betreuerisch-behandlerische, therapeutische und klinische Arbeit der in diesem Bereich tätigen Psychologen.

Ziel der Maßnahme nach § 21 Abs. 1 StGB ist die bedingte Entlassung aus dieser Maßnahme (§ 47 StGB), welche möglich ist (Drei-Richter-Senat), sofern die Gefährlichkeit, gegen die sich die vorbeugende Maßnahme richtet (diese Maßnahme ist grundsätzlich zeitlich unbegrenzt), nicht mehr besteht. Das Ziel, Rehabilitation zu erreichen, kann von Seiten der zuständigen Forensischen Psychologen unterstützt werden, indem neben einer gut fundierten und gezielten klinisch-forensischen Diagnostik, einer – zumeist langfristigen – klinisch-psychologischen Einzelbehandlung und Einbindung in die Angehörigenarbeit und Gruppentherapien in der täglichen Praxis interdisziplinär mit den anderen Berufsgruppen gearbeitet wird. Auch nimmt die forensische Prognoseeinschätzung einen wichtigen Stellenwert ein, was die Lockerungen der Unterbringung und erste Freiheitsmaßnahmen betrifft. Es müssen je nach Aufgabenstellung und Aufforderung Stellungnahmen zum (aktuellen) psychopathologischen Status verfasst und Lockerungsprognosen erstellt werden.

Um die Untergebrachten (wieder) auf das Leben in Freiheit vorzubereiten oder/und um eine Behandlung außerhalb des Maßnahmenvollzugs durchzuführen, ist eine sog. Unterbrechung der Unterbringung (UdU) möglich, sofern aus gefährlichkeitsprognostischer Sicht eine solche Lockerung für einen Klienten in Frage kommt. Während einer solchen UdU können die Klienten auch in einem (zukünftig) möglichen Entlassungssetting, z. B. einer geeigneten (forensischen) Nachsorgeeinrichtung, das Wohnen erproben bzw. eine Tagesstruktur-Einrichtung u. dergl. besuchen. Den zuständigen Psychologen kommt in dieser Phase der Rehabilitation die Rolle zu, die Untergebrachten während und nach solchen UdU in Form von Reflexionsgesprächen zu begleiten bzw. Ereignisse (z. B. Ängste und Unsicherheiten) in Gesprächen aufzuarbeiten und lösungsorientiert mit den Klienten Strategien für etwaige Probleme zu erarbeiten. Empowerment und Recovery-Orientierung sind in dieser Phase mehr als gefragt.

14.4.6 Unterbringung für geistig abnorme Rechtsbrecher nach § 21 Abs. 2 StGB

Ähnliches gilt für die Unterbringung nach § 21 Abs. 2 StGB, für welche infrastrukturell in Österreich vier Justizanstalten in Frage kommen. Gemäß § 166 StVG ist zur Erreichung der Vollzugszwecke (§ 164 StVG) entsprechend dem Zustand der zurechnungsfähigen psychisch kranken Untergebrachten (vorherrschend sind Persönlichkeitsstörungen) psychiatrische, psychotherapeutische, psychohygienische und erzieherische Betreuungsarbeit zu leisten, wieder mit dem Ziel der bedingten Entlassung (grundsätzlich ist auch diese Unterbringungsmaßnahme zeitlich unbegrenzt; wiederum geht es um den Abbau

der Gefährlichkeit; jedoch ist die Unterbringung zugleich mit dem Ausspruch über die Strafe anzuordnen). Vergleicht man die bei der Tagung *Sicherungsverwahrung* in Celle 2009 gegebene Übersicht mit den ICD-10-Diagnosen, so ergibt ein Populationsvergleich für Österreich (s. Holzbauer & Klopf, im Druck) am ehesten eine Zuordnung zum Personenkreis der im Maßnahmenvollzug für geistig abnorme, zurechnungsfähige Rechtsbrecher angehaltenen Untergebrachten (§ 21 Abs. 2 StGB). Aus der Unbegrenztheit der zeitlichen Dauer einer Anhaltung nach § 21 Abs. 2 StGB und den Bestimmungen über die Entlassung aus dieser Maßnahmenunterbringung, wonach u. a. die Entwicklung des Angehaltenen und sein Gesundheitszustand Maßstab für die Beurteilung sind, ob die Gefährlichkeit noch besteht, wird von der Vollzugskammer OLG Linz abgeleitet, dass die strafvollzugsgesetzlich statuierte ärztliche Betreuungspflicht zu einem subjektiv-öffentlichen Recht verdichtet erscheint. Nach österreichischer Rechtsprechung hat der vom zeitlich unbegrenzten Maßnahmenvollzug bedrohte Untergebrachte ein Recht auf Behandlung.

Nach dem geltenden österreichischen Strafrecht ist man entweder zurechnungsfähig oder man ist nicht zurechnungsfähig ("zurechnungsunfähig"). Eine *verminderte Schuldfähigkeit* wie in Deutschland oder in der Schweiz kennt das österreichische Strafgesetzbuch nicht. Dazu ist zu bemerken, dass die psychiatrische Begutachtung der Zurechnungsfähigkeit wissenschaftlich nicht begründbar ist und daher für das Gericht nur eine Fachmeinung darstellen kann.

Neben Hochrisiko-Probanden findet sich im Maßnahmenvollzug nach § 21 Abs. 2 StGB ein hoher Anteil von notorischen Rückfalltätern mit vergleichsweise geringfügiger Deliktschwere. Diese Probanden befinden sich oft ein Vielfaches der zu verbüßenden Strafhaft im Maßnahmenvollzug und (aus verschiedenen Gründen) in keiner einschlägigen Behandlung wie z. B. Psychotherapie. Ein nicht zu unterschätzender Anteil der Probanden im Maßnahmenvollzug leidet an ausgeprägten Persönlichkeitsstörungen (Frühstörungen) mit zusätzlichem Alkohol- oder Drogenmissbrauch bzw. zusätzlicher -abhängigkeit. Sie weisen eine Art „Drehtürdelinquenz" auf, zeigen eine polymorphe Vordelinquenz, haben viele Vorstrafen, dabei relativ wenig Kapitaldelikte und sind eher kurzstrafig. Sie verüben ihre Delikte meist unter Substanzeinfluss, sind ausgesprochen impulsiv und verfügen über eine schlechte Verhaltenssteuerung. In diesem Zusammenhang führt insbesondere die verminderte Willensbildung dieser Probanden zu einer psychiatrischen Einweisung in den Maßnahmenvollzug. Des Weiteren ist die Fähigkeit, aus Strafe zu lernen, bei diesem Probandenkreis deutlich herabgesetzt, dies schlägt sich auch nieder in hoch signifikanten neuropsychologischen und psychophysiologischen Befunden (Klopf, 2005). Bei der Fragestellung der bedingten Entlassung aus dem Maßnahmenvollzug ist insbesondere ein zwischenzeitlich errungener Therapieerfolg zu beurteilen oder auch ein Behandlungssetting für einen etwaigen extramuralen Vollzug entsprechend detailliert aufzureißen. Auch zu dieser Fragestellung wären Sachverständige für Psychologie heranzuziehen.

Wenngleich die Behandelbarkeit dieser schweren Störungen international immer wieder diskutiert wird, ist es aus ethischer Sicht unumgänglich, diese „Patienten" bereits bei Haftantritt einem umfassenden sozialtherapeutischen Programm zuzuführen. Auf der Basis der aktuellen Diskussion zur Neurobiologie der Willensfreiheit wäre aufgrund der massiven Faktenlage hinsichtlich neuropsychologischer und psychophysiologischer Korrelate zumindest bei Grenzfällen des § 21 Abs. 2 StGB die Schuldfähigkeit generell zu diskutieren (Klopf et al., 2007), um eine teilweise Umschichtung auf ein Behandlungssetting im Sinne des § 21 Abs. 1

StGB zu ermöglichen. Damit wird aber die Bedeutung (neuro-)psychologischer Expertisen auch für diesen Probandenkreis betont.

14.4.7 Psychologische Sachverständigengutachten im Entlassungsverfahren von geistig abnormen, zurechnungsfähigen Rechtsbrechern in Österreich

Im Rahmen des forensischen Schwerpunktes in der Lehr- und Forschungspraxis des Ordinariats der Klinischen Psychologie der Universität Wien entstand eine Diplomarbeit („Psychologische Sachverständigengutachten im Entlassungsverfahren von geistig abnormen, zurechnungsfähigen Rechtsbrechern in Österreich" von Christine Brugger, 1999), die zusammen mit Wolfgang Werdenich (Leiter der Justizanstalt Wien-Favoriten) konzipiert wurde. Insgesamt wurden 44 Entlassungsverfahren mit 63 psychologischen und psychiatrischen Gutachten analysiert. 14 Verfahren führten zu einer bedingten Entlassung, die restlichen 30 Verfahren hatten eine weitere Anhaltung nach § 21 Abs. 2 StGB zur Folge. Die psychologischen Gutachten im Entlassungsverfahren aus der Maßnahme für geistig abnorme Rechtsbrecher wurden mit quantitativen und qualitativen Verfahren bezüglich ihrer inneren Struktur untersucht und psychiatrischen Sachverständigengutachten gegenübergestellt. Insgesamt wurden 32 psychologische und 31 psychiatrische Sachverständigengutachten untersucht. Obwohl in der aufgezeigten Stichprobe das Verhältnis an Gutachten zwischen Psychologen und Psychiatern recht ausgewogen ist, gibt es standespolitisch doch offensichtliche Unterschiede. Diese zeigen sich nicht nur in zahlreichen Gesetzen (vgl. StGB, StVG, StPO usw.), sondern v. a. beim Gebührenanspruch (GebAG) der einzelnen Sachverständigen. Es scheinen bei der Bestellung der/des Sachverständigen durch das Gericht in erster Linie die Person, der Status oder auch der Bekanntheitsgrad des/der Gutachters/in ausschlaggebend zu sein. Die dargestellte Arbeit setzt sich mit einem Bereich in der psychologischen und psychiatrischen Begutachtung auseinander, der allgemein ein sehr geringes gesellschaftliches und mediales Echo verursacht. Verschiedenste Ursachen sind verantwortlich für Mängel in diesen Gutachten. Es liegt aber nicht nur beim Gesetzgeber, sondern es sollte v. a. im Sinne der österreichischen Berufsgruppen von Psychologen und Psychiatern sein, qualitative Standards und Richtlinien auch in diesem Bereich durchzusetzen.

Interdisziplinäre Qualitätssicherung der forensischen Begutachtung hat die Optimierung des Sachverständigenbeweises und dessen Integration in die gerichtliche Entscheidung zum Ziel. Die Analyse von Gutachtenmängeln und Fehlerquellen bewirkt verstärkte interdisziplinäre Bemühungen von Strafrechtlerinnen, Forensischen Psychiaterinnen und Psychologen, v. a. auf der Ebene operationalisierter und strukturierter forensischer Dokumentation. In der Forensischen Labormedizin sind seit vielen Jahren Richtlinien und Qualitätsstandards etabliert. Nach Frank besteht

im Hinblick auf die Einbeziehung der Psychodiagnostik sowohl die Gefahr der Über- als auch der Unterschätzung. Die Anwendung von psychologischen Testverfahren ist ein ganz wichtiger Teil objektivierender Kontrolle im Rahmen einer hypothesegeleiteten Prozessdiagnostik. Der Einsatz von leistungs- und persönlichkeitsdiagnostischen Verfahren durch Personen ohne entsprechende psychodiagnostische Ausbildung oder Zusatzqualifikation ist eine fragwürdige Vortäuschung von Kompetenz. Ist doch die Kenntnis der theoretischen und methodischen Grundlagen, der Testkonstruktionen und Testgütekriterien, der Validität und Anwendungsbereiche, der Frage, welche Methode für welche Problemkonstellation indiziert ist, welche Interpretationsmöglichkeiten und Aussagegrenzen bestehen, ganz wesentlich. Bei Mehrfachbegutachteten ist es zudem

entscheidend, über ein breites Methodeninstrumentarium zu verfügen, um Leerlauf und Redundanz sowie Überdruss beim zu Untersuchenden zu vermeiden. Frank (1998)

14.5 Anregungen zur Qualitätssicherung im Bereich der Forensischen Neuropsychologie in Österreich

Die Neuropsychologie ist eine wissenschaftliche Disziplin, die sich mit den zentralnervösen Grundlagen des menschlichen Verhaltens und Empfindens beschäftigt. Die Forschungsmethoden der Neuropsychologie entstammen, wie es dem Gegenstand des Forschungsgebietes entspricht, zu etwa gleichen Teilen der klassischen Psychologie und den medizinischen Disziplinen Neurologie, Neuroanatomie und Neurophysiologie. (Sturm & Hartje, 2002, S. 1)

Dementsprechend wurden österreichische Neuropsychologen in der Vergangenheit auch für die Fachgebiete Neurologie und Psychiatrie in die Sachverständigenlisten eingetragen. Obwohl die Fachbereiche Neurologie und Psychiatrie heute eigenständig sind, wird dies von Gerichten traditionell nicht so eng gesehen (vgl. auch Jasper, 1991, S. 23). Klinische Psychologen und Neuropsychologen werden allzu oft nur als Hilfsgutachter betrachtet. Ein Neuropsychologe kann von Medizinern dennoch nicht als Hilfs-Sachverständiger herangezogen werden, da der Hauptgutachter zum Beispiel aus den Fachbereichen Neurologie oder Psychiatrie „kraft seiner Sachkunde" nicht „die Verantwortung für die Richtigkeit des Hilfsgutachtens übernehmen kann" (Jelinek, 1990, S. 59). Mit dem Inkrafttreten der Ärztinnen-/Ärzte-Ausbildungsordnung 2006 ist die „Anwendung", somit die Fähigkeit zur Durchführung psychiatrisch-psychologischer Testuntersuchungen nicht weiterhin Ausbildungsinhalt des Fachgebiets eines Facharztes für Psychiatrie und psychotherapeutische Medizin. Mit dem Nomenklatur-Erlass 2010 erfolgt die Eintragung für Klinische Neuropsychologen nun für das Fachgebiet „Klinische Psychologie (inkl. Suchtmittel, Traumatisierung, Neuropsychologie)".

Für den österreichischen Rechtsraum halten Strubreither und Maly (2004, S. 191) fest: „Neuropsychologische Gutachten werden insbesondere im Rahmen der Entscheidungsfindung über Rehabilitationsmaßnahmen, Berufswahl, Umschulungsmöglichkeiten und in Bezug auf Versorgungs- und Entschädigungsansprüche sowie in Arbeits-, Sozial- und Strafrecht angefordert." Tatsächlich kommen in Österreich im Zuge von neuropsychologischen Begutachtungen immer noch zum Teil überalterte Untersuchungsverfahren zum Einsatz. Manche sachverständige Kollegen verfügen nicht „über die besondere Sachkunde samt den erforderlichen technischen Gerätschaften" (Attlmayr, 2006 a, S. 15). Sicherlich ist die Erforschung der menschlichen Intelligenz eine der erfolgreichsten Langzeitbemühungen der Psychologie in den letzten 100 Jahren (Geary, 2005, S. 253). Allerdings sind IQ-Summenwerte nicht nützlich, um kognitive Leistungen zu beschreiben. Vor allem in der neuropsychologischen Untersuchung sind IQ-Werte oft unreliable Kennwerte für den neuropathischen Abbau (Lezak et al., 2004, S. 21).

Dennoch wird z. B. mit dem *Reduzierten-Wechsler-Intelligenztest* (WIP von Dahl, 1972, 1986) häufig ein nicht *ausreichend standardisierter Intelligenztest* im Sinne der WHO, auch im österreichischen Strafvollzug (Dreyße, 2010, S. 21), herangezogen. Ebenso wird häufig der veraltete *Mehrfachwahl-Wortschatz-Intelligenztest* (MWT-B) zur Abschätzung der prämorbiden Verbalintelligenz herangezogen, obwohl hiermit der HAWIE-R Verbal-IQ durchschnittlich um 17 IQ-Punkte überschätzt wird (Satzger et al., 2002). Sehr gerne werden die *Standard Progressive Matrices* von Raven in Gutachten als *culture fair* und sprachfrei bezeichnet,

was nicht unumstritten ist (Lezak et al., 2004, S. 579 f.; Uzzel, 2007, S. 11).

Obwohl mit der Normierung des CVLT (Niemann et al., 2008) und dem VLMT (Helmstaedter et al., 2001) gut normierte Wortlistenverfahren verfügbar sind, wird in österreichischen Gerichtsgutachten in Einzelfällen immer noch der *Arnold-Kohlmann-Gedächtnistest* aus dem Jahre 1953 oder die *Luria-Wortliste* gefunden. Im Gedächtnisbereich findet immer noch der *Benton-Test* Anwendung, allerdings wird bei diesem Untersuchungsverfahren ein veraltetes globales Hirnschadenkonzept verfolgt (Kaschel in Schellig et al., 2009, S. 451). Immer wieder wird die veraltete *Wechsler-Memory-Scale* (WMS mit den Normen von Böcher, 1963 bzw. Brix, 1982) durchgeführt, obwohl hier die deutlich verbesserte (vgl. Cramon et al., 1993, S. 113) WMS-R (Härting et al., 2000) zum Einsatz kommen könnte.

Eine besondere Stärke von neuropsychologischen Untersuchungsverfahren ist im Bereich der Beschwerdevalidierung zu sehen (vgl. Rogers, 2008; Brauer Boone, 2007). Naive Untersucher dürften kaum in der Lage sein, angeleitete Simulanten zu erkennen, es sei denn, auch diese simulationssensiblen Verfahren würden gecoacht (Stevens & Merten, 2007, S. 98).

Die Fünf-Faktoren-Theorie („Big-Five") stellt für viele die am besten etablierte Persönlichkeitstheorie dar (Hawley & Buss, 2011, Xiii). Dennoch wird der NEO-PI-R oder der NEO-FFI in österreichischen Gerichtsgutachten kaum verwendet. Regelmäßig kommen hingegen Kurzformen des MMPI (z. B. Gehring & Blaser, 1993, mit 221 Items) zum Einsatz. Entsprechend dem Stand der Wissenschaft sind MMPI-Kurzformen mit weniger als 360 Items grundsätzlich in Frage zu stellen. Der Einsatz von Kurzformen des MMPI-2 ist nicht akzeptabel (Graham, 2006, S. 16). Selbst Kliniker, welche diese Kurzformen verwenden, müssen darlegen, dass dies empirisch nützlich ist (Greene, 2000, S. 286). Mittels 71 Items

(*Mini-Mult* nach Kincannon, 1968) Rückschlüsse auf die einzelnen Skalen der Gesamtversion ziehen zu wollen, muss als Kunstfehler bewertet werden. Das *Psychopathologische Kurzverfahren* (PPKV) wurde entsprechend den Autoren (Hennig & Mehl, 1974, S. 57) für einen „Staat sozialistischer Ordnung" adaptiert. Die Verwendung des PPKV bei Häftlingen entspricht selbstverständlich nicht dem Stand der Wissenschaft (Butcher & Hostetler, 1990; Basset et al., 1977). Neben diesem Verfahren aus der DDR kommen leider auch Persönlichkeitsverfahren, welche entsprechend der nationalsozialistischen „deutschen Charakterkunde" entwickelt wurden (vgl. *Wartegg-Zeichentest*: Die „Schichtentheorie" als „Leitfossil" der Persönlichkeitsforschung des Nationalsozialismus; s. Scheerer, 1985, S. 65), auch heute noch in österreichischen Gerichtsgutachten zur Anwendung. Ein Gerichtspsychiater vermeinte sogar hiermit Persönlichkeitsstörungen diagnostizieren zu können.

Bei derartigen Fällen, führt Klaus D. Kubinger vom Institut für Psychologie der Universität Wien aus, wären „dort, wo Nicht-PsychologInnen tatsächlich Gutachten durchführen, die fachpsychologisch nicht nachvollziehbar oder, sogar schlimmer, fahrlässig, grob oder leicht fahrlässig falsch sind", diese dann „anzuprangern" (Kubinger, 1997, S. 15). Die „Standards für psychologisches Testen" (Häcker et al., 1998) sollten auch in Österreich mehr Beachtung finden.

14.5.1 Begutachtung im österreichischen Asylverfahren

Hierzu werden Psychiater, Psychotherapeuten und Klinische Psychologen als Gutachter herangezogen. Die Fragestellung bezieht sich in der Regel zunächst auf das Vorliegen psychischer Störungen und ggf. deren Behandlung. Es wird somit eine umfangreiche Untersuchung in Bezug auf sämtliche psychische Störungen entsprechend dem DSM-IV-TR und/bzw. ICD-10 gefordert. Häufig werden Gutachten von Psychotraumatologen erstellt, welche lediglich das Vorhandensein einer posttraumatischen Belastungsstörung mittels Verhaltensbeobachtung überprüfen. Es muss allerdings darauf verwiesen werden, dass Studien zeigten, dass Kliniker anhand der Verhaltensbeobachtung oder der klinischen Untersuchung keine Möglichkeit haben, festzustellen, ob falsche oder ungenaue Informationen angegeben werden. In einer auf posttraumatische Belastungsstörungen spezialisierten Klinik wurde im Laufe einer Studie kein einziger von sechs Schauspielern, welche eine posttraumatische Belastungsstörung simulierten, aufgedeckt (Rosen, 2004, S. 1292).

14.5.2 Begutachtung der Testier- und Geschäftsfähigkeit

Bei der Begutachtung der Testier- und Geschäftsfähigkeit werden Neurologen, Psychologen und Psychiater herangezogen. Besachwaltungsverfahren sind eine sehr ernste Angelegenheit, da sie mit einer deutlichen Einschränkung der Rechte und der Autonomie des Patienten einhergehen (Marson & Herbert, 2005, S. 336). Die Annahme, dass jemand rein aufgrund seines exzentrischen Verhaltens oder wegen nicht ratsamen Entscheidungen besachwaltet wird, gefährdet das grundsätzliche Recht auf Freiheit dieser Person (Grisso & Appelbaum, 1998, S. 34). Im deutschsprachigen Raum sind die internationalen Entwicklungen zur Feststellung der Geschäfts- und Testierfähigkeit (z. B. Marson & Hebert, 2005; Grisso et al., 1998; Grisso, 2003), auch sog. neuropsychologische Autopsien (Greiffenstein, 2005) kaum bekannt.

Nach Lezak et al. (2004, S. 698) handelt es sich beim *Mini-Mental-Status-Test* (MMST) um die einzige formale Prozedur zur Beurteilung kognitiver Funktionen in neurologischen und psychiatrischen Untersuchungen. Der Stand der Wissenschaft im Fachbereich Neuropsychologie ist allerdings, dass der MMST gewöhnlich nur Hinweise dahingehend geben kann, ob das allgemeine Funktionsniveau für standardisierte Untersuchungstechniken zu niedrig ist (Lezak et al., 2004, S. 698). Ein Screening führt keinesfalls zu einer Diagnose (Mitrushina, 2009, S. 118). Andererseits gab es in Österreich auch Fälle, in denen z. B. eine über 90-Jährige noch vor der Testamentsunterzeichnung beim Notar von einem Neurologen untersucht und kognitiv als intakt eingeschätzt wurde. Ein Gerichtspsychiater vermeinte Jahre nach dem Ableben der Dame, dass sie zum Zeitpunkt der Testamentsunterzeichnung dennoch dement bzw. paranoid gewesen wäre, was die Rechtssicherheit bei Erbangelegenheiten in Österreich nicht gerade erhöht.

Psychiater und Neurologen verwenden bei einer Geschäftsfähigkeitsuntersuchung gerne einzelne Untertests, wie z. B. das *Bilderergänzen* aus dem WIP, und errechnen hieraus einen *Gesamt-IQ*. Bei leichter bis mäßig schwerer Alzheimer-Erkrankung, aber auch bei diffus geschädigten Schlaganfall-Patienten ist das Ergebnis beim Bilderergänzen allerdings das beste oder eines der besten Ergebnisse beim *Wechsler-Intelligenztest für Erwachsene* (WIE). Hier kann nur darauf verwiesen werden, dass auch in der Forensischen Psychiatrie der Einsatz von psychologischen Untersuchungsverfahren (für deren Anwendung, Auswertung und Interpretation Psychiater und Neurologen in der Regel nicht ausgebildet wurden) inzwischen sehr kritisch gesehen wird. So führt z. B. Sadoff (2011, S. 87) aus, dass es der Forensischen Psychiatrie schade, wenn diese Verfahren von Psychiatern verwendet würden, da Psychologen jahrelang hierfür ausgebildet worden sind. Dem kann aus österreichischer Sicht nur zugestimmt werden: Sachverständige dürfen ihrem „Gutachten

lediglich solche Methoden und Lehrmeinungen zugrunde legen, die in den maßgeblichen Fachkreisen als zweifelsfrei richtig und zuverlässig anerkannt sind" (Attlmayr, 2006 a, S. 15).

Bei postmortalen Einschätzungen der Geschäfts- und Testierfähigkeit wird in Österreich häufig die *Interpolation nach Cording* herangezogen. Für Cording (2009, S. 174) steht und fällt die Aussagekraft posthumer Gutachten mit dem Umfang und v. a. der Qualität verfügbarer Anknüpfungstatsachen. Grundsätzlich kann der von Cording verwendete „juristische Krankheitsbegriff", welcher „seit über 100 Jahren Gültigkeit" habe (Cording, 2009, S. 173), nicht unüberprüft herangezogen werden, da dieser „nicht unabhängig von dem damals vorherrschenden Bild psychischer Erkrankungen verstanden werden" kann (Habermeyer & Saß, 2002, S. 1094).

Die wissenschaftliche Neuropsychologie sollte sich – zumindest im Prinzip – gegenüber wechselnden Launen, Gesetzen, populären Überzeugungen und politischen Kräften resistent zeigen. Wie auch immer, rechtliche Entscheidungen sind nicht nur durch populäre Überzeugungen und politische Trends beeinflusst, es wird sogar erwartet, dass sie derart beeinflusst werden (Greiffenstein & Cohen, 2005, S. 35).

14.6 Ausblick

Die intuitive Lebenserkenntnis „Alles ist Psychologie" ist als conditio humana allen Menschen- und Berufsgruppen zugestandenermaßen gleich zugänglich, nichtsdestotrotz muss Psychologie (Giegerich, 1994) in einem dialektischen Prozess erst „erworben" werden. Recht und Mensch bilden eine Einheit. „Das Recht verwirklicht sich nicht in einem ‚künstlichen', in sich geschlossenen juristischen System, sondern in der ‚natürlichen' Lebenswelt" (Müller, 2010). Die Psychologie ist neben Biologie, Medizin, Soziologie, Philosophie und Theologie eine der Leitdisziplinen in der Frage, was den Kern des Menschen ausmacht. Das herrschende biopsychosoziale Krankheitsmodell des Menschen fordert darüber hinaus implizit eine interdisziplinäre Zusammenarbeit auf breiter Basis. In jüngerer Zeit sind es v. a. die Wissenschaftszweige mit dem Präfix „Neuro-", die im Brennpunkt der Auseinandersetzung stehen. Diesbezüglich sei auf das „Manifest der Hirnforschung"[7] verwiesen, welches rechtsrelevante Provokationen aus dem Bereich der Neurobiologie, Neuropsychologie und Neurophilosophie, insbesondere zur Frage der Willensfreiheit, zur Folge hatte.

Bei näherer Betrachtung zeigt sich, dass das Gebiet der Rechtspsychologie ein weites Betätigungsfeld für Psychologen darstellt. Zu den Kernkompetenzen der gerichtlich tätigen Rechtspsychologen ist die psychologische Diagnostik mit entsprechend wissenschaftlich validierten und normierten Testverfahren zu rechnen. Durch die Breite rechtsrelevanter Fragestellungen, der Vielfältigkeit psychischen Wesens und psychischer Störungen und der wachsenden Fülle an diagnostischen Instrumenten werden hohe fachliche Anforderungen an die Experten gestellt. Die fachgerechte Auswahl, Durchführung und Interpretation psychologischer Testverfahren wird daher zunehmend ins Zentrum der Diskussion um die Qualitätssicherung geraten. Davon betroffen sind naturgemäß auch die Anforderungen an die Qualität der entsprechenden Aus- und Fortbildungsaktivitäten.

Gerichtliche Fragestellungen an den forensischen Sachverständigen (wie z. B. die Schuldfähigkeit) sind in der Regel wissenschaftlich prinzipiell unentscheidbar (vgl. Foerster, nach Mitterauer, 2009, S. 359 f.).

Bei Entscheidungen über prinzipiell unentscheidbare Fragen müssen wir die Verantwortung für diese übernehmen. Bezüglich der Methodenwahl besteht für den Sachverständigen Wahlfreiheit, diese Wahl ist grundsätzlich wissenschaftlich begründbar. Insofern wird die Frage der Methodenwahl auch in foro zunehmend Gegenstand der Auseinandersetzung sein.

Wie beispielhaft gezeigt werden konnte, ist der psychologische Sachverstand in vielen Bereichen des Rechts federführend gefragt. Dazu gibt es in Österreich bereits eine solide Qualitätssicherungsstruktur durch Universitätsausbildung, postgraduelle Ausbildungen mit ministerieller Listenführung und einen gesetzlich verankerten Titel- und teilweisen Tätigkeitsschutz. Aus- und Fortbildungen mit hoher Qualität werden insbesondere durch die Berufsverbände und in Hochschullehrgängen angeboten. Zusätzliche Qualitätssicherungsmaßnahmen im Bereich der psychologischen Diagnostik werden einen wesentlichen Baustein darstellen, die Akzeptanz der gutachterlichen Sachverständigentätigkeit von Psychologen bei Gericht auf eine noch breitere Basis zu stellen.

Weiterführende Literatur

Giacomuzzi, S. & Erhard, R. (Hrsg.). (2010). *Brennpunkte familienpsychologischer Begutachtung in Österreich.* Wien: Krammer.

Holzbauer, A. & Klopf, J. (2011). Maßnahmenvollzug in Österreich: Sozialtherapie. In B. Bannenberg & J.-M. Jehle (Hrsg.), *Gewaltdelinquenz. Lange Freiheitsentziehung. Delinquenzverläufe* (S. 345–354). Mönchengladbach: Forum Verlag Godesberg.

Maly, J. & Strubreither, W. (2006). Die Geschichte der klinischen Neuropsychologie in Österreich. In J. Lehrner, G. Pusswald, E. Fertl, W. Strubreither & I. Kryspin-Exner (Hrsg.), *Klinische Neuropsychologie. Grundlagen – Diagnostik – Rehabilitation* (S. 15–24). Wien: Springer.

---

7 http://www.gehirn-und-geist.de/artikel/ 839085; Aufruf 01.06.2011

Kontrollfragen

1. Wie ist die Situation der Rechtspsychologie in Österreich?
2. In welchen Bereichen arbeiten Rechtspsychologen in Österreich hauptsächlich?
3. Wie verläuft die Zertifizierung zum Gerichtssachverständigen in Österreich?
4. Welche Rolle spielen Rechtspsychologen im österreichischen Straf- und Maßnahmenvollzug?
5. Welche Qualitätssicherungsmaßnahmen für die rechtspsychologische Tätigkeit gibt es in Österreich?

15 Rechtspsychologie und Forensische Psychologie in der Schweiz

Martin Brandenstein

15.1 Einleitung

In der forensisch- und rechtspsychologischen Forschung, Lehre und Praxis der Schweiz bildet sich die gesamte Vielfalt der auch im Übrigen (international) bekannten und relevanten Fragestellungen ab. Die Eidgenossen weisen bereits eine durchaus beeindruckende einschlägige institutionelle Repräsentierung auf, obwohl die Rechtspsychologie erst innerhalb der letzten gut zehn Jahre systematisch erschlossen wurde. Das in Deutschland nach wie vor relativ geringe Interesse an Vermittlung, Inanspruchnahme und dauerhafter Implementierung forensisch-psychologischer Methoden und Inhalte ist in der Schweiz, zumindest gemessen an der Geschwindigkeit der Fortschritte in den letzten Jahren, insgesamt weniger eklatant. Mittelfristig scheinen sich die schweizerischen Aktien der Forensischen und Rechtspsychologie hinsichtlich ihrer Anerkennung und Förderung weiterhin eher nach oben als nach unten zu bewegen. Die universitäre – strukturelle wie personelle – Vertretung der Rechtspsychologie und Forensischen Psychologie ist v. a. in Anbetracht der geringeren Größe der Schweiz, aber auch vor dem Hintergrund ihres noch sehr jungen Alters als beachtlich zu bezeichnen: Das rechtspsychologische Lehr- und Forschungsangebot dürfte in der Schweiz in Relation zur Gesamtzahl der Studierenden großzügiger ausfallen als etwa in Deutschland. Freilich kann auch in der Schweiz das schon bestehende Angebot noch immer nicht mit dem steil angewachsenen Bedarf an forensisch ausgebildeten Sachverständigen mithalten. Dies entspricht einer Entwicklung, wie sie sich auch für die Kriminologie als übergreifende theoretische Pendant-Disziplin beobachten lässt. „Schnittpunktdisziplinen" scheinen es im Allgemeinen nach wie vor schwer zu haben, sich gegenüber traditionell tief verwurzelten „Grundlagenfächern" auch nur als Annex- oder Unterfächer institutionell nachhaltig zu etablieren. Die zu konstatierende Trägheit bei der Steigerung eines einschlägigen universitären Angebots hält nicht Schritt mit der Nachfrageentwicklung, die sich beileibe nicht nur wissenschaftlich und praktisch, sondern etwa auch seitens der Studierenden in der Lehre registrieren lässt. Noch immer, auch in der Schweiz, sind die Defizite allein mit Blick auf den enorm gestiegenen praktischen Bedarf an Sachverständigen weder nachvollziehbar noch tragbar.

Diese allgemeinen Einschätzungen vorausgeschickt lässt sich für die Schweiz eine ganze Reihe von ermutigenden Entwicklungen benennen, die mit der Einrichtung von universitären und außeruniversitären Lehrangeboten einhergehen und die in verschiedenartiger Weise zur Verbreitung, Vertiefung und Anwendung des Wissens auf rechts- wie forensischpsychologischem Gebiet in der Schweiz beitragen. Grundsätzliches Problembewusstsein und Interesse an entsprechenden Fragestellungen sind in der Schweiz vorhanden.

15.2 Gegenwärtiger Stand des Selbstverständnisses der Forensischen Psychologie und Rechtspsychologie in der Schweiz

Die Rechtspsychologie ist in der Schweiz eine besonders junge Teilwissenschaft. Sie steckt in der Schweiz „noch in den Kinderschuhen, obwohl gerade schweizerische Fachleute zu einigen Teilfragen wichtige Beiträge geliefert haben" (Reinfried, 2001, S. 1). Das hängt auch damit zusammen, dass die Schweiz ein ungewöhnlich heterogen strukturiertes Land ist, dessen Vielfalt sich bereits in den verschiedenen Sprachgebieten widerspiegelt. So galten in jedem Kanton unterschiedliche Gesetze, was die Entwicklung und Etablierung einer einheitlichen Wissenschaft wie die der Rechtspsychologie erschwert hat und auch heute noch nachhaltigen Entwicklungsbestrebungen im Wege steht. Gibt es auch in der Schweiz bereits seit Dekaden Tätigkeitsfelder, die mit Fragestellungen zu tun haben, die sich der Rechtspsychologie zuordnen lassen, so spricht man erst seit einigen Jahren auch unter den Eidgenossen von einer „Rechtspsychologie". Reinfried zählt dazu etwa die forensische Begutachtung von Kindern, Jugendlichen und Erwachsenen; die Glaubhaftigkeitsbegutachtung von Zeugen- oder von Opferaussagen in Strafprozessen; die zivilrechtliche Begutachtung zur Kindeszuteilung bei Scheidungen; Begutachtung für Versicherungen zur Arbeitsfähigkeit oder zu psychischen oder neuropsychologischen Schädigungen nach traumatisierenden Ereignissen; Begutachtung zur Abschätzung der Invalidität; Begutachtung zur Verkehrstauglichkeit; Begutachtung zur Feststellung der psychischen Militärdiensttauglichkeit; ambulante und stationäre psychotherapeutische Behandlung von Straftätern und Opfern von Straftaten; Erarbeiten und Durchführen von Konzepten zur Prävention im Bereich Kriminalität (Reinfried, 2000, S. 1). Korrespondierend dazu verschaffte sich auch die rechtspsychologische Forschung immer mehr Gehör, indem Fragen nachgegangen wurde, welche die einheitliche und zweckmäßige Funktionsweise des Rechts betrafen: Welche psychologischen Faktoren tragen dazu bei, dass ein Gesetz verändert wird, und welche Auswirkungen auf psychische Faktoren in der Bevölkerung können wir von neuen Gesetzen erwarten? Welche Faktoren wirken auf Polizisten und Richter bei ihrer Arbeit und wie lassen sie sich beeinflussen? Dienen neue gesetzliche Abläufe der Beruhigung der verunsicherten Bevölkerung oder wirken sie sich auf Kriminalität dämpfend aus (Reinfried, 2000, S. 1)?

Rechtspsychologie und Forensische Psychologie, wie diese Darstellung schon zeigt, werden auch in der Schweiz als vielfach miteinander verwobene Praxis- und Forschungsbereiche angesehen. Die Forensische Psychologie wird jedoch allgemein als ein Teilgebiet der Rechtspsychologie verstanden, da der Reflexionsgrad der Rechtspsychologie einerseits breiter, andererseits aber auch tiefer angelegt ist, insofern sie auch sich selbst und ihre Auswirkungen erforscht.

In der Schweiz herrscht die gewiss Zustimmung verdienende Auffassung vor, dass es kaum einen einzigen Rechtspsychologen gebe, der die ganze Palette von Fragestellungen allein kompetent zu bearbeiten imstande sei. „Zu viele Randbedingungen sind in den Teilgebieten gesetzt, so dass sich Spezialistentum aufdrängt. Allen Rechtspsychologen und -psychologinnen gemeinsam ist, dass sie in ihrer Arbeit gesetzliche Normen berücksichtigen und ihr Wissen für andere Berufsgruppen nutzbar und nachvollziehbar darstellen müssen" (Reinfried, 2000, S. 1). Auch die Schweiz setzt sich nicht nur mit methodischen und inhaltlichen Problemen bei der Begutachtung, sondern etwa auch mit den dabei vielfältig auftretenden ethischen Konflikten auseinander, hinkt also auch insofern etwa der deutschen Diskussion nicht hinterher.

Ganz ähnlich zur Situation in Deutschland verhält es sich in der Schweiz auch mit den Voraussetzungen und Qualifikationen, die vorzuweisen sind, um von einem Gericht als Gutachter ernannt werden zu können: „Zur Zeit werden die Gutachter in der Schweiz zu Gutachtern, weil sie von einem Gericht einfach dazu ernannt werden. Aber die Funktion zieht natürlich noch nicht automatisch die Fachkompetenz nach sich" (SGRP, 2009, S. 1). Dessen ungeachtet hat sich inzwischen ein Kern an einschlägig qualifizierten Psychologen und Psychiatern in der Schweiz gebildet. Dies ist nicht nur als Ausfluss der bereits bestehenden speziellen Ausbildungsangebote (vgl. hierzu sogleich) aufzufassen; diese Entwicklung wurde schweizerischen Gutachtern durch die Rechtsprechung des schweizerischen Bundesgerichts, in welche sowohl angelsächsische als auch deutsche Einflüsse einflossen, mehr oder weniger aufgedrängt. So wurden aus einem im amerikanischen Case-Law einschlägigen Fall Kriterien abgeleitet, mittels derer beantwortet werden können soll, ob eine Begutachtung wissenschaftlichen Standards genügt: 1) Die Expertenzeugenaussage muss sich auf eine hinreichende Zahl von aussagekräftigen Fakten und Daten stützen, 2) die Expertenaussage muss das Produkt der Anwendung objektivierbarer Prinzipien und Methoden sein und 3) der Experte muss die Prinzipien und Methoden auf reliable Art in seinem Gutachten-Auftrag anwenden. Selbstkritisch wird jedoch konzediert, dass, „um diesen Standards zu genügen, der Weg für viele helvetische Gutachter – Psychiater und Psychologen – allerdings noch weit [ist]" (SGRP, 2009, S. 1).

15.3 Die Schweizerische Gesellschaft für Rechtspsychologie (SGRP)

Jeweils für die Rechtspsychologie und die Forensische Psychologie haben sich eigene Schweizerische Gesellschaften gebildet.

Erst 1998 ist die *Schweizerische Gesellschaft für Rechtspsychologie (SGRP)* als Gliedverband der *FSP (Föderation Schweizer Psychologen und Psychologinnen)* ins Leben gerufen worden. Die Gesellschaft rekrutierte sich zu Beginn aus einer Arbeitsgruppe von Psychologen im Strafvollzug. Da deren Anstellungen mit häufigen Stellenwechseln einhergingen, schlug es einige in Arbeitsverhältnisse, welche das Arbeiten in Bereichen, die jenen des Strafvollzugs nahestanden, mit sich brachten. Es erwuchs das Bedürfnis, neue Erfahrungen aus verschiedenen Bereichen zu integrieren und ein Forum für entsprechenden Erfahrungsaustausch zu etablieren, was schließlich in die Gründung der Gesellschaft mündete. Sie sollte das gesamte thematische und tätigkeitsbezogene Spektrum der Rechtspsychologie repräsentieren.

Schnell vernetzte sich die Gesellschaft innerhalb der Schweiz und in Europa. Inzwischen arbeitet sie mit anderen Gesellschaften zusammen, welche in ihrer Zusammensetzung die Interdisziplinarität der Rechtspsychologie widerspiegeln. So nutzt sie intensiv Kontakte zu Gesellschaften für Soziologie, Kriminologie, Jurisprudenz und Psychiatrie.

Ihre Aktivitäten bestehen darin, interne Weiterbildungsveranstaltungen durchzuführen und ihren Mitgliedern eine Plattform für den kollegialen Austausch zu bieten. Auch wird gegenwärtig ein Curriculum erarbeitet, das den FSP-Kriterien entspricht, welches in teilweiser Zusammenarbeit mit ausländischen Universitäten und Vereinigungen verwirklicht werden soll. Die Mitglieder des SGRP arbeiten in unterschiedlichsten Tätigkeitsfeldern. Unter anderem übernehmen sie Gutachtenaufträge zu straf- und zivilrechtlichen Fragestellungen; als Psychotherapeutinnen und Psychotherapeuten übernehmen sie angeordnete Maßnahmetherapien mit Kindern, Jugendlichen und Erwachsenen; sie beraten Institutionen des Maßnahme- und Strafvollzugs; sie führen sog. Risk-Assessments u. a. an Schulen, in Betrieben und bei Polizeieinsätzen durch; sie sind bei der Polizei in der Personalselektion und -weiterbildung tätig; sie sind aktiv im Bereich der Opferhilfe. Schließlich sind die Mitglieder auch in der Forschung mit der Planung, Entwicklung, Durchführung, Auswertung und Publikation wissenschaftlicher Studien an einzelnen Zentren und in nationalen und internationalen Forschungsverbünden befasst, wo u. a. die Qualität psychologischer Begutachtungen überprüft, die Reaktionen und Bedürfnisse von Verbrechensopfern miteinander verglichen sowie die richterliche Entscheidungsfindung aus psychologischer Sicht analysiert werden. Die Spannweite der Tätigkeitsfelder der Mitglieder der SGRP ist also beachtlich. Weitere Informationen zur SGRP, u. a. auch zu Tagungen, Weiterbildungsmöglichkeiten und Praktika im Bereich der Rechtspsychologie lassen sich der Homepage der SGRP[1] entnehmen.

15.4 Die Schweizerische Gesellschaft für Forensische Psychiatrie (SGFP)

Die *Schweizerische Gesellschaft für Forensische Psychiatrie (SGFP)*[2] befasst sich, wie der Name schon sagt, mit forensisch-*psychiatrischen* Fragestellungen, grenzt sich insofern also ausdrücklich ab von der Befassung mit genuin forensisch- (und rechts-) *psychologischen* Tätigkeitsfeldern.

Unter anderem ist die SGFP in folgenden Bereichen aktiv: Förderung der wissenschaftlichen und praktischen Tätigkeit der forensisch-psychiatrischen Institutionen in der Schweiz; Förderung der forensisch-psychiatrischen Tätigkeit von niedergelassenen Fachärztinnen und Fachärzten für Psychiatrie und Psychotherapie sowie Kinder- und Jugendpsychiatrie und -psychotherapie; Angebot forensisch-psychiatrischer Aus-, Weiter- und Fortbildungen; Vergabe von Zertifikaten gemäß besonderem Reglement; Erarbeitung von Qualitätsstandards für forensisch-psychiatrische Begutachtung und Therapie; Beratung von Behörden in forensisch-psychiatrischen Belangen; Wahrnehmung standespolitischer Interessen; Kontaktpflege zu Organen der Rechtspflege; Kontaktpflege mit nationalen und internationalen Fachgesellschaften mit ähnlicher Zielsetzung, Förderung kollegialer Beziehungen unter den Mitgliedern.

Die Gesellschaft gliedert sich in drei Sektionen, welche sich selbst organisieren (Deutschsprachige Sektion, Lateinische Sektion, Sektion Kinder- und Jugendforensik) und besteht aus ordentlichen Mitgliedern, assoziierten Mitgliedern und Ehrenmitgliedern.

---

1 http://www.rechtspsychologie.ch/index.html; Aufruf 01.08.2011

2 http://www.swissforensic.ch/site/index.cfm/ id_art/26 852; Aufruf 01.08.2011

15.5 Weitere institutionelle, insbesondere universitäre Vertretungen der Forensischen Psychologie und Rechtspsychologie in der Schweiz

15.5.1 Universität Bern

Nachdiplomstudiengang Rechtspsychologie im Rahmen des interdisziplinären Studienangebots „SCIP"

Einzigartig in der Schweiz ist die an der Universität Bern gebotene Möglichkeit, einen *Nach*diplomstudiengang, der den Namen „SCIP" (School of Criminology, International Criminal Law and Psychology of Law[3]) trägt, zu absolvieren. Bei der SCIP handelt es sich um eine interfakultäre Einheit der Universität Bern, die eine rechts- und sozialwissenschaftliche Weiterbildung über fachspezifische Lehrgänge zur Kriminologie, zum internationalen Strafrecht und zur Rechtspsychologie anbietet.

Wie der Homepage der SCIP (s. Fußnote 3) zu entnehmen ist, wird in Rechtspsychologie der Titel des *Master of advanced studies in Psychology of Law* vergeben, der unter Berücksichtigung der Richtlinien der Förderation Schweizer Psychologen und Psychologinnen (FSP) zur Führung des Titels *Fachpsychologin/Fachpsychologe für Rechtspsychologie FSP* berechtigt. Die anderen Lehrgänge führen im Übrigen zu universitär anerkannten diplomierten Abschlüssen mit den Titeln *Master of advanced studies in Criminology* (LL. M.), *Master of advanced studies in International Criminal Law* (LL. M.) bzw. *Diploma of advanced studies*

in Criminology (DAS) und *Diploma of advanced studies in International Criminal Law* (DAS). Dabei sind 20 bis 30 % des Lehrangebots für alle Absolventen der drei Studiengänge (also auch der Rechtspsychologie) obligatorisch. Ohnehin wird seit Jahren im Rahmen des sog. *Berner Forums für Kriminalwissenschaften (BFK)* eine interdisziplinäre Zusammenarbeit praktiziert, an der auch benachbarte Gebiete und Institutionen (Forensische Psychiatrie, Rechtsmedizin, Gefängnisseelsorge, Weiterbildung des Obergerichts) teilhaben. Diese wird in der SCIP fortgeführt und ausgebaut, indem versucht wird, diese Kompetenzen zu bündeln und sie

> zu einem für die Schweiz einmaligen Ausbildungsangebot mit weltweiter Ausstrahlung zu konkretisieren. [...] Mit diesen Angeboten für ein Nachdiplomstudium wird zugleich angestrebt, die interdisziplinäre Forschung auf den vorgenannten Gebieten an der Universität Bern zu intensivieren und in einem Netzwerk von Partnerinstitutionen des Auslands zu integrieren. (Homepage der SCIP, s. Fußnote 3)

Relativierend ist anzumerken, dass der Lehrgang Rechtspsychologie im Rahmen der SCIP bislang (Stand: 01.08.2011) noch nicht vollständig aufgebaut ist, da noch geprüft wird, wie v. a. im praxisorientierten Ausbildungsteil qualitativ hochwertige Angebote gewährleistet werden können. Insbesondere soll sichergestellt werden, dass die Studiengangteilnehmenden Gerichtsgutachten in ausreichender Zahl bearbeiten können. Einmal mehr zeigt sich, wie forensisch-psychologische Lehrinhalte – sogar als zentrales Element – in einem Lehrgang der Rechtspsychologie aufgehen. Übrigens wird in diesem Zusammenhang auf der Homepage der SCIP für die Zeit bis zur Anmeldungsmöglichkeit für die Ausbildung zur Rechtspsychologie auf die Föderative Weiterbildung zur Fachpsychologin und zum Fachpsychologen für Rechtspsychologie des *BDP (Berufsverband Deutscher Psychologinnen und Psychologen)*, also einem deutschen Angebot, verwiesen.

---

3 http://cmslive3.unibe.ch/unibe/rechtswissensch aft/scip/content/index_ger.html; Aufruf 01.08.2011

Trotz der noch nicht endgültig geschaffenen inhaltlichen und strukturellen Rahmenbedingungen lassen sich zu diesem Lehrgang bereits einige aufschlussreiche Informationen über formale Aspekte des rechtspsychologischen Curriculums benennen, die im Folgenden umrissen werden sollen:

Grundsätzliche Ziele der Weiterbildung bestehen in der erweiterten und vertieften wissenschaftlichen und beruflichen Qualifikation zur Lösung spezifischer Probleme des Rechtssystems. Die erworbene Fachkompetenz soll dazu befähigen, als Fachpsychologe eigenverantwortlich in den verschiedenen Arbeitsfeldern der Rechtspsychologie tätig zu sein. Teilnahmebedingungen bestehen zum einen im Universitätsabschluss (Lizentiat oder Master) im Hauptfach Psychologie und zum anderen in der Absolvierung einer rechtspsychologischen Praxis, die spätestens im zweiten Jahr der Weiterbildung zu beginnen hat – ob in fester Anstellung, in einem postgraduierten Praktikum oder einem vorübergehenden Beschäftigungsprogramm.

Die Lerninhalte sind denkbar breit aufgefächert, quer über alle Gebiete der Forensischen Psychologie und Rechtspsychologie: Diagnostik (u. a. Glaubhaftigkeit, Kriminalprognose, Sorgerecht); Durchführung von Interviews und Beratung; Umgang mit dissozialem und delinquentem Verhalten (Prävention, Mediation, Intervention, Straf- und Maßnahmenvollzug); Probleme und psychologische Verarbeitung der Opferwerdung; Ursachen normabweichenden Verhaltens; Konflikt und Mediation bei Paaren; Grundlagen des Familienrechts und des allgemeinen Strafrechts; polizeipsychologische Erkenntnisse und Methoden; Evaluation von Präventionsmaßnahmen und Interventionen.

Vermittelt werden diese Lerninhalte über unterschiedliche Veranstaltungsformen. So sollen Seminare während des Semesterbetriebs, Blockveranstaltungen, vorzugsweise während der Sommerzeit (Summer School), Wochenendseminare, individuell organisierte Supervision im Fachteam, Erstellung von Prüfungsgutachten und Praxiserfahrungen angeboten werden. Die Weiterbildung ist nach den Grundsätzen von *ECTS (European Credit Transfer System)* organisiert. Die einzelnen Studienteile sind entsprechend beschrieben und mit ECTS-Anrechnungspunkten (Credits) versehen. Die Veranstaltungen finden an der Universität Bern statt, sollen aber ggf. auch an Partnerinstitutionen in Ländern der Europäischen Union besucht werden können.

Als mögliche Arbeitsgebiete für Absolventinnen und Absolventen der postgradualen Weiterbildung werden angegeben: Straf- und Maßnahmevollzug (u. a. Vollzugsplanung, Lockerungs- und Entlassungsprognosen, psychologische Interventionen bei Straffälligen); Polizei (u. a. Gefahrenabwehr, Verbrechensbekämpfung); Kinder- und Jugendschutz (u. a. Beratung, Prävention, Intervention); gutachterliche Tätigkeit im Bereich des Strafrechts (u. a. Schuldfähigkeit, Reife, Prognose); gutachterliche Tätigkeit im Bereich des Zivilrechts (u. a. Zuteilung der Kinder nach Scheidung, elterliche Aufsichts- und Besuchsrechte), Opferhilfe (u. a. Begutachtung und Behandlung); Weiterbildung (u. a. für Personal des Straf- und Maßnahmevollzugs, Anwälte, Polizei, Staats- und Jugendanwälte, Richter); Beratung bei Planung, Durchführung und Evaluation von Präventions- und Interventionsprogrammen; Öffentlichkeitsarbeit.

Als Mindeststudiendauer ist eine Zeit von drei Jahren bzw. sechs Semestern vorgesehen (Regelstudienzeit). In dieser Zeit sollen 400 Stunden Seminare, 170 Stunden Supervision im Fachteam, 50–70 Stunden Erstellung von Prüfungsgutachten sowie mind. eine zweijährige Praxis in einem rechtspsychologischen Bereich (50 %-Anstellung) absolviert werden.

Die Höhe der Studienkosten wird mit etwa 22 000 CHF angegeben, wobei die Kosten im Einzelnen – je nach Anzahl und Art der besuchten Veranstaltungen – variieren können.

Weitere Informationen inhaltlicher wie formeller Art, auch zu den angebotenen Vorlesungen und Seminaren, lassen sich der Homepage der SCIP entnehmen (s. Fußnote 3, S. 292).

„Rechtspsychologie" im Rahmen des Psychologiestudiums an der Universität Bern

Die schweizerische Rechtspsychologie ist, gemessen an ihrem Alter und der Größe des abzudeckenden Gebiets, nicht schlecht bedient, aber auch nicht eben an Lehr- und Forschungseinrichtungen übersättigt. Nach einer Anfrage der Fachgruppe Rechtspsychologie in der *DGP* (*Deutsche Gesellschaft für Psychologie*[4]) im Jahre 2008 unter den deutschsprachigen Universitäten der Schweiz kann sogar lediglich die Universität Bern mit einem Lehrangebot für Rechtspsychologie aufwarten. Tatsächlich dürfte auch unter Einbeziehung der französischsprachigen Universitäten der Schweiz die Universität Bern als jene Hochschule gelten, an der die Rechtspsychologie – wie auch die Forensische Psychologie – hinsichtlich Art und Zahl der Veranstaltungen am stärksten vertreten ist.

Seit der Umstellung auf das Bachelor-Masterstudium sieht das Curriculum für Studierende der Psychologie an der Uni Bern vor, rechtspsychologische Studienschwerpunkte im Rahmen des Masterprogramms „Sozialpsychologie" wählen zu können. Im Anwendungsbereich wird ein Schwerpunkt mit folgenden Fragestellungen und Seminaren angeboten: Suggestion & Täuschung; Funktion & Legitimation von Strafe; Aggressions- & Gewaltintervention; Polizeipsychologie. Durch Seminare anderer Masterprogramme wird dieses Angebot im Rahmen der Psychologie erweitert. So kann Wissen einschlägig ergänzt und vertieft werden, indem im Rahmen des Masterprogramms „Entwicklungspsychologie" Fragen im Zusammenhang mit der Suggestibilität bei Kindern nachgegangen wird.

Forensisch-Psychiatrischer Dienst (FPD) der Universität Bern

Enger auf forensisch-psychiatrische und weniger dezidiert auf psychologische, gar auf allgemein rechtspsychologische Fragestellungen zugeschnitten ist der *Forensisch-Psychiatrische Dienst (FPD)* der Universität Bern[5]. Der Schwerpunkt bei Forschung und Lehre liegt hier in einem eher medizinisch orientierten Ansatz, wobei das Dienstleistungsangebot des FPD weit über rein psychiatrische Fragestellungen hinaus reicht und sich in drei Teilbereiche gliedern lässt: Begutachtung, Therapie sowie Verkehrsmedizin, -psychiatrie und -psychologie.

Im Bereich der Begutachtung werden im Rahmen des Straf- und Strafprozessrechts Schuldfähigkeit, Kriminalprognose, Indikation von Maßnahmen nach dem chStGB, Zumutbarkeit der Haft („Hafterstehungsfähigkeit") und Verhandlungsfähigkeit ebenso behandelt wie im Zivilrecht die Handlungs- und Urteilsfähigkeit, die Testierfähigkeit, vormundschaftliche Maßnahmen und die Prozessfähigkeit. Daneben zählen die Begutachtung von sozialversicherungsrechtlichen Fragen wie Arbeits- bzw. Erwerbsunfähigkeit und als besonderer Bereich die Abklärung von Geschlechtsidentitätsstörungen (Transsexualismus) zu den Arbeitsbereichen des FPD.

In den Strafanstalten des Kantons Bern führt der FPD die gerichtlich angeordneten Maßnahmen nach Art. 59 chStGB („Stationäre therapeutische Massnahmen. Behandlung von psychischen Störungen" – entspricht etwa § 63 des deutschen StGB:

---

4 http://www.dgps.de/fachgruppen/rechts/auwei.
html; Aufruf 01.08.2011

5 http://www.fpd.unibe.ch; Aufruf 01.08.2011

„Unterbringung in einem psychiatrischen Krankenhaus"), Art. 60 chStGB („Suchtbehandlung" – entspricht etwa § 64 des deutschen StGB: „Unterbringung in einer Entziehungsanstalt"), Art. 61 chStGB („Massnahmen für junge Erwachsene" in Deutschland werden über § 7 Jugendgerichtsgesetz „Maßregeln der Besserung und Sicherung" bei Jugendlichen und Heranwachsenden geregelt) sowie Art. 63 chStGB („Ambulante Behandlung. Voraussetzungen und Vollzug" – in Deutschland als Weisung in § 68 b Abs. 2, S. 2 f. StGB geregelt) durch. Angestrebt wird, die Legalprognose durch eine intensive therapeutische Behandlung zu verbessern. Ihrer Homepage[6] lässt sich entnehmen, dass diese in störungs- und deliktorientierten Einzel- und Gruppentherapien stattfinden, welche sich beziehen auf: Rückfallprävention bei Abhängigkeit; Psychoedukation; Sexualstraftäter; Verbesserung der kognitiven Fähigkeiten (Reasoning & Rehabilitation Program). Auch wird für alle Insassinnen und Insassen eine psychiatrisch-psychotherapeutische Beratung bzw. Behandlung angeboten, die auf Antrag der Person in den Anstalten wahrgenommen werden kann. Für die Regionalgefängnisse Bern und Thun gewährleistet der FPD im Rahmen einer regelmäßigen Visite die psychiatrische Betreuung und Grundversorgung. Auch die Regionalgefängnisse Biel und Burgdorf können auf Anfrage auf dieses Angebot zurückgreifen. Zum therapeutischen Angebot des FPD gehört zudem ein sog. Forensik-Ambulatorium, in welchem nach Vorabklärung behandelt werden: Straftäter mit einer gerichtlich verfügten Maßnahme nach Art. 63 Abs. 2 chStGB, Straftäter mit einer gerichtlichen Weisung sowie Straftäter mit einer angeordneten Ersatzmaßnahme; darüber hinaus Personen, die sich präventiv melden (und noch kein Delikt begangen haben). Dabei ist das Patientenkontingent auf etwa 30 begrenzt. Primär

werden Persönlichkeitsstörungen, die häufig in Verbindung mit Sexualstraftaten stehen, behandelt. Die Behandlung findet störungs- und deliktspezifisch einzeln oder in der Gruppe statt (siehe Homepage des FPD; Fußnote 6). Daneben behandelt, wie bereits erwähnt, der FPD auch Fragestellungen zur Verkehrsmedizin, -psychiatrie und -psychologie.

> **Art. 63 Abs. 2 chStGB – Ambulante Behandlung. Voraussetzungen und Vollzug**
> Das Gericht kann den Vollzug einer zugleich ausgesprochenen unbedingten Freiheitsstrafe sowie einer durch Rückversetzung vollziehbar gewordenen Reststrafe zu Gunsten einer ambulanten Behandlung aufschieben, um der Art der Behandlung Rechnung zu tragen. Es kann für die Dauer der Behandlung Bewährungshilfe anordnen und Weisungen erteilen.

Der FPD bietet in der Lehre Vorlesungen für Juristen, Psychologen und Kriminologen an. Auch an der internen Fortbildung des FPD können Interessenten (nach Voranmeldung) teilnehmen.

15.5.2 Zürich

Die Forschergruppe „Forensic Zurich" um Frank Urbaniok

Für ein zentrales Aufgabengebiet der Forensischen Psychologie, nämlich das der Gefährlichkeitsprognose, hat die Schweiz einen Forschungsstandort, der über die nationalen Grenzen hinaus von sich reden gemacht hat: Mit Frank Urbaniok und seiner Forschungsgruppe hat sich in Zürich eine Institution herausgebildet, die für bis heute anhaltende, mitunter hitzige Diskussionen darüber sorgt, inwieweit sich Prognosen über computer-

---

6 http://www.fpd.unibe.ch; Aufruf 01.08.2011

gestützte Algorithmen zuverlässig erstellen lassen. Mit dem von dieser Gruppe entwickelten System „FOTRES" („Forensisches Operationalisiertes Therapie-Risiko-Evaluations-System"; vgl. hierzu im Einzelnen Kap. 11) kann Urbaniok – bei aller, auch begründeten, Umstrittenheit der mit dem System erzielten und erzielbaren Aussagen – für sich in Anspruch nehmen, einen die Prognoseforschung besonders stimulierenden und innovativen Beitrag geleistet zu haben, der den gegenwärtigen technisch-methodischen Erkenntnisstand zeitgemäß aufgegriffen und weitergeführt hat.

Urbaniok, seit 1997 Chefarzt des Psychiatrisch-Psychologischen Dienstes im Amt für Justizvollzug des Kantons Zürich, ist Leiter der Forschergruppe „Forensic Zurich", deren Ziel es ist, „Beiträge zur Weiterentwicklung der Forensischen Psychiatrie und Psychologie zu leisten und die Anwendung von evidenzbasierten Interventionen und Techniken zu fördern"[7]. Sie zählt zu ihren Aufgabengebieten die Forensische Psychologie und Psychiatrie wie auch den Strafvollzug. Dabei wird ausdrücklich Wert gelegt auf die „Darstellung" von Rückfallwahrscheinlichkeiten bei Straftätern sowie auf den „Zusammenhang zwischen psychischer Verfassung und Deliktbegehung". Damit wird zur Problematik der Schuldunfähigkeit Bezug genommen, die in der Schweiz – auch in Form der verminderten Schuldfähigkeit – in Art. 19 chStGB („Schuldunfähigkeit und verminderte Schuldfähigkeit") geregelt ist. Auf die Eigenheiten bei der Regelung der entsprechenden Voraussetzungen zur verminderten Schuldfähigkeit sowie deren Begutachtung wird in einem Exkurs (s. Kap. 15.6.) näher eingegangen.

Daneben befasst sich die Forschergruppe mit den Möglichkeiten der Verringerung des Rückfallrisikos durch Behandlung von Straftätern. Die Forschergruppe geht außerdem epidemiologischen Fragestellungen nach,

der Untersuchung der Wirksamkeit von Forensischen Psychotherapien – und befasst sich schließlich mit der Entwicklung von und der Untersuchung mit Prognoseinstrumenten, zu welchen nicht zuletzt das eigene System FOTRES zählt.

Die Mitglieder der Forschergruppe bieten universitäre Lehre an den Universitäten Bern und Zürich sowie in Konstanz (Deutschland) an. Inhalte sind Forensische Psychologie und Psychiatrie, insbesondere Störungsbilder und Risikobeurteilung sowie (hypothesengeleitete) Prognosen mit FOTRES. Überhaupt steht das System FOTRES im Mittelpunkt der – auch außeruniversitären – Lehrtätigkeit dieser Forschergruppe. Neben konzeptionellen Bedenken gegenüber FOTRES (vgl. Kap. 11) ist kritisch anzumerken, dass bei der Vermittlung von Kompetenzen im Umgang mit diesem System von einer Befangenheit zugunsten der Leistungsfähigkeit des Systems auszugehen ist und Vermarktungstendenzen nicht von der Hand zu weisen sind.

Universität Zürich

In der Person von Henriette Haas ist Zürich universitär auf forensisch-psychologischem Gebiet kompetent vertreten. Sie bietet im Rahmen der von ihr begründeten „HAAS-Consulting" Dienste für so unterschiedliche Gebiete an wie: Prävention und Schutz vor Gewalt; Hilfe für Mobbing- und Stalkingopfer; taktische Beratung für Opfer und Zeugen von Kriminalität (Whistle-blowers); Profiling von Sexual- und Gewaltstraftaten; Betreuung („Coaching") in Krisensituationen und Psychotherapie zur Restrukturierung des eigenen Lebens nach einer traumatischen Erfahrung. Besondere Erwähnung verdient die Befassung von Haas mit dem Plagiieren und Fehlverhalten durch renommierte Wissenschaftler: Hier wird Hilfe bei der Recherche und Interpretation von Beweisen in Verdachtsfällen des Diebstahls geistigen Eigentums geboten – auf ihrer

---

7 www.zurichforensic.org; Aufruf 01.08.2011

Homepage[8] gibt Haas einen zusätzlichen Link für einschlägige Opfer an.[9]

Außerdem wird ein „Portfolio of continuing education for professionals" angeboten, das ebenfalls der Homepage zu entnehmen ist. Auch hier findet man eine insgesamt recht kriminalistische Ausrichtung des als forensisch-psychologisch ausgegebenen Lehr- und Praxisangebots von Henriette Haas vor.

15.5.3 Das Kompetenzzentrum für Rechtspsychologie an der Universität St. Gallen

Dem Institut für Rechtswissenschaft und Rechtspraxis der Universität St. Gallen[10] angegliedert ist das *Kompetenzzentrum für Rechtspsychologie*. Dieses wird geleitet von Revital Ludewig und lässt sich in ihren Tätigkeitsfeldern mit den Schlagworten Gutachten – Weiterbildung – Forschung umschreiben.

So zählen zu den Schwerpunkten des Kompetenzzentrums (vgl. Homepage des Kompetenzzentrums für Rechtspsychologie der Universität St. Gallen; s. Fußnote 10): Gutachtenerstellung für Gerichte (aussagepsychologische Gutachten, Familienrecht, schulpsychologische Gutachten, Diensttauglichkeit); Weiterbildungen für Richter, Rechtsanwälte, Psychologen und Psychiater (u. a. Aussagepsychologie, richterliche Entscheidungen aus psychologischer Sicht, Moraldilemmata, Einführung in die Begutachtung, Anwalt-Klient-Beziehung, Berufsbelastungen und Bewältigungsstrategien von Richtern und Anwälten, Opferhilfe,

Familienrecht); Coaching und Supervisionen für Rechtsanwälte und Gerichte; Forschung zu psychologischen Aspekten in der Arbeit von Richtern und Rechtsanwälten, zu Opfer- und Täterpsychologie sowie zu Genderaspekten im Rechtssystem.

In diesem Kompetenzzentrum sind sowohl Rechtspsychologen als auch Juristen tätig. Besonderes Augenmerk wird nach eigenen Angaben darauf gelegt, neueste Forschungsergebnisse für die praktische Arbeit von Richtern, Rechtsanwälten und Rechtspsychologen handhabbar zu machen.

Zu den in diesem Kompetenzzentrum verfolgten Forschungsprojekten, aus welchen bereits einige Buchveröffentlichungen hervorgegangen sind, zählen unter anderem: „Geschlechtsunterschiede zwischen Richterinnen und Richtern sowie den Richterinnen-Generationen in der Schweiz", „Berufsschwierigkeiten, Moraldilemmata und Bewältigungsstrategien von Richtern und Rechtsanwälten aus psychologischer Sicht" (mit Unterstützung vom Schweizerischen Nationalfonds, 2004 – 2007), „Forschungsprojekt: Laienrichter aus rechtspsychologischer Sicht".

Das Kompetenzzentrum bietet Lehrveranstaltungen an den Universitäten Basel und St. Gallen, und zwar für alle Phasen des Studiums (Assessment-, Bachelor- und Masterstufe). Die Veranstaltungen decken Kernfragestellungen der Rechts- und der Forensischen Psychologie ab wie „Die Tätigkeit von Richterinnen und Richtern aus psychologischer Sicht", „Psyche und Verbrechen: Rechtspsychologie für die Praxis", „Psychologie: Lüge und Wahrheit", aber auch viktimologische Themen wie „Verbrechensopfer zwischen Recht und Psychologie: Eine Einführung in die Viktimologie" oder „Trauma und Bewältigung: Opferpsychologie".

Auch die von diesem Zentrum angebotenen Weiterbildungsveranstaltungen befassen sich mit Themen, die der richterlichen Praxis nahestehen, so jene mit den sprechen-

---

8 http://www.haas-consulting.com/index.html; Aufruf 01. 08. 2011

9 http://www.haas-consulting.com/plagiarism. html; Aufruf 01. 08. 2011

10 http://www.irp.unisg.ch/de/Kompetenzzentrum+fuer+Rechtspsychologie.aspyx; Aufruf 18. 08. 2011

den Titeln: „Richterliche Entscheidungen – Wie entscheiden, worauf hören Richter?", „Befragungstechniken bei Beschuldigten – Zwischen Wahrheit und Lüge" oder „Aussagepsychologie für Richter und Rechtsanwälte: Zwischen Wahrheit und Lüge".

Das Kompetenzzentrum bietet daneben ständige Dienste für rechtspsychologische Gutachten aller Art an: aussagepsychologische Begutachtung von Zeugenaussagen, Gutachten im Familienrecht (Kinderzuteilung, Besuchsrecht, Erziehungsfähigkeit); Gutachten zur Arbeitseignung und -fähigkeit (Versicherungen); ambulante Begutachtung straffälliger Jugendlicher; schulpsychologische Gutachten; Gutachten zur Diensttauglichkeit (Militär); psychophysiologische Aussagebegutachtung im Bereich Zivil- und Strafverfahren, Wirtschaft und Doping-Prävention; Supervision (Coaching/ Beratung) für Rechtsanwälte und Gerichte.

Seit mehreren Jahren führt das Kompetenzzentrum auch Supervision und Coaching für Gerichte, einzelne Richter und Rechtsanwälte durch. So wird „Intervision" für Staatsanwälte angeboten. Supervision und Coaching werden sowohl einzeln als auch in Gruppen, im Rahmen der Institution oder privat angeboten.

15.5.4 Weitere Angebote in französischsprachigen Gebieten der Schweiz (Romandie)

Auch im französischsprachigen Gebiet der Schweiz werden Ausbildungsangebote gemacht, welche die Bereiche der Forensischen und der Rechtspsychologie wenn nicht abdecken, so doch mit einbeziehen. So gibt es an der Universität Genf in Philip D. Jaffé einen „Spécialiste en psychologie légale FSP". Eine Besonderheit stellt das *IUKB* (*Institut Universitaire Kurt Bösch*) in Sion (dt. Sitten; Kanton Valais/Wallis) dar, welches sich speziell der rechtspsychologischen

Begutachtung mit Kindern und Jugendlichen verschrieben hat.

In Lausanne wird mit der „École des sciences criminelles" ein spezifisches und doch umfassendes auf forensische Fragestellungen ausgerichtetes Ausbildungsprogramm angeboten. So kann ein Bachelorabschluss in „Science Forensique" absolviert werden, um anschließend auch einen Abschluss „Master of Science in Forensic Science, Mention Identification" oder „Master of Science in Forensic Science, Mention Criminalistique Chimique" zu machen. Hier wird deutlich, dass die Schwerpunktsetzung des Lausanner Angebots, so „pluridisciplinaire" es im Übrigen auch sein mag, insgesamt eher technisch und kriminalistisch als theoretisch und psychologisch ausgerichtet ist. Auch die angebotenen Möglichkeiten, Abschlüsse in den Bereichen des Strafjustizsystems und der Kriminologie zu machen, vermögen nicht die spezifisch forensisch- und rechtspsychologischen Frage- und Problemstellungen angemessen abzudecken.

15.6 Exkurs: Schuldunfähigkeit und verminderte Schuldfähigkeit in der Schweiz

Für die juristische Beurteilung und die Sachverständigenbegutachtung im Hinblick auf die Schuldunfähigkeit und verminderte Schuldfähigkeit weist die Schweiz einige Besonderheiten auf, die ihre kurze Erörterung in einem eigenen Exkurs nahelegen.

Zunächst unterscheidet das schweizerische StGB (chStGB) in Art. 19, anders als etwa § 20 des deutschen StGB (dStGB), *keine* Eingangsmerkmale („krankhafte seelische Störung", „tiefgreifende Bewusstseinsstörung", „Schwachsinn", „schwere andere seelische Abartigkeit"), die der Beurteilung der Schuldunfähigkeit oder verminderten Schuldfähigkeit zugrunde gelegt werden. Diese sind als „biologische" Merkmale innerhalb des als zweistufig, „biologisch-psychologisch" bezeichneten Entscheidungsprozesses (eine irreführende Bezeichnung; siehe hierzu etwa Schönke/Schröder-Perron, 2010, § 20 Rn 1; Fischer, 2011, § 20 Rn 5) im deutschen Strafrecht bekannt. Als Voraussetzung für die Annahme von Schuldunfähigkeit oder verminderter Schulfähigkeit werden im chStGB keine – weder diese noch andere – „biologischen" Merkmale angegeben. Wohl aber nennt auch das chStGB die im deutschen Strafrecht als „psychologische" Voraussetzungen der Schuldunfähigkeit bzw. verminderten Schuldfähigkeit bekannten Merkmale des Fehlens der Unrechtseinsichts- und der Steuerungsunfähigkeit, lässt aber eben offen, worauf diese zu beruhen haben, um zum Ergebnis einer Schuldunfähigkeit oder verminderten Schuldfähigkeit zu gelangen. Insofern gibt es in der Schweiz lediglich die der „psychologischen" Stufe des deutschen Strafrechts korrespondierende Stufe der Schuldfähigkeitsbeurteilung.

Der vollständige Wortlaut des Art. 19 chStGB lautet:

> **Art. 19 chStGB – Schuldunfähigkeit und verminderte Schuldfähigkeit**
> 1. War der Täter zur Zeit der Tat nicht fähig, das Unrecht seiner Tat einzusehen oder gemäss dieser Einsicht zu handeln, so ist er nicht strafbar.
> 2. War der Täter nur teilweise fähig, das Unrecht seiner Tat einzusehen oder gemäss dieser Einsicht zu handeln, so mildert das Gericht die Strafe.
> 3. Es können indessen Massnahmen nach den Artikeln 59–61, 63, 64, 67 und 67 b getroffen werden.
> 4. Konnte der Täter die Schuldunfähigkeit oder die Verminderung der Schuldunfähigkeit vermeiden und da-

bei die in diesem Zustand begangene Tat voraussehen, so sind die Absätze 1–3 nicht anwendbar.

Der Wortlaut der Schuldunfähigkeitsvoraussetzungen in Art. 19 chStGB geht also nahezu vollständig in jenem des deutschen § 20 StGB auf (dort, in § 20 dStGB heißt es: „Ohne Schuld handelt, wer [...] unfähig ist, das Unrecht der Tat einzusehen oder nach dieser Einsicht zu handeln."). Nicht nur sind die „biologischen" Merkmale in Art. 19 chStGB nicht genannt; deren Vorliegen, ja nicht einmal überhaupt die Voraussetzungen der Schuldunfähigkeit oder verminderten Schuldfähigkeit sind nach Schweizer Strafrecht Bedingung für die Anordnung von „Massnahmen" gemäß den Art. 56 ff. chStGB. Zur Anordnung einer stationären therapeutischen Maßnahme reicht es etwa, dass der „psychisch schwer gestört[e]" Täter „ein Verbrechen oder Vergehen begangen hat, das mit seiner psychischen Störung in Zusammenhang steht" (Art. 59 Abs. 1).

Eine weitere Besonderheit in Bezug auf die Schuldfähigkeitsbeurteilung weist das chStGB in Art. 20 chStGB („Zweifelhafte Schuldfähigkeit") auf, der besagt:

> **Art. 20 chStGB – Zweifelhafte Schuldfähigkeit**
> Besteht ernsthafter Anlass, an der Schuldfähigkeit des Täters zu zweifeln, so ordnet die Untersuchungsbehörde oder das Gericht die sachverständige Begutachtung durch einen Sachverständigen an.

Die Besonderheit besteht darin, dass diese Vorschrift eine verfahrensrechtliche Regelung und insofern einen Fremdkörper im materiellen Regelungsgehalt des chStGB darstellt. Eine entsprechende Regelung findet sich im deutschen Strafrecht denn auch nicht im StGB, sondern in der Strafprozessordnung (§ 244 Abs. 4, S. 1 StPO). Die Aufnahme des Art. 20 in das chStGB zeigt die besondere, gehobene Bedeutung an, welche der Schweizer Gesetzgeber der möglichen Notwendigkeit der Zuziehung eines Sachverständigen beimisst.

15.7 Ausblick

Für die Praxis nennt Reinfried (SGRP, 2009, S. 2) drei Entwicklungstendenzen, die allein schon eine Zunahme von Gutachtenaufträgen nach sich ziehen könnten:

1. Die Ausweitung der Verfahrensrechte der beteiligten Parteien habe zur Folge, dass die Möglichkeiten, Sachverständige im Verfahrensprozess mit einzubeziehen, mehr ins Bewusstsein rückten und in Anspruch genommen würden.
2. Richter und Staatsanwälte zeigten ein steigendes Interesse an der sachverständigen Prüfung der Glaubhaftigkeit von Zeugenaussagen.
3. In Scheidungsverfahren würden mehr als früher Vorwürfe wegen sexuellen oder gewalttätigen Missbrauchs der Kinder gegenüber dem Ex-Partner erhoben.

Ist die Rechtspsychologie in der Schweiz auch noch recht jung, so weist sie v. a. dank ihrer in kürzester Zeit erreichten institutionellen Vernetzung bereits einen Stand auf, der, zumal gemessen etwa am Nachbarland Deutschland, den europäischen Wettbewerb schon bald nicht mehr, wenn überhaupt, zu scheuen braucht. Es scheint, als würden die noch bestehenden, mit Hochdruck im Auffüllen begriffenen Lücken im universitären Lehrbetrieb am Ende gar dazu beitragen können, die Schweiz als eine innereuropäische Hochburg der Rechtspsychologie dastehen zu lassen.

Weiterführende Literatur

Reinfried, H.-W. (2000). Menschen und Paragraphen – Die Rechtspsychologie in der Schweiz. *Psychoscope, 9*, 1–3.
Schweizerische Gesellschaft für Rechtspsychologie (SGRP). (2009). *10 Jahre Schweizerische Gesellschaft für Rechtspsychologie (SGRP)*. Bern. www.rechtspsychologie.ch/Downloads/10J_SGRP.pdf

Kontrollfragen

1. Wo und wie ist die Schweiz institutionell im Bereich der Rechts- und Forensischen Psychologie repräsentiert?
2. Wie ist die Gesamtentwicklung im Bereich der Rechts- und Forensischen Psychologie in der Schweiz, auch im Vergleich zur Situation in Deutschland, zu bewerten?
3. Welche Besonderheiten weist die gesetzliche Regelung der Schuldfähigkeit in der Schweiz auf?

Literatur

Adler, J. R. (Hrsg.). (2010). *Forensic psychology* (2. Aufl.). Abingdon: Willan.

Aertsen, I. & Hutsebaut, F. (2009). Children, victims of road traffic accidents and their relatives: Beyond banalization. In O. Hagemann, P. Schäfer & S. Schmidt (Hrsg.), *Victimology, victim assistance and criminal justice* (S. 207–224). Mönchengladbach: Hochschule Niederrhein.

Agra, C. (2009). Requiem pour la Guerre à la Drogue. L'Expérimentation Portugaise de Décriminalisation. *Déviance & Société 33*, 27–49.

Ahnert, L. & Maywald, J. (2004). Frühe Bindung – Entstehung und Entwicklung. München: Reinhardt.

Aichhorn, A. (1925). *Verwahrloste Jugend.* Leipzig: Internationaler Psychoanalytischer Verlag.

Ainsworth, M. D. S., Blehar, M. C. & Waters, E. (1978). *Patterns of attachment: A psychological study of the strange situation.* New Jersey: Lawrence Erlbaum Associates.

Akers, R. L. & Sellers, C. S. (2004). *Criminological theories* (4. Aufl.). New York, NY: Oxford University Press.

Albrecht, P.-A. (2010). *Kriminologie: eine Grundlegung zum Strafrecht* (4. Aufl.). München: C. H. Beck.

Alex, M. (2010). *Nachträgliche Sicherungsverwahrung – ein rechtsstaatliches und kriminalpolitisches Debakel.* Holzkirchen/Obb.: Felix.

Amann, G. & Wipplinger, R. (Hrsg.). (2005). *Sexueller Missbrauch: Überblick zu Forschung, Beratung und Therapie. Ein Handbuch* (3. Aufl.). Tübingen: Deutsche Gesellschaft für Verhaltenstherapie.

Amato, P. R. & Gilbreth, J. G. (1999). Nonresident fathers and children's well-being: A meta-analysis. *Journal of Marriage and Family, 61,* 557–573.

Amato, P. R. (2000). The consequences of divorce for adults and children. *Journal of Marriage and Family, 62,* 1269–1287.

Amelang, M. (1986). *Sozial abweichendes Verhalten. Entstehung – Verbreitung – Verhinderung.* Berlin: Springer.

Amelang, M. & Schmidt-Atzert, L. (2006). *Psychologische Diagnostik und Intervention.* Berlin: Springer.

American Psychiatric Association (APA). (2000). *Diagnostic and Statistical Manual of Mental Disorders – DSM-IV-TR* (4. Aufl.). Washington, DC: American Psychiatric Association.

Anderson, S. W., Bechara, A., Damasio, H., Tranel, D., & Damasio, A. R. (1999). Impairment of social and moral behavior related to early damage in human prefrontal cortex. *Nature Neuroscience, 2* (11), 1032–1037.

Andrews, D. A. & Bonta, J. (1995). *The Level of Service Inventory revised.* Toronto: Multi Health Systems.

Andrews, D. A. & Bonta, J. (2010a). Rehabilitating criminal justice policy and practice. *Psychology, Public Policy and Law, 16,* 39–55.

Andrews, D. A. & Bonta, J. (2010b). *The psychology of criminal conduct* (5. Aufl.). New Providence, NJ: LexisNexis.

Andrews, D. A., Bonta, J., & Wormith, S. J. (2006). The recent past and near future of risk/need assessment. *Crime and Delinquency, 52,* 7–27.

Aos, S. (2003). Cost and benefits of criminal justice and prevention programs. In H. Kury & J. Obergfell-Fuchs (Hrsg.), *Crime prevention – new approaches* (S. 413–442). Mainz: Weisser Ring.

Arntzen, F. (1993). *Psychologie der Zeugenaussage* (3. Aufl.). München: C. H. Beck.

Arntzen, F. (2007). *Psychologie der Zeugenaussage* (4. Aufl.). München: C. H. Beck.

Arntzen, F. (2008). *Vernehmungspsychologie* (3. Aufl.). München: C. H. Beck.

Arntzen, F. (2011). *Psychologie der Zeugenaussage* (5. Aufl.) München: C. H. Beck.

Attlmayr, M. (2006a). Eignung zur Sachverständigentätigkeit. In M. Attlmayr & T. E. Walzel von Wiesentreu (Hrsg.), *Handbuch des Sachverständigenrechts – Praxisleitfaden für das Verwaltungsverfahren* (S. 15–19). Wien: Springer.

Attlmayr, M. (2006b). Das Gutachten des Sachverständigen. In M. Attlmayr & T. E. Walzel von Wiesentreu (Hrsg.), *Handbuch des Sachverständigenrechts – Praxisleitfaden für das Verwaltungsverfahren* (S. 141–151). Wien: Springer.

Austin, W. G., Flens, J. R. & Kirkpatrick, H. D. (2010). *Gatekeeping and child custody evaluation: Theory, measurement & applications.* Denver, CO: Association of Family and Conciliation Courts, 47th Annual Conference.

Aymans, M. (2005). Die Qualität sachverständigen Handelns bei der aussagepsychologischen Begutachtung von Zeugenaussagen. München: Herbert Utz Verlag.

Babst, D. W., Gottfredson, D. M. & Ballard, K. B. (1968). Comparison of multiple regression and configural analysis techniques for developing base expectancy tables. *Journal of Research in Crime and Delinquency, 5,* 72–80.

Ballard, K. B. & Gottfredson, D. M. (1963). *Predictive attribute analysis and prediction of parole performance.* Vacaville, CA.: Institute for the Study of Crime and Delinquency.

Balloff, R. (2003). Der Sachverständige aus der Sicht des Psychologen. Zur psychologischen Diagnostik und Intervention des psychologischen Sachverständigen in Familiensachen. *Forum Familien- und Erbrecht, Sonderheft 1 (7),* 83–90.

Balloff, R. (2004). *Kinder vor dem Familiengericht.* München: Reinhardt.

Baltzer, U. (2005). *Die Sicherung des gefährlichen Gewalttäters: Eine Herausforderung an den Gesetzgeber.* Wiesbaden: Kriminologische Zentralstelle.

Bandura, A. (1977). *Social learning theory.* Englewood Cliffs, NJ: Prentice Hall.

Bandura, A. & Mischel, W. (1965). Modification of self-imposed delay of reward though exposure to live and symbolic models. *Journal of Personality and Social Psychology, 2,* 689–705.

Bank, S. P. & Kahn, M. D. (1989). *Geschwister-Bindung.* Paderborn: Jungfermann.

Bannenberg, B., Coester, M. & Marks, E. (Hrsg.). (2005). *Kommunale Kriminalprävention.* Mönchengladbach: Forum Verlag Godesberg.

Bartol, C. R. & Bartol, A. M. (1987). History of forensic psychology. In I. B. Weiner & A. K. Hess (Hrsg.), *Handbook of forensic psychology* (S. 3–19). New York, NY: John Wiley & Sons.

Bartol, C. R. & Bartol, A. M. (2012 a). *Introduction to forensic psychology* (3. Aufl.). Thousand Oaks, CA: Sage.

Bartol, C. R. & Bartol, A. M. (2012 b). *Current perspectives in forensic psychology and criminal behavior* (3. Aufl.). Thousand Oaks, CA: Sage.

Barton, S. (1983). Sachverständiger und Verteidiger. *Strafverteidiger, 3* (2), 73–81.

Bassett, J. E., Schellman, G. C., Gayton, W. F. & Tavormina, J. (1977). Efficacy of the minimult validity scales with prisoners. *Journal of Clinical Psychology, 33* (3), 729–731.

Bauhofer, S. (1980). Der Richter und sein Helfer. Psychiater oder Psychologe als Gutachter. *Kriminologisches Bulletin, 6* (2), 3–35.

Baumann, J. (1989). *Einführung in die Rechtswissenschaft – Rechtssystem und Rechtstechnik* (8. Aufl.). München: C. H. Beck.

Baumann, J. (Begr.), Weber, U. & Mitsch, W. (2003). *Strafrecht. Allgemeiner Teil* (11. Aufl.). Bielefeld: Gieseking.

Baumgärtel, F. (2009). Methodenkritische Stellungnahmen in der Familienrechtsbegutachtung. In S. Dauer, R. Doberenz, C. Orth & G. Teichert (Hrsg.), *Rechtspsychologie zwischen Politik, Justiz und Medien* (S. 112–134). Lengerich: Pabst.

Bauserman, R (2002). Child adjustment in joint custody versus sole-custody arrangements: a meta-analytic review. *Journal of Family Psychology, 16* (1), 91–102.

Baurmann, M. C. (Hrsg.). (2009). *Die operative Fallanalyse in der Hauptverhandlung: Ergebnisse eines BKA-Kolloquiums.* Köln: Luchterhand.

Beccaria, C. (1767). *Von den Verbrechen und Strafen* (dt. Übersetzung von „Dei delitti e delle pene", 1764). Ulm: Bartholomäi.

Beck, U. (2010). *Risikogesellschaft. Auf dem Weg in eine andere Modern.* Frankfurt/M.: Suhrkamp.

Becker, G. S. (1968). Crime and punishment: An economic approach. *The Journal of Political Economy, 76,* 169–217.

Becker, H. S. (1953). Becoming a marijuana user. *The American Journal of Sociology 59,* 235–242.

Becker, H. S. (1963). *Outsiders.* New York: Free Press.

Becker, N. (1993). Der gute und der schlechte Sachverständige. In N. Leygraf, R. Volbert, H. Horstkotte & S. Fried (Hrsg.), *Die Sprache des Verbrechens. Wege zu einer klinischen Kriminologie* (S. 69–75). Stuttgart: Kohlhammer.

Beier, K. M. (2003). Prognose bei sexuellen Verhaltensabweichungen. In R. Lempp, G. Schütze & G. Köhnken (Hrsg.), *Forensische Psychiatrie und Psychologie des Kindes- und Jugendalters* (2. Aufl.) (S. 446–452). Darmstadt: Steinkopff.

Belsky, J. & Vondra, J. (1989). Lessons from child abuse: the determinants of parenting. In D. Cicchetti & V. Carlson (Hrsg.), *Child maltreatment* (S. 153–202). Cambridge: Cambridge University Press.

Bender, R., Nack, A. & Treuer, W.-D. (2007). *Tatsachenfeststellung vor Gericht* (3. Aufl.). München: C. H. Beck.

Bene, E. & Anthony, J. (1985). *Family Relations Test: Children's version-revised*. Windsor, England: NFER-Nelson.

Berckhauer, F. & Hasenpusch, B. (1982). Rückfälligkeit entlassener Strafgefangener. Zusammenhänge zwischen Rückfall und Bildungsmaßnahmen im Vollzug. *Monatsschrift für Kriminologie und Strafrechtsreform, 65,* 318–319.

Berckhauer, F. & Steinhilper, G. (1981). Strafrechtlich verantwortlich erst ab 16? *Zeitschrift für Rechtspolitik, 8,* 265–267.

Berlyne, D. E. (1960). *Conflict, arousal and curiosity*. New York, NY: McGraw-Hill.

Berufsverband Deutscher Psychologinnen und Psychologen BDP. Föderation Deutscher Psychologenvereinigungen. (1994). *Richtlinien für die Erstellung Psychologischer Gutachten*. Bonn: Deutscher Psychologen Verlag.

Birbaumer, N., Veit, R., Lotze, M., Erb, M., Hermann, C., Grodd, W. & Flor, H. (2005). Deficient fear conditioning in psychopathy. A functional Magnetic Resonance Imaging study. *Archives of General Psychiatry, 62,* 799–805.

Birck, A. (2004). Erinnern, Vergessen und posttraumatische Störungen. In F. Haenel & M. Wenk-Ansohn (Hrsg.), *Begutachtung psychisch reaktiver Traumafolgen in aufenthaltsrechtlichen Verfahren* (S. 76–97). Weinheim: Beltz.

Blasi, A. (1980). Bridging moral cognition and moral action: A critical review. *Psychological Bulletin, 88,* 1–45.

Blasius, D. (1976). *Bürgerliche Gesellschaft und Kriminalität*. Göttingen: Vandenhoeck & Ruprecht.

Bliesener, T. (2007). Psychologische Instrumente für Kriminalprognose und Risikomanagement. *Praxis der Rechtspsychologie, 17,* 323–344.

BMG (2001). Ethikrichtlinie für klinische Psychologinnen und klinische Psychologen sowie für Gesundheitspsychologinnen und Gesundheitspsychologen. *Psychologie in Österreich 2/1995,* 55 ff. DVR: 2 109 254.

BMG (2002). Richtlinien für die Erstellung von psychologischen Befunden und Gutachten. *Psychologie in Österreich 5/2002.* DVR: 2 109 254.

Bock, M. (1995). Die Methode der idealtypisch-vergleichenden Einzelfallanalyse und ihre Bedeutung für die Kriminalprognose. In D. Dölling (Hrsg.), *Die Täter-Individualprognose* (S. 1–17). Heidelberg: Kriminalistik Verlag.

Bock, M. (2007). *Kriminologie* (3. Aufl). München: Vahlen.

Bockelmann, P. (1955). Strafrichter und psychologischer Sachverständiger. *Golddammers Archiv, 102,* 321–335.

Böhm, C. & Lau, S. (2007). Borderline-Persönlichkeitsstörung und Aussagetüchtigkeit. *Forensische Psychiatrie, Psychologie, Kriminologie, 1* (1), 50–57.

Böhm, K. M. & Boetticher, A. (2009 a). Unzureichende Begutachtung gefährlicher Gewalt- und Sexualstraftäter im Strafverfahren. *Zeitschrift für Rechtspolitik, 42,* 134–138.

Böhm, K. M. & Boetticher, A. (2009 b). *Die unzureichende Begutachtung gefährlicher Gewalt- und Sexualstraftäter im Strafverfahren, die Mängel bei deren Behandlung im Vollstreckungsverfahren sowie die Folgen*. Karlsruhe, Berlin: BIOS-Memorandum.

Böhm, R. (1985). Rechtliche Probleme der Anordnung, Erstellung und Verwertung von Sachverständigengutachten im Rahmen familiengerichtlicher Entscheidungen in Sorgerechtssachen. *Der Amtsvormund, 58,* 731–746.

Böhnisch, L. (2010). *Abweichendes Verhalten: eine pädagogisch-soziologische Einführung* (4. Aufl.). Weinheim: Juventa.

Böllinger, L. (1994). Prognoseprobleme bei der Strafaussetzung zur Bewährung. In W. Frisch & T. Vogt (Hrsg.), *Prognoseentscheidung in der strafrechtlichen Praxis* (S. 191–210). Baden-Baden: Nomos.

Boer, D. P., Hart, S. D., Kropp, P. R. & Webster, C. D. (1997). *Manual for the Sexual Violence Risk – 20. Professional Guidelines for Assessing Risk of Sexual Violence*. Burnaby, B. C., Canada: Mental Health, Law, and Policy Institute Simon Fraser University.

Boerner, K. (1980). *Das psychologische Gutachten: Ein praktischer Leitfaden*. Weinheim: Beltz.

Boers, K. & Sessar, K. (1991). Do people really want punishment? On the relationship of restitution, needs for punishment and fear of crime. In K. Sessar & H.-J. Kerner (Hrsg.), *Developments in crime and crime control research. German studies on victims, offenders, and the public* (S. 126–149). New York, NY: Springer.

Böttger, A., Kury, H., Kuznik, R. & Mertens, R. (1988). Kriterien der gutachterlichen Schuldfähigkeitsbeurteilung und ihr Einfluss auf die gerichtliche Entscheidung. In G. Kaiser, H. Kury & H.-J. Albrecht (Hrsg.), *Kriminologische*

Forschung in den 80er Jahren (S. 323–373). Freiburg: Max-Planck-Institut für ausländisches und internationales Strafrecht.

Böttger, A., Kury, H., Mertens, R. & Pelster, C. (1991). „Richter in Weiß" oder Gehilfe des Gerichts? Ergebnisse einer Befragung zur Rolle des Sachverständigen bei der Schuldfähigkeitsbeurteilung. *Monatsschrift für Kriminologie und Strafrechtsreform, 74,* 369–382.

Boetticher, A. (2002). Anforderungen an Glaubhaftigkeitsgutachten nach der neuesten BGH-Rechtsprechung. In S. Barton (Hrsg.), *Verfahrensgerechtigkeit und Zeugenbeweis* (S: 55–65). Baden-Baden: Nomos.

Boetticher, A., Nedopil, N., Bosinski, H. & Saß, H. (2005). Mindestanforderungen für Schuldfähigkeitsgutachten. *Neue Zeitschrift für Strafrecht, 25* (2), 57–62.

Boetticher, A., Kröber, H.-L., Müller-Isberner, R., Böhm, K. M., Müller-Metz, R. & Wolf, T. (2006). Mindestanforderungen für Prognosegutachten. *Neue Zeitschrift für Strafrecht, 26* (10), 537–544.

Bork, S. & Foerster, K. (2009). Begutachtung der persönlichen Eignung nach dem Waffengesetz. In U. Venzlaff (Bergr.), K. Foerster & H. Dreßing (Hrsg.), *Psychiatrische Begutachtung* (5. Aufl.) (S. 803–807). München: Urban & Fischer.

Bowlby, J. (1980). *Attachment and loss: Volume 3: Loss, Sadness and Depression.* New York, NY: Basic Books.

Bowlby, J. (1984). *Bindung – Eine Analyse der Mutter-Kind-Beziehung.* Frankfurt/M.: Fischer.

Brandenstein, M. & Kury, H. (2005). Die Verkehrsdelinquenz im Spannungsfeld von Recht, Medien und Verhaltensgewohnheiten. *Neue Zeitschrift für Verkehrsrecht, 18,* 225–231.

Brandenstein, M. & Kury, H. (2006). Wahrnehmung und (Rechts-)Wirklichkeit der Verkehrsdelinquenz. *Zeitschrift für Verkehrssicherheit – ZVS, 52,* 7–12.

Brauer Boone, K. (Hrsg.). (2007). *Assessment of feigned cognitive impairment.* New York, NY: Guilford Press.

Brazelton, T. B. & Cramer, G. C. (1994). *Die frühe Bindung.* Stuttgart: Klett Cotta.

Brem-Gräser, L. (2006). *Familie in Tieren.* München: Hogrefe.

Bresser, P. (1958). Der Psychologe und § 51 StGB. *Neue Juristische Wochenschrift, 11,* 248–250.

Brisch, K. H. (2003). *Bindungsstörungen. Von der Theorie zur Therapie.* Stuttgart: Klett-Cotta.

Brisch, K. H., Grossmann, K. E., Grossmann, K. & Köhler, L. (2002). *Bindung und seelische Entwicklungswege. Grundlagen, Prävention und klinische Praxis.* Stuttgart: Klett-Cotta.

Brisch, K. H. & Hellbrügge, T. (2006). *Kinder ohne Bindung.* Stuttgart: Klett-Cotta.

Browne, K., Hanks, H., Stratton, P. & Hamilton, C. (2002). *Early prediction and prevention of child abuse: A handbook.* Chichester: Wiley and Son.

Brownfield, D. & Sorenson, A. M. (1993). Self-control and juvenile delinquency: Theoretical issues and an empirical assessment of selected elements of a general theory of crime. *Deviant Behavior, 14,* 243–264.

Brugger, C. (1999). *Psychologische Sachverständigengutachten im Entlassungsverfahren von geistig abnormen zurechnungsfähigen Rechtsbrechern in Österreich* (Diplomarbeit). Psychologisches Institut, Universität Wien.

Brunner, R. & Dölling, D. (2002). *Jugendgerichtsgesetz. Kommentar.* Berlin: de Gruyter.

Buchanan, C. M. & Heiges, K. L. (2001). When conflict continues after the marriage ends: Effects of post-divorce conflict on children. In J. H. Grych & F. D. Fincham (Hrsg.), *Interparental conflict and child development* (S. 337–362). Cambridge, MA: Cambridge University Press.

Buikhuisen, W. (1993). Soziobiologische Kriminalitätstheorien. In G. Kaiser, H.-J. Kerner, F. Sack & H. Schellhoss (Hrsg.), *Kleines Kriminologisches Wörterbuch* (S. 267–271). Heidelberg: C. F. Müller.

Bundesgerichtshof (1999). Urteil 1 StR 618/98: Wissenschaftliche Anforderungen an aussagepsychologische Begutachtungen (Glaubhaftigkeitsgutachten). *Praxis der Rechtspsychologie, 9* (2), 113–125.

Bundesministerium des Innern – BMI (Hrsg.). (2005). *Dritter Versorgungsbericht der Bundesregierung – das Wichtigste in Kürze.* Berlin: Bundesministerium des Innern.

Bundesministerium des Innern & Bundesministerium der Justiz. (2001). *Erster Periodischer Sicherheitsbericht.* Berlin: Bundesministerium des Innern, Bundesministerium der Justiz.

Bundesministerium für Familie, Senioren, Frauen und Jugend (Hrsg.) (2004). *Lebenssituation, Sicherheit und Gesundheit von Frauen in Deutschland.* Berlin: Bundesministerium für Familie, Senioren und Jugend.

Bundschuh, K. (2010). *Einführung in die sonderpädagogische Diagnostik.* München: Reinhardt.

Burgess, E. W. & Akers, R. L. (1966). A differential association-reinforcement theory of criminal behavior. *Social Problems, 14,* 129–147.

Busch, T. P. (2006). *Rechtspsychologische Begutachtung delinquenter Heranwachsender: Evidenzbasierte Entscheidungsalgorithmen zur strafrechtlichen Zuweisung gemäß § 105 JGG.* Berlin: Logos.

Busch, T. P. (2008). Strafrechtliche Zuweisung heranwachsender Straftäter. In R. Volbert & M. Steller (Hrsg.), *Handbuch der Rechtspsychologie* (S. 432–443). Göttingen: Hogrefe.

Busse, D. & Volbert, R. (1997). Glaubwürdigkeitsgutachten und Strafverfahren wegen sexuellen Missbrauchs – Ergebnisse einer Gutachtenanalyse. In L. Greuel, T. Fabian & M. Stadler (Hrsg.), *Psychologie der Zeugenaussage* (S. 131–142). Weinheim: Beltz PVU.

Bussmann, K.-D. (2008). Report über die Auswirkungen des Gesetzes zur Ächtung der Gewalt in der Erziehung. In Landespräventionsrat Niedersachsen (Hrsg.), *Betrifft: Häusliche Gewalt. Perspektiven für die Prävention* (S. 47–63). Hannover: Landespräventionsrat.

Butcher, J. N. & Hostetler, K. (1990). Abbreviating MMPI Item Administration – What can be learned from the MMPI for the MMPI-2? *Psychological Assessment, 2* (1), 12–21.

Caspi, A., McClay, J., Moffitt, T. E., Mill, J., Martin, J., Craig, I. W., Taylor, A. & Poulton, R. (2002). Role of genotype in the cycle of violence in maltreated children. *Science, 297* (5582), 851–854.

Catchpole, R. E. H. & Gretton, H. M. (2003). The predictive validity of risk assessment with violent young offenders. *Criminal Justice and Behavior, 30*, 688–708.

Christiansen, K. O. (1977). A preliminary study of criminality among twins. In S. A. Mednick & K. O. Christiansen (Hrsg.), *Biosocial basis of criminal behaviour* (S. 89–108). New York, NY: Gardner.

Cierpka, M. & Frevert, G. (1995). *Die Familienbögen.* Göttingen: Hogrefe.

Clear, T. R. (2008). The effects of high imprisonment rates on communities. In M. Tonry (Hrsg.), *Crime and justice. A review of research* (S. 97–132). Chicago, IL: University of Chicago Press.

Cleckley, H. (1976). *The mask of sanity.* St. Louis, MO: Mosby.

Cloward, R. A. & Ohlin, L. E. (1960). *Delinquency and opportunity. A theory of delinquent gangs.* New York, NY: Free Press.

Coester, M. (1983). Das Kindeswohl als Rechtsbegriff – die richterliche Entscheidung über die elterliche Sorge beim Zerfall der Familiengemeinschaft. *Arbeiten zur Rechtsvergleichung, 114.* Frankfurt/M.: Metzner.

Coester, M. (2008). Inhalt und Funktionen des Begriffs der Kindeswohlgefährdung – Erfordernisse einer Neudefinition? *Das Jugendamt, 81* (1), 1–9.

Cohen, A. (1957). *Delinquent Boys.* Glencoe: Free Press.

Cohen, L. E. & Felson, M. (1979). Social change and crime rate trends: A routine activity approach. *American Sociological Review, 44*, 588–607.

Condie, L. O. (2003). *Parenting evaluations for the court – care and protection matters.* New York, NY: Kluwer.

Cording, C. (2007). Begutachtung der Geschäfts- und Testierfähigkeit. In B. Widder & P. W. Gaidzik (Hrsg.), *Begutachtung in der Neurologie* (S. 168–173). Stuttgart: Thieme.

Cornish, D. B. & Clarke, R. V. (Hrsg.). (1986). *The Reasoning criminal. Rational choice perspectives of offending.* New York, NY: Springer.

Cote, S. (Hrsg.). (2002). *Criminological theories.* Thousand Oaks, CA: Sage.

Craig, L. A., Browne, K. D. & Stringer, I. (2003). Risk scales and factors predictive of sexual offence recidivism. *Trauma, Violence & Abuse 4*, 45–69.

Cramon, v. D. Y., Mai, N. & Ziegler, W. (1993). *Neuropsychologische Diagnostik.* Weinheim: VCH.

Cressey, D. R. (1955). Changing criminals: The application of the theory of differential association. *American Journal of Sociology, 61*, 116–120.

Cullen, F. T. & Agnew R. (Hrsg.). (2011). *Criminological theory. Past to present* (4. Aufl.). New York, NY: Oxford University Press.

Dahle, K.-P. (2000). Psychologische Begutachtung zur Kriminalprognose. In H.-L. Kröber & M. Steller (Hrsg.), *Psychologische Begutachtung im Strafverfahren* (S. 77–111). Darmstadt: Steinkopff.

Dahle, K.-P. (2005). *Psychologische Kriminalprognose. Wege zu einer integrativen Methodik für die Beurteilung der Rückfallwahrscheinlichkeit von Strafgefangenen.* Herbolzheim: Centaurus.

Dahle, K.-P. (2008 a). Kriminal(rückfall)prognose. In R. Volbert & M. Steller (Hrsg.), *Handbuch der Rechtspsychologie* (S. 444–452). Göttingen: Hogrefe.

Dahle, K.-P. (2008 b). Aktuarische Prognoseinstrumente. In R. Volbert & M. Steller (Hrsg.), *Handbuch der Rechtspsychologie* (S. 453–463). Göttingen: Hogrefe.

Dahle, K.-P., Schneider, V. & Ziethen, F. (2007). Standardisierte Instrumente zur Kriminalprognose. *Forensische Psychiatrie, Psychologie und Kriminologie, 1*, 15–26.

Damasio, A. R. (2000). A neural basis for sociopathy. *Archives of General Psychiatry, 57*, 128–129.

Darnstädt, T., Friedrichsen, G., Hipp, D., Ulrich, A. & Windmann, A. (2011, 30. Mai). Glaube und Wahrheit. *Der Spiegel, 22,* 56–67.

Dechêne, H. C. (1975). *Verwahrlosung und Delinquenz. Profil einer Kriminalpsychologie.* München: Fink.

Deckers, R. (2007). Vorwort. In R. Deckers & G. Köhnken (Hrsg.), *Die Erhebung von Zeugenaussagen im Strafprozess. Juristische, aussagepsychologische und psychiatrische Aspekte* (S. VII–XIII). Berlin: BWV.

Deckers, R. (2008). Aussage gegen Aussage – Zur Entwicklung der revisionsgerichtlichen Rechtsprechung und der Aussagepsychologie. In R. Michalke & R. Köberer (Hrsg.), *Festschrift für Reiner Hamm zum 65. Geburtstag am 24. Februar 2008* (S. 53–62). Berlin: de Gruyter.

Deegener, G., Spangler, G., Körner, W. & Becker N. (2009). *EBSK: Eltern-Belastungs-Screening zur Kindeswohlgefährdung. Deutsche Form des Child Abuse Potential Inventory (CAPI) von Joel S. Milner.* Münster: Hogrefe.

Dettenborn, H. (2010). *Kindeswohl und Kindeswille: Psychologische und rechtliche Aspekte* (3. Aufl.). München: Reinhardt.

Dettenborn, H. & Walter, E. (2002). *Familienrechtspsychologie.* München: Reinhardt.

Dettenborn, H., Fröhlich, H.-H. & Szewczyk, H. (1989). *Forensische Psychologie. Lehrbuch der gerichtlichen Psychologie für Juristen, Kriminalisten, Psychologen, Pädagogen und Mediziner.* Berlin: VEB Deutscher Verlag der Wissenschaften.

Detter, K. (2001). Der von der Verteidigung geladene psychiatrische Sachverständige – Konfliktverteidigung oder Ohnmacht der Tatgerichte? In A. Eser, J. Goydke, K. R. Maatz & D. Meurer (Hrsg.), *Strafverfahrensrecht in Theorie und Praxis. Festschrift für Lutz Meyer-Gossner zum 65. Geburtstag* (S. 431–446). München: C. H. Beck.

Detter K. (2009). Der Sachverständige im Strafprozess. In J. Bockemühl (Hrsg.), *Handbuch des Fachanwalts Strafrecht* (4. Aufl.) (S. 1479 ff.). Köln: Luchterhand.

Deutsche Rentenversicherung Bund (DRV). (2010). *Rentenanwartschaften am 31. 12. 2008. Statistik der Deutschen Rentenversicherung, 176.* Berlin: Deutsche Rentenversicherung Bund.

Deutsche Rentenversicherung. (2011). *Leitlinien für die sozialmedizinische Begutachtung – Sozialmedizinische Beurteilung bei psychischen und Verhaltensstörungen.* Berlin: Deutsche Rentenversicherung Bund, www.deutsche-rentenversicherung.de (Aufruf 25. 01. 2012).

Deutsches Institut für Medizinische Dokumentation und Information DIMDI. (2005). *ICF Internationale Klassifikation der Funktionsfähigkeit, Behinderung und Gesundheit.* Köln: DIMDI.

Diamond, S. S. (1992). Foreword. In D. K. Kagehiro & W. S. Laufer (Hrsg.), *Handbook of psychology and law* (S. V–IX). New York, NY: Springer.

Diederichsen, U. & Dröge, M. (2000). Juristische Voraussetzungen. In U. Venzlaff & K. Foerster (Hrsg.), *Psychiatrische Begutachtung. Ein praktisches Handbuch für Ärzte und Juristen* (4. Aufl.) (S. 361–423). München: Urban & Fischer.

Dittmann, V. (1999). *Kriterien zur Beurteilung des Rückfallrisikos besonders gefährlicher Straftäter.* Basel: Unveröffentl. Arbeitsinstrument.

Dittmann, V. (2000). Was kann die Kriminalprognose heute leisten? In S. Bauhofer, P.-H. Bolle & V. Dittmann (Hrsg.), *„Gemeingefährliche" Straftäter* (S. 67–95). Chur: Rüegger.

Dittmann, V. (2009). Psychiatrische Begutachtung in der Schweiz. In U. Venzlaff (Begr.), K. Foerster & H. Dreßing (Hrsg.), *Psychiatrische Begutachtung* (5. Aufl.) (S. 919–932). München: Urban & Fischer.

Dölling, D. (Hrsg.). (1995). *Die Täter-Individualprognose.* Heidelberg: Kriminalistik-Verlag.

Dölling, D., Entorf, H., Hermann, D. & Rupp, T. (2011). Meta-analysis of empirical studies on deterrence. In H. Kury & E. Shea (Hrsg.), *Punitivity – international developments. Vol. 3: Punitiveness and punishment* (S. 315–378). Bochum: Brockmeyer.

Dölling, D., Feltes, T., Heinz, W. & Kury, H. (2003). (Hrsg.). *Kommunale Kriminalprävention. Analysen und Perspektiven.* Holzkirchen/Obb.: Felix.

Dohrenbusch, R. (2007) *Begutachtung somatoformer Störungen und chronifizierter Schmerzen. Konzepte, Methoden, Beispiele.* Stuttgart: Kohlhammer.

Dollard, J., Doob, L. W. & Miller N. E. (1939). *Frustration and aggression.* New Haven, CT: Yale University Press.

Dollard, J., Doob, L. W., Miller, N. E., Mowrer, O. H. & Sears, R. S. (1970). *Frustration und Aggression.* Weinheim: Beltz.

Dreher, E. (Begr.), Lackner, K. (Forts.) & Kühl, K. (Bearb.). (2011). *Strafgesetzbuch: StGB* (27. Aufl.). München: C. H. Beck.

Dreyße, K. (2010). *Psychopathie und interhemisphärische Integration: Zusammenhang mit Art und Intensität individueller Aggressionsneigung.* Saarbrücken: VDM Verlag Dr. Müller.

Dunn, J. (2004). Annotation: Children's relationships with their nonresident fathers. *Journal of Child Psychology and Psychiatry, 45* (4), 659–671.

Durkheim, E. (1893). De la division du travail social; deutsch (1977): *Über die Teilung der sozialen Arbeit.* Frankfurt/M.: Suhrkamp.

Eckartshausen, C. von (1791). *Über die Notwendigkeit psychologischer Kenntnisse bei der Beurteilung der Verbrechen.* München: Strobl.

Eckartshausen, C. von (1794). *Skizzierte Biographien von Verbrechen aus der gemeinen Menschenklasse.* München: Böttern.

Eggers, C. & Röpcke, B. (2003). Zum Krankheitsbegriff. In R. Lempp, G. Schütze & G. Köhnken (Hrsg.), *Forensische Psychiatrie und Psychologie des Kindes- und Jugendalters* (2. Aufl) (S. 161–162). Darmstadt: Steinkopff.

Eisenberg, U. (2000). *Kriminologie* (5. Aufl.). Köln: Heymann.

Elmering, H. (1969). *Die kriminologische Frühprognose. Überprüfung der Glueckschen fünfpunktigen sozialen Prognosetafel an Hand von 100 mit Jugendstrafe bestraften Jungtätern.* Hamburg: Kriminalistik Verlag.

Elsner, E. & Molnar, H. (2001). *Kriminalität Heranwachsender und Jungerwachsener in München.* Bayerisches Landeskriminalamt.

Elsner, E., Steffen, W. & Stern, G. (1998). *Kinder- und Jugendkriminalität in München.* München: Bayerisches Landeskriminalamt.

Elz, J. (2001). *Legalbewährung und kriminelle Karrieren von Sexualstraftätern. Sexuelle Mißbrauchsdelikte.* Wiesbaden: Kriminologische Zentralstelle.

Elz, J. (2002). *Legalbewährung und kriminelle Karrieren von Sexualstraftätern. Sexuelle Gewaltdelikte.* Wiesbaden: Kriminologische Zentralstelle.

Endres, J. (1998). Psychologische und psychiatrische Konzepte der „tiefgreifenden Bewußtseinsstörung" nach §§ 20, 21 StGB. *Strafverteidiger, 18,* 674–682.

Endres, J. (2000). Die Kriminalprognose im Strafvollzug: Grundlagen, Methoden und Probleme der Vorhersage von Straftaten. *Zeitschrift für Strafvollzug und Straffälligenhilfe, 50,* 67–83.

Endres, J. (2002). Gutachten zur Gefährlichkeit von Strafgefangenen: Probleme und aktuelle Streitfragen der Kriminalprognose. *Praxis der Rechtspsychologie 12,* 161–181.

Endres, J. (2008). Affekttaten. In R. Volbert & M. Steller (Hrsg.), *Handbuch der Rechtspsychologie* (S. 412–420). Göttingen: Hogrefe.

Engel, R. R. (Hrsg.). (2000). *Minnesota MultiphasicPersonality Inventory-2 (MMPI-2).* Bern: Huber.

Entorf, H. (2010). Evaluation des Maßregelvollzugs: Grundsätze einer Kosten-Nutzen-Analyse. In J. M. Fegert & D. Schläfke (Hrsg.), *Maßregelvollzug zwischen Kostendruck und Qualitätsanforderungen* (S. 87–135). Lengerich: Pabst.

Entorf, H. & Meyer, S. (2004). Kosten und Nutzen des Strafvollzuges: Grundlagen im Rahmen einer rationalen Kriminalpolitik. *Bewährungshilfe, 51* (2), 130–148.

Erdfelder, E. (2003). Das Gedächtnis des Augenzeugen. *Report Psychologie, 28* (7/8), 434–445.

Erdmann, K. (2001). *Induktion von Pseudoerinnerungen bei Kindern.* Regensburg: S. Roderer.

Erdmann, K., Volbert, R. & Böhm, C. (2004). Children report suggested events even when interviewed in a non-suggestive manner: What are its implications for credibility assessment? *Applied Cognitive Psychology, 18,* 589–611.

Erlenkämper, A. (2003). *Arzt und Sozialrecht. Rechtliche Grundlagen der Sozialmedizin und der sozialmedizinischen Begutachtung.* Darmstadt: Steinkopf.

Erzberger, C. S. & Engel, R. R. (2010). Zur Äquivalenz der Normen des Wechsler-Intelligenztests für Erwachsene (WIE) mit denen des Hamburg-Wechsler-Intelligenztests für Erwachsene – Revision (HAWIE-R). *Zeitschrift für Neuropsychologie, 21* (1), 25–37.

Esser, G., Fritz, A. & Schmidt, M. H. (1991). Die Beurteilung der sittlichen Reife Heranwachsender im Sinne des § 105 JGG – Versuch einer Operationalisierung. *Monatsschrift für Kriminologie und Strafrechtsreform, 74,* 356–368.

Etzensberger, M. (1987). Betrachtungen über forensische Psychiatrie in der Schweiz. In H. Kury (Hrsg.), *Ausgewählte Fragen und Probleme forensischer Begutachtung* (S. 545–556). Köln: Heymanns.

Eysenck, H. J. (1964). *Crime and personality.* Boston, MA: Mifflin.

Farrington, D. P. (1989). Long-term prediction of offending and other life outcomes. In H. Wegener, F. Lösel & J. Haisch (Hrsg.), *Criminal behavior and the justice system. Psychological perspectives* (S. 26–39). New York, NY: Springer.

Feest, J. (1993). Kriminalistik. In G. Kaiser, H.-J. Kerner, F. Sack & H. Schellhoss (Hrsg.), *Kleines Kriminologisches Wörterbuch* (3. Aufl.) (S. 236–238). Heidelberg: C. F. Müller Juristischer Verlag.

Fegert, J. M. (2000). Wir brauchen Standards! In J. M. Fegert & F. Häßler (Hrsg.), *Qualität fo-*

rensischer Begutachtung, insbesondere bei Jugenddelinquenz und Sexualstraftaten (S. 95–104). Herbolzheim: Centaurus.

Fegert, J. M. & Häßler, F. (Hrsg.) (2000). *Qualität forensischer Begutachtung, insbesondere bei Jugenddelinquenz und Sexualstraftaten*. Herbolzheim: Centaurus.

Fegert, J. M. & Schläfke, D. (Hrsg.). (2010). *Maßregelvollzug zwischen Kostendruck und Qualitätsanforderungen*. Lengerich u. a.: Pabst.

Fegert, J. M., Berger, C., Klopfer, U., Lehmkuhl, U. & Lehmkuhl, G. (2004). *Umgang mit sexuellem Missbrauch. Institutionelle und individuelle Reaktionen. Forschungsbericht*. Weinheim: Juventa.

Fegert, J. M., Häßler, F., Schnoor, K., Rebernig, E., König, C., Auer, U. & Schläfke, D. (2003). *Bestandsaufnahme und Qualitätssicherung der forensisch psychiatrischen Gutachtertätigkeit in Mecklenburg-Vorpommern bei Mord- und Brandstiftungsdelikten*. Norderstedt: Books on Demand.

Fegert, J. M., Schnoor, K., König, C. & Schläfke, D. (2006). *Psychiatrische Begutachtung in Sexualstrafverfahren. Eine empirische Untersuchung von Gutachten zur Schuldfähigkeit bei jugendlichen, heranwachsenden und erwachsenen Beschuldigten in Mecklenburg-Vorpommern*. Herbolzheim: Centaurus.

Felson, M. & Clarke, R. V. (1995). Routine precautions, criminology, and crime prevention. In H. D. Barlow (Hrsg.), *Crime and public policy* (S. 179–190). Boulder, CO: Westview Press.

Felson, M. & Clarke, R. V. (1998). Opportunity makes the thief. *Police Research Series, 98*.

Fenn, R. (1981). *Kriminalprognose bei jungen Straffälligen*. Freiburg: Max-Planck-Institut für ausländisches und internationales Strafrecht.

Fichtner, J. & Salzgeber, J. (2006). Gibt es den goldenen Mittelweg? Das Wechselmodell aus Sachverständigensicht. *Familie, Partnerschaft, Recht, 7*, 274–284.

Fichtner, J. (2008). Elterliche Entfremdung, neue Väterlichkeit und hegemoniale Männlichkeit: Was macht eigentlich das PAS? In A. Heiliger, E. K. Hack (Hrsg.), *Zur Kritik am Sorge- und Umgangsrecht* (S. 231–249). München: Frauenoffensive.

Fichtner, J. (2010 a). Gruppendiskussionen regionaler Kooperationspartner. In J. Fichtner (Hrsg.), *Kinderschutz bei hochstrittiger Elternschaft* (S. 278–293). München: DJI.

Fichtner, J. (2010 b). Frühe Hilfen bei hochstrittiger Elternschaft: Wie früh genug ist noch nicht zu spät, und für was? In R. Schäfer, S. Nothafft & S. Derr (Hrsg.), *Frühe Hilfen bei Häuslicher Gewalt* (S. 122–131). München: DJI.

Fiedler, K. & Schmid, J. (1999). Gutachten über die Methodik für Psychologische Glaubwürdigkeitsgutachten. *Praxis der Rechtspsychologie, 9* (2), 5–45.

Finke, F. (2003). Die rechtlichen Grundlagen der Sachverständigentätigkeit in der Familiengerichtsbarkeit nach der Kindschaftsrechtsreform vom 01.07.1998. *Familie, Partnerschaft, Recht, 10*, 503–508.

Finley, G. E. & Schwartz, S. J. (2007). Father involvement and long-term young adult outcomes: The differential contributions of divorce and gender. *Family Court Review, 45* (4), 573–587.

Fischer, G. & Riedesser, P. (2009). *Lehrbuch der Psychotraumatologie* (4. Aufl.). München: Reinhardt.

Fischer, T. (1994). Glaubwürdigkeitsbeurteilung und Beweiswürdigung – Von der Last der „ureigenen Aufgabe". *Neue Zeitschrift für Strafrecht, 1*, 1–56.

Fischer, T. (2010). *Strafgesetzbuch: StGB* (57. Aufl.). München: C. H. Beck.

Fischer, T. (2011). *Strafgesetzbuch und Nebengesetze* (58. Aufl.). München: C. H. Beck.

Fisher, R. & Schreiber, N. (2007). Interview protocols to improve eyewitness memory. In M. P. Toglia, J. D. Read, D. F. Ross & R. C. L. Lindsay (Hrsg.), *The handbook of eyewitness psychology, Vol. 1: Memory for events* (S. 53–80). Mahwah, NJ: Lawrence Erlbaum Associates.

Fisseni, H. J. (1990). *Lehrbuch der psychologischen Diagnostik*. Göttingen: Hogrefe.

Fisseni, H. J. (1992). *Persönlichkeitsbeurteilung: Zu Theorie und Praxis des psychologischen Gutachtens*. Göttingen: Hogrefe.

Foerster, K. (2009). Begutachtung bei zivilrechtlichen Fragen. In U. Venzlaff (Begr.), K. Foerster & H. Dreßing (Hrsg.), *Psychiatrische Begutachtung* (5. Aufl.). (S. 555–581). München: Urban & Fischer.

Foerster, K. (2009). Begutachtung bei sozialrechtlichen Fragen. In U. Venzlaff (Begr.), K. Foerster & H. Dreßing (Hrsg.), *Psychiatrische Begutachtung* (5. Aufl.) (S. 657–693). München: Urban & Fischer.

Foerster, K. (2009). Störungen durch Alkohol. In U. Venzlaff (Begr.), K. Foerster & H. Dreßing (Hrsg.), *Psychiatrische Begutachtung* (5. Aufl.) (S. 241–251). München: Urban & Fischer.

Foerster, K. & Dreßing, H. (2009). Fehlermöglichkeiten beim psychiatrischen Gutachten. In U. Venzlaff (Begr.), K. Foerster & H. Dreßing

(Hrsg.), *Psychiatrische Begutachtung* (5. Aufl.) (S. 55–62). München: Urban & Fischer.

Foerster, K. & Venzlaff, U. (2009). Die „tiefgreifende Bewusstseinsstörung" und andere affektive Ausnahmezustände. In U. Venzlaff (Begr.), K. Foerster & H. Dreßing (Hrsg.), *Psychiatrische Begutachtung* (5. Aufl.) (S. 281–293). München: Urban & Fischer.

Frank, C. (1989). Zur Geschichte der forensischen Psychiatrie in Österreich. In C. Frank, G. Ladurner & H. Wendt (Hrsg.), *Festschrift für Gerhart Harrer – Neurologie und Psychiatrie* (S. 68–89). Seeheim-Jugenheim: Innovations-Verlags-Gesellschaft.

Frank, C. (1998). Forensische Begutachtung – Aspekte interdisziplinärer Qualitätssicherung. In: C. Frank & B. Mitterauer (Hrsg.), *Aktuelle Probleme forensischer Begutachtung* (S. 91–110). Wien: Österreichischer Kunst- und Kulturverlag.

Freisleder, F. J. (1989). Reifungskriterien im Jugendstrafrecht – Zur Problematik der §§ 1,3 und 105 JGG aus der Sicht der Jugendpsychiatrie. *Das Gesundheitswesen, 51*, 201–206.

Freud, S. (1915). Einige Charaktertypen aus der psychoanalytischen Arbeit. 3. Kapitel: Der Verbrecher aus Schuldbewusstsein. In *Gesammelte Werke, Band X.* Frankfurt/M.: Fischer.

Freud, S. (1923). *Das Ich und das Es.* Leipzig: Internationaler Psychoanalytischer Verlag.

Friedrich, J. (1915). *Die Bedeutung der Psychologie für die Bekämpfung der Verbrechen.* Hannover: Helwing.

Frieling, G., Jessnitzer, K. & Ulrich, J. (2007). *Der gerichtliche Sachverständige* (12. Aufl.). Köln: Carl Heymanns.

Fthenakis, W. E. (1999). *Engagierte Vaterschaft – Die sanfte Revolution in der Familie. LBS-Initiative Junge Familie.* Opladen: Leske & Budrich.

Fthenakis, W. E., Niesel, R. & Kunze, H R. (1982). *Ehescheidung, Konsequenzen für Eltern und Kinder.* München: Urban & Schwarzenberg.

Fthenakis, W. E. (2008). *Begleiteter Umgang von Kindern: Ein Handbuch für die Praxis.* München: C. H. Beck.

Fthenakis, W. E., Reichert-Garschhammer, E., Gödde, M. & Walbiner, W. (2008). *Deutsche Standards zum begleiteten Umgang. Empfehlungen für die Praxis.* München: C. H. Beck.

Füllgrabe, U. (1997). *Kriminalpsychologie: Täter und Opfer im Spiel des Lebens* (2. Aufl.). Frankfurt/M.: Ed. Wötzel.

Funke, H. (2008). Vom Landesvater zum Polarisierer. Eine Nachlese der Landtagswahlergeb-nisse in Hessen 2008. In M. Brumlik (Hrsg.), *Ab nach Sibirien?* (S. 18–40). Weinheim: Beltz.

Gadd, D. & Jefferson, T. (2007). *Psychosocial Criminology.* Los Angeles u. a.: Sage Publications.

Gardner, R. A. (1998). *The parental alienation syndrome. A guide for mental health and legal professionals* (2. Aufl.). Creskill, NJ: Creative Therapeutics.

Geary, D. C. (2005). *The origin of mind-evolution of brain, cognition, and general intelligence.* Washington, DC: American Psychological Association.

Gehring, A. & Blaser, A. (1993). *Minnesota multiphasic personality inventory: MMPI (deutsche Kurzform).* Bern: Huber.

Gehring, T. M. & Page, J. (2000). Family System Test (FAST): A systemic approach for family evaluation in clinical practice and research. In K. Gitlin-Weiner, C. E. Schaefer & A. Sandgrund (Hrsg.), *Play diagnosis and assessment* (S. 419–445). New York, NY: Wiley.

Gendreau, P., Goggin, C. & Smith, P. (2002). Is the PCL-R really the "unparalleld" measure of offender risk? A lesson in knowledge cumulation. *Criminal Justice and Behavior, 29*, 397–426.

Gendreau, P., Little, T. & Goggin, C. (1996). A meta-analysis of the predictors of adult offender recidivism: What works! *Criminology, 34* (4), 575–607.

George, C. & Solomon, J. (1999). Attachment and caregiving: The caregiving behavioral system. In J. Cassidy & P. Shaver (Hrsg.), *Handbook of Attachment: Theory, Research, and Clinical Application* (S. 649–670). New York, NY: Guilford Press.

Giacomuzzi, S. & Erhard, R. (Hrsg.). (2010). *Brennpunkte familienpsychologischer Begutachtung in Österreich.* Wien: Krammer.

Giegerich, W. (1994). *Animus-Psychologie.* Frankfurt: Peter Lang.

Gloger-Tippelt, G. & König, L. (2002/2006). *Geschichtenergänzungsverfahren zur Bindung (GEV-B).* 6. Fassung. Unveröffentlichtes Manual, Heinrich-Heine-Universität Düsseldorf.

Glueck, E. (1966). Identification of potential delinquents at 2–3 years of age. *Excerpta Criminologica, 6*, 309–314.

Glueck, S. & Glueck, E. (1950). *Unraveling juvenile delinquency.* Cambridge, MA: Harvard University Press.

Glueck, S. & Glueck, E. (1957). *Unraveling juvenile delinquency* (3. Aufl.). Cambridge, MA: Harvard University Press.

Glueck, S. S. & Glueck, E. T. (1960). *Predicting delinquency and crime* (2. Aufl.). Cambridge, MA: Harvard University Press.

Göppinger, H. (1980). *Kriminologie*. München: C. H. Beck.

Göppinger, H. (1983). *Der Täter in seinen sozialen Bezügen. Ergebnisse der Tübinger Jungtäter-Vergleichsuntersuchung.* Heidelberg: Springer.

Göppinger, H. (1985). *Angewandte Kriminologie. Ein Leitfaden für die Praxis.* Berlin: Springer.

Göppinger, H. (Begr.), Bock, M. (Hrsg.). (2008). *Kriminologie* (6. Aufl.). München: C. H. Beck.

Golier, J. A., Yehuda, R., Lupien, S. J. & Harvey, P. D. (2003). Memory for trauma-related information in Holocaust survivors with PTSD. *Psychiatry Research, 121* (2), 133–143.

Gottfredson, M. R. & Hirschi, T. (1990). *A general theory of crime.* Stanford, CA: Stanford University Press.

Gould, J. W. (2006). *Conducting scientifically crafted child custody evaluations* (2. Aufl.). Sarasota, FL: Professional Resource Press.

Graebsch, C. & Burkhardt, S.-U. (2008). MIVEA – Alles nur Kosmetik? *Strafverteidiger, 28,* 327–331.

Graesser, A. C. & Nakamura, G. V. (1982). The impact of a schema on comprehension and memory. In G. H. Bower (Hrsg.), *The psychology of learning and motivation. Vol. 16* (S. 60–109). New York: Academic Press.

Graham, J. R. (2006). *MMPI-2: Assessing Personality and Psychopathology* (4. Aufl.). New York, NY: Oxford University Press.

Graw, M. & Thieme, D. (2009). Rechtsmedizinische Ansätze zur Befundinterpretation und Bewertung bei Delikten unter Alkohol- und Drogeneinfluss. In U. Venzlaff (Begr.), K. Foerster & H. Dreßing (Hrsg.), *Psychiatrische Begutachtung* (5. Aufl.) (S. 265–279). München: Urban & Fischer.

Grawe, K., Donati, R. & Bernauer, F. (2001). *Psychotherapie im Wandel. Von der Konfession zur Profession* (5. Aufl.). Göttingen: Hogrefe.

Green, D. A. (2008). Political Culture and Incentives to Penal Populism. In H. Kury (Hrsg.), *Fear of crime – punitivity. New developments in theory and research* (S. 251–276). Bochum: Brockmeyer.

Greene, R. L. (2000). *The MMPI-2, an interpretative manual* (2. Aufl.). Boston, MA: Allyn and Bacon.

Greiffenstein, M. F. & Cohen, L. (2005). Neuropsychology and the Law: Principles of Productive Attorney – Neuropsychologist Relations. In G. J. Larrabee (Hrsg.), *Forensic neuropsychology – A scientific approach* (S. 29–91). New York, NY: Oxford University Press.

Gretenkord, L. (2000). Aspekte der Schuldfähigkeitsbegutachtung aus der Sicht eines psychologischen Praktikers. *Praxis der Rechtspsychologie, 10* (2), 25–31.

Greuel, L. (1997). Suggestibilität und Aussagezuverlässigkeit – ein (neues) Problem in der forensisch-psychologischen Praxis? In: L. Greuel, T. Fabian & M. Stadler (Hrsg.), *Psychologie der Zeugenaussage* (S. 211–220). Weinheim: Beltz PVU.

Greuel, L. (2001). *Wirklichkeit – Erinnerung – Aussage.* Weinheim: Psychologie Verlags Union.

Greuel, L. (2004). Methodenkritische Stellungnahmen zu Sachverständigengutachten im Straf- und Zivilrecht. *Praxis der Rechtspsychologie, 14* (1), 180–189.

Greuel, L., Offe, S., Fabian, A., Wetzels, P., Fabian, T., Offe, H. & Stadler, M. (1998). *Glaubhaftigkeit der Zeugenaussage.* Weinheim: Psychologie Verlags Union.

Griebnitz, E., Klopf, J., Kofler, B. & Mitterauer, B. (2010). *Methodische Erweiterung zur Diagnostik der PTBS (posttraumatische Belastungsstörung).* Tagungsband der 16. forensisch-psychiatrischen Tagung in Wien.

Grisso, T. (2003). *Evaluating competencies. Forensic assessments and instruments. Perspectives in Law and Psychology, Volume 16.* New York, NY: Kluwer.

Grisso, T. & Appelbaum, P. S. (1998). *Assessing competence to consent to treatment. A guide for physicians and other health professionals.* New York, NY: Oxford University Press.

Grosch E. V., Fischer K., Irle H., Kruse C. & Legner R. (2006). Leitlinien für die sozialmedizinische Beurteilung von Menschen mit psychischen Störungen. In DRV (Hrsg), *DRV-Schriften Bd. 68.* Bad Homburg: wdv.

Groß, G. (2004). *Deliktbezogene Rezidivraten von Straftätern im internationalen Vergleich.* Unveröffentlichte Dissertation. Universität München.

Gross, H. (1893). *Handbuch für Untersuchungsrichter, Polizeibeamte, Gendarmen u. s. w.* Graz: Leuschner & Lubensky.

Gross, H. (1898). *Criminalpsychologie.* Graz: Leuschner & Lubensky.

Grossmann, K. & Grossmann, K. E. (2004). *Bindungen. Das Gefüge psychischer Sicherheit.* Stuttgart: Klett-Cotta.

Grych, J. H. & Fincham F. D. (Hrsg.). (2001). *Interparental conflict and development: Theory, research, and applications.* Cambridge: Cambridge Press.

Günter, M. (2009). Begutachtung im Familienrecht – Sorgerecht, Umgangsrecht, Sorgerechtsentzug, geschlossene Unterbringung. In U. Venzlaff (Begr.), K. Foerster & H. Dreßing (Hrsg.), *Psychiatrische Begutachtung* (5. Aufl.) (S. 731–764). München: Urban & Fischer.

Habermeyer, E. (2005). Psychiatrische Kriminalprognose in einer „fachfremden" Maßregel. Erfahrungen mit Probanden vor bzw. in Sicherungsverwahrung. *Monatsschrift für Kriminologie und Strafrechtsreform, 88,* 12–25.

Habermeyer, E. & Saß, H. (2002). Die überdauernde krankhafte Störung der Geistestätigkeit als Voraussetzung der Geschäftsunfähigkeit. *Nervenarzt, 72,* 1094–1099.

Habermeyer, E., Puhlmann, P., Passow, D. & Vohs, K. (2007). Kriminologische und diagnostische Merkmale von Häftlingen mit angeordneter Sicherungsverwahrung. *Monatsschrift für Kriminologie und Strafrechtsreform, 90,* 317–330.

Haberstick, B. C., Lessem, J. M., Hopfer, C. J., Smolen, A., Ehringer, M. A., Timberlake, D. & Hewitt, J. K. (2005). Monoamine oxidase A (MAOA) and antisocial behaviors in the presence of childhood and adolescent maltreatment. *American Journal of Medical Genetics Part B: Neuropsychiatric Genetics, 135B (1),* 59–64.

Häcker, H., Leutner, D. & Amelang, M. (Hrsg.) (1998). Standards für pädagogisches und psychologisches Testen. *Supplementum 1/1998 der Diagnostica und der Zeitschrift für Differentielle und Diagnostische Psychologie.* Bern: Huber.

Härting, C., Markowitsch, H. J., Neufeld H., Calabrese, P., Deisinger, K. & Kessler, J. (2000). *Wechsler Gedächtnistest – Revidierte Fassung: WMS-R; Testmanual*; deutsche Adaptation der revidierten Fassung der Wechsler Memory Scale von David Wechsler. Bern: Huber.

Haffner, H.-T. & Dettling, A. (2009). Begutachtung der Fahreignung. In U. Venzlaff (Begr.), K. Foerster & H. Dreßing (Hrsg.), *Psychiatrische Begutachtung* (5. Aufl.) (S. 779–801). München: Urban & Fischer.

Hagemann, O., Schäfer, P. & Schmidt, S. (Hrsg.) (2009). *Victimology, victim assistance and criminal justice.* Mönchengladbach: Hochschule Niederrhein.

Haller, R. (2008). *Das psychiatrische Gutachten* (2. Aufl.). Wien: Manz.

Hammerschlag, H. (1998). Das Gesetz zur Bekämpfung von Sexualdelikten und anderen gefährlichen Straftaten. *Neue Zeitschrift für Strafrecht, 18* (7), 321–326.

Haney, C. (1980). Psychology and legal change. On the limits of a factual jurisprudence. *Law and Human Behavior, 4,* 147–200.

Hanson, R. K. (1998). What do we know about sex offender risk assessment? *Psychology, Public Policy, and Law, 4,* 50–72.

Hanson, R. K. (2001). Sex offender risk assessment. In C. R. Hollin (Hrsg.), *Handbook of offender assessment and treatment* (S. 85–96). Chichester: Wiley.

Hanson, R. K. & Bussière, M. T. (1998). Predicting relapse: A meta-analysis of sexual offender recidivism studies. *Journal of Consulting and Clinical Psychology, 66,* 348–362.

Hanson, R. K. & Harris, A. (2000). *The Sex Offender Need Assessment Rating (SONAR): A method for measuring change in risk levels.* Ottawa: Department of the Solicitor General of Canada.

Hanson, R. K. & Morton-Bourgon, K. E. (2009). The accuracy of recidivism risk assessments for sexual offenders: A meta-analysis of 118 prediction studies. *Psychological Assessment, 21,* 1–21.

Hanson, R. K. & Thornton, D. (1999). *Static 99: Improving actuarial risk assessments for sex offenders. User Report 1999–02.* Ottawa: Department of the Solicitor General of Canada.

Hare, R. D. (1991). *Manual for the Hare Psychopathy Checklist – Revised.* Toronto: Multi-Health Systems.

Hare, R. D. (1998). The Hare PCL-R: Some issues concerning its use and misuse. *Legal and Criminological Psychology, 3,* 99–119.

Hare, R. D. (2003). *Hare Psychopathy Checklist-Revisited (PCL-R): Technical manual.* North Tonawanda: Multi-Health-Systems.

Harrendorf, S. (2008). Wo sind die Adressaten der Sicherungsverwahrung? Zur Rückfallgefahr schwerer Gewalttäter. *Juristische Rundschau, 1,* 6–16.

Harrer, G. (1987). Zur Situation forensischer Begutachtung in Österreich. In H. Kury (Hrsg.), *Ausgewählte Fragen und Probleme forensischer Begutachtung* (S. 527–538). Köln: Heymanns.

Harris, A., Phenix, A., Hanson, R. K. & Thornton, D. (2003). *Static-99 Coding Rules Revised – 2003.* Ottawa: Department of the Solicitor General of Canada.

Harris, G. T. & Rice, M. E. (2003). Actuarial assessment of risk among sex offenders. *Annals of the New York Academy of Sciences, 989,* 198–210.

Hart, S. D. (1998). The role of psychopathy in assessing risk for violence: Conceptual and methodological issues. *Legal and Criminological Psychology, 3,* 121–137.

Hart, S. D., Cox, D. N. & Hare, R. D. (1995). *The Hare Psychopathy Checklist: Screening Version (PCL-SV)*. North Tonawanda: Multi-Health Systems.

Hartje, W. & Orgass, B. (1972). Bewährung der HAWIE-Kurzform (WIP nach Dahl) bei hirngeschädigten Patienten (I). *Zeitschrift für experimentelle und angewandte Psychologie, 19*, 309–324.

Hartje, W. & Orgass, B. (1974). Bewährung der HAWIE-Kurzform (WIP nach Dahl) bei hirngeschädigten Patienten (II). *Diagnostika, 20*, 22–30.

Hartmann, H. A. (1984). Forensische Psychologie: Psychologisch-psychiatrische Begutachtung im Strafverfahren. In H. A. Hartmann & R. Haubl (Hrsg.), *Psychologische Begutachtung* (S. 192–228). München: Urban & Schwarzenberg.

Hassemer, W. (2009). *Warum Strafe sein muss. Ein Plädoyer*. Berlin: Ullstein.

Hausotter, W. & Eich, J. (2008) *Die Begutachtung für die private Berufsunfähigkeitsversicherung*. Karlsruhe: Verlag für Versicherungswirtschaft.

Hausotter, W. & Schouler-Ocak, M. (2007). *Begutachtung von Menschen mit Migrationshintergrund und Arbeitnehmern nichtdeutscher Herkunft*. München: Elsevier, Urban und Fischer.

Hautzinger, M. & Bailer, M. (1993). Allgemeine Depressions-Skala. Göttingen: Beltz Test GmbH.

Hawley, P. H. & Buss, D. M. (2011). Introduction. In D. M. Buss & P. H. Hawley (Hrsg.), *The evolution of personality and individual differences* (S. IX–XVIII). New York, NY: Oxford University Press.

Heier, M. (2011, 28. Mai). Der Gutachtenwahn. Ein psychiatrisches Gutachten kann vor Gericht über ein Leben entscheiden. Aber kann man ihm auch glauben? *Badische Zeitung*, VII.

Heim, N. (1986). *Psychiatrisch-psychologische Begutachtung im Jugendstrafverfahren*. Köln: Heymanns.

Heinz, G. (1982). *Fehlerquellen forensisch-psychiatrischer Gutachten*. Heidelberg: Kriminalistik Verlag.

Heinz, G. (2000). Fehlerquellen im psychiatrischen Gutachten. In U. Venzlaff & K. Foerster, (Hrsg.), *Psychiatrische Begutachtung. Ein praktisches Handbuch für Ärzte und Juristen* (4. Aufl.) (S. 103–110). München: Urban & Fischer.

Heinz, W. (2002). Kinder- und Jugendkriminalität – ist der Strafgesetzgeber gefordert? *Zeitschrift für die gesamte Strafrechtswissenschaft, 114*, 519–583.

Heinz, W. (2010). *Das strafrechtliche Sanktionensystem und die Sanktionierungspraxis in Deutschland 1882–2008*. http://www.ki.uni-konstanz.de/kis/; Aufruf 25.01.2012.

Heiss, R. (1962). Die Bedeutung der nicht-krankhaften Bewusstseinsstörungen und der seelischen Ausnahmezustände für die Zurechnungsfähigkeit aus der Sicht des Psychologen. In G. Blau & E. Müller-Luckmann (Hrsg.), *Gerichtliche Psychologie. Aufgabe und Stellung des Psychologen in der Rechtspflege* (S. 223–243). Neuwied: Luchterhand.

Heiss, R. (1966). Technik, Methodik und Problematik des Gutachtens. In R. Heiss (Hrsg.), *Psychologische Diagnostik. Handbuch der Psychologie, Band 6* (S. 975–995). Göttingen: Hogrefe.

Heitmeyer, W. & Schröttle, M. (Hrsg.). (2006). *Gewalt. Beschreibungen, Analysen, Prävention*. Bonn: Bundeszentrale für politische Bildung.

Helfferich, C. (2010). *Die Qualität qualitativer Daten. Ein Manual zur Durchführung qualitativer Einzelinterviews*. Wiesbaden: Verlag für Sozialwissenschaften.

Helmstaedter, C., Lendt, M. & Lux, S. (2001). *Verbaler Lern- und Merkfähigkeitstest. Manual*. Göttingen: Beltz Test.

Hennig, B. & Mehl, J. (1974). Untersuchungen der Tauglichkeit eines Kurzverfahrens zur Psychodiagnostik von Neurosen. In J. Helm, E. Kasielke & J. Mehl (Hrsg.), *Neurosendiagnostik: Beiträge zur Entwicklung klinisch-psychologischer Methoden* (S. 57–74). Berlin: VEB Deutscher Verlag der Wissenschaften.

Henry, M. (2009). Beschwerdenvalidierungstests in der zivil- und sozialrechtlichen Begutachtung: Verfahrensüberblick. In T. Merten & H. Dettenborn (Hrsg.), *Diagnostik der Beschwerdenvalidität* (S. 118–161). Berlin: dpv.

Herber, F. (2002). *Gerichtsmedizin unterm Hakenkreuz*. Leipzig: Militzke Verlag.

Herrmann, J. (1971). *Die Reform der deutschen Hauptverhandlung nach dem Vorbild des anglo-amerikanischen Strafverfahrens*. Bonn: Röhrscheid.

Herrmann U. (2001). Projektive Verfahren für Kinder. In D. Sturzbecher (Hrsg.), *Spielbasierte Befragungstechniken* (S. 199–217). Göttingen: Hogrefe.

Hess, A. K. (1987). Dimensions of Forensic Psychology. In I. B. Weiner & A. K. Hess (Hrsg.) *Handbook of forensic psychology* (S. 22–49). New York, NY: Wiley.

Heynen, S. (2000). *Vergewaltigt*. Weinheim: Juventa Verlag.

Hinckeldey, S. & Fischer, G. (2002). *Psychotraumatologie der Gedächtnisleistung*. München: Reinhardt UTB.

Hinz, S. (1987). *Gefährlichkeitsprognose bei Straftätern: Was zählt?* Frankfurt/M.: Lang.

Hofmann, R. (2002). *Bindungsgestörte Kinder und Jugendliche mit einer Borderline-Störung*. Stuttgart: Klett Cotta.

Hoge, R. D. & Andrews, D. A. (2001). *Youth Level of Service/Case Management Inventory (YLS/CMI)*. Toronto: Multi-Health Systems.

Hollin, C. R. (2002). Criminological psychology. In M. Maguire, R. Morgan & R. Reiner (Hrsg.), *The Oxford handbook of criminology* (2. Aufl.) (S. 144–174). Oxford: Oxford University Press.

Holzbauer, A. & Klopf, J. (2011). Maßnahmenvollzug in Österreich: Sozialtherapie. In B. Bannenberg & J.-M. Jehle (Hrsg.), *Gewaltdelinquenz. Lange Freiheitsentziehung. Delinquenzverläufe* (S. 345–354). Mönchengladbach: Forum Verlag Godesberg.

Hommers, W. (2003). Maßgeschneiderte psychometrische Verfahren für die familienrechtliche Begutachtung. In J. N. R. Fabian (Hrsg.), *Qualitätssicherung in der Rechtspsychologie* (S. 111–132). Münster: Lit.

Hommers, W. (2003). Gutachten zur Deliktfähigkeit. In R. Lempp, G. Schütze & G. Köhnken (Hrsg.), *Forensische Psychiatrie und Psychologie des Kindes- und Jugendalters* (2. Aufl.) (S. 85–93). Darmstadt: Steinkopff.

Hommers, W. (2008). Strafrechtliche Verantwortungsreife. In R. Volbert & M. Steller (Hrsg.), *Handbuch der Rechtspsychologie* (S. 421–431). Göttingen: Hogrefe.

Hommers, W. (2009). *SURT: Sorge- und Umgangsrechtliche Testbatterie*. Münster: Hogrefe.

Horn, H. J. (1993). Die Beurteilung der Amnesie bei Affekttaten. In H. Saß (Hrsg.), *Affektdelikte* (S. 163–179). Berlin: Springer.

Howells, J. G. & Lickorish, J. R. (1994). *Familien-Beziehungs-Tests*. München: Reinhardt.

Institut für Sachverständigenwesen. (2006). *Empfehlungen zum Aufbau eines Sachverständigengutachtens*, 1, 25 http://www.ifsforum.de/ifsforum/publikationen—ifs-aktuell/infodownloads/index.html; Aufruf 25.01.2012.

Institut für Sachverständigenwesen. (2006). *Richtlinie zur Sachverständigenordnung 2006*, 1, 25 http://www.ifsforum.de/ifsforum/publikationen—ifs-aktuell/infodownloads/index.html; Aufruf 25.01.2012.

Institut für Sachverständigenwesen. (2006). *Unterschrift 2006*, 2, 7 http://www.ifsforum.de/ifsforum/publikationen—ifs-aktuell/infodownloads/index.html; Aufruf 25.01.2012.

Institut für Sachverständigenwesen. (2009). *DIHK Mustergliederung 2009*, 4, 5 http://www.ifsforum.de/ifsforum/publikationen—ifs-aktuell/infodownloads/index.html; Aufruf 25.01.2012.

Jäger, R. S. (1991). Diagnostische Urteilsbildung: Falsche Antworten auf falsch gestellte Fragen? Die klassische Kontroverse um klinische versus diagnostische Urteilsbildung unter einem anderen Blickwinkel betrachtet. In A. Karl (Hrsg.), *Psychologisch-pädagogische Beiträge. Forschungsberichte und Diskussionen zu aktuellen Themen* (S. 192–203). Hamburg: Kovac.

Jäger, R. S. & Petermann, F. (1999). *Psychologische Diagnostik*. München: PVU.

Jahoda, M., Lazarsfeld, P. F. & Zeisel, H. (1975). *Die Arbeitslosen von Marienthal. Ein soziographischer Versuch über die Wirkungen langdauernder Arbeitslosigkeit. Mit einem Anhang zur Geschichte der Soziographie*. Frankfurt: Suhrkamp.

Jasper, H. (1991). *Maximinian de Crinis (1889–1945): Eine Studie zur Psychiatrie im Nationalsozialismus*. Husum: Matthiesen.

Jehle, J.-M., Heinz, W. & Sutterer, P. (2003). *Legalbewährung nach strafrechtlichen Sanktionen. Eine kommentierte Rückfallstatistik*. Berlin: Bundesministerium der Justiz.

Jehle, J.-M., Albrecht, H.-J., Hohmann-Fricke, S. & Tetal, C. (2010). *Legalbewährung nach strafrechtlichen Sanktionen. Eine bundesweite Rückfalluntersuchung 2004 bis 2007*. Berlin: Bundesministerium der Justiz.

Jelinek, W. (1990). Der Sachverständige im Zivilprozess. In J. Aicher & B.-C. Funk (Hrsg.), *Der Sachverständige im Wirtschaftsleben* (S. 45 ff.). Wien: Orac.

Jescheck, H.-H., Weigend, T. (1996). *Lehrbuch des Strafrechts. Allgemeiner Teil* (5. Aufl.). Berlin: Duncker & Humblot.

Jopt, U. & Behrend, K. (2000). Das Parental Alienation Syndrome (PAS) – Ein Zwei-Phasen-Modell. *Zentralblatt für Jugendrecht*, 87, 223–231, 258–271.

Jungnitz, L., Lenz, H.-J., Puchert, R., Puhe, H. & Walter, W. (2004). *Gewalt gegen Männer. Personale Gewaltwiderfahrnisse von Männern in Deutschland – Ergebnisse der Pilotstudie*. Berlin: Bundesministerium für Familie, Senioren, Frauen und Jugend.

Kaiser, G. (1976). Strafrecht und Psychologie. In D. Grimm (Hrsg.), *Rechtswissenschaft und Nachbarwissenschaften. Erster Band: Soziologie, Politik, Verwaltung, Wirtschaft, Psychologie, Kriminologie* (S. 195–214). München: C. H. Beck.

Kaiser, G. (1993). Diversion. In G. Kaiser, H.-J. Kerner, F. Sack & H: Schellhoss (Hrsg.), *Kleines Kriminologisches Wörterbuch* (3. Aufl.) (S. 88–93). Heidelberg: C. F. Müller.

Kaiser, G. (1996). *Kriminologie. Ein Lehrbuch.* Heidelberg: C. F. Müller.

Kaiser, G., Kerner, H.-J., Sack, F. & Schellhoss, H. (Hrsg.). (1993). *Kleines Kriminologisches Wörterbuch* (3. Aufl.). Heidelberg: C. F. Müller.

Karle, M. (2004). *Geschwister in Trennungsfamilien. Praxis der Rechtspsychologie, 14* (1), 190–208.

Katz, M. & Burchard, J. D. (1971). Psychology and the legal enterprise. *University of Kansas Law Review, 19,* 197–210.

Kelly, J. B. & Johnston, J. R. (2001). The alienated child. A reformulation of parental alienation syndrome. *Family Court Review, 39* (3), 249–266.

Kerner, H.-J. (1984). *Jugendgerichtsverfahren und Kriminalprävention.* München: DVJJ.

Kerner, H.-J. (1989). Jugendkriminalität, Mehrfachtäterschaft und Verlauf. *Bewährungshilfe, 36,* 202–220.

Kerner, H.-J. (1993). Jugendkriminalität zwischen Massenerscheinung und krimineller Karriere – Eine Problemskizze anhand neuerer statistischer Ergebnisse. In W. Nickolai & R. Reindl, (Hrsg.), *Sozialarbeit und Kriminalpolitik* (S. 28–62). Freiburg: Lambertus.

Kerner, H.-J. (2001). Möglichkeiten und Grenzen der Prävention Jugendkriminalität. In D.: Dölling (Hrsg.), *Das Jugendstrafrecht an der Wende zum 21. Jahrhundert* (S. 99–124). Berlin: de Gruyter.

Kerner, H.-J. & Janssen, H. (1983). Rückfall nach Jugendstrafvollzug. In H.-J. Kerner, H. Göppinger & F. Streng (Hrsg.), *Kriminologie – Psychiatrie – Strafrecht. Festschrift für Heinz Leferenz zum 70. Geburtstag* (S. 211–232). Heidelberg: C. F. Müller.

Kette, G. (1987). *Rechtspsychologie.* Wien: Springer.

Kincannon, J. C. (1968). Prediction of the standard MMPI scale scores from 71 Items: The Mini-Mult. *Journal of Consulting and Clinical Psychology, 32* (3), 319–325.

Kinderschutz-Zentrum Berlin e. V. (2009). *Kindeswohlgefährdung – Erkennen und Helfen.* Berlin: Kinderschutz-Zentrum Berlin.

Kindler, H. (2009 a). Umgang und Kindeswohl. *Zeitschrift für Kindschaftsrecht, Familienrecht und Jugendhilfe, 3,* 110–114.

Kindler, H. (2009 b). Umgangsregelungen im Einzelfall – Psychologische Aspekte. *Familie, Partnerschaft und Recht, 15* (4), 150–152.

Kindler, H. & Fichtner, J. (2008). Die gemeinsame elterliche Sorge aus der Sicht der Bindungs- und Scheidungsforschung. *Familie, Partnerschaft und Recht, 14* (4), 139–143.

Kindler, H. & Reinhold, C. (2007). Umgangskontakte: Wohl und Wille des Kindes. *Familie, Partnerschaft und Recht, 13,* 291–293.

Kindler, H. & Schwabe-Höllein, M. (2002). Eltern-Kind-Bindungen und geäußerter Kindeswille in hochstrittigen Trennungsfamilien. *Kind-Prax, 5,* 10–17.

Kindler, H., Lukasczyk, P. & Reich, W. (2008). Validierung und Evaluation eines Diagnoseinstrumentes zur Gefährdungseinschätzung bei Verdacht auf Kindeswohlgefährdung (Kinderschutzbogen). *Zeitschrift für Kindschaftsrecht, Familienrecht und Jugendhilfe, 12,* 500–505.

Kindler, H., Lukasczyk, P. & Reich, W. (2009). Kindeswohlgefährdung: Ein Forschungsupdate zu Ätiologie, Folgen, Diagnostik und Intervention. *Zeitschrift für Kindschaftsrecht, Familienrecht und Jugendhilfe, 12,* 500–505.

Kindler, H., Salzgeber, J., Fichtner, J. & Werner, A. (2004). Familiäre Gewalt und Umgang. *Zeitschrift für das gesamte Familienrecht, 16,* 241–251.

Kindler, H., Lillig, S., Blüml, H., Meysen, T. & Werner, A. (2006). *Handbuch Kindeswohlgefährdung nach § 1666 BGB und Allgemeiner Sozialer Dienst (ASD).* München: DJI.

Klaus, T. (2000). *Neuere Beiträge zur Lehre vom Adhäsionsprozeß.* Hamburg: Verlag Dr. Kovac.

Klopf, J. (2005). Persönlichkeitsstörungen – Psychophysiologische und neuropsychologische Korrelate der Gefährlichkeit. *Psychiatria Danubina, 17* (3–4), 159–166.

Klopf, J., Kofler-Westergren, B. & Mitterauer, B. (2007). Towards Action-oriented Criteria in Risk Assessment. *International Journal of Forensic Mental Health, 6,* 47–56.

Klopf, J., Mitterauer, B. & Holzbauer, A. (2006). Katamnestische Ergebnisse der Begutachtung von 138 Straftätern zur Frage der bedingten Entlassung. *Neuropsychiatrie, 20* (1), 64–70.

Klußmann, R. (1981). *Das Kind im Rechtsstreit der Erwachsenen.* München: Reinhardt.

Koch, H. (2010). Testbesprechung. *Zeitschrift für Entwicklungspsychologie und Pädagogische Psychologie, 42* (1), 57–61.

Köhnken, G. (1990). Glaubwürdigkeit. Untersuchungen zu einem psychologischen Konstrukt. In D. Frey et al. (Hrsg.), *Fortschritte der psychologischen Forschung* (5. Aufl.). München: Psychologie Verlags Union.

Köhnken, G. (1999). Glaubwürdigkeit. In R. Lempp, G. Schütze & G. Köhnken (Hrsg.), *Forensische Psychiatrie und Psychologie des*

Kindes- und Jugendalters (S. 318–341). Darmstadt: Steinkopff.

Köhnken, G. (2000). Glaubwürdigkeitsbegutachtung nach Mainz und Montessori: Eine Zwischenbilanz. *Praxis der Rechtspsychologie 10*, Sonderheft, 4–8.

Köhnken, G. (2003). Glaubwürdigkeit. In R. Lempp, G. Schütze & G. Köhnken (Hrsg.), *Forensische Psychiatrie und Psychologie des Kindes- und Jugendalters* (2. Aufl.) (S. 342–367). Darmstadt: Steinkopff.

Köhnken, G. (2007). Fehlerquellen in aussagepsychologischen Gutachten. In R. Deckers & G. Köhnken (Hrsg.), *Die Erhebung von Zeugenaussagen im Strafprozess. Juristische, aussagepsychologische und psychiatrische Aspekte* (S. 1–41). Berlin: BWV.

Kofler-Westergren, B., Klopf, J. & Mitterauer, B. (2010). Juvenile delinquency: father absence, conduct disorder and substance abuse as risk factor triad. *International Journal of Forensic Mental Health, 9*, 33–43.

Kohlberg, L. (1964). Development of moral character and moral ideology. In M. Hoffman & L. Hoffman (Hrsg.), *Review of child development research. Vol. 1* (S. 383–431). New York, NY: Russell Sage Foundation.

Kohlberg, L. (1978). Revisions in the theory and practice of mental development. In W. Damon (Hrsg.), *New directions in child development: moral development* (S. 83–97). San Francisco, CA: Jossey-Bass.

Kohlberg, L. & Althof, W. (Hrsg.). (2002). *Die Psychologie der Moralentwicklung* (4. Aufl.). Frankfurt/M.: Suhrkamp.

Kovandzic, T. V., Vieraitis, L. M. & Paquette Boots, D. (2009). Does the death penalty save lives? New evidence from state panel data, 1977 to 2006. *Criminology & Public Policy, 8* (4), 803–843.

Krahé, B., Scheinberger-Olwig, R. & Waizenhöfer, E. (1999). Sexuelle Aggression zwischen Jugendlichen: Eine Prävalenzerhebung mit Ost-West-Vergleich. *Zeitschrift für Sozialpsychologie, 30* (2/3), 165–178.

Kraheck-Brägelmann, S. (1993). Entwicklungspsychologische Grundlagen für die Anhörung von Kindern. In S. Kraheck-Brägelmann (Hrsg.), *Die Anhörung von Kindern als Opfer sexuellen Missbrauchs* (S. 33–68). Rostock: Hanseatischer Fachverlag für Wirtschaft.

Kröber, H.-L. (1993). Persönlichkeit, konstellative Faktoren und die Bereitschaft zum „Affektdelikt". In H. Saß (Hrsg.), *Affektdelikte* (S. 77–94). Berlin: Springer.

Kröber, H.-L. (2005). Psychologische und psychiatrische Begutachtung im Strafrecht. In H.-L. Kröber & M. Steller (Hrsg.), *Psychologische Begutachtung im Strafverfahren* (2. Aufl.) (S. 205–219). Darmstadt: Steinkopff.

Kröber, H.-L. (2006). Kriminalprognostische Begutachtung. In H.-L. Kröber, D. Dölling, N. Leygraf & H. Sass (Hrsg.), *Handbuch der Forensischen Psychiatrie. Band 3: Psychiatrische Kriminalprognose und Kriminaltherapie* (S. 69–172). Darmstadt: Steinkopff.

Krümpelmann, J. (1991). Empirie und Normativität in den Rechtsbegriffen der Willenssteuerung. In W. Hommers (Hrsg.), *Perspektiven der Rechtspsychologie* (S. 14–35). Göttingen: Hogrefe.

Kubinger, K. (1997). Richtlinien zur Qualitätssicherung von psychologischen Gutachten. *Psychologie in Österreich, 17*, 10–16.

Kubinger, K. D. & Jäger, R. S. (2003). *Schlüsselbegriffe der psychologischen Diagnostik*. Weinheim: Beltz PVU.

Kühne, A. (1997). Historisch-psychologische Betrachtung der Zeugenaussage: William Stern und die Folgen für die psychologische Forschung und Rechtspraxis. In L. Greuel, T. Fabian & M. Stadler (Hrsg.), *Psychologie der Zeugenaussage* (S. 5–21). Weinheim: Beltz PVU.

Kühne, A. & Zuschlag, B. (2001). *Richtlinien für die Erstellung psychologischer Gutachten*. Bonn: Deutscher Psychologen Verlag.

Kühne, H.-H. (1999). *Strafprozeßrecht* (5. Aufl.). Heidelberg: C. F. Müller.

Kühne, H.-H. (2001). Diskussionsstatement. In Weisser Ring (Hrsg.), *Kinder und Jugendliche als Täter und Opfer. Aspekte der Vorbeugung dargestellt an Eckpfeilern der kindlichen Sozialisation* (S. 27). Mainz: Weisser Ring.

Kürzinger, J. (1986). Karl von Eckartshausen (1752–1803) und die Anfänge der Kriminalpsychologie in Deutschland. In J. Kürzinger & E. Müller (Hrsg.), *Festschrift für Wolf Middendorff zum 70. Geburtstag* (S. 177–192). Bielefeld: Gieseking.

Kürzinger, J. (1996). *Kriminologie* (2. Aufl.). Stuttgart: Richard Boorberg Verlag.

Kunz, K.-L. (2008). *Kriminologie: eine Grundlegung* (5. Aufl.). Bern: Haupt.

Kurth, W. (1980). *Das Gutachten – Anleitung für Mediziner, Psychologen und Juristen*. München: Reinhardt.

Kury, H. (1983a). Kriminalpsychologische Forschung. In W. Seitz (Hrsg.), *Kriminal- und Rechtspsychologie. Ein Handbuch in Schlüsselbegriffen* (S. 114–120). München: Urban & Schwarzenberg.

Kury, H. (1983b). Verfälschungstendenzen bei Persönlichkeitsfragebogen im Strafvollzug. *Mo-*

natsschrift für Kriminologie und Strafrechtsreform, 66, 72–74.

Kury, H. (1987). Ausgewählte Fragen und Probleme forensischer Begutachtung. Köln: Heymanns.

Kury, H. (1991 a). Crime and victimization in East
and West – Results of the first comparative
victimological study of the former German
Democratic Republic and Federal Republic of
Germany. In G. Kaiser, H. Kury & H.-J. Albrecht (Hrsg.), Victims and criminal justice.
Vol. 2 (S. 45–98). Freiburg: Eigenverlag
Max-Planck-Institut für ausländisches und internationales Strafrecht.

Kury, H. (1991 b). Zur Begutachtung der Schuld-
fähigkeit: Ausgewählte Ergebnisse eines empi-
rischen Forschungsprojekts. In R. Egg (Hrsg.),
Brennpunkte der Rechtspsychologie. Polizei –
Justiz – Drogen (S. 331–350). Bonn: Forum
Verlag Godesberg.

Kury, H. (1994). The influence of the specific
formulation of questions on the results of victim
studies. European Journal on Criminal Policy
and Research, 2–4, 48–68.

Kury, H. (1997 a). Law and psychology in Europe:
Current status and future perspectives. In S. Re-
dondo, V. Garrido, J. Pérez & R. Barberet
(Hrsg.), Advances in psychology and law. In-
ternational contributions (S. 3–25). Berlin: de
Gruyter.

Kury, H. (1997 b). Schuldfähigkeitsbegutachtung
– Zur Verantwortung des Gutachters. Praxis
der Rechtspsychologie, 7, 240–245.

Kury, H. (1999). Zur Qualität forensischer Begutachtung. Praxis der Rechtspsychologie, 9 (2),
126–139.

Kury, H. (2001). Das Dunkelfeld der Kriminalität.
Oder: Selektionsmechanismen und andere Ver-
fälschungsstrukturen. Kriminalistik, 55,
74–84.

Kury, H. (2002). Das Freiburger Persönlichkeits-
inventar und sein Einsatz bei kriminologischen
Fragestellungen. Das Problem der Verfäl-
schungstendenzen. In M. Myrtek (Hrsg.), Die
Person im biologischen und sozialen Kontext
(S. 249–270). Göttingen: Hogrefe.

Kury, H. (2003). Wie werden Opfer von Straftaten
gesehen? Zur Stigmatisierung von Verbrechensopfern. In S. Lamnek & M. Boatca (Hrsg.),
Geschlecht – Gewalt – Gesellschaft
(S. 418–443). Opladen: Lese + Budrich.

Kury, H. (2007). Geschichte der Kriminologie in
Europa. In H. J. Schneider (Hrsg.), Internationales Handbuch der Kriminologie. Band 1:
Grundlagen der Kriminologie (53–98). Berlin:
de Gruyter.

Kury, H. (Hrsg.). (2008). Fear of crime – punitivity. New developments in theory and research.
Bochum: Brockmeyer.

Kury, H. & Adams, B. (2010). Prognosegutachten
im Strafvollzug. Forum Strafvollzug – Zeitschrift für Strafvollzug und Straffälligenhilfe,
59, 81–87.

Kury, H. & Beckers, Ch. (1983 b). Probleme der
Psychodiagnostik bei sozial Auffälligen, insbesondere im Bereich des Strafvollzugs. Monatsschrift für Kriminologie und Strafrechtsreform, 66, 63–72.

Kury, H. & Brandenstein, M. (2002). Zur Viktimisierung (jugendlicher) Strafgefangener. Zeitschrift für Strafvollzug und Straffälligenhilfe, 51
(1), 22–33.

Kury, H. & Brandenstein, M. (2006). Ausmass,
Entwicklung, Schadensintensität und strafrechtliche Behandlung der Verkehrskriminali-
tät. Schweizerische Zeitschrift für Kriminologie, 5, 25–40.

Kury, H. & Ferdinand, T. N. (Hrsg.). (2008). International perspectives on punitivity. Bochum:
Brockmeyer.

Kury, H. & Kern, J. (2003 a). Frauen und Kinder
von Inhaftierten. Eine vergessene Gruppe. Kriminologisches Journal, 35, 97–110.

Kury, H. & Kern, J. (2003 b). Angehörige von
Inhaftierten – zu den Nebeneffekten des Strafvollzugs. Zeitschrift für Strafvollzug und Straffälligenhilfe, 52, 269–278.

Kury, H. & Lerchenmüller, H. (1981). Diversion.
Alternativen zu klassischen Sanktionsformen.
Bochum: Brockmeyer.

Kury, H. & Obergfell-Fuchs, J. (2003). Crime
prevention. New approaches. Wiesbaden: Weisser Ring.

Kury, H. & Obergfell-Fuchs, J. (2005). Gewalt in
der Familie. Für und Wider den Platzverweis.
Freiburg: Lambertus.

Kury, H. & Obergfell-Fuchs, J. (2007). Sexual-
kriminalität. In H. J. Schneider (Hrsg.), Internationales Handbuch der Kriminologie. Band 1:
Grundlagen der Kriminologie (S. 613–666).
Berlin: de Gruyter.

Kury, H. & Obergfell-Fuchs, J. (2008). Methodological problems in measuring attitudes to punishment (punitivity). In H. Kury (Hrsg.), Fear
of crime – punitivity. New developments in
theory and research (S. 277–302). Bochum:
Brockmeyer.

Kury, H. & Obergfell-Fuchs, J. (2011). Punitiveness – impacts and measurements. In H. Kury
& E. Shea (Hrsg.). Punitivity – international
developments. Vol. 2: Insecurity and punitiveness (S. 165–209). Bochum: Brockmeyer.

Kury, H., Quintas, J. (2010a). Sanktionen oder Hilfe? Einstellungen zu Drogentätern – Ergebnisse aus Portugal. *Kriminalistik 64*, 403–409.

Kury, H., Quintas, J. (2010b). Zur Wirkung von Sanktionen bei Drogenabhängigen. Argumente für eine rationale Drogenpolitik. *Polizei & Wissenschaft 1*, 32–56.

Kury, H. & Shea, E. (Hrsg.). (2011). *Punitivity – International Developments. Vol. 3: Punitiveness and Punishment*. Bochum: Brockmeyer.

Kury, H. & Würger, M. (1993). The influence of the type of data collection method on the results of the victim surveys. In A. Alvazzi del Frate, U. Zvekic & J.J.M. van Dijk (Hrsg.), *Understanding crime. Experiences of crime and crime control* (S. 137–152). Rome: UNICRI.

Kury, H., Brandenstein, M. & Riegl, M. (2009). Zur Bedeutung von externen Kriminalprognosen für Vollzugsentscheidungen. In Arbeitsgemeinschaft Strafrecht des Deutschen Anwaltsvereins (Hrsg.), *Strafverteidigung im Rechtsstaat. 25 Jahre Arbeitsgemeinschaft Strafrecht des Deutschen Anwaltvereins* (S. 976–1002). Baden-Baden: Nomos.

Kury, H., Chouaf, S. & Obergfell-Fuchs, J. (2002a). Sexuelle Viktimisierung an Frauen. *Kriminalistik, 56* (4), 241–247.

Kury, H., Obergfell-Fuchs, J. & Würger, M. (2002b). *Strafeinstellungen. Ein Vergleich zwischen Ost- und Westdeutschland*. Freiburg: edition iuscrim.

Kury, H., Dörmann, U., Richter, H. & Würger, M. (1996). *Opfererfahrungen und Meinungen zur Inneren Sicherheit in Deutschland* (2. Aufl.). Wiesbaden: Bundeskriminalamt.

Kury, H., Obergfell-Fuchs, J., Kloppenburg, V. & Woessner, G. (2003). New approaches to preventing sexual crimes in Germany. In H. Kury & J. Obergfell-Fuchs (Hrsg.), *Crime prevention – new approaches* (S. 277–320). Mainz: Weisser Ring.

Lamnek, S. (2007). *Theorien abweichenden Verhaltens I – „Klassische" Ansätze* (8. Aufl.). Paderborn: Fink.

Lamnek, S. (2008). *Theorien abweichenden Verhaltens II – „Moderne" Ansätze* (3. Aufl.). Paderborn: Fink.

Lange, J. (1929). *Verbrechen als Schicksal: Studien an kriminellen Zwillingen*. Leipzig: Thieme.

Larrabee, G.J. (2007). *Assessment of malingered neuropsychological deficits*. Oxford: Oxford University Press.

Lau, S. & Böhm, C. (2005). Beurteilung der Aussagetüchtigkeit bei Borderline-Persönlichkeitsstörungen. *Medizinischer Sachverständiger, 101* (4), 120–122.

Lau, S., Böhm, C. & Volbert, R. (2008). Psychische Störung und Aussagetüchtigkeit. *Nervenarzt, 1*, 60–64.

Laufkötter, R., Langguth, B., Johann, M., Eichhammer, P. & Hajak, G. (2005). ADHS des Erwachsenenalters und Komorbiditäten. *Psychoneuro, 31* (11), 563–568.

Lee, S.M., Kaufmann, R.L. & George, C. (2009). Disorganized attachment in young children: Manifestations, etiology, and implications for child custody. *Journal of Child Custody, 6* (1–2), 62–90.

Lehmkuhl, U. & Lehmkuhl, G. (1999). Wie ernst nehmen wir den Kindeswillen? *Kindschaftsrechtliche Praxis, 2*, 159–161.

Leichsenring, F. (1997). *Borderline-Persönlichkeits-Inventar (BPI)*. Göttingen: Hogrefe.

Lemert, E.M. (1951). *Social pathology*. New York, NY: McGraw-Hill.

Lemert, E.M. (1971). *Instead of court. Diversion in juvenile justice*. Chevy Chase, MD: National Institute of Mental Health.

Lempp, R. (1978). *Die Ehescheidung und das Kind*. München: Kösel.

Lempp, R. (1983). *Gerichtliche Kinder- und Jugendpsychiatrie*. Bern: Huber.

Lempp, R., Schütze, G., Köhnken, G. (Hrsg.). (2003a). *Forensische Psychiatrie und Psychologie des Kindes- und Jugendalters* (2. Aufl.). Darmstadt: Steinkopff.

Lempp, R., Schütze, G., Köhnken, G. (2003b). Praxis der psychiatrisch-psychologischen Begutachtung. In R. Lempp, G. Schütze & G. Köhnken (Hrsg.), *Forensische Psychiatrie und Psychologie des Kindes- und Jugendalters* (2. Aufl.) (S. 6–21). Darmstadt: Steinkopff.

Lenz, H.-J. (2006). Gewalt gegen Männer als neues Thema in Forschung und Gesellschaft. Fachwissenschaftliche Analyse. In W. Heitmeyer & M. Schröttle (Hrsg.), *Gewalt – Beschreibungen, Analysen, Prävention* (S. 98–116). Bonn: Bundeszentrale für politische Bildung.

Lewrenz, H. (2000). *Krankheit und Kraftverkehr. Begutachtungs-Leitlinien des Gemeinsamen Beirats für Verkehrsmedizin beim Bundesministerium für Verkehr und beim Bundesministerium für Gesundheit*. Bonn: Bundesministerium für Verkehr.

Leygraf, N. (1987). Alkoholabhängige Straftäter: Zur Problematik der Unterbringung nach § 64 StGB. *Fortschritte der Neurologie, Psychiatrie, 55*, 231–237.

Leygraf, N. (1988). *Psychisch kranke Straftäter. Epidemiologie und aktuelle Praxis des psychiatrischen Maßregelvollzugs*. Berlin: Springer.

Leygraf, N. (2009). Die Begutachtung der Gefährlichkeitsprognose. In U. Venzlaff (Begr.), K. Foerster & H. Dreßing (Hrsg.), *Psychiatrische Begutachtung* (5. Aufl.) (S. 483–499). München: Urban & Fischer.

Lezak, M. D., Howieson, D. B. & Loring, D.W (2004). *Neuropsychological Assessment* (4. Aufl.). Oxford: Oxford University Press.

Liebel, H. & von Uslar, W. (1975). *Forensische Psychologie*. Stuttgart: Kohlhammer.

Lipton, D. S., Martinson, R. & Wilks, J. (1975). *The effectiveness of correctional treatment: A survey of treatment evaluation studies*. New York, NY: Praeger.

Littmann, E. (2005). Forensische Neuropsychologie – Aufgaben, Anwendungsfelder und Methoden. In H.-L. Kröber & M. Steller (Hrsg.), *Psychologische Begutachtung im Strafverfahren* (2. Aufl.) (S. 61–118). Darmstadt: Steinkopff.

Littmann, E. & Szewczyk, H. (1983). Zu einigen Kriterien und Ergebnissen forensisch-psychologischer Glaubwürdigkeitsbegutachtung von sexuell missbrauchten Kindern und Jugendlichen. *Forensia, 4*, 55–72.

Lösel, F. (1986). Kriminologische Forschungsperspektiven aus psychologischer Sicht. In H. Kury, (Hrsg.), *Entwicklungstendenzen kriminologischer Forschung: Interdisziplinäre Wissenschaft zwischen Politik und Praxis* (S. 65–91). Köln: Heymanns.

Lösel, F. (1993). Psychologische Kriminalitätstheorien. In G. Kaiser, H.-J. Kerner, F. Sack & H. Schellhoss (Hrsg.), *Kleines Kriminologisches Wörterbuch* (3. Aufl.) (S. 253–267). Heidelberg: C. F. Müller.

Lösel, F. (1999). Rechtspsychologie. In R. Asanger & G. Wenninger (Hrsg.), *Handwörterbuch der Psychologie* (Studienausgabe) (S. 644–652). Weinheim: Beltz, Psychologie Verlags Union.

Lösel, F. & Bender, D. (1998). Aggressives und delinquentes Verhalten von Kindern und Jugendlichen. In H. L. Kröber & K. P. Dahle (Hrsg.), *Sexualstraftaten und Gewaltdelinquenz* (S. 13–37). Heidelberg: Kriminalistik.

Lösel, F. & Schmucker, M. (2008). Kriminalitätstheorien. In R. Volbert & M. Steller (Hrsg.), *Handbuch der Rechtspsychologie* (S. 15–27). Göttingen: Hogrefe.

Lösel, F., Köferl, P. & Weber, F. (1987). *Meta-Evaluation in der Sozialtherapie*. Stuttgart: Enke.

Loftus, E. F. & Bernstein, D. M. (2005). Rich false memories: the royal road to success. In A. F. Healy (Hrsg.), *Experimental cognitive psychology and its applications* (S. 101–113). Washington, D. C.: American Psychological Association.

Lombroso, C. (1876). *L'uomo delinquente*. Milano: Hoepli.

Lombroso, C. & Ferrero, G. (1894). *Das Weib als Verbrecherin und Prostituierte*. Hamburg: Verlagsanstalt und Druckerei AG.

Ludolph, P. S. (2009). Answered and unanswered questions in attachment theory with implications for children of divorce. *Journal of Child Custody, 6* (1–2), 8–24.

Lürken, G. (1968). Auswahl und Leitung des Sachverständigen im Strafprozess. *Neue Juristische Wochenschrift, 21*, 1161.

Mack, M. P. (1969). *A Bentham reader*. New York, NY: Pegasus.

Main, M. (1995). Desorganisation im Bindungsverhalten. In G. Spangler & P. Zimmermann (Hrsg.), *Die Bindungstheorie* (S. 120–139). Stuttgart: Klett-Cotta.

Main, M. & Salomon, J. (1990). Procedures for identifying infants as disorganized/disoriented during Ainsworth Strange Situation. In M. T. Greenberg, D. Ciccetti & E. M. Cummings (Hrsg.), *Attachment in the preschool years* (S. 121–160). Chicago: University of Chicago Press.

Maisch, H. (1973). Methodische Aspekte psychologisch-psychiatrischer Täterbegutachtung – Zur Rolle des Sachverständigen im Strafprozess. *Monatsschrift für Kriminologie und Strafrechtsreform, 56*, 189–198.

Maisch, H. (1995). Die Tatamnesie bei sogenannten Affektdelikten. *Strafverteidiger, 15* (7), 381–389.

Maisch, H. & Schorsch, E. (1983). Zur Problematik der Kompetenz-Abgrenzung von psychologischen und psychiatrischen Sachverständigen bei Schuldfähigkeitsfragen. *Strafverteidiger, 3* (1), 32–38.

Malek, K. (1999). *Verteidigung in der Hauptverhandlung* (3. Aufl.). Heidelberg: C. F. Müller.

Maly, J. & Strubreither, W. (2006). Die Geschichte der klinischen Neuropsychologie in Österreich. In J. Lehrner, G. Pusswald, E. Fertl, W. Strubreither & I. Kryspin-Exner (Hrsg.). *Klinische Neuropsychologie. Grundlagen – Diagnostik – Rehabilitation* (S. 15–24). Wien: Springer.

Maly, J., Strubreither, W. & Wurzer, W. (2006). Das neuropsychologische Gutachten. In J. Lehrner, G. Pusswald, E. Fertl, W. Strubreither & I. Kryspin-Exner (Hrsg.), *Klinische Neuropsychologie. Grundlagen – Diagnostik – Rehabilitation* (S. 55–70). Wien: Springer.

Marbe, K. (1913). *Grundzüge der forensischen Psychologie*. München: Beck.

Marneros, A. (2007). *Affekttaten und Impulstaten. Forensische Beurteilung von Affektdelikten.* Stuttgart: Schattauer.

Marquardt, E. (2005). *Between two worlds. The inner lives of children of divorce.* New York, NY: Random House.

Marson, D. C. & Hebert, K. (2005). Assessing civil competencies in older adults with dementia: consent capacity, financial capacity, testamentary capacity. In G. J. Larrabee (Hrsg.), *Forensic neuropsychology. A scientific approach* (S. 334–377). New York, NY: Oxford University Press.

Martinson, R. (1974). What works? Questions and answers about prison reform. *The Public Interest, 35,* 22–52.

Mattejat, F. & Scholz, M. (1994). *Das subjektive Familienbild (SFB), Leipzig-Marburger Familientest.* Hogrefe, Göttingen.

Mayr, G. (2008). Das schriftliche Gutachten. In W. Bayerlein (Hrsg.), *Praxishandbuch Sachverständigenrecht* (S. 463–472). München: C. H. Beck.

Meehl, P. E. (1954). *Clinical versus statistical prediction. A theoretical analysis and a review of the evidence.* Minneapolis, MN: University of Minnesota Press.

Mendelsohn, B. (1956). Une nouvelle branche de la science bio-psychosociale: la victimologie. *Revue Internationale de Criminologie et de Police Technique, 10,* 95–109.

Mendelsohn, B. (1982). Sozio-analytische Einführung in allgemeine viktimologische und kriminologische Forschungsperspektiven. In H. J. Schneider (Hrsg.), *Das Verbrechensopfer in der Strafrechtspflege* (S. 60–79). Berlin: de Gruyter.

Mergen, A. (1968). *Der geborene Verbrecher. Ein Bericht über Chromosomenforschung und Kriminologie.* Hamburg: Kriminalistik.

Merten, T. & Dohrenbusch, R. (im Druck). Psychologische Methoden der Beschwerdenvalidierung. In W. Schneider, R. Dohrenbusch, H. J. Freyberger, H. Köllner, P. Henningsen, H. Irle & B. Widder (Hrsg.), *Begutachtung der Leistungsfähigkeit bei psychischen und psychosomatischen Erkrankungen.* Bern: Huber.

Merten, T., Blaskewitz, N. & Stevens, A. (2007). Beschwerdenvalidität und Begutachtung: eine Einführung. *Praxis der Rechtspsychologie, 17* (1), 7–28.

Merten, T., Friedel, E. & Stevens, A. (2007). Die Authentizität der Beschwerdenschilderung in der neurologisch-psychiatrischen Begutachtung. Eine Untersuchung mit dem Strukturierten Fragebogen Simulierter Symptome. *Praxis der Rechtspsychologie 17* (1), S. 140–154.

Merten, T., Stevens, A. & Blaskewitz, N. (2009). Beschwerdenvalidität und Begutachtung: eine Einführung. In T. Merten & H. Dettenborn (Hrsg.), *Diagnostik der Beschwerdenvalidität* (S. 9–35). Berlin: dpv.

Merton, R. (1938). Social structure and anomie. *American Sociological Review, 3,* 672–682.

Merton, R. K. (1951). *Social theory and social structure.* Glencoe, IL: Free Press.

Messner, S. F. & Rosenfeld, R. (2006). The present and future of insitutional anomie theory. In F. T. Cullen, P. Wright & K. R. Blevins (Hrsg.), *Taking stock – The status in criminological theory. Advances in criminological theory* (S. 127–148). New Brunswick: Transaction.

Mey, H.-G. (1967). Prognostische Beurteilung des Rechtsbrechers: Die deutsche Forschung. In U. Undeutsch (Hrsg.), *Forensische Psychologie* (S. 511–564). Göttingen: Hogrefe.

Meyer, F. (1965). Der gegenwärtige Stand der Prognoseforschung in Deutschland. *Monatsschrift für Kriminologie und Strafrechtsreform, 48,* 225–246.

Meyer-Goßner, L., Cierniak, J., Schwarz, O. (Begr.), Kleinknecht, T. (Forts.) & Meyer, K. (Forts) (2010). *Strafprozessordnung: StPO* (53. Aufl.). München: C. H. Beck.

Meysen, T. (2008). Das Recht zum Schutz von Kindern. In Institut für Sozialarbeit und Sozialpädagogik e. V. (Hrsg.), *Vernachlässigte Kinder besser schützen* (S. 15–55). München: Reinhardt.

Michaelis-Arntzen, E. (1994). *Die Vergewaltigung aus kriminologischer, viktimologischer und aussagepsychologischer Sicht.* München: C. H. Beck.

Miller, W. B. (1959). Preventive work with streetcorner groups: Boston Delinquency Project. *Annals, 322,* 97–106.

Miller, W. B. (1968). Die Kultur der Unterschicht als ein Entstehungsmilieu für Bandendelinquenz. In F. Sack & R. König (Hrsg.), *Kriminalsoziologie* (S. 339–359). Frankfurt/M.: Suhrkamp.

Milne, R. & Bull, R. (2003). *Psychologie der Vernehmung. Die Befragung von Tatverdächtigen, Zeugen und Opfern.* Bern: Huber.

Mitrushina, M. (2009). Cognitive screening methods. In I. Grant & K. M. Adams (Hrsg.), *Neuropsychological assessment of neuropsychiatric and neuromedical disorders* (S. 101–126). New York, NY: Oxford University Press.

Mitterauer, B. (2009). *Methodische Entwicklungen in der forensischen Psychiatrie. Der Salzburger Weg.* Salzburg: Paracelsus.

Möbius, P. J. (1900). *Ueber den physiologischen Schwachsinn des Weibes.* Halle: Marhold.

Monahan, J. (1981). *Predicting violent behavior: An assessment of clinical techniques.* Beverly Hills, CA: Sage.

Moser, T. (1970). *Jugendkriminalität und Gesellschaftsstruktur.* Frankfurt/M: Suhrkamp.

Moser, T. (1971). *Repressive Kriminalpsychiatrie. Vom Elend einer Wissenschaft. Eine Streitschrift.* Frankfurt/M.: Suhrkamp.

Münder, J., Sack, F., Albrecht, H.-J. & Plewig, H.-J. (1987). *Jugendarbeitslosigkeit und Jugendkriminalität. Erkenntnisse, Befunde, praktischer Umgang.* Neuwied: Luchterhand.

Müller, M. (2010). *Psychologie im öffentlichen Verfahren.* Bern: Stämpfli.

Müller, T. (2004). *Bestie Mensch. Tarnung – Lüge – Strategie.* Salzburg: Ecowin.

Müller-Hess, V. & Nau. E. (1930). *Die Bewertung von Aussagen Jugendlicher in Sittlichkeitsprozessen. Jahreskurse für ärztliche Fortbildung, 21,* 1–72.

Müller-Isberner, R., Jöckel, D. & Cabeza., S. G. (1998). *Die Vorhersage von Gewalttaten mit dem HCR 20.* Haina: Institut für Forensische Psychiatrie.

Müller-Isberner, R., Cabeza, S. G. & Eucker, S. (2000). *Die Vorhersage sexueller Gewalttaten mit dem SVR-20.* Haina: Institut für Forensische Psychiatrie.

Muench, J. G. (1799). *Über den Einfluß der Criminalpsychologie auf ein System des Criminal-Rechts, auf menschliche Gesetze und Cultur der Verbrecher.* Nürnberg: Steinische Buchhandlung.

Münsterberg, H. (1908). *On the witness stand: Essays on psychology and crime.* New York, NY: Doubleday.

Musolff, C. & Hoffmann, J. (Hrsg.). (2006). *Täterprofile bei Gewaltverbrechen* (2. Aufl.). Heidelberg: Springer.

Naumann-Lenzen, M. (2003). Frühe, wiederholte Traumatisierung, Bindungsdesorganisation und Entwicklungspsychopathologie – Ausgewählte Befunde und klinische Optionen. *Praxis der Kinderpsychologie und Kinderpsychiatrie, 52* (8), 595–619.

Nedopil, N. (1996). *Forensische Psychiatrie. Klinik, Begutachtung und Behandlung zwischen Psychiatrie und Recht.* Stuttgart: Thieme.

Nedopil, N. (1998). Kriminalprognose: Perspektiven der weiteren Entwicklung. In R. Müller-Isberner & S. Gonzalez Cabeza (Hrsg.), *Forensische Psychiatrie. Schuldfähigkeit, Kriminaltherapie, Kriminalprognose* (S. 195–208). Mönchengladbach: Forum Verlag.

Nedopil, N. (2002). Prognosebegutachtung bei zeitlich begrenzten Freiheitsstrafen – Eine sinnvolle Lösung für problematische Fragestellungen. *Neue Zeitschrift für Strafrecht, 22,* 344–349.

Nedopil, N. (2005). *Prognosen in der Forensischen Psychiatrie – Ein Handbuch für die Praxis.* Lengerich: Pabst.

Nedopil, N. (2007). *Forensische Psychiatrie: Klinik, Begutachtung und Behandlung zwischen Psychiatrie und Recht* (3. Aufl.). Stuttgart: Thieme.

Nedopil N. (2009). Psychiatrische Begutachtung bei zivilrechtlichen Fragestellungen. *Nervenarzt, 80,* 611–621.

Nelson, J. R., Smith, D. J. & Dodd, J. (1990). The moral reasoning of juvenile delinquents: A meta-analysis. *Journal of Abnormal Child Psychology, 18,* 709–727.

Neumann, C. S., Kosson, D. S., Forth, A. E. & Hare, R. D. (2006). Factor structure of the Hare Psychopathy Checklist: Youth Version (PCL:YV) in incarcerated adolescents. *Psychological Assessment, 18,* 142–154.

Neumann-Zielke, L., Riepe, J., Roschmann, R., Schötzau-Fürwentsches, P. & Wilhelm, H. (2009). Leitlinie „Neuropsychologische Begutachtung". *Zeitschrift für Neuropsychologie, 20* (1), 69–83.

Niehaus, S. (2008). Merkmalsorientierte Inhaltsanalyse. In R. Volbert & M. Steller (Hrsg.), *Handbuch der Rechtspsychologie* (S. 311–321). Göttingen: Hogrefe.

Niehaus, S. (2008a). Glaubwürdigkeitsattribution. In R. Volbert & M. Steller (Hrsg.), *Handbuch der Rechtspsychologie* (S. 497–506). Göttingen: Hogrefe.

Niemann, H. & Hartje, W. (2007). Neurokognitive Funktionen und Fahreignung. *Zeitschrift für Epileptologie, 20,* 184–196.

Niemann, H., Sturm, W., Thöne-Otto, A. & Willmes, K. (2008). CVLT – California Verbal Learning Test – Deutsche Adaptation. Mödling: Schuhfried.

Niemz, S. (2010). *Sozialtherapie im Strafvollzug 2010. Ergebnisbericht zur Stichtagserhebung zum 31.03.2010.* Wiesbaden: Kriminologische Zentralstelle e. V.

Niemz, S. (2011). *Sozialtherapie im Strafvollzug 2011. Ergebnisübersicht zur Stichtagserhebung zum 31.03.2011.* Wiesbaden: Kriminologische Zentralstelle e. V.

Nowara, S. (1995). *Gefährlichkeitsprognosen bei psychisch kranken Straftätern.* München: Fink.

Nuhn-Naber, C., Rehder, U. & Wischka, B. (2002). Behandlung von Sexualstraftätern mit kognitiv-behavioralen Methoden: Möglichkeiten und Grenzen. *Monatsschrift für Kriminologie und Strafrechtsreform, 85,* 271–281.

Obergfell-Fuchs, J. (2008). Crime victims and insecurity surveys in Germany. In R. Zauberman (Hrsg.), *Victimisation and insecurity in Europe. A review of surveys and their use* (S. 105–125). Brussels: VUBPress.

Obergfell-Fuchs, J. (2010). Anforderungen der psychosozialen Diagnostik im Strafvollzug. In D. Köhler (Hrsg.), *Neue Entwicklungen der forensischen Diagnostik in Psychologie, Psychiatrie und Sozialer Arbeit* (S. 265–281). Frankfurt: Verlag für Polizeiwissenschaft.

Obergfell-Fuchs, J., Kury, H., Robert, P., Zauberman, R. & Pottier, M.-L. (2003). Opferbefragungen in Deutschland und Frankreich. *Monatsschrift für Kriminologie und Strafrechtsreform, 86* (1), 59–73.

Orlob, J. (1997). Prognose delinquenten Verhaltens bei Jugendlichen. In A. Warnke, G. E. Trott & H. Remschmidt (Hrsg.), *Forensische Kinder- und Jugendpsychiatrie* (S. 310–323). Bern: Huber.

Ortmann, R. (2000). *Abweichendes Verhalten und Anomie.* Freiburg: edition iuscrim.

Ortmann, R. (2002). *Sozialtherapie im Strafvollzug.* Freiburg: edition iuscrim.

Ostendorf, H. (2003). Rechtliche Grundlagen. In R. Lempp, G. Schütze & G. Köhnken (Hrsg.), *Forensische Psychiatrie und Psychologie des Kindes- und Jugendalters* (2. Aufl.) (S. 135–146). Darmstadt: Steinkopff.

Oswald, M. E., Bieneck, S. & Hupfeld-Heinemann, J. (Hrsg.). (2009). *Social psychology of punishment of crime.* Chichester: Wiley-Blackwell.

Ottomeyer, K. & Renner, W. (Hrsg.). (2006). *Interkulturelle Trauma-Diagnostik. Probleme, Befunde und Richtlinien für die Begutachtung von Asylsuchenden.* Klagenfurt: Drava.

Paas, D. (2007). *Konstanzanalyse wahrer und erfundener Aussagen Erwachsener.* Unveröffentlichte Diplomarbeit, FU Berlin.

Pecher, W. (Hrsg.). (2004). *Justizvollzugspsychologie in Schlüsselbegriffen.* Stuttgart: Kohlhammer.

Peper, M. & Chavanon, M.-L. (2011). The neuropsychology of punishment. In H. Kury & E. Shea (Hrsg.), *Punitiveness – international developments,* Vol. 3–8. Bochum: Brockmeyer.

Perron, W. (2010). Kommentar zu § 20 StGB. In A. Schönke (Begr.), H. Schröder (Fortgef.), A. Eser et al. (Hrsg.), *Strafgesetzbuch – Kommentar* (28. Aufl.), München: C. H. Beck.

Petermann, F., Stein, I. A. & Macha, T. (2008). *Entwicklungstest sechs Monate bis sechs Jahre* *(ET 6–6)* (3. Aufl.). Frankfurt/M.: Harcourt Test Services.

Peters, H. (2009). *Devianz und soziale Kontrolle. Eine Einführung in die Soziologie abweichenden Verhaltens* (3. Aufl.). Weinheim: Juventa.

Pfäfflin, F. (1978). *Vorurteilsstruktur und Ideologie psychiatrischer Gutachten über Sexualstraftäter.* Stuttgart: Enke.

Pfäfflin, F. (2000). Mängel strafrechtlicher Gutachten. Brauchen wir Standards? In J. M. Fegert & F. Häßler (Hrsg.), *Qualität forensischer Begutachtung, insbesondere bei Jugenddelinquenz und Sexualstraftaten* (S. 45–65). Herbolzheim: Centaurus.

Pfister, W. (2007). Die Prüfung der Glaubhaftigkeit einer Aussage im Spiegel höchstrichterlicher Rechtsprechung. In R. Deckers & G. Köhnken (Hrsg.), *Die Erhebung von Zeugenaussagen im Strafprozess. Juristische, aussagepsychologische und psychiatrische Aspekte* (S. 42–60). Berlin: BWV.

Pfister, W. (2008). Was ist seit BGHSt 45, 164 geschehen? Ein Überblick über die neuere Rechtsprechung des Bundesgerichtshofs zur Beurteilung der Glaubhaftigkeit von Zeugenaussagen. *Forensische Psychiatrie, Psychologie, Kriminologie, 2* (1), 3–11.

Pilgram, A. (1993). Ökonomische Kriminalitätstheorien. In G. Kaiser, H.-J. Kerner, F. Sack & H. Schellhoss (Hrsg.), *Kleines Kriminologisches Wörterbuch* (3. Aufl.) (S. 250–253). Heidelberg: C. F. Müller.

Pincus, A. L. (2002). Constellations of dependency within the five-factor model of personality. In P. Costa & T. Widiger (Hrsg.), *Personality disorders and the five-factor model of personality* (2. Aufl.) (S. 203–214). Washington D. C.: American Psychological Association.

Plagemann, W. (2007). Rechtsgutachten zur Geltung des Approbationsvorbehaltes nach dem PsychThG bei rechtspsychologischer Sachverständigentätigkeit. *Praxis der Rechtspsychologie, 17* (2), S. 411–436.

Poschenrieder, H. (2002). Erwiderung zum Artikel „Sachverständiger im Strafverfahren und die Rolle seiner Auftraggeber", Praxis der Rechtspsychologie, April 2002 (12. Jahrg., Heft 1). *Praxis der Rechtspsychologie, 12,* 247–249.

Prentky, R. A. & Burgess, A. W. (2000). *Forensic management of sexuasl offenders.* New York, NY: Kluwer.

Pritchard, D. A. (1977). Linear versus configural statistical prediction. *Journal of Consulting and Clinical Psychology, 45,* 559–563.

Proksch, R. (2002). *Rechtstatsächliche Untersuchung zur Reform des Kindschaftsrechts.* Köln: Bundesanzeiger Verlag.

Prütting, H. (1985). Schlichten statt Richten? *JuristenZeitung, 40,* 261–271.

Pryor, J. & Rodgers, B. (2001). *Children in changing families.* Chichester: Wiley.

Quetelet, A. (1869). *Physique sociale ou essai sur le développement des facultés de l'homme.* Bruxelles: Muquardt.

Quinsey, V. L., Harris, G. T., Rice, M. E. & Cormier, C. A. (1998). *Violent offenders – Appraising and manging risk.* Washington, DC: American Psychological Association.

Raine, A., Brennan, P. A. & Farrington, D. P. (1997). Biosocial bases of violence. In A. Raine, P. A. Brennan, D. P. Farrington & S. A. Mednick (Hrsg.), *Biosocial bases of violence* (S. 1–20). New York, NY: Plenum Press.

Rakete-Dombek, I. (1997). Familienrecht und Strafrecht – Unterschiede und Zusammenhänge am Beispiel des Missbrauchsverdachts. *Familie, Partnerschaft und Recht, 3,* 219.

Rakete-Dombek, I. (2002). Das „Wechselmodell" und die Folgen. *Forum Familie, 1,* 16–17.

Rasch, W. (1967). Schuldfähigkeit. In A. Ponsold (Hrsg.), *Lehrbuch der Gerichtlichen Medizin. Für Mediziner und Juristen* (S. 55–89). Stuttgart: Thieme.

Rasch, W. (1986). Die Unterbringungsvoraussetzungen nach § 64 StGB. *Psychiatrische Praxis, 13,* 81–87.

Rasch, W. (1992). Die Auswahl des richtigen Psycho-Sachverständigen im Strafverfahren. *Neue Zeitschrift für Strafrecht, 12* (6), 257–265.

Rasch, W. (1999). *Forensische Psychiatrie* (2. Aufl.). Stuttgart: Kohlhammer.

Rasch, W. & Konrad, N. (2004). *Forensische Psychiatrie* (3. Aufl.). Stuttgart: Kohlhammer.

Rauch, H.-J. (1984). Brauchen wir noch eine Forensische Psychiatrie? Eine unsystematische Betrachtung. In H.-J. Kerner, H. Göppinger & F. Streng (Hrsg.), *Kriminologie – Psychiatrie – Strafrecht* (S. 379–395). Heidelberg: C. F. Müller.

Rehder, U. (1996a). Klassifizierung inhaftierter Sexualdelinquenten. 1. Teil: Wegen Vergewaltigung und sexueller Nötigung Erwachsener Verurteilte. *Monatsschrift für Kriminologie und Strafrechtsreform, 79,* 291–304.

Rehder, U. (1996b). Klassifizierung inhaftierter Sexualdelinquenten. 2. Teil: Wegen sexuellen Missbrauchs von Kindern Verurteilte. *Monatsschrift für Kriminologie und Strafrechtsreform, 79* (6), 373–385.

Rehder, U. (2001). *RRS Rückfallrisiko bei Sexualstraftätern: Verfahren zur Bestimmung von Rückfallgefahr und Behandlungsnotwendigkeit.* Lingen: Kriminalpädagogischer Verlag.

Reinfried, H.-W. (2000). Menschen und Paragraphen – Die Rechtspsychologie in der Schweiz. *Psychoscope, 9,* 1–3.

Remschmidt, H. (1992). *Psychiatrie der Adoleszenz.* Stuttgart: Thieme.

Remschmidt, H. & Mattejat, F. (1999). *Familien-Identifikations-Test (FIT).* Göttingen: Hogrefe.

Renner, W., Salem, I. & Ottomeyer, K. (2007). Posttraumatic stress in asylum seekers from Chechnya, Afghanistan, and West Africa; Differential findings obtained by quantitative and qualitative methods in three Austrian Samples. In J. P. Wilson & C. So-kum Tang (Hrsg.), *Cross-cultural assessment of psychological trauma and PTSD* (S. 239–275). Berlin: Springer.

Rettenberger, M. & Eher, R. (2006). Die deutsche Übersetzung und Adaptierung des Static-99 zur aktuarischen Kriminalprognose verurteilter Sexualstraftäter. *Monatsschrift für Kriminologie und Strafrechtsreform, 89,* 352–365.

Rettenberger, M. & Eher, R. (2007a). Aktuarische Kriminalprognosemethoden und Sexualdelinquenz: Die deutsche Version des SORAG. *Monatsschrift für Kriminologie und Strafrechtsreform, 90,* 484–497.

Rettenberger, M. & Eher, R. (2007b). *Aktuarische Kriminalprognose bei Sexualstraftätern: Die deutsche Version des Sex Offender Risk Appraisal Guide (SORAG).* www.vffw.org; Aufruf 25.01.2012.

Rettenberger, M., Mönichweger, M., Buchelle, E., Schilling, F. & Eher, R. (2010). Entwicklung eines Screeninginstruments zur Vorhersage der einschlägigen Rückfälligkeit von Gewaltstraftätern. *Monatsschrift für Kriminologie und Strafrechtsreform, 93,* 346–360.

Rice, M. E. & Harris, G. T. (1997). Cross-validation and extension of the Violence Risk Appraisal Guide for child molesters and rapists. *Law and Human Behavior, 21,* 231–241.

Ritterfeld, U. & Franke, U. (1994). *Die Heidelberger Marschak-Interaktionsmethode (H-MIM). Zur diagnostischen Beurteilung der dyadischen Interaktion mit Vorschulkindern.* Stuttgart: Fischer.

Roberts, J. V. (1992). Public opinion, crime, and criminal justice. In M. Tonry (Hrsg.), *Crime and justice: A review of research* (S. 99–180). Chicago, IL: University of Chicago Press.

Roberts, J. V. & Stalans, L. J. (1997). *Public opinion, crime, and criminal justice.* Boulder, CO: Westview.

Rock, P. (2002). Sociological theories of crime. In M. Maguire, R. Morgan & R. Reiner (Hrsg.), *The Oxford Handbook of Criminology* (S. 51–82). Oxford: Oxford University Press.

Rode, I. & Legnaro, A. (1994). *Psychiatrische Sachverständige im Strafverfahren.* München: C. H. Beck.

Roesch, R., Zapf, P. A. & Hart, S. D. (2010). *Forensic psychology and law.* Hoboken, NJ: Wiley.

Rössner, D. & Wulf, R. (1984). Opferbezogene Strafrechtspflege. Leitgedanken und Handlungsvorschläge für Praxis und Gesetzgebung. In Deutsche Bewährungshilfe e. V. (Hrsg.), *Rundbrief Soziale Arbeit im Strafrecht. Beiheft 3.* Bonn.

Rogers, R. (2008). *Clinical assessment of malingering and deception* (3. Aufl.). New York, NY: Guilford Press.

Rolf, W. (1980). *Der grundrechtliche Schutz der Privatsphäre.* Berlin: Duncker & Humblot.

Rohmann, J. A. (2004). Leichte körperliche Bestrafung: Empirische Evidenz und psychologische Sachverständigen-Tätigkeit. *Praxis der Rechtspsychologie, 14* (1), 155–161.

Rohmann, J. A. (2008). Diagnostische und methodische Standards in der familienrechtspsychologischen Begutachtung. *Familie, Partnerschaft und Recht, 14* (6), 268–273.

Rohmann, J. A. (2009). Interaktionsbeobachtungen bei Umgangskontakten. *Praxis der Rechtspsychologie, 19* (1), 43–54.

Rose, R. J. (1995). Genes and human behavior. *Annual Review of Psychology, 46,* 625–654.

Rosen, G. M. (2004). Litigation and reported rates of posttraumatic stress disorder. *Personality and Individual Differences, 36,* 1291–1294.

Rosenfeld, R. & Messner, S. F. (2006). Crime and the American dream. In F. T. Cullen & R. Agnew (Hrsg.), *Criminological theory – past and present* (3. Aufl.) (S. 191–200). New York, NY: Oxford University Press.

Ross, R. R. & Fabiano, E. A. (1985). *Time to think: A cognitive model of delinquency prevention and offender rehabilitation.* Johnson City, TN: Institute of Social Sciences and Arts.

Rossegger, A., Laubacher, A., Moskvitin, K., Villmar, T., Palermo, G. B. & Endrass, J. (2010 a, 11. Februar). Risk assessment instruments in repeat offending: The usefulness of FOTRES. *International Journal of Offender Therapy and Comparative Criminology,* E-Publication.

Rossegger, A., Laubacher, A., Vetter, S., Urbaniok, F., Kilvinger, F. & Endrass, J. (2010 b). Prädiktive Validität LSI-R bei entlassenen Gewalt- und Sexualstraftätern. *Forensische Psychiatrie und Psychotherapie, 17,* 71–82.

Rossmann, P. (2005). *Depressionstest für Kinder (DTK)* (2. Aufl.). Bern: Huber.

Rückert, S. (2000). *Tote haben keine Lobby. Die Dunkelziffer der vertuschten Morde.* Hamburg: Hoffmann und Campe.

Rückert, S. (2003, 13. Februar). Sexualverbrechen. Wird er es wieder tun? *Die Zeit, 8,* 11–14.

Rusche, S. (2004). *In Freiheit gefährlich? – Eine Untersuchung zu Häufigkeit und Gründen falscher Kriminalprognosen bei psychisch kranken Gewaltverbrechern.* Regensburg: Roderer.

Russell, D. E. H. & Bolen, R. M. (Hrsg.). (2000). *The epidemic of rape and child sexual abuse in the United States.* Thousand Oaks, CA: Sage.

Sack, F. (1972). Abweichendes Verhalten. In A. Bellebaum (Hrsg.), *Die moderne Gesellschaft* (S. 316–362). Freiburg: Herder.

Sack, F. (1993). Kriminalitätstheorien; soziologische. In G. Kaiser, H.-J. Kerner, F. Sack & H. Schellhoss (Hrsg.), *Kleines Kriminologisches Wörterbuch* (3. Aufl.) (S. 267–280). Heidelberg: C. F. Müller.

Sadoff, R. L. (2011). *Ethical issues in forensic psychiatry: Minimizing harm.* Chichester: Wiley-Blackwell.

Salgo, L., Zenz, G. & Fegert, J. (2010). *Verfahrensbeistandschaft: Ein Handbuch für die Praxis.* Köln: Bundesanzeiger Verlag.

Salzgeber, J. (2010). Der lösungsorientierte Sachverständige und die Hochkonfliktfamilien – Was steht dem Herstellen von Einvernehmen noch im Weg? *Zeitschrift für das gesamte Familienrecht, 11,* 851–857.

Salzgeber, J. (2011). *Familienpsychologische Gutachten* (5. Aufl.). München: C. H. Beck.

Salzgeber, J. & Fichtner, J. (2009). Neue Aufgaben für den Sachverständigen. *Zeitschrift für Kindschaftsrecht, Familienrecht und Jugendhilfe, 8/9,* 334–338.

Salzgeber, J., Bergau, B. & Fichtner, J. (2011). Lösungsorientierte Begutachtung bei Hochkonfliktfamilien. In S. Walper, J. Fichtner & K. Normann (Hrsg.), *Hochkonflikthafte Trennungsfamilien* (S. 173–188). Weinheim: Juventa.

Salzgeber, J., Fichtner, J. & Bublath, K. (2011). Verschriftung bei einer lösungsorientierten familienrechtspsychologischen Begutachtung. *ZKJ, 9,* 338–344.

Sampson, R. (2002). Transcending tradition: New directions in community research, Chicago style. *Criminology, 40,* 213–230.

Sander, G. (2000). Zur Beweiswürdigung, vor allem bei Aussage gegen Aussage. *Strafverteidiger, 1,* 45–48.

Sarrazin, T. (2010). *Deutschland schafft sich ab. Wie wir unser Land aufs Spiel setzen.* München: Deutsche Verlags Anstalt.

Saß, H. (1983). Affektdelikte. *Nervenarzt, 54,* 557–572.

Saß, H. (1985). Handelt es sich bei der Beurteilung von Affektdelikten um ein psychopathologisches Problem? *Fortschritte der Neurologie – Psychiatrie, 53,* 55–62.

Saß, H. (1993). *Affektdelikte.* Berlin: Springer.

Satzger, W., Dragon, E. & Engel, R. R. (1996). Zur Normenäquivalenz von HAWIE-R und HAWIE. *Diagnostika, 43* (2), 119–138.

Satzger, W., Fessmann, H. & Engel, R. R. (2002). Liefern HAWIE-R, WST und MWT-B vergleichbare IQ-Werte? *Zeitschrift für Differentielle und Diagnostische Psychologie, 23* (2), 159–170.

Schanda, H. & Prunnlechner-Neumann, R. (2009). Psychiatrische Begutachtung in Österreich. In U. Venzlaff (Begr.), K. Foerster & H. Dreßing (Hrsg.), *Psychiatrische Begutachtung* (5. Aufl.) (S. 901–918). München: Urban & Fischer.

Schank, R. C. & Abelson, R. P. (1977). *Scripts, plans, goals and understanding.* Hillsdale, NJ: Lawrence Erlbaum.

Schaumann, J. C. G. (1792). *Ideen zu einer Kriminalpsychologie.* Halle: Gebauer.

Schaunig, I., Willinger, U., Diendorfer-Radner, G., Hager, V., Jörgl, G., Sirsch, U. & Sams, J. (2004). Parenting Stress Index: Einsatz bei Müttern sprachentwicklungsgestörter Kinder. *Praxis der Kinderpsychologie und Kinderpsychiatrie, 56* (6), 395–408.

Scheerer, E. (1985). Persönlichkeitspsychologie im Nationalsozialismus. In T. Herrmann & E.-D. Lantermann (Hrsg.), *Persönlichkeitspsychologie. Ein Handbuch in Schlüsselbegriffen* (S. 59–70). München: Urban & Schwarzenberg.

Scheib, K. (2002). *Die Dunkelziffer bei Tötungsdelikten aus kriminologischer und rechtsmedizinischer Sicht.* Berlin: Logos.

Schellig, D., Drechsler, R., Heinemann, D. & Sturm, W. (Hrsg.). (2009). *Handbuch neuropsychologischer Testverfahren: Aufmerksamkeit, Gedächtnis und exekutive Funktionen.* Göttingen: Hogrefe.

Schemm, K. vom & Köhnken, G. (2008). Voreinstellungen und das Testen sozialer Hypothesen im Interview. In R. Volbert & M. Steller (Hrsg.), *Handbuch der Rechtspsychologie* (S. 322–330). Göttingen: Hogrefe.

Schiller, F. (1786; 1964). *Der Verbrecher aus verlorener Ehre.* Stuttgart: Reclam.

Schneider, F., Frister, H. & Olzen, D. (2006). *Begutachtung psychischer Störungen.* Berlin: Springer.

Schneider, H. & Rödel, C. (Mitarb.). (2007). *Justizvergütungs- und -entschädigungsgesetz: JVEG.* München: C. H. Beck.

Schneider, H. J. (1967). Prognostische Beurteilung des Rechtsbrechers: Die ausländische Forschung. In U. Undeutsch (Hrsg.), *Handbuch der Psychologie. Band 11: Forensische Psychologie* (S. 397–510). Göttingen: Hogrefe.

Schneider, H. J. (1971). Psychologie des Verbrechens. In R. Sieverts & H. J. Schneider (Hrsg.), *Handwörterbuch der Kriminologie* (S. 415–458). Berlin: de Gruyter.

Schneider, H. J. (1981). *Die Psychologie des 20. Jahrhunderts. Band XIV: Auswirkungen auf die Kriminologie. Delinquenz und Gesellschaft.* Zürich: Kindler.

Schneider, H. J. (2002). Rückfallprognose bei Sexualstraftätern. Ein Überblick über die moderne Sexualstraftäter-Prognoseforschung. *Monatsschrift für Kriminologie und Strafrechtsreform, 85,* 251–270.

Schneider, H. J. (2007a). Viktimologie. In H. J. Schneider (Hrsg.), *Internationales Handbuch der Kriminologie. Band 1: Grundlagen der Kriminologie* (S. 395–434). Berlin: de Gruyter.

Schneider, H. J. (2007b). Theorien der Kriminologie (Kriminalitätsursachen). In H. J. Schneider (Hrsg.), *Internationales Handbuch der Kriminologie. Band 1: Grundlagen der Kriminologie* (S. 125–182). Berlin: de Gruyter.

Schneider, W., Dohrenbusch, R., Freyberger, H. R., Köllner, H., Henningsen, P., Irle H. & Widder, B. (Hrsg.). (Im Druck). *Begutachtung der Leistungsfähigkeit bei psychischen und psychosomatischen Erkrankungen.* Bern: Huber.

Schneider, W., Dohrenbusch, R., Henningsen, P., Freyberger, H. J., Irle, H., Köllner, V. & Widder, B. (2012). *Begutachtung bei psychischen und psychosomatischen Erkrankungen. Autorisierte Leitlinien und Kommentare.* Bern: Huber.

Schneider, W., Henningsen, P. & Rüger, U. (2001). *Sozialmedizinische Begutachtung in Psychosomatik und Psychotherapie. Autorisierte Leitlinien, Quellentexte und Kommentar.* Bern: Huber.

Schnellenbach, H. (1995). Grundsätze des gerichtlichen Verfahrens. *Juristische Arbeitsblätter, 27* (10), 783–789.

Schönke, A. (Begr.), Schröder, H. (Fortgef.), Eser, A., Bosch, N., Eisele, J., Hecker, B., Heine, G., Kinzig. J., Perron, W. & Sternberg-Lieben, D. (2010). *Strafgesetzbuch: StGB* (28. Aufl.). München: C. H. Beck.

Scholz, O. B. & Schmidt A. F. (2008). Schuldfähigkeit. In R. Volbert & M. Steller (Hrsg.), *Handbuch der Rechtspsychologie* (S. 401–411). Göttingen: Hogrefe.

Schreiber, H.-L. (1981). Bedeutung und Auswirkungen der neugefaßten Bestimmungen über die Schuldfähigkeit. *Neue Zeitschrift für Strafrecht, 1* (2), 46–51.

Schreiber, H.-L. (1985). Zur Rolle der psychiatrisch-psychologischen Sachverständigen im Strafverfahren. In C. Broda, E. Deutsch, H.-L. Schreiber & H.-J. Vogel (Hrsg.), *Festschrift für Rudolf Wassermann zum 60. Geburtstag* (S. 1007–1020). Darmstadt: Luchterhand.

Schreiber, H.-L. (1987). Zur Rolle des psychiatrisch-psychologischen Sachverständigen im Strafverfahren. In H. Kury (Hrsg.), *Ausgewählte Fragen und Probleme forensischer Begutachtung* (S. 49–74). Köln: Heymanns.

Schreiber, H.-L. & Rosenau, H. (2009). Der Sachverständige im Verfahren und in der Verhandlung. In U. Venzlaff (Begr.), K. Foerster & H. Dreßing (Hrsg.), *Psychiatrische Begutachtung* (5. Aufl.) (S. 153–165). München: Urban & Fischer.

Schubert, E. (2007). *Räuber, Henker, arme Sünder. Verbrechen und Strafe im Mittelalter.* Darmstadt: Wissenschaftliche Buchgesellschaft.

Schütze, G. (2003). Zur Struktur der §§ 21 und 21 StGB. In R. Lempp, G. Schütze & G. Köhnken (Hrsg.), *Forensische Psychiatrie und Psychologie des Kindes- und Jugendalters* (2. Aufl.) (S. 162–166). Darmstadt: Steinkopff.

Schütze, G. (2003). Die schwere andere seelische Abartigkeit. In R. Lempp, G. Schütze &. G. Köhnken (Hrsg.), *Forensische Psychiatrie und Psychologie des Kindes- und Jugendalters* (2. Aufl.) (S. 204–205). Darmstadt: Steinkopff.

Schütze, G. & Schmitz, G. (2003). Strafrechtliche Verantwortlichkeit, Strafreife und schädliche Neigungen. In R. Lempp, G. Schütze & G. Köhnken (Hrsg.), *Forensische Psychiatrie und Psychologie des Kindes- und Jugendalters* (2. Aufl.) (S. 147–155). Darmstadt: Steinkopff.

Schulz-Hardt, S. & Köhnken. G. (2000). Wie ein Verdacht sich selbst bestätigen kann: Konfirmatorisches Hypothesentesten als Ursache von Falschbeschuldigungen wegen sexuellen Kindesmissbrauchs. *Praxis der Rechtspsychologie, 10*, 60–88.

Schumacher, W. (2003). Die psychiatrische Bewertung der Aussagetüchtigkeit bei aussagepsychologischen Glaubhaftigkeitsbegutachtungen. *Strafverteidiger, 23* (11), 641–643.

Schweizerische Gesellschaft für Rechtspsychologie (SGRP). (2009). *10 Jahre Schweizerische Gesellschaft für Rechtspsychologie (SGRP).* Bern. www.rechtspsychologie.ch/Downloads/10J_SGRP.pdf; Aufruf 25.01.2012.

Schwind, H.-D. (2011). *Kriminologie. Eine praxisorientierte Einführung mit Beispielen* (21. Aufl.). Heidelberg: Kriminalistik Verlag.

Scott, A. J. (2010). *Forensic psychology.* Basingstoke: Palgrave Macmillan.

Seitz, W. & Rausche, A. (2004). *PFK 9–14. Persönlichkeitsfragebogen für Kinder zwischen 9 und 14 Jahren* (4. Auflage). Göttingen: Hogrefe.

Seitz, W., Rautenberg, M. (2010). *PFI – Persönlichkeitsfragebogen für Inhaftierte.* Göttingen: Hogrefe.

Sellin, T. (1938). *Culture, conflict and crime.* New York, NY: Social Science Research Council.

Sessar, K. (1992). *Wiedergutmachen oder strafen. Einstellungen in der Bevölkerung und der Justiz.* Pfaffenweiler: Centaurus.

Seyffert, H. M. (1951). Über Verschiedenheiten bei der psychiatrischen Begutachtung Krimineller. *Nervenarzt, 22*, 190–197.

Shaw, C. R. & McKay, H. D. (1942). *Juvenile delinquency and urban areas.* Chicago, IL: University of Chicago Press.

Shaw, C. R. (1929). *Delinquency areas.* Chicago, IL: University of Chicago Press.

Sheldon, W. H., Hartl, M. & McDermott, E. (1949). *Varieties of delinquent youth.* New York, NY: Harper & Brothers.

Sieverts, R. (1962). Fachpsychologische Aufgaben innerhalb einer modernen Strafrechtspflege. In G. Blau & E. Müller-Luckmann (Hrsg.), *Gerichtliche Psychologie. Aufgabe und Stellung des Psychologen in der Rechtspflege* (S. 91–98). Neuwied: Luchterhand.

Solomon, J. & George, C. (1999). *Attachment disorganization.* New York, NY: Guilford Press.

Sonnen, B.-R. (2003). *Leichter Rückgang der Jugendkriminalität – weniger jugendliche Tatverdächtige in 2002.* www.dvjj.de/artikel.php?artikel=179; Aufruf 25.01.2012.

Spangler, G. & Zimmermann, P. (1997). *Die Bindungstheorie: Grundlagen, Forschung und Anwendung.* Stuttgart: Klett-Cotta.

Spangler, G., Bovensmann, J., Globisch, J. & Ast-Scheitenberger, S. (2009). Subjektive elterliche Belastung als Indikator für Kindeswohlgefährdung, Die Rolle von emotionaler Regulation und Bindung. *Praxis der Kinderpsychologie und Kinderpsychiatrie, 58* (10), 814–837.

Speck, O. (2008). *Hirnforschung und Erziehung: Eine pädagogische Auseinandersetzung mit neurobiologischen Erkenntnissen.* München: Reinhardt.

Spieß, G. (1982). Probleme praxisbezogener Forschung und ihrer Umsetzung am Beispiel der Bewährungsprognose. In H. Kury (Hrsg.), *Prä-*

vention abweichenden Verhaltens – Maßnahmen der Vorbeugung und Nachbetreuung (S. 571–604). Köln: Heymanns.

Spieß, G. (1993). Arbeitslosigkeit und Kriminalität. In G. Kaiser, H.-J. Kerner, F. Sack & H. Schellhoss (Hrsg.), Kleines Kriminologisches Wörterbuch (3. Aufl.) (S. 33–38). Heidelberg: C. F. Müller.

Sporer, S. L. & Köhnken, G. (2008). Nonverbale Indikatoren von Täuschung. In R. Volbert & M. Steller (Hrsg.), Handbuch der Rechtspsychologie (S. 353–363). Göttingen: Hogrefe.

Stahl, P. M. (1999). Complex issues in child custody evaluations. Thousand Oaks, CA: Sage.

Statistisches Bundesamt. (2011). Rechtspflege. Bestand der Gefangenen und Verwahrten in den deutschen Justizvollzugsanstalten nach ihrer Unterbringung auf Haftplätzen des geschlossenen und offenen Vollzugs jeweils zu den Stichtagen 31. März, 31. August und 30. November eines Jahres. Wiesbaden: Destatis.

Staatsbibliothek zu Berlin (Hrsg.). (2000). Ex Bibliotheca Regia Berolinensi. Schöne und seltene Bücher aus der Abteilung Historische Drucke. Wiesbaden: Dr. Ludwig Reichert.

Steadman, H. J. (1983). Predicting dangerousness among the mentally ill: Art, magic and science. International Journal of Law and Psychiatry, 6, 381–390.

Steadman, H. J. & Cocozza, J. J. (1974). Careers of the Criminally Insane. Excessive Social Control of Deviance. Lexington/Mass.: Lexington Books.

Steadman, H. J., Monahan, J., Appelbaum, P. S., Grisso, T., Mulvey, E. P., Roth, L. H., Clark Robbins, P. & Klassen, D. (1994). Designing a new generation of risk assessment research. In J. Monahan & H. J. Steadman (Hrsg.), Violence and mental disorders: Developments in risk assessment (S. 297–318). Chicago: University of Chicago Press.

Stein, M. B., Kennedy, C. M. & Twamley, E. W (2002). Neuropsychological function in female victims of intimate partner violence with and without posttraumatic stress disorder. Biological Psychiatry, 61, 1079–1088.

Steinhage, R. (1989). Sexueller Missbrauch an Mädchen. Ein Handbuch für Beratung und Therapie. Reinbek: Rowohlt.

Steller, M. (1987). Psychophysiologische Aussagebeurteilung – Zur Verwendung psychophysiologischer Aktivierungsdiagnostik bei der Erfassung intraindividueller Bedeutungsunterschiede von Kognitionen. Göttingen: Hogrefe.

Steller, M. (1989). Recent development in statement analysis. In J. C. Yuille (Hrsg.), Credibility assessment (S. 135–154). Dordrecht: Kluwer.

Steller, M. (1998). Aussagepsychologie vor Gericht – Methodik und Probleme von Glaubwürdigkeitsgutachten mit Hinweisen auf die Wormser Mißbrauchsprozesse. Recht & Psychiatrie, 16, 11–18.

Steller, M. (1999). Psychophysiologische Täterschaftsbeurteilung als Entlastungsmöglichkeit bei Verdacht auf sexuellen Missbrauch? In J. Salzgeber & S. Willutzki (Hrsg.), Polygraphie: Möglichkeiten und Grenzen der psychophysiologischen Aussagebegutachtung (S. 31–43). Köln: Bundesanzeiger Verlag.

Steller, M. (2008). Glaubhaftigkeitsbegutachtung. In R. Volbert & M. Steller (Hrsg.), Handbuch der Rechtspsychologie (S. 300–310). Göttingen: Hogrefe.

Steller, M. & Böhm, C. (2008). Glaubhaftigkeitsbegutachtung bei Persönlichkeitsstörungen. Zeitschrift für Forensische Psychiatrie, Psychologie, Kriminologie, 1, 37–45.

Steller, M. & Dahle, K.-P. (1999). Wissenschaftliches Gutachten: Grundlagen, Methoden und Anwendungsprobleme psychophysiologischer Aussage- bzw. Täterschaftsbeurteilung („Polygraphie", „Lügendetektion"). Praxis der Rechtspsychologie, 9, Sonderheft, 127–204.

Steller, M. & Köhnken, G. (1989). Criteria-based statement analysis. In C. Raskin (Hrsg.), Psychological methods in criminal investigation and evidence (S. 217–245). New York, NY: Springer.

Steller, M. & Volbert, R. (1997). Glaubwürdigkeitsbegutachtung. In M. Steller & R. Volbert (Hrsg.), Psychologie im Strafverfahren (S. 12–39). Bern: Huber.

Steller, M. & Volbert, R. (1999). Wissenschaftliches Gutachten: Forensisch-aussagepsychologische Begutachtung (Glaubwürdigkeitsbegutachtung). Praxis der Rechtspsychologie, 9 (2), S. 46–112.

Steller, M., Volbert, R. & Wellershaus, P. (1993). Zur Beurteilung von Zeugenaussagen: Aussagepsychologische Konstrukte und methodische Strategien. In L. Montada (Hrsg.), Bericht über den 38. Kongreß der Deutschen Gesellschaft für Psychologie in Trier 1992 (S. 367–376). Göttingen: Hogrefe.

Stephan, E. (1993 a). Rechtspsychologie. In G. Kaiser, H.-J. Kerner, F. Sack & H. Schellhoss (Hrsg.), Kleines Kriminologisches Wörterbuch (3. Aufl.) (S. 421–428). Heidelberg: C. F. Müller.

Stephan, E. (1993 b). Forensische Psychologie. In G. Kaiser, H.-J. Kerner, F. Sack, & H. Schellhoss (Hrsg.), *Kleines Kriminologisches Wörterbuch* (3. Aufl.) (S. 135–142). Heidelberg: C. F. Müller.

Stevens, A. & Merten, T. (2007). Begutachtung der posttraumatischen Belastungsstörung: konzeptionelle Probleme, Diagnosestellung und negative Antwortverzerrungen. *Praxis der Rechtspsychologie, 17* (1), 83–107.

Stevens, A., Fabra M. & Merten T. (2009). Anleitung für die Erstellung psychiatrischer Gutachten. *Der Medizinische Sachverständige, 105,* 100–106.

Strasser, P. (2005). *Verbrechermenschen. Zur kriminalwissenschaftlichen Erzeugung des Bösen.* Frankfurt/M.: Campus.

Streng, F. (1995). Strafrechtliche Folgenorientierung und Kriminalprognose. In D. Dölling (Hrsg.), *Die Täter-Individualprognose* (S. 97–127). Heidelberg: Kriminalistik.

Strubreither, W. & Maly, J. (2004). Neuropsychologie in Österreich: Entwicklung – derzeitige Situation – Ausblick. In G. Mehta (Hrsg.), *Die Praxis der Psychologie* (S. 187–206). Wien: Springer.

Sturm, W. & Hartje, W. (2002). Neuropsychologie. Gegenstand, Methoden, Diagnostik und Therapie. In W. Hartje & K. Poeck (Hrsg.), *Klinische Neuropsychologie* (5. Aufl.) (S. 1–50). Stuttgart: Thieme.

Sturzbecher, D. & Freytag, R. (2000). *Familien- und Kindergarten-Interaktionstest (FIT-KIT).* Göttingen: Hogrefe.

Sutherland, E. H. (1956). *The professional thief* (5. Aufl.). Chicago, IL: University of Chicago Press.

Sutherland, E. H. (1968). Die Theorie der differentiellen Kontakte. In F. Sack & R. König (Hrsg.), *Kriminalsoziologie* (S. 395–399). Frankfurt/M.: Akademische Verlagsgesellschaft Wiesbaden.

Sutherland, E. H. & Cressey, D. R. (1955). *Principles of criminology* (5. Aufl.). Chicago, IL: Lippincott.

Sykes, G. M. & Matza, D. (1957). Techniques of neutralization: A theory of delinquency. *American Sociological Review, 22,* 664–670.

Tamis-LeMonda, C. S. & Cabrera, N. J.(2002). *Handbook of father involvement, multidisciplinary perspectives.* Mahwah, NJ: Erlbaum.

Tannenbaum, F. (1938). *Crime and the community.* New York, NY: Columbia University Press.

Tapp, J. L. (1976). Psychology and the law: An overture. In M. L. Rosenzweig & L. W. Porter, (Hrsg.), *Annual review of psychology, 27.* Palo Alto, CA: Annual Reviews.

Taylor, I., Walton, P. & Young, J. (1973). The new criminology: for a social theory of deviance. London: Routledge & Kegan Paul.

Tennenbaum, D. J. (1977). Personality and criminality. A summary and implications of the literature. *Journal of Criminal Justice, 5,* 225–235.

Thomae, H. (1967). Prinzipien und Formen der Gestaltung psychologischer Gutachten. In U. Undeutsch (Hrsg.), *Forensische Psychologie* (S. 743–767). Göttingen: Hogrefe.

Thomas, H., Putzo, H. (Begr.), Reichold, K. (Forts.) & Hüßtege, R. (Forts.). (2010). *Zivilprozessordnung: ZPO* (31. Aufl.). München: C. H. Beck.

Thome, H. & Birkel, C. (2007). *Sozialer Wandel und Gewaltkriminalität. Deutschland, England und Schweden im Vergleich, 1950 bis 2000.* Wiesbaden: VS Verlag für Sozialwissenschaften.

Thornberry, T. P. & Jacoby, J. E. (1979). The criminally insane. A community follow-up of mentally ill offenders. Chicago, IL: University of Chicago Press.

Titze, K. & Lehmkuhl, U. (2010). *Elternbildfragebogen für Kinder und Jugendliche (EBF-KJ). Manual.* Göttingen: Hogrefe.

Toch, H. (Hrsg.). (1961). *Legal and criminal psychology.* New York, NY: Holt, Rinehart & Winston.

Tondorf, G. (2005). *Psychologische und psychiatrische Sachverständige im Strafverfahren. Verteidigung bei Schuldfähigkeits- und Prognosebegutachtung.* Heidelberg: C. F. Müller

Towl, G. J. & Crighton, D. A. (Hrsg.). (2010). *Forensic Psychology.* Chichester: BPS Blackwell.

Trankell, A. (1971). *Der Realitätsgehalt von Zeugenaussagen.* Göttingen: Hogrefe.

Tröster, H. (2010). *Eltern-Belastungs-Inventar (EBI). Deutsche Version des Parenting Stress Index (PSI) von R. R. Abidin.* Göttingen: Hogrefe.

Ulrich, J. (2008). Vorstellung eines Gutachtenmusters. *Der Sachverständige, 35* (7/8), 209–217.

Ulrich, J. (2010). Tätigkeit des Sachverständigen in Zivilsachen – Grundzüge. *Der Sachverständige, 37* (7/8), 225–226.

Undeutsch, U. (1954). Die Entwicklung der gerichtspsychologischen Gutachtertätigkeit. In A. Wellek (Hrsg.), *Bericht über den 19. Kongreß der Deutschen Gesellschaft für Psychologie in Köln* (S. 132–154). Göttingen: Hogrefe.

Undeutsch, U. (1965). Forensische Psychologie. In R. Sieverts (Hrsg.), *Handwörterbuch der Kriminologie* (2. Aufl.). (S. 205–231). Berlin: de Gruyter.

Undeutsch, U. (1967). Beurteilung der Glaubhaftigkeit von Aussagen. In U. Undeutsch (Hrsg.), *Handbuch der Psychologie. Band. 11: Forensische Psychologie* (S. 26–181). Göttingen: Hogrefe.

Undeutsch, U. (1989). Exploration verheimlichter Sachverhalte auf verhaltenstheoretischer Basis. In J. Salzgeber, M. Stadler, G. Drechsel & C. Vogel (Hrsg.), *Glaubhaftigkeitsbegutachtung* (S. 32–85). München: Profil.

Undeutsch, U. (1992). Highlights of the history of forensic psychology in Germany. In F. Lösel, D. Bender & T. Bliesener (Hrsg.), *Psychology and law. International perspectives* (S. 509–518). Berlin: de Gruyter.

Urbaniok, F. (2007). *FOTRES – Forensisches Operationalisiertes Therapie-Risiko-Evaluations-System* (2. Aufl.). Oberhofen am Thunersee: Zytglogge.

Urbaniok, F., Noll, T., Grunewald, S., Steinbach, J. & Endrass, J. (2006). Prediction of violent and sexual offences: A replication study of the VRAG in Switzerland. *The Journal of Forensic Psychiatry and Psychology, 17,* 23–31.

Urbaniok, F., Rossegger, A., Böhm, K., Noll, T. & Endrass, J. (2010). Häufigkeit forensisch-psychiatrischer Begutachtungen bei Strafverfahren gegen Gewalt- und Sexualstraftäter. Ein Vergleich zwischen Deutschland und der Schweiz. *Kriminalistik, 64,* 111–116.

Uzzel, B.P (2007). Grasping the cross-cultural reality. In B. Uzzel, M. Ponton & A. Ardila (Hrsg.), *International handbook of cross-cultural neuropsychology* (S. 1–21). Mahwah, NJ: Lawrence Erlbaum.

Venzlaff, U. (1987). Stellung und Funktion des Sachverständigen aus der Perspektive der Psychiatrie. In H. Kury (Hrsg.), *Ausgewählte Fragen und Probleme forensischer Begutachtung* (S. 75–96). Köln: Heymanns.

Venzlaff, U. (Begr.), Foerster, K. & Dreßing, H. (Hrsg.). (2009). *Psychiatrische Begutachtung. Ein praktisches Handbuch für Ärzte und Juristen* (5. Aufl.). München: Urban & Fischer.

Verrel, T. (1995). *Schuldfähigkeitsbegutachtung und Strafzumessung bei Tötungsdelikten.* München: Fink.

Volbert, R. (1992). Sexueller Missbrauch von Kindern. Empirische Befunde und psychosoziale Trends. *Psychomed, 4,* 8–12.

Volbert, R. (1997). Suggestibilität kindlicher Zeugen. In M. Steller & R. Volbert (Hrsg.), *Psychologie im Strafverfahren* (S. 40–62). Bern: Hans Huber Verlag.

Volbert, R. (2000). Standards der psychologischen Glaubhaftigkeitsdiagnostik. In L. Kröber & M. Steller (Hrsg.), *Psychologische Begutachtung im Strafverfahren* (S. 113–145). Darmstadt: Steinkopff.

Volbert, R. (2002). *Zur Zuverlässigkeit von Erinnerungen an persönlich bedeutsame Erlebnisse.* Habilitationsschrift, FU Berlin.

Volbert, R. (2004). *Beurteilung von Aussagen über Traumata – Erinnerungen und ihre psychologische Bewertung.* Bern: Huber.

Volbert, R. (2005). Die Entwicklung von Aussagefähigkeiten. In K.-P. Dahle & R. Volbert (Hrsg.), *Entwicklungspsychologische Aspekte der Rechtspsychologie* (S. 241–257). Göttingen: Hogrefe.

Volbert, R. (2008). Suggestion. In R. Volbert & M. Steller (Hrsg.), *Handbuch der Rechtspsychologie* (S. 331–341). Göttingen: Hogrefe.

Volbert, R. (2010). Aussagepsychologische Begutachtung. In R. Volbert & K.-P. Dahle (Hrsg.), *Forensisch-psychologische Diagnostik im Strafverfahren* (S. 18–66). Göttingen: Hogrefe.

Volbert, R. & Lau, S. (2008). Aussagetüchtigkeit. In R. Volbert & M. Steller (Hrsg.), *Handbuch der Rechtspsychologie* (S. 289–299). Göttingen: Hogrefe.

Volbert, R. & Pieters, V. (1996). Suggestive Beeinflussungen von Kinderaussagen. *Psychologische Rundschau, 47,* 183–198.

Volbert, R. & Steller, M. (Hrsg.). (2008). *Handbuch der Rechtspsychologie.* Göttingen: Hogrefe.

Volbert, R. & Steller, M. (2009). Die Begutachtung der Glaubhaftigkeit. In U. Venzlaff (Begr.), K. Foerster & H. Dreßing (Hrsg.), *Psychiatrische Begutachtung* (5. Aufl.) (S. 817–850). München: Urban & Fischer.

Volbert, R., Braun, J., Gretenkord, Y. et al. (2001, 13.–15. September). *Konstanz in erlebnisbasierten und erfundenen Aussagen.* Vortrag, 9. Arbeitstagung der Fachgruppe Rechtspsychologie in der DGP. Münster.

Vold, G. B., Bernard, T. J. & Snipes, J. B. (2002). *Theoretical criminology* (5. Aufl.). New York, NY: Oxford University Press.

Vollbach, A. & Hoppe, S. H. (2009). Krimininologie angewandt: Evaluation der diagnosegestützten Vollzugsplanung in der JVA Bremen. *Forum Strafvollzug, 58* (5), 260–262.

Vollmoeller, W. & Edel, M. A. (2006). ADHS und Persönlichkeit. In W. Vollmoeller & M. A. Edel (Hrsg.), *Aufmerksamkeitsdefizit-/Hyperaktivitätsstörung bei Erwachsenen* (S. 82–102). Heidelberg: Springer.

Wacquant, L. (2009). *Bestrafen der Armen. Zur neoliberalen Regierung der sozialen Unsicherheit.* Opladen: Barbara Budrich.

Wallerstein, J. S. & Blakeslee, S. (1989). *Gewinner und Verlierer – Frauen, Männer, Kinder nach der Scheidung – eine Langzeitstudie.* München: Droemer Knaur.

Walper, S. & Beckh, K. (2006). Adolescents' development in high-conflict and separated families: Evidence from a German longitudinal study. In A. Clarke-Stewart & J. Dunn (Hrsg.), *Families count effects on child and adolescent development* (S. 238–270). Cambridge: Cambridge University Press.

Walper, S. & Fichtner, J. (2011). Zwischen den Fronten: Psychosoziale Auswirkungen von Elternkonflikten auf Kinder. In S. Walper, J. Fichtner & K. Normann (Hrsg.), *Hochkonflikthafte Trennungsfamilien* (S. 91–110). Weinheim: Juventa.

Walter, E. (2008). Adoption. In R. Volbert & M. Steller (Hrsg.), *Handbuch der Rechtspsychologie* (S. 563–573). Göttingen: Hogrefe.

Walter, H. (2002). *Männer als Väter. Sozialwissenschaftliche Theorie und Empirie.* Gießen: Psychosozial-Verlag.

Walter, H. (2004). Willensfreiheit, Verantwortlichkeit und Neurowissenschaft. *Psychologische Rundschau, 55* (4), 169–177.

Warrier, S. (2008). It's in their culture: Fairness and cultural considerations in domestic violence. *Family Court Review, 46* (4), 537–542.

Weber, A., Hörmann, G. & Köllner, V. (2006). Psychische und Verhaltensstörungen: Die Epidemie des 21. Jahrhunderts? *Deutsches Ärzteblatt, 103,* A 834–841.

Weber, F. (1996). *Gefährlichkeitsprognose im Maßregelvollzug. Entwicklung sowie Reliabilitätsprüfung eines Prognosefragebogens als Grundlage für Hypothesenbildung und langfristige Validierung von Prognosefaktoren.* Herbolzheim: Centaurus.

Weber, F. & Leygraf, N. (1996). *Prognosefragebogen nach Weber & Leygraf.* Herbolzheim: Centaurus.

Webster, C. D., Harris, G. T., Rice, M. E., Cormier, C. & Quinsey, V. L. (1994). *The violence prediction scheme.* Toronto: Centre of Criminology.

Webster, C. D., Douglas, K. S., Eaves, D. & Hart, S. D. (1997). *HCR-20. Assessing Risk for Violence (Version 2).* Burnaby, B. C./Canada: Mental Health, Law, and Policy Institute, Simon Fraser University.

Wedegärtner, F., Sittaro, N. A., Emrich, H. M. & Dietrich, D. E. (2007). Invalidisierung durch affektive Erkrankungen – Lehren aus den Daten der Gesundheitsberichterstattung des Bundes. *Psychiatrische Praxis, 34,* 252.

Wegener, H. (1981). *Einführung in die Forensische Psychologie.* Darmstadt: Wissenschaftliche Buchgesellschaft.

Wegener, H. (1986). Über die Beziehungen zwischen der forensischen Psychologie und der forensischen Psychiatrie. In H. Pohlmeier, E. Deutsch & H.-L. Schreiber (Hrsg.), *Forensische Psychiatrie heute* (S. 181–188). Berlin: Springer.

Wegener, H. (1996). Fragen zur jugendstrafrechtlichen Behandlung von Heranwachsenden. *DVJJ-Journal, 7,* 325–326.

Wegener, H. & Steller, M. (1987). Psychologische Diagnostik vor Gericht – Methodische und ethische Probleme forensisch-psychologischer Diagnostik. *Zeitschrift für Differentielle und Diagnostische Psychologie, 8,* 103–126.

Weihmann, R. (2008). *Kriminalistik* (10. Aufl.). Hilden: Verlag Deutsche Polizeiliteratur.

Weininger, O. (1903). *Geschlecht und Charakter.* Wien: Braumüller.

Weissbeck, W. (2008). *Übersicht über Maßregelvollzugseinrichtungen für Jugendliche in Deutschland – Auswertung der Basisdokumentationen 2004–2005 Jugend forensischer Einrichtungen und konzeptuelle Überlegungen.* Dissertation. Tübingen.

Wellmann, K. R. & Schneider, E. (1981). Der Sachverständige in der Praxis. Düsseldorf: Werner.

Wemmers, J.-A. (2009). A short history of victimology. In O. Hagemann, P. Schäfer & S. Schmidt (Hrsg.), *Victimology, victim assistance and criminal justice* (S. 33–42). Mönchengladbach: Hochschule Niederrhein.

Wertham, F. (1948). *The show of violence.* New York, NY: Greenwood.

Westhoff, K. & Kluck, M.-L. (2008). *Psychologische Gutachten schreiben und beurteilen* (5. Aufl.). Heidelberg: Springer.

Wetzels, P. (1997). Gewalterfahrungen in der Kindheit. Baden-Baden: Nomos.

Winkler, R. (1998). Begutachtung von Folgen sexuellen Missbrauchs im Kindes- und Jugendalter nach dem Opferentschädigungsgesetz. *Der Medizinische Sachverständige, 94,* 91–95.

Wilson, J. Q. & Herrnstein, R. J. (1985). *Crime and human nature.* New York, NY: Simon and Schuster.

Wissenschaftliches Institut (Wido) der AOK (Hrsg.). (2005, 10. Mai). *Presseinformation: Psychische Erkrankungen.* Bonn.

Wittchen, H. U. & Jacobi, F. (2005). Size and burden of mental disorders in Europe – a critical review and appraisal of 27 studies. *European Neuropsychopharmacology, 15,* 357.

Wittkowski, J. & Seitz, W. (2004). Praxis der verkehrspsychologischen Eignungsbegutachtung: Eine Bestandsaufnahme unter besonderer Berücksichtigung alkoholauffälliger Kraftfahrer. Stuttgart: Kohlhammer.

Wolff, G. (1983). Gutachterliche Kompetenz bei der Klärung der Schuldfähigkeit oder: Der Streit zwischen Psychiatrie und Psychologie. *Neue Zeitschrift für Strafrecht, 3*(12), 537–540.

Wolff, S. (1995). *Text und Schuld. Die Rhetorik psychiatrischer Gerichtsgutachten.* Berlin: de Gruyter.

Wolfgang, M. E. & Ferracuti, F. (1967). *The subculture of violence.* London: Tavistock.

Wolfgang, M., Figlio, R. M. & Sellin, T. (1972). *Delinquency in a birth cohort.* Chicago, IL: University of Chicago Press.

World Health Organization (WHO). (2007). *International Statistical Classification of Diseases and Related Health Problems. ICD-10.* www.who.int/classifications/icd/en; Aufruf 25.01.2012.

Wotherspoon, E., Vellet, S., Pirie, J., O'Neill-Laberge, M., Cook-Stanhope, H. L. & Wilson, D. (2010). Neglected Infants in Family Court. *Family Court Review, 48* (3), 505–515.

Wulf, R. (2005). Gute kriminologische Prognosen: Rückfall, Flucht, Suizid. *Monatsschrift für Kriminologie und Strafrechtsreform, 88* (4), 290–304.

Wyss, R. (1992). *Vergleichende Gegenüberstellung von Experten- und Richterprognosen bei vermindert zurechnungsfähigen Straftätern. Forensia Jahrbuch 3* (S. 75–84). Heidelberg: Springer.

Wyss, S. (1997). *Rückfälligkeit forensisch-psychiatrisch begutachteter Straftäter.* Dissertation. Universität Basel.

Zankl, H. (2010). *Der große Irrtum. Wo die Wissenschaft sich täuschte.* Darmstadt: Wissenschaftliche Buchgesellschaft.

Ziegenhain, U., Fries, M., Bütow, B. & Derksen, B. (2006). *Entwicklungspsychologische Beratung für junge Eltern* (2. Aufl.). Weinheim: Juventa.

Ziegert, U. (1993). Die Affekttat zwischen Wertung und Willkür. In H. Saß (Hrsg.), *Affektdelikte. Interdisziplinäre Beiträge zur Beurteilung von affektiv akzentuierten Straftaten* (S. 43–56). Berlin: Springer.

Zuschlag, B. (2002). *Das Gutachten des Sachverständigen* (2. Aufl.). Göttingen: Hogrefe.

Zuschlag, B. (2006). *Richtlinien für die Erstellung psychologischer Gutachten.* Bonn: Deutscher Psychologen Verlag.

Zwiehoff, G. (2002). Sachverständiger im Strafverfahren und die Rolle seiner Auftraggeber – Zum Ressentiment, als Sachverständiger im Auftrag der Verteidigung tätig zu werden. *Praxis der Rechtspsychologie, 12* (1), 49–62.

Autorinnen und Autoren

Dr. Monika Aymans
Vereidigte Sachverständige für Forensische
Psychologie, Fachpsychologin für Rechtspsychologie BDP/DGPs
Gesellschaft für wissenschaftliche Gerichts-
und Rechtspsychologie, GWG-Aussage-
psychologie
Rablstr. 45
81669 München
aymans@gwg.info

Dr. iur. Martin Brandenstein
Dipl.-Psych., Oberassistent
Universtität Bern
Institut für Strafrecht und Kriminologie
Schanzeneckstr. 1
3001 Bern
martin.brandenstein@krim.unibe.ch

Dr. Klaus Burtscher
Klinischer Psychologe, Neuropsychologe,
Gesundheitspsychologe, psychologischer
Psychotherapeut, Supervisor, allgemein be-
eideter und gerichtlich zertifizierter Sach-
verständiger des Landesgerichtes Innsbruck
für den Fachbereich Neuropsychologie
Innstraße 43
A-6020 Innsbruck
Klaus.Burtscher@aon.at

Ralf Dohrenbusch
Wissenschaftlicher Mitarbeiter
Institut für Psychologie der Universität
Bonn, Abteilung für Methodenlehre,
Diagnostik und Evaluation
Kaiser-Karl-Ring 9
53111 Bonn
r.dohrenbusch@uni-bonn.de

Dr. Rotraut Erhard
Klinische Psychologin, Gesundheitspsycho-
login, Psychotherapeutin, Gerichtssachverständige, Supervisions- und Lehrtätigkeit, Leitungsmitglied in der Sektion
Rechtspsychologie im BÖP
Heudörfelgasse 47
A-1230 Wien
r.erhard@aon.at

Dr. Jörg Fichtner
Dipl.-Psych., Psychologischer Psychotherapeut, Mediator
Gesellschaft für wissenschaftliche Gerichts-
und Rechtspsychologie (GWG)
Rablstr. 45
81669 München
fichtner@gwg.info

Prof. Salvatore Giacomuzzi
Professor an der Freien Universität Bozen,
Dozent an der Universität Innsbruck, UMIT
Tirol, Sachverständiger in Österreich und
Italien
Anichstr. 35
A-6020 Innsbruck
salvatore.giacomuzzi@i-med.ac.at

Martin Kitzberger
Klinischer und Gesundheitspsychologe,
Philosoph
Leiter des Forensischen Zentrums Asten in
Oberösterreich
Technologiestr. 5
A-4481 Asten
martin.kitzberger@justiz.gv.at

Ass.-Prof. Johannes Klopf
Klinischer Psychologe, Neuropsychologe,
Gesundheitspsychologe, Psychotherapeut,
allgemein beeideter und gerichtlich zertifizierter Sachverständiger für Klinische
Psychologie, Arbeitspsychologie, Verkehrspsychologie, Psychotherapie
Interfakultärer Fachbereich für Gerichtsmedizin und Forensische Neuropsychiatrie
der Universität Salzburg
Ignaz-Harrerstr. 79
A-5020 Salzburg
johannes.klopf@sbg.ac.at

Ass.-Prof. Dr. Birgitta Kofler-Westergren
Gerichtlich zertifizierte Sachverständige,
Forensisch-psychologische Diagnostik und
Begutachtung, Lehr- und Forschungstätig-
keit
Interfakultärer Fachbereich für Gerichts-
medizin und Forensische Neuropsychiatrie
der Universität Salzburg
Ignaz-Harrerstr. 79
A-5020 Salzburg
Birgitta.Kofler-Westergren@sbg.ac.at

Prof. Dr. Helmut Kury, Prof. h. c. mult.
Ehemaliger Wissenschaftlicher Referent am
Max-Planck-Institut für ausländisches und
internationales Strafrecht, Professor an der
Universität Freiburg, erster Direktor des
Kriminologischen Forschungsinstituts
Niedersachsen (1980–1988)
Waldstr. 3
79194 Heuweiler
h.kury@web.de

Dr. Joachim Obergfell-Fuchs
Oberpsychologierat
Leiter Kriminologischer Dienst Baden-
Württemberg
Pflugfelderstr. 21
70439 Stuttgart
Joachim.Obergfell-Fuchs@
jvsbaden-wuerttemberg.justiz.bwl.de

Dr. Joseph Salzgeber
Dipl.-Psych., Öffentlich vereidigter und
bestellter Sachverständiger, Fachpsychologe
für Rechtspsychologie, Mediator
Gesellschaft für wissenschaftliche Gerichts-
und Rechtspsychologie (GWG)
Rablstr. 45
81669 München
salzgeber@gwg.info

Stichwortverzeichnis

A

Actio libera in causa 143
Affekt 96–97, 101, 135, 140, 142, 144
– Kriterien 140
Aktenanalyse 111, 116, 118, 144, 157, 169, 231
Alkohol 134, 136, 140–144, 192, 196, 198,
   201, 209, 221, 250, 256–258, 261, 281
Anamnese 101–102, 110–111, 149, 164, 256,
   258, 260–261
Angelegenheiten des täglichen Lebens 214
Angelegenheiten von erheblicher Bedeutung
   214
Angewandte Psychologie 12, 20, 28, 267
Anknüpfungstatsachen 81, 209, 285
Anzeigeverhalten 40, 66, 69
Aufklärung des Begutachteten 120
Aufklärung, Epoche der 19, 42
Auftraggeber 24, 82, 94, 98, 103–104, 111,
   114, 116–117, 120–121, 158, 169–170, 172,
   175, 187, 205, 246, 260
Ausländer 112, 224–225
Ausnahmebeleg 126
Aussageentstehung 165, 170, 172
Aussagepsychologie 20, 24, 96, 115, 151–152,
   156, 222
– historische Entwicklung 155
Aussagequalität 22, 156, 165, 169–170, 172
Aussagetüchtigkeit 152, 155–156, 158,
   169–170, 273
Aussagezuverlässigkeit 156, 169–170
Auswahl des Sachverständigen 76–77, 89–91,
   98, 102–104, 208
Autosuggestion 166, 168

B

Basisraten, Rückfall 181, 187, 203, 205
Beauftragung eines Sachverständigen 11, 25,
   78–79, 82, 89, 92, 98, 108, 117, 175,
   208–209, 246, 291
Befangenheit 78, 86, 92, 173, 210, 212
Befund 102, 110, 127, 171, 237, 256, 267
Befundtatsachen 82, 127
Begutachtung
– Deliktfähigkeit 241

– Dienstunfähigkeit Beamte 260
– Durchführung 127
– Familienrecht 238
– Glaubhaftigkeit 173
– intervenierende 207
– Prognose 206
– Reifebeurteilung 150
– Schuldfähigkeit 144
– Sozialgerichtsbarkeit 254
– Sozialrecht 254
– strafrechtliche Verantwortlichkeit 147
– Strafvollzug 174
– Verwaltungsgerichtsbarkeit 261
– Waffenrecht 262
Behandlungsinitiative Opferschutz 174, 176
Behinderung 242–243, 248–249, 251
– Grad der 248, 250
Berufsunfähigkeit 243, 260
Beschwerdenvalidierung 253–254, 260
Bestellung des Sachverständigen 209
Bewährung, Strafaussetzung zur 177, 183–184
Beweisbeschluss 209
Beziehungen 228
Beziehungsqualität 218
Bindung 226, 229
– Bindungsqualität 225–227
– Bindungsstörung 227
– Bindungstoleranz 229
Bindungsstörung 227
biologisch-psychologische Methode 133
Bundesgerichtshof 154
– Entscheidung 22–24, 75, 93, 115, 123, 152,
   154–155
Bundeskinderschutzgesetz 68
Bundeskriminalamt 31

C

Checklisten, aktuarische 113, 117, 183, 192,
   194, 204
Criminal Justice 32

D

Deutsche Demokratische Republik 14, 33, 46,
   284

Deutsche Psychologen Akademie 38
Dienstfähigkeit von Beamten 255
Dittmann-Liste 193
Diversion 51, 61
Domizil-/Residenzmodell 216
Drogen, illegale 31, 134, 136, 141, 215, 257–258, 281
Dunkelfeld 40, 62, 67, 110, 180

E

Elterliche Sorge, gemeinsame 213
Elternrecht 220–221, 223
Entschädigung des Sachverständigen 88
Entwicklung, verzögerte 146
Entziehungsanstalt 11, 83, 175, 177–178, 295
Erprobungsklausel 184
Erwartungen der Justiz 106, 193
Erwerbsfähigkeit 242–245, 251, 260, 268
Erziehungsfähigkeit 215, 221–222
Exploration 103, 110, 116, 119–120, 144, 149, 157, 160, 164–165, 168–170, 187, 201, 233–234, 241, 258, 260

F

Fachpsychologe für Rechtspsychologie 13, 26, 38, 292
Fahreignung 255, 259
– Verfälschungstendenzen 258
falsch negativ 109, 186
falsch positiv 109–110, 171, 179, 182, 186, 191
Falschaussage 154, 156, 160, 163–165, 167–168, 171
Familienrecht 25, 34, 93, 95, 112, 210, 213
– diagnostisches Vorgehen 236
– gerichtliche Fragestellungen 223
– historische Entwicklung Sachverständigen-tätigkeit 207
– lösungsorientiertes Vorgehen 235
– Sachverständiger 207
Fehlerquellen 101–102, 105, 107, 110–111, 171, 180, 282
Feinfühligkeit 226
Föderation Deutscher Psychologenvereinigungen 13, 26, 29, 38
Förderkompetenz 227
– elterliche 216, 222–223, 225
Forensische Psychiatrie 12–13, 23, 25–26, 96, 104, 134, 141, 143, 175, 256, 260, 285, 296, 325
Forensische Psychologie 12–13, 24, 28, 30, 36, 39, 95–96, 101, 288–290, 293–297
– Ausbildung 13, 36, 38, 112, 208, 272
Forensisches Operationalisiertes Therapie-Risiko-Evaluations-System FOTRES 197, 296

Frauenbewegung 65
Fremdanamnese 105, 158
Fremdsuggestion 166, 168
Führungsaufsicht 177–178

G

Gehilfe des Gerichts 30, 34, 75, 81, 103
Gerichtsbarkeit, freiwillige 217
Geschäftsfähigkeit 255–257, 262
Geschwister 219, 228
Gesetz über das Verfahren in Familiensachen und in den Angelegenheiten der freiwilligen Gerichtsbarkeit FamFG 208, 212–213
Gesetz zur Bekämpfung von Sexualdelikten und anderen gefährlichen Straftaten 25, 27, 127, 183, 186
Gewaltschutzgesetz 61, 71
Gewaltstraftäter 11, 25, 61–62, 174, 176, 191, 204, 277–278
Gutachten
– Befund 126
– Definition 114
– Exploration 123
– mündliches 84, 111, 127, 170, 238
– Nachvollziehbarkeit 106, 115, 120, 123–124, 172, 237–238
– Richtlinien für die Erstellung psychologischer 114, 117, 170
– schriftliches 84, 111, 126, 169, 208–209, 231, 237
– Stellungnahme 126
– Testergebnisse 124
– Transparenz 105, 111, 169, 172, 237
– Übersicht 121
– Untersuchungsbericht 123
– Verhaltensbeobachtung 124
– Verständlichkeit 104, 115
– Vorgeschichte 123
– Wissenschaftlichkeit 105–106, 114, 210
Gutachtenablaufschema 116
Gutachtenmängel 11, 23, 101, 103, 107–108, 154, 282
Gutachtenprozess 115
Gutachtenqualität 23–24, 103–105, 107–109, 114–115, 123, 154, 190, 275, 291
– Kriterien 24, 114
Gutachtenverweigerungsrecht 79–80
Gutachter, Unabhängigkeit 92, 101, 115

H

Haftentlassung 25, 109, 174–176, 178–179, 181, 183–186, 192, 205, 269, 274, 277–280
Haftlockerungen 109, 174–176, 179, 183, 186, 205, 277, 279

Haftung 240
– Minderjährige 240
Häufigkeitszahl 40
Hauptbezugsperson 227
Hausgutachter 25, 91, 98, 101, 103–104, 107
Hilflosigkeit 243, 248
Historical Clinical Risk Assessment HCR 20
    197, 199
Homosexualität 31
Hypothesengenerierung 118, 123, 155,
    168–169

I

Impulstat 140, 144
Inhaltsanalyse 161, 166, 170, 172
Institut für Gerichtspsychologie Bochum 22
Intensivtäter 182
Interaktionsdiagnostik 233
Interaktionsmerkmale 233
Intervention sui generis 208
Interview, kognitives 170

J

Jugendamt 211–213, 220–221, 232
Jugendgerichtsgesetz 132, 145, 147–148
Justizvergütungs- und -entschädigungsgesetz
    85–86

K

Kausalitätsbegutachtung 252
Kindesmissbrauch 67, 222, 272
– emotionaler 222
Kindesmisshandlung 68, 218, 222, 224, 272
Kindesvernachlässigung 68, 222
Kindeswille 227, 229, 314
Kindeswohl 112, 207, 209, 212, 215–219, 223,
    225, 227, 229–230, 236–237
– Kontinuität 230
– Stabilität 230
Kindeswohlgefährdung 207, 212–213, 216,
    223, 225, 227
Kindschaftsreformgesetz 25
kognitive Schemata 159
Konfliktschlichtung 61–62
Konstanzanalyse 163, 172
Konstellationen
– kriminoresistent 189
– kriminovalente 189
Kosten der Kriminalität 62, 186
Krankenversicherung 242–243, 247
krankhafte seelische Störung 132–134, 141
Krankheit, Sozialrecht 242
Kriminalistik 21, 28, 33

Kriminalitätstheorien 41
– Anomie 48
– biologische 45
– Chromosomenaberrationen 44
– Crime Pattern 56
– dämonologische und naturalistische 41
– differentielle Assoziation 54
– differentielle Gelegenheiten 55
– differentielle Verstärkung 55
– differentielles Lernen 49, 54
– Frustrations-Aggressions-Hypothese 53
– klassische 42
– klassische und operante Konditionierung 53
– Kulturkonflikttheorie 49
– Labeling Approach 50, 61
– lerntheoretische Ansätze 56
– Marxismus 46
– Modelllernen 54
– moralisches Urteil 57
– Neurobiologie 45
– Neurotransmitter 44
– Neutralisierungsthese 55
– ökonomische 46
– Psychoanalyse 52
– psychologische 58
– Rational Choice 56
– Routine-Activity-Ansatz 56
– Selbstkontrolle 57
– soziale Desorganisation 48
– sozio-ökonomischer Strukturwandel 45
– soziologische 51
– Subkultur 48
– Subkultur der Gewalt 49
– Unterschichtkultur 49
– Zwillingsforschung 43
Kriminalprognose 50, 97, 109, 127, 174–176,
    179–180, 183, 185, 190, 192, 202, 205, 277,
    294
– Leistungsfähigkeit 203
Kriminalpsychologie 12, 20, 28, 30, 33, 268
Kriminalstatistik 40, 46, 62
Kriminologie 19, 28, 30, 32, 41, 46–48, 61, 65,
    180, 182, 190, 288, 292, 298
– anthropogenetische 43
– postgraduales Studium 32
Kuppeleiparagraph 31

L

legal psychology 28
Leistungsfähigkeit 249, 251, 255, 257–260,
    296
Level of Service Inventory Revised LSI-R 202

M

Marburger Richtlinien 149, 274

Maßregeln der Besserung und Sicherung 177, 295
Mediation 59
Medienberichterstattung 19, 21, 40, 63, 67, 114, 176, 179, 184, 262
Medizinisch-psychologische Untersuchung MPU 258
Migrationshintergrund, Familien mit 225
Mindeststandards 24–25, 62, 103–105, 107, 115
– Glaubhaftigkeitsgutachten 171
– Prognosegutachten 24, 97, 108, 185, 187, 206
– Schuldfähigkeitsgutachten 24
MIVEA 189

N

Nationalsozialismus 22, 284
Neuropsychologie 99, 134, 246, 251, 268, 270, 281, 284

O

Objektivität 92–93, 107, 115, 120, 172
Operative Fallanalyse 31, 268
Opfer
– Opfer von Straftaten 72, 174, 243, 289
– Opferbefragung 65–66
– Opferentschädigungsgesetz 61, 70, 242–243, 247
– Opferschutzgesetz 61, 70
– Opferstudien 61
– rechtliche Stellung 72
Opfergruppen 65, 69
– ältere Menschen 68
– Ausländer 68–69
– Behinderte 68
– Frauen 66
– Kinder 67
– Sexualdelikte 66
Österreich 14, 286
– Beauftragung eines Sachverständigen 268
– Begutachtung minderjähriger Täter 274
– Begutachtung Asylverfahren 284
– Begutachtung Geschäftsfähigkeit 285
– Begutachtung im Strafvollzug 275
– Begutachtung kindlicher und jugendliche Zeugen 272
– Begutachtung Testierfähigkeit 285
– Begutachtung von Familien 272
– Begutachtung Waffenbesitz 267
– Begutachtungs- und Evaluationsstelle für Gewalt- und Sexualstraftäter im Strafvollzug BEST 278
– Berufsverband Österreichischer Psychologen 267
– Entlassungsverfahren von geistig abnormen, zurechnungsfähigen Rechtsbrechern 281
– Forensische Psychiatrie 268
– Forensische Psychologie 268
– Forschungsstelle für Rechtspsychologie interfakultäre Salzburg 268
– Heerespsychologie 267
– Jugendgerichtsgesetz 275
– Justizpsychologie 267
– Kriminalpsychologie 267
– Lockerungsprognosen 277
– Maßnahmenvollzug 279
– Polizeipsychologie 267
– Psychologengesetz 267, 275
– Rechtspsychologie Ausbildung 267
– Sachverständigeneid 270
– Sachverständigenliste 270
– Straf- und Maßnahmenvollzug 282
– Unterbringung geistig abnorme Rechtsbrecher 279–280
– Verkehrspsychologie 267
– Zentrum für Rechtspsychologie und Kriminologie 268
– Zertifizierung Gerichtssachverständige 271
Osteuropa 14, 46, 63

P

Parental Alienation Syndrom PAS 228
Parteiengutachter 76, 89, 93
Pathologisierung 110
Personensorge, Entziehung 220–221
Persönlichkeitsstörung 107, 136, 144, 152, 157, 167, 192, 198–199, 215, 250, 274, 280–281, 295
– Borderline 142, 157, 167
– dissoziale 110, 142, 193
Pflegekind 219
Pflegeversicherung 242, 247
Pflicht zur Erstattung des Gutachtens 78
Platzverweis 71
Polygraphie 153
Posttraumatische Belastungsstörung 66–67, 243, 284
Prisonisierung 62
Privatgutachten 78, 89–90, 209
Profiling 30, 296
Prognose
– intuitiv 188
– jungendliche Straftätern 199
– klinisch 190, 203
– Sexualstraftäter 202
– statistisch 191, 203
– Treffsicherheit 182, 188, 204
– Verfahren zur behandlungsorientierten Diagnose 202
Prognosefehler 179, 186

Prognoseforschung   180, 204, 296
Prognosegutachten   108, 110, 113, 126, 175,
   177, 183, 185, 187, 192, 202, 205
– gesetzliche Bestimmungen   176
Prognoseinstrumente, Checklisten   202
protektive Faktoren   181–183, 189
Prozessfähigkeit   255, 294
Prozessmodell klinisch-prognostischer Urteils-
   bildung   204–205
Pseudoerinnerungen   119, 165–166
Psychiatrisches Krankenhaus   11, 83, 177–178,
   279, 295
psychisch-normative Methode   133
Psychologie abweichenden Verhaltens   28, 31
Psychologie des Rechts   33
Psychologie im Recht   33
Psychologie und Recht   28, 33
Psychopathie Checkliste PCL   45, 194–195,
   198–199
Punitivität   14, 34, 63, 148

R

Realkennzeichen   153, 161, 164
Realkennzeichenanalyse   160, 163, 171
Rechtspsychologie   29, 31, 96, 114, 288–289
– Bedeutung   11
– geschichtliche Entwicklung   26, 268
– Weiterbildung   29, 39, 292
Reife, sittliche und geistige   146
Reifebeurteilung   132, 149
Reifekriterien   149
Rentenversicherung   242–244, 247–248
Resilienz   181, 222
Resozialisierung   59–60, 62, 186
Risikofaktoren
– dynamische   174, 191–192, 198–199,
   202–204
– statisch   174, 191, 202–204
Risikotäter   276–278
Risk-Needs-Assessment   194, 198, 202–203
Rückfallrisiko bei Sexualstraftätern RRS   200
Rückfalluntersuchung   179–180, 190, 205

S

Sachkunde, überragende   84, 91
Sachverständigenbeweis   101, 282
Sachverständigeneid   82
Sachverständiger
– Ablehnung   77–78, 86
– Anleitung   102, 209
– gesetzliche Grundlagen   75, 117, 126, 208,
   275
– psychologischer vs. psychiatrischer   95
– Qualifikation aussagepsychologischer   173

Sanktionen   42, 46, 59, 62, 64, 111, 132, 147,
   183
Sanktionseinstellung   59, 63
Schadenswiedergutmachung   61–62
Schädigungsfolge   242–243, 248–249
– Grad der   248, 250
Schlichten statt Richten   62
Schuldbegriff, strafrechtlich   131
Schuldfähigkeit, verminderte   132
Schuldgrundsatz   131
Schuldunfähigkeit   296, 298
– Eingangsmerkmale   133–134, 144, 298
– Kind   132
– seelische Störung   132
Schwachsinn   132–133, 141
Schweiz   14, 175–176, 184, 300
– Ambulante Behandlung   295
– Begutachtung Schuldunfähigkeit   300
– Berner Forum für Kriminalwissenschaften
   292
– Fachpsychologe für Rechtspsychologie
   292–293
– Forensik-Ambulatorium Bern   295
– Forensisch-Psychiatrischer Dienst Bern   295
– Forensische Psychologie   288, 292
– Forschergruppe Forensic Zurich   296
– Kompetenzzentrum Rechtspsychologie Uni-
   versität St. Gallen   298
– Psychiatrisch-Psychologischer Dienst Zürich
   296
– Qualifikation Gutachter   290
– Rechtspsychologie   288, 292
– Rechtspsychologie Nachdiplomstudiengang
   Universität Bern   292
– Rechtspsychologie Universität Zürich   296
– Rechtspsychologie Weiterbildung   293
– School of Criminology, International Criminal
   Law and Psychology of Law   292
– Schuldfähigkeit zweifelhafte   299
– Schweizerische Gesellschaft für Forensische
   Psychiatrie SGFP   291
– Schweizerische Gesellschaft für Rechts-
   psychologie SGRP   290
– Tätigkeitsfelder Rechtpsychologie   291
schwere andere seelische Abartigkeit   98,
   132–133, 141
Selbstbestimmung, sexuelle   151, 277
Sex Offender Appraisal Guide SORAG   199
Sex Offender Need Assessment Rating SONAR
   199
Sexual Violence Risk 20 Schema SVR 20   199
Sexualstraftäter   11, 25, 56, 60–62, 64, 101,
   109, 119, 174, 176, 183, 185, 191, 194, 197,
   199, 202, 277–278, 295
– Rückfallkriterien   194
Sicherungsverwahrung   11, 64, 83, 175–178,
   183–186, 280

– nachträgliche 109, 184
Sonderpädagogischer Förderbedarf 255, 261
Sorgerecht 207, 216
Sozialgerichtsbarkeit
– Anforderungen an Sachverständige 246
– Entscheidungsbedarf 244
– gerichtliche Fragestellungen 246
– Leitlinien zur Begutachtung 252
– psychische Erkrankungen 244
– psychische Krankheitsfolgen 244
Sozialgesetzbuch SGB 242
Sozialtherapie 60, 62, 183
Static-99 197
Static-2002 197
Stellungnahme 108, 127, 210
straffälliges Verhalten 181
Strafmündigkeit 132, 147–148
Strafprozessordnung 75
Strafrechtsreform, Große 23, 31, 95, 98, 142
Straftaten, registrierte 40, 67
Straftäterbehandlung 60–61, 183, 202, 276, 280, 284, 295–296
Strafvollzugsgesetz 60
Suggestion 119, 154, 156, 165–166, 169, 229, 294

T

Täter-Opfer-Ausgleich 61
Testierfähigkeit 255–256, 294
Testverfahren
– Beziehungen Eltern – Kind 235
– Erwachsene 235
– Kinder 234
– projektive 112, 125, 234
– psychologische 112, 120, 124, 149, 189, 205, 224, 228, 231, 235, 246, 251, 254, 258, 260, 278, 282, 286
tiefgreifende Bewusstseinsstörung 132–133, 141
Todesstrafe 59
Tonbandaufzeichnung 120, 211
Trennung und Scheidung 219–220, 230, 236

U

Übernahmeverschulden 209
Umgang 219
– begleiteter 218
– Fremdunterbringung 219
– weitere Bezugspersonen 219
Umgangspfleger 212, 217–218
Umgangsrecht 207, 211–212, 216, 218
Umgangsregelung 213, 216, 218–219, 229, 233

Unfallfolgen, Beurteilung von 252
Unfallversicherung 242–243, 247, 252
Unparteilichkeit 82, 85, 93, 106, 172, 210, 247
Untersuchungsplan 120, 232
Unwahrhypothese 155–156
USA 31, 45, 48–49, 60
– Entwicklung Forensische Psychologie 12–14, 20, 25, 180
– Todesstrafe 59

V

Verantwortungsklausel 184
Verbotsirrtum 143
Verdammungsurteil 106
Verfahrensbeteiligte
– Anwälte 211
– Eltern 210
– Jugendamt 212
– Kind 211
– Umgangspfleger 212
– Verfahrensbeistand 212
Verhalten, straffälliges 40
Verhaltensbeobachtung 116, 157, 169, 233, 245, 256, 258, 260, 284
Verkehrsfähigkeit 255
Verschwiegenheitspflicht 210
Versorgungsmedizinische Grundsätze 250
Verteidigung 21, 23, 76, 89, 91–93, 103, 108, 126
Viktimisierung, sekundäre 69, 71
Viktimologie 32, 61, 64
Violence Risk Appraisal Guide VRAG 197
Vorverfahren 76, 83–84, 89, 102, 151
Vulnerabilität 66, 68

W

Wechselmodell 216
Weigerung des Sachverständigen 81
Wiedergutmachung 61, 66, 70–71

Z

Zeugen
– Frauen 20–21, 152
– Kinder und Jugendliche 20–22, 68, 71, 152, 154, 157–158, 165–166, 168, 269
– Kompetenzen 161
– sachverständige 85
Zeugenaussage 151–154, 158, 165
Zivilprozessordnung 75, 208
Zivilrecht 21, 29, 240–241, 254, 260, 268
Zusatztatsachen 82

Klaus Jost

**Gefährliche
Gewalttäter?**

Grundlagen und Praxis
der Kriminalprognose

Kohlhammer

*2012. 204 Seiten mit 2 Abb. und
38 Tab. Kart.
€ 49,90
ISBN 978-3-17-022079-9*

Klaus Jost

Gefährliche Gewalttäter?

Grundlagen und Praxis der Kriminalprognose

Sowohl ein anwachsendes Sicherheitsbedürfnis als auch Gesetzesänderungen verlangen Aufklärung in Fragen der Verhaltensprognose
von Menschen mit schweren Straftaten. Statt auf Intuitionen hat sich
der Sachverständige auf wissenschaftliche Methoden zu verlassen.
Das Buch stellt nicht nur zahlreiche moderne, international anerkannte
Verfahren zur Kriminalprognose vor, sondern beleuchtet auch ausführlich zwei Fallbeispiele und greift grundlegende Fragen der Prognoseproblematik sowie des Gewalthandelns auf. Dem Leser erschließt sich
somit ein unverzichtbarer Wissenshintergrund für eine überaus schwierige und verantwortungsvolle Art forensischer Begutachtungstätigkeit.

Dr. phil. Klaus Jost arbeitete über zwei Jahrzehnte an der Klinik für
Psychiatrie und Psychotherapie der Universität Frankfurt am Main.
Er ist Fachpsychologe und Supervisor für Rechtspsychologie und als
Dozent für Psychologie in der Erwachsenenbildung tätig.

▶ www.kohlhammer.de

W. Kohlhammer GmbH · 70549 Stuttgart
Tel. 0711/7863 - 7280 · Fax 0711/7863 - 8430

Kohlhammer

Willi Pecher (Hrsg.)
Justizvollzugs-
psychologie in
Schlüsselbegriffen

Kohlhammer

2004. XVI, 354 Seiten mit 17 Abb.
und 20 Tab. Kart.
€ 27,–
ISBN 978-3-17-017652-2

Willi Pecher (Hrsg.)

Justizvollzugspsychologie
in Schlüsselbegriffen

Die Anwendung psychologischer Erkenntnisse und Methoden im Justizvollzug ist nicht nur für Fachleute von Interesse, sondern berührt eine
breite Öffentlichkeit: Wie können Straftäter wirksam behandelt werden?
Wie zuverlässig sind Prognoseentscheidungen zur Gewährung von
Ausgängen und vorzeitiger Entlassung? Wie wird bei einer Geiselnahme
im Gefängnis verfahren? Wissenschaftler und Praktiker geben in diesem
Handbuch einen aktuellen Überblick über alle relevanten Themenbereiche von der Behandlung von Tätern und dem Umgang mit bestimmten
Tätergruppen über unterschiedliche Vollzugsformen bis zur Sicherheit
und Organisations- sowie Personalentwicklung im Gefängnis.

Dr. Willi Pecher ist Gefängnispsychologe in der Justizvollzugsanstalt
München-Stadelheim sowie Lehrbeauftragter für Forensische Psycho-
logie an der Ludwig-Maximilians-Universität München und an der
Bayerischen Beamtenfachhochschule für Rechtspflege in Starnberg.
Alle Autoren sind namhafte Experten ihres Fachs.

▶ **www.kohlhammer.de**

W. Kohlhammer GmbH · 70549 Stuttgart
Tel. 0711/7863 - 7280 · Fax 0711/7863 - 8430

Kohlhammer